JN404937

2024
한국 중문 교육
인사이트

2024 한국 중문 교육 인사이트

한국중문교육연구회

Korean Chinese Education Insight 2024

발간사

전 세계 언어 교류가 점점 더 빈번해지고 다문화 간 상호작용이 심화되는 시대적 배경 속에서, 국제 중문 교육은 하나의 체계적인 프로젝트로서 그 내포된 함의가 시대의 발전과 함께 끊임없이 확장되고 있습니다. 아울러 그 핵심 목표 또한, 숙련된 중문 교육 역량과 우수한 다문화 교류 소양을 갖춘 전문 인재를 양성하여, 날로 증가하는 중국어 학습 수요에 부응하는 방향으로 전환하고 있습니다. 세계화와 디지털화가 대두되는 새로운 시대에 국제 중문 교육은 '인류 운명 공동체 구축'을 핵심 사명으로 삼고 있으며, 학술 연구, 교육 자원 개발, 교원 양성, 문화 전파 등 여러 차원을 포괄하고 있습니다. 특히 체계화, 표준화, 디지털화, 국제화의 방향으로 전면적인 발전을 추진하면서, 중문 인문 교류와 문명 상호 학습을 촉진하는 중요한 가교가 되고 있습니다.

이러한 국제 중문 교육 발전의 거대한 흐름 속에서, 중국과 지리적으로 가깝고 인적 관계가 밀접하며 문화적 인연을 공유하는 이웃 국가인 한국의 중문 교육은 의심할 여지 없이 중요한 위상을 차지하고 있습니다. 역사적으로 중국어를 가장 오랫동안 사용하고 연구해 온 국가로서 한국의 중문 교육은 오랜 발전 과정을 통해 뚜렷한 지역적 특색을 형성하였고, 이러한 깊은 교육 전통과 풍부한 교육 경험은 오늘날 한국 국제 중문 교육의 발전에 견고한 역사적·문화적 토대가 되었습니다. 전 세계 중문 교육의 구도에서 한국은 성공적인 중문 교육 현지화의 모범 사례일 뿐만 아니라, 방대한 학습자 기반과 활발한 학문적 분위기를 바탕으로 국제 중문 교육 발전을 선도하는 '선도자' 역할을 맡고 있습니다.

한국과 중국이 수교한 지 33년이 되는 동안 한국의 중문 교육은 비약적인 발전을 이루었으며, 뚜렷한 층위와 완비된 체계를 갖춘 교육 생태계를 구축했습니다. 고등교육 분야에서는 이미 100여 개가 넘는 대학이 중문 전공이나 관련 과정을 개설하였으며, 이러한 성과는 단순히 언어 기술 양성에 그치지 않고 중국의 정치, 경제, 문화, 사회 등 다차원적인 연구 분야로 확장되었습니다. 또한 중국어는 한국 고등학교에서 영어에 이어 두 번째로 선택 비율이 높은 과목으로 자리 잡았습니다. 기초 교육 단계에서 중국어 교육이 국민 교육 체계에 포함된 지 20여 년이 되었습니다. 현재 고등학교 단계에서 중국어 과정을 개설한 학교의 수는 1,600곳을 넘었고, 중학교에서 중국어 과정을 개설한 학교도 900여 곳에 달합니다. 사회 교육 측면에서도 다양한 중문 교육기관이 전국에 분포하여 직장인, 구직자 및 일반 학습자의 다양한 학습 요구를 충족하고 있습니다.

현재 한국은 전 세계에서 인구 대비 중국어 학습자 수가 가장 많은 국가 중 하나입니다. 매년 HSK를 비롯한 다양한 중국어 능력 시험에 응시하는 수험생 수 역시 오랫동안 세계 상위권을 유지하고 있습니다. 특히 중요한 점은, 한국이 단순한 중문 학습 국가가 아니라, 언어학, 교육학, 문화 간 연구 등의 분야에서도 중문 연구의 중요 기지로써 깊은 학문적 기반을 쌓아 성숙한 현지화 중문 교육체계를 형성했다는 사실입니다. 이러한 독특한 배경을 바탕으로 『2024 한국 중문 교육 연차보고서』가 세상에 나오게 된 것은, 한국 중문 교육을 체계적·역사적으로 정리하는 작업일 뿐만 아니라, 국제 중문 교육 발전 흐름에 대응하는 중요한 시도이기도 합니다.

'국제 중문 교육'이라는 개념이 명확히 제시된 이후, 이론과 실천의 발전을 도모하기 위해 이번 연차보고서는 한국 중문 교육의 여러 핵심적 측면을 체계적으로 정리하고 심층적으로 분석하였습니다.

우선, 한국의 중문 교육이 고대부터 현대에 이르기까지 전개해 온 발전 궤적을 회고하였습니다. 이어 교육기관의 현황을 다루면서 한국 내 다양한 국제 중문 교육기관의 유형을 상세히 통계화하고 및 분류하여 평가했습니다. 또한, 한국에서 시행되는 중국어 능력 시험의 범위와 사회적 영향력, 시험의 데이터 추이를 분석하고, 한국 중문 교육과 관련한 교수 이론 및 방법론의 최신 동향을 조사했습니다. 그 밖에도 온라인 플랫폼을 기반으로 한 학습 경향을 분석하고, '중문+직업기술' 교육 모델을 조사하였으며, '등급 표준' 관련 국제학술회의 등 대표적인 중문 교육 특색 프로젝트도 함께 소개하였습니다.

본 보고서는 전체적으로 다음의 세 가지를 강조합니다.

첫째, '국제화'입니다. 국제화는 교육 이념, 교사 양성 및 다국적 협력 메커니즘에 그 특징이 반영되어 있습니다.

둘째, '현지화'입니다. 현지화는 교육 내용, 평가 기준 및 교육 모델을 한국의 언어·문화

·사회 현실에 맞게 구성하는 데에서 구현됩니다.

셋째, '다원화'입니다. 학습 대상자 유형, 교육 매체 및 콘텐츠 설계의 다양성이 이를 잘 보여줍니다.

이상의 세 요소가 상호 융합하여 한국 중문 교육의 종합적인 경쟁력과 지속 가능한 발전의 토대를 함께 구축하고 있습니다.

세계에서 가장 먼저 체계적인 중문 과정을 도입하고 전문 교원 양성 시스템을 구축한 한국은, 가장 성숙한 중문 교육 시스템과 가장 집중된 중문 학습 인구를 갖춘 '선도 국가'로서, 국제 중문 교육의 지형에서 그 특수성과 중요성을 결코 간과할 수 없습니다. 국제 중문 교육 분야에서 체계적·지속적이며 국가 단위의 관점을 담은 연차보고서가 미비한 현 상황을 고려할 때, 이번 연차보고서의 발표는 매우 획기적인 의미를 갖는다고 할 수 있습니다.

이 보고서는 전 세계적으로 단일 국가를 단위로 작성된 첫 번째 국제 중문 교육 연차보고서로, 해당 분야에서 독자성과 참고의 가치를 지닙니다. 또한 오랫동안 국가별 연구와 거시 정책 사이에 존재해 온 정보의 단절과 실천의 공백을 메우는 데에도 기여하고 있습니다. 아울러, 이 보고서는 국내 교육 관련 부처와 대학 및 연구기관에 정책 결정 및 협력을 위한 근거를 제공하며, 다른 중문 교육 국가들에는 한국의 독자적인 경험과 발전 경로를 참고할 수 있는 자료가 될 것입니다.

한국 중문 교육의 발전은 전 세계 중문 교육에 다양한 경로의 실증적 사례를 제공할 뿐만 아니라, 동아시아의 맥락 속에서 언어교육과 문화 전파의 융합 가능성이 무한하다는 것 또한 여실히 보여주고 있습니다. 이 보고서는 단순히 한국 중문 교육의 연간 현황을 요약한 것을 넘어, 국제 중문 교육 시스템에 한국 모델, 한국의 경험 및 한국의 가치를 제시하는 중요한 플랫폼이라고 할 수 있습니다.

'중국 교육부 중외언어협력교류센터', '세계한어교육학회', '한고(漢考)국제' 등 관계 기관의 지원 가운데, '한국중문교육연구회'는 설립 이후 국제 중문 교육의 고품질 발전을 위해 전념하는 전문 기관으로서, 한결같이 국제 중문 교육의 품질, 학문적 수준 및 사회적 영향력을 높이는 것을 핵심 사명으로 삼고 있습니다. 본 연구회는 이번 보고서의 작성 과정에서 '문제 지향', '실증 기반', '서비스 지향'의 원칙을 견지하고, 해당 보고서를 시대적 사명을 짊어진 중요한 학술 프로젝트로 인식하여, 체계적 조사와 인력 구성 및 학술 검토 과정을 거쳐 한국 국제 중문 교육의 발전현황 및 추세를 전면적이고 정밀하며 미래지향적으로 담아내고자 노력하였습니다. 이 보고서를 통해 한중 교육 협력이 더욱 심화되고, 국제 중문 교육 수준 향상에도 기여할 수 있기를 기대합니다.

2024년 보고서의 발간은 작성 과정에서 많은 전문가와 학자들이 기울인 헌신적인 노력과 공헌이 있었기에 가능했습니다. 진심으로 여러분께 감사의 말씀을 전합니다.

이 보고서는 첫 번째 작성인 만큼 매우 도전적인 작업이었으며, 한계가 있어 글에 누락된 부분이나 부족함이 있을 수 있습니다. 전문가와 동료 여러분께서 아낌없이 가르침을 주시고 소중한 의견을 제시해 주시기를 바랍니다.

마지막으로, 국제 중문 교육에 관심을 가지고 헌신하는 학자, 교사, 학습자 및 관련 종사자께 이 글을 바칩니다.

2025년 10월

한국중문교육연구회 이사장 김진무
한국중문교육연구회 회장 김현철

Contents

표 목차

그림 목차

Contents

보고서 개요 I

I 보고서 개요

1.1 작성 배경 및 의의

□ 한국과 중국은 1992년 수교 이후 정치 · 경제 · 문화 전반에서 교류를 확대해 왔으며, 이에 따라 중문 교육의 필요성과 중요성은 한국 사회 전반에서 빠르게 부상하였다. 중국어는 단순한 외국어 학습 차원을 넘어, 양국 간 원활한 의사소통과 문화적 상호 이해를 가능하게 하는 핵심 수단이자 국제무대에서 활동할 수 있는 글로벌 인재 양성을 위한 전략적 역량으로 자리매김하였다. 특히 세계 언어 환경 속에서 중국어의 영향력이 확대됨에 따라, 한국 내 중문 교육의 질적 향상은 국가 경쟁력과 직결되는 중요한 과제가 되었다.

□ 현재 한국의 중문 교육은 초등학교 방과 후 과정, 중 · 고등학교 제2외국어 교과, 대학 교양 및 전공 과정, 사설 교육기관 등 다양한 수준과 형태로 운영되고 있다. 그러나 교육과정의 일관성 부족, 전문 교원 인력의 한계, 학습자 수요와 교육정책 간 괴리, 지역별 격차 등 구조적 문제점이 지속적으로 제기되고 있다. 따라서 한국의 중문 교육 현황을 면밀히 진단하고 학문적 분석과 정책적 대안을 종합적으로 제시하는 것은 필수적인 과제라 할 수 있다.

□ 본 보고서의 목적은 한국의 중문 교육 발전현황과 문제점을 체계화하고 교육 단계별 특징과 쟁점을 심층 분석하는 데에 있다. 보고서의 의의는 크게 세 가지로 정리할 수 있다. 첫째, 한국의 중문 교육이 한중 간 문화 교류와 상호 신뢰 증진을 촉진하는 전략적 자산임을 밝힘으로써 국가적 차원의 중요성을 부각한다. 둘째, 중국어 활용 능력을 갖춘 융합형 인재를 체계적으로 양성하기 위한 기초 자료를 제공함으로써 학문적 · 정책적 연계 가능성을 확립한다. 셋째, 교육 현장의 요구와 국가 정책을 연결하여 국내 중문 교육의 내실화와 국제적 경쟁력 강화를 동시에 달성할 수 있는 기반을 마련한다.

1.2 기존 연구의 한계

□ 한국의 중문 교육에 관한 초기 연구는 한중 수교 직후 중국어 학습자의 급격한 증가와 학습 동기를 분석하는 데 초점을 맞추었으며, 이후 중등학교 제2외국어 교육 현황, 대학 교양 중국어 교육의 문제점, 사설 교육기관의 운영 실태 등으로 연구 주제가 다양화되었다. 최근에는 초등학교 방과 후 중문 교육, 원어민 교사 활용, 온라인 · 디지털 기반 수업 등 새로운 형태의 교수 · 학습 방식 관련 연구로 확대되고 있다.

□ 그러나 기존 연구들은 주로 특정 교육 단계에 국한되거나 개별 프로그램 · 교재 · 교사 역량 등 부분적 요소에 초점을 맞춘 경우가 많았고, 한국 중문 교육을 종합적 관점에서 체계적으로 분석한 연구는 상대적으로 부족하였다. 특히 초 · 중 · 고 · 대학 · 사설 교육기관을 아우르는 전반적 현황을 비교 및 분석하고, 정책적 개선 방안을 제시하는 연구는 제한적으로 이루어져 왔다.

□ 이에 따라 본 보고서는 한국의 중문 교육을 교육 단계별 · 기관별로 통합적으로 분석하고 현황과 과제를 도출하는 데 초점을 둔다. 이러한 접근은 단순한 실태 기술을 넘어, 국내 중문 교육의 전략적 발전 방향을 제시한다는 점에서 차별성을 지닐 것으로 기대할 수 있다.

1.3 조사 내용 및 방법

□ 조사 대상

- 기관 및 단체: 초등학교, 중등학교, 전문대학, 대학교, 대학원(일반 · 특수 · 전문), 대학 부설 공자 아카데미, 사설 교육기관, 학회 · 교사회 · 연구회
- 출판물 및 학술논문: 2015 개정 교과서, 2024년 발간 도서 및 학위 · 학술논문
- 온라인 콘텐츠: 네이버, 유튜브, 어플리케이션, 오디오 플랫폼
- 평가 및 시험기관: HSK, HSKK, BCT, YCT, FLEX, SNULT, OPIc, TSC 등 중국어 능력 평가시험 주관기관

□ 데이터 출처

- 교육과정 정보센터, 학교알리미, 대학알리미, 교육정보 개방포털, 국가교육통계센터, 국가법령정보센터
- 국립중앙도서관, RISS 학술정보서비스, 네이버 데이터랩, 구글플레이, 앱스토어
- 그 외 기관의 공식 웹사이트, 기타 관련 웹사이트

□ 분석 방법

- 정량 분석: 기관 공식 데이터를 활용한 기초 통계 및 추세 분석
- 정성 분석: 문헌 · 사례 · 내용 분석
- 텍스트 분석: 키워드 분석, 핵심어 분석, 텍스트 마이닝

□ 대상 기간

- 2024년 1월 1일 ~ 2024년 12월 31일 (일부 예외 있음. 예외 경우 별도 표기함)

□ 조사 및 보고서 작성 기간

- 2025년 7월 ~ 2025년 10월

1.4 유의 사항

□ 일부 데이터는 최신 공시 시점과 2024년 말 시점 간의 차이로 인해 실제 현황과 불일치할 가능성이 있다.

□ 비공개이거나 확인이 불가한 기관, 플랫폼, 콘텐츠 등의 세부 통계는 전체 집계에서 제외되었다.

□ 일부 집계 자료에는 중복 포함 가능성이 있다.

□ 키워드 검색을 통한 자료는 수집 과정에서 일부가 누락되었거나 분류 과정에서 주관적 해석이 개입되었을 수 있다.

Contents

역사적 배경 II

II 역사적 배경

□ 제2장에서는 한국 국제 중문 교육의 발전현황과 역사적 흐름 및 당면한 과제를 조명하고, 이에 대한 해결 방안을 제시하였다.

2.1 한국 중문 교육의 역사 발전과 현황

□ 역사적으로 중국어는 오랜 기간 한국에서 제1외국어였다. 진정한 의미에서 제2언어로서의 중문 교육은 고려시대부터 시작되었으며, 그 교육 내용은 유교 경전이 주를 이루었다. 현재 한국의 중문 교육기관은 중등학교와 고등교육기관인 대학교, 민간 교육기관, 공자아카데미의 네 개 부분으로 구분할 수 있다.

1 기초 교육 분야

□ 한국 국·공립 초등학교에서 중문 교육은 주로 '다문화 교실'과 '방과후교실' 프로그램을 통해 이루어지고 있다. 중학교 단계에서부터 중문 교육이 정규 교육과정으로 편성되어 있으며, 외국어 선택 과목 중 하나로 자리 잡고 있다. 1997년부터 정식으로 〈생활 중국어〉 과목이 개설되었고, 2012년 기준 전국 약 500개 중학교에서 이 과목을 운영하였다.

□ 고등학교에서도 중국어가 제2외국어 선택 과목으로 정규 교육과정에 포함되어 있으며, 2001년부터는 대학수학능력시험에서도 〈제2외국어/한문〉 영역에 포함되었다. 고등학교에서의 중국어 과목은 1954년에 처음 도입되었으며, 현재는 〈중국어 I〉, 〈중국어 II〉를 포함한 9개 과목이 운영되고 있다.[1] 2013년 기준, 전국의 1,166개 고등학교(전국 고등학교의 약 50.2%)에서 〈중국어 I〉 과목을 개설하였고, 406개교에서 〈중국어 II〉 과목을 함께 운영하였다.

---

1) 구체적 과목 목록은 3.2장 참고.

〈표 2-1〉 2022년 한국 중등학교의 중문 과목 교원 수

(단위: 명)

학교급	영어	중국어	일본어	독일어	프랑스어	러시아어	스페인어	아랍어	베트남어
중학교	12,633	976	440	17	6	5	4	-	-
고등학교	13,044	1,166	1,640	55	56	5	38	-	-

□ 한국 중등학교의 중국어 교원 수는 다른 제2외국어 교원의 수를 넘어섰으며, 외국어 교원 직군 중 두 번째로 높은 비중을 차지하고 있다. 이에 따라 한중 양국의 교육기관은 중문 교원 인력을 보강하기 위해 새로운 형태의 협력 교원 파견 및 교류 모델을 적극적으로 모색하고 있다.

□ 중국 교육부 산하 중외언어교류협력센터(语合中心)와 한국 국립국제교육원이 2011년 〈교사 교류 협약〉을 체결하였고, 2012년부터 '원어민 중국어 보조교사 파견 프로그램(CPIK, Chinese Program in Korea)'이 시행되었다. 2019년 기준, 총 1,924명의 중국어 교사가 한국 17개 시도 교육청 산하 중·고등학교에서 파견되어 근무하였다.

2 대학 교육 분야

□ 1946년 국립 서울대학교가 중어중문학과 학부 과정을 처음으로 개설하였고, 1954년에는 한국외국어대학교가 중어중문학과 학부 과정을 개설하였다.[2] 이후 고려대학교(1972년), 연세대학교(1974년), 부산대학교(1979년) 등 18개 대학이 연이어 중문과를 신설하였고, 1980년대 이후에는 각 대학이 경쟁적으로 중국 관련 학과를 개설하면서 학과 명칭과 전공 유형도 점차 다양해지기 시작했다.

□ 2022년 한국 고등교육기관 내 중문 관련 학과 및 재학생 수는 일본어를 넘어섰으며, 영어에 뒤이어 두 번째로 큰 외국어 전공 분야로 자리잡았다.

〈표 2-2〉 2022년 한국 고등교육의 중문 교육 규모

(단위: 개교, 명)

전공	전문대학		4년제 대학교		대학원		방송통신대학교		사이버대학교	
	학교	재학생	학교	재학생	학교	재학생	학교	재학생	학교	재학생
중국어	38	1,699	123	16,341	93	1,021	-	5,128	1	864
영어	40	4,604	203	30,309	144	1,791	-	1,021	6	5,050
일본어	-	1,958	101	1,438	46	354	-	3,851	2	1,473
독일어	-	-	55	5,387	23	78	-	-	-	-
러시아어	-	-	31	2,722	16	89	-	-	-	-

2) 2009년 중어중문학과가 '중국어대학'으로 승격하고, 2020년 '중국학대학'으로 개편되었다.

전공	전문대학		4년제 대학교		대학원		방송통신대학교		사이버대학교	
	학교	재학생	학교	재학생	학교	재학생	학교	재학생	학교	재학생
스페인어	-	-	20	3,358	7	64	-	-	1	759
프랑스어	-	-	47	5,544	26	169	-	-	-	-
기타 유럽언어	7	170	26	3,262	8	55	-	-	-	-
기타 아시아언어	-	-	34	4,048	15	152	-	-	1	487

- □ 2022년 기준 한국 고등교육기관에서 중국어 및 중국 관련 학과를 운영하는 곳은 총 268개교이며, 이 중 전문대학은 38개교, 대학교는 123개교, 대학원은 93개교이다. 2022년 중문과 전공을 신설한 곳은 12곳으로, 〈전자상거래 중국어〉, 〈항공 비즈니스 중국어〉, 〈중국어 SW융합〉 등이 있으며, 융합형 인재 양성의 추세가 뚜렷하다.
- □ 2022년 기준 중문 관련 학과의 재학생 수는 전문대학 1,699명, 대학교 16,314명, 대학원 1,021명으로 집계되었다.
- □ 2022년 기준 전문대학의 중문 관련 학과 및 전공은 64개이며, 인문계열 61개(언어문화계열), 사회계열 3개(경영경제계열)이다. 대학교의 중문 관련 학과 및 전공은 52개이며, 인문계열 50개(언어문화계열), 교육계열 2개(중등교육)이다. 대학원의 중문 관련 학과와 전공은 16개이며, 인문계열 10개(언어문화계열), 교육계열 6개(아동교육, 초등교육, 중등교육)이다.
- □ 중점 분야에 따라 중문 관련 학과는 크게 '언어 · 문학 · 문화연구형'(중어중문학과, 중국어학과, 중국언어문화학과 등), '국가 · 지역연구형'(중국학과, 한중교류학과, 중국통상학과, 중국어권지역학 등), '〈중국어+〉 복합형'(여행중국어, 비즈니스중국어, 의료중국어, 중국어통번역 등) 학과의 세 유형으로 구분할 수 있다.

3 현인 교육 분야

- □ 2019년 조사에 따르면, 한국 성인의 약 14.3%가 중국어 학습 경험이 있으며, 학습자층은 주로 중 · 장년층이다.
- □ 학습 방법은 주로 온라인 학습, 라디오, TV, 중국어 학원 등이 활용되고 있다. 1962년 한국방송공사가 중문 교육 관련 프로그램을 처음 방송한 이후, KBS와 EBS도 중국어 프로그램을 신설하였다. 2020년 기준 전국에 총 458개의 외국어교육 기관이 있었으며, 성인 대상 외국어교육 및 통번역 능력 배양을 목표로 하였다. 그중 중국어가 주요 교육과정의 하나로 자리 잡았다.

4 민간 사설 교육 분야

□ 2020년 조사에 따르면, 전국 중·고등학교 학생을 대상으로 하는 사설 교육기관은 총 147,730곳에 이르며, 수강생 수는 약 292만 명, 강사는 5,300명이 넘는다.

□ 서울대학교, 연세대학교 등 주요 대학의 중어중문학과에서는 입시생들에게 〈제2외국어/한문〉 과목 선택을 요구하고 있어, 민간 사설 교육기관 중문 교육 시장의 활성화 및 발전을 촉진하는 요인이 되고 있다.

2.2 한국 중문 교육의 주요 특징 및 과제

□ 한국 중문 교육의 발전은 네 가지 주요 특징으로 요약할 수 있다. 현지화(Localization), 특색화(Characterization), 협동화(Synergization), 체계화(Systematization)가 그것이다.

1 현지화

1 교육의 현지화

□ 한국 학습자들은 어휘와 한자 학습에 강점을 보이며, 그에 따라 한국의 중문 교육은 어법 등 언어 규칙 학습에 중점을 둔다.

□ 다만 한국 학습자들은 작문 능력이 구술 능력보다 상대적으로 높게 나타나, 중문 발음 교육의 강화가 필요하다. 전통적인 교수법(어법 분석, 번역, 듣기·말하기, 언어 대조 등)이 여전히 주류를 이루고 있지만, 최근에는 새로운 교수·학습 모델(플립러닝, MOOC 등)도 등장하고 있다.

2 교원의 현지화

□ 중문 교육이 진정한 '현지화'를 이루기 위해서는, 그 전제 조건으로 중문 교원의 현지화가 이루어져야 한다. 2017년 기준 한국인 중국 유학생 수는 73,240명에 달하며, 이들은 주로 중문 관련 학과와 전공에 집중되어 있다. 이러한 중국 유학 졸업생들이 현재 한국 중문 교육의 주요 교원 인력으로 자리 잡고 있다.

3 교재의 현지화

□ 2021년 8월 기준, 한국에서 출판된 중국어 교재는 총 4,757종으로 집계되었으며, 이 중 언어 기능형이 4,428종, 언어 지식형이 329종이다.

2 특색화

1 역사와 문화적 배경

□ 한중 양국은 지리적으로 가까우며 문화적으로도 깊은 연관성을 지니고 있어, 한국 사회는 중문에 대해 자연스러운 친밀감을 가지고 있다. 한중 수교 이후, 각 분야에서 긴밀한 교류가 이루어졌고 중국의 언어 및 문화에 대한 한국인의 관심도 꾸준히 증가하고 있다. 이에 따라 중국 내 주요 대학과 교육기관들은 중국어 회화, HSK 대비과정 등을 잇따라 개설하였으며, 이러한 흐름은 점차 '중국어+' 교육 모델로 확장되고 있다.

□ 또한, 다수의 한국 대기업이 중국 현지에 공장 및 지사를 설립하면서, 많은 기관에서 중국어 능력 시험 성적을 채용 및 인사 평가의 주요 기준으로 반영하고 있다.

2 교육의 규모와 단계

□ 한국의 중문 교육은 이미 모든 교육 단계에 걸쳐 폭넓게 보급되어 있다. 이에 한국 내 공자아카데미는 '특색화'의 발전 노선을 유지하며, 중국어 교육의 질적 향상과 효율성 제고를 선도하고 있다. 각 공자아카데미는 각자의 여건과 강점을 바탕으로 '종합형', '교육형', '연구형', '산학연구형', '중의약 특색형', '유학(儒学) 특색형' 등 특색 있는 공자아카데미 모델을 구축하여 운영하고 있다.

3 협동화

□ 한국 중문 교육은 각 분야가 서로 보완하며 유기적으로 협력하는 발전 구조를 형성하고 있다.

1 고등 교육 분야

□ 공자아카데미는 협력 대학의 중국어학과 교과과정과 전교 공통 중문 교양 과목의 개설을 위해

교원과 교재를 지원하고 있다. 그 외 사설 교육기관들도 대학의 중문 교육과 긴밀하게 연계되어 상호 발전을 도모하고 있다.

2 기초 교육 분야

□ 공자아카데미는 정기적으로 중·고등학교 현직 교사를 대상으로 한 연수 프로그램을 운영하여 중문 교원의 역량 강화를 지원하며, 학생들을 대상으로 중문 관련 대회 및 문화 체험 활동도 개최하고 있다.

4 체계화

1 한국의 중문 교육은 이미 완성된 체계를 이루었음

□ 첫 번째 축은 '교육 단계'로, 유아교육부터 기초교육, 고등교육, 평생교육에 이르기까지 모든 교육 단계를 포괄하고 있다. 두 번째 축은 '교육 형태'로, 학교·학위 중심의 정규 교육뿐만 아니라 민간 교육기관을 통한 비정규 및 비학위 교육까지 포괄하고 있다.

2 한국의 중문 교육은 교육 단계별로 내부 체계가 발전하고 있음

□ 고등교육의 경우, 중문 관련 학위 과정은 전문대학, 학부, 대학원 등 다양한 학위 과정을 망라하고 있으며, 중문 전공이 개설되지 않은 일부 학과에서도 중문 과목을 필수 이수 과목으로 지정하고 있다.

□ 기초교육 단계에서는 일부 중학교에서 〈생활 중국어〉, 고등학교에서는 〈중국어 I〉, 〈중국어 II〉 등의 과목을 선택 과목으로 지정하고 있다. 이처럼 중·고등학교 단계에서의 중문 교육 체계는 점차 발전하고 체계적인 형태로 자리잡고 있다.

〈표 2-3〉 2020년 중학교 〈생활 외국어〉 과목 편성 현황

(단위: 개교)

	일본어	중국어	프랑스어	스페인어
학교 수 (총 388개교)	72	188	2	1

〈표 2-4〉 2020년 고등학교 〈제2외국어〉 과목 편성 현황

(단위: 개교)

학교 유형	일본어 I	중국어 I	프랑스어 I	독일어 I	스페인어 I	러시아어 I	아랍어 I
일반고 (190개교)	182	182	24	10	9	-	1
	95.8%	95.8%	12.6%	5.3%	4.7%	-	0.5%
자율형 공립고 (18개교)	18	17	-	-	-	1	-
	100%	94.4%	-	-	-	5.6%	-
자율형 사립고 (21개교)	17	19	3	3	1	-	-
	81.0%	90.5%	14.3%	14.3%	4.8%	-	-
특수목적고 (21개교)	5	8	3	2	2	-	-
	23.8%	38.1%	14.3%	9.5%	9.5%	-	-
특성화고 (70개교)	37	21	-	-	-	-	-
	52.9%	30.0%	-	-	-	-	-
합계 (총 320개교)	**259**	**247**	**30**	**15**	**12**	**1**	**1**
	80.9%	**77.2%**	**9.4%**	**4.7%**	**3.8%**	**0.3%**	**0.3%**

5 당면 도전 과제

□ 세기의 격변인 미중 간 전략 전쟁과 코로나19 팬데믹 등이 복합적으로 얽힌 시대적 배경 속에서, 국제 중문 교육은 전례 없는 도전과 기회를 동시에 맞이하고 있다.

□ 공자아카데미를 둘러싼 부정적 인식과 낙인화 현상이 간헐적으로 발생하고 있으며, 한국 내 공자아카데미는 허위 보도, 교사 비자 발급의 제한 등 여러 가지 현실적 문제에 직면해 있다.

□ 또한 최근 한국의 경제 침체와 지속적인 저출산 현상으로 인해 다수의 대학이 재정 압박을 겪고 있으며, 이러한 상황은 중문 교육의 발전에도 심각한 영향을 미치고 있다.

1 교육 이념 혁신의 필요성

□ 제4차 산업혁명의 시대적 배경 속에서, 과학 기술화와 디지털화는 미래 교육의 핵심 발전 방향이 되고 있다. 이에 따라 교육 이념을 새롭게 정립하고 교수·학습 방식을 혁신하는 일은 중문 교육이 직면한 새로운 시대적 과제이자 기회라고 할 수 있다.

□ 5G와 AI의 시대에 들어서면서 원격 교육이 전통적인 교육방식에 충격을 주고 있다. 교육 이념을 시의적절하게 재정립하고 교수 방식을 시대의 흐름에 맞추어 전환하는 것은 시대적 요구이자 불가피한 과제이다.

□ 한국의 중문 교육은 오랜 역사와 탄탄한 기반을 갖추고 있지만, 이는 곧 교수 방식, 교육 이념, 교수법 등의 측면에서 일정한 경직성을 지닌다는 것을 의미하기도 한다. 한국의 중문 교육은 오랫

동안 기존의 교육 방식을 고수해왔으며, 그 결과 교육 내용, 방법 및 이념의 적응성과 혁신성이 점차 시대 변화에 뒤처지고 있다.

2 교육 품질 향상의 필요성

□ 교육의 품질을 높이기 위해서는 '교재(무엇을 가르치는가)', '교원(누가 가르치는가)', '교수법(어떻게 가르치는가)'의 세 가지 요소를 함께 다뤄야 한다.

(1) 교재 문제

□ 일부 한국 현지화 교재는 내용이 다소 구식이며, 회화 등 교재의 본문 내용도 시대의 변화에 맞게 개편될 필요가 있다. 특히 고급 수준 교재의 개선이 시급하다.

(2) 교원 문제

□ 한국 공자아카데미 내 중국인 자원봉사 교사들은 교수 경력과 전공 기초 지식을 더욱 강화할 필요가 있으며, 파견 교사는 잦은 인사이동이 문제로 지적된다. 한국인 교원의 경우 언어능력, 중국 문화 및 중국의 객관적 현실에 대한 이해가 상대적으로 제한적이라는 지적이 있다.

(3) 교수법 문제

□ 대학의 중문 교육은 다음과 같은 문제에 직면해 있다.

- 언어 교육과 문학 교육 간 비중의 불균형
- 교원이 초급 언어 교육에 대한 교수법을 경시하는 경향
- 교수법 개선보다 연구 실적을 우선시하는 대학 내 풍조
- 우수한 중문 교재의 부재

3 교과과정 평가 체계 개선의 필요성

□ 한국의 중문 교육은 학습자의 언어 지식 능력 평가와 수업 효과 평가 등 여러 측면에서 일정한 성과를 거두었으나, 거시적 관점에서의 교육과정 평가 체계는 아직 미비한 수준이다.

(1) 기초 교육 분야

□ 2015년 한국 교육부는 〈제2외국어 교과 교육과정〉을 개정하여, 중·고등학교 단계의 8개 외국어 선택 과목을 규정하였다. 그 중 〈생활 중국어〉, 〈중국어 I〉, 〈중국어 II〉 과목의 평가 기준은 학습자

의 '듣기, 말하기, 읽기, 쓰기, 번역' 능력에 초점을 맞추고 있으나, 교수법, 수업 효과, 학사 운영 등 교육 운영 전반에 대한 평가 기준은 여전히 부족하다.

(2) 고등 교육 및 민간 사설 교육 분야

□ 대학교, 공자아카데미, 사설 교육기관에서의 평가 체계는 주로 학생을 대상으로 한 수업 효과 평가에 집중되어 있으며, 체계적인 교과 평가 지침이나 표준화된 평가 모델은 부족하다.

4 대외 홍보 강화의 필요성

□ 현재 한국 내 공자아카데미는 전국 대부분 지역에 설립되어 있으나, 브랜드 영향력은 여전히 주요 사설 중문 교육기관에 미치지 못하고 있다. 각 공자아카데미는 운영 이념상 안정성 유지에 중점을 두고 있으며, 주요 업무는 행정 및 학사 관리에 집중되어 있다. 그 결과 혁신적 발전을 위한 적극성과 자발성이 다소 부족하다. 대외 홍보 역시 주로 홍보 책자 제작 등 전통적인 방식에 치우쳐 있어, 홍보에 대한 인식 부족, 인력 부족, 홍보 수단의 단조로움 등의 문제가 있다.

□ 기초 교육 단계에서 중국어는 이미 제2외국어 선택 과목으로 지정되어 있지만, 여전히 많은 학생과 학부모는 중문 과목의 필요성과 진로 연계성 등에 대해 충분히 이해하지 못하고 있다. 따라서 학교는 중문 교사의 전문적인 설명을 바탕으로, 청소년들에게 익숙한 SNS와 다양한 디지털 플랫폼을 활용한 홍보 전략을 적극적으로 추진함으로써 더 많은 학생들이 중문을 선택 과목 및 수능 선택 과목으로 고려하도록 유도할 필요가 있다.

5 외부 환경의 도전과 제약

□ 세기의 격변 속에서 한국의 중문 교육 역시 일정 부분 외부 요인의 영향을 받고 있다. 공자아카데미의 설립과 운영은 한국의 법률과 규정을 충실히 준수하고 있음에도 불구하고 일부 서방 세력의 자극과 선동으로 인해 공자아카데미를 공격하는 움직임이 나타나고 있으며, 한국 내 일부 인사들이 이에 동조하여 공자아카데미의 기관적 성격을 의심하거나 한국 공자아카데미의 발전에 개입하려는 시도가 종종 발생하고 있다.

□ 이러한 외부 요인은 기초 교육과 고등 교육 단계의 중문 교육에도 영향을 미치고 있다. 기초 교육 단계에서 중문은 이미 수능 선택 과목으로 포함되어 강한 시험 지향적 성격을 보이고 있지만, 대입 제도 개편이나 언론의 부정적 여론 보도 등 외부 요인들이 학생들의 선택에 부정적인 요인으로 작용하고 있다. 고등 교육 단계에서는 한국 경제의 장기 침체와 팬데믹으로 인한 세계 경제의 악화가 겹치면서, 국제 교류 관련 분야의 외국어 인력 고용 환경이 악화되고, 이로 인해 중문 전공자의 취업에도 부정적인 영향이 미치고 있다.

□ 이처럼 국제 정세의 급변과 세계 경제의 불안정성, 그리고 전 세계를 뒤흔든 팬데믹의 여파는

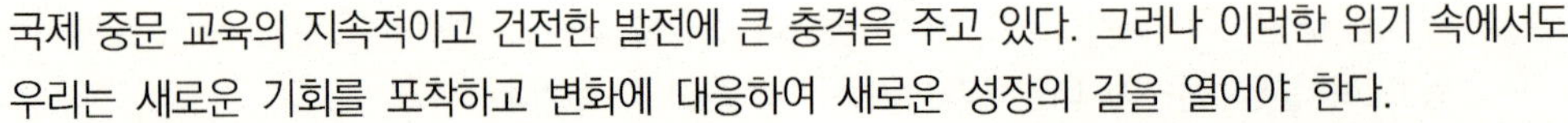

국제 중문 교육의 지속적이고 건전한 발전에 큰 충격을 주고 있다. 그러나 이러한 위기 속에서도 우리는 새로운 기회를 포착하고 변화에 대응하여 새로운 성장의 길을 열어야 한다.

□ 한국의 중문 교육의 선도기관으로서 공자아카데미는 가능한 한 위험을 피하고 외국어교육에 대한 우호적 정책 기회를 적극적으로 활용하며, 시대의 흐름에 맞추어 방향을 조정하고 주도적으로 대응함으로써 한국의 중문 교육 발전을 위한 더 많은 자원과 더 넓은 공간을 창출하고 새로운 활력을 불어넣어야 한다.

□ 또한 중문 교육 공동체 구축을 통해 기술혁신, 자원공유, 교과 연계 등을 실현하고, 대학과의 실질적 협력을 강화하여 우수한 교원 인력을 중심으로 한 지원 체계를 마련해야 한다. 또한 사설 중문 교육기관의 발전에도 주목함으로써 한국 중문 교육의 현지화, 특색화, 협동화, 체계화를 한층 더 높은 수준으로 이끌어, 새로운 국제 중문 교육 공동체 실현에 기여해야 한다.

□ 이에 이 보고서는 우선 2024년 한 해 동안 한국에서 일어난 중문 교육의 전반적인 현황을 살펴보고 각각의 특색과 장단점을 파악한 후, 부족한 부분은 채우고 잘한 부분은 더 격려하여 향후 발전된 모습을 보이고자 하는 데 목적을 두고 작성한다.

Contents

교육기관 현황 III

III 교육기관 현황

◆ 제3장에서는 국내에서 중문 교육을 시행 중인 기관의 2024년 현황을 분석하였다.

◆ 분석 대상은 초등학교, 중등학교, 전문대학·대학교, 일반대학원, 특수대학원, 통번역 전공 대학원, 사설 교육기관, 공자아카데미이다.

3.1 초등학교

□ 한국 공교육에서 중문 교육은 공식적으로는 중등학교 단계부터 시작되며, 초등학교에서는 주로 방과후학교 프로그램의 형태로 이루어지고 있다. 방과후학교 프로그램은 2006년 시행[1] 이후 현재 약 97.3%의 초등학교에서 운영하고 있으며, 초등학교의 중문 교육 역시 그 일환으로 자리잡고 있다.

□ 2016년에 이루어진 한 연구[2]에 따르면, 서울 소재 596개 초등학교 중에서 중국어 수업을 시행하는 학교는 136개교, 시행하지 않는 학교는 449개교로 나타났다. (11개교는 확인되지 않음) 중문 교육을 시행하는 136개교 중 정규 교과로 운영하는 학교는 6개교, 방과후학교 프로그램으로 운영하는 학교는 99개교, 정규 교과와 방과후학교를 병행하는 학교는 31개교로 나타났다. 정규 교과로 중국어 수업을 운영하는 학교는 대다수가 사립 초등학교였고, 국·공립 초등학교에서는 주로 방과후학교 프로그램으로 운영하였다.

□ 이러한 실태 조사는 2016년 이후 거의 이루어지지 않고 있으며, 교육부·교육청 차원의 자료도 제공되지 않아 초등학교 단계의 중문 교육 현황을 구체적으로 파악하는 데는 한계가 있다.

〈표 3-1〉 2016년 서울 소재 초등학교의 중문 교육 시행 유형

(단위: 개교, %)

구분	학교수	비율(596개교 대비)	실시 유형	학교수	비율(136개교 대비)
실시	136	23	정규 교과	6	4
			방과후학교	99	73

1) 방과후학교 프로그램의 추진은 정책 도입기(1995~2003), 정책 확산기(2004~2007), 정책 변용기(2008~현재)로 구분되며, 공식적으로는 2006년에 전국적으로 실시되었다. (출처: 행정안전부 국가기록원)

2) 김현철 외(2016), 〈한국 초등학교의 중국어 교육 현황 조사 연구: 서울 지역을 중심으로〉.

구분	학교수	비율(596개교 대비)	실시 유형	학교수	비율(136개교 대비)
			정규+방과후학교 병행	31	23
미실시	449	75			
확인 불가	11	2			
합계	**596**	**100**			

3.2 중등학교

1 현과 운영 현황

□ 국내 공교육에서 중문 교육은 중등교육 단계에서 선택 과목으로 진행되고 있다.[3]

□ 중학교에는 '생활 중국어' 과목이 선택 교과로 편성되어 있다.

□ 고등학교는 보통 교과와 전문 교과로 나뉘어 총 9개 과목이 개설되어 있다. 이 중 '중국어Ⅰ · Ⅱ'는 보통 교과의 선택 과목에, 그 외 과목(전공 기초 중국어, 중국어 회화Ⅰ · Ⅱ, 중국어 독해와 작문Ⅰ · Ⅱ, 중국 문화, 관광 중국어)은 전문 교과에 편성되어 있다.

〈표 3-2〉 중등학교 중문 교과목 편제

학교급	교과 유형	교과(군)	중국어 과목	비고
중학교	선택 교과	생활 외국어	생활 중국어	
고등학교	보통 교과	공통 과목	-	
		선택 과목 (제2외국어)	중국어Ⅰ	일반 선택 과목
			중국어Ⅱ	진로 선택 과목
	전문 교과	전문 교과Ⅰ (외국어 계열)	전공 기초 중국어 중국어 회화Ⅰ · Ⅱ 중국어 독해와 작문Ⅰ · Ⅱ 중국 문화	
		전문 교과Ⅱ(미용 · 관광 · 레저)	관광 중국어	

주: 전문 교과Ⅰ은 주로 외국어 · 국제 계열 고등학교를 위한 과목이고, 전문 교과Ⅱ는 실업계 특성화 고등학교를 위한 과목임.

출처: 교육과정 정보센터.

□ 전국 중학교 3,272개교 중 766개교(23.4%), 전국 고등학교 2,308개교 중 1,122개교(48.6%)에서 중문 교과를 운영하고 있다.[4]

---

3) 고등학교는 1차 교육과정(1954년)부터, 중학교는 7차 교육과정(2000년)부터 중국어 과목이 도입되었다. 2024년은 2015 개정 교육과정이 적용 중이다.

□ 지역별로는 경기와 서울 등 수도권 지역에 중학교 535개교, 고등학교 596개교가 집중되어 있다. 그 외에 영남권(중 100, 고 218), 강원 · 충청권(중 57, 고 165), 호남권(중 60, 고 132), 제주권(중 14, 고 11)의 운영 분포를 나타냈다.

〈표 3-3〉 중문 교과 운영 중등학교 지역별 분포

(단위: 개교)

지역		중학교	고등학교	소계
수도권	서울	159	168	327
	경기	334	357	691
	인천	42	71	113
	소계	**535**	**596**	**1,131**
영남권	부산	19	38	57
	대구	62	39	101
	울산	6	20	26
	경북	6	52	58
	경남	7	69	76
	소계	**100**	**218**	**318**
강원·충청권	강원	2	31	33
	충북	31	32	63
	충남	3	59	62
	대전	5	34	39
	세종	16	9	25
	소계	**57**	**165**	**222**
호남권	광주	23	18	41
	전북	27	47	74
	전남	10	67	77
	소계	**60**	**132**	**192**
제주권	제주	14	11	25
합계		**766**	**1,122**	**1,888**

데이터 출처: 학교알리미.

□ 고등학교의 중문 과목은 일반 선택 과목인 '중국어Ⅰ'이 950개교에서, 진로 선택 과목인 '중국어Ⅱ'가 70개교에서 운영되고 있어, 입문 수준의 기초 교육이 주를 이루고 있다.

4) 전체 학교 목록은 부록 1, 2 참고.

〈표 3-4〉 고등학교 중문 과목별 운영 학교 수

(단위: 개교)

중국어 I	중국어 II	중국 문화	중국어 회화 I	전공 기초 중국어	중국어 독해와 작문 I	중국어 회화 II	관광 중국어	중국어 독해와 작문 II
950	70	48	35	33	21	15	15	12

주: 2개 이상의 과목을 동시 운영하는 학교는 중복 집계함.
데이터 출처: 학교알리미.

2 교원 현황

- □ 중등학교에서 중문 교과를 담당 중인 교 · 강사 수는 총 2,070명으로 확인되었다. 중학교에 835명(교사 801, 강사 34)이, 고등학교에 교사 1,235명(교사 1,212, 강사 23)이 재직 중이다.
- □ 교 · 강사 비중은 교사 2,013명(97.2%), 강사 57명(2.8%)으로 교사가 대다수이다.
- □ 성별로는 여성 1,865명(90.1%), 남성 205명(9.9%)으로, 여성 편중 현상이 뚜렷하다.

〈표 3-5〉 중등학교 중문 교원 성별 및 교 · 강사 분포

(단위: 명)

학교급	교사(남)	교사(여)	교사 합계	강사(남)	강사(여)	강사 합계	소계
중학교	43	758	801	1	33	34	835
고등학교	160	1,052	1,212	1	22	23	1,235
합계	**203**	**1,810**	**2,013**	**2**	**55**	**57**	**2,070**

데이터 출처: 학교알리미.

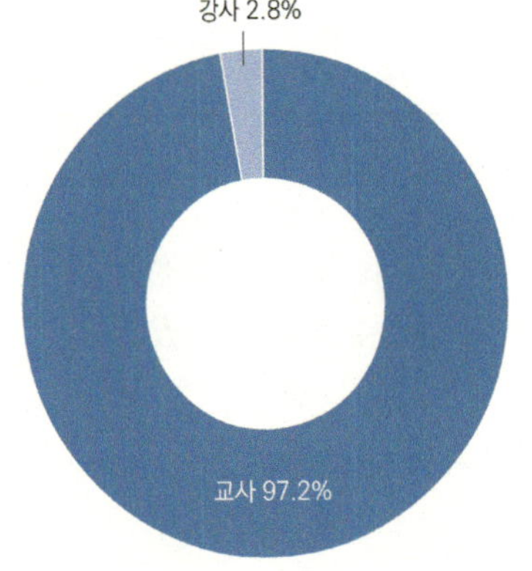

〈그림 3-1〉 중등학교 중문 교원 교 · 강사 비중

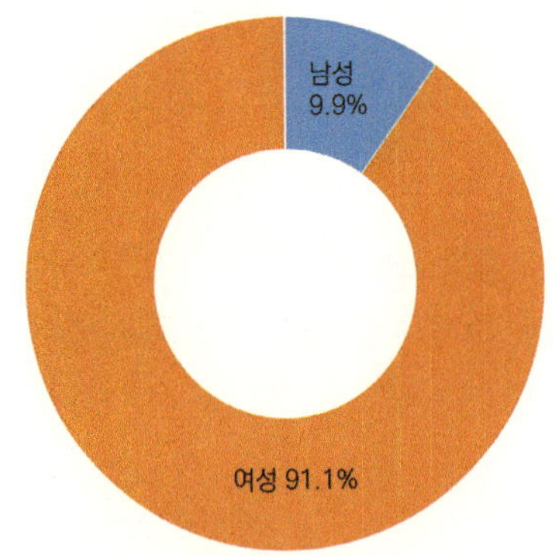

〈그림 3-2〉 중등학교 중문 교원 성별 비중

분석 결과 및 시사점	• 한국 중등학교에서의 중문 교육은 제2외국어 선택 과목으로 운영되고 있으며, 영어 중심의 외국어교육 구조 속에서 중문 교과를 시행하는 학교 수가 감소 추세를 보임. 예를 들어 서울 소재 중등학교의 경우, 중문 교과 운영 비중이 2016년 중학교 49.6%, 고등학교 75%, 2021년 중학교 47.2%, 고등학교 74.7%, 2024년 중학교 40.8%, 고등학교 52.8%로 점차 감소하고 있음. • 이를 해결하기 위해서는 중문 교육을 초등학교 단계에서부터 체계적으로 실시하며, 단순 어학 차원을 넘어 문화 · 경제 · 외교적 소양을 배양하는 통합형 교육으로 전환할 필요가 있음. 구체적으로, 학생 수요 기반의 공동 교육과정 및 온라인 연계 수업 활성화, 교원 역량 강화를 위한 정기 연수 및 장기적 인사 배치 개선 등의 제도적 보완이 필요함.

3.3 전문대학 · 대학교

□ 전국의 전문대학은 131개교, 대학교는 219개교이다.

〈표 3-6〉 국내 전문대학 · 대학교 유형별 학교 수

(단위: 개교)

대학 유형		국립	공립	사립	소계
전문대학		1	7	123	131
대학교	일반대학	34	1	154	189
	교육대학	10	-	-	10
	방송통신대학	1	-	-	1
	원격대학	-	-	1	1
	사이버대학	-	-	18	18
	소계	**45**	**1**	**173**	**219**

데이터 출처: 한국교육개발원 교육통계센터.

1 학과 운영 현황

1 전문대학

□ 전국 131개 전문대학 중 중문 관련 전공 또는 학과(이하 '학과')를 운영하는 곳은 총 12개교(9.2%)이다.

□ 전문대학에서는 학과명에 주로 '관광', '보건', '비즈니스', '의료' 등 실무 중심의 용어를 사용한다. 이는 전통적인 어학 교육보다는 취업 연계와 실무 역량 강화를 중시하는 전문대학의 특성을 반영한다.

〈표 3-7〉 중문 관련 학과 운영 전문대학 목록

No.	학교명	전공 및 학과명	설립유형	지역
1	동서울대학교	글로벌중국비즈니스과	사립	경기
2	마산대학교	의료관광중국어과	사립	경남
3	명지전문대학	중국어비즈니스과	사립	서울
4	배화여자대학교	글로벌커뮤니케이션과 중국어전공	사립	서울
5	부산과학기술대학교	보건관광중국어과	사립	부산
6	서일대학교	비즈니스중국어과	사립	서울
7	인덕대학교	비즈니스중국어학과	사립	서울
8	장안대학교	디지털비지니스중국어과	사립	경기
9	제주관광대학교	관광중국어과	사립	제주
10	제주한라대학교	관광중국어과	사립	제주
11	한국관광대학교	관광중국어과	사립	경기
12	한양여자대학교	실무중국어과	사립	서울

주: 학교명 가나다순 정렬. (이하 동일)
데이터 출처: 대학알리미.

□ 지역별로는 12개교 중 8개교(66.7%)가 수도권에 집중되어 있다.

□ 제주 지역에는 제주관광대학교와 제주한라대학교 2개교에 관광중국어과가 개설되어 있다. 이는 제주가 대표적인 중국인 관광객 유입지라는 지역적 특성이 반영된 것으로 해석된다.

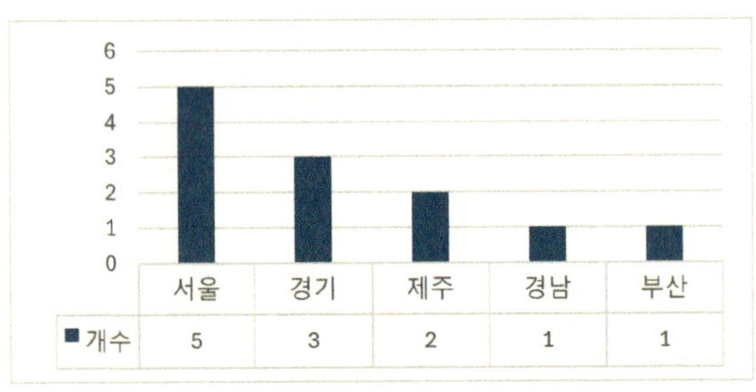

〈그림 3-3〉 지역별 중문 관련 학과 운영 전문대학 분포

2 대학교

□ 전국 219개 대학교 중 중문 관련 학과를 운영 중인 곳은 88개교(40.2%)이다.

□ 설립유형별로는 사립대학 66개교, 국립대학 22개교, 국립대법인 2개교, 공립대학 1개교 순이다.

□ 지역별로는 서울에 29개교(32.9%)가 위치한다. 경기(13개교)와 인천(2개교)을 포함하면, 수도권에만 전체의 절반에 해당하는 44개 대학이 집중되어 있다. (〈그림 3-4〉 참고)

〈표 3-8〉 중문 관련 학과 운영 대학교 목록

No.	학교명	전공 및 학과명	설립유형	지역
1	가천대학교	중국어문학과	사립	경기
2	가톨릭대학교	중국언어문화학과	사립	경기
3	강원대학교	중어중문학전공	국립	강원
4	건국대학교	중어중문학과	사립	서울
5	경기대학교	중어중문전공	사립	경기
6	경북대학교	중어중문학과	국립	대구
7	경상국립대학교	중어중문학과	국립	경남
8	경성대학교	중국학과	사립	부산
9	경희대학교	중국어학과	사립	서울
10	계명대학교	중국어중국학과	사립	대구
11	고려대학교	중어중문학과	사립	서울
12	고려대학교(세종)	중국학전공	사립	세종
13	국립강릉원주대학교	중어중문학과	국립	강원
14	국립경국대학교	중국어문 · 문화학과	국립	경북
15	국립공주대학교	중어중문학과	국립	충남
16	국립군산대학교	중어중문학과	국립	전북
17	국립목포대학교	동아시아문화	국립	전남
18	국립부경대학교	중국학과	국립	부산
19	국립순천대학교	글로벌중국학전공	국립	전남
20	국립창원대학교	중국학과	국립	경남
21	국립한국교통대학교	중국어학과	국립	충북
22	국립한밭대학교	중국어과	국립	대전
23	국민대학교	중국학부(중국어문전공)	사립	서울
24	남서울대학교	중국학과	사립	충남
25	단국대학교(제2캠퍼스)	아시아중동학부 중국학전공	사립	충남
26	덕성여자대학교	중어중문학전공	사립	서울
27	동국대학교	중어중문학과	사립	서울
28	동국대학교(WISE)	중어중문학과	사립	경북
29	동덕여자대학교	글로벌지역학부 중어중국학전공	사립	서울
30	동서대학교	중국어학과	사립	부산
31	동아대학교	중국학과	사립	부산
32	동의대학교	중어중국학과	사립	부산
33	명지대학교(제2캠퍼스)	중어중문학과	사립	서울
34	목원대학교	중국문화 · 비즈니스학과	사립	대전
35	부산대학교	중어중문학과	국립	부산
36	부산외국어대학교	중국학부	사립	부산
37	상명대학교(제2캠퍼스)	중국어권지역학전공	사립	충남

No.	학교명	전공 및 학과명	설립유형	지역
38	서강대학교	중국문화학과	사립	서울
39	서울대학교	중어중문학과	국립대법인	서울
40	서울시립대학교	중국어문화학과	공립	서울
41	서울신학대학교	중국언어문화콘텐츠학과	사립	경기
42	서울여자대학교	중어중문학과	사립	서울
43	선문대학교	외국어학부 중국어문화전공	사립	충남
44	성결대학교	중어중문학과	사립	경기
45	성공회대학교	중어중국학전공(인문융합콘텐츠학부)	사립	서울
46	성균관대학교	중어중문학과	사립	서울
47	성신여자대학교	중국어문·문화학과	사립	서울
48	수원대학교	중어중문학	사립	경기
49	숙명여자대학교	중어중문학부	사립	서울
50	순천향대학교	중국학과	사립	충남
51	숭실대학교	중어중문학과	사립	서울
52	안양대학교	중국언어문화학과	사립	경기
53	연세대학교	중어중문학과	사립	서울
54	영남대학교	중국언어문화학과	사립	경북
		응용중국어통번역전공	사립	
55	용인대학교	중국학과	사립	경기
56	울산대학교	중국어 · 중국학과	사립	울산
57	원광대학교	중국학과	사립	전북
58	이화여자대학교	중어중문학과	사립	서울
59	인천대학교	중어중국학과	국립대법인	인천
60	인하대학교	중국학과	사립	인천
61	전남대학교	중어중문학과	국립	광주
62	전남대학교(제2캠퍼스)	국제학부(중국학전공)	국립	전남
63	전북대학교	중어중문학과	국립	전북
64	전주대학교	중국어중국학과	사립	전북
65	제주대학교	중어중문학과	국립	제주
66	조선대학교	아시아언어문화학부(중국어문화학전공)	사립	광주
67	중앙대학교	아시아문화학부(중국어문학전공)	사립	서울
68	창신대학교	중국비즈니스학과	사립	경남
69	충남대학교	중어중문학과	국립	대전
70	충북대학교	중어중문학과	국립	충북
71	평택대학교	중국학전공	사립	경기
72	한국교원대학교	중국어교육과	국립	충북
73	한국외국어대학교	중국언어문화학부	사립	서울
		외국어교육학부(중국어교육전공)	사립	

No.	학교명	전공 및 학과명	설립유형	지역
		중국어통번역학과	사립	
74	한림대학교	중국학과	사립	강원
75	한세대학교	중국어학과	사립	경기
76	한신대학교	중국어문화콘텐츠학	사립	경기
77	한양대학교	중어중문학과	사립	서울
78	한양대학교(ERICA)	중국학과	사립	경기
79	협성대학교	중국어문화학과	사립	경기
80	호남대학교	중국어학과	사립	광주
81	호서대학교	중국학과	사립	충남
82	경희사이버대학교	중국어문화학과	사립	서울
83	고려사이버대학교	실용외국어학과	사립	서울
84	사이버한국외국어대학교	중국어학부	사립	서울
85	서울디지털대학교	국제학과(일본 · 중국)	사립	서울
86	세종사이버대학교	국제학과(영어 · 중국어)	사립	서울
87	숭실사이버대학교	중국언어문화학과	사립	서울
88	한국방송통신대학교	중어중문학과	국립	서울

주: 대학교, 사이버대, 방통대 순서로 학교명 가나다순 정렬. (이하 동일)
데이터 출처: 대학알리미.

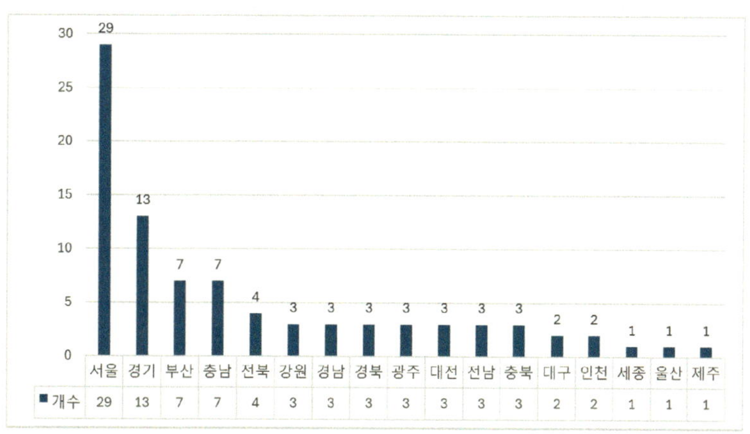

〈그림 3-4〉 지역별 중문 관련 학과 운영 대학교 분포

□ 〈그림 3-5〉는 대학교 학과명의 패턴을 분석한 것이다. 분석 결과, '중국어', '중국', '문화'가 중국어 관련 학과명의 핵심 어휘임이 확인된다. 특히 '중국어'는 '문화', '언어', '통번역', '교육' 등과 밀접하게 연결되어, 학문적 · 실용적 중심축 역할을 한다.

□ '중국어', '중국'과 '언어', '문화', '교육' 등이 주로 결합하는 것은 중문 관련 학과가 언어학, 문학

탐구, 교원 양성 등 다학제적 성격을 포괄함을 반영한다.

□ '중어중문', '중국어문', '중어' 등 유사한 용어가 대학별로 혼용되고 있으며, 주로 '문화', '언어', '문학' 등의 단어와 결합하여 전통적 학문 정체성을 강조하는 경향이 있다.

□ '중국문화 · 비지니스', '중국어문화콘텐츠' 등은 문화산업과의 연계를, '글로벌중국학전공', '중국어권지역학전공' 등은 글로벌 역량 강화에 초점을 맞추고 있다. 이는 중문 관련 학과가 학제적 융합과 글로벌 감각을 중시하며, 급변하는 사회의 수요에 발맞춰 전공 체계를 재구성하고 있음을 나타낸다.

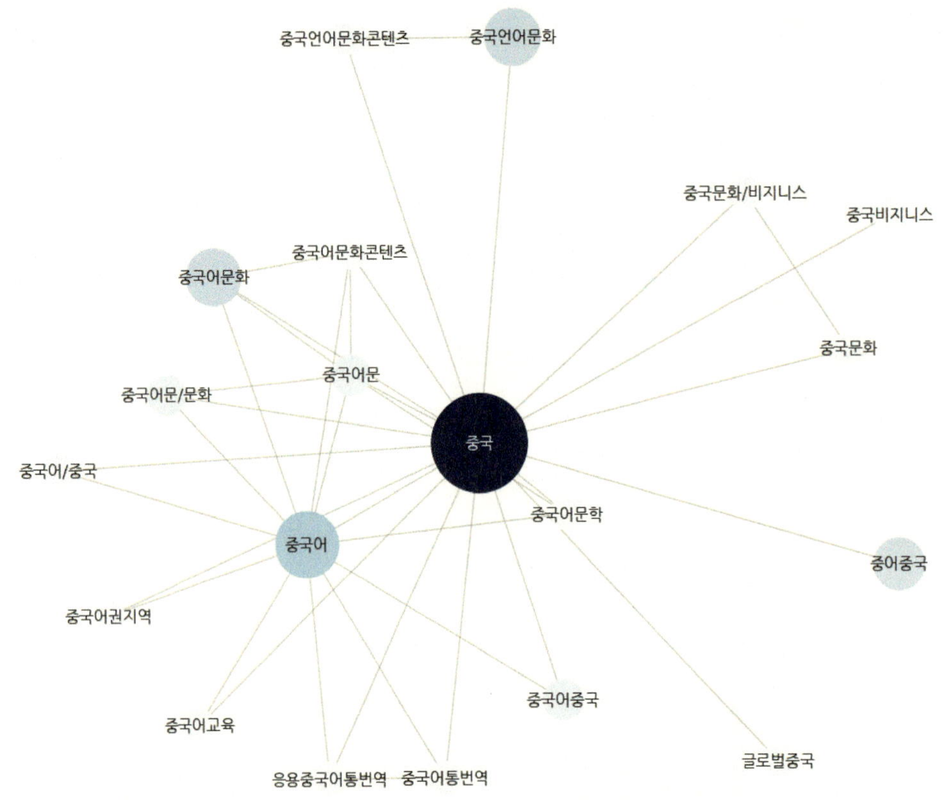

〈그림 3-5〉 대학교 중문 관련 학과명 키워드 네트워크

주: 학과명을 구성하는 주요 키워드를 추출하여 키워드 간의 공출현 관계를 네트워크 형태로 시각화함.

□ 중문 교직과정을 운영하는 대학교는 47개교로, 정해진 과정을 이수하면 중등학교 정교사 2급 자격을 취득할 수 있다.

〈표 3-9〉 중문 교직과정 운영 대학교 목록

No.	학교명	전공 및 학과명	자격종별
1	가천대학교	중국어문학과	중등학교 정교사(2급)
2	강원대학교	중어중문학전공	상동
3	건국대학교	중어중문학과	상동
4	경기대학교	중어중문전공	상동
5	경북대학교	중어중문학과	상동
6	경상국립대학교	중어중문학과	상동
7	경성대학교	중국학과	상동
8	경희대학교	중국어학과	상동
9	계명대학교	중국어중국학과	상동
10	고려대학교	중어중문학과	상동
11	고려대학교 세종캠퍼스	중국학전공	상동
12	국립강릉원주대학교	중어중문학과	상동
13	국립공주대학교	중어중문학과	상동
14	국립군산대학교	중어중문학과	상동
15	국립한밭대학교	중국어과	상동
16	국민대학교	중국학부중국어문전공	상동
17	남서울대학교	중국학과	상동
18	단국대학교(제2캠퍼스)	아시아중동학부중국학전공	상동
19	덕성여자대학교	중어중문학전공	상동
20	동국대학교	중어중문학과	상동
21	동국대학교 WISE캠퍼스	중어중문학과	상동
22	동서대학교	중국어학과	상동
23	동의대학교	중어중국학과	상동
24	명지대학교(제2캠퍼스)	중어중문학과	상동
25	부산대학교	중어중문학과	상동
26	부산외국어대학교	중국학부	상동
27	서강대학교	중국문화학과	상동
28	서울대학교	중어중문학과	상동
29	성결대학교	중어중문학과	상동
30	성균관대학교	중어중문학과	상동
31	성신여자대학교	중국어문·문화학과	상동
32	숙명여자대학교	중어중문학부	상동
33	숭실대학교	중어중문학과	상동
34	연세대학교	중어중문학과	상동
35	영남대학교	중국언어문화학과	상동
36	울산대학교	중국어·중국학과	상동
37	원광대학교	중국학과	상동

No.	학교명	전공 및 학과명	자격종별
38	이화여자대학교	중어중문학과	상동
39	전남대학교	중어중문학과	상동
40	전북대학교	중어중문학과	상동
41	제주대학교	중어중문학과	상동
42	조선대학교	아시아언어문화학부(중국어문화학전공)	상동
43	중앙대학교	아시아문화학부 중국어문학전공	상동
44	충남대학교	중어중문학과	상동
45	한국외국어대학교	중국언어문화학부	상동
46	한양대학교	중어중문학과	상동
47	한양대학교 ERICA	중국학과	상동

데이터 출처: 대학알리미.

2 교원 현황

1 전문대학

□ 전국 전문대학의 전체 교원 수는 총 10,886명이며, 중문 관련 학과의 교원은 90명이다. 전임교원 35명(38.9%), 비전임교원 55명(61.1%)으로, 비전임교원이 전임교원보다 약 1.6배 많다.

□ 전임·비전임의 성별 분포를 보면, 남성은 전임이 18명, 비전임이 15명으로 큰 차이가 없다. 반면 여성은 전임 17명, 비전임 40명으로, 여성이 남성에 비해 참여도는 높지만 고용 안정성은 낮은 편이다. (〈그림 3-6〉 참고)

〈표 3-10〉 전문대학 중문 관련 학과 교원 현황

(단위: 명)

No.	학교명	전공 및 학과명	전임교원			비전임교원			소계		
			남	여	계	남	여	계	남	여	계
1	동서울대학교	글로벌중국비즈니스과	2	1	3	1	1	2	3	2	5
2	마산대학교	의료관광중국어과	2	0	2	3	2	5	5	2	7
3	명지전문대학	중국어비즈니스과	1	4	5	1	2	3	2	6	8
4	배화여자대학교	글로벌커뮤니케이션과 중국어전공	3	2	5	0	2	2	3	4	7
5	부산과학기술대학교	보건관광중국어과	0	0	0	1	5	6	1	5	6
6	서일대학교	비즈니스중국어과	1	1	2	1	7	8	2	8	10
7	인덕대학교	비즈니스중국어학과	2	2	4	4	3	7	6	5	11
8	장안대학교	디지털비지니스중국어과	1	1	2	0	1	1	1	2	3

No.	학교명	전공 및 학과명	전임교원			비전임교원			소계		
			남	여	계	남	여	계	남	여	계
9	제주관광대학교	관광중국어과	2	0	2	1	2	3	3	2	5
10	제주한라대학교	관광중국어과	1	1	2	2	3	5	3	4	7
11	한국관광대학교	관광중국어과	1	1	2	0	1	1	1	2	3
12	한양여자대학교	실무중국어과	2	4	6	1	11	12	3	15	18
합계			**18**	**17**	**35**	**15**	**40**	**55**	**33**	**57**	**90**

주: 전임교원은 교수, 부교수, 조교수를 포함함. 비전임교원은 겸임교수, 초빙교수, 명예교수, 객원교수, 대우교수, 기타를 포함하며, 고등교육법(2019년 8월 1일 자 시행)에 따라 2020년부터 강사도 포함함. (이하 동일)
데이터 출처: 대학알리미, 한국교육개발원 교육통계센터.

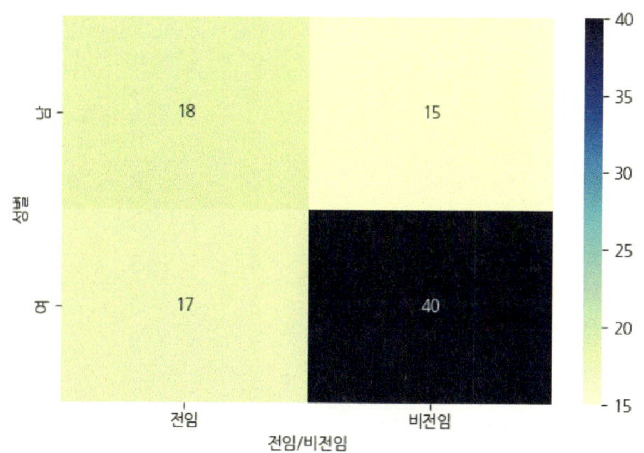

〈그림 3-6〉 전문대학 전임 · 비전임교원 성별 분포
주: 전임 · 비전임교원의 성별에 따른 분포를 히트맵 형식으로 시각화함. (이하 동일)

2 대학교

□ 전국 대학교의 전체 교원 수는 총 66,995명이며[5], 이 중 중문 관련 학과의 교원은 1,260명이다. 전임교원 466명(37%), 비전임교원 794명(63%)으로 비전임 비중이 높다.

□ 전체 성별 분포는 남성 551명(43.7%), 여성 709명(56.3%)으로 여성의 비율이 높다. 전임교원은 남성 264명(56.7%), 여성 202명(43.3%)으로 성비가 비교적 균형을 이루나, 비전임교원은 남성 287명(36.1%), 여성 507명(63.9%)으로 여성 비율이 현저히 높다. (〈그림 3-7〉 참고)

□ 비전임 여성 교원의 비중이 높은 것은 전문대학과 대학교에서의 공통된 양상으로, 국내 중문 교육

5) 대학교 65,384명, 교육대학 835명, 방송통신대학 163명, 원격대학 10명, 사이버대학 603명. (출처: 한국교육개발원 교육통계센터)

기관이 구조적으로 성별 불균형을 내포하고 있음을 시사한다.

〈표 3-11〉 대학교 중문 관련 학과 교원 현황

(단위: 명)

No.	학교명	전공 및 학과명	전임교원			비전임교원			소계		
			남	여	계	남	여	계	남	여	계
1	가천대학교	중국어문학과	3	3	6	7	11	18	10	14	24
2	가톨릭대학교	중국언어문화학과	1	3	4	2	9	11	3	12	15
3	강원대학교	중어중문학전공	1	3	4	4	4	8	5	7	12
4	건국대학교	중어중문학과	3	3	6	6	11	17	9	14	23
5	경기대학교	중어중문전공	2	3	5	3	2	5	5	5	10
6	경북대학교	중어중문학과	4	2	6	11	8	19	15	10	25
7	경상국립대학교	중어중문학과	5	0	5	8	6	14	13	6	19
8	경성대학교	중국학과	6	4	10	4	8	12	10	12	22
9	경희대학교	중국어학과	7	0	7	1	4	5	8	4	12
10	계명대학교	중국어중국학과	7	4	11	1	1	2	8	5	13
11	고려대학교	중어중문학과	6	2	8	10	29	39	16	31	47
12	고려대학교(세종)	중국학전공	2	1	3	5	3	8	7	4	11
13	국립강릉원주대학교	중어중문학과	4	1	5	0	1	1	4	2	6
14	국립경국대학교	중국어문 · 문화학과	3	0	3	1	3	4	4	3	7
15	국립공주대학교	중어중문학과	2	1	3	4	5	9	6	6	12
16	국립군산대학교	중어중문학과	3	1	4	4	4	8	7	5	12
17	국립목포대학교	동아시아문화	0	0	0	3	9	12	3	9	12
18	국립부경대학교	중국학과	5	1	6	3	7	10	8	8	16
19	국립순천대학교	글로벌중국학전공	4	0	4	2	3	5	6	3	9
20	국립창원대학교	중국학과	4	1	5	1	3	4	5	4	9
21	국립한국교통대학교	중국어학과	4	3	7	1	1	2	5	4	9
22	국립한밭대학교	중국어과	4	4	8	2	3	5	6	7	13
23	국민대학교	중국학부(중국어문전공)	8	8	16	7	2	9	15	10	25
24	남서울대학교	중국학과	1	3	4	1	1	2	2	4	6
25	단국대학교(제2캠퍼스)	아시아중동학부 중국학전공	0	0	0	1	7	8	1	7	8
26	덕성여자대학교	중어중문학전공	3	1	4	2	6	8	5	7	12
27	동국대학교	중어중문학과	4	1	5	4	11	15	8	12	20
28	동국대학교(WISE)	중어중문학과	2	2	4	3	4	7	5	6	11
29	동덕여자대학교	글로벌지역학부 중어중국학전공	4	1	5	0	3	3	4	4	8
30	동서대학교	중국어학과	3	4	7	2	2	4	5	6	11
31	동아대학교	중국학과	1	7	8	4	0	4	5	7	12
32	동의대학교	중어중국학과	3	1	4	4	2	6	7	3	10
33	명지대학교(제2캠퍼스)	중어중문학과	4	2	6	1	3	4	5	5	10

No.	학교명	전공 및 학과명	전임교원			비전임교원			소계		
			남	여	계	남	여	계	남	여	계
34	목원대학교	중국문화 · 비즈니스학과	2	1	3	1	1	2	3	2	5
35	부산대학교	중어중문학과	2	4	6	7	12	19	9	16	25
36	부산외국어대학교	중국학부	4	4	8	1	7	8	5	11	16
37	상명대학교(제2캠퍼스)	중국어권지역학전공	3	1	4	0	1	1	3	2	5
38	서강대학교	중국문화학과	5	2	7	1	7	8	6	9	15
39	서울대학교	중어중문학과	8	3	11	14	25	39	22	28	50
40	서울시립대학교	중국어문화학과	6	2	8	4	4	8	10	6	16
41	서울신학대학교	중국언어문화콘텐츠학과	1	3	4	0	0	0	1	3	4
42	서울여자대학교	중어중문학과	2	3	5	2	4	6	4	7	11
43	선문대학교	외국어학부 중국어문화전공	2	3	5	1	1	2	3	4	7
44	성결대학교	중어중문학과	1	4	5	0	1	1	1	5	6
45	성공회대학교	중어중국학전공(인문융합콘텐츠학부)	확인 불가								
46	성균관대학교	중어중문학과	3	0	3	7	11	18	10	11	21
47	성신여자대학교	중국어문·문화학과	2	4	6	0	4	4	2	8	10
48	수원대학교	중어중문학	0	5	5	0	1	1	0	6	6
49	숙명여자대학교	중어중문학부	3	4	7	0	6	6	3	10	13
50	순천향대학교	중국학과	2	0	2	1	0	1	3	0	3
51	숭실대학교	중어중문학과	2	5	7	5	5	10	7	10	17
52	안양대학교	중국언어문화학과	2	2	4	0	3	3	2	5	7
53	연세대학교	중어중문학과	3	5	8	15	41	56	18	46	64
54	영남대학교	중국언어문화학과	0	0	0	2	0	2	2	0	2
		응용중국어통번역전공	확인 불가								
55	용인대학교	중국학과	확인 불가								
56	울산대학교	중국어 · 중국학과	3	2	5	1	5	6	4	7	11
57	원광대학교	중국학과	3	1	4	4	3	7	7	4	11
58	이화여자대학교	중어중문학과	2	7	9	3	8	11	5	15	20
59	인천대학교	중어중국학과	10	5	15	0	2	2	10	7	17
60	인하대학교	중국학과	5	3	8	1	9	10	6	12	18
61	전남대학교	중어중문학과	5	2	7	9	13	22	14	15	29
62	전남대학교(제2캠퍼스)	국제학부(중국학전공)	확인 불가								
63	전북대학교	중어중문학과	5	3	8	4	10	14	9	13	22
64	전주대학교	중국어중국학과	2	2	4	3	1	4	5	3	8
65	제주대학교	중어중문학과	3	2	5	5	10	15	8	12	20
66	조선대학교	아시아언어문화학부(중국어문화학전공)	2	3	5	1	4	5	3	7	10
67	중앙대학교	아시아문화학부(중국어문학전공)	3	3	6	4	7	11	7	10	17
68	창신대학교	중국비즈니스학과	0	3	3	1	0	1	1	3	4
69	충남대학교	중어중문학과	4	1	5	6	4	10	10	5	15

No.	학교명	전공 및 학과명	전임교원			비전임교원			소계		
			남	여	계	남	여	계	남	여	계
70	충북대학교	중어중문학과	2	3	5	7	5	12	9	8	17
71	평택대학교	중국학전공	확인 불가								
72	한국교원대학교	중국어교육과	3	1	4	0	2	2	3	3	6
73	한국외국어대학교	중국언어문화학부	6	0	6	13	25	38	19	25	44
		외국어교육학부(중국어교육전공)	0	2	2	0	3	3	0	5	5
		중국어통번역학과	4	0	4	6	16	22	10	16	26
74	한림대학교	중국학과	5	1	6	2	6	8	7	7	14
75	한세대학교	중국어학과	1	1	2	1	0	1	2	1	3
76	한신대학교	중국어문화콘텐츠학	2	3	5	2	2	4	4	5	9
77	한양대학교	중어중문학과	7	6	13	5	10	15	12	16	28
78	한양대학교(ERICA)	중국학과	5	2	7	8	2	10	13	4	17
79	협성대학교	중국어문화학과	2	3	5	1	3	4	3	6	9
80	호남대학교	중국어학과	4	2	6	1	0	1	5	2	7
81	호서대학교	중국학과	4	0	4	3	2	5	7	2	9
82	경희사이버대학교	중국어문화학과	1	0	1	8	7	15	9	7	16
83	고려사이버대학교	실용외국어학과	0	4	4	4	22	26	4	26	30
84	사이버한국외국어대학교	중국어학부	1	2	3	2	3	5	3	5	8
85	서울디지털대학교	국제학과(일본 · 중국)	1	3	4	0	0	0	1	3	4
86	세종사이버대학교	국제학과(영어 · 중국어)	0	1	1	3	9	12	3	10	13
87	숭실사이버대학교	중국언어문화학과	0	1	1	2	3	5	2	4	6
88	한국방송통신대학교	중어중문학과	3	5	8	4	1	5	7	6	13
합계			264	202	466	287	507	794	551	709	1,260

주: 합계는 확인 불가인 학교를 제외하여 합산한 수치임. (이하 동일)
데이터 출처: 대학알리미, 한국교육개발원 교육통계센터.

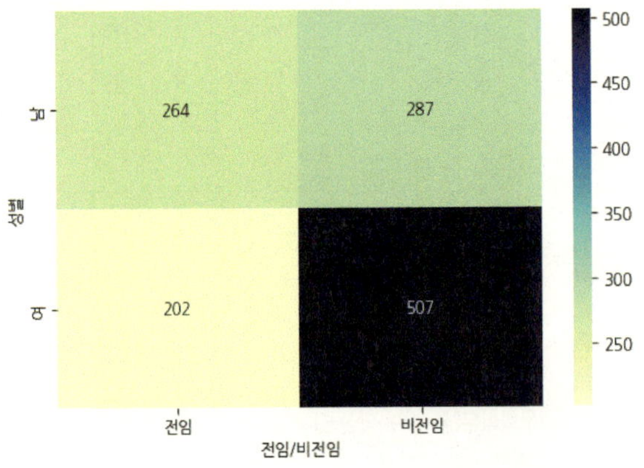

〈그림 3-7〉 대학교 전임 · 비전임교원 성별 분포

3 재적생 현황

1 전문대학

□ 전국 전문대학의 전체 재적생은 총 492,042명이며, 이 중 중문 관련 학과의 재적생은 861명이다. 재적생 가운데 재학생은 645명(74.9%), 휴학생은 216명(25.1%)이며, 학사학위 취득 유예생은 없는 것으로 나타났다.

□ 재적생 수는 한양여자대학교(158명), 명지전문대학(156명), 인덕대학교(148명)에 집중되어, 이 세 대학이 전체 전문대학 재적생의 절반 이상을 차지한다. 반면, 장안대학교(3명), 부산과학기술대학교(14명), 한국관광대학교(19명)는 재적생 수가 매우 적은 것으로 나타났다.

□ 성별 구성은 여학생이 554명(64.3%)으로 남학생 307명(35.7%)보다 약 1.8배 많으며, 여자대학교분 아니라 전반적으로 여학생의 비중이 두드러진다. 이는 중문 관련 학과가 여성 중심 전공으로 자리 잡고 있음을 보여주는 지표로 해석할 수 있다.

□ 제주한라대학교는 재적생 109명 중 73.4%에 달하는 80명이 휴학생인 것으로 확인된다. 이는 해당 학과의 학업 지속률이나 학과 만족도 등이 낮기 때문으로 해석될 수 있다.

〈표 3-12〉 전문대학 중문 관련 학과 재적생 현황

(단위: 명)

No.	학교명	전공 및 학과명	재학생(A)			휴학생(B)			학사학위 취득 유예생(C)			재적생 (D=A+B+C)		
			남	여	계	남	여	계	남	여	계	남	여	계
1	동서울대학교	글로벌중국 비즈니스과	14	17	31	0	0	0	0	0	0	14	17	31
2	마산대학교	의료관광중국어과	18	21	39	7	3	10	0	0	0	25	24	49
3	명지전문대학	중국어비즈니스과	30	95	125	22	9	31	0	0	0	52	104	156
4	배화여자대학교	글로벌커뮤니케이션과 중국어전공	0	37	37	0	8	8	0	0	0	0	45	45
5	부산과학기술 대학교	보건관광중국어과	2	6	8	3	3	6	0	0	0	5	9	14
6	서일대학교	비즈니스 중국어과	37	33	70	5	0	5	0	0	0	42	33	75
7	인덕대학교	비즈니스중국어 학과	39	76	115	23	10	33	0	0	0	62	86	148
8	장안대학교	디지털비지니스 중국어과	0	1	1	1	1	2	0	0	0	1	2	3
9	제주관광대학교	관광중국어과	20	21	41	8	5	13	0	0	0	28	26	54
10	제주한라대학교	관광중국어과	14	15	29	50	30	80	0	0	0	64	45	109

No.	학교명	전공 및 학과명	재학생(A)			휴학생(B)			학사학위 취득 유예생(C)			재적생 (D=A+B+C)		
			남	여	계	남	여	계	남	여	계	남	여	계
11	한국관광대학교	관광중국어과	5	2	7	9	3	12	0	0	0	14	5	19
12	한양여자대학교	실무중국어과	0	142	142	0	16	16	0	0	0	0	158	158
합계			**179**	**466**	**645**	**128**	**88**	**216**	**0**	**0**	**0**	**307**	**554**	**861**

주: 2018년 4월 17일 자로 '고등교육법 제23조의 5(학사학위 취득의 유예)'이 신설됨에 따라, 2019년부터 학생 수는 재학생, 휴학생, 학사학위 취득 유예생을 포함함. (이하 동일)
데이터 출처: 대학알리미, 한국교육개발원 교육통계센터.

2 대학교

□ 전국 대학교의 전체 재적생은 2,111,075명이며,6) 중문 관련 학과의 재적생은 17,936명이다.

□ 서울 주요 대학 중에서는 고려대학교(381명), 한양대학교(345명), 이화여자대학교(338명), 숙명여자대학교(306명), 경희대학교(272명), 연세대학교(256명) 등이 많은 학생 수를 보유하고 있다.

□ 지역 거점대학으로는 계명대학교(대구, 457명), 경성대학교(부산, 357명), 인하대학교(인천, 294명), 전남대학교(광주, 267명), 경상국립대학교(경남, 204명) 등이 많은 학생을 유치하고 있다.

□ 한국방송통신대학교가 총 3,427명의 가장 많은 학생을 보유하고 있고, 사이버한국외국어대학교도 673명의 재적생을 기록해 온라인기반의 비대면 교육에 대한 큰 수요를 보여준다.

□ 재적생 수가 매우 적은 학과로는 성공회대학교(10명), 국민대학교(13명), 부산외국어대학교(22명) 등이 확인되었다.

□ 성별 구성은 대체로 여학생의 비율이 높아, 여자대학교를 제외하더라도 다수의 대학에서 여학생의 비율이 높다. 다만 예외적으로 국립경국대학교, 창신대학교 등 남학생의 비율이 비슷하거나 높은 경우도 확인된다.

□ 학사학위 취득 유예생은 대부분 10명 이내로 낮은 수준이며, 한양대학교(22명), 서강대학교(16명), 한양대학교 ERICA캠퍼스(10명) 등 일부 대학에서만 다소 높은 수치를 보인다.

□ 학과 형태를 보면, 국립순천대학교 글로벌중국학, 목원대학교 중국문화비지니스학과, 조선대학교와 중앙대학교의 아시아문화학과 등은 중국어를 타 전공과 융합한 형태이다. 서울디지털대학교와 세종사이버대학교에서는 중문 관련 학과가 국제학과 소속으로 운영되고 있다.

---

6) 일반대학 1,836,625명, 교육대학 14,573명, 방송통신대학 122,088명, 원격대학 1,129명, 사이버대학 136,660명. (출처: 한국교육개발원 교육통계센터)

〈표 3-13〉 대학교 중문 관련 학과 재적생 현황

(단위: 명)

No.	학교명	전공 및 학과명	재학생(A)			휴학생(B)			학사학위 취득 유예생(C)			재적생 (D=A+B+C)		
			남	여	계	남	여	계	남	여	계	남	여	계
1	가천대학교	중국어문학과	확인 불가											
2	가톨릭대학교	중국언어문화학과	36	125	161	13	23	36	0	0	0	49	148	197
3	강원대학교	중어중문학전공	28	69	97	23	12	35	0	2	2	51	83	134
4	건국대학교	중어중문학과	28	97	125	23	21	44	0	8	8	51	126	177
5	경기대학교	중어중문전공	17	40	57	5	6	11	1	11	12	23	57	80
6	경북대학교	중어중문학과	29	93	122	14	9	23	0	2	2	43	104	147
7	경상국립대학교	중어중문학과	38	132	170	18	15	33	0	1	1	56	148	204
8	경성대학교	중국학과	59	204	263	33	54	87	0	7	7	92	265	357
9	경희대학교	중국어학과	65	144	209	30	33	63	0	0	0	95	177	272
10	계명대학교	중국어중국학과	68	260	328	58	64	122	2	5	7	128	329	457
11	고려대학교	중어중문학과	86	214	300	45	36	81	0	0	0	131	250	381
12	고려대학교(세종)	중국학전공	29	81	110	27	21	48	0	0	0	56	102	158
13	국립강릉원주대학교	중어중문학과	35	45	80	11	15	26	1	2	3	47	62	109
14	국립경국대학교	중국어문 · 문화학과	12	10	22	2	0	2	0	0	0	14	10	24
15	국립공주대학교	중어중문학과	29	102	131	11	15	26	0	6	6	40	123	163
16	국립군산대학교	중어중문학과	확인 불가											
17	국립목포대학교	동아시아문화	확인 불가											
18	국립부경대학교	중국학과	30	95	125	11	11	22	0	2	2	41	108	149
19	국립순천대학교	글로벌중국학전공	35	76	111	8	12	20	0	0	0	43	88	131
20	국립창원대학교	중국학과	41	85	126	18	20	38	0	1	1	59	106	165
21	국립한국교통대학교	중국어학과	24	26	50	1	0	1	0	0	0	25	26	51
22	국립한밭대학교	중국어과	57	194	251	29	31	60	0	3	3	86	228	314
23	국민대학교	중국학부 (중국어문전공)	2	10	12	1	0	1	0	0	0	3	10	13
24	남서울대학교	중국학과	36	73	109	33	13	46	0	0	0	69	86	155
25	단국대학교(제2캠퍼스)	아시아중동학부 중국학전공	확인 불가											
26	덕성여자대학교	중어중문학전공	0	64	64	0	18	18	0	2	2	0	84	84
27	동국대학교	중어중문학과	47	124	171	25	21	46	1	1	2	73	146	219
28	동국대학교(WISE)	중어중문학과	18	33	51	7	3	10	0	0	0	25	36	61
29	동덕여자대학교	글로벌지역학부 중어중국학전공	0	89	89	0	3	3	0	0	0	0	92	92
30	동서대학교	중국어학과	28	44	72	18	12	30	1	0	1	47	56	103
31	동아대학교	중국학과	36	149	185	18	24	42	0	0	0	54	173	227
32	동의대학교	중어중국학과	27	42	69	7	5	12	0	0	0	34	47	81

No.	학교명	전공 및 학과명	재학생(A)			휴학생(B)			학사학위 취득 유예생(C)			재적생 (D=A+B+C)		
			남	여	계	남	여	계	남	여	계	남	여	계
33	명지대학교 (제2캠퍼스)	중어중문학과	31	99	130	30	22	52	0	9	9	61	130	191
34	목원대학교	중국문화 · 비즈니스학과	33	61	94	21	10	31	0	2	2	54	73	127
35	부산대학교	중어중문학과	40	118	158	23	21	44	1	2	3	64	141	205
36	부산외국어대학교	중국학부	0	1	1	14	7	21	0	0	0	14	8	22
37	상명대학교 (제2캠퍼스)	중국어권지역학전공	4	21	25	0	7	7	2	6	8	6	34	40
38	서강대학교	중국문화학과	76	122	198	35	22	57	2	14	16	113	158	271
39	서울대학교	중어중문학과	19	67	86	9	14	23	0	0	0	28	81	109
40	서울시립대학교	중국어문화학과	57	92	149	15	14	29	0	0	0	72	106	178
41	서울신학대학교	중국언어문화콘텐츠학과	20	73	93	9	9	18	0	0	0	29	82	111
42	서울여자대학교	중어중문학과	0	134	134	0	41	41	0	13	13	0	188	188
43	선문대학교	외국어학부 중국어문화전공	13	18	31	0	0	0	0	0	0	13	18	31
44	성결대학교	중어중문학과	43	146	189	15	23	38	1	0	1	59	169	228
45	성공회대학교	중어중국학전공 (인문융합콘텐츠학부)	2	7	9	1	0	1	0	0	0	3	7	10
46	성균관대학교	중어중문학과	59	89	148	41	28	69	0	0	0	100	117	217
47	성신여자대학교	중국어문·문화학과	0	35	35	0	0	0	0	0	0	0	35	35
48	수원대학교	중어중문학	15	58	73	17	23	40	0	1	1	32	82	114
49	숙명여자대학교	중어중문학부	0	254	254	0	52	52	0	0	0	0	306	306
50	순천향대학교	중국학과	확인 불가											
51	숭실대학교	중어중문학과	40	112	152	21	11	32	0	0	0	61	123	184
52	안양대학교	중국언어문화학과	15	58	73	5	13	18	0	0	0	20	71	91
53	연세대학교	중어중문학과	56	111	167	40	38	78	3	8	11	99	157	256
54	영남대학교	중국언어문화학과	20	80	100	3	3	6	0	0	0	23	83	106
		응용중국어통번역전공	4	18	22	1	0	1	0	0	0	5	18	23
55	용인대학교	중국학과	27	98	125	29	18	47	0	0	0	56	116	172
56	울산대학교	중국어 · 중국학과	41	72	113	23	22	45	0	4	4	64	98	162
57	원광대학교	중국학과	37	62	99	18	17	35	0	0	0	55	79	134
58	이화여자대학교	중어중문학과	0	276	276	0	50	50	0	12	12	0	338	338
59	인천대학교	중어중국학과	46	160	206	34	17	51	1	4	5	81	181	262
60	인하대학교	중국학과	55	147	202	49	43	92	0	0	0	104	190	294
61	전남대학교	중어중문학과	48	162	210	26	29	55	1	1	2	75	192	267
62	전남대학교 (제2캠퍼스)	국제학부 (중국학전공)	48	137	185	22	24	46	1	1	2	71	162	233

No.	학교명	전공 및 학과명	재학생(A)			휴학생(B)			학사학위 취득 유예생(C)			재적생 (D=A+B+C)		
			남	여	계	남	여	계	남	여	계	남	여	계
63	전북대학교	중어중문학과	23	53	76	12	14	26	0	0	0	35	67	102
64	전주대학교	중국어중국학과	43	91	134	23	22	45	0	2	2	66	115	181
65	제주대학교	중어중문학과	23	80	103	15	17	32	0	0	0	38	97	135
66	조선대학교	아시아언어문화학부 (중국어문화학전공)	23	80	103	15	17	32	0	0	0	38	97	135
67	중앙대학교	아시아문화학부 (중국어문학전공)	54	138	192	35	40	75	1	6	7	90	184	274
68	창신대학교	중국비즈니스학과	42	53	95	13	2	15	0	0	0	55	55	110
69	충남대학교	중어중문학과	39	128	167	29	20	49	0	0	0	68	148	216
70	충북대학교	중어중문학과	35	80	115	13	18	31	0	1	1	48	99	147
71	평택대학교	중국학전공	17	24	41	9	10	19	0	0	0	26	34	60
72	한국교원대학교	중국어교육과	9	27	36	4	1	5	0	0	0	13	28	41
73	한국외국어대학교	중국언어문화학부	22	52	74	4	2	6	0	0	0	26	54	80
		외국어교육학부 (중국어교육전공)	5	27	32	2	4	6	0	0	0	7	31	38
		중국어통번역학과	34	103	137	18	36	54	0	0	0	52	139	191
74	한림대학교	중국학과	53	105	158	21	25	46	1	2	3	75	132	207
75	한세대학교	중국어학과	23	89	112	11	3	14	0	0	0	34	92	126
76	한신대학교	중국어문화콘텐츠학	0	36	36	2	2	4	0	0	0	2	38	40
77	한양대학교	중어중문학과	90	152	242	53	28	81	6	16	22	149	196	345
78	한양대학교(ERICA)	중국학과	39	99	138	24	19	43	4	6	10	67	124	191
79	협성대학교	중국어문화학과	24	54	78	9	11	20	0	0	0	33	65	98
80	호남대학교	중국어학과	37	50	87	11	4	15	0	0	0	48	54	102
81	호서대학교	중국학과	47	93	140	21	11	32	0	0	0	68	104	172
82	경희사이버대학교	중국어문화학과	65	77	142	11	8	19	0	0	0	76	85	161
83	고려사이버대학교	실용외국어학과	225	297	522	42	53	95	0	0	0	267	350	617
84	사이버한국외국어대학교	중국어학부	170	379	549	31	93	124	0	0	0	201	472	673
85	서울디지털대학교	국제학과 (일본 · 중국)	38	38	76	3	4	7	0	0	0	41	42	83
86	세종사이버대학교	국제학과 (영어 · 중국어)	94	207	301	10	16	26	0	0	0	104	223	327
87	숭실사이버대학교	중국언어문화학과	17	24	41	3	3	6	0	0	0	20	27	47
88	한국방송통신대학교	중어중문학과	1,078	1,526	2,604	350	473	823	0	0	0	1,428	1,999	3,427
합계			**4,158**	**9,970**	**13,928**	**1,784**	**2,031**	**3,815**	**30**	**163**	**193**	**5,972**	**11,964**	**17,936**

데이터 출처: 대학알리미.

4 졸업생 현황[7)]

1 전문대학

□ 전국 12개 전문대학 중문 관련 학과의 졸업생 수는 288명이며, 남학생 61명(21.2%), 여학생 227명(78.8%)으로 여학생 비율이 압도적으로 높다.

□ 학교별로는 한양여자대학교가 65명(22.6%)으로 가장 많았고, 명지전문대학(39명), 배화여자대학교(32명), 서일대학교와 인덕대학교(각 28명)가 뒤를 이었다.

□ 학과 유형별로는 비즈니스중국어, 실무중국어 등 비즈니스 중심 학과의 졸업생이 209명으로 전체의 약 73%를 차지하였다.

□ 관광중국어, 의료관광중국어, 보건관광중국어 등 관광 관련 전공에서는 남학생의 비율이 상대적으로 높았다. 한국관광대학교는 졸업생 11명 중 8명이 남학생이며, 제주관광대학교와 제주한라대학교 역시 남학생 비중이 높았다.

〈표 3-14〉 전문대학 중문 관련 학과 졸업생 현황

(단위: 명)

No.	학교명	전공 및 학과명	남	여	계
1	동서울대학교	글로벌중국비즈니스과	5	11	16
2	마산대학교	의료관광중국어과	2	22	24
3	명지전문대학	중국어비즈니스과	7	32	39
4	배화여자대학교	글로벌커뮤니케이션과 중국어전공	0	32	32
5	부산과학기술대학교	보건관광중국어과	4	8	12
6	서일대학교	비즈니스중국어과	12	16	28
7	인덕대학교	비즈니스중국어학과	5	23	28
8	장안대학교	디지털비지니스중국어과	0	3	3
9	제주관광대학교	관광중국어과	7	4	11
10	제주한라대학교	관광중국어과	11	8	19
11	한국관광대학교	관광중국어과	8	3	11
12	한양여자대학교(2024년 1월)	실무중국어과	0	65	65
합계			**61**	**227**	**288**

데이터 출처: 대학알리미.

7) 졸업생 현황은 모두 2024년 2월 졸업생이며, 예외 사항은 별도 표기함.

2 대학교

□ 전국 대학교 중문 관련 학과의 졸업생 수는 2,610명이다.

□ 졸업생 수는 한국방송통신대학교(485명)와 사이버대학교(223명)가 현저하게 많다.

□ 성별 분포는 남학생 744명(28.5%), 여학생 1,866명(71.5%)으로, 전문대학과 마찬가지로 여학생의 비중이 훨씬 높다.8)

〈표 3-15〉 대학교 중문 관련 학과 졸업생 현황

(단위: 명)

No.	학교명	전공 및 학과명	남	여	계
1	가천대학교	중국어문학과	16	44	60
2	가톨릭대학교	중국언어문화학과	5	13	18
3	강원대학교	중어중문학전공	2	16	18
4	건국대학교	중어중문학과	4	13	17
5	경기대학교	중어중문전공	4	17	21
6	경북대학교	중어중문학과	5	13	18
7	경상국립대학교	중어중문학과	2	14	16
8	경성대학교	중국학과	9	51	60
9	경희대학교	중국어학과	13	22	35
10	계명대학교	중국어중국학과	14	59	73
11	고려대학교	중어중문학과	13	27	40
12	고려대학교(세종)	중국학전공	7	14	21
13	국립강릉원주대학교	중어중문학과	6	8	14
14	국립경국대학교	중국어문 · 문화학과	9	9	18
15	국립공주대학교	중어중문학과	6	15	21
16	국립군산대학교	중어중문학과	3	9	12
17	국립목포대학교	동아시아문화	3	6	9
18	국립부경대학교	중국학과	1	13	14
19	국립순천대학교	글로벌중국학전공	확인 불가		
20	국립창원대학교	중국학과	6	16	22
21	국립한국교통대학교	중국어학과	5	18	23
22	국립한밭대학교	중국어과	6	31	37
23	국민대학교	중국학부(중국어문전공)	3	12	15
24	남서울대학교	중국학과	3	16	19
25	단국대학교(제2캠퍼스)	아시아중동학부 중국학전공	3	15	18

8) 2024년 대학교 인문계열 전체 졸업생은 39,633명이며, 이 중 남학생은 15,180명(38.3%), 여학생은 24,453명(61.7%)이다. (출처: 한국교육개발원 교육통계센터)

No.	학교명	전공 및 학과명	남	여	계
26	덕성여자대학교	중어중문학전공	0	18	18
27	동국대학교	중어중문학과	6	13	19
28	동국대학교(WISE)	중어중문학과	4	13	17
29	동덕여자대학교	글로벌지역학부 중어중국학전공	0	24	24
30	동서대학교	중국어학과	11	21	32
31	동아대학교	중국학과	3	22	25
32	동의대학교	중어중국학과	3	26	29
33	명지대학교(제2캠퍼스)	중어중문학과	8	28	36
34	목원대학교	중국문화 · 비즈니스학과	4	5	9
35	부산대학교	중어중문학과	8	12	20
36	부산외국어대학교	중국학부	14	49	63
37	상명대학교(제2캠퍼스)	중국어권지역학전공	6	15	21
38	서강대학교	중국문화학과	7	14	21
39	서울대학교	중어중문학과	9	8	17
40	서울시립대학교	중국어문화학과	3	12	15
41	서울신학대학교	중국언어문화콘텐츠학과	7	10	17
42	서울여자대학교	중어중문학과	0	19	19
43	선문대학교	외국어학부 중국어문화전공	1	12	13
44	성결대학교	중어중문학과	4	13	17
45	성공회대학교	중어중국학전공(인문융합콘텐츠학부)	0	3	3
46	성균관대학교	중어중문학과	9	18	27
47	성신여자대학교	중국어문·문화학과	0	20	20
48	수원대학교	중어중문학	4	26	30
49	숙명여자대학교	중어중문학부	0	27	27
50	순천향대학교	중국학과	5	18	23
51	숭실대학교	중어중문학과	6	12	18
52	안양대학교	중국언어문화학과	1	7	8
53	연세대학교	중어중문학과	7	23	30
54	영남대학교	중국언어문화학과	11	27	38
		응용중국어통번역전공	확인 불가		
55	용인대학교	중국학과	5	23	28
56	울산대학교	중국어 · 중국학과	4	24	28
57	원광대학교	중국학과	6	18	24
58	이화여자대학교	중어중문학과	0	34	34
59	인천대학교	중어중국학과	4	23	27
60	인하대학교	중국학과	2	20	22
61	전남대학교	중어중문학과	6	13	19
62	전남대학교(제2캠퍼스)	국제학부(중국학전공)	확인 불가		
63	전북대학교	중어중문학과	6	18	24

No.	학교명	전공 및 학과명	남	여	계
64	전주대학교	중국어중국학과	5	12	17
65	제주대학교	중어중문학과	3	21	24
66	조선대학교	아시아언어문화학부(중국어문화학전공)	5	32	37
67	중앙대학교	아시아문화학부(중국어문학전공)	16	24	40
68	창신대학교	중국비즈니스학과	6	8	14
69	충남대학교	중어중문학과	7	9	16
70	충북대학교	중어중문학과	9	14	23
71	평택대학교	중국학전공	3	8	11
72	한국교원대학교	중국어교육과	1	0	1
73	한국외국어대학교	중국언어문화학부	16	22	38
		외국어교육학부(중국어교육전공)	1	6	7
		중국어통번역학과	8	20	28
74	한림대학교	중국학과	4	18	22
75	한세대학교	중국어학과	0	5	5
76	한신대학교	중국어문화콘텐츠학	2	7	9
77	한양대학교	중어중문학과	17	17	34
78	한양대학교(ERICA)	중국학과	13	23	36
79	협성대학교	중국어문화학과	9	13	22
80	호남대학교	중국어학과	3	3	6
81	호서대학교	중국학과	6	25	31
82	경희사이버대학교	중국어문화학과	15	21	36
83	고려사이버대학교	실용외국어학과	확인 불가		
84	사이버한국외국어대학교	중국어학부	33	74	107
85	서울디지털대학교	국제학과(일본 · 중국)	7	6	13
86	세종사이버대학교	국제학과(영어 · 중국어)	17	41	58
87	숭실사이버대학교	중국언어문화학과	3	6	9
88	한국방송통신대학교	중어중문학과	213	272	485
합계			**744**	**1,866**	**2,610**

데이터 출처: 대학알리미.

3.4 일반대학원[9)]

□ 전국에서 중문 관련 학과를 운영 중인 일반대학원은 총 46개교이며, 중어중문학과, 중국학과, 중국문화학과, 중한비교어문학과 등 다양한 명칭으로 개설되어 있다.

□ 설립유형별로는 사립대학이 25개교(54.3%)로 가장 많다. (〈그림 3-8〉 참고)

□ 지역별로는 서울에 15개교(32.6%)가 집중되어 있고, 경기(4개교)와 인천(1개교)을 포함한 수도권에 총 20개교(43.5%)가 분포해있다. 지방은 상대적으로 분산되어 있으며, 제주에는 단 1개교에서만 운영 중이다. (〈그림 3-9〉 참고)

〈표 3-16〉 중문 관련 학과 운영 일반대학원 목록

No.	학교명	전공 및 학과명	설립유형	지역
1	가톨릭대학교 대학원	중어중문학과	사립	경기
2	강원대학교 일반대학원	중어중문학과	국립	강원
3	건국대학교 일반대학원	중한비교어문학과	사립	서울
4	경북대학교 일반대학원	중어중문학과	국립	대구
5	경상국립대학교 대학원	중어중문학과	국립	경남
6	경성대학교 일반대학원	중어중문학과	사립	부산
7	계명대학교 대학원	중국어중국학과	사립	대구
8	국립강릉원주대학교 대학원	중어중문학과	국립	강원
9	국립공주대학교 대학원	중어중문학과	국립	충남
10	국립군산대학교 대학원	중국학과	국립	전북
11	국립목포대학교 대학원	중국언어와문화학협동과정	국립	전남
12	국립목포대학교 대학원	중국언어와문화학과	국립	전남
13	국립부경대학교 대학원	중국학과	국립	부산
14	국립창원대학교 대학원	중국학과	국립	경남
15	국립한밭대학교 일반대학원	중국어과	국립	대전
16	국민대학교 대학원	중어중문학과	사립	서울
17	단국대학교 일반대학원	중어중문학과	사립	경기

9) '고등교육법 제29조의2'에 근거하여, 국내의 대학원 유형은 아래와 같이 분류된다. (출처: 국가법령정보센터)
① 일반대학원: 학문의 기초이론 및 고도의 학술 연구를 주된 교육목적으로 하는 대학원
② 전문대학원: 전문 직업 분야의 인력양성에 필요한 실천적 이론의 적용과 연구 개발을 주된 교육목적으로 하는 대학원
③ 특수대학원: 직업인 또는 일반 성인을 위한 계속 교육을 주된 교육목적으로 하는 대학원 통번역 관련 대학원은 일반대학원, 전문대학원, 특수대학원 유형에 고르게 분포한다. 본 보고서에서는 '통번역 전공 대학원'으로 별도 분류해 분석하였다.

No.	학교명	전공 및 학과명	설립유형	지역
18	대구가톨릭대학교 대학원	중어중국학과	사립	경북
19	대전대학교 일반대학원	중국언어문화학과	사립	대전
20	동국대학교 대학원	중어중문학과	사립	서울
21	명지대학교 대학원	중어중문학과	사립	경기
22	부산대학교 일반대학원	중어중문학과	국립	부산
23	부산외국어대학교 대학원	중국어중국학과	사립	부산
24	서강대학교 대학원	중국문화학과	사립	서울
25	서울대학교 대학원	중어중문학과	국립대법인	서울
26	서울시립대학교 대학원	중국어문화학과	공립	서울
27	서울여자대학교 대학원	중어중문학과	사립	서울
28	성균관대학교 일반대학원	중어중문학과	사립	서울
29	성신여자대학교 대학원	중어중문학과	사립	서울
30	수원대학교 일반대학원	중어중문학과	사립	경기
31	숙명여자대학교 일반대학원	중어중문학과	사립	서울
32	숭실대학교 대학원	중어중문학과	사립	서울
33	연세대학교 대학원	중어중문학과	사립	서울
34	영남대학교 일반대학원	중국언어문화학과	사립	경북
35	이화여자대학교 대학원	중어중문학과	사립	서울
36	인천대학교 대학원	중국학과	국립대법인	인천
37	전남대학교 대학원	중어중문학과	국립	광주
38	전북대학교 대학원	중어중문학과	국립	전북
39	제주대학교 대학원	중어중문학과	국립	제주
40	조선대학교 대학원	중어중문학과	사립	광주
41	충남대학교 대학원	중어중문학과	국립	대전
42	충북대학교 대학원	중어중문학과	국립	충북
43	한국교원대학교 대학원	중국어교육전공	국립	충북
44	한국외국어대학교 일반대학원	중어중문학과	사립	서울
45	한서대학교 대학원	한중언어문화학과	사립	충남
46	한양대학교 대학원	중어중문학과	사립	서울

데이터 출처: 대학알리미.

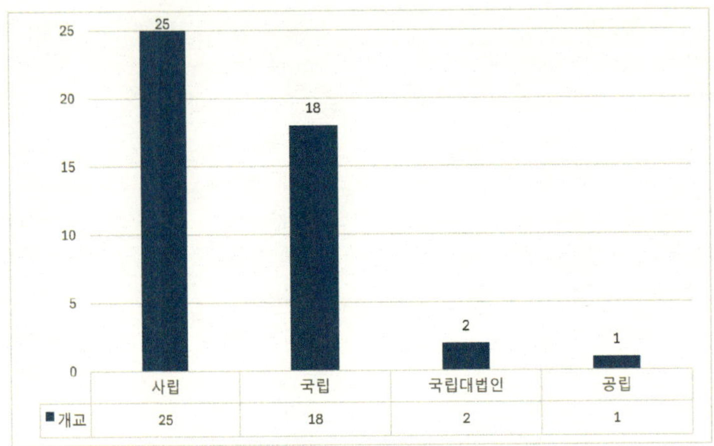

〈그림 3-8〉 설립유형별 중문 관련 학과 운영 일반대학원 분포

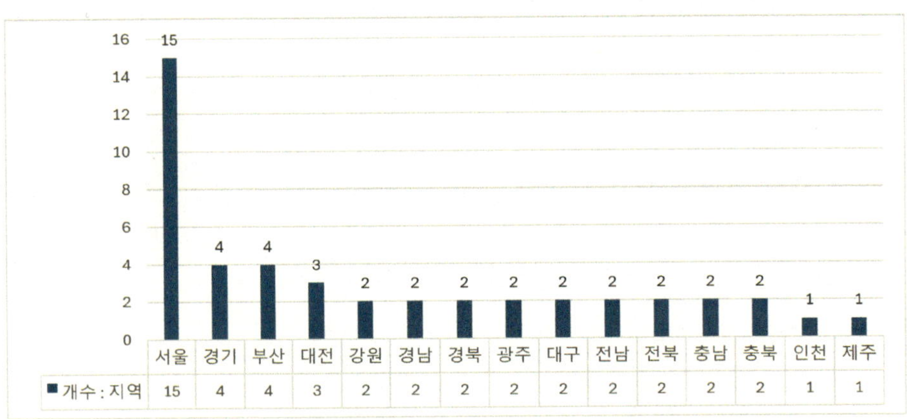

〈그림 3-9〉 지역별 중문 관련 학과 운영 일반대학원 분포

3.5 특수대학원

□ 전국에서 중문 관련 학과를 운영 중인 특수대학원은 총 28개교이며, 교육대학원, 행정대학원, 국제지역대학원 등 다양한 유형에서 개설되어 있다.

□ 전체 28개교 중 교육대학원이 20개교(71.4%)를 차지하여, 중등 중문 교원 수요가 지속되고 있음을 시사한다. 대부분의 교육대학원은 중등 정교사 자격(2급) 취득이 가능해, 현직 및 예비 교사의 수요를 충족하고 있다.

□ 설립유형별로는 사립대학 14개교, 국립대학교 13개교로 비교적 균형 있는 분포를 보이며, 국립대학은 교육대학원을 중심으로 중국어 전공을 운영하고 있다. 이는 국내 중등 중문 교육의 제도적 기반이 안정적으로 유지되고 있음을 보여주는 지표로 해석된다.

□ 지역별로는 서울에 9개교(33.3%)가 있고 전북 지역을 제외한 지역은 1~2개교 수준에 그쳐, 교육 접근성의 지역 간 편차를 시사한다.

□ 전공 및 학과명은 중국어교육전공, 국제중국어교육학과, 비즈니스중국어전공 등으로, 실무 역량 강화, 자격증 취득, 교원양성 등 실용적 목적에 중점을 두고 있음이 확인된다.

〈표 3-17〉 중문 관련 학과 운영 특수대학원 목록

No.	학교명	전공 및 학과명	설립유형	지역
1	경북대학교 교육대학원	중국어교육전공	국립	대구
2	경상국립대학교 교육대학원	중국어교육전공	국립	경남
3	경희대학교 교육대학원	중국어교육전공	사립	서울
4	국립강릉원주대학교 교육대학원	중국어교육전공	국립	강원
5	국립공주대학교 교육대학원	중국어교육전공	국립	충남
6	국립군산대학교 교육대학원	중국어교육전공	국립	전북
7	국립목포대학교 교육대학원	중국어교육전공	국립	전남
8	국립부경대학교 글로벌정책대학원	중국학과	국립	부산
9	국립창원대학교 행정대학원	중국학과	국립	경남
10	국립한국교통대학교 글로벌융합대학원	중국어과	국립	충북
11	대구대학교 교육대학원	중국어교육전공	사립	경북
12	명지대학교 교육대학원	중국어교육전공	사립	서울
13	백석대학교 문화예술대학원	중어중문학	사립	서울
14	부산대학교 교육대학원	중국어교육전공	국립	부산
15	성균관대학교 교육대학원	중국어교육전공	사립	서울
16	숙명여자대학교 교육대학원	중국어교육전공	사립	서울
17	울산대학교 교육대학원	중국어교육전공	사립	울산
18	울산대학교 산업대학원	비즈니스중국어전공	사립	울산
19	원광대학교 교육대학원	중국어교육전공	사립	전북
20	이화여자대학교 교육대학원	중국어교육전공	사립	서울
21	이화여자대학교 외국어교육특수대학원	국제중국어교육학과	사립	서울
22	전북대학교 교육대학원	중어중문교육전공	국립	전북
23	한국교원대학교 교육대학원	중국어교육전공	국립	충북
24	한국방송통신대학교 대학원	실용중국어학과	국립	서울
25	한국외국어대학교 교육대학원	중국어교육전공	사립	서울
26	한국외국어대학교 국제지역대학원	중국학과	사립	서울
27	호남대학교 사회융합대학원	중국어학과	사립	광주
28	호서대학교 교육대학원	중국어교육전공	사립	충남

데이터 출처: 대학알리미.

3.6 통번역 전공 대학원

□ 중국어 통번역 관련 전공(학과)을 운영하는 대학원은 총 13개교이며, 일반대학원 6개교(46.2%), 전문대학원 5개교(38.4%), 특수대학원 2개교(15.4%)로 구성되어 있다.

□ 학과 명칭은 통번역학과, 한중통번역학과, 중국어통번역학과 등으로, 학문 · 실무 · 문화 · 산업 등 다양한 분야와 연계된 교육이 이루어지고 있다.

〈표 3-18〉 중문 통번역 학과 운영 대학원 목록

No.	학교명	전공 및 학과명	대학원 유형
1	계명대학교 일반대학원	통번역학과	일반대학원
2	국립순천대학교 일반대학원	한 · 중통번역학과	일반대학원
3	단국대학교 일반대학원	중국어통번역학과	일반대학원
4	동의대학교 대학원	중 · 한번역학과	일반대학원
5	부산외국어대학교 통역번역대학원	한중전공	특수대학원
6	서울외국어대학원대학교	한중통번역학과	전문대학원
7	이화여자대학교 통역번역대학원	한중통역/한중번역	전문대학원
8	인제대학교 대학원	한중통번역학과	일반대학원
9	제주대학교 통역번역대학원	한중과	전문대학원
10	중앙대학교 국제대학원	전문통번역학과 한중통번역전공	전문대학원
11	한국외국어대학교 통번역대학원	한중과	전문대학원
12	한림대학교 일반대학원	중한번역협동과정	일반대학원
13	호서대학교 문화복지상담대학원	한중비즈니스통번역학과	특수대학원

데이터 출처: 대학알리미.

분석 결과 및 시사점	• 전문대와 대학교 모두 학령인구 감소, 수도권 집중, 비전임 교원 의존이라는 구조적 문제를 안고 있음. • 일반대학원의 중문 전공은 일부 주요 거점 대학에 한정되어 있어 지역별 편차가 크며, 학문적 심화 연구보다는 통번역, 국제비즈니스, 교원 양성 등 실용 중심으로 재편되는 경향이 강해 기존 순수 언어 · 문학 중심 연구가 위축될 우려가 있음. 그러나 학습 환경 변화에 따라 중문 교육 연구의 새로운 영역(언어교육 기술, 비교문화 연구, 글로벌 커뮤니케이션 등)이 확장될 가능성도 존재함. • 이에 대한 대책으로써 지역 균형 정책 강화, 전임교원 확충 및 교원 고용 안정화, 융합형 · 실용형 교육과정 개발, 정부 차원의 지원을 통한 중문 교육의 사회적 수요를 유지 · 확대, 산학 협력형 연구 지원 확대 등의 제도가 필요함.

3.7 사설 교육기관

1 학원 · 교습소

□ 2024년 기준 전국의 중문 학원 및 교습소는 총 455개소로 확인되었다.[10)]

□ 지역별로는 경기도가 144개소로 전국에서 가장 많은 중문 학원이 위치하며, 서울(93개소), 경남(30개소), 부산(29개소)이 그 뒤를 잇고 있다. 이는 대도시일수록 교육 인프라가 집중되어 있고 외국어 학습 수요가 높음을 보여준다. 반면 세종(5개소), 전남(6개소), 강원(8개소) 등은 상대적으로 학원 수가 적어 지역 간 불균형이 뚜렷하다.

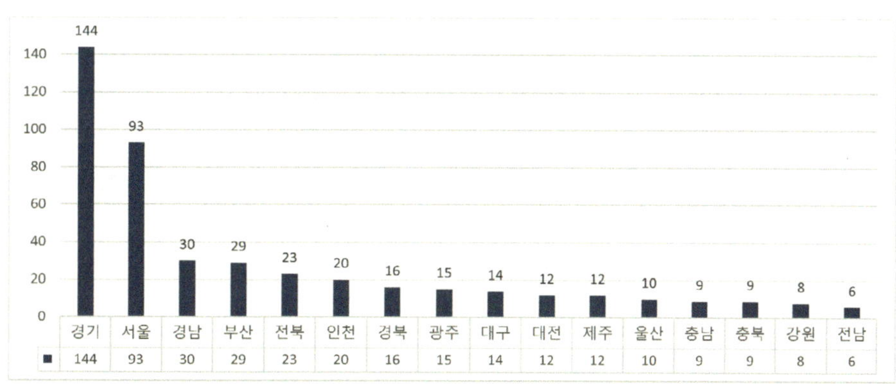

〈그림 3-10〉 지역별 중문 학원 분포

□ 실질적인 지역별 교육 접근성 파악을 위해 인구 10만 명당 학원 수로 환산하여 분석하였다.

□ 분석 결과, 제주도의 학원 수는 12개이지만 인구 대비로 환산하면 10만 명당 약 1.79개소로 가장 높은 밀도를 나타냈다. 전북(1.32개소)과 세종(1.28개소) 역시 상위권에 속한다.

□ 반면 경기(1.05개소)와 서울(1개소)은 절대적인 학원 수는 많으나 인구 규모 때문에 비율은 중간 수준이다. 전남, 충남, 강원, 충북 등은 학원 수와 인구 대비 비율 모두 전국 최하위 수준에 있어, 전반적으로 중국어 학습 접근성이 낮은 지역으로 드러났다.

---

10) 전체 학원 목록은 부록 4 참고.

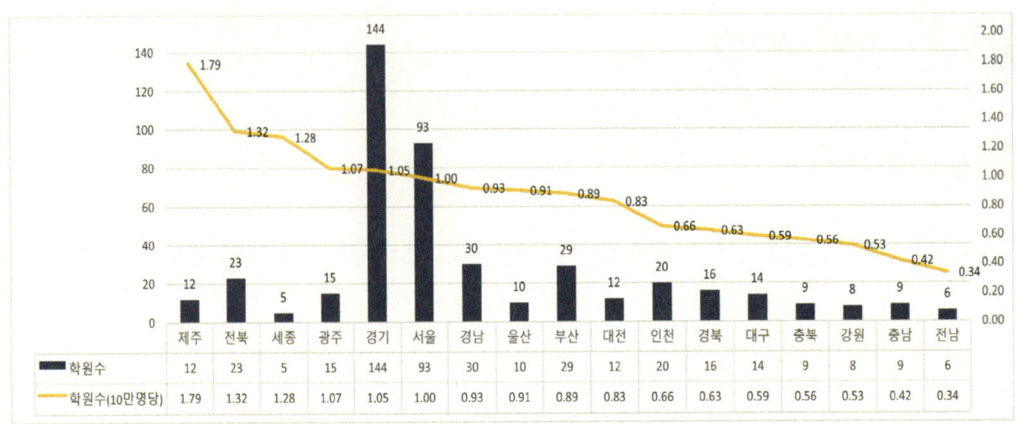

	제주	전북	세종	광주	경기	서울	경남	울산	부산	대전	인천	경북	대구	충북	강원	충남	전남
학원수	12	23	5	15	144	93	30	10	29	12	20	16	14	9	8	9	6
학원수(10만명당)	1.79	1.32	1.28	1.07	1.05	1.00	0.93	0.91	0.89	0.83	0.66	0.63	0.59	0.56	0.53	0.42	0.34

〈그림 3-11〉 지역별 인구 10만 명당 중문 학원 분포

□ 연도별 중문 학원 개설 추이를 보면, 1988년~2000년까지는 연간 1~2개소 수준에 그쳐 전반적으로 수요가 크지 않았다. 2001년 이후 점차 증가세를 보여 2008년과 2009년에는 각각 9개, 8개소가 새로 문을 열었고, 2011년부터는 본격적인 급성장 국면에 접어들어 개설 수가 급격히 늘었다. 2021년 이후에도 연 30개소 이상의 설립 수를 유지하고 있으며 2023년 46개소로 최고치를 기록했다. 2024년에는 40개소가 개설되었다.

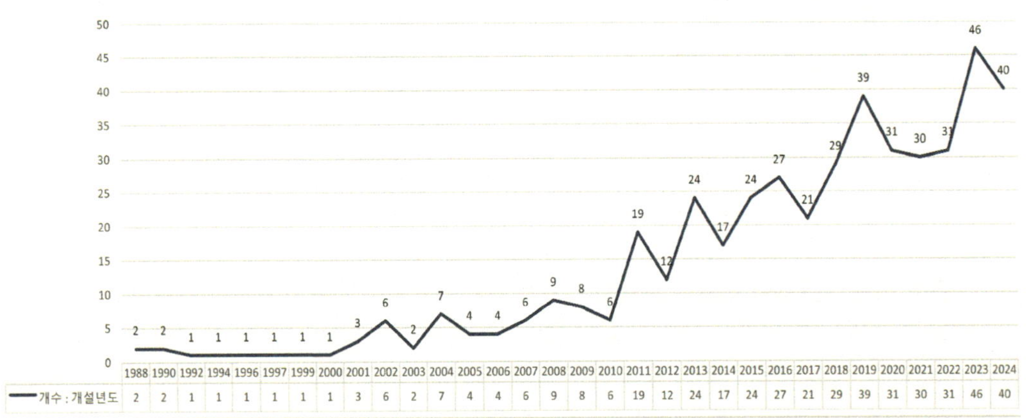

	1988	1990	1992	1994	1996	1997	1999	2000	2001	2002	2003	2004	2005	2006	2007	2008	2009	2010	2011	2012	2013	2014	2015	2016	2017	2018	2019	2020	2021	2022	2023	2024
개수 : 개설년도	2	2	1	1	1	1	1	1	3	6	2	7	4	4	6	9	8	6	19	12	24	17	24	27	21	29	39	31	30	31	46	40

〈그림 3-12〉 연도별 중문 학원 개설 추이

2 전화중국어

□ 전화(화상 포함) 중국어 교육은 오프라인 학원과 달리 비대면 · 원격 학습을 기반으로 운영되며, 오프라인 학원과 운영 형태와 학습 환경에서 뚜렷한 차이를 보인다.

□ 오프라인 학원은 물리적 공간에서 정해진 시간을 중심으로 운영되며, 학습자 간 상호작용과 직접 지도가 가능하다는 장점이 있다. 반면, 전화중국어는 주로 1:1 원격 수업 형태로, 시간과 장소의 제약이 적고, 학습자 맞춤형 수업이 용이하다.

□ 전국의 주요 전화중국어 업체 목록은 〈표 3-19〉와 같다.

〈표 3-19〉 주요 전화중국어 업체 목록

No.	업체명(한국어)	업체명(영문/중문)
1	랭디	Langdy
2	명가차이니즈	名家Chinese
3	샬롬차이나	Shalom China
4	어메이징토커	Amazing Talker
5	에브리데이톡	Everyday Talk
6	우리차이나	Uri China
7	윙키	Wingkey
8	채널씨엔	Channel CN
9	튜터링 짜요	Tutoring 加油
10	판판차이니즈	PanPan Chinese
11	폰차이니즈	Phone Chinese
12	헬로중국어	Hello Chinese

주: 업체명 가나다순 정렬.

분석 결과 및 시사점	• 사설 중문 교육기관은 수도권과 대도시에 과밀하게 분포되어 있어, 농어촌 및 지방 지역 학습자의 접근성이 현저히 떨어져 지역 간 교육 격차가 심함. • 다수의 사설 교육기관이 HSK 등 시험 대비 과정에 편중되어 있어, 학습자의 실제 의사소통 능력 및 직무 활용 능력 배양과는 괴리가 있음. • 교사 자격 및 교육과정 관리에 대한 공적 기준이 미비하여, 기관 간 교육의 질적 편차가 크고 학습자의 학습 경험이 균질하지 못함. • 이를 위한 대책으로, 지방자치단체 및 공공기관과 연계하여 지방 거점형 중국어 교육센터를 설치하고, 원격 수업과 실시간 온라인 튜터링을 통해 농어촌 학습자의 접근성을 확대할 필요가 있음. 또한 사설 교육기관 교사 자격 인증제와 교육과정 가이드 라인을 마련하여 기관 간 교육 품질의 편차를 최소화하도록 유도해야 함.

3.8 공자아카데미

1 발전 과정

□ 공자아카데미의 탄생은 전 세계적으로 확산된 중국어 열풍과 깊은 관련이 있다. 개혁개방 이후

중국과 세계 각국 간의 경제 · 문화 교류가 활발해지면서 중국어를 배우려는 외국인의 수요가 급증하였고, 동시에 중국 전통문화에 대한 관심 역시 크게 증가하였다. 이에 따라 전 세계적으로 중문 학습 열풍이 고조되었다. 중국 국가유학기금위원회의 통계에 따르면, 중국 내 외국인 유학생 수는 1991년 1.1만 명에서 2000년 2만 명, 2005년 14만 명을 거쳐, 2006년에는 16만 명을 넘어서는 등 빠른 증가세를 보였다. 이러한 학습 수요에 대응하고, 비체계적으로 운영되던 해외 중문 교육 시장을 체계적으로 정비하여 규모화된 교육 체계를 구축하기 위해 중국 정부는 공자아카데미를 중심으로 하는 세계적인 중국어 보급 정책을 수립하였다.

□ 공자아카데미는 비영리 사회 공익기관으로, 중국 측이 교사와 교재를 제공하고 해외 협력 교육기관이 교육 시설을 제공하는 상호 협력 체제를 기반으로 운영된다. 이는 독창적이면서도 상호 의존적인 운영 방식으로써, 외국인 학습자가 보다 쉽게 중국어를 학습하고 중국 문화를 이해할 수 있도록 돕는다. 각 지역의 공자아카데미는 학습자의 수준과 지역적 특성에 맞춘 다양하고 특색있는 교육 운영 모델을 발전시켜왔으며, 오늘날 공자아카데미는 각국의 중국어 및 중국 문화 교육의 거점으로 자리매김하였다.

□ 2004년 11월 21일, 세계 최초의 공자아카데미가 한국 서울에서 정식 개원하였다. 이를 계기로 공자아카데미는 중국 언어 및 문화 전파의 대표 브랜드로 부상하였고, 몇 년 사이에 전 세계로 확산되었다. 2024년 10월 기준, 전 세계 160개 국가 및 지역에 499개의 공자아카데미와 764개의 공자학당이 설립되었다. 시진핑 국가주석은 2014년 9월 연설에서, 공자아카데미는 적극적인 중문 교육 및 문화 교류 활동을 통해 세계 각국 문명의 상호 이해와 교류를 촉진하고, 중국과 세계 각국 국민 간의 우의 증진에 중요한 역할을 행하고 있다고 평가하였다.

□ 오늘날 공자아카데미는 중국어의 세계화를 가속화하고 중국의 문화를 세계로 확산시키는 핵심 플랫폼이자, 국제적으로 인정받는 대표적 문화 · 교육 브랜드로 자리하고 있다.

2 대학 부속 공자아카데미

□ 한국의 공자아카데미는 한국의 교육 여건 및 지역 특성을 고려하여, 다양한 연령과 수준, 학습 목적을 가진 학습자들을 대상으로 중문 교육과 문화 교류를 활발히 전개해 왔다. 이러한 과정에서 창의적이고 선도적인 시도를 바탕으로 한국형 운영 모델을 구축하였으며, 해외 중문 교육의 핵심 거점으로 발전하였다. 공자아카데미는 현재 한중 양국 간 정치 · 경제 · 문화 교류를 촉진하는 중요한 플랫폼으로 기능하고 있다.

□ 2024년 기준, 한국에는 총 24개의 공자아카데미가 설립되어 있다. 서울공자아카데미와 차이홍 공자아카데미를 제외한 22개소는 한국 대학과 중국 대학의 협력으로 설립되었다.

〈표 3-20〉 국내 공자아카데미 목록

No.	학원명	지역	설립 연도	공동 운영 중국 대학교
1	강원대학교 공자아카데미	강원	2007	北華大學
2	경희대학교 공자아카데미	경기	2010	同濟大學
3	계명대학교 공자아카데미	대구	2007	北京語言大學
4	국립경국대학교 공자아카데미	경북	2012	曲阜師範大學
5	국립제주대학교 공자아카데미	제주	2017	對外經濟貿易大學
6	대진대학교 공자아카데미	서울	2007	哈爾濱師範大學
7	동서대학교 공자아카데미	부산	2007	山東大學
8	동아대학교 공자아카데미	부산	2006	東北師範大學
9	서울공자아카데미	서울	2004	-
10	세명대학교 공자아카데미	충북	2015	江西中醫藥大學
11	세한대학교 공자아카데미	전남	2007	天津師範大學
12	순천향대학교 공자아카데미	충남	2007	天津外國語大學
13	연세대학교 공자아카데미	서울	2013	四川師範大學
14	우석대학교 공자아카데미	전북	2009	山東師範大學
15	우송대학교 공자아카데미	대전	2007	四川大學
16	원광대학교 공자아카데미	전북	2014	湖南中醫藥大學 湖南師範大學
17	인천대학교 공자아카데미	인천	2009	大連外國語大學
18	제주한라대학교 공자아카데미	제주	2009	南開大學
19	차이홍 공자아카데미	서울	2014	-
20	충남대학교 공자아카데미	대전	2007	山東大學
21	충북대학교 공자아카데미	충북	2006	延邊大學
22	한국외국어대학교 공자아카데미	서울	2009	北京外國語大學
23	한양대학교 공자아카데미	서울	2015	吉林大學
24	호남대학교 공자아카데미	광주	2006	湖南大學

3 교육과정 및 프로그램

□ 각 공자아카데미는 온·오프라인 중국어 프로그램을 운영하고 있으며 유소년층부터 중·고등학생, 대학생, 성인 학습자까지 폭넓은 연령층을 대상으로 한 교육과정을 제공하고 있다. 또한 말하기 대회, 중국 문화 체험, 중국 현지 방문 등 다양한 언어 및 문화 프로그램을 통해 학습자의 언어 활용 능력과 문화 이해를 높이고 있다.

□ 그 밖에도 학술 강연, 포럼, 특강 등을 개최하여 학문적 교류와 연구 협력을 강화하고 있다.

4 문제점 및 대응 방안

□ 공자아카데미는 지속적인 혁신과 발전을 거듭하며 국제적 위상을 높여왔으나, 여전히 해결해야 할 과제들이 존재한다. 특히 한국 공자아카데미의 경우, 교재, 교원, 교수법의 세 가지 측면에서 구조적 한계가 두드러지게 나타난다.

1 현지화 교재의 개발 강화

□ 공자아카데미가 직면한 가장 큰 문제는 교육 내용의 현지 적합성 및 타당성 부족이다. 학습자의 요구는 다양해지고 있으나 기존 교재는 이를 충분히 반영하지 못하고 있으며, 특히 〈등급 표준〉에 부합하는 한국 현지 교재가 절대적으로 부족하다. 이에 한국 학습자들을 대상으로 한 고품질의 교재 개발이 시급하다.

□ 현재 중국 내 국제 중문 교육은 주로 기존의 중문 교재(듣기, 말하기, 읽기, 어법, 쓰기 등)를 기반으로 다양한 수업 유형에 따라 운영되고 있다. 그러나 이러한 교재를 한국 교육 현장에 그대로 적용하기에는 문제가 있다. 기존 교재가 한국 공자아카데미의 실제 교수 및 학습 상황을 충분히 반영하지 못하기 때문이다. 따라서 한국 교육환경에 맞춘 국제화 교재 또는 한국 공자아카데미 전용 교재 개발이 시급하다. 교재편찬은 단순한 제작 과정이 아닌 복합적이고 체계적인 작업이므로, 독립적으로 추진하기보다는 아래의 세 가지 요소를 충분히 고려해야 한다.

□ **① 한국의 중문 교육 특징과 학습자 특성에 부합해야 한다.** 교재 개발은 실용성과 적합성을 중시해야 하며, 중국어의 언어적 특성뿐만 아니라 한국의 문화적 관습, 사회적 가치, 민족적 신념을 함께 고려해야 한다. 교재 개발에 앞서 충분한 조사를 실시하고, 풍부한 교수 경험을 지닌 한국 교원들이 공동으로 참여해야 한다. 또한 한국 내 한학계 및 중국 교육계 전문가의 검토와 평가를 통해 완성도를 높일 필요가 있다. 교재 연구 및 개발 과정에서는 학생들의 실제 요구를 고려해야 한다. 예를 들어, 직무 중국어 학습이나 기업 연수 등 실무 중심 학습자의 필요를 충족시키기 위해서는 비즈니스 중국어, 중·서 무역, 중국 금융 및 법률 분야 등 특화형 교재를 개발할 필요가 있다. 이외에도 단기 학습자부터 장기 학습자에 이르기까지 수준별 맞춤 교재를 마련하여, 다양한 학습자의 중국 문화 이해와 언어 활용 수요를 다층적으로 지원해야 한다.

□ **② 한국 교육 시스템과의 연계를 위해 노력해야 한다.** 현재 한국에서 청소년은 중문 학습의 주요 수요층으로, 중국어는 대학 입시 외국어 과목 중 하나에 포함되어 있다. 또한 많은 대학에서 중국의 언어 및 문화 교육을 정규 교과 또는 학위 과정으로 운영하고 있다. 따라서 공자아카데미의 교재가 한국의 교육 시스템에 연계되어 초·중·고등학교에서 교재로 활용된다면, 중국어의 영향력을 대폭 확대하고 중국어의 국제화를 촉진할 수 있을 것이다.

□ **③ 전통 교재와 멀티미디어 교재를 결합해야 한다.** 교육 기술의 발달로 전통적인 '책과 연필' 중심의 교수 방식은 이미 온라인 학습과 결합한 형태로 진화하고 있다. 현재 중문 학습 웹사이트와 원격 중문 교육 플랫폼이 빠르게 발전하고 있으며, 전 세계적으로 중국어 관련 정보 네트워크가

구축되고 있다. 그러나 광범위하게 활용 가능한 온라인 교재는 아직 부족한 실정이며, 온라인 공자아카데미와 라디오 공자아카데미도 아직 구축 단계에 머물러 있다. 멀티미디어 교재와 온라인 콘텐츠의 연구 및 개발을 강화하여 디지털 학습 환경에 최적화된 교육 자료를 확충해나가는 것이 필요하다.

2 교원 인력의 구축 강화

□ 우수한 교원 역량은 공자아카데미 교육의 성공을 좌우하는 핵심 요소이다. 그러나 전 세계적으로 중문 교원에 대한 수요가 급증하면서 두 가지 문제가 부각되고 있다. 첫째는 중문 교원의 절대적 부족과 질적 수준의 미비, 둘째는 현지 교원의 공급 부족이다. 이러한 문제는 한국 내 공자아카데미에서도 동일하게 나타나며, 이는 공자아카데미 중문 교육의 건전하고 지속 가능한 발전을 제약하는 요인으로 작용하고 있다.

□ 중국 국가 지도부 또한 공자아카데미의 교원 선발과 양성 문제를 매우 중시하고 있다. 후진타오 전 국가주석은 2006년 6월 23일, “중국어 보급 사업은 매우 긍정적인 흐름을 보이고 있으며 다수의 국가가 공자아카데미의 설립을 요청하고 있다. 이에 자격 있는 교원 양성을 우선 순위에 두고, 전반적인 계획 아래 실질적 추진이 이루어져야 하며, 하나의 기관을 설립하더라도 반드시 성공적으로 운영될 수 있도록 해야 한다.”라고 언급했다. 같은 해 9월, 천즈리 전국인문대표대회 상무위원회의 부위원장은 “기존의 틀을 깬 방식으로 교원을 대규모로 양성하고, 해외 파견 규모를 수천, 수만 명의 수준으로 확대해야 한다”라고 강조하였다.

□ 그럼에도 불구하고, 자격을 갖춘 교원은 여전히 부족한 실정이다. 공자아카데미의 확장과 해외 학습자의 수요 증가에 대응하기 위해 언어교류협력센터(语合中心)는 한국 공자아카데미에 대한 교원 지원을 강화하고 있다. 현재 각 공자아카데미에는 3~5명의 교사 또는 자원봉사자가 파견되고 있으며, 각 기관이 현지에서 자격을 갖춘 교원을 직접 채용하도록 장려하고 있다. 교사 부족 문제를 해결하기 위해 훈련과 양성을 병행하는 이중 전략을 추진하고 있으며, 파견 교사의 선발과 사전 직무 연수 과정 또한 강화하고 있다. 현재 중국 내 100여 개 대학에서 국제 중문 교육 석·박사 과정을 운영하여, 중국의 언어 교육 및 문화 전파에 종사할 전문 인재를 체계적으로 양성하고 있다.

□ 이러한 노력으로 교원의 선발과 연수 체계는 점차 안정화되고 있으며, 교원의 역량 또한 과거보다 크게 향상되었다. 그러나 여전히 공자아카데미 교원의 높은 유동성 문제는 해결되지 않고 있다. 한국 내 공자아카데미 교원은 주로 중국 대학 재직 국제 중문 교사, 중문학과 교원, 중문학 전공 석·박사생, 중국어 연수를 받은 전문 자원봉사자 등으로 구성되어 있으며, 이 중 자원봉사자의 비중이 특히 높다. 이들은 교육 경험 부족, 교수 수준의 편차, 언어 및 문화 적응 문제 등 여러 어려움에 직면하고

□ 해외 파견된 자원봉사 교사를 대상으로 한 조사 결과, 이들은 평균적으로 6개월에서 1년 주기로 교체되고 있다.[11] 이 같은 인력 구조의 불안정성은 교육의 연속성과 일관성을 저해하고, 수업

내용의 단절 및 조직 내 응집력 약화로 이어져 공자아카데미의 지속 가능한 발전을 위협한다.

□ 이에 대응하여 한국의 공자아카데미는 중국 협력 대학의 파견 교원과 현지 채용 교원을 병행하는 이원 병행제도(雙軌幷行政策)를 시행하고 있으며, 동시에 자원봉사 교사에 대한 관리와 감독을 강화하여 교사 유동성으로 인한 부정적 영향을 최소화하고 보다 안정적인 교육 운영 체계 구축을 위해 노력하고 있다.

3 실천 중심의 교수법 강화

□ 중문 교육은 언어적 · 문화적 난이도가 높은 편이다. 한자는 쓰기 어렵고, 어휘는 의미 구분이 까다로우며, 어법 또한 이해하기 복잡하다. 그렇다면 한국인 학습자가 짧은 시간 안에 효율적으로 중국어 실력을 향상할 수 있는 방법은 무엇일까?

□ 〈미국 공자아카데미의 문제점 부상〉[12]에서는 "중국에서 파견된 중국어 교사들은 풍부한 교수 경험을 갖추고 있으나, 외국인 학습자의 특성과 현지 교육 전통 및 교육 목표 체계를 충분히 이해하지 못하고 있으며, 종종 학생들에게 비현실적인 기대를 갖는다. 또한 주입식 교육 방식을 고수해 외국 학생들이 수업 방식을 부담스럽게 느끼는 경우가 많다."라고 지적하였다. 이러한 문제는 한국 내 공자아카데미에서도 중국식 교수 방식을 그대로 적용할 경우 교육 효과가 제한될 수 있음을 시사한다.

□ 교수법은 언어 교육의 전 과정(설계, 교재편찬, 수업 운영, 언어평가)에 일관되게 작용하는 핵심 요소이다. 이는 교육의 각 단계를 유기적으로 연결하는 윤활제이자, 적절히 활용하면 절반의 노력으로 두 배의 효과를 거둘 수 있는 교육의 기반이 된다. 천즈리 전국인민대표대회 상무위원회 부위원장은 2006년, "국제 중문 보급을 위해 발전 전략, 보급방식, 교수법 등에서 근본적인 전환이 필요하다"라고 강조한 바 있다.

□ 그렇다면 교수법의 전환은 어떻게 이루어져야 할까? 핵심은 바로 실천 중심 교수에 있다. 한국의 공자아카데미는 중국과 다른 언어 환경에 놓여 있으므로, 교사는 학습자의 흥미를 이끌어낼 수 있는 학습 상황을 설계하고, 유연하고 창의적인 교수법을 통해 학습 의욕을 고취해야 한다. 무엇보다 학생이 배운 지식을 실제 상황에서 활용할 수 있도록 지도하는 것이 중요하다.

□ 이러한 실천 중심 교수는 교사와 교재 모두에 새로운 수준의 전문성을 요구한다. 교사는 반드시 한국인 학습자의 학습 특성을 충분히 이해하고, 학습자가 쉽게 수용할 수 있는 방식으로 중국어를 가르치고 문화를 전달해야 한다. 이러한 노력이 뒷받침될 때 비로소 현재 교육의 한계를 극복하고 더 많은 학습자가 중문 학습에 적극적으로 참여하게 될 것이다.

---

11) 曾海燕(2011), 〈영국 중학교 국가별 중국어 교재 편찬 연구(英国中学国别化汉语教材编写研究)〉, 베이징어언대학(北京语言大学) 석사학위논문.

12) 「美国孔子学院问题逐渐浮现」, 『参考消息』, 2007. 2. 1, 제8면.

Contents

교육 자원 현황 IV

IV 교육 자원 현황

◆ 제4장에서는 국내 중문 교육에서 활용 중인 교육 자원과 콘텐츠를 분석하였다.

◆ 분석 대상은 2024년 시행 중인 중등학교 중국어 교과서[1]와 2024년 국내 출판된 중문 교육 관련 도서 자료, 중문 학습 어플리케이션 및 오디오 콘텐츠 플랫폼이다.

4.1 중등학교 교과서

1 중학교 교과서

□ 중학교 '생활 중국어' 과목은 '일상생활에 필요한 기초적인 중국어 의사소통 능력 배양'을 목표로 하며, 약 250개 기본어휘와 90여 개 의사소통 표현의 교수·학습을 권장하고 있다.

□ 중학교 『생활 중국어』 교과서는 출판사별로 총 9종[2]이 있으며, 각 8~12개 단원으로 구성되어 있다. 단원 구성은 출판사별로 차이가 있으나, 대체로 '개관, 발음, 만남, 인적 사항, 날짜 및 요일, 시간, 취미, 장소 및 교통, 구매, 식사' 주제의 순서로 제시되어 있다.

□ 모든 교과서가 각 단원의 마지막 부분에 해당 단원 주제와 연계된 중국 문화를 소개하는 코너를 배치하여, 언어 학습과 문화 이해의 통합을 도모하고 있다.

〈표 4-1〉『생활 중국어』 교과서 단원 구성

순서	주제	단원명 및 내용
1	개관	중국 및 중국어 개관
2	발음	'성조→운모→성모→한어병음 표기'의 순서로 학습
3	만남	你好！
4	인적 사항	你叫什么名字？ / 你家有几口人？ / 我是韩国人 / 他今年多大？
5	날짜 및 요일	几月几号？/ 今天星期几?
6	시간	现在几点？
7	취미	你有什么爱好？/ 我喜欢唱歌 / 你喜欢什么运动？

1) 국내 공교육의 교육과정은 한국교육과정평가원(KICE)에서 연구 및 개발되고 있으며, 2024년 사용 중인 중·고등학교 교과서는 2015 개정 교육과정을 기반으로 편찬되어 있다.
2) NE능률, 넥서스, 다락원, 동양북스, 미래엔, 시사북스, 와이비엠, 천재교과서, 파고다북스.

순서	주제	단원명 및 내용
8	장소 및 교통	你去哪儿？/ 天安门怎么走？
9	구매	多少钱？
10	식사	我请客！ / 你吃饭了吗？ / 你想吃什么？
중국 문화		- 매 단원 말미에 제시 - 인사법, 식사 예절, 명절, 교통, 눈 체조, 전지 공예, 탕후루 만들기 등

2 고등학교 교과서

□ 고등학교 중국어 과목은 '중국어Ⅰ·Ⅱ', '전공 기초 중국어', '중국어 회화Ⅰ·Ⅱ', '중국어 독해와 작문Ⅰ·Ⅱ', '중국 문화', '관광 중국어' 총 9개가 있으며, 이 중 '중국어Ⅰ'의 채택 비중이 압도적 다수(79.2%)를 차지한다.[3)]

□ '중국어Ⅰ' 과목은 '일상생활에 필요한 기초적인 중국어를 습득하고 중국어에 대한 지속적인 흥미와 자신감을 기른다'를 목표로 하며, 약 400개의 기본어휘와 140여 개의 의사소통 표현의 교수·학습을 권장한다.

□ 『중국어Ⅰ』 교과서는 총 11종[4)]이 있으며, 출판사별로 각 8~12개 단원으로 구성되어 있다. 단원 구성은 『생활 중국어』와 유사하게 '개관, 발음, 만남, 인적 사항, 날짜 및 요일, 시간, 취미, 장소 및 교통, 구매, 식사'의 순서를 따르며, 다만 '날씨'와 '통신' 주제가 추가되는 경향을 보인다.

□ 중국 문화 요소는 『생활 중국어』보다 비교문화적 접근과 조사 활동 중심의 구성이 강화된 특징을 보인다.

〈표 4-2〉『중국어Ⅰ』 교과서 단원 구성

순서	주제	단원명 및 내용
1	개관	중국 및 중국어 개관
2	발음	'성조→운모→성모→한어병음 표기'의 순서로 학습
3	만남	你好！
4	인적 사항	你叫什么名字？ / 你家有几口人？ / 我是韩国人 / 他今年多大？
5	날짜 및 요일	几月几号？/ 今天星期几?
6	시간	现在几点？
7	취미	你有什么爱好？/ 我喜欢唱歌 / 你喜欢什么运动？
8	장소 및 교통	你去哪儿？/ 天安门怎么走？
9	구매	多少钱？
10	식사	我请客！ / 你吃饭了吗？ / 你想吃什么？

3) Ⅲ장 〈표 3-4〉 참고.
4) NE능률, 넥서스, 다락원, 동양북스, 미래엔, 시사북스, 와이비엠, 천재교과서, 파고다북스, 정진출판사, 지학사.

순서	주제	단원명 및 내용
11	날씨 / 통신	北京天气怎么样？ / 今天比昨天冷 / 汉字怎么打？ / 我可以教你
중국 문화		- 매 단원 말미에 제시 - 해음, 외래어 해석, 차이나타운 등 조사 참여 형식의 활동 - 한 · 중 · 일 한자 비교, 우리말과 비슷한 중국어 등 비교문화적 접근

4.2 도서 자료

□ 분석 대상: 2024년 국내 출간된 중문 교육 관련 온 · 오프라인 도서 자료 162권[5)]

□ 데이터 출처: 국립중앙도서관 사이트 (https://www.nl.go.kr/)

□ 분류 기준

- 형식 기준:
  - 오프라인 도서: 종이책 형태의 서책형 도서
  - 온라인 도서: e북 전용 도서와 종이책의 e북 버전을 포함
- 내용 기준:
  - 학습서: 중문 학습 위주의 교재로, 언어기능 · 언어요소 · 소재 · 매체 · 대상 기준으로 하위 분류
  - 실용서: 실용 목적 중심의 교재로, 목적별로 실무 · 여행 · 의료 · 통번역 · 교수법으로 분류
  - 수험서: 대비하는 시험을 기준으로 수능 · 관광통역가이드 · 중국어 평가시험으로 분류

〈표 4-3〉 도서 자료 분석을 위한 분류 기준

기준	분류 범주			설명
형식	오프라인 도서			서책형 도서
	온라인 도서			e북 도서 (e북 전용/종이책의 e북 버전)
내용	학습서	언어기능		회화, 청취, 독해, 작문
				종합(듣기 · 말하기 · 읽기 · 쓰기)
		언어요소		문자, 발음(음성 · 음운), 어휘, 어법, 문화
		소재	노래	가요, 동요, OST 등
			영상	영화, 드라마, TV 프로그램 등
			학습법	중국어 학습법
		매체	방송교재	EBS 라디오 방송교재
		대상	어린이	유 · 아동 대상 중국어 학습서
	실용서	실무		비즈니스, 무역, 호텔, 항공, 부동산 등
		여행		여행, 레저
		의료		의료, 미용, 뷰티 등
		통번역		통역, 번역

5) 전체 도서 목록은 부록 5 참고.

기준	분류 범주		설명
		교수법	중국어 교수법
	수험서	수능	대학수학능력시험 대비서
		관광통역가이드	관광통역가이드 자격증 시험 대비서
		중국어 평가시험	HSK, OPIc, BCT 등 대비서

주: 교육적 요소를 다루지 않은 이론서는 대상에서 제외함.

1 오프라인 도서

□ 2024년 국내에 출판된 중문 교육 관련 오프라인 단행본 도서는 79권으로, 학습서 59권(74.6%), 실용서 11권(13.9%), 수험서 9권(11.5%) 순으로 확인되었다.

□ 학습서 중에서는 언어기능 학습서가 26권으로 가장 많으며, 회화(12권), 종합(9권), 독해(3권), 작문(2권) 순의 분포를 나타냈다. 언어요소 학습서는 20권으로, 어휘(7권), 문자(6권), 어법(4권), 발음(2권), 문화(1권) 순이다. 그 외에도 어린이용(6권), 노래 및 영상 소재(각 2권), 방송교재(2권), 학습법 소개서(1권)가 확인되었다.

□ 실용서는 여행(6권), 의료(2권), 실무(2권), 통번역(1권) 순으로 확인되었다.

□ 수험서는 관광통역가이드(4권), HSK · HSKK(4권), 수능(1권) 순으로 나타났다.

〈표 4-4〉 오프라인 도서 출판 분포

분류		권수	비율(%)	비고
학습서	언어기능	26	32.9	회화(12), 종합(9), 독해(3), 작문(2)
	언어요소	20	25.3	어휘(7), 문자(6), 어법(4), 발음(2), 문화(1)
	어린이	6	7.6	중국어 동화(6)
	노래	2	2.5	가요(2)
	영상	2	2.5	드라마(1), 영화(1)
	방송교재	2	2.5	EBS 라디오 초급중국어(1), 중급중국어(1)
	학습법	1	1.3	
	소계	**59**	**74.6**	
실용서	여행	6	7.6	
	의료	2	2.5	의료(1), 뷰티(1)
	실무	2	2.5	일반 실무(1), 부동산(1)
	통번역	1	1.3	통역(1)
	소계	**11**	**13.9**	
수험서	관광통역가이드	4	5.1	
	중국어 평가시험	4	5.1	HSK(3), HSKK(1)
	수능	1	1.3	

분류		권수	비율(%)	비고
	소계	**9**	**11.5**	
합계		**79**	**100**	

주: EBS 방송교재는 월간 발행되나, 시리즈당 1권으로 집계함. (이하 동일)

〈표 4-5〉 오프라인 도서 출판량 상위 5개 출판사 목록

출판사명	권수	출판 도서
부크크	10	독해, 종합, 노래 학습서
시사북스	6	회화, 종합 학습서
오즈하우스	4	어린이 학습서
Pubple(퍼플)	4	의료 실용서
역락	4	문자, 발음, 어법 학습서

2 온라인 도서

□ 2024년 국내 출판된 중문 교육 관련 온라인 도서는 83권이며, 그중 학습서가 79권(95.2%)으로 대부분에 해당한다.

□ 학습서 중 절반에 가까운 36권이 중국어 동화에 기반한 어린이 학습서이고, 중국 드라마의 대본을 활용한 교재가 28권으로 확인되었다. 언어기능과 언어요소 학습서는 각 7권, 5권이었으며, 그 밖에 EBS 방송교재의 e북와 노래 소재의 학습서도 확인되었다.

□ 실용서는 여행과 의료 목적 교재 및 교수법 소개서가 각 1권씩 확인되었다. 수험서는 관광 통역 가이드 시험 1권이 유일했다.

□ 온라인 도서는 소수의 출판사에서 집중적으로 출간되는 양상을 보였다. 출판량 상위 5개 출판사 현황은 〈표 4-7〉과 같다.

〈표 4-6〉 온라인 도서 출판 분포

분류		권수	비율(%)	비고
학습서	어린이	36	43.4	중국어 동화(36)
	영상	28	33.7	드라마(28)
	언어기능	7	8.5	회화(4), 종합(1), 청취(1), 작문(1)
	언어요소	5	6	문자(2) 발음(1), 어법(1), 문화(1)
	방송교재	2	2.4	EBS 라디오 초급중국어(1), 중급중국어(1)
	노래	1	1.2	OST(1)
	소계	**79**	**95.2**	
실용서	여행	1	1.2	

분류		권수	비율(%)	비고
	의료	1	1.2	의료(1)
	교수법	1	1.2	어린이 중국어 교수법(1)
	소계	**3**	**3.6**	
수험서	관광통역가이드	1	1.2	
합계		**83**	**100**	

주: 83권 중 67권은 e북 전용 자료, 16권은 종이책의 e북 버전으로 확인됨.

〈표 4-7〉 온라인 도서 출판량 상위 5개 출판사 목록

출판사명	권수	출판 도서
대박출판미디어	36	중국어 동화
공부나라	28	드라마 대사집
KNOU Press	5	학습서(대학 교재용)
동아출판	2	EBS 방송교재
SD에듀	2	문자 학습서

3 도서 종합

□ 온 · 오프라인 도서의 현황을 종합하면, 2024년 출판된 중문 교육 관련 도서는 총 162권으로, 학습서 138권(85.2%), 실용서 14권(8.6%), 수험서 10권(6.2%) 순의 분포를 나타낸다.

□ 이 중 어린이 학습서(42권), 언어기능 학습서(33권), 영상 소재 학습서(30권), 언어요소 학습서(25권)가 다수를 차지한다. 어린이 학습서는 전부 중국어 동화 기반 학습서이고, 언어기능 학습서는 회화(16권)와 종합(10권) 중심이다. 영상 소재 학습서는 대다수가 드라마 소재(29권)이며, 언어요소 학습서는 문자(8권), 어휘(7권), 어법(5권), 발음(3권), 문화(2권) 학습 순으로 나타났다.

〈표 4-8〉 온 · 오프라인 도서 출판 분포

분류		권수	비율(%)	비고
학습서	어린이	42	25.9	중국어 동화(42)
	언어기능	33	20.4	회화(16), 종합(10), 독해(3), 작문(3), 청취(1)
	영상	30	18.5	드라마(29), 영화(1)
	언어요소	25	15.4	문자(8), 어휘(7), 어법(5), 발음(3), 문화(2)
	방송교재	4	2.5	EBS 라디오 초급중국어(2), 중급중국어(2)
	노래	3	1.9	가요(3)
	학습법	1	0.6	
	소계	**138**	**85.2**	
실용서	여행	7	4.3	

분류		권수	비율(%)	비고
	의료	3	1.9	의료(2), 뷰티(1)
	실무	2	1.2	일반 실무(1), 부동산(1)
	통번역	1	0.6	통역(1)
	교수법	1	0.6	어린이 중국어 교수법(1)
	소계	**14**	**8.6**	
수험서	관광통역가이드	5	3.1	
	중국어 평가시험	4	2.5	HSK(3), HSKK(1)
	대학수학능력시험	1	0.6	
	소계	**10**	**6.2**	
합계		**162**	**100**	

4.3 어플리케이션 및 오디오 콘텐츠 플랫폼

1 어플리케이션

□ 중문 학습 어플리케이션(이하 '앱') 중 한국에서 다운로드 상위권인 앱 26개를 선별하여 분석하였다. 분석 결과, 어휘 · 어법 · 회화 통합형 콘텐츠가 다수를 차지하며, AI · 게임 기반형 콘텐츠도 강세를 나타냈다. 그 밖에 언어교환을 통한 학습 앱도 최근 인기를 끄는 것으로 확인되었다.

□ 대상별로는 초급 학습자 대상이 가장 많았고, 중 · 고급자 대상 앱은 주로 일상 회화나 비즈니스 중국어, 심화 어법 학습을 위한 기능을 제공하고 있다.

□ 개발 국가별로는 중국 개발 앱이 7개로 가장 많았고, 특히 인기 상위권에 중국산 앱이 집중되어 있는 것으로 나타났다.

〈표 4-9〉 주요 중문 학습 앱 목록

순위	이름	특징	개발 국가
1	HelloChinese	어휘 · 어법 · 회화 학습	중국
2	ChineseSkill	어휘 · 어법 · 회화 학습	중국
3	SuperChinese	AI기반 어휘 · 회화 학습	중국
4	HeyChina	AI기반 발음 교정, 듣기 · 말하기 · 읽기 · 쓰기 · 학습	비공개
5	Mondly Chinese	다국어 학습	루마니아
6	Super Test	AI기반 HSK 학습	중국
7	Fun Chinese (Studycat)	유아 중심 게임형 콘텐츠, 어휘 · 발음 학습	중국
8	듀오링고	게임 기반 다국어 학습	미국
9	똑똑보카	시각 기반 생활 어휘 · HSK 어휘 학습	한국
10	헬로우톡	원어민 채팅, 언어교환	미국

순위	이름	특징	개발 국가
11	탄뎀	원어민 채팅, 언어교환	독일
12	전통 중국어 회화 - 11,000 단어	어휘 · 독해 · 작문 학습	몰도바
13	Hanzii 중국어 사전	사전, 번역기, 발음 · 한자 · 어법 · HSK 학습	베트남
14	Chinesia	AI · 게임 기반 학습	중국
15	Pleco Chinese Dictionary	다기능 사전	미국
16	링고디어	중국어 포함 다국어 학습	싱가포르
17	암기중- HSK 중국어 단어장	HSK 어휘 학습	한국
18	차이팡 중국어	노래 기반 발음 학습	한국
19	중국어 문법	어법 학습	프랑스
20	중국어 배우기 - Drops	게임 기반 간체자 · 어휘 학습	에스토니아
21	Pass HSK	HSK 학습	중국
22	Busuu	어휘 · 어법 · 회화 학습	영국
23	Du Chinese	어휘 · 독해 학습	스웨덴
24	저절로 암기 중국어	이미지 기반 단어 학습	한국
25	중국어 단어, HSK 단어	HSK 어휘 학습	한국
26	토다이 중국어	어휘 · 독해 · HSK 학습	베트남

주: 구글플레이와 앱스토어 중국어 학습 앱 중 다운로드 상위권 26개 앱을 선별함.

2 오디오 콘텐츠 플랫폼

□ 2024년 기준 국내에서 주로 사용하는 중문 학습 오디오 플랫폼은 8개로 확인되었다. 이 중 6개가 한국 개발 서비스로, 국내에서 오디오 기반 중국어 학습의 수요와 서비스 공급이 활발함을 보여준다.

□ 플랫폼 유형은 전통적 팟캐스트부터 오디오북 · 전자책 통합형, 라이브 스트리밍형, 음악 · 팟캐스트 통합형 등으로 다양하다.

□ EBS 오디오 어학당에서 제공하는 중문 학습 콘텐츠 중 '초급중국어'와 '중급중국어'가 주 3회 정규 편성되어 방송 중이며, 교재도 월간 발간되고 있다.[6]

6) '초급중국어'는 매주 월요일~수요일 오전 5시 20분~40분 방송하며, 송지현 교수(안양대학교)와 밍양양 교수(상지대학교)가 진행한다. '중급중국어'는 매주 목요일~토요일 같은 시간대에 방송하며, 홍상욱 교수(수원과학기술대학교)와 왕러 교수(단국대학교)가 진행한다.

〈표 4-10〉 주요 중문 학습 관련 오디오 플랫폼 목록

이름	특징	개발 국가
스포티파이	음악+팟캐스트 통합 콘텐츠 플랫폼. 다양한 중문 학습 콘텐츠 제공	스웨덴
스푼	라이브 중심 소셜 오디오 플랫폼. 중문 학습 콘텐츠 일부 제공	한국
애플 팟캐스트	iOS 기반 글로벌 오디오 콘텐츠 플랫폼. 다양한 중문 학습 채널 구독 가능	미국
오디오클립	네이버 운영 오디오 콘텐츠 플랫폼	한국
윌라	한국 최대 오디오북+전자책 구독 플랫폼. 중국어 클래스 제공	한국
EBS 오디오 어학당	EBS 공식 오디오 강의 플랫폼. 중국어 포함 다국어 학습 콘텐츠 제공	한국
코코지	유아 맞춤 오디오 콘텐츠 플랫폼. 대만과 협업하여 중국어 음원 서비스 제공	한국
팟빵	한국 최대 오디오 콘텐츠 플랫폼. 다양한 중문 학습 콘텐츠 제공	한국

주: 플랫폼명 가나다순 정렬.

Contents

평가시험 및 학술 연구 현황 V

V 평가시험 및 학술 연구 현황

◆ 제5장에서는 국내 중문 능력 평가시험 및 학술 연구 현황을 분석하였다.
◆ 분석 범위는 2024년 국내에서 시행 중인 중문 능력 평가시험, 2024년 발표된 중문 교육 관련 학위 · 학술논문[1], 국내 개최 학술대회와 운영 중인 학회 · 교사회이다.

5.1 평가시험

□ 한국에서 시행 중인 중문 능력 평가시험은 국제 종합시험, 국내 종합시험, 말하기 시험, 통번역 시험 등의 범주로 구분할 수 있다. 시험 목적과 활용 범위에 따라 체계가 다층적으로 구성되어 있어, 학습자의 학업 단계 및 진로 목표에 따라 선택적으로 응시할 수 있다.
□ 국제 종합시험에는 HSK, BCT, YCT 등이 있으며, 국제적 활용성을 검증하는 역할을 한다. 국내 종합시험으로는 FLEX 중국어와 SNULT 중국어가 대표적이며, 대학 졸업이나 기업 인사에서 활용되고 있다. HSKK, OPIc, TSC와 같은 말하기 시험은 실질적 의사소통 능력을 평가하며, 그 밖에 ITT, TCT 등 민간에서 운영되는 통번역 시험이 인력 선발에 활용되고 있다.

〈표 5-1〉 국내 중문 능력 평가시험 유형

구분	시험명	주관기관	도입년도	특징
국제 종합시험	HSK (漢語水平考試)	中國國家漢辦	1992	대표적 국제 중국어 시험
	BCT (商務漢語考試)	中國國家漢辦	2007	비즈니스 중국어
	YCT (中小學生漢語考試)	中國國家漢辦	2004	청소년 대상
국내 종합시험	FLEX 중국어	한국외국어대학교, 대한상공회의소	1999	국가 공인 자격시험
	SNULT 중국어	서울대학교 언어교육원	2008	서울대 자체 시험
말하기 시험	HSKK (漢語水平口語考試)	中國國家漢辦	2010	HSK 회화 능력 시험
	OPIc 중국어	ACTFL	2006	실무 중심 회화 능력 시험
	TSC (Test of Spoken Chinese)	YBM, 北京外大	2007	CBT 기반 회화 능력 시험

1) 전체 논문 목록은 부록 6, 7 참고.

구분	시험명	주관기관	도입년도	특징
통번역 시험	ITT 중국어 (Interpretation & Translation Test)	국제통역번역협회	2009	실무 통번역 능력 시험
	TCT 중국어 (Translation Competence Test)	한국번역가협회	1994	번역 능력 시험

5.2 학위 · 학술논문

□ 분석 기준

- 연구 분야
  - 내적 연구: 교육과정 · 교육 내용 · 교수법 · 학습자 · 교재 · 평가를 기준으로 하위 분류
  - 외적 연구: 시론 및 일반론 · 교육현황 · 연구현황 · 교사 · 교육사로 분류
- 연구 대상: 유아 · 초등 · 중학 · 고등 · 대학생 · 성인 · 교사 · 전 집단으로 분류
- 연구 방법: 문헌연구 · 양적연구 · 질적연구 · 혼합연구로 분류

〈표 5-2〉 논문 현황 분석을 위한 분류 기준

항목	분류			설명
연구 분야	내적 연구	과정	교육과정	국가 교육과정, 단원 구성, 성취기준 등
		내용	언어요소	음성·음운, 문자, 어휘, 어법 교육
			언어기능	듣기, 말하기, 읽기, 쓰기 교육
		방법	교수설계	교수법 이론 연구, 교수모형 개발, 수업 디자인
			교수기법	구체적인 교수 전략
		학습자	습득	학습자의 습득 순서 및 단계별 분석
			오류	학습자 오류 분석 및 교수 방안 연구
			학습자 변인	학습과 관련한 학습자의 심리적 · 인지적 요인 연구
		교재	교재분석	기존 교육 자료의 질적 · 양적 분석
			교재개발	교육 자료의 설계 및 제작 연구
		평가		평가 도구, 수행평가, 문항 분석 및 개발
	외적 연구	시론 · 일반론		교육 전반에 대한 철학적 · 이론적 접근
		교육현황		가정, 학교, 기관에서의 중국어 교육 실태 연구
		연구현황		중국어 교육 연구현황 관련 메타 연구
		교사		원어민 · 비원어민, 예비 · 현직 교 · 강사
		교육사		교재, 교육제도, 교과과정 등의 역사적 연구
연구 대상	유아			미취학 아동
	초등학생, 중학생, 고등학생			가정, 학교, 기관에서의 중국어 학습자
	대학생			전공 및 비전공자
	성인			일반 성인 학습자 및 비즈니스 목적 학습자

항목	분류	설명
	교사	원어민 · 비원어민, 예비 · 현직 교 · 강사
	전 집단	대상 집단 미지정 및 보편적 학습자 대상 연구
연구 방법	문헌연구	이론 및 문헌 분석 중심 연구
	양적연구	설문조사, 코퍼스 분석, 실험 설계 등
	질적연구	면담, 사례연구, 관찰조사 등
	혼합연구	양적 자료와 질적 자료의 통합적 분석

1 학위논문

□ 2024년 국내에 발표된 중문 교육 관련 학위논문은 총 42편(석사 37편, 박사 5편)이다.

□ 교육대학원의 논문이 20편(47.6%)으로 가장 많았고, 일반대학원이 19편(45.2%)으로 뒤를 이었다. 그 외 전문대학원에서 2편, 기타 특수대학원에서 1편의 논문이 발표되었다.

〈표 5-3〉 대학원 유형별 학위논문 분포

대학원 유형		논문 수			비율(%)
		석사	박사	전체	
일반대학원		15	4	19	45.2
특수대학원	교육대학원	20	0	20	47.6
	기타 특수대학원	1	0	1	2.4
전문대학원		1	1	2	4.8
합계		**37**	**5**	**42**	**100**

주: 1. 학술연구정보서비스(RISS)에서 '중국어', '한어', '漢語', 'Chinese' 키워드 검색 후 추출함. (이하 동일)
2. 전문대학원 2편은 국제전문대학원과 교육전문대학원에서 발표함. 기타 특수대학원 1편은 사회융합대학원에서 발표함.

□ 발표 논문 수 상위 5개 학교는 이화여자대학교(7편), 한국외국어대학교(7편), 숙명여자대학교(4편), 경북대학교(3편), 부산대학교(3편)이다.

□ 개별 대학원 순위를 보면, 이화여자대학교 교육대학원과 한국외국어대학교 교육대학원에서 각 6편, 숙명여자대학교 교육대학원에서 4편이 발표되어 교육대학원의 비중이 높은 것이 확인된다.

〈표 5-4〉 발표 논문 수 상위 5개 학교 목록

학교명	대학원	논문 수	
		계	합계
이화여자대학교	교육대학원	6	7
	일반대학원	1	

학교명	대학원	논문 수	
		계	합계
한국외국어대학교	교육대학원	6	7
	일반대학원	1	
숙명여자대학교	교육대학원	4	4
경북대학교	일반대학원	1	3
	교육대학원	2	
부산대학교	일반대학원	2	3
	교육대학원	1	

주: 이화여자대학교 교육대학원의 논문 수(6편)는 교육대학원(3편)과 외국어교육특수대학원(3편)의 논문 수를 합한 수치임.

1 연구 분야 분포

□ 학위논문 중 교육의 내적 요소를 다룬 연구는 35편(83.3%), 외적 요소 연구 7편(16.7%)으로, 교육 내적 요소에 관한 연구 비중이 훨씬 높게 나타났다.

□ 내적 연구에서는 교수기법(9편)과 교재분석(6편) 관련 연구가 높은 비중을 보였고, 교육과정, 언어기능, 평가 연구는 상대적으로 적었다. 언어요소 교육 연구 4편 중 3편은 어법 교육을 다루었고, 학습자 습득 연구(2편)와 오류 연구(3편)도 모두 어법 중심이었다.

□ 외적 연구에서는 교육현황 분석이 4편으로 가장 많았으며, 이 중 가정 기반 교육과 기관 교육 연구가 각 2편으로 확인되었다. 교사 연구는 2편으로, 모두 중국어 원어민 교사를 대상으로 한 질적연구였다.

〈표 5-5〉 연구 분야별 학위논문 분포

연구 분야		논문 수	비율(%)	비고
내적 연구	교수기법	9	21.4	매체 활용(8), 기타(1)
	교재분석	6	14.3	중 · 고등학생(3), 성인(3)
	언어요소	4	9.5	어법(3), 어휘(1)
	교수설계	4	9.5	중 · 고등학생(3), 전 집단(1)
	오류	3	7.1	어법(3)
	교재개발	3	7.1	초등학생(1), 고등학생(1), 전 집단(1)
	습득	2	4.8	어법(2)
	학습자 변인	2	4.8	초 · 중 · 고등학생(1), 전 집단(1)
	언어기능	1	2.4	듣기(1)
	평가	1	2.4	대학수학능력시험(1)
	교육과정	-	-	
	소계	**35**	**83.3**	
외적	교육현황	4	9.5	가정(2), 기관(2)

연구 분야		논문 수	비율(%)	비고
연구	교사	2	4.8	원어민 교사(2)
	시론 · 일반론	1	2.4	
	연구현황	-	-	
	교육사	-	-	
	소계	**7**	**16.7**	
합계		**42**	**100**	

주: 교육적 요소를 다루지 않은 이론 논문은 대상에서 제외함. (이하 동일)

□ 연구 분야 중 가장 높은 비중을 차지한 교수기법 연구 9편의 세부 주제를 확인한 결과, 생성형 AI, VR, 메타버스, QR코드, 영상 콘텐츠 등 기술 기반 매체 활용에 집중되어 있다.

□ 기술 기반 매체를 통한 학습자 맞춤형 피드백 제공, 몰입형 수업 환경 조성, 실생활 맥락 적용 등 다양한 교수 전략이 제시되었으며, 이는 기술 기반 실천적 교육에 대한 최근의 높은 관심도를 반영한다.

〈표 5-6〉 교수기법 관련 학위논문 세부 주제

세부 주제	논문 수	비고
생성형 AI	2	ChatGPT, 챗봇 기반 수업 설계
메타버스	2	가상 교실, 온라인 상호작용
영상 콘텐츠	2	숏폼 및 광고 영상
가상현실(VR)	1	VR 기반 회화 시뮬레이션
QR코드	1	교과서 연계 시청각 자료
잰말놀이(绕口令)	1	성조 교육 활용

2 연구 대상 분포

□ 학위논문의 연구 대상 분포는 특정 집단을 지정하지 않거나 전 집단을 포괄한 연구가 15편(35.7%)으로 가장 많았다. 다음으로 고등학생 대상과 복수 집단 대상 연구가 각각 9편(21.4%)으로 확인되었다.

□ 고등학생 연구는 교수기법과 교수설계 관련 연구가 다수를 차지했고, 복수 집단 연구는 중 · 고등학생을 중심으로 수행되었다. 그 외에 성인 대상 4편, 초등학생과 교사 대상 각 2편, 대학생 대상 연구가 1편으로 확인되었다.

〈표 5-7〉 연구 대상별 학위논문 분포

대상	논문 수	비율(%)	비고
전 집단	15	35.7	언어요소(3), 교수기법(3), 오류(3), 기타(6)
고등학생	9	21.4	교수기법(3), 교수설계(2), 기타(4)
복수 집단	9	21.4	중 · 고등학생(7), 초 · 중 · 고등학생(1), 유 · 초등학생(1)
성인	4	9.5	일반 학습자(2), 비즈니스 학습자(2)
초등학생	2	4.8	
교사	2	4.8	원어민 교사(2)
대학생	1	2.4	
중학생	-	-	
유아	-	-	
합계	**42**	**100**	

3 연구 방법 분포

□ 연구 방법별로는 문헌연구가 25편(59.5%)으로 가장 큰 비중을 차지하였고, 양적연구와 질적연구가 각 11편, 6편이었다. 혼합연구는 확인되지 않았다.

□ 문헌연구는 교재 연구와 교수기법 분야에서 집중적으로 이루어졌다. 양적연구는 언어요소, 오류, 교수기법 등의 연구에서 주로 설문조사와 코퍼스 분석을 통해 수행되었다. 질적연구는 교육현황 및 교사 연구 분야에서 내러티브 접근과 사례 분석 방식으로 이루어졌다.

〈표 5-8〉 연구 방법별 학위논문 분포

방법론	논문 수	비율(%)	비고
문헌연구	25	59.5	교재(9), 교수기법(7), 교수설계(3) 기타(6)
양적연구	11	26.2	- 언어요소(3), 오류(3), 교수기법(2), 기타(2) - 설문 및 코퍼스(8), 실험(3)
질적연구	6	14.3	- 교육현황(2), 교사(2), 기타(2) - 내러티브(3), 사례 분석(3)
혼합연구	-	-	
합계	**42**	**100**	

2 학술논문

□ 2024년 국내에 발표된 중문 교육 관련 학술논문은 총 87편으로 집계되었다.

1 연구 분야 분포

□ 학술논문 87편 중 내적 연구가 67편(77.1%), 외적 연구는 20편(22.9%)으로, 학위논문과 마찬가지로 내적 연구의 비중이 압도적으로 많다.

□ 내적 연구 중에서는 언어요소 연구가 14편으로 가장 많았고, 이어서 교수설계가 10편, 학습자 변인과 교수기법 연구가 각 9편으로 확인되었다. 교수설계 연구와 학습자 변인 연구는 주로 대학생 대상 연구였고, 교수기법 연구는 매체 활용에 집중되어 있었다. 이 밖에 어법 관련 오류 연구가 5편, 2022 개정 교육과정 연구가 4편, 언어기능 교육 연구가 3편이 있었고, 교재개발, 평가, 습득 연구는 각 2편씩 확인되었다.

□ 외적 연구에서는 교육현황 분석이 6편으로 가장 많았으며, 교육사(5편), 교사(4편), 연구현황(3편), 시론 · 일반론(2편) 순으로 나타났다. 교육현황 및 연구현황 연구에서도 인공지능을 포함한 기술 매체 활용 관련 주제가 다수를 차지하였다.

〈표 5-9〉 연구 분야별 학술논문 분포

연구 분야		논문 수	비율(%)	비고
내적 연구	언어요소	14	16.1	어법(5), 어휘(4), 문자(3), 발음(2)
	교수설계	10	11.5	대학생(6), 전체(2), 중 · 고등학생(1), 성인(1)
	학습자 변인	9	10.4	대학생(6), 초등학생(1), 성인(1), 전 집단(1)
	교수기법	9	10.4	매체 활용(7), 기타(2)
	교재분석	7	8	중 · 고등학생(3), 성인(3), 전 집단(1)
	오류	5	5.7	어법(5)
	교육과정	4	4.6	2022 개정 교육과정(4)
	언어기능	3	3.5	말하기(1), 듣기(1), 쓰기(1)
	교재개발	2	2.3	대학생(1), 전 집단(1)
	평가	2	2.3	HSK(2)
	습득	2	2.3	어법(1), 어휘(1)
	소계	**67**	**77.1**	
외적 연구	교육현황	6	6.9	매체 활용(3), 기타(3)
	교육사	5	5.7	조선시대(4), 기타(1)
	교사	4	4.6	원어민 교사(2), 예비 교사(2)
	연구현황	3	3.4	인공지능 활용(2), 평가시험(1)
	시론·일반론	2	2.3	
	소계	**20**	**22.9**	
합계		**87**	**100**	

□ 학술논문에서 기술 매체 활용과 관련한 연구는 12편으로, 그중 생성형 AI 관련 주제가 7편으로 가장 많았다. 그밖에 빅데이터, 디지털 도구, 영상 콘텐츠를 활용한 수업 설계 및 수업 사례 분석도 확인되었다.

〈표 5-10〉 매체 활용 관련 학술논문 세부 주제

세부 주제	논문 수	비고
생성형 AI	7	AI 기반 수업 설계, AI 기반 연구 및 교육 현황 분석
빅데이터	2	자연어 처리 실습 사례
디지털 도구	2	Padlet, Quizlet, Heyzine 등
영상 콘텐츠	1	예능 영상

2 연구 대상 분포

□ 학술논문의 연구 대상은 전 집단 대상(39편, 44.8%)과 대학생 대상(29편, 33.3%) 연구가 전체의 78.1%를 차지하며 높은 비중을 나타냈다. 전 집단 대상 연구는 언어요소 연구(13편)에 집중되었고, 대학생 연구는 교수설계(6편), 학습자 변인(6편), 교수기법(5편) 연구가 다수를 차지했다.

□ 그 외의 연구는 상대적으로 적어, 복수 집단과 성인 대상이 각 5편, 교사 4편, 고등학생 3편, 초등학생과 중학생 대상은 각 1편에 그쳤다. 복수 집단 연구는 모두 중 · 고등학생 대상 연구였으며, 성인 대상 연구 중 3편은 비즈니스 목적 학습자를 위한 교재분석이었다. 교사 연구는 원어민 교사(2편)와 예비 교사(2편)를 대상으로 한 것으로 확인되었다.

〈표 5-11〉 연구 대상별 학술논문 분포

대상	논문 수	비율(%)	비고
전 집단	39	44.8	언어요소(13), 교육사(5), 교수기법(3), 교육현황(3), 오류(3), 교수설계(2), 교재(2), 습득(2), 평가(2), 연구현황(2), 기타(2)
대학생	29	33.3	교수설계(6), 학습자 변인(6), 교수기법(5), 언어기능(3), 교육현황(3), 기타(6)
복수 집단	5	5.7	중 · 고등학생(5)
성인	5	5.7	비즈니스 학습자(3), 일반 학습자(2)
교사	4	4.6	원어민 교사(2), 예비 교사(2)
고등학생	3	3.5	
초등학생	1	1.2	
중학생	1	1.2	
유아	-	-	
합계	**87**	**100**	

3 연구 방법 분포

□ 연구 방법별로는 문헌연구가 48편(55.2%)으로 절반 이상의 비중을 차지하였고, 이어서 양적연구(22편), 질적연구(10편), 혼합연구(7편) 순으로 집계되었다.

□ 문헌연구는 주로 언어요소, 교재, 교수기법, 교육사 연구에서 사용되었다. 양적연구는 학습자 변인, 오류, 언어요소 연구에서 주로 활용되었으며, 설문조사와 코퍼스 등 데이터 분석 연구가 주를

이뤘다. 질적연구는 교사, 교수기법, 교육 현황 연구에서 사례 분석 중심으로 이루어졌고, 혼합연구는 대부분 교수설계 분야에서 학생 관찰과 설문조사를 병행하는 방식으로 수행되었다.

〈표 5-12〉 연구 방법별 학술논문 분포

방법론	논문 수	비율(%)	비고
문헌연구	48	55.2	언어요소(11), 교재(9), 교수기법(6), 교육사(5), 교수설계(4), 교육과정(4), 기타(9)
양적연구	22	25.3	- 학습자 변인(8), 오류(4), 언어요소(3), 기타(7) - 설문(10), 코퍼스 및 기타 데이터(10), 실험(2)
질적연구	10	11.5	- 교사(3), 교수기법(2), 교육현황(2), 기타(3) - 사례 분석(9), 내러티브(1)
혼합연구	7	8	- 교수설계(4), 평가(1), 교사(1), 언어기능(1) - 관찰+설문(5), 실험+데이터(1), 내러티브+데이터(1)
합계	**87**	**100**	

3 논문 종합

□ 학위 · 학술논문 129편의 분석 결과를 종합하면, 2024년 국내에서 가장 많이 이루어진 연구는 전 집단을 대상으로 한 언어요소 교육 연구로, 총 16편의 논문이 발표되었다. 이어서 대학생 대상의 교수설계 및 학습자 변인 연구, 전 집단 대상의 교수기법 및 오류 연구, 중 · 고등학생 및 성인 대상의 교재분석 연구, 그리고 교사 연구가 각 6편씩으로 확인되었다. 연구 방법은 문헌연구, 양적연구, 질적연구, 혼합연구 순의 분포를 나타냈다.

〈표 5-13〉 연구 분야 · 대상 · 방법별 학위 · 학술논문 종합 분포

연구 분야	연구 대상	문헌연구	양적연구	질적연구	혼합연구	소계
교육과정	중 · 고등학생	4	0	0	0	**4**
언어요소	고등학생	1	0	0	0	**1**
	대학생	1	0	0	0	**1**
	전 집단	10	6	0	0	**16**
언어기능	대학생	0	2	0	1	**3**
	전 집단	0	1	0	0	**1**
교수설계	중 · 고등학생	3	0	1	0	**4**
	대학생	1	0	1	4	**6**
	성인	0	1	0	0	**1**
	전 집단	3	0	0	0	**3**
교수기법	초등	1	0	0	0	**1**
	중 · 고등학생	5	0	0	0	**5**

연구 분야	연구 대상	문헌연구	양적연구	질적연구	혼합연구	소계
	대학생	3	1	1	0	**5**
	성인	1	0	0	0	**1**
	전 집단	3	2	1	0	**6**
습득	중 · 고등학생	1	0	0	0	**1**
	대학	0	1	0	0	**1**
	전 집단	2	0	0	0	**2**
오류	대학생	0	1	1	0	**2**
	전 집단	0	6	0	0	**6**
학습자 변인	초 · 중 · 고등학생	0	0	2	0	**2**
	대학생	0	6	0	0	**6**
	성인	0	1	0	0	**1**
	전 집단	0	2	0	0	**2**
교재분석	중 · 고등학생	6	0	0	0	**6**
	성인	6	0	0	0	**6**
	전 집단	1	0	0	0	**1**
교재개발	초등학생	1	0	0	0	**1**
	고교	1	0	0	0	**1**
	대학생	1	0	0	0	**1**
	전 집단	2	0	0	0	**2**
평가	고등학생	1	0	0	0	**1**
	전체	1	0	0	1	**2**
시론·일반론	대학생	1	0	0	0	**1**
	전 집단	2	0	0	0	**2**
교육현황	유 · 초등학생	0	0	1	0	**1**
	중 · 고등학생	1	0	1	0	**2**
	대학생	1	1	1	0	**3**
	전 집단	2	1	1	0	**4**
연구현황	대학생	1	0	0	0	**1**
	전 집단	1	1	0	0	**2**
교사	교사	0	0	5	1	**6**
교육사	전 집단	5	0	0	0	**5**
합계		**73**	**33**	**16**	**7**	**129**

5.3 학회 및 학술대회

1 학회 · 교사회

1 학회

□ 국내에서 중국 관련 학술 연구를 수행하는 학회는 17곳으로 확인되며, 주요 성격별로 중국어 교육, 중국어문학, 중국학 및 중국 문화학 중심으로 구분된다.

□ 중문 교육 중심 학회에는 '한국외국어교육학회', '한국중국어교육학회', 2024년 발족한 '한국중문교육연구회' 등 3곳이 있다. 중국어문학을 중심으로 하는 학회는 12곳으로 가장 다수를 차지하며, 교육 관련 연구도 다수 발표하고 있다. 그 밖에 중국학 및 중국 문화학 중심 학회도 2곳이 있다.

□ 설립 연도 기준으로는 1969년 창립한 '한국중국어문학회'가 가장 오래되었고, 이후 1980~90년대에 걸쳐 다수의 학회가 설립되면서 연구 기반이 확대된 것으로 나타난다.

〈표 5-14〉 국내 중국 및 중문 관련 학회 목록

학회명	주요 분야	설립 연도	주요 학술지
한국외국어교육학회	중국어 교육	1995	외국어교육
한국중국어교육학회	중국어 교육	2005	중국어교육과 연구
한국중문교육연구회	중국어 교육	2024	한국중문교육연구
영남중국어문학회	중국어문학	1980	중국어문학
중국어문논역학회	중국어문학	1996	중국어문논역총간
중국어문연구회	중국어문학	1988	중국어문논총
중국어문학연구회	중국어문학	1988	중국어문학논집
중국어문학회	중국어문학	1994	중국어문학지
중국인문학회	중국어문학	1982	중국인문과학
중한연구학회	중국어문학	1995	중한연구학간
한국중국소설학회	중국어문학	1989	중국소설논총
한국중국어문학회	중국어문학	1969	중국문학
한국중국언어학회	중국어문학	1987	중국언어연구
한국중국현대문학학회	중국어문학	1985	중국현대문학
한국중어중문학회	중국어문학	1977	중어중문학
대한중국학회	중국학, 중국 문화학	1983	중국학
중국문화연구학회	중국학, 중국 문화학	2002	중국문화연구

주: 주요 연구 분야별로 학회명 가나다순 정렬.

2 교사회

□ 국내에서 활동 중인 중문 교사회로는 전국 단위의 '한국중국어교사회'와 지역 기반의 '서울중국어교사회'가 있다.

□ 그 외에도 전국 각 교육청 산하에서 교사연구회가 운영되고 있다. 초등중국어 교사연구회로는 서울 교육청과 경기 교육청 산하의 교육연구회가 있고, 중등중국어 교사연구회는 서울 · 경기 · 충남 · 충북 · 경남 · 경북 · 전남 · 전북 · 강원 · 광주 · 부산 · 제주 교육청 산하에서 12개 연구회가 운영 중이다. 이러한 교육청 산하 연구회는 각 시도 교육청의 연수지원 및 교육과정 개선 요청에 따라 연구 보고서 작성, 교수 자료 개발 등의 활동을 수행하고 있다.

〈표 5-15〉 국내 중문 교사회 · 교사연구회 목록

교사회 및 연구회명	설립 연도	성격
한국중국어교사회	1990	전국 중국어 교사회
서울중국어교사회	2013	지역 중국어 교사회
서울초등중국어교육연구회	2014	교육청 산하 초등중국어 교사연구회
경기초등중국어교육연구회	2020	상동
서울중등중국어교과교육연구회	확인 불가	교육청 산하 중등중국어 교사연구회
경기중등중국어교과교육연구회	상동	상동
충남중등중국어교과교육연구회	상동	상동
충북중등중국어교과교육연구회	상동	상동
경남중등중국어교과교육연구회	상동	상동
경북중등중국어교과교육연구회	상동	상동
전남중등중국어교과교육연구회	상동	상동
전북중등중국어교과교육연구회	상동	상동
강원중등중국어교과교육연구회	상동	상동
광주중등중국어교과교육연구회	상동	상동
부산중등중국어교과교육연구회	상동	상동
제주중등중국어교과교육연구회	상동	상동

2 학술대회

□ 2024년 국내에서 개최된 주요 학술대회는 총 10개로 확인되었다.

□ 중국어문학 및 중국학 관련 학회에서 주관한 춘계 및 추계 학술대회가 7개로 가장 많았고, 중문 교육 전문 학회에서 '중국어 교육 국제학술대회'와 '아시아 · 태평양 중국어 교육 포럼'을 개최하였다. 그 밖에 국제중국언어학회(IACL)가 주최하고 22개국 300명 이상의 전문가가 참여한 국제학술대회가 연세대학교에서 개최되었다.

□ 학술대회 주제를 보면 최근의 기술 변화와 학문적 성찰을 주로 다루고 있다. 특히 'AI', '외연 확장', '불확실성' 등의 키워드에서 새로운 시대의 학제적 확장과 융합적 관점에 대한 모색을 확인할 수 있다.

〈표 5-16〉 2024년 국내 개최 주요 학술대회 목록

개최일시	대회명	대회 주제	주최 기관
4. 27	한국중어중문학회 춘계학술대회	중어중문학 신진연구자 논문 발표	한국중어중문학회
5. 11	한국중국언어학회 춘계학술대회	대전환시대 중국언어학의 신방향 모색 : 외연 확장과 지속 가능성	한국중국언어학회
5. 18	대한중국학회 춘계 연합학술대회	생성 AI 시대, 중국학은 무엇을 해야하는가?	대한중국학회 외
5. 24	중국어 교육 국제학술대회	동아시아 언어의 상생과 중국어 교육	한국교원대학교 외
5. 25 ~ 5. 27	제30회 국제중국언어학회(IACL) 학술대회	286개 주제 토론	국제중국언어학회 외
5. 31	제2회 아시아 · 태평양 중국어 교육 포럼	중국어 교육의 새로운 지평과 도전	계명대학교 공자아카데미 외
6. 1	한국중문학회 · 중국학연구회 춘계 공동학술대회	한중 학술교류사의 회고와 전망	한국중문학회 외
6. 22	중국어문학회 춘계학술대회	인공지능(AI) 시대의 동아시아 텍스트 연구와 미래	중국어문학회 외
11. 2	한국중어중문학회 추계 연합학술대회	불확실성과 초확장 사이 : 중어중문학의 시대적 의제와 실천	한국중어중문학회 외
11. 16	대한중국학회 추계 연합학술대회	차세대 중국학 학자의 연구 동향과 전망	대한중국학회 외

주: 오프라인 대회만 집계함.

Contents

교육 방법론 동향 분석 VI

VI 교육 방법론 동향 분석

◆ 제6장에서는 2024년도 중문 교육 방법론의 주요 동향을 분석하였다.

◆ 분석 대상은 2024년 발표 및 출간된 중문 교육 관련 학위·학술논문 129편[1], 온·오프라인 도서 162권[2], 2024년 소개된 중등학교 수업 현장의 실례이다. 이를 통해 교육 방법론의 전반적 동향과 이론-실천 간 연계성을 확인하였다.

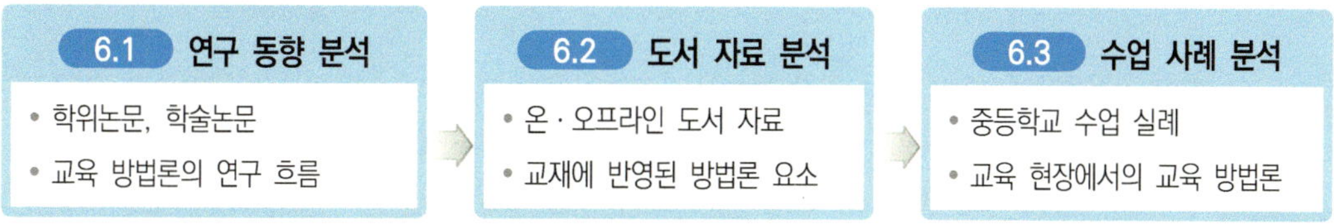

6.1 연구 동향 분석		6.2 도서 자료 분석		6.3 수업 사례 분석
• 학위논문, 학술논문 • 교육 방법론의 연구 흐름	⇨	• 온·오프라인 도서 자료 • 교재에 반영된 방법론 요소	⇨	• 중등학교 수업 실례 • 교육 현장에서의 교육 방법론

〈그림 6-1〉 교육 방법론 동향 분석 프로세스

6.1 연구 동향 분석

□ 2024년 발표된 논문 129편의 분석 결과, 교수·학습의 효율성 제고를 위한 다양한 접근이 시도되고 있으며, 특히 새로운 기술과 이론을 수업 설계에 접목하는 연구가 두드러진다.

□ 학위논문에서는 생성형 AI, 메타버스, 영상 콘텐츠 등 최근 기술을 활용한 교수 기법 제시와 플립러닝(Flipped Learning), POA(Production-Oriented Approach), ASSURE 등의 수업 모형을 적용한 교수법 개발 연구가 활발히 이루어졌다. 이는 현직 및 예비 교사들이 실제 수업 환경에 적합한 교수 전략을 구체화하려는 문제의식을 반영한 것으로 해석된다.

□ 학술논문에서는 기술 매체와 수업 모형 기반 교수법 외에도 다양한 이론적 탐색이 이루어졌다. 어법, 어휘, 문자 등 언어요소별 교수 전략의 효과성을 검토하는 연구와 함께, 교육정책, 교과과정, 연구 및 교육 현황 등 거시적 관점에서 이론적 기초를 제공하는 연구도 다수 발표되었다.

---

1) 5.2장 및 부록 6, 7 참고.
2) 4.2장 및 부록 5 참고.

〈표 6-1〉 논문 유형별 주요 동향

논문 유형	주요 동향
학위논문	- 기술 및 매체(AI, 메타버스, 영상 콘텐츠)를 활용한 교수 기법 및 수업 설계 - 수업 모형(플립러닝, ASSURE, POA, 백워드 설계)을 적용한 교수법 개발
학술논문	- 기술 및 매체(AI, 빅데이터, 디지털 도구)를 활용한 교수 기법 및 수업 설계 - 수업 모형(PBL)을 적용한 교수법 개발 - 언어요소(어법, 어휘, 발음, 문자) 분석에 기반한 교수법 연구 - AI에 기반한 연구 현황 및 교육 현황 분석

6.2 도서 자료 분석

□ 다양한 교육 자료는 현재 중문 교육 현장에서 활용되고 있는 교수 · 학습법의 실제 양상을 반영하는 근거가 된다.

□ 오프라인 도서는 초급 학습자를 대상으로 한 회화 및 종합(듣기 · 말하기 · 읽기 · 쓰기) 학습서가 주를 이루며, 일상 회화 반복, 문화 통합형, 자기 주도 학습 설계 등의 특징을 보인다. 이는 플립러닝, PBL 모델을 적용한 수업이나 미디어 콘텐츠 연계 수업에 실천적 기반을 제공한다.

□ 온라인 도서는 드라마, 노래 기반 학습서와 어린이용 학습서가 다수를 차지한다. 이는 몰입형 수업, 콘텐츠 중심 수업, 감각 중심 접근법 또는 스토리텔링 기반 교수법에서의 적용성을 높일 수 있다.

〈표 6-2〉 도서 유형별 주요 동향

도서 유형	주요 특징 및 예시 도서
오프라인(서책형) 도서	- 회화 및 종합 학습서 중심
	회화 몰입형(예: 입이 술술 중국어, 이것만 알면 OK, Go Go 중국어, 하루 10분 일상회화 등) 문화 통합형(예: 나의 겁 없는 중국 음식 중국어, 미디어 중국어, 중국 언어문화 돋보기 등) 초급자 대상 자기 주도 학습형(예: 착! 붙는 중국어, Go! 독학 중국어 첫걸음, 중국어 첫걸음 등)
온라인 도서	- 콘텐츠 기반 및 어린이 대상 학습서 중심
	드라마, 노래 소재 학습서(예: 중국 드라마 대본 대사집, 상견니 OST로 배우는 노래 중국어 등) 어린이 동화책(예: 콩을 심어요, 난 뛸 수 있어요 등)

6.3 수업 사례 분석

□ 2024년 보고된 중등학교 수업 사례[3]를 분석한 결과, 학습자의 자기 주도적 탐구, 참여 활동, 협동 학습을 강조하며, 디지털 도구와 콘텐츠를 활용한 수업, 교과 간 융합 수업이 활발하게 이루

어지고 있다. 이는 연구에서 제시되는 수업 모델 및 교육 방법론이 교육 현장에서 실천되고 있음을 시사한다.

〈표 6-3〉 대표적 수업 실례

수업명	학교급	설명
하오츠 하오츠 중국음식 탐험대	중학교	구글 슬라이드와 메타버스(ZEP)을 활용하여 중국 음식을 조사하는 협동 프로젝트 수업
중국 유수 아동을 위한 프로그램	중학교	중국 유수 아동을 한국에 초대하는 가상 프로젝트를 계획하는 협동 프로젝트 수업
독도 사랑 중국어 포스터 제작	중학교	독도가 한국 땅임을 알리는 중국어 홍보 영상물을 제작하는 수업
중국어 숫자송 만들기	중학교	구글 플랫폼을 활용하여 중국어 숫자 노래를 직접 제작해보는 프로젝트 수업
미술 융합 수업	중학교	중국의 대표 명절(춘절, 중추절)을 주제로 단색화 또는 채색화를 그리는 미술 융합 수업
the 건강한 마라탕 만들기	중학교	밀키트를 이용하여 마라탕을 만들어 보면서 중국 음식 문화를 이해하는 체험 수업
차이나 진짜 극복 다문화 프로젝트	중학교	AI를 활용해 역사 시간에 배운 중국 관련 내용을 웹툰으로 만들고, 중국어 대사를 구성해보는 수업
우리학교 중국문화 e북 도서관 만들기	고등학교	중국 문화 속에서 자신의 진로에 대한 정보를 찾아보고, e북으로 제작하는 수업
지속 가능한 동북아 한·중·일의 미래	고등학교	한·중·일 협력과 관련한 뉴스 기사를 찾아 e북으로 제작하는 프로젝트 수업
음악 융합 수업	고등학교	Nearpod(디지털 수업 플랫폼)를 활용하여 '오페라 투란도트 속 중국'을 주제로 중국 음악을 체험해보는 음악 융합 수업
우리가 미디어에서 접하는 중국	고등학교	반중 정서를 자극하는 가짜 인터뷰 영상을 시청하고 토의를 진행하는 미디어 리터러시 수업
인물 맞히기	고등학교	중국 드라마 인물들에 대해 중국어로 묘사하여 맞히는 게임형 수업
판다 프로젝트	고등학교	판다에 대한 기본 정보 및 중국의 판다 외교에 대해 조사하는 프로젝트 수업

주: NE능률 교과서 수업 지원센터 사이트에 2024년도 등록된 사례를 정리함.

6.4 동향 분석 결과

□ 본 장의 분석 과정에서 약 30개의 키워드가 도출되었고, 이들은 '기술 활용', '프로젝트 수업', '문화 및 콘텐츠 활용', '학습자 맞춤'의 주제로 범주화할 수 있다. (〈그림 6-2〉 참고)

3) 본 보고서의 분석 사례는 NE능률 교과서 수업 지원센터 사이트에 소개된 수업 사례들로, 전체 수업 동향을 대표한다고 보기는 어렵다. 그러나 수업 현장에서의 교수 전략과 방법이 구체적으로 제시되어 있어, 교육 방법론의 적용 현황을 확인할 수 있다는 점에서 분석의 가치가 있다고 판단하였다.

- **기술 활용**: AI, VR, 온라인 플랫폼 등 다양한 디지털 도구의 활용을 중심으로 하는 수업 설계 연구와 현장 적용이 확대되고 있다.
- **프로젝트 수업**: 학습자의 능동적 참여와 협동 학습을 강조하는 프로젝트 수업 모형을 설계 및 적용하는 시도가 활발히 이루어지고 있다.
- **문화 및 콘텐츠 활용**: 실생활과 밀접한 문화 요소 및 콘텐츠를 도입하여 학습자의 흥미를 유발하고 몰입을 촉진하는 수업 설계가 증가하고 있다.
- **학습자 맞춤**: 초급자, 어린이, 대학생, 해외 학습자 등 다양한 학습자의 수준과 필요를 고려한 맞춤형 교육 설계를 강조하는 방향으로 나아가고 있다.

〈표 6-4〉 교육 방법론 동향 키워드 주제 및 설명

키워드 주제	키워드 예시	설명
기술 활용	AI, ChatGPT, 챗봇, 음성 인식, VR, 메타버스, 디지털 도구, e북	교육 현장의 디지털 전환
프로젝트 수업	POA, PBL, 협동 학습, 플립러닝	학습자 중심, 협동 중심의 프로젝트 수업 설계
문화 및 콘텐츠 활용	드라마, 노래, OST, 영화, 웹툰	학습 동기 및 흥미 유발에 유리한 몰입형 교육
학습자 맞춤	초급자, 대학생, 어린이, 해외 학습자	다양한 학습자 수준·배경을 고려한 맞춤형 교육

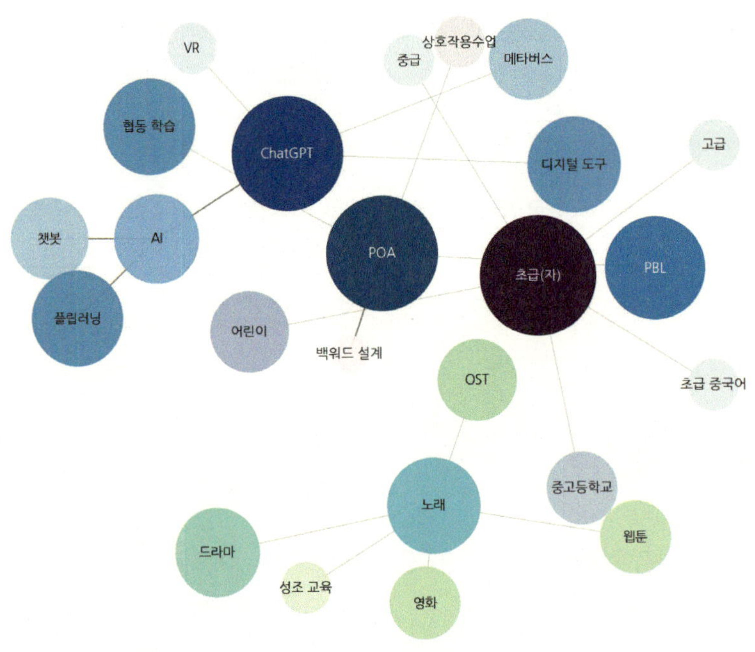

〈그림 6-2〉 교육 방법론 동향 키워드 네트워크

주: 원의 크기와 농도는 분석 과정에서 출현한 빈도와 비례함.

Contents

온라인 플랫폼 기반 학습 동향 분석 VII

 온라인 플랫폼 기반 학습 동향 분석

◆ 제7장에서는 네이버, 유튜브 등 주요 온라인 플랫폼의 데이터를 기반으로 중문 학습 관련 이용 행태를 분석하였다.

◆ 네이버 검색 및 게시글, 유튜브 채널 및 영상[1)]을 종합적으로 검토하여, 학습자의 관심 주제, 참여 방식, 콘텐츠 소비 경향 등을 파악하였다.

7.1 네이버 검색량 분석

□ 대상 기간: 2024. 1. 1 ~ 2024. 12. 31
□ 데이터 출처: 네이버 데이터랩 (https://datalab.naver.com/)
□ 검색 키워드: 중국어, 중국어 배우기, 중국어 공부, 중국어 교육
□ 분류 기준: 성별(남/여), 연령대(13세~60세 이상을 10개 그룹으로 분류)

1 전체 동향

□ 2024년 한 해 동안 중국어 관련 검색량은 전반적으로 점진적인 감소 추세를 보였다. 특히 상반기보다 하반기로 갈수록 검색량 하락이 뚜렷하게 나타났다, 이는 연초 학습자들의 관심이 시간이 지나면서 점차 약화하는 경향을 반영하는 것으로 해석된다.

□ 다만 특정 시기에는 일시적 상승이 관찰되어, 4월 · 7월 · 10월 · 12월에는 검색량이 일시적으로 상승하였다. 반면 8월과 11월에는 상대적으로 낮은 수치를 기록하였다.

---

1) 전체 채널 및 영상 목록은 부록 8, 9 참고.

〈그림 7-1〉 월별 네이버 검색량 추이

주: Y축은 일별 검색량을 단순 합산한 수치이며, 1월 검색량을 기준값(100)으로 환산하여 월별 추이를 지수화함.

2 성별 검색량

□ 2024년 한 해 동안 남성과 여성 모두 검색량이 전반적으로 감소 추세를 보였으며, 여성은 전 기간에 걸쳐 남성보다 높은 검색량을 유지하는 경향이 나타났다.

□ 여성의 경우 1월에 가장 높은 검색량을 기록한 뒤 점차 감소하였으나, 3월 · 4월 · 7월 · 12월에 일시적 반등이 관찰되었다. 특히 1월에는 남성보다 약 300건 이상 높은 수치로 시작해 초반 관심도가 매우 높았던 것으로 나타난다. 남성의 경우는 상대적으로 완만한 하강 추세를 보이며, 4월 · 6월에 소폭 상승하는 패턴이 관찰되었다.

□ 전반적으로 여성은 관심도의 변동 폭이 크며 특정 시기에 집중적인 학습 수요가 발생하는 반면, 남성은 비교적 안정적인 흐름을 보이면서 일부 시점에서는 여성보다 더 높은 검색량을 기록하는 패턴을 나타냈다.

□ 두 성별 모두 8월이 검색량 최저점으로, 이 시기가 중문 학습에 대한 관심도가 크게 줄어든 시점으로 보인다. 또한 12월에 검색량이 다시 반등하는데, 이는 연말 재학습 수요 또는 목표 설정과 연계된 검색 활동 증가로 해석할 수 있다.

〈그림 7-2〉 남녀 월별 네이버 검색량 추이

주: Y축은 일별 검색량을 단순 합산한 수치임.

3 연령대별 검색량

□ 연령대별 중국어 관심도는 20대에서 40대 초반 연령층(1924 · 3034 · 4044)의 검색량이 가장 많으며, 4044, 3034, 1924 순으로 나타났다. (〈그림 7-3〉 참고)

□ 10대 연령층은 전반적으로 검색량이 적었지만 3월 · 7월 · 10월에 단기적으로 상승하는 경향을 보였다.

□ 전 연령대에서 여성의 검색량이 남성보다 전반적으로 높게 나타났으며, 특히 20~40대 여성의 검색 비율이 두드러졌다. 남성의 경우, 2529 · 3034 연령대의 검색량이 다소 높으나 연령대별 편차가 크지 않고 전체적으로 일정한 수준의 검색 활동을 보였다. (〈그림 7-4〉 참고)

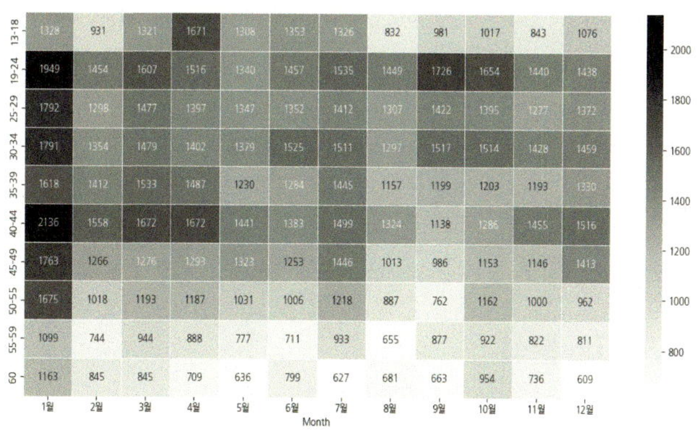

〈그림 7-3〉 연령대별 네이버 검색량 분포

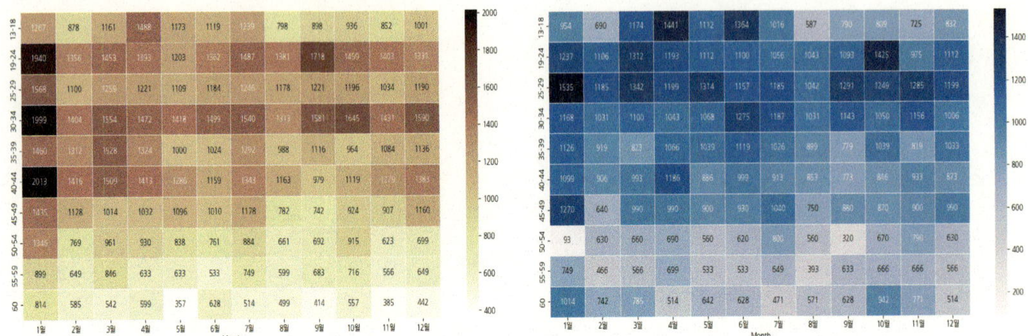

〈그림 7-4〉 연령대별 · 성별 네이버 검색량 분포 (좌: 남성/우: 여성)

□ 〈그림 7-5〉는 연령대별 검색량 및 월별 변동성 양상을 지표로 군집 분석을 실시한 결과다.

□ 전체적으로 중문 학습 검색은 20~40대 초반에 집중되어 있다. 10대 후반과 50대 초반 연령층은 비정기적인 참여도를 보이며, 그 이상의 연령대는 상대적으로 낮은 참여도를 유지하는 것으로 나타났다.

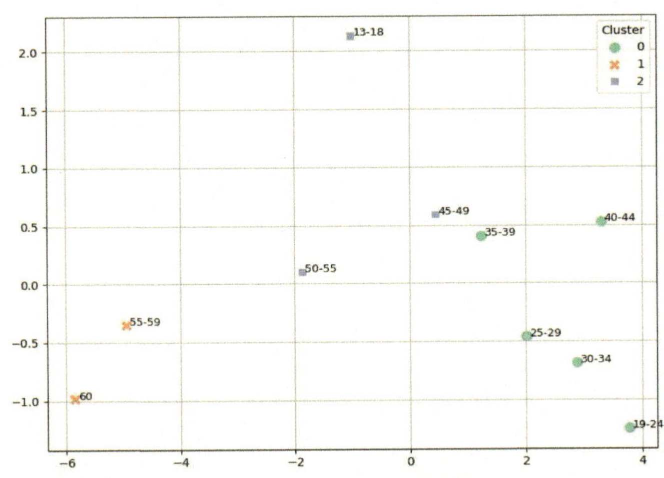

〈그림 7-5〉 연령대별 네이버 검색 패턴 군집 분석 결과

주: 1. X축은 전체 검색량 수준을, Y축은 검색의 변동성을 나타냄.
2. 군집(Cluster) 0은 검색량이 가장 많고 변동성이 낮은 주요 활동층, 1은 검색량이 가장 적은 비활성층, 2는 특정 시기에 검색이 집중되거나 변동성이 큰 중간층을 가리킴.

7.2 네이버 게시글 분석

□ 대상 기간: 2024. 1. 1 ~ 2024. 12. 31

□ 데이터 출처: 네이버 블로그, 네이버 카페
□ 검색 키워드: 중국어, 중국어 배우기, 중국어 공부, 중국어 교육
□ 수집 문서 수: 일반 게시글 6,448건, 질문 게시글 759건
□ 분석 방법: 군집 분석, 토픽 모델링

1 일반 게시글

□ 네이버 블로그와 카페에 게시된 6,448건의 중문 학습 관련 글을 분석한 결과, 학습자 유형은 '실용 목적형', '입문 · 자기 계발형', '목표집중형', '비정형'의 4가지 유형으로 도출되었다. 학습자 유형은 성향과 동기 측면에서 뚜렷한 집단적 특성을 형성한다.
□ 학습 동기 분석 결과, 실용 목적형 학습자(유형 1)는 자격증 취득과 취업 관련 목적, 입문형 학습자(유형 2)는 취미와 여행 목적이 두드러진다. 목표집중형(유형 3)은 모든 항목을 아우르는 높은 학습 동기를 보였다. (〈그림 7-6〉 참고)
□ 게시글에 나타난 감정 표현 분석 결과, 긍정 표현 비중은 입문형 학습자(유형 2)가 가장 높고, 부정 표현은 목표집중형(유형 3)에서 가장 높게 나타났다. (〈그림 7-7〉 참고)

〈표 7-1〉 중문 학습자 유형

1 실용 목적형	2 입문 · 자기 계발형	3 목표집중형	4 비정형
• 시험, 자격증, 취업 등 실용 목적 학습자	• 여행, 취미, 자기 계발 목적의 입문 학습자	• 시험, 취업, 여행 등 복합 목적의 학습자 • 외국어 전반에 관심이 많은 학습자	• 목적 및 동기가 명확하지 않음 • 광고성 게시글 가능성 있음

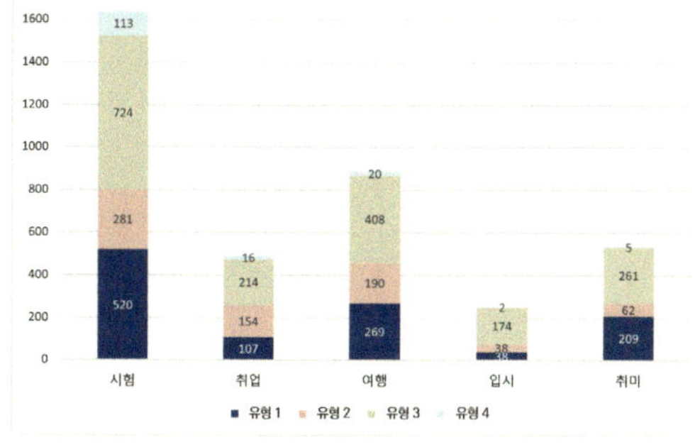

〈그림 7-6〉 학습자 유형별 학습 동기 분포

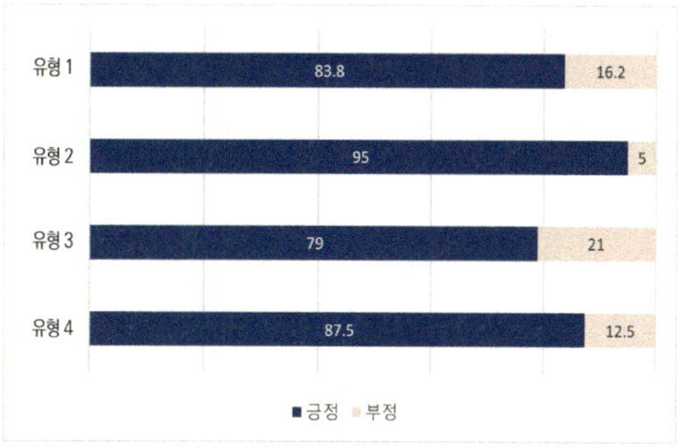

〈그림 7-7〉 학습자 유형별 긍 · 부정 게시글 비율

주: 유형 1~4는 〈표 7-1〉 학습자 유형에 해당함. (이하 동일)

□ 〈표 7-2〉는 중문 학습자의 유형별 특징을 종합한 것이다.

□ 실용 목적형은 직장인 학습자 중심 집단으로, 'HSK', '중국어회화', '중국어학원', '직장인' 등의 키워드가 자주 등장하며 전반적으로 목표지향적이고 긍정적인 학습 태도를 보인다.

□ 입문 · 자기 계발형은 입문자 중심의 집단이다. '배우기', '학습', '언어' 등의 키워드가 나타나며, 여행, 취미, 자기 계발 등의 동기를 바탕으로 학습을 진행하여 감정 표현에서도 긍정 비율이 가장 높다.

□ 목표집중형은 강한 목표 지향성과 높은 학습 강도를 보이는 집단으로, 시험, 입시, 취업 등 대부분의 학습 동기 항목에서 가장 높은 수치를 보인다. 영어, 일본어 등 타 외국어 키워드도 함께 나타나며 외국어 전반에 대한 높은 관심을 보이는 특징이 있다. 다만 부정적 감정 표현 비율이 상대적으로 높게 나타나는 점도 함께 확인된다.

□ 비정형은 일반 학습자라기보다는 광고성 콘텐츠나 노이즈성 게시글로 판단되는 사례가 다수 포함된 집단이다.

□ 〈그림 7-8〉은 각 유형에 속한 게시글 간의 의미적 유사성을 기반으로 한 그룹화 결과로, 유형 1~3은 서로 유사한 주제를 공유하며 밀집된 양상을 보인다. 반면, 유형 4는 오른쪽에 고립된 형태로 나타나 이 유형이 비학습성 게시물일 가능성이 높음을 시사한다.

〈표 7-2〉 중문 학습자 유형별 특징

유형	주요 특징	주요 키워드	감정 표현
실용 목적형 (유형 1)	직장인 중심, 실용성과 자격증 취득	HSK, 중국어회화, 중국어학원, 직장인	대체로 긍정적
입문 · 자기계발형 (유형 2)	초보 학습자, 자기계발 중심	배우기, 학습, 언어, 다양한	긍정 비율 가장 높음
목표집중형 (유형 3)	학습 강도 높음, 다국어 관심	시험, 영어, 일본어, 입시, 취업	부정 비율 상대적으로 높음
비정형 (유형 4)	광고 홍보 게시글 포함	링크, 할인, 이벤트	해당 없음

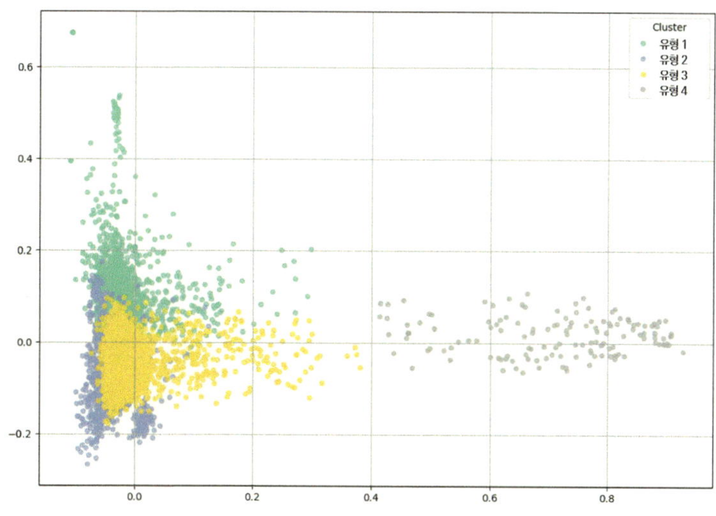

〈그림 7-8〉 네이버 게시글 유형별 그룹화 분포

2 질문 게시글

□ 네이버 블로그와 카페에 게시된 중문 학습 관련 질문 게시글 759건을 분석한 결과, 학습자의 질문은 '실용적 고민형', '자료 탐색형', '생활 활용형'의 3가지 주제 유형으로 나뉜다.

□ 실용적 고민형(Topic 0)은 중심 밀도가 높은 응집형으로 나타나며, 실용적이고 목표지향적인 질문이 중심을 이룬다. 자료 탐색형(Topic 1)은 가장 넓은 범위에 분포된 확산형으로, 입문자 또는 초기 학습자의 관심을 반영한다. 생활 활용형(Topic 2)은 곡선형으로 퍼진 분산 클러스터를 형성하며, 다양한 상황적 질문들이 점진적으로 확산되는 흐름을 보인다. (〈그림 7-9〉 참고)

□ 세 주제의 연결된 시각적 패턴은 학습자의 질문이 유형별로 군집을 이루면서도 유기적으로 연결되고 확장됨을 의미한다. '중국어를 어떻게 시작해야 할지' 등의 탐색형 질문에서 출발하여, 학습이 지속되면서 시험 및 취업 준비와 관련한 유형으로 질문이 구체화되는 경향을 보인다.

□ 실용적 고민형·자료 탐색형 주제는 실용 목적형·목표 집중형 학습자와, 생활 활용형 주제는 입문 학습자의 특징과 맞닿아 있다.

〈표 7-3〉 중문 학습자 질문 유형

주제 유형	형태	의미 및 질문 예시
실용적 고민형 (Topic 0)	응집형	- 진로, 전공 선택, 시험 준비 등 실용적 고민 (예: 일본어과 지망인데 중국어과로 바꾸는 것이 좋을까요) - 실용 목적형, 목표집중형 학습자
자료 탐색형	확산형	- 교재 추천, 공부 방법, 학습 난이도 등 학습 전략 및 자료 탐색형 문의

주제 유형	형태	의미 및 질문 예시
(Topic 1)		(예: 중국어 독학 가능할까요, 중국어와 일본어 중 뭐가 더 쉬운가요) - 실용 목적형, 목표집중형 학습자
생활 활용형 (Topic 2)	곡선 연결형	- 실생활 문제의 확장형 문의 (예: 비자 발급, 중국어 앱 추천, 중국어 해석 요청 등) - 입문자, 초기 학습자

주: LDA 토픽 모델링으로 추출함.

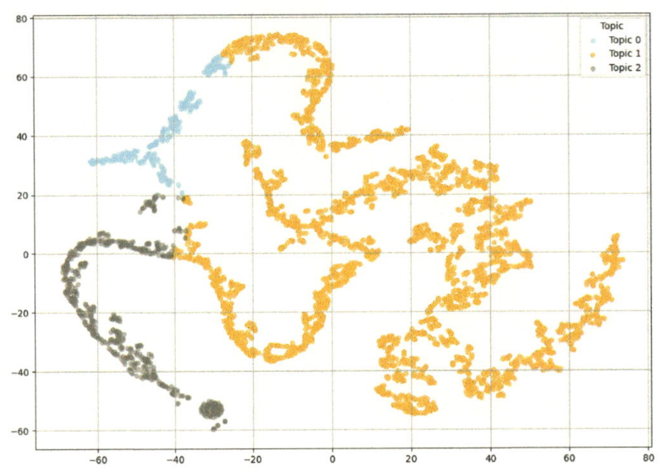

〈그림 7-9〉 네이버 중국어 관련 질문 주제 분포

주: 1. 질문형 게시글의 유형을 2차원으로 축소하여 시각화함.
2. Topic 0~2는 〈표 7-3〉의 유형에 해당함.

7.3 유튜브 분석

□ 분석 대상: 2024년 업로드된 중문 교육 관련 국내 유튜브 채널 198개 및 영상 91개
□ 데이터 출처: 유튜브 공개 채널 및 영상 메타데이터
□ 분석 방법: 기술통계, 군집 분석, 상관관계분석
□ 분석 목적: 채널 및 영상 콘텐츠의 특징 분석을 통한 학습자 수요의 방향성 파악

1 채널

1 채널 규모

□ 구독자 수(View Count)는 소수의 대규모 채널이 전체 구독자 수 평균을 끌어올리는 양상을 보인다. 전체적으로는 소규모 채널이 많지만, 일부 대형 채널의 영향이 절대적이다.

□ 조회수(View Count) 역시 채널 간 조회수 편차가 크고 특정 콘텐츠가 큰 인기를 끌면서 전체 수치를 견인하고 있다. 이는 콘텐츠 도달력에 뚜렷한 차이가 존재함을 시사한다.

□ 영상 수(Video Count)는 일부 채널이 수천 개의 영상을 보유하고 있으나, 대부분은 100개 내외의 콘텐츠를 운영하고 있다. 지속적으로 대량 콘텐츠를 생산하는 채널은 소수에 불과하다.

□ 분석 결과, 중국어 교육 유튜브 채널은 규모의 분포가 비대칭적이며 소수의 대형 채널이 시장을 주도하며 트렌드를 이끄는 롱테일(Long Tail) 구조를 띠고 있는 것으로 확인된다.

〈표 7-4〉 유튜브 중문 교육 채널 규모 지표

항목	구독자 수(명)	조회수(회)	영상 수(개)
평균	8,648	1,352,422	324
중앙값	4,560	175,846	145
최댓값	140,000	22,017,578	3,663

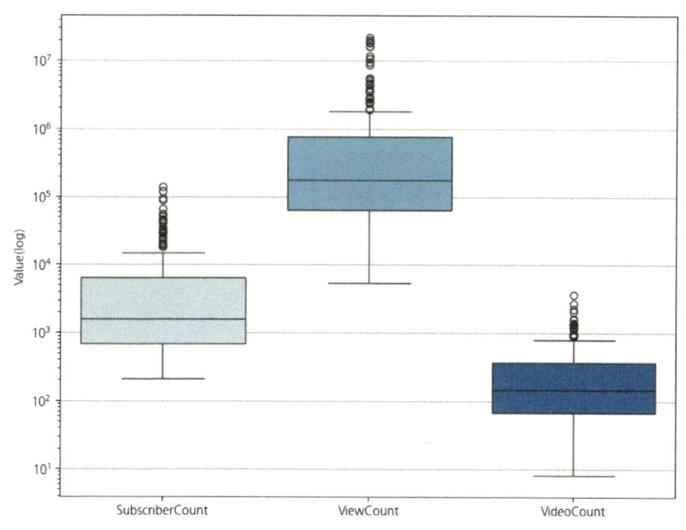

〈그림 7-10〉 유튜브 중문 교육 채널 규모 지표 분포

주: 〈표 7-4〉의 구독자 수, 조회수, 영상 수 지표의 기초통계를 시각화함.

2 채널 운영 성과

□ 채널의 구독자 수, 영상 수, 조회수를 조합한 효율성 지표를 통해 콘텐츠 도달력, 생산 효율성, 학습자 반응 등을 평가하여 채널의 운영 성과를 분석하였다.

□ 콘텐츠의 평균 도달력은 구독자 1인당 발생한 평균 조회수(조회수/구독자 수)로 평가하였다. 분석 결과, 구독자 수와 콘텐츠 도달력 간의 뚜렷한 상관관계가 관찰되지 않았다.

□ 시청자 충성도는 영상 1개당 평균 구독자 수(구독자 수/영상 수)로 평가했다. 분석 결과, 영상의 업로드 수가 많아질수록 개별 영상당 평균 구독자 유입 수치가 낮아지는 경향을 나타냈다.

□ 대중적 관심도는 영상 1개당 평균 조회수(조회수/영상 수)로 평가했다. 분석 결과, 일정 규모 이상의 콘텐츠를 보유한 채널에서 주로 높은 평균 조회수의 성과를 보였다.

〈표 7-5〉 유튜브 중문 교육 콘텐츠 효율성 지표 평가

효율성 지표	평가 지표	평가 결과
평균 도달력	구독자 1인당 평균 조회수 (조회수/구독자 수)	구독자 수와 평균 조회수 간 직접적 상관관계는 낮음
시청자 충성도 및 구독자 유입	영상 1개당 평균 구독자 수 (구독자 수/영상 수)	전반적으로 영상 수가 많아질수록 개별 영상당 구독자 유입 효과는 감소함
대중적 관심도	영상 1개당 평균 조회수 (조회수/영상 수)	영상 수가 많은 채널의 콘텐츠들이 주로 높은 평균 조회수를 보임

2 영상 콘텐츠

□ 유튜브 중문 교육 콘텐츠의 핵심 키워드를 분석한 결과, 콘텐츠는 '실용 회화형', '자격증 · 독학형', '강사 · 실무형', '감성 · 동기 유발형'의 4가지 유형으로 분류된다. 각 유형은 핵심 키워드를 중심으로 형성되며, 학습목적, 방식, 타깃 학습자 등을 다층적으로 반영한다.

□ 실용 회화형은 실용 회화, 수업 소개 등을 주로 다루며 다양한 키워드 유형이 혼재한다.

□ 자격증 · 독학형은 시험 대비와 자기주도 학습을 강조하는 콘텐츠로, 'TSC', 'HSK', '독학' 등 특정 목적성 키워드를 중심으로 한다.

□ 강사 · 실무형은 전문 강사가 주도하는 콘텐츠로, '강사', '교육', '통번역', 'HSK' 등의 키워드를 가진다.

□ 감성 · 동기 유발형은 정서 유대와 학습 동기 부여에 초점을 맞춘 콘텐츠로, '누구나', '쉽게', '함께', '공부', '재미' 등의 키워드가 중심이 된다.

〈표 7-6〉 유튜브 중문 교육 콘텐츠 유형

유형	학습목적	대표 키워드
실용 회화형	일상 회화, 수업	회화, 수업, 일상 표현
자격증 · 독학형	자격증 준비, 자기주도 학습	HSK, TSC, 독학
강사 · 실무형	실무용 목적	강사, 교육, 통번역, HSK
감성 · 동기 유발형	정서적 유대, 학습 동기 부여	누구나, 쉽게, 함께, 재미

주: 군집 분석으로 콘텐츠를 4개 유형으로 분류한 뒤 대표 키워드를 추출한 결과를 정리함.

□ 2024년 업로드된 중문 교육 관련 콘텐츠 중 조회수 1만 회 이상인 영상을 쇼츠(60초 미만)과 일반 영상(60초 이상)으로 구분하여, 조회수, 좋아요 수, 댓글 수 성과를 비교했다.

□ 조회수(Views)는 일반 영상이 쇼츠보다 평균적으로 조금 높지만, 쇼츠는 일부 영상의 조회수가 수십만~수백만에 달했다.

□ 좋아요 수(Likes)는 대체로 일반 영상이 많았고, 쇼츠는 일부 영상만 반응이 높았다.

□ 댓글 수(Comments)는 일반 영상이 뚜렷하게 많았고, 쇼츠는 짧은 소비 특성상 댓글이 적었다.

□ 조회수 1만 회 이상인 영상의 특징은 〈표 7-7〉과 같다.

〈표 7-7〉 유튜브 중문 교육 영상 비교 및 조회수 상위 영상 특징

구분	쇼츠(60초 미만)	일반 영상(60초 이상)
조회수	일부 영상만 매우 높음	평균적으로 쇼츠보다 높고 분포가 안정적임
좋아요 수	일부 영상만 높고 대부분 낮음	전반적으로 높고 분포가 안정적임
댓글 수	대부분 10~30개 수준으로 적음	쇼츠보다 뚜렷하게 많고 소통이 활발함
조회수 상위 영상 특징	- 카페, 블로그 등 외부 자료 링크를 포함하여 학습 접근성을 높임 - 반복 학습과 몰입 유도 표현을 활용함 - 자료의 연결과 효율적 구성으로 신뢰감을 형성함	

분석 결과 및 시사점	
	• 네이버, 유튜브 등 온라인 플랫폼의 중문 학습 콘텐츠는 검색량이 시험 · 취업 시즌 등 특정 시기에 만 집중되어 있어, 학습 수요가 단기적 · 편중적임. 실제 의사소통 능력 배양보다는 HSK 등 공인시험 급수 취득에 치중되는 경향이 강해, 장기적 언어 활용 능력 향상에는 한계가 있음. • 유튜브 채널과 개별 영상의 품질 편차가 커 학습자가 체계적인 학습 경로를 따라가기 어렵고, 흥미 위주의 영상이 많아 학습 효율성이 낮음. 학습목적(회화, 비즈니스, 문화, 시험 대비 등)에 따른 세분화된 온라인 콘텐츠가 부족하여, 맞춤형 학습 설계가 미흡함. • 이를 해결하기 위한 대책으로써, 공신력 있는 기관이 주도하여 온라인 학습 플랫폼 구축하고, 민간 제작자의 참여를 허용하되 교육적 가치와 정확성을 확보하는 평가 체계를 마련할 필요가 있음. • AI · 빅데이터에 기반한 맞춤형 학습을 지원하고, 시청 패턴과 학습 데이터를 활용해 학습 효율을 극대화할 필요가 있음. • 교육기관과 기업이 공동으로 콘텐츠를 개발하고, 온라인 교육과 오프라인 실습을 연계하는 블렌디드 러닝 모델을 확산하면 기업 수요에 맞춘 중국어 과정을 개발할 수 있을 것으로 기대됨.

Contents

특색 프로그램과 발전 현황 및 미래 전망 VIII

VIII 특색 프로그램과 발전 현황 및 미래 전망

8.1 〈국제 중문 교육 중국어 능력 등급 표준〉 회의

□ 중국 국가언어문자위원회 산하 언어문자규범 표준심의위원회의 심의를 거쳐, 〈국제 중문 교육 중국어 능력 등급 표준〉(GF0025-2021)(이하 '등급 표준')이 2021년 7월 1일부터 국가 언어 문자 규범으로 공식 시행되었다. 이후 이 표준은 전 세계 중문 교육계의 권위 있는 학습 및 평가 지침으로 자리 잡았다. 2022년부터 한국에서 〈등급 표준〉을 주제로 한 국제학술회의가 성공적으로 개최되고 있으며, 이 회의는 전문성과 지속성을 갖춘 학문적 브랜드로 발전하여 국제 중문 교육 분야에서 독자적인 영향력을 형성하고 있다.

1 현대 〈등급 표준〉 회의 소개 (2022~2024)

1 제1회 〈등급 표준〉 국제학술회의 (2022. 8. 11)

(1) 회의 개요

□ 제1회 〈등급 표준〉 국제학술회의는 2022년 8월 11일 '한중 수교 30주년 기념행사 - 한국 중문 교육 포럼'의 명칭으로 개최되었다. 본 회의는 세계한어교육학회(世界汉语教学学会), 중국 지린성(吉林省) 교육청, 한고국제교육과기(베이징)유한회사(汉考国际教育科技(北京)有限公司, 이하 '한고국제'), 한국중국어문학연구회, 한국중국어교육학회, 재한 중국교수학회가 공동 주최하고, 차이홍 공자아카데미가 주관하였다. 또한 주한 중국대사관과 경기관광공사의 후원을 받았다.

□ 본 회의는 한중 수교 30주년, 〈등급 표준〉 공식 시행 1주년, 그리고 〈등급 표준〉의 정식 한국어판 출판 시점에 개최되어 더욱 상징적인 의미를 지녔다. 이번 회의는 한중 수교 30년간의 중국어 교육 발전사를 회고하고, 〈등급 표준〉의 공포 이후 한국 중문 교육에서 나타난 새로운 변화와 발전 양상을 중점적으로 논의하였다. 이를 통해 양국의 국제 중문 교육 분야에서 전문 학술교류가 촉진되고 인문 교류 역시 한층 심화되는 계기가 되었다.

(2) 회의 배경

- □ 최근 국제사회에서 중국어의 영향력과 학습 수요가 증가함에 따라, 과학적이고 체계적인 학습·교수·평가 기준의 필요성이 대두되고 있다. 〈등급 표준〉은 중국 국가언어문자위원회(国家语委)가 외국인 학습자를 대상으로 제정한 최초의 규범적 표준으로, 학습자의 언어능력과 수준을 체계적으로 평가하기 위한 기준 체계이다. 〈등급 표준〉의 공표와 시행은 언어 문자 규범 표준 체계가 한 단계 더 정비되었음을 보여주는 중요한 이정표로, 국제 중문 교육의 발전을 위한 기반이 될 것으로 기대된다. 〈등급 표준〉이 공식 시행된 이후 1년 동안 이론적 가치, 교수법 적용, 평가 활용 등에 대한 연구가 활발히 전개되었다.
- □ 그러나 한국 교육계와 학계의 〈등급 표준〉에 대한 인식 및 이해는 아직 초기 단계로, 체계적 연구와 실천적 적용이 충분히 이루어지지 못하고 있다. 이에 본 회의는 한중 및 여러 국가의 전문가들이 〈등급 표준〉을 심도 있게 이해하고 논의할 수 있는 장을 마련하기 위해 개최되었다.

(3) 회의 일정

① 개막식

- □ 중잉화(钟英华) 회장: 중외언어교류협력센터(语合中心) 및 세계한어교육학회를 대표하여 개회사와 환영사를 발표하였다.
- □ 아이홍거(艾宏歌) 공사 참사관: 주한 중국대사관을 대표하여 축사를 발표하였다.
- □ 최창원 회장: 한국중국어문학연구회를 대표하여 축사를 발표하였다.
- □ 자오지민(赵骥民) 회장: 지린성 교육국제교류협회를 대표하여 축사를 발표하였다.

② 주제 발표(기조연설)

- □ 자오양(赵杨, 중국 베이징대학교): 〈〈국제 중문 교육 중국어 능력 등급 표준〉 해석〉
- □ 김현철(金铉哲, 한국 연세대학교): 〈30년간의 한국 중문 교육의 발전과 전망〉
- □ 양진청(杨金成, 중국 세계한어교육학회): 〈세계한어교육학회와 한국 중문 교육〉
- □ 정윤철(郑润哲, 한국 부산외국어대학교): 〈중문 교육의 현존 문제와 해결 전략〉
- □ 황뢰(黄蕾, 중국 한고국제): 〈한어수평고시(HSK)의 발전현황과 전망〉
- □ 박용진(朴庸镇, 한국 전북대학교): 〈〈등급 표준〉 어법 등급 대강(大纲)에 대한 고찰〉
- □ 우펑(于鹏, 한국 성균관대학교): 〈〈등급 표준〉 기반의 한국인 학습자 보어(補語) 교수 전략〉

③ 폐막식

- □ 김진무(金振武) 원장: 한국 측 주최 및 주관기관을 대표하여 폐회사를 발표하였다.

(4) 회의 내용

① 인사말

□ 세계한어교육학회(世界汉语教学学会) 중잉화(钟英华) 회장은 본 회의의 개최를 축하하며, 한중 수교 30년간 양국의 경제 · 교육 · 문화 등 여러 분야에서의 교류가 지속적으로 강화되어 양국 국민에게 실질적 혜택을 가져왔을 뿐만 아니라 지역 안정에도 기여했다고 언급했다. 그는 한국의 중문 교육이 거둔 성과를 높이 평가하며, 한국 대중의 중국어 학습에 대한 수요와 열의, 전문 교육을 받은 학습자 규모 등 모든 면에서 한국은 명실상부한 '중국어 학습 강국'이라고 언급했고, 중문 교육은 한중 국민 간 상호 이해와 신뢰를 증진하고 양국의 교류 · 협력 · 상생을 촉진하는 데 결정적 역할을 해왔다고 강조했다. 이어 그는 1987년 설립된 세계한어교육학회는 중국어 모국어권 국가를 기반으로 전 세계를 연결하는 가장 권위 있고 규모가 크며, 영향력이 큰 글로벌 중문 교육 학술조직이라고 소개했다. 이 학회는 현재 전 세계 81개 국가 및 지역에서 5,200여 명의 개인 혹은 단체 회원이 가입해있으며, 중국어 모어권 학술 단체로써 국제적 책무를수행하며 각국 국민이 중국어를 목적어로 선택하는 데 있어 책무감을 가지고 지원해오고 있다. 그는 향후 세계한어교육학회가 전 세계의 수준 높은 중국어 학술기관들과 긴밀히 협력하여, 새로운 시대 중문 교육의 고품질 발전을 함께 추진하기를 희망한다고 밝혔다.

□ 주한 중국대사관 아이훙거(艾宏歌) 공사는 한중 양국이 지난 30년간 사회 각 분야에서 협력하여 풍성한 성과를 거두었으며 지역 번영에 기여한 점을 높이 평가했다. 그는 세계적 대전환의 시대 속에서 한중 양국이 함께 도전에 맞서며 영원한 이웃이자 협력 파트너의 진정한 의미를 충분히 보여주었고, 양국 관계가 어려운 국면 속에서도 발전을 이뤄냈다고 언급했다. 이어 교육을 양국 국민 간 상호 이해와 교류를 촉진하는 위대한 사업이라고 강조하며, 한국의 중문 교육 종사자들이 언어와 문화를 매개로 전문성을 발휘해 '윤활제' 역할을 하길 기대한다고 말했다. 나아가 공정과 정의의 입장에서 양국 국민 간 신뢰 회복과 오해 해소에 힘쓰고, 새로운 기회와 도전이 공존하는 시기에 한국의 중문 교육과 중국학 연구가 더욱 번성하도록 이끌어, 양국의 교육 교류와 협력이 한 단계 더 도약하고 세대 간 우호 증진에 기여하기를 바란다고 당부했다.

□ 한국중국어문학연구회 최창원(崔昌源) 회장은 한중 수교 30년간 양국의 사회 · 인문 분야 교류와 협력이 지속적으로 심화되었다고 언급했다. 양국은 유교문화권이라는 공통 기반을 가지며 현재 한국의 중문 교육과 연구는 매우 활발한 시기를 맞이하고 있다고 평가하면서, 향후 한국의 중국어 학습 열기와 교육 수준이 더욱 발전하고 성숙해질 것으로 전망했다.

□ 지린성 교육국제교류협회 자오지민(赵骥民) 회장은 지난 30년간 한중 양국의 상호 교육 및 인재 교류는 황금기였다고 평가하며, 이번 한중 수교 30주년을 계기로 '한중 수교 30주년 기념 한국 중문 교육 포럼'과 같은 장을 통해 지난 30년간 한국 중문 교육의 발전을 돌아보고, 향후 한국 중문 교육의 미래를 조망하며, 교육을 매개로 양국 국민 간 상호 신뢰와 상호 이익을 증진시켜 양국 우호 관계가 새로운 단계로 도약하기를 기대한다고 밝혔다.

□ 김진무(金振武) 원장은 한국 측 주최 및 주관기관을 대표로 폐막 인사를 하며, 이번 회의는 높은 기획 · 추진 · 학술 · 실행 수준으로 이루어진 국제적 학술행사였으며, 〈등급 표준〉 시행 이후 내디

딘 중요한 첫걸음이라고 평가했다. 그는 앞으로 국제 중문 교육 종사자들이 자신감 있게 변화를 주도하고 시대와 세계의 변화에 발맞추어 한국 중문 교육의 새로운 도약기를 맞이하길 바란다고 말했다.

② 주제 발표(기조연설)

□ 자오양(赵杨, 세계한어교육학회 부회장, 베이징대학교 대외한어교육학원 원장, 교수)

- 주제: 〈〈국제 중문 중국어 능력 등급 표준〉 해설〉
- 〈등급 표준〉의 '일체성'과 '다원성'의 특성과 관계를 중심으로, 중국어의 언어적 특성을 바탕으로 〈등급 표준〉이 따라야 할 중문 교육의 규범성에 주목해야 함을 강조하였다. 또한 〈등급 표준〉의 주체성 및 보편성의 문제를 심층적으로 논의하였다.

□ 김현철(金铉哲, 한국 연세대학교 문과대학 중문과 교수, 연세대학교 중국연구원 원장)

- 주제: 〈30년간 한국 중문 교육의 발전과 전망〉
- 한중 수교를 주제로, 지난 30년간 한국 중문 교육의 현황, 발전, 문제점을 분석하고 해결 방안을 제시하였다. 향후 한국 중문 교육의 발전 방향은 양적 확대보다 질적 경쟁력 확보에 두어야 한다고 지적하며, 한국의 실정에 부합하는 국제 중문 교육을 추진해야 한다고 강조했다.

□ 양진청(杨金成, 중국 세계한어교육학회 이사)

- 주제: 〈세계한어교육학회와 한국 중문 교육〉
- 세계한어교육학회와 한국 중문 교육 간의 역사적 연계성을 설명하고, 학회가 한국 학계 및 학자들과 함께 진행해 온 프로젝트를 소개하였다. 또한 앞으로 한국 중문 교육의 고품질 발전을 위한 비전을 제시하며 긍정적인 평가를 내렸다.

□ 정윤철(郑润哲, 한국 부산외국어대학교 중문과 교수)

- 주제: 〈중문 교육의 현존 문제와 해결 전략〉
- 한국 중문 교육의 직면 과제를 외적 · 내적 요인으로 분석하였다. 외적 요인으로는 학령인구의 급감, 중등교육 외국어 정책의 변화, 청년층의 혐중 정서 등을 언급했고, 내적 요인으로는 중등학교-대학 간 중문 교육 체계의 단절, 대학 간 교육 공유 시스템 부재, 미래 지향적 연구 성과 부족 등을 지적했다. 이에 대한 해결책으로는 중등학교-대학 간 유기적 연계 강화, 대학 간 교육 공유 시스템 구축, 한 · 중 청년 교류 프로그램 확대, 온라인 학습 프로젝트 개발, 첨단기술과 감각적 경험이 결합된 중문 교육 모델 추진 등을 제안하였다.

□ 황레이(黄蕾, 중국 한고국제 시험출제 총괄)

- 주제: 〈한어수평고시(HSK)의 발전현황과 전망〉
- HSK의 전반적 발전 상황, 특히 한국 내 HSK 시행 현황과 HSK 7~9급 시험의 설계 및 발전 방향에 대해 종합적으로 소개하였다. 또한 한고국제가 앞으로도 '학습자 중심, 중국어 특색 강조, 연구와 스마트 기술이 주도하는 발전'을 핵심 이념으로 삼아, 전면화 · 디지털화 · 표준화 방향으로 발전해 나갈 것임을 밝혔다.

□ 박용진(朴庸镇, 전북대학교 중문과 교수)

- 주제: 〈〈등급 표준〉 어법 등급 대강(大纲)에 대한 고찰〉

- 〈등급 표준〉 어법 등급 대강의 설계를 분석하며, 기존의 평가 기준을 적용할 경우 개선의 여지가 있고 일부 문제들은 구체적인 사용 지침서를 마련하면 해결될 것이라 하였다. 또한 이는 〈등급 표준〉이 중요한 규범적 참고 틀이라는 본질적 의의에는 영향을 주지 않는다고 강조했다.

□ 우펑(于鹏, 한국 성균관대학교 중문과 교수)

- 주제: 〈〈등급 표준〉 기반의 한국 학습자 보어(補语) 교수 전략〉
- 〈등급 표준〉에 기반하여 중국어의 중요한 특징인 보어 체계의 설계를 검토하고, 한국 학습자 교수 현장을 결합하여 그 적용 방안과 교수 전략의 구체적 방향을 상세히 설명하였다.

(5) 회의 성과

□ 이번 포럼은 총 7명의 전문가가 주제 발표를 진행하였고, '세계한어교육학회와 한국 중문 교육', '지난 30년간 한국 중문 교육의 발전과 전망', 'HSK의 현황과 미래'를 중심으로 심도 있는 논의를 전개하였다. 동시에 참석 전문가들은 〈등급 표준〉을 체계적으로 해설하고, 한국의 실제 상황과 연계하여 중문 교육 전략을 정리 및 논의하였다.

□ 참석 학자들은 이번 포럼이 한중 수교 30년간의 중문 교육 발전 과정을 회고했을 뿐 아니라, 〈등급 표준〉 자체와 그 공표 이후 한국 중문 교육에 나타난 새로운 변화와 기회를 심층적으로 탐구한 자리였다는 데 의견을 같이하였다. 이러한 논의는 한중 국제 중문 교육 분야의 전문 학술교류를 촉진하고 양국 교사와 학생의 학술적 시야를 확장했다. 또한 학계가 〈등급 표준〉의 배경과 함의를 보다 입체적으로 이해하는 데 기여함과 동시에 관련 연구의 심화 전개에도 새로운 동력을 불어넣었다.

□ 포럼은 온·오프라인 결합 방식으로 진행되었으며, 한중 양국에서 130여 명의 국제 중문 교육 전문가와 학자가 참석하였다.

2 제2회 〈등급 표준〉 국제학술회의 (2023. 7. 1 ~ 7. 2)

(1) 회의 개요

□ 2023년 7월 1일~2일 '국제 중문 교육의 고품질 발전 전면 추진'을 주제로 한 〈등급 표준〉 시행 2주년 기념 국제학술회의가 한국 연세대학교에서 성공적으로 개최되었다. 회의는 온·오프라인 병행 방식으로 진행되었으며, 중국 본토와 홍콩·마카오·대만 지역, 그리고 한국, 미국, 일본, 베트남 등 여러 국가와 지역에서 500여 명의 국제 중문 교육 전문가와 학자가 참석하였다.

□ 이번 회의는 세계한어교육학회, 지린성 교육국제교육협회(吉林省教育国际交流协会), 한고국제, 한국외국어교육학회, 한국중국어교육학회, 한국중국어문학연구회, 연세대학교 중국연구원, 재한중국교수학회가 공동 주최하고, 차이홍 공자아카데미와 가선기획이 주관하였으며, 주한 중국대사관, 지린성 교육청, 한국공자아카데미연석회의(韩国孔子学院联席会), 한국중국어교사협회, (사)한국대학미래교육협회, 한국관광공사의 후원을 받았다.

(2) 회의 배경

□ 〈등급 표준〉은 국제 중문 교육의 학습 · 교수 · 시험 · 평가 전 과정에 적용되며, 국제 중문 교육을 시행하는 전 세계 각급 학교, 기관 및 관련 단체를 위한 규범적 참고 체계로 기능한다. 〈등급 표준〉은 학습자의 중문 능력을 '3등급 9단계(三等九级)'로 구분하고, 음절 · 한자 · 어휘 · 어법을 '4차원 기준(四维基准)'으로 설정한다. 또한 의사소통 능력 · 화제 및 과제 내용 · 언어 양적 지표를 세 가지 평가 차원(三项评价维度)을 구성하고, 듣기 · 말하기 · 읽기 · 쓰기 · 번역의 5대 언어기능을 기준으로 학습자의 중문 능력을 정밀하게 측정하게 한다.

□ 〈등급 표준〉은 향후 국제 중문 교육 관련 시험의 표준화와 규범화를 위한 출제 근거가 될 뿐 아니라 다양한 교수법과 학습평가 모델의 기초 자료로 작용하며, 전 세계 국제 중문 교육의 설계, 교재편찬, 수업 운영, 평가 체계 등에 중요한 참고가 될 것이다. 나아가 '인터넷+' 시대의 새로운 국제 중문 교육 모델과 플랫폼 구축을 위한 핵심 기반으로도 활용될 것이다.

□ 2023년 7월 1일, 국내외 전문가 및 학자 간의 학술교류를 강화하고 〈등급 표준〉의 핵심 이론과 교수 실천을 집중적으로 논의하며, 국제 중문 교육의 혁신과 고품질 발전을 전면적으로 추진하기 위해 〈등급 표준〉 시행 2주년 시점을 맞아 이번 학술회의가 특별히 개최되었다.

(3) 회의 일정

① 개막식

□ 김진무(金振武) 원장: 한국 측 주최 및 주관기관을 대표하여 환영사를 발표하였다.

□ 중잉화(钟英华) 회장: 중외언어교류협력센터와 세계한어교육학회를 대표하여 축사를 발표하였다.

□ 자오지민(赵骥民) 회장: 지린성 교육국제교류협회를 대표하여 축사를 발표하였다.

□ 아이훙거(艾宏歌) 공사: 주한 중국대사관을 대표하여 축사를 발표하였다.

□ 리페이저(李佩泽) 이사장: 한고국제를 대표하여 축사를 발표하였다.

□ 김현철(金铉哲) 회장: 한국 공자아카데미연석회의 및 연세대학교를 대표하여 축사를 발표하였다.

② 주제 발표(기조연설)

□ 자오양(赵杨, 중국 베이징대학교): 〈〈등급 표준〉의 지시성(指令性)과 지도성(指导性)〉

□ 황레이(黄蕾, 중국 한고국제): 〈HSK의 발전 성과, 이념 및 새로운 동향〉

□ 후루카와 유타카(古川裕, 일본 오사카대학교): 〈재일 중국어 교육의 시각에서 본 〈등급 표준〉〉

□ 루언황잉(阮黄英, 베트남 하노이국립대학교) 〈한 · 베 언어 대조의 관점에서 본 〈등급 표준〉의 베트남 중국어 교육 적용〉

□ 추청즈(褚诚志, 미국 캘리포니아대학교 데이비스 캠퍼스): 〈표준 구축과 지역 중국어 교재의 수평적 연계 및 수직적 통합〉

□ 위수광(魏秀光, 한국 창신대학교) · 서진현(徐真贤, 한국 전북대학교): 〈〈등급 표준〉에 따른

한국 중문 교재의 어법 항목 고찰〉

□ 박용진(朴庸镇, 한국 전북대학교): 〈〈등급 표준〉의 〈어법 등급 대강(大纲)〉에 대한 고찰 - '어법 등급 대강'의 구조적 구성에 기초하여〉

□ 김현철(金铉哲, 한국 연세대학교): 〈〈등급 표준〉과 한국 중문 교육의 발전현황 및 전망〉

③ 분과 발표 및 토론

□ 분과 발표는 3개 그룹으로 진행되었다. ① 〈등급 표준〉과 한자 및 어법 ② 〈등급 표준〉과 교수모형 ③ 〈등급 표준〉과 교원, 교재 및 문화

□ 총 30명의 전문가 및 학자가 분과 발표를 진행하였다.

- 중국 측 발표자: 상하이외국어대학교(上海外国语大学), 다롄외국어대학교(大连外国语大学), 시베이사범대학교(西北师范大学), 중앙민족대학교(中央民族大学), 난징사범대학교(南京师范大学), 저장외국어대학(浙江外国语学院), 베이징어언대학교(北京语言大学), 산둥대학교(山东大学), 산시이공대학교(陕西理工大学), 베이징대학교(北京大学), 다롄이공대학교(大连理工大学), 마카오과기대학교(澳门科技大学), 한국 단국대학교, 홍콩과기대학교(香港科技大学), 충칭교통대학교(重庆交通大学), 선양사범대학교(沈阳师范大学), 산시사범대학교(陕西师范大学), 신양사범대학교(信阳师范大学), 푸단대학교(复旦大学)
- 한국 측 발표자: 연세대학교, 한양대학교, 국립상지대학교, 한국교원대학교, 동서울대학교, 부산외국어대학교, 안양대학교, 수원대학교, 창신대학교, 전북대학교, 성결대학교, 성균관대학교, 이화여자대학교, 한국외국어대학교, 한국방송통신대학교, 동국대학교, 가톨릭대학교, 덕성여자대학교, 경희대학교, 중앙대학교, 인천대학교, 강원대학교, 원광대학교, 대진대학교, 남서울대학교, 백석대학교

④ 폐막식

□ 인동민(尹冬民) 부처장이 중외언어교류협력센터를 대표하여 종합 보고를 하였다.

□ 연세대학교 김현철(金铉哲) 교수가 폐막 인사를 발표하였다.

(4) 회의 내용

① 인사말

□ 김진무(金振武) 차이홍 공자아카데미 중국 측 원장은 주관기관을 대표하여 참석자들에게 환영 인사를 전하고, 이번 회의를 통해 〈등급 표준〉 학습의 새로운 열풍이 형성되고 〈등급 표준〉 연구가 한 단계 도약하며 〈등급 표준〉의 실행이 새로운 국면을 맞이하길 기대한다고 밝혔다.

□ 중잉화(钟英华) 세계한어교육학회 회장은 〈등급 표준〉 시행 2주년을 맞이한 시점에 학술회의를 개최한 것은 특별한 의미를 지닌다고 언급하며, 〈등급 표준〉이 한국에 정착한다면 한국의 중문 교육 연구를 강력하게 견인하고 수백만 명의 한국 학습자에게 실질적인 혜택을 제공하여 더 많은 한국 청년이 중국어를 습득하는 데 도움이 될 것이라고 강조했다.

□ 지린성 교육국제교류협회 자오지민(赵骥民) 회장은 국제 중문 교육이 여전히 큰 잠재력과 실천 가능성을 지닌 역사적 기회 시기에 있다고 평가하였다. 그는 이번 회의가 한중 양국은 물론 전 세계 국제 중문 교육 분야의 전문 학술교류를 심화하고, 〈등급 표준〉이 한국 교육 현장에 뿌리내리도록 함으로써 한국 중문 교육 표준과의 연계 발전을 촉진하기를 기대한다고 밝혔다. 아울러, 이를 통해 상호 학습과 상호 보완, 상생 협력이라는 새로운 표준 체계가 형성되길 기대한다고 덧붙였다.

□ 주한 중국대사관 아이훙거(艾宏歌) 공사 참사관은 한중 간 교육 교류는 양국 관계의 중요한 구성요소이자 양국 우호 협력을 견인하는 추진력이라고 강조하며, 이번 학술회의를 계기로 중문 교육 분야에서 양국 간 협력이 더욱 심화되어 한국 중문 교육이 더 큰 발전을 이루고 양국 간 상호 이해와 교류 증진에 기여하게 되기를 바란다고 밝혔다.

□ 한고국제 리페이저(李佩泽) 이사장은 〈등급 표준〉이 국제 중문 교육의 학습 · 교수 · 시험 · 평가 전반에 적용되는 기준임을 강조하며, 이는 의무적 규정이 아니라 국제 중문 교육의 고품질 발전을 지향하는 목표이자 이상적 상태라고 설명했다. 그는 국제 중문 시험은 〈등급 표준〉의 중요한 적용 분야이지만, 그 적용은 〈등급 표준〉의 이념 · 이론 · 방법을 구현하는 것이지 형식적으로 〈등급 표준〉에 얽매이는 것이 아니라고 덧붙였다.

□ 폐막식에서 인동민(尹冬民) 중외언어교류협력센터 학술조직연락처 부처장은 이번 회의가 〈등급 표준〉의 핵심 이론과 교수 실천을 중심으로 이론적 심화와 실천적 정리를 병행한, 매우 실용성 있는 학술교류의 장이었다고 총평했다.

② 주제 발표(기조연설)

□ 자오양(赵杨, 중국 세계한어교육학회 부회장, 베이징대학교 대외한어교육학원 원장, 교수)

- 주제: 〈〈등급 표준〉의 지시성(指令性)과 지도성(指导性)〉
- 〈등급 표준〉이 결과 평가를 중점으로 하는 '지시성'과 실행 과정에서 발휘되는 '지도성'을 동시에 갖고 있다고 설명하였다. 특히 〈등급 표준〉이 교재편찬, 교육 자원 개발 방면에서 준거점(Benchmark) 역할을 하고 있음을 강조하고, 실행 과정에서 발생할 수 있는 문제들과 그 대응 전략을 구체적으로 논의했다.

□ 후루카와 유타카(古川裕, 세계한어교육학회 부회장, 일본 오사카대학교 교수)

- 주제: 〈재일 중국어 교육 시각에서 본 〈등급 표준〉〉
- 일본 학습자의 중국어 학습상 언어 구조 유사성 기반의 이점에 주목하며, 〈등급 표준〉에 새로 포함된 고급 어휘 5,636개 항목을 전수 조사하였다. 그 결과, 약 30%만이 일 · 중 동형어임을 제시하면서, 이는 비록 예상보다는 적었지만 일본 학습자만의 독특한 이점이라고 분석했다. 따라서 일본 학습자 대상 중문 교육에서는 이러한 동형어 인식 기반의 학습 전략을 적극적으로 활용해야 한다고 제언했다.

□ 황레이(黄蕾, 중국 한고국제 총괄)

- 주제: 〈한어수평고시(HSK)의 발전 성과, 이념 및 새로운 동향〉
- HSK 시험의 변화와 지속성이 중문 교사와 학습자 모두가 주목하는 관심사임을 지적했다. 〈등급 표준〉의 설계 체계와 HSK 발전 과정을 결합하여 시험 체계의 발전 이념과 구조적 변화를 해석하

고, 이를 바탕으로 교수-평가 연계형 국제 중문 교육 및 교재 개발 방향에 새로운 관점을 제시하였다.

□ 김현철 (金铉哲, 한국 연세대학교 문과대학 중문과 교수, 연세대학교 중국연구원 원장)

- 주제: 〈〈등급 표준〉과 한국 중문 교육 발전의 현황 및 전망〉
- 〈등급 표준〉의 한국 적용 현황, 문제점 및 대책을 분석하였다. 한국은 한자문화권 국가로서 한자어 기반 어휘 접근성을 갖고 있어, 중문 학습에서 뚜렷한 우위를 가진다고 지적했다. 따라서 중국어-한국어 간 언어 대응 관계를 교수설계에 반영하고, 모국어 전이 효과를 전략적으로 활용해야 한다고 강조했다. 현재 한국 중문 교육은 양적 확대에서 질적 발전으로의 전환기에 있으며, 대학 및 초·중등교육의 발전 병목을 돌파하기 위해 양국 협력을 통한 현지 전문 교원 양성, 학습자 수준별 맞춤 교재 및 과정 개발, '중문+전문 분야' 융합형 인재 양성 프로그램 추진이 필요하다고 제안하였다.

□ 추청즈(储诚志, 미국 전미중국어교사학회(CLTA) 회장, 캘리포니아대학교 데이비스 캠퍼스 부교수, 중문과 학과장)

- 주제: 〈표준 구축과 지역 중문 교재의 수평적 연계 및 수직적 통합〉
- 〈등급 표준〉과 각 지역 중문 교육 현장의 '정합(对接)' 문제가 현재 표준화 논의의 핵심 과제라고 지적하면서, '정합'은 〈등급 표준〉을 여러 지역의 교육 현장에서 어떻게 실현할 것인가를 포함하는 복합적 작업이라고 설명하였다. 이를 위해 먼저 〈등급 표준〉의 항목 체계와 각 지역 사용 교재의 언어 항목을 정량 비교 분석하여, 양자 간의 일치·비일치 영역의 비율 및 구체적 내용을 정밀하게 파악해야 한다고 강조하였다. 그는 북미 지역의 대표 교재인 〈Integrated Chinese, IC〉를 사례로 삼아 이 교재의 어휘 및 문형과 〈등급 표준〉 항목 간의 일치·비일치 범위 및 세부 내용을 분석하고, 이를 기반으로 〈등급 표준〉과 북미 교재 간의 '정합'을 추진하기 위한 새로운 접근 방향을 제안하였다.

□ 루언황잉(阮黄英, 베트남 하노이국립대학교 외국어대 교수, 아·태국제한어교육학회 회장)

- 주제: 〈한·베 언어 대조의 관점에서 본 〈등급 표준〉의 베트남 중문 교육 적용〉
- 〈등급 표준〉은 2021년 7월 1일 시행 이후 국제 중문 교육계의 주목을 받았으며, 특히 어휘량 확대와 어법 등급 대강 조정이 연구의 주요 쟁점이었다고 하였다. 또한 류잉린(刘英林, 2021) 등의 연구를 언급하며 〈등급 표준〉이 베트남을 포함한 여러 국가에서 교수 과정 설계, 교재편찬, 평가 기준 설명의 핵심 근거로 활용되고 있음을 강조했다. 이어 〈등급 표준〉의 구조적 특징을 개괄하고, 베트남 학습자 대상 고급 어휘 및 어법 교수 전략을 제안하였다.

□ 박용진(朴庸镇, 한국 전북대학교 교수, 한국중국어교육학회 회장)

- 주제: 〈〈등급 표준〉의 〈어법 등급 대강(大纲)〉에 대한 고찰 - '어법 등급 대강'의 구조적 구성에 기초하여〉
- 2022년 제1회 회의의 연구를 바탕으로, 분석 범위를 구조 계층 설계의 전체로 확장하였다. 〈어법 등급 대강〉의 구조를 1단계 '등급' → 2단계 L1 언어 구조 → 3단계 L2 하위 구조 → 4단계 L3 미세 구조로 구분하여 구조적 균형성과 분포의 적절성을 검토하고, 이를 바탕으로 구조 체계

개선 방향과 최적화 가능성을 제안하였다. 이는 이후 구체적 어법 항목 분석 연구의 이론적 기반이 된다고 평가하였다.

□ 위수광(魏秀光) · 서진현(徐真贤) (한국 창신대학교 중국비즈니스학과 교수 / 전북대학교 중국·아시아연구소 학술연구교수)

- – 주제: 〈〈등급 표준〉과 한국 중문 교육의 발전현황 및 전망〉
- – 〈등급 표준〉과 한국에서 발행된 1~6급 단계별 교재의 어법 항목 체계를 비교 분석하였다. 분석 범위는 〈등급 표준〉의 초등~중등 학습 단계(1~6급)에 해당하는 어법 항목으로 한정되었으며, 어법 범주, 등급 체계, 어법 설명 방식이라는 세 개의 축으로 두 체계를 교차 검토하였다. 이를 통해 양 체계 간 구조적 차이와 적용상의 간극을 밝혀내었고, 한국 교재에 〈등급 표준〉을 효과적으로 반영하기 위한 적용 방안과 개선 방향을 제시하였다.

③ **분과 발표 및 토론**

□ 총 30명의 전문가와 학자가 ① 〈등급 표준〉과 한자 · 어법 ② 〈등급 표준〉과 교수모형 ③ 〈등급 표준〉과 교원 · 교재 및 문화의 세 분야로 나뉘어 분과 발표를 진행하였다.

(5) 회의 성과

□ 참석자들은 〈등급 표준〉이 공표 및 시행된 지 2주년이 되는 시점에 이번 회의가 개최된 것이 특별한 의의를 지닌다고 평가하였다. 한국은 중국어 학습 인구가 매우 많고 중국어 연구 및 활용 수준도 높기 때문에, 〈등급 표준〉이 한국에 정착된다면 한국의 중문 교육 및 연구를 강하게 견인할 것이며, 이번 회의를 계기로 한중 간 협력과 교류가 더욱 심화되기를 희망한다고 밝혔다.

□ 각 주제의 발표자들은 '국제 중문 교육의 고품질 발전 전면적으로 추진'이라는 대주제를 중심으로, 〈등급 표준〉의 핵심 정신과 지도성(指导性) · 지시성(指令性), 새로운 〈등급 표준〉 체계에서의 교재 개발 방향, 중국어 시험 제도 개혁, 중문 교육의 디지털화 · 과학화 · 현지화 등에 관해 심층적으로 논의하였다. 또한 〈등급 표준〉의 실행과 보급을 효과적으로 추진하기 위한 구체적이고 실천적인 제안도 제시하였다.

□ 이번 회의의 분과 주제는 다음과 같이 구성되었다.

- 〈등급 표준〉과 국제 중문 교육의 현황 · 추세 · 기획
- 〈등급 표준〉과 고품질 국제 중문 교육 표준 체계 구축
- 〈등급 표준〉과 새로운 환경에서의 국제 중문 교육
- 〈등급 표준〉과 HSK 시험
- 〈등급 표준〉과 교원 연수 및 양성
- 〈등급 표준〉과 교재 개발
- 〈등급 표준〉과 중국어 언어요소 (음절 · 한자 · 어휘 · 어법 등)
- 〈등급 표준〉과 5대 언어기능 (듣기 · 말하기 · 읽기 · 쓰기 · 번역) 및 교수법
- 국제 중문 교육과 학제 융합 및 혁신

- 국제 중문 교육과 현대화 교수 방법
- 국제 중문 스마트 러닝 및 온 · 오프라인 혼합형 교수 모델

□ 총 30명의 학자가 3개의 분과 세션에서 발표를 진행했으며, 〈등급 표준〉의 어법 및 한자 교육에 대한 새로운 관점, AI 시대 디지털 교수모형에 대한 실험적 적용, 미래 중국어 교사 역량 개발 방향 등 다양한 주제가 다루어졌다. 다수의 우수한 연구 성과가 발표되었으며, 각국의 전문가들이 이에 대해 정확하고 날카로운 평론을 제시하였다. 참가자들은 이번 회의를 통해 〈등급 표준〉에 대한 전문적 이해를 한층 심화할 수 있었으며, 실질적인 학술교류 성과를 거두었다.

□ 또한 이번 회의는 신화통신(新华社), 경제일보(经济日报), 중국신문망(中国新闻网) 등 다수 국내외 주요 언론매체에서 보도되어, 〈등급 표준〉 회의의 영향력이 한층 확대되는 계기가 되었다.

3 제3회 〈등급 표준〉 국제학술회의 (2024. 8. 24 ~ 8. 25)

(1) 회의 개요

□ 2024년 8월 24일~25일 〈등급 표준〉 시행 3주년 기념 국제학술회의가 한국 연세대학교에서 개최되었다. 이번 회의에는 전 세계 약 400명의 국제 중문 교육 분야 전문가와 학자들이 참석하여, '표준 체계의 심화 구축과 국제 중문 교육 및 HSK 시험의 새로운 국면 개척'을 주제로 국제 중문 교육의 경험을 공유하고 교류하였다.

□ 이번 회의는 중국 교육부 중외언어교류협력센터 외 세계한어교육학회, 한국중문교육연구회, 한국 연세대학교, 한국 공자카데미연석회의, 재한 중국교수학회가 공동 주최하고, 한고국제, 세계한어교육학회 표준 · 인증위원회(标准与认证工作委员会), 차이홍 공자아카데미가 공동 주관하였다.

□ 개막식에서는 중잉화(钟英华) 세계한어교육학회 회장, 아이훙거(艾宏歌) 주한 중국대사관 공사참사관, 김진무(金振武) 한국중국어교육연구회 이사장 및 차이홍 공자아카데미 중국 측 원장, 윤동섭(尹东燮) 연세대학교 총장이 인사말을 전했다.

□ 이번 회의에서는 영국, 프랑스, 루마니아, 일본, 한국, 중국 등 6개국에서 7명의 학자가 기조연설을 하였고, 36명의 전문가가 분과 발표를 진행하였으며, 다양한 국가와 지역에서 약 400명의 전문가, 학자 및 중국어 교사가 참석하였다. 참석자들은 〈등급 표준〉의 체계 구축, 교육 표준의 다원성, 국제 중문 교육의 현지화, 유럽 언어 기준과의 연계, 중국어의 특징과 평가 체계 등 여러 주제를 중심으로 열띤 토론을 펼쳤다.

(2) 회의 배경

□ 〈등급 표준〉은 발표 이후 국제 중문 교육과 평가의 중요한 기반이 되어 왔다. 2024년 〈등급 표준〉은 공식 시행 3주년이 되는 해로, 지난 3년간 국제 중문 교육의 실천을 이끄는 동시에 중문 능력 평가의 규범화를 촉진하는 과정에서 여러 새로운 과제와 연구 주제를 낳았다.

□ 이에 〈등급 표준〉 시행 3주년을 기념하여, 그간의 성과를 정리하고 국내외 전문가들 간의 학술교류를 심화하며, 〈등급 표준〉의 이론적 토대와 및 교수 실천 문제를 집중적으로 논의하기 위해 본 학술회의가 개최되었다. 이번 회의는 국제 중문 교육의 혁신과 고품질 발전, 나아가 지속 가능한 구조의 구축 추진이 목표로 제시되었다.

(3) 회의 일정

① 개막식

□ 김진무(金振武) 원장: 한국 측 주최 및 주관기관을 대표하여 환영사를 발표하였다.
□ 윤동섭(尹东燮) 총장: 연세대학교를 대표하여 축사를 발표하였다.
□ 아이훙거(艾宏歌) 공사: 주한 중국대사관을 대표하여 축사를 발표하였다.
□ 류쉐쥔(刘学军) 부청장: 중국 지린성 교육청을 대표하여 축사를 발표하였다.
□ 중잉화(钟英华) 회장: 중외언어교류협력센터 및 세계한어교육학회를 대표하여 축사를 발표하였다.

② 주제 발표(기조연설)

□ 딩안치(丁安琪, 중국 화동사범대학교): 〈글로벌 시각에서 본 〈국제 중국어교육 중국어능력 등급표준〉 체계 심층 해석〉
□ 리페이저(李佩泽, 한고국제): 〈국제 중국어 시험의 표준 다원적 적용〉
□ 김현철(金铉哲, 한국 연세대학교): 〈한국 내 국제 중국어 교육 연구 지도의 방향과 학술 자원 – 현지화 · 국별화 개념을 중심으로〉
□ 바이러쌍(白乐桑, 프랑스 파리국립동양언어문화대학교): 〈중국어 표준 평가와 중국어의 고유성〉
□ 바이뤄미(白罗米, 루마니아 부쿠레슈티대학교): 〈〈등급 표준〉의 루마니아 내 도입과 적용〉
□ 후루카와 유타카(古川裕, 일본 오사카대학교): 〈역순 어휘군의 관점에서 재검토한 〈등급 표준〉 어휘표〉
□ 장신성(张新生, 영국 리치먼드대학교): 〈유럽의 시각에서 본 〈등급 표준〉과 중국어능력 표준의 현지화〉

③ 원탁회의

□ 참석자: 리페이저(李佩泽), 바이러쌍(白乐桑), 후루카와 유타카(古川裕), 바이뤄미(白罗米), 장신성(张新生)

④ 분과 발표 및 토론

□ 분과 발표는 총 12개 주제로 진행되었다.

- 〈등급 표준〉과 평가, 〈등급 표준〉과 정합, 〈등급 표준〉과 중국어+직업교육, 〈등급 표준〉과 듣기 · 말하기, 〈등급 표준〉과 교재(I), 〈등급 표준〉과 교재(II), 〈등급 표준〉과 아동교육, 〈등급 표준〉

과 교수법, 〈등급 표준〉과 어휘(I), 〈등급 표준〉과 어휘(II), 〈등급 표준〉과 어법, 〈등급 표준〉과 한자

□ 총 36명의 전문가와 학자가 분과 발표를 진행하였다.

- 중국 측 발표자: 칭화대학교(清华大学), 베이징어언대학교(北京语言大学), 베이징사범대학교(北京师范大学), 중앙민족대학교(中央民族大学), 화둥사범대학교(华东师范大学), 수도사범대학교(首都师范大学), 중산대학교(中山大学), 홍콩과기대학교(香港科技大学), 산둥대학교(山东大学), 산둥대학교 웨이하이캠퍼스(山东大学(威海)), 상하이대학교(上海大学), 난징사범대학교(南京师范大学), 저장공업대학교(浙江工业大学), 민난사범대학교(闽南师范大学), 하이난사범대학교(海南师范大学), 화중사범대학교(华中师范大学), 우한상학원(武汉商学院), 우한시립직업대학(武汉城市职业学院), 시베이대학교(西北大学), 헤이룽장동방대학(黑龙江东方学院) 등
- 한국 측 발표자: 연세대학교, 한양대학교, 충북대학교, 한국교원대학교, 부산외국어대학교, 부경대학교, 안양대학교, 수원대학교, 성결대학교, 광운대학교, 상지대학교, 서귀포초등학교 등

□ 그 외 일반 참가자에는 성균관대학교, 이화여자대학교, 한국외국어대학교, 한국방송통신대학교, 동국대학교, 단국대학교, 가톨릭대학교, 뉴욕주립대학교(한국캠퍼스), 덕성여자대학교, 경희대학교, 중앙대학교, 인천대학교, 울산대학교, 원광대학교, 대진대학교, 동서울대학교, 남서울대학교, 백석대학교, MCA학원 등 다수 대학 및 초·중·고 교원이 포함되었다.

⑤ 폐막식

□ 김현철(金铉哲) 한국중국어교육연구회 회장 및 연세대학교 교수가 폐막 인사를 발표하였다.

(4) 회의 내용

① 인사말

□ 김진무(金振武) 한국중문교육연구회 이사장이자 차이홍 공자아카데미 중국 측 원장은 환영사에서 〈등급 표준〉의 중요성과 한국 측의 높은 관심을 언급하며, 이를 위해 전문가 조사회와 교원 연수를 체계적으로 진행해 왔다고 밝혔다. 그는 국제 중문 교육의 발전 방향으로 '고기점 기획 · 신경로 탐색(高起点谋划 , 探索新途径) , 고수준 조직 · 신고도 추구(高水平组织 , 追求新高度) , 고품질 발전 · 신국면 개척(高质量发展 , 开创新格局)'이라는 '삼고삼신(三高三新)'의 목표를 제시하며, 이를 통한 '국제 중문 교육 발전의 새로운 국면 형성'이라는 장기 비전을 제안하였다.

□ 중잉화(钟英华) 세계한어교육학회 회장은 한국은 수백만 명의 중문 학습자와 전 세계 HSK 응시자의 4분의 1이 집중된 중문 학습 대국이라고 강조했다. 그는 한국은 〈등급 표준〉 관련 국제회의가 개최되기 가장 적합한 곳이며, 특히 차이홍 공자아카데미 덕분에 이와 같은 규모와 품질의 회의가 가능했다고 평가했다. 또한 차이홍 공자아카데미가 기업에 속하면서도 〈등급 표준〉의 보급 · 실천 · 주도 역할을 수행하는 독특한 기관이라며 그 위상을 언급했다. 그는 〈등급 표준〉은 국제 중문 교육의 실질적 요구에 부응하여 제정된 것으로써 중요한 지도적 의미를 지닌다고 말하며, 각국 기준과의 긴밀히 연계와 지속적인 과학성 · 적용성 검토를 통해 그 체계를 더욱 정교하게 다듬어야

한다고 덧붙였다.

□ 윤동섭(尹东燮) 연세대학교 총장은 세계 각국의 저명한 학자들이 한국의 대표적 명문인 연세대학교에 모인 것을 환영하고, 이처럼 중요한 국제회의가 연세대학교에서 개최된 것은 학교의 영광이자 연세대학교의 중문 교육 역량에 대한 학계의 신뢰를 보여주는 것이라고 말했다. 그는 차기 〈등급 표준〉 회의도 연세대학교에서 개최되기를 희망한다고 밝혔다.

□ 폐막사에서 김현철(金铉哲) 한국중문교육연구회 회장 및 연세대학교 교수는, 이번 회의가 〈등급 표준〉의 체계화를 중심으로 핵심 이론과 실천을 고도화하여 논의 목표를 달성하였다고 평가하였다. 또한 관련 기관의 지원과 각국 전문가들의 협력을 바탕으로 한국중문교육연구회, 차이홍 공자아카데미, 그리고 한국 내 각 공자아카데미가 더욱 발전하여 국제 중문 교육과 문명 교류에 더욱 기여할 수 있길 희망한다고 밝혔다.

② 주제 발표(기조연설)

□ 딩안치(丁安琪, 중국 화동사범대학교 교수)

- 주제: 〈글로벌 시각에서 본 〈국제 중문 교육 중국어 능력 등급 표준〉 체계의 심층 해석〉
- 글로벌 시각에서 〈등급 표준〉의 체계 구축과 적용 구조를 종합적으로 분석하였다. 먼저 4가지 언어요소(음절 · 한자 · 어휘 · 어법)로 구성된 '4차원 기준'에 대해 해석하고, 그에 따른 교수 설계를 제시하였다. 이어 〈등급 표준〉과 CEFR(유럽언어공통참조기준), ACTFL(미국 외국어교육기준), 그리고 한국의 한자능력검정시험 대강을 비교하며, 〈등급 표준〉을 기반으로 '국제 중문 교육 표준 체계'를 정비하는 것이 향후 핵심 과제가 될 것이라고 강조하였다.

□ 리페이저(李佩泽, 한고국제 이사장)

- 주제: 〈국제 중문 시험의 표준 다원적 적용〉
- 국제 중문 교육 표준의 다원성, 중문 시험에서 〈등급 표준〉의 다차원적 활용 방식, 그리고 다원적 〈등급 표준〉 활용을 통한 복합 도전 대응 전략을 세 가지 측면에서 설명했다. 전 세계 지역 간 교육환경의 이질성과 중문 교육의 학제 간 성격을 고려할 때, 〈등급 표준〉 역시 단일 구조가 아닌 다원 구조를 가져야 한다고 강조했다.

□ 김현철 (金铉哲, 한국중문교육연구회 회장, 연세대학교 교수)

- 주제: 〈한국 내 국제 중문 교육 연구 지도와 학술 자원 – 현지화 · 국별화 개념을 중심으로〉
- '현지화'는 국제 자원을 받아들이되 이를 한국적 조건 속에서 재구성하는 과정이며, '국별화(国别化)'는 대립이 아닌 조화의 개념이라고 설명했다. 오랜 중문 교육의 전통을 가진 한국은 도전과 기화가 교차하는 시점에서 중문 교육 공동체를 구축하고 현지화 · 특성화 · 디지털화 · 협력화 · 체계화로 나아가야 한다고 제안했다.

□ 바이러쌍(白乐桑, 프랑스 파리동방언어문화대학교 교수)

- 주제: 〈중국어 표준 평가와 중국어의 고유성〉
- 〈등급 표준〉, 중국어의 언어적 특성, 교수 및 평가 체계 간의 관계를 깊게 논의하였다. 그는 《과학 정신의 형성》 서문을 인용하며, '장애를 인식하는 데서 과학적 질문이 시작된다'라는 관점에서 'HSK와 〈등급 표준〉이 중국어 일원론인지, 이원론인지', '한자의 언어적 지위는 무엇인지',

'한자(字)와 단어(词)의 관계를 어떻게 규정할지', '음절을 교수 단위로 삼을 수 있는지'와 같은 근본적 질문을 제기하였다.

□ 바이뤄미(白罗米, 루마니아 부쿠레슈티대학교 교수)

- 주제: 〈등급 표준〉의 루마니아 현지화와 적용〉
- '〈등급 표준〉이 복합적인 해외 교육환경 속에서 현지 부적응을 피하고 실제 적용을 확대하려면 무엇이 필요한가'라는 문제의식을 제기하였다. 이어 루마니아 중문 교육의 현황과 〈등급 표준〉에 기반한 〈루마니아 중문 교육 대강〉의 현지화 설계 방식을 소개하며, '수용과 돌파'라는 이중 접근 전략을 제시하였다.

□ 후루카와 유타카(古川裕, 일본 오사카대학교 교수)

- 주제: 〈역순 어휘군(倒序词族)의 관점에서 재검토한 〈등급 표준〉 어휘표〉
- '역순 어휘군倒序词族)'의 개념을 통해 〈등급 표준〉의 어휘 체계를 새로운 시각에서 분석하였다. '꽃(花), 나무(树), 차(茶), 술(酒), 물고기(鱼), 붓(笔), 차(车), 사랑(爱)' 등의 예시를 바탕으로, 어휘 표기 방식과 국제 중문 교육에서 역순·도치식 어휘사전을 활용하는 교수 전략을 제안하고, 이는 〈등급 표준〉 설계자와 교수자 모두에게 실질적 참조 가치가 있다고 강조하였다.

□ 장신성(张新生, 영국 리치먼드대학교 교수)

- 주제: 〈유럽의 시각에서 본 〈등급 표준〉과 중국어 능력 표준의 현지화〉
- 유럽의 언어정책 환경과 문화 구조를 기반으로 〈등급 표준〉의 발전 과정, 국제성, 그리고 각국의 중국어 능력 표준과의 정합 문제를 종합적으로 분석하였다. 그는 유럽언어공통참조기준(CEFR)의 설계 참여자로서 CEFR의 설계 경험을 소개하며, 〈등급 표준〉의 구조 정교화와 실행 가능성 개선을 위한 구체적 제안을 제시하였다. 마지막으로 '진정한 국제화는 현지화를 통해서만 가능하다'라는 결론을 강조했다.

③ 원탁회의

□ 한국중문교육연구회 사무총장이자 성균관대학교 교수인 위펑(于鹏)이 사회를 맡았으며, 중국의 리페이저(李佩泽), 프랑스의 바이러쌍(白乐桑), 일본의 후루카와 유타카(古川裕), 루마니아의 바이뤄미(白罗米), 영국의 장신성(张新生) 등 5명의 저명한 학자가 패널로 참여하였다.

- 리페이저(李佩泽) 이사장은 〈등급 표준〉의 제정자 관점에서 〈등급 표준〉의 제정 취지와 표준 체계 구축 과정에서의 핵심적 고려 요소를 설명하였고, 특히 〈등급 표준〉의 다원성·개방성·현지화의 중요성을 다시 강조하였다. 다른 4명의 전문가도 〈등급 표준〉의 제정 및 시행, 각국 현지 표준과의 정합 문제, 중국어 자체의 언어적 특성 중시 등 다양한 측면에서 건설적인 제언을 제시하였다.
- 장신성(张新生) 교수는 영국, 프랑스, 독일 등 유럽 국가의 국제 중문 교육 현장 적용 사례를 개괄하면서 〈등급 표준〉의 긍정적 효과를 인정하는 동시에, 현지화 과정에서 발생하는 적응 문제에 대한 견해를 밝혔다.
- 바이뤄미(白罗米) 교수는 루마니아에서의 〈등급 표준〉 적용 과정과 특징적 현상을 소개하며, 다른 국가 사례와 비교했을 때 공통성과 고유성이 공존한다고 분석하였고, 상호 교류와 상호 참조의

필요성을 강조했다.

- 바이러쌍(白乐桑) 교수는 〈등급 표준〉의 긍정적 의의를 높이 평가하고, 특히 중국어의 언어적 특성과 〈등급 표준〉 간의 긴밀한 연계 필요성을 강조하였다. 이어 유럽 '한자 축제(汉字节)' 창설자의 경험을 바탕으로, 한자의 다차원적 특성과 미학성 및 시적 기능을 언급하였다. 그는 언어학자 야콥슨(Jakobson)의 언어기능 이론을 인용하여, 한자를 시적 기능이 강한 문자라고 분석하고, 글자수수께끼(字谜) · 시어 놀이 등 한자의 게임적인 기능도 주목할 만하다고 설명하였다. 이어 파리 시민을 대상으로 개최한 '제1회 한자 축제'에서 오행(五行) 개념을 문자 형태와 철학적 의미 두 방향으로 풀어낸 사례를 소개하며, 한자의 대중적 확산과 문화적 확장 가능성을 강조하였고, 한자 특성에 대한 심층적 탐구가 더욱 확대되어야 한다고 제안하였다.
- 후루카와 유타카(古川裕) 교수는 일본에서의 〈등급 표준〉 적용 현황을 소개하며, 일본이 한자를 사용권 국가라는 점에서 서구권 학습자보다 상대적 이점을 가지고 있다고 언급하였다. 〈등급 표준〉은 일본 교수자와 학습자 모두에게 긍정적 의미를 갖는다고 평가하면서도, 주의 깊게 살펴야 할 현상들도 존재하며 이는 〈등급 표준〉을 심화하는 단계의 중요한 과제라고 덧붙였다.

④ 분과 발표 및 토론

□ 분과 발표에서는 총 36명의 학자가 12개 그룹으로 나뉘어 〈등급 표준〉에 따른 평가, 정합, 어법 · 어휘 · 한자 교육, 교수법, 아동 중국어 교육, 교재 개발, 교원 연수, '중문+직업기술' 교육 등을 주제로 심도 있고 완성도 높은 학술 발표를 진행하였다. 참가자들은 관심 있는 주제에 대해 질문을 제기하고 발표자들은 이에 성실히 답변하였으며, 분과별로 밀도 높은 대면 토론이 펼쳐져 많은 성과를 거두었다.

(5) 회의 성과

□ 권위 있는 전문가들의 높은 평가

- 회의에 참석한 전문가들은 만족을 표하고, 이처럼 대규모로 〈등급 표준〉을 논의한 것은 그 자체로 중요한 의의를 지닌다고 평가했다. 한국중문교육연구회 회장 김현철 교수는 이번 회의가 이전보다 범위와 심도 면에서 발전하였으며, 참가자들이 유럽과 아시아 각국의 실행 사례를 이해하게 되었다는 점에서 한국의 〈등급 표준〉 학습과 확산에 실질적 도움이 되었다고 언급했다.
- 세계한어교육학회 부회장 바이러쌍(白乐桑) 교수는 회의의 구성과 교류의 성과를 높이 평가하였다. 특히 원탁회의에서 진행된 심층 토론과 다국적 학자들과의 현장 상호 질의가 학술교류의 본질을 잘 보여주었고 〈등급 표준〉의 함의와 외연을 깊이 이해하는 데 직접적인 역할을 했다고 평가하며 이번 회의를 성공적이었다고 총평했다.

□ 〈등급 표준〉 실행의 강한 촉진 및 국제적 영향력의 확대

- 이번 회의에는 각국 국제 중문 교육 분야의 핵심 전문가들이 참가했고, 현장에 참석하지 못한 학자들도 회의 자료집과 온라인 정보 등을 통해 높은 관심을 보였다. 이는 〈등급 표준〉의 국제적 확산과 적용 촉진에 실질적 영향을 미쳤다고 평가된다.

□ 합리적이고 균형적인 회의 구조

- 이번 회의는 '주제 발표+분과 발표' 구조를 통해 거시적 논의와 미시적 논의가 유기적으로 결합되었다. 〈등급 표준〉 제정자와 현장 적용자 간의 직접 교류, 현지 교원들의 적극적인 참여는 〈등급 표준〉에 대한 깊이 있는 이해와 실천적 적용을 더욱 원활하게 하였다.

□ 수준 높은 발표자 및 토론자

- 주제 발표 연사들은 모두 국제 중문 교육 각 분야의 대표적 권위자이었으며, 분과 발표자들 또한 국내외 유수 대학 및 연구기관의 선도적 인물들로, 실효성 있는 분석과 독창적 견해를 제시하였다.

□ 정밀하고 효율적인 회의 운영

- 이번 회의에서는 국제학술회의 자원을 활용하여, 5개의 병행 행사를 진행하였다.
  - 한국공자아카데미연석회의 주최: 한국 공자아카데미 설립 20주년 기념 공자아카데미 고품질 지속 발전 포럼
  - 한국 차이홍 공자아카데미 주최: 공자아카데미 설립 10주년 기념식
  - 한고국제 주최, 차이홍 공자아카데미 주관: 2024 제4회 한국 HSK 중국 유학 박람회
  - 차이홍 공자아카데미 · 연세대학교 중국연구원 공동주최: 제1회 '차이홍배(彩虹杯)' 세계 한인 중국어 말하기 대회
  - 중외언어교류협력센터 주최, 한국중문교육연구회 · 차이홍 공자아카데미 공동주관: 〈등급 표준〉 기반 한국 현지 교사 교수역량 강화 집중 연수

□ 국내외 언론의 집중 보도

- 이번 회의는 인민일보, 중국신문사, 신화통신 등 주요 중국 언론의 주목을 받았으며, 한국의 여러 언론매체도 이번 회의 소식을 실시간 보도하였다. 참여 기관들도 자체 플랫폼을 통해 이번 회의의 성황을 집중적으로 소개하였다.

3 주요 특징

□ 〈등급 표준〉 회의는 첫 개최 이후 점차 국제적 영향력을 갖춘 학술 브랜드로 발전해왔으며, 주제의 명확성, 의제의 다양성, 형식의 혁신성, 성과의 실질성을 주요 특징으로 한다. 본 회의는 〈등급 표준〉에 대한 이해와 실행을 촉진할 뿐만 아니라, 국제 중문 교육의 발전 및 중 · 외(中外) 인문 교류 강화에 있어 대체 불가능한 역할을 맡아왔다. 그 주요 특징은 다음과 같다.

1 역사적 배경과 시대적 의의

□ 〈등급 표준〉은 2021년 공식 발표된 이후, 국제 중문 교육의 표준화 · 과학화 · 국제화를 견인하는 핵심 기준으로 자리 잡았다. 중국어 및 중국 문화의 확산과 중 · 외 간 교육 협력의 심화라는 흐름

속에서, 〈등급 표준〉의 공표는 중국어 학습자에게는 체계적인 학습 기준을, 교사 · 교재 · 시험 및 교육정책 설계자에게는 명확한 지침과 과학적 준거를 제공하였다.

□ 이 같은 흐름 속에서 한국은 2022년부터 〈등급 표준〉을 주제로 한 국제학술회의를 매년 개최했으며, 지금까지 총 세 차례의 회의가 진행되었다. 회의 일정은 한중 수교 30주년, 〈등급 표준〉 시행 기념 등 주요 국제 교육 일정과 맞물려 있었다. 이 회의는 〈등급 표준〉의 국제적 실천적 가치와 전략적 의의를 부각시켰으며, 학술 연구뿐 아니라 정책 논의 · 교육 실천 교류 · 국제 협력의 장으로 기능하고 있다.

□ 초기의 〈등급 표준〉 회의가 단계적 성과 교류의 성격을 띠었다면, 이후 점차 이론 연구, 실천 사례 공유, 국가 간 비교, 매체 확산, 정책 토론을 포괄하는 전방위적 · 다층적 학술 플랫폼으로 발전하여 국제 중문 교육의 새로운 동향을 반영하는 구조적 장을 형성하게 되었다.

2 회의 주제 설정 및 학문적 방향

□ 〈등급 표준〉 회의의 또 다른 특징은 주제의 설정과 학문적 방향이 명확하다는 것이다.

- 제1회 회의는 '한중 수교 30주년 기념 한국 중문 교육 포럼'이라는 명칭으로 개최되었으며, 한중 교육협력과 〈등급 표준〉의 연계를 핵심 의제로 설정했다. 회의는 지난 30년간 한국 중문 교육의 흐름을 정리함과 동시에, 〈등급 표준〉 시행이 한국 중문 교육에 가져올 가능성과 과제를 함께 조명하였다.
- 제2회 회의는 '국제 중문 교육의 고품질 발전의 전면 추진'을 주제로, 〈등급 표준〉의 핵심 정신과 적용 방식에 대한 심층 논의를 진행하였다. 교재 개발, 시험 개혁, 디지털 교수법, 현지화 실천 등 다양한 의제가 포함되었으며, 거시적 전략에서 미시적 실행까지 아우르는 구조적 사고 틀이 반영되었다.
- 제3회 회의는 앞선 두 회의의 성과를 기반으로 논의의 폭과 깊이를 확장하여, 한국뿐 아니라 유럽 및 아시아 각국의 〈등급 표준〉 실행 사례를 함께 비교 · 분석하면서 시야를 넓혔다. 특히 '주제 발표-분과 발표-원탁회의'의 복합적 구성 방식을 통해, 〈등급 표준〉이 국가별 · 교육환경별 실제 적용 상황을 입체적으로 조명하였다.

3 전문가 참여와 학술적 영향력

□ 참석 전문가의 구성과 범위는 학술회의의 수준을 판단하는 핵심 지표이다. 〈등급 표준〉 회의는 매회 참석자 규모와 수준 모두에서 높은 수준을 유지해 왔다.

- 제1회 회의에서는 총 7명의 전문가가 주제 발표를 맡아, '세계한어교육학회와 한국 중문 교육의 연계', '한국 중문 교육 30년의 발전과 전망', 'HSK의 역사와 향후 방향' 등을 중심으로 논의가 진행되었다. 이를 통해 〈등급 표준〉의 이론적 기반과 실천적 토대가 정리되었다.
- 제2회 회의에는 여러 분야의 전문가들이 참여하여 교재 개발, 시험 개혁, 디지털 교수법, 현지화

경로 등을 주제로 30여 건의 분과 발표가 진행되었으며, 의제 범위가 크게 확장되었다. 특히 신화통신, 경제일보, 중국신문망 등 중국 주요 언론이 회의를 보도함으로써 학술적 파급력이 한층 확대되었다.

- 제3회 회의에는 한국, 중국뿐 아니라 프랑스 등 다수 국가의 학자들이 참여하여 구성 범위가 더욱 확대되었다. 세계한어교육학회 부회장 바이러쌍(白乐桑) 교수는 본 회의가 국제 중문 교육 표준 체계 구축에 큰 공헌을 하고 있다고 평가하였고, 한국중문교육연구회 회장 김현철 교수 역시 이 회의가 한국 학계의 〈등급 표준〉 이해와 적용에 실질적 도움을 주었다고 평가했다.

4 회의 의제의 범위와 깊이

□ 본 회의는 〈등급 표준〉과 국제 중문 교육의 전반을 포괄하는 의제를 설정함으로써, 연구의 폭과 깊이를 동시에 보여주었다.

□ 우선, 의제의 범위가 매우 넓다. 국제 중문 교육의 현황과 발전 추세, 표준 체계의 구축, 교재 개발, 시험 개혁, 교원 양성, 교수법 혁신, AI 및 디지털 기반 교수모형, 스마트 교육 및 온·오프라인 혼합형 수업 등 거시적 전략에서 구체적 운영 단계까지 폭넓게 다루어졌다.

□ 논의의 내용 또한 심층적이다. 발표 내용은 단순한 이론적 설명에 그치지 않고 실제 교수 사례를 연계하여 구체적으로 분석하였다. 예를 들어, 교재 개발 관련 발표에서는 교재의 내용뿐 아니라 〈등급 표준〉을 기반으로 한 교재의 현지화 방안도 함께 논의되었다. 시험 개혁 관련 발표에서는 HSK의 변화 외에도 평가 체계와 언어능력 기준 간의 정합성 확보 방안도 제시되었다.

□ 또한 본 회의는 학제 간 융합의 필요성을 강조하였다. 일부 분과에서는 중문 교육과 과학기술의 접목, 특히 AI 기술의 교육 적용 가능성을 중점으로 다루며, 중문 교육 연구의 범위를 확장하고 교육의 현대화에 대한 새로운 시사점을 제공하였다.

5 회의 운영 방식과 교류 메커니즘의 혁신

□ 회의는 운영 방식에서 지속적인 조정과 시도를 이어가며 학술회의의 엄정성을 유지하면서도 교류의 개방성과 실효성을 함께 고려하는 구조를 형성했다.

□ 제1회 회의는 온·오프라인 병행 방식으로 진행되어, 한중 양국의 전문가와 학자 130여 명이 참여했다. 제2회 및 제3회 회의에서는 운영 방식이 더욱 다양화되어, 주제 발표와 분과 발표 외에도 원탁회의, 전문가 논형 등의 세션이 추가되었으며, 이를 통해 학술교류의 상호 작용성과 실제 적용 가능성이 강화되었다.

□ 제3회 회의의 특징은 주제 발표와 분과 발표를 유기적으로 결합한 구성에 있으며, 이로써 학계의 체계적 설명과 현장 교사의 실천 사례가 함께 제시되었다. 이러한 '점과 면의 결합' 방식은 〈등급 표준〉의 이론과 실제가 상호 연결되는 구조를 형성했다. 또한 회의 기간에는 공자 아카데미 설립 기념행사, HSK 유학박람회, 중국어 말하기 대회, 교원 연수 등 여러 병행 프로그램이 함께 진행되

어 회의의 외연과 교육 현장과의 접점을 넓혔다.

6 학술적 가치와 성과의 전환

□ 〈등급 표준〉 회의는 학술교류의 장일 뿐 아니라, 연구 성과의 사회적 전환을 위한 중요한 경로로 기능하고 있다.

- 첫째, 본 회의는 〈등급 표준〉의 한국 내 현지화 적용을 촉진했다. 전문가의 심층 해설과 실천적 논의를 통해 한국 학계의 〈등급 표준〉에 대한 이해가 점차 심화되었으며, 교원 및 교재 개발자들도 이를 교수와 연구의 핵심 준거로 활용하기 시작했다.
- 둘째, 회의는 국가 간 연구 협력을 강화하였다. 제3회 회의에서는 국가 간 비교와 사례 공유가 이루어지면서 여러 국가의 학자들이 〈등급 표준〉의 적용에 있어 상호 참고할 수 있는 기반이 마련되었고, 이로써 국제 중문 교육 연구의 다원화와 국제화가 진전될 수 있었다.
- 셋째, 회의 성과는 언론보도와 학술 출판 등을 통해 사회적 파급력으로 전환되었다. 예컨대 제2회 회의의 성과는 신화사, 경제일보 등 주요 언론에 의해 보도되어 〈등급 표준〉의 국제적 인지도를 확대했다.
- 마지막으로, 회의는 인재 양성 측면에서도 중요한 역할을 수행했다. 다수의 신진 연구자들이 회의를 통해 학술 발표 및 교류의 기회를 얻으면서, 학술 계보의 구조 형성에 기여하였다.

7 국제적 확산과 사회적 영향력

□ 본 회의는 국제적 확산력과 사회적 영향력 측면에서도 두드러진 성과를 거두었다.

- 인민일보, 신화통신, 중국신문사 등 중국 주요 언론의 연속 보도와 더불어, 한국의 다수 언론에서도 본 회의를 주목했다. 이러한 이중 보도 구조는 회의의 국제적 영향력을 확대하는 동시에 〈등급 표준〉에 대한 사회적 인지도를 높이는 데 크게 기여했다.
- 다양한 병행 프로그램과 다각적 홍보 활동을 통해 영향 범위를 확대했다. 공자아카데미 기념행사, 중국어 말하기 대회, HSK 유학박람회 등은 학술계를 넘어 교육기관, 기업, 일반 대중으로까지 관심을 확장시켰다.
- 지속적인 개최를 통해 점차 고유한 브랜드적 성격을 형성하였다. 〈등급 표준〉 회의는 국제 중문 교육 분야의 대표적 정례 학술행사로 자리 잡았으며, 그 브랜드성은 학술적 측면뿐 아니라 사회적 영향력과 국제적 인지도 측면에서도 확인되고 있다.

8 향후 전망 및 제도적 개선

□ 〈등급 표준〉 회의는 많은 성과를 거두었지만, 국제 언어 교육 담론의 핵심 플랫폼이라는 위상을 확립하기 위해서는 몇 가지 측면에서 지속적인 보완이 필요하다.

- 첫째, 운영 체계를 더욱 정비할 필요가 있다. 회의가 지속적이고 안정적으로 개최될 수 있도록 장기적 메커니즘을 구축하고, 학술성과 조직 운영의 수준을 단계적으로 제고해야 한다.
- 둘째, 의제 범위를 확장해야 한다. 〈등급 표준〉을 중심에 두되, 언어 교육 정책, 학제 간 융합, 디지털 교육 혁신 등 새로운 분야로 논의 범위를 넓혀 회의가 학술 전선의 선두에 위치할 수 있도록 해야 한다.
- 셋째, 성과 전환을 강화해야 한다. 회의 논문집, 정책 제안서 등의 형태로 학술성과를 정리하여, 교육 실천과 정책 설계에 직접 활용될 수 있는 근거 자료로 전환해야 한다.
- 마지막으로, 국제적 영향력을 확대해야 한다. 더 많은 국가와 지역의 연구자 참여를 유도하여 〈등급 표준〉의 국제적 확산과 활용을 촉진하고, 이를 글로벌 중문 교육의 공통 준거이자 학술 담론 체계의 핵심 구성요소로 정립해야 한다.

□ 《등급 표준》 국제학술회의는 3회 연속 개최를 통해 지속적 국제 영향력을 지닌 학술 브랜드로 발전했다. 이 회의는 안정적인 국제 학술 대회 구조를 형성하여, 매년 중국, 한국, 일본 등 여러 국가의 수백 명 연구자가 참여하는 《등급 표준》의 실천과 적용을 중심으로 한 고수준 교류 플랫폼을 구축하였다.

□ 의제 설정 면에서 회의는 항상 시대적 변화를 반영한 주제를 유지해 왔으며, 《등급 표준》의 체계 구축, 현지화 적용, 고품질 혁신적 발전 및 HSK와의 연계 등 핵심 주제를 중심으로 심도 있는 논의를 전개하였다. 동시에 AI와 디지털 전환 등 최신 흐름에도 주목하여 뚜렷한 미래 지향성을 드러냈다. 회의는 《등급 표준》의 실제 적용을 중점적으로 다루고 국가별 언어 기준과의 연계, 새로운 표준에 기반한 교재 개발 및 교수법 혁신 등 실천적 경로를 논의하였다. 이로써 표준이 문서 수준에서 교육 현장으로 전환되는 과정을 효과적으로 추진하였고, 이를 통해 '국가별 맞춤 전략'이라는 현지화 방식을 강화하였다.

□ 운영 방식 측면에서 회의는 세계한어교육학회, 한국중문교육연구회, 한고국제, 차이홍 공자아카데미 등 중외 기관의 협력 구조를 기반으로 '중외 연동 · 다자 협력' 방식의 효율적 운영 체계를 구축했으며, 이를 통해 회의의 전문성과 영향력을 동시에 확보하였다.

□ 전반적으로 이 회의는 주제가 명확하고, 의제가 선행적이며, 형식이 혁신적이고, 성과가 실질적이라는 특징을 지닌다. 《등급 표준》의 이해와 실행 심화, 국제 중문 교육의 고품질 발전 촉진, 중외 인문 교류 강화 등에서 대체 불가능한 역할을 행하고 있다. 운영 체계와 국제 영향력이 지속적으로 강화됨에 따라, 본 회의는 향후 국제 중문 교육의 발전을 이끌어갈 핵심 전략 플랫폼으로 자리매김할 것이다.

8.2 한중 중문 교육 협력 및 교류 프로젝트

1 역사적 배경과 발전 경로

□ 한중 양국은 수교 이후 교육 분야에서의 협력과 교류를 지속적으로 확대해 왔으며, 그중에서도 중문 교육은 양국 간 인문 교류의 핵심적 가교로써 점진적인 발전을 이어왔다. 2024년은 양국의 교육 협력 분야에서 괄목할 만한 진전을 이룬 해로, 다양한 중문 교육 교류 프로젝트가 규모, 내용, 형식 면에서 모두 확장되는 성과를 거두었다.

□ 한중 중학생 교류사업은 2011년 시작한 이후 10년 이상 운영되고 있으며, 누적 교류 학생 수는 2천 명을 넘어섰다. 이는 양국 간 우호 증진에 기여할 청년 인재 양성의 기반이 되었고, 이러한 장기적 · 제도적 교류 구조는 2024년 심화 협력의 견고한 기반으로 작용하였다.

□ 정책적 측면에서 한중 양국 정부는 중문 교육 협력을 전략적 과제로 인식하고 있으며, 중국 교육부 중외언어교류협력센터, 한국 교육부 국립국제교육원 등 양국의 공식 기관들이 다양한 협력 프로그램을 추진 및 지원해 왔다. 특히 2024년 5월, 싱하이밍(邢海明) 주한 중국대사는 '한어교(汉语桥)' 대회 한국 결선 축사를 통해 "한중 양국은 옮길 수 없는 이웃이자 떼어놓을 수 없는 협력 파트너"임을 강조하며, 지난 32년간의 교류 성과가 양국 사회와 지역 안정에 기여해 왔음을 언급하였다. 이는 중문 교육이 양국의 협력 관계에서 갖는 전략적 위상을 단적으로 보여주는 사례이다.

□ 2024년의 한중 중문 교육 협력은 전방위적 · 다층적 · 광범위한 구조적 특징을 보였다. HSK를 비롯한 전통적인 언어 교육 및 평가 사업은 한국 내 보급과 운영이 더욱 확대되었고, 동시에 '중문+직업기술'과 같은 융합형 협력 모델이 새롭게 부상하여 주목받았다. 통계에 따르면, 2024년 한국 내 HSK 등 중국어 능력 시험 응시자 수는 꾸준한 증가세를 보였으며, '한어교' 한국 지역 대회의 참여도와 사회적 영향력 또한 한층 확대되었다.

2 현주요 프로젝트 추진 현황

1 '한어교(汉语桥)' 중국어 경연대회

□ 2024년 '한어교(汉语桥)' 세계 초 · 중 · 고 · 대학생 중국어 경연대회 한국 지역 운영은 구조적 체계성과 정밀한 진행 방식이 특징적이었다. 5월 25일에는 제23회 '한어교' 세계 대학생 중국어 대회, 제17회 '한어교' 세계 중학생 중국어 대회, 제4회 '한어교' 세계 초등학생 중국어쇼 한국 결선이 서강대학교에서 개최되었으며, 이를 통해 초 · 중 · 대학의 전 학제를 아우르는 중국어 경연 구조가 형성되었다. 본 대회는 주한 중국대사관이 주최하고 한국현대중국연구회, '한어교' 클럽 서울센터, 서울공자아카데미, HSK 한국사무국이 공동 주관하였으며, 이러한 다기관 협력 방식은

자원 통합과 운영 효율 제고에 긍정적인 영향을 미쳤다.

□ 2024년 한국 결선에는 전국 각지의 초·중·대학생 및 학부모 등 500여 명이 참여하여 '한어교' 대회의 전국적 영향력을 보여주었다. 참가자들은 '온 세상이 한 가족(天下一家)', '꿈꾸는 중국어, 빛나는 청춘(追梦中文、不负韶华)', '즐거운 중국어(快乐中文)"라는 세 가지 주제를 중심으로 경연을 펼쳤으며, 총 35명의 수상자가 선정되었다. 이러한 주제 구성은 중문 학습의 가치와 각 학령 단계 학생의 심리적 특성과 발달 단계를 고려한 것으로 평가된다.

□ '한어교' 브랜드의 지속적 확산을 위해, 2024년 8월 3일 '한어교' 클럽 서울센터는 한국 지역 수상자를 대상으로 별도의 교류회를 개최하였다. 이 행사에는 중국 교육부 중외언어교류협력센터의 징웨이(静炜) 부주임, 주한 중국대사관 아이훙거(艾宏歌) 공사 참사관을 비롯한 양국 관계자 및 한국 각급 학교의 수상자, 교사, 학부모 등 70여 명이 참석했다. 이러한 교류 프로그램은 대회의 교육적 기능을 확장하고, 수상자들에게 지속적인 학습 동기 및 상호 교류의 장을 제공했다는 점에서 의미가 크다.

2 상호 문화 탐방 및 체험 프로그램

□ 2024년에는 문화 탐방 및 체험 영역에서도 양국 간 교류가 다채롭게 전개되었으며, 상호 방문과 현장 체험을 통해 쌍방향 교류 방식이 정착되는 모습을 보였다.

□ 중국 다롄외국어대학교는 5월 16일 '2024년 한중 인문 교류 프로젝트 - 대학생 문화 체험 활동'을 진행했다. 5일간 진행된 이 행사는 한국 연세대학교 미래캠퍼스 소속 교원 및 학생 20명이 참가했다. 프로그램은 수업 참관, 전문가 특강, 학생 포럼, 문화 현장 탐방 등으로 구성되어, 한국 청년들이 중국 문화를 다면적으로 이해할 수 있도록 기획되었다. 이 교류 프로그램은 2016년 이후 총 6회에 걸쳐 개최되었고, 그간 참여한 양국 교원 및 학생은 400명 이상에 달한다.

□ 중·고등학생의 교류 또한 꾸준히 추진되고 있다. 한국 인천금융고등학교 등 4개 중등학교로 구성된 교육대표단이 11월 17일~23일 동안 중국 쓰촨성을 방문했다. 방문 기간 동안 대표단은 쓰촨대학교를 비롯한 고등교육기관을 견학하였고, 청두시 스스중등학교(成都市石室中学)를 찾아 교육진흥 정신(文翁兴学)을 탐구하였으며, 청두시 자오쯔초등학교(成都市娇子小学)에서는 중국 전통문화 체험 활동에 참여했다. 주목할 점은, 한국 학생들이 전자과기대학부속실험중등학교(电子科技大学实验中学) 등 4개 중등학교 학생들과 1:1 결연 교류를 진행하고, 각 결연 학교 간 우호학교 협력 양해각서(MOU)를 체결하였다는 점이다. 이러한 결연 기반 교류 방식은 단기 방문을 넘어 장기적·제도적 협력 체계로 전환된 사례라는 의의를 지닌다.

□ 문화 탐방 프로그램의 내용 구성 역시 심층적 체험을 지향하였다. 한국 대표단은 청두 시내 골목과 생활 공간을 직접 탐방하며 쓰촨 지역의 깊은 역사적 맥락과 문화 저력을 체감하고, '중국식 현대화'의 구체적 현장을 목격하는 기회를 가졌다. 전통문화에 대한 이해에서부터 현대적 발전 성취에 대한 관찰까지 아우르는 전방위적 체험은 한국 청년들이 중국을 보다 입체적이고 균형 있게 이해하도록 돕는 계기가 되었다.

3 중문 교원 연구 및 인재 양성 체계 구축

1 국제 중문 교육 자원봉사자 프로그램의 운영

□ 2024년 국제 중문 교육 자원봉사자 프로젝트는 한국에서 꾸준히 운영되었으며, 8월 5일~7일 제11회 '국제 중문 교육 자원봉사자 직무 연수'가 한국외국어대학교에서 개최되었다. 이 행사는 중국 교육부 중외언어교류협력센터가 주최하고, 베이징외국어대학교 및 한국외국어대학교 공자아카데미가 공동 주관하였다. 총 172명의 국제 중문 교육 자원봉사 교원이 참여하였으며, 연수 내용은 학술 연구, 어법 교육, 사회문화, 안전 상식 등으로 구성되어 참여 교원들의 전문 역량 향상을 목표로 진행되었다.

□ 한국 내 국제 중문 교육 자원봉사자 연수 프로그램은 2012년 시작된 이후 11회 연속 개최되었으며, 누적 연수 참가 인원은 3,300명을 넘어섰다. 이러한 지속적 연수 체계는 한국 파견 자원봉사자들의 전문성 향상과 교수 품질 보장을 위한 구조적 기반이 되고 있다. 특히 2024년은 국제 중문 교육 자원봉사자 프로젝트 시행 20주년이자, 공자아카데미 설립 20주년, 한국외대 공자아카데미 설립 15주년에 해당하는 뜻깊은 해로써, 한중 중문 교육 협력의 지속성과 안정성을 보여주는 시점이라 할 수 있다.

□ 개막식에서 한국외국어대학교 김민정 부총장은 자원봉사 교원들의 노고에 감사를 표하며, "여러분은 한국 각지에서 중문 교육에 헌신하며 한국 중문 교육의 발전에 기여해왔다"고 언급하였다. 또한 한국 교육부 국립국제교육원 국제교류협력부 송달용 부장은 "한국 일반 자원봉사자 프로그램(韩国普通志愿者项目)은 13년간 지속되어 왔으며, 한국 중문 교육 발전에 중요한 역할을 했다"고 평가하였다. 이러한 언급은 자원봉사자 프로그램의 성과와 교육적 가치를 한국 측에서 공식적으로 인정한 것으로 볼 수 있다.

2 '중문+직업기술' 교육의 융합 발전

□ 2024년 한중 중문 교육 협력의 주요 특징 중 하나는 '중문+직업기술(中文+职业技能)' 교육 모델의 융합적 발전이다. 2024년 세계중국어대회 기간 중 개최된 'HSK 등 언어평가의 활용과 국제 인재 양성' 분과 회의에서, 중북아프리카 국제교육혁신연맹 천루(陈璐) 사무총장은 "HSK는 '중문+직업기술' 교육 분야에서 점점 더 중요한 역할을 하고 있으며, 이 모델은 중문 교육과 직업기술 훈련을 연계하여 국제 실무형 인재 양성에 활용될 수 있다"라고 언급하였다. 이는 중문 교육과 직업교육 융합이 갖는 핵심 가치를 명확히 보여준다.

□ 실제 협력 사례를 보면, 빈저우직업대학(滨州职业学院), 난징과기직업대학(南京科技职业学院), 톈진현대직업기술대학(天津现代职业技术学院) 등 다수의 중국 직업교육기관이 한국과 연계하여 '중문+직업기술' 교육 프로젝트를 운영한 경험을 갖고 있다. 이 사례들은 '중문+직업기술' 교육이 단순한 언어 교육을 넘어, 교육과정 설계, 교원 연수, 평가 기준 마련 등을 포괄하는 인재 양성

체계로 확장되고 있음을 시사한다.

4 주요 플랫폼 및 지원 체계 구축

1 세계중국어대회의 플랫폼 역할

□ 2024년 11월 15일~17일, '연결과 융합, 계승과 혁신(联通融合，传承创新)'을 주제로 한 2024 세계중국어대회(世界中文大会)가 베이징 국가회의센터에서 개최되었다. 이번 대회는 중국 교육부가 주최하고, 중외언어교류협력센터, 중국국제중문교육기금회, 세계한어교육학회가 공동 주관하였으며, 160여 개 국가 및 지역에서 2,000여 명의 정부 관계자, 대학 총장, 전문가, 교사·학생 대표, 주중 외교 사절단이 참석했다. 이처럼 폭넓은 참여 규모는 세계중국어대회가 국제 중문 교육 분야의 핵심 교류 플랫폼으로 기능하고 있음을 보여주었다.

□ 대회 기간에는 'HSK 글로벌 파트너 회의', 'HSK 등 언어평가의 활용과 국제 인재 양성 분과 회의' 등 특별 세션이 운영되었다. 이러한 주제별 회의는 각국 중문 교육 관계자들이 실무 사례를 공유하고 협력 방안을 모색하는 장이 되었다. 특히 '중문+직업기술 센터 프로젝트 협약식', '중국어능력측정센터·HSK 시범고사장 및 중문+직업기술 우수 협력 기관 인증식'이 함께 진행되어, 중문 교육이 직업교육 및 산업 수요와 연계되는 방향으로 확장되고 있음을 보여주었다.

□ 개막식에서 한정(韩正) 국가부주석은 시진핑 주석의 축하 메시지를 대독하며 다음과 같이 밝혔다. "중국어는 유엔 공식 언어 중 하나이자, 전 세계에서 사용 인구가 가장 많은 언어 중 하나이다. 중국은 중국어의 모국어 국가로서 각국의 중문 교육을 지원하는 것을 당연한 책임으로 여기고 있다." 이 발언은 중국 정부가 국제 중문 교육을 전략적으로 중시하고 있음을 보여주며, 향후 한중 간 중문 교육 협력의 정책적 기반으로 작용할 수 있다.

2 장학제도 및 연수제도 지원

□ 중국은 한국 중문 학습자 및 교원들이 심화 학습과 전문 역량 개발을 이어갈 수 있도록 다양한 장학 프로그램을 운영하고 있으며, 이를 통해 중국 유학 및 현지 연수의 기회를 폭넓게 제공하고 있다. 베이징어언대학교가 발표한 〈2024년도 국제 중문 교사 장학금 신청 지침〉에 따르면, 장학금 유형은 4주 단기 연수부터 박사 과정까지 다층적으로 구성되어 있어 학습자의 수준과 목적에 따라 선택할 수 있도록 설계되어 있다. 장학금 신청자는 HSK·HSKK 성적을 제출해야 하며, 이는 장학금 제도가 기본 언어능력을 중요 기준으로 삼고 있음을 시사한다.

□ 국제 중문 교육 전공 박사 과정 장학금 신청자는 석사학위 보유자여야 하며, 석사 전공은 대외한어, 언어학, 국제 중문 교육 또는 교육학 관련 분야여야 한다. 또한 언어 능력 요건은 HSK 6급 200점 이상, HSKK 고급 60점 이상이 요구된다. 학사과정 신청자는 고등학교 졸업 학력을 갖추어

야 하며, HSK 4급 210점 이상, HSKK 중급 60점 이상을 충족해야 한다.

□ 이같이 명확한 신청 요건은 장학금 수혜자의 학업 역량을 보장하는 동시에, 한국 중문 학습자들에게 명확한 학습 계획 기준을 제시한다.

□ 학위 과정 외에도 장학금은 한 학기 연수, 1년 연수, 4주 연수 등 다양한 비학위 과정도 지원하고 있다. 이러한 다층적 장학금 제도는 한국 중문 학습자의 개별 수준과 필요에 따라 선택 가능한 경로를 제공하며, 한국 중문 교육 인력의 양성을 위한 실질적인 지원 구조로 기능한다.

5 프로젝트 성과 및 전망

□ 2024년 한중 중문 교육 협력 및 교류 프로젝트의 운영 현황을 종합적으로 분석하면, 여러 측면에서 뚜렷한 성과가 확인된다.

- 첫째, 참여 규모 측면에서 초등학생부터 대학생, 학생부터 교원, 언어 학습부터 문화 체험에 이르는 다양한 계층과 교육 영역을 아우름으로써 폭넓은 참여 기반이 형성되었다.
- 둘째, 협력의 심화 측면에서 프로젝트 내용이 단순한 언어 학습을 넘어 문화 이해, 전문 역량 강화, 진로 연계 등 다차원적 방향으로 확장되었으며, 이는 중문 교육 기능이 다원화되는 흐름을 보여주었다.
- 셋째, 중 · 장기 교류 프로그램, 학교 간 결연 구조, 교원 연수 체계 등의 정착을 통해 협력 프로젝트의 지속성과 안정성이 확보되었다.

□ 주목할 점은 2024년 프로젝트들이 체험 중심형 학습과 상호 교류형 프로그램에 중점을 두었다는 사실이다. 예를 들어 한국 학생과 중국 가정 간의 교류, 한중 청소년 간 결연 교류 활동 등은 실질적 대면 상호작용 구조를 갖추고 운영되었다. 이런 프로그램은 의사소통 상황을 제공함으로써 한국 학습자가 중국어를 실제 상황에서 사용해보는 기회를 확보하고, 문화적 상호작용 속에서 중국 문화에 대한 이해를 자연스럽게 확장할 수 있도록 구성되었다.

□ 향후 전망을 보면, 한중 중문 교육 협력은 여전히 확장 가능한 잠재력을 지니고 있다. 양국의 산업 구조와 경제적 보완성을 고려하여 '중문+직업기술' 교육 분야 협력을 확장하고, 언어 학습과 직업기술 교육이 유기적으로 결합한 교육과정 개발이 가능하다. 또한 디지털 기술 발전과 함께 온라인 중문 교육 플랫폼의 구축과 활용이 새로운 협력 지점으로 부상할 것으로 예상된다. 아울러 보다 체계적인 프로젝트 평가 메커니즘을 갖추어, 교류 프로그램의 실제 효과를 과학적으로 측정하는 시스템을 구축할 필요가 있으며, 이를 통해 협력의 정확성과 실효성을 높일 수 있다.

□ 종합하면, 2024년 한중 중문 교육 협력 및 교류 사업은 참여 범위, 협력의 수준, 제도적 완성도 등 여러 측면에서 진전을 이루었으며, 다층적 · 다방식 · 다경로 협력 구조를 형성했다. 이 프로젝트들은 중국어의 한국 내 확산을 촉진했을 뿐 아니라, 양국 청년 간 상호 이해와 우호 증진을 강화하여 한중 인문 교류 공동체 형성의 토대를 마련했다. 향후 협력이 지속적으로 심화되면, 한중 중문 교육 교류는 기존 성과를 바탕으로 한 단계 더 나아가 고품질 발전을 이루고, 양국 관계의 안정적

발전에 새로운 동력을 제공할 것으로 기대된다.

8.3 한국 중문 교육 자원의 국제화 및 현지화

1 한국어 맥락에서의 중문 교육 연구 회고

1 한국 중문 교육 자원의 역사적 전개

□ 한국의 중문 교육 전개는 국가 교육과정의 개정과 밀접하게 연동되어 있으며, 시기별로 명확한 단계적 특성을 보이며 발전해왔다.

- 일제 식민 통치에서 해방된 이후 한국은 약 10년간의 '교수요목기(教授要目期)'를 거쳤다. 이 시기 고등학교 외국어 교육과정에는 영어와 제2외국어 과목이 명목상 포함되었으나, 실제 교육과정은 영어 교육에 한정되어 있었고 중국어 등 기타 외국어는 포함되지 않았다. 이는 당시 중문 교육이 한국 정규 교육 체계 안에서 '초기적 발아 단계'에 머물러 있었고 체계적인 교육 프레임은 형성되지 못한 단계였음을 보여준다.
- 이후 '7차 교육과정기'가 시작되면서 한국의 중문 교육은 본격적인 발전 궤도에 진입하였다. 제1차와 제2차 교육과정기에는 읽기와 쓰기 능력 배양을 중심으로 교육 목표로 설정되었고, 교재로는 중국 문학작품을 직접 발췌하는 경우가 많았다. 이는 언어 지식과 인문 소양을 중시하는 경향을 반영한 것으로, 한국 학습자들에게 견고한 독해 기반을 마련해주었으나, 실질적인 언어 의사소통 기능은 상대적으로 간과되었다.
- 1970년대에 들어 제3차 교육과정은 중대한 전환점을 맞이한다. 이 시기부터 교육의 초점이 종합적 능력, 즉 듣기 · 말하기 · 읽기 · 쓰기의 4대 기능의 통합적 습득으로 이동하였다. 이러한 변화는 한국 중문 교육의 교육철학이 문학 중심의 정서적 언어 노출에서 실용주의적 의사소통 능력 중심으로 전환되었음을 보여준다.
- 제4차 교육과정기에는 교육 내용의 표준화가 강화되었으며, 기초 어휘 목록이 처음으로 도입되었다. 다만 교수 매체는 여전히 번체자와 주음부호(注音符号)를 사용하는 방식을 유지했는데, 이는 당시 한국의 중문 교육이 대만 지역의 언어 규범과 긴밀히 연계되어 있었음을 의미한다.
- 제5차 교육과정은 교수법의 패러다임 전환의 계기가 되었으며, 의사소통 능력 중심의 교육 방향과 통합적 평가 방식의 도입이 특징이다. 이 시기부터 평가는 어법 · 어휘 지식의 확인을 넘어, 실제 또는 모의 상황에서 언어 사용 능력을 판단하는 방식으로 확대되었다.
- 제6차 교육과정기에는 중국어 과목이 〈중국어 I〉과 〈중국어 II〉 등으로 세분화되어, 학습자의 수준 차이를 고려한 심화 교육 체계가 도입되었다.
- 제7차 교육과정에 이르러서는 중국 문화 관련 내용이 정식으로 수업 구성요소에 포함되었으며,

문화적 이해를 기반으로 한 언어 학습이라는 새로운 교육 지향점이 설정되었다.

□ 2015년 이전까지 한국의 국가 교육과정은 여러 차례 개정을 거치며 '학습자 중심' 교육 원칙을 강화하였다. 교재는 학생의 생활 경험과 관련한 소재로 구성되고, 자료의 출처도 다변화되었으며, 학습자가 실제 생활에서 중국어를 사용하고 타인과 소통할 수 있는 능력을 기르는 것을 최종 목표로 설정하였다. 이러한 개혁 흐름은 한국의 중문 교육이 지식 주입형 단계에서 실질적 의사소통 능력 중심 단계로, 나아가 문화 통합 및 개별 적용 중심 단계로 발전한 과정을 명확히 보여준다.

□ 학술 연구 측면에서 한국의 중문 교육은 독자적인 연구 흐름을 형성해왔다. 정후이(郑辉)(2023)가 중국지식망(CNKI) 데이터를 기반으로 실시한 문헌 계량 분석에 따르면, 한국인 유학생을 대상으로 한 중문 교육 연구는 크게 세 단계로 구분된다.

- 1999~2012년: 발아 · 상승기. 이 시기 연구는 언어 사용 오류 분석과 그에 기반한 교수설계에 집중되었고 특히 '把'자문, '被'자문, 비교 구문 등 초급 문형 분석이 두드러졌다.
- 2013~2019년: 상위 변동기. 연간 평균 논문 수가 상대적으로 높은 수준을 유지했으며 이는 한국이 중국 최대의 유학생 유입국으로써 방대한 학습자 자료를 제공한 것과 더불어 랴오닝사범대, 지린대, 헤이룽장대 등 중국 동북 지역 대학들이 지리적 이점을 통해 다수의 관련 석사논문을 배출한 사실과 밀접한 관련이 있다.
- 2020~2022년: 감소 · 조정기. 이 시기 연구량의 감소는 코로나19로 인해 한국인 유학생의 중국 입국이 급격히 줄어든 데서 기인한다. 전반적으로 이 분야의 핵심 연구 주제는 오류 분석, 교수 전략, 중간언어, 한중 언어 대조, 습득 연구, 성조, 이합사(離合詞) 등의 영역을 중심으로 전개되었다.
- 한국 내 중문 시험 연구 역시 역사적 전개의 한 축을 구성한다. 2000~2023년까지의 연구 문헌에 대한 계량 분석에 따르면, 한국은 비교적 풍부한 중문 시험 연구 자원을 보유하고 있으며, 연구는 다양한 국내 시험을 대상으로 이루어졌다. 그러나 이러한 연구들은 주제 범위가 단편적으로 분포되어 있고 체계적인 학문 구조로 정리되어 있지 않다는 한계가 있다. 향후 이 분야 연구의 발전 방향은 기술과 시험의 융합, 다원적 연구 방법의 도입, 국제 비교 기반의 분석으로 보아진다.
- 종합하면, 한국의 중문 교육 자원의 역사적 전개는 '정부 주도의 교육과정 개혁'과 '학계 주도의 교수 · 평가 연구'라는 두 개의 축을 따라 형성되었다고 할 수 있다. 이 두 흐름이 결합하여 오늘날 한국 중문 교육의 전반적 모습을 형성하였다.

2 최근 30년간 한국 중문 교육 체계의 전개 양상 (K-12, 대학, 민간 교육기관)

□ 지난 30년은 한국 중문 교육의 체계가 심화 · 도전 · 혁신을 거듭하며 발전한 중요한 시기였다. K-12(초 · 중등) 교육, 고등 교육, 민간 교육기관이라는 세 축을 중심으로 교육 구조가 전개되면서 오늘날의 다층적 · 입체적 교육 생태계가 형성되었다.

□ K-12의 중문 교육은 국가 교육과정의 반복적인 개정과 밀접하게 연동되었으며, 제7차 교육과정 이후에도 지속적인 조정이 이루어졌다. 이 과정에서 핵심 방향은 일관되게 '학습자 중심' 원칙의

강화였다. 교재는 학습자의 실제 생활과의 연계를 고려해 구성되었고 자료의 출처도 다변화되었으며, 핵심 목표는 학습자가 수업에서 배운 중국어를 실제 생활에서 활용하게 하고 실질적인 의사소통 능력을 갖추게 하는 데 두어졌다. 특히 대학수학능력시험에서 중국어 과목은 K-12 중국어 교육에 직접적인 반향 효과를 일으켰으며, 이에 따라 어법 영역과 문화 요소, 시험 문항의 분석 및 교수 대응 방안은 학계의 연구 주제로 자리 잡았다. 이러한 연구는 수업 내용과 평가 기준의 정합성을 확보하고 기초 교육 단계에서 중문 교육의 표준화와 실효성을 강화하기 위한 목적을 가진다.

□ 고등 교육 단계에서 한국의 중문 교육은 전문성과 학술성이 두드러지게 강화되었다. 대학은 중국어 전공 인재와 국제 중문 교육 연구자를 양성하는 핵심 거점이다. 베이징대학교 자오양(赵杨) 교수의 경우 제2언어 습득과 생성어법 등 다양한 분야를 다루며 한국 학습자의 어휘 습득, 심리동사 및 능격동사 습득 문제를 집중적으로 연구했다. 또한 고등 교육 기관은 국가별 중문 교육 연구의 중심지이기도 하다. 랴오닝사범대학교 리바오구이(李宝贵) 교수의 연구는 국제 중문 교육, 중국어 국제 전파, 언어정책과 기획 등을 포괄하며, 그 관점과 방법은 한국 중문 교육의 연구에도 참고가 된다. 2013~2019년에는 한국인 유학생을 대상으로 한 교육 연구가 활발히 이루어졌고 석사 과정의 학위논문이 대거 배출되었는데, 이는 고등 교육 차원에서의 한중 학술교류가 활발했음을 보여주는 단면이다.

□ 민간 교육기관과 기술의 발전은 지난 30년간 한국 중문 교육의 '활성제'이자 '촉진제'로 작용해왔다. 민간 교육기관은 시장 반응 속도가 빠르고 운영의 유연성이 높아, 공교육 체계에서 다루기 어려운 실전 회화나 HSK, TSC 구술 평가 대비와 같은 시험 전략 영역을 보완해왔다. 최근 AI와 디지털 기술의 확산과 함께 한국 중문 교육 분야에서도 기술과 교육의 융합 시도가 이루어지고 있다. 예컨대 AI 기반 챗봇을 중국어 회화 학습에 도입하는 방안을 탐색하는 연구가 등장하였고, 이는 향후 민간기관과 기업이 중문 교육 모델 혁신에서 주도적 역할을 수행할 가능성을 시사한다. 더불어 국제 중문 스마트 교육 및 온·오프라인 혼합형 수업 모델에 대한 논의가 학계와 실무 현장에서 활발히 이루어지고 있으며, 이는 한국 중문 교육이 현대화·지능화로 전환되는 흐름을 반영한다.

□ 한국의 대학 입시 평가 체계의 변화도 중문 교육에 간접적인 영향을 미쳤다. 대입 평가 제도는 단일 요소 평가에서 '수능+대학별 시험' 체제, '수능+대학별 시험+내신 평가' 체제로 발전해왔다. 이러한 평가 방식의 다원화는 전체 입시제도 개혁의 일환이긴 하나, 중국어를 수능에 활용하고자 하는 고등학생들에게 다양한 평가 경로를 제공하였고 이는 중문 과목의 가치 인식과 학습 동기에도 영향을 미쳤다.

□ 종합하면, 지난 30년간 한국의 중문 교육 체계는 K-12 기초 교육이 기반을 다지고 고등 교육이 전문성을 심화하며, 민간기관과 기술력이 보완과 혁신을 담당하는 삼원(三元) 구조를 형성하였다. 이 구조는 내부적으로는 교육과정 개정과 입시제도 변화의 영향을 받았고 외부적으로는 글로벌화와 디지털화라는 시대의 요구에 부응하면서 높은 적응성과 지속성을 보여주고 있다.

2 한국 중문 교재의 국제화와 현지화 특징

1 수입 교재의 유형과 유통 체계

□ 한국의 중국어 교재 수입은 다원적 양상을 보이며, 주요 출처는 중국 대륙 및 대만 지역, 기타 해외 출판사이다. 이러한 다원적 수입 구조는 한국 중문 교육 시장의 개방성과 수용성을 보여줄 뿐만 아니라, 중국어의 다양한 변이형과 그 문화적 함의를 폭넓게 고려하려는 교육적 지향성을 반영한다.

□ 중국 대륙에서 발간된 교재는 언어 표준성과 문화적 권위를 바탕으로 한국의 고등교육기관 및 전문 연구기관에서 주로 사용된다. 베이징어언대학교출판사, 상무인서관(商务印书馆) 등 권위 있는 기관에서 편찬한 교재는 중국의 언어 규범과 교수 요강을 엄격히 따르며, 한국 대학의 관련 학과에서 핵심 교육 자료로 채택되는 경우가 많다. 이러한 교재는 주로 저작권 제휴 및 공동 출판 형태로 도입되며, 다락원, 동양북스 등 한국의 대형 출판사가 원저의 수정권 또는 번역권을 확보한 후 한국 학습자를 위한 주석본이나 개정판을 출간한다.

□ 대만 지역의 교재는 번체자 체계와 특유의 문화적 서술 방식으로 인해 특성 학술계 및 학습자층에서 일정한 영향력을 유지하고 있다. 초기에는 학술교류나 전문 서점을 통해 제한적으로 유통되었으나, 최근 한국 내 번체자 학습 수요가 늘어나면서 대만 교재가 보조 자료로 도입하는 사례가 늘고 있다.

□ 서구 학자가 편찬한 영어 매개의 중문 교재도 한국의 국제학교나 일부 대학의 교양 과정에서 활용되고 있다. 이러한 교재는 대조 언어학적 접근과 문화 간 소통 관점을 채택하여 한국 학습자들에게 또 다른 학습 경험을 제시한다.

□ 유통 체계 측면에서 보면, 한국의 출판 시장은 온·오프라인이 결합하고 직접판매와 위탁판매가 병행하는 구조를 보인다. 한국출판문화산업진흥원의 자료에 따르면, 온라인 서점의 시장 점유율은 약 30%에 이르며, 대도시 소비자에게는 익일 배송과 같은 서비스가 제공된다. 동시에, 오프라인 서점은 출판사, 대형 서점, 지역 서점, 중고 서점 등 다양한 유통망을 통해 도서 판매를 이어가고 있다. 판매량이 많은 교재는 직매입 방식이 선호되지만, 대부분은 반품이 가능한 위탁판매 방식을 사용된다. 이러한 '반품 가능 위탁판매' 방식은 서점의 재고 부담을 줄여주는 대신, 출판사에 재고 위험을 전가하는 구조를 가진다.

□ 주목할 점은, 한국 정부가 교재 유통 과정에서도 중요한 역할을 행사한다는 것이다. 정부는 〈출판문화산업진흥법〉 등 관련 법규를 통해 출판산업을 정책적으로 지원하며, 일반 상품에 10%씩 부과되는 부가가치세를 출판물(종이책·전자책)에는 면제하는 정책을 시행하여 출판물의 유통과 소비를 촉진하고 있다.

2 한국 제작 교재의 생성 논리

□ 한국에서 자체적으로 편찬되는 중문 교재는 특정한 교육 문화, 학습 동기, 사회적 수요를 반영하며, 그 생성 논리는 다음 세 가지 층위에서 드러난다.

① 언어 대조 및 오류 분석 기반의 번역·재구성 교재

- 한국 제작 교재는 한중 언어 대조와 학습자 오류 분석을 핵심 기준으로 삼는다. '把'자 구문, 방향보어, 특정 개사 용법 등을 한국 학습자의 대표적 난점을 중심으로 교재 내용의 선정, 제시 순서, 주석 방식을 체계적으로 설계한다. 예컨대 '给'의 교수설계와 관련해서는 '언어 간 대조'와 '발화 산출 분석'을 바탕으로 난이도 판정 기준을 설정하고 '给'의 용법별 습득 순서를 제시한 연구가 있으며, 이는 교재편찬의 실증적 근거로 활용된다. 이러한 접근은 모국어 간섭을 최소화하고 지도의 효율성을 높이는 것을 목표로 한다.

② 문화 중심의 내용 구성과 제시 방식

- 문화 항목의 구성에서는 한중 문화 비교와 현지화 재구성 전략이 두드러진다. 명절 예절, 가족관, 사회 관습 등을 양국 문화 간 비교가 가능한 주제를 선정하여, 학습자가 문화적 참조를 통해 중국 문화를 비교 이해하도록 유도한다. 또한 문화 충돌을 최소화하고 교재의 친화력을 높이기 위해 교내 속 중국 문화 요소는 한국 학습자가 익숙한 생활 맥락이나 사회현상과 연결하여 설명된다. 이는 학습자의 이해 장벽을 낮추고 문화 간 공감 형성을 돕는다.

③ 시험 지향적 내용 설계와 연습 구성

- 입시 경쟁이 치열한 한국의 교육환경에서는 교재가 시험 지향성을 벗어나기 어렵다. 교재 구성 및 연습 문제는 대학수학능력시험의 중국어 과목과 HSK의 문항 유형, 난이도, 채점 기준과 긴밀하게 연계된다. 이에 따라 실제 시험과 유사한 연습 모듈 및 모의 문항이 교재 내에 체계적으로 배치된다. 이러한 '시험 중심' 설계는 교재의 내용 폭과 깊이를 일정 부분 제한하기도 하지만, 자격 인증을 목표로 하는 다수 학습자의 현실적 수요를 충족시킨다는 점에서 높은 시장 수용성을 확보하는 방식으로 작동한다.

3 대표 교재 비교 분석

□ 한국 중문 교재의 현지화 특성을 구체적으로 파악하기 위해, 본 절에서는 대표적인 사례로 종합형 교재 《신공략 중국어》와 고등학교 정규 교과서 《중국어Ⅰ》을 비교 분석한다.

- **《신공략 중국어》**
  - 대상 학습자: 대학생 및 성인 학습자
  - 어법 구성: 한중 대조에 기반하여 어법 항목의 난이도 체계를 설정하고, 한국 학습자의 오류 패턴에 맞춘 주석을 제공한다. 예를 들어, 겹품사 '给'의 경우, 관련 연구를 바탕으로 의미 범주를

난이도 순서로 배열하고 설명의 깊이를 조절하여 제시하였다.
- 문화 제시: 중국 전통문화와 현대 사회현상을 아우르면서도 한중 문화 비교 관점을 함께 제시하여, 학습자의 문화적 사고 확장을 유도한다.
- 연습 설계: HSK 등 공인시험 유형과 유사한 형태의 연습 문제 및 및 모의 문항을 다수 포함하고 있다.
- 현지화 특징: 어법 주석, 문화 해설, 연습 구성 전반에서 한국 학습자의 모국어 배경과 인지 패턴, 시험 수요를 종합적으로 고려한 고도화된 현지화 교재이다.

• **《중국어 I》**
- 대상 학습자: 한국 고등학생
- 어법 구성: 실용성과 수행 가능성을 중시하며, 국가 교육과정에서 규정한 어법 기준에 부합하도록 구성하였다.
- 문화 제시: 주제 선정 시 문화 비교 의식이 명확히 반영되어 있다. 예를 들어 '날짜 표현'과 같은 단원에서는 한중 문화 관습의 차이가 암묵적으로 드러난다.
- 연습 설계: 다중 양식(Multimodal)의 학습 활동이 포함되어 있으나, 실제 수업에서는 교사가 배경 설명, 어휘 재배치, 현대 중국의 대중문화 요소 추가 등을 통해 보완하는 것이 일반적이다.
- 현지화 특징: 국가 교육과정과의 체계적 연동으로 구성된 제도 기반형 교재로써, 그 구조와 내용에 공교육 시스템의 규범성이 강하게 반영되어 있다.

□ 앞의 교재 분석을 통해 알 수 있듯, 한국형 중문 교재의 개발은 단순한 번역이나 모방이 아니라 한국의 교육제도와 사회문화적 맥락, 그리고 시장 구조 속에 깊이 뿌리내린 체계적 구축 과정이다. 이러한 교재는 원어 교재를 그대로 옮긴 것이 아니라, 국가별 언어 대조 연구와 학습자 요구 분석을 기반으로 한 창의적 재구성의 결과물이다. 이는 국제 중문 교육의 보편적 지식 체계를 한국의 교육 환경과 학습자의 심리적 특성에 적합하게 전환한 사례로, 학습 효율을 높이는 동시에 교재 자체의 문화적 주체성을 강화한다.

□ 다만 이러한 현지화 방식은 '시험 대비' 중심의 요구와 '언어 역량 함양'이라는 교육적 가치 사이에서 어떻게 균형을 이룰 것인가라는 과제를 안고 있으며, 동시에 디지털 시대에 부합하는 교재 형식과 기능의 혁신이라는 새로운 요구에도 직면해 있다. 이는 향후 교재 개발과 관련 연구가 다루어야 할 핵심 방향으로 자리잡을 것이다.

3 한국의 중문 교원 자원: 국제화 연수와 현지화 실천

□ 한국의 국제 중문 교육 발전은 교원 구조의 최적화와 전문화 제고 없이는 불가능하다. 한국의 중문 교원 자원 체계는 해외 인력 도입과 자국 내 인력 양성이라는 이중 경로를 결합하고 있으며, 여기에 다층적 연수 메커니즘과 교사 역할 혁신이 맞물리면서 독자적인 '국제화-현지화' 연동 모델을 형성하였다. 본 절에서는 공급 구조, 연수 체계, 교사의 전문 역할이라는 세 축을 중심으로

한국 중문 교원의 발전 양상과 내재 논리를 체계적으로 분석한다.

1 해외 교원과 국내 교원의 공급 구조

□ 한국의 중문 교원 공급 구조는 해외 교원 유입과 국내 교원 양성이 병행되는 이원 체제를 보인다. 이 둘은 규모, 분포, 기능 면에서 상호보완적으로 작용하며, 다층적 교육 수요를 함께 떠받치고 있다.

(1) 해외 교원의 도입과 분포

□ 해외 교원은 크게 두 유형으로 나뉜다.

- 중국 파견 교사 및 자원봉사자: 공자아카데미나 대학 간 협력 프로그램 등을 통해 한국에 파견되는 인력으로, 예를 들어 한국외국어대학교 공자아카데미에는 중국 측 원장 1명, 파견 교사 4명, 국제 중문 교육 자원봉사자 1명이 배치되어 있다. 이들은 주로 대학의 중국어 강의, 문화 강좌, 교원 연수 등을 담당하며, 언어 표준성 및 문화 전파의 권위성을 강점으로 가진다.
- 화인(華人) 중국어 교사: 주로 사설 학원이나 민간 교육기관에서 활동한다. 2019년 기준, 한국에는 약 1천 명의 화인 교사가 비공립 교육 부문에 분포하여 공교육 체계 외의 수요를 보완하고 있다.

□ 해외 교원의 핵심 가치는 자연스러운 언어 노출과 문화 상호작용 환경을 제공하는 데 있다. 그러나 이들은 유동성이 높고 일부는 한국의 학습 환경과 학습자 특성에 대한 이해가 충분하지 않기 때문에, 현지 적응력을 높이기 위한 맞춤형 연수가 필요하다.

(2) 현지 교원의 규모와 구조

□ 한국 현지 교원은 중문 교육의 중추적 기반으로, 주로 대학교 및 중·고등학교의 한국인 교원을 포함한다. 이들 현지 교원은 대부분 한국 대학에서 중문 관련 학위를 취득했거나 '현지 교원 중국 연수 프로그램' 등 중국 대학과의 협력 과정을 거쳐 학위를 취득했다. 이들은 한국 학습자의 인지 방식과 학습 심리를 잘 이해하고, 한중 언어 대조를 통해 오류를 효과적으로 교정할 수 있는 강점을 지닌다.

□ 한국 교육부는 교원 자격 인증 제도와 계속교육 학점 제도를 통해 교원 자질을 제도적으로 관리하고 있으며, 현지 교원은 공교육과 사교육 영역 모두에서 주도적인 역할을 하고 있다.

(3) 교원 공급 구조의 균형과 과제

□ 해외 교원과 현지 교원의 협력은 일정한 성과를 거두었으나, 다음과 같은 구조적 과제가 있다.

- 지역적 불균형: 해외 교원과 우수 현지 교원은 서울·경기 등 대도시에 집중되어 있고, 지방은

교원이 상대적으로 부족하다.

- 현지 교원의 연구 부담: 한국 대학의 교원들은 강의와 연구를 병행해야 하며, 실제로 매년 중국학 관련 학술논문이 1천 편 이상 발표되고 있다. 이러한 연구 실적 압박은 교원들이 수업 혁신이나 교수 실천에 투입할 수 있는 시간을 제약하는 요인이 된다.
- 화인(華人) 교원의 경력 발전 한계: 다수의 화인 교원은 직급 승진과 학술 참여에서 제약을 받는 경우가 많아, 장기적인 전문 경력 형성에 어려움을 겪고 있다.

2 교원 연수 체계 (공자아카데미, 대학 간 협력, 현지 교원 재교육)

□ 한국은 여러 주체가 협력하는 방식으로 예비 및 현직 교원을 모두 포괄하는 교원 연수 네트워크를 구축하였으며, 교사의 언어능력 · 교수법 · 문화 조정 능력 향상에 중점을 두고 있다.

(1) 공자아카데미의 연수 플랫폼 역할

□ 공자아카데미는 교원 연수의 핵심 플랫폼으로, 그 활동은 다음 세 가지로 구분된다.

□ 표준화된 교원 연수: 연세대학교 공자아카데미, 한국외국어대학교 공자아카데미, 차이홍 공자아카데미, 충남대학교 공자아카데미 등은 '한국 현재 중국어 교원 연수'를 개최하여 회화 수업 설계, 중의학 · 전통문화 융합 수업 방식 등 실용적 주제를 다뤘으며, 전국 60여 개 고등학교 교원들이 참여했다. 한국외국어대학교 공자아카데미는 '서울 지역 현지 교원 겨울/봄 연수 과정'을 운영하고 있으며, 11년 연속 '재한 국제 중문 교육 자원봉사자 중기 연수'를 주관하여 누적 3,356명을 교육하였다.

□ 문화 교수 역량 강화: 공자아카데미는 융화(绒花) 만들기, 다도, 전지 공예(剪纸) 등의 문화 워크숍을 통해 문화 콘텐츠를 수업 자원으로 전환하는 방법을 교원들에게 제공하고 있다.

□ 교수 자료 개발 및 공유: 한국외대 공자아카데미는 《국제 중문 교육을 위한 중국 문화 및 국정 교수 참고 프레임워크》(한국어판)을 발간하여 교원이 참고할 수 있는 현지화 교수 지침서를 제공하였다.

(2) 대학 간 협력 기반의 학술 지원 체계

□ 한중 대학 간 협력은 교원의 학문적 소양을 높이는 핵심 경로로 기능하고 있다.

- 연합 연수 프로그램: 연세대학교 김현철 교수는 '한국 중문 교원 중국 연수단'을 이끌고 중국 대학을 방문하여 학술교류를 진행한 바 있으며, 쓰촨사범대학교는 '해외 현지 중문 교원 중국 연수반'을 개설하여 한국 교원을 수용하고 있다.
- 학술회의 및 연구 프로젝트: 연세대학교와 한국외국어대학교 공자아카데미는 정기적으로 '청년 학자 국제 학술 세미나'를 개최하여, 교원들의 연구 성과가 실제 교육 현장에 반영되도록 촉진하고 있다.

□ 대학 간 협력 체계는 교원의 지식 체계를 최신화할 뿐 아니라, 한중 양국의 교수 이념을 융합하는 데에도 기여하고 있다. 예를 들어, 대조언어학 이론을 교재편찬에 적용하는 방식이 그 대표적인 사례이다.

(3) 현지 교원의 재교육 체계

□ 한국은 제도화된 교원 재교육 체계를 구축하고 있으며, 그 내용은 다음과 같다.

- 자격 인증과 연계된 연수 참여 의무화: 교원은 자격 유지를 위해 정기적인 연수 참여가 요구되며, 예를 들어 '국제 중문 교원 자격증' 시험 대비 연수 과정에는 많은 현지 교사가 참여하고 있다.
- 수준별 연수 설계

- 신규 교원 대상: 수업 운영 및 HSK, BCT 등 시험 기준의 적용 능력에 중점을 둔다.
- 경력 교원 대상: 디지털 도구 활용, 교과과정 개발 등 수업 혁신 역량 강화에 초점을 둔다.
- 공동체형 학습 네트워크: 교원들은 공자아카데미가 주관하는 '한중 문화 살롱', '수업 사례 연구회' 등을 통해 경험을 공유하며 상호 학습형 전문 공동체를 형성한다.

3 교원의 중개 역할과 문화 적응 역량

□ 문화 간 교육의 맥락에서 한국의 중문 교원은 언어 전달자, 문화 중개자, 교육과정 조정자라는 세 가지 역할을 동시에 수행해야 하며, 그 전문 역량은 한국과 중국의 교육 이념을 창의적으로 융합하는 것에서 발현된다.

(1) 중개 역할의 실천적 의미

□ 언어 · 문화의 중개자: 교원은 허사 사용, 어순 구조 등 한중 언어 차이를 분석하고, 명적 문화, 사회 관념과 같은 문화 비교를 통해 학습자의 이해 장벽을 낮춰야 한다. 김현철 교수는 "중개자의 핵심 역할은 단방향적 문화 주입이 아니라, 경계를 넘는 융합을 촉진하는 데 있다"고 지적한 바 있다.

□ 교육제도의 연결자: 교원은 〈국제 중문 교육 중국어 능력 등급 표준〉과 같은 중국의 표준을 한국의 교육과정 기준과 접목해야 하며, 예를 들어 고등학교 수업에 HSK 평가 요소를 반영하는 방식이 이에 해당한다.

(2) 문화 적응 역량의 구축

□ 문화 적응 역량은 다음의 세 가지 측면에서 드러난다.

- 교육 내용의 현지화 조정: 중국어 어휘를 설명할 때 한국 학생들이 익숙한 사회적 현상과 연결하여 설명한다. (예: 한중 인터넷 유행어의 생성 방식 비교)

- 수업 방식의 적응적 설계: 집단 활동을 선호하는 한국 학습자의 특성을 고려하여 소그룹 게임, 역할극 등의 활동을 설계한다.
- 가치관 충돌의 조정: 역사나 사회적 이슈를 다룰 때 교원은 중립적 태도를 유지하며, 학생들이 다양한 시각에서 사고하고 토론하도록 이끈다.

(3) 전문적 정체성과 도전 과제

□ 교원의 전문적 정체성은 '쌍방향 이해'를 기반으로 형성된다.

- 강점: 현지 교원은 문화적 친밀성을 활용하여 수업 효율을 높일 수 있으며, 국제 연수를 통해 지식 체계를 지속적으로 갱신할 수 있다.
- 한계: 일부 교원은 중국어의 언어 규범과 한국 교육 현장의 요구 사이에서 균형을 잡기 어려운 '정체성 긴장'을 경험하고 있으며, AI 기반 교수 도구 등 신기술의 등장은 교원들에게 지속적인 자기 계발을 요구한다.

□ 한국의 중문 교원 체계는 국제적 인재 유입과 현지 교원 양성을 병행함으로써 상호보완적이고 유동적인 공급 구조를 이루고 있다. 또한 공자아카데미 · 대학 간 협력 · 재교육으로 구성된 3중 연수 네트워크를 바탕으로 교원의 전문성이 지속적으로 향상하고 있다. 이처럼 교원의 중개 역할과 문화 조정 실천을 매개로 글로벌 기준과 한국 교육 현장의 수요가 유기적으로 결합하는 구조가 자리 잡고 있다. 향후에는 교원의 지역 간 불균형 조정과 교원의 연구 활동 지원 강화를 통해 교육의 디지털화 및 인구 구조 변화라는 새로운 과제에 대응해 나갈 필요가 있다.

4 평가 및 시험 자원: HSK, 교내 평가 및 〈등급 표준〉의 정착

1 HSK의 한국 내 확산 및 적응 문제

□ HSK(한어수평고시)는 국제 중문 교육 분야에서 가장 권위 있는 표준화 시험 중 하나로, 한국 내 확산 정도와 깊이는 중문 능력 평가 체계의 핵심을 이루고 있다. 한국중문교육연구회 회장 김현철 교수는 "HSK, BCT와 같은 표준화 시험의 시행은 과학적인 중국어 인재 선발 및 양성에 핵심적인 역할을 하고 있다"라고 언급하였다. 이러한 평가는 HSK가 한국의 중문 인재 평가 체계에서 차지하는 중심적 위상을 보여준다.

□ HSK의 한국 내 확산 과정은 한중 양국의 정치, 경제, 교육 교류의 맥락과 밀접하게 얽혀 있다. 1992년 한중 수교 이후 양국 간 경제 및 인문 교류가 급속히 증가하면서 고조된 한국 사회의 중문 교육에 대한 관심은 HSK 도입의 역사적 계기를 마련하였다. 이러한 배경 속에서 HSK는 과학적이고 정교한 평가 체계와 국제적으로 공인된 자격증의 권위를 기반으로, 한국 내 여러 대학과 기업 등에서 중국어 능력을 평가하는 주요 기준으로 빠르게 자리 잡았다.

□ 특히 '중문 열풍(中文热)'의 절정기에는 매년 약 150만 명의 한국인이 중국어를 학습하였고, 그중 상당수가 HSK 취득을 주요 목표로 삼았다. 시험 주관기관인 한고국제는 HSK의 현지화와 브랜드 확산을 적극 추진하였으며, 한국 내 대표 기관인 차이홍 공자아카데미 등과 협력하여 'HSK 중국 유학박람회' 등의 행사를 개최함으로써 HSK의 인지도와 영향력을 지속적으로 확대하였다.

□ 그러나 HSK가 한국에서 폭넓은 인정을 받고 있음에도 불구하고, 보급 과정에서는 다양한 현지 적응 관련 과제가 존재한다. 이런 문제들은 주로 한국 교육 환경과 실제 교수 · 학습 요구 간의 차이에서 비롯된다.

- 시험 내용과 한국 내 교수 목표 간의 불일치: HSK는 전 세계 학습자를 대상으로 하는 범용 시험으로, 어휘 목록 · 어법 항목 · 화제 구성 등에서 보편성을 추구한다. 그러나 한국 학습자는 모국어 간섭의 영향으로 특정 어법 오류나 발음 오류(예: '把'자문, 성조 구별 등)가 빈번히 발생한다. 만약 시험 체계가 이러한 한국 학습자의 언어적 특성을 충분히 반영하지 못한다면, 평가 결과가 학습자의 언어능력을 정확히 반영하지 못할 수 있으며 이는 교육 현장에 대한 환류 효과(Washback Effect)를 저해하게 될 것이다.
- 비즈니스 중국어 평가 수요에 대한 대응 부족: 한국은 중국의 주요 무역 파트너국으로, 기업 현장에서 비즈니스 중국어 인재에 대한 수요가 높다. 현재 BCT가 존재하긴 하지만, 기업과 학습자들은 HSK가 시험 내용 면에서 더욱 실질적으로 비즈니스 담화 상황을 반영하고, 더욱 세분화된 비즈니스 능력 등급 체계를 도입하여 취업 시장 및 경력 개발에 실질적으로 기여하길 기대하고 있다.
- 한국 내 교육 및 평가 체계와의 연계 문제: HSK 등급 기준을 한국 내 교육과정 및 학교 평가 시스템과 어떻게 효과적으로 연계하고 상호 인정할 것인지, 즉 학습자가 상이한 평가 체계에 대응해야 하는 부담을 어떻게 줄일 것인지가 시급히 해결되어야 할 과제이다. 이를 위해 HSK 운영 기관과 한국 교육부 및 대학 간의 보다 긴밀한 소통과 협력 체계를 구축할 필요가 있다.
- 시험 기술 형식의 현지화 및 혁신 요구: 전 세계 교육의 디지털화 추세 속에서, 한국의 학습자들 역시 온라인 시험, 컴퓨터 적응형 시험(CAT) 등 새로운 평가 방식에 대한 수용도와 기대가 점점 높아지고 있다. HSK가 디지털 시대에 그 과학성과 매력을 유지하려면, 시험 기술, 플랫폼 구축, 데이터 활용 등 다양한 차원에서 지속적인 혁신이 요구되며, 한국의 교육 기술 환경에 적합한 방식으로 현지화가 이루어져야 한다.

2 〈등급 표준〉의 한국 내 확산 경로 및 영향

□ 〈등급 표준〉(한국어판 포함)의 공표 및 보급은 국제 중문 교육이 표준화 및 규범화 단계로 나아가는 중요한 이정표로 평가된다. 〈등급 표준〉의 한국 내 확산은 주로 학술회의를 통한 선도, 기관 간 협력을 통한 추진, 그리고 교육 실천으로의 전환이라는 세 가지 주요 경로 통해 이루어졌으며, 그 영향력은 다음과 같이 다층적으로 나타나고 있다.

(1) 핵심 확산 경로: 고품질 국제학술회의의 플랫폼 효과

□ 〈등급 표준〉 확산의 핵심 발원지이자 플랫폼으로써, '〈등급 표준〉 국제학술회의'를 대표로 하는 일련의 고급 학술 포럼이 연속적으로 개최되어왔다. 이 회의의 특징은 다음과 같다.

- 주제의 명확성과 선도성: 각 회의는 〈등급 표준〉의 체계 구축, 현지화 적용, 고품질 발전 등 핵심 주제를 중심으로 구성되며, 동시에 AI와 디지털 전환과 같은 국제 교육의 최신 동향을 반영함으로써 학문적 선도 역할을 수행하고 있다.
- 다기관 협력 및 고차원 구성: 이 회의는 세계한어교육학회, 한국중문교육연구회, 한고국제, 차이홍 공자아카데미 등 한중 양국의 권위 있는 기관들이 공동 주최하여 전문성과 공신력을 확보하고 있다. 참가자들은 한국중문교육연구회 회장 김현철 교수, 세계한어교육학회 바이러쌍(白乐桑) 교수 등 국제 중문 교육계의 핵심 인사들로 구성되어 학술적 대표성이 매우 높다.
- 실천 기반성과 파급력: 본 회의는 이론적 논의뿐 아니라 〈등급 표준〉의 실천적 적용에 중점을 둔다. 기조연설, 분과 발표, 원탁회의 및 특별연수(예: '〈등급 표준〉에 따른 한국 현지 교사 교수 역량 강화 특별연수') 등의 다양한 형식을 통해, 표준 제정자, 연구자, 현장 교사 간의 심층적 교류를 촉진하고 있다. 이를 통해 〈등급 표준〉의 핵심 이념과 교수 방법이 한국 중문 교육 현장에 신속하고 정확하게 전파되고 있다.

□ 바이러쌍(白乐桑) 교수는 회의 총평에서 "전문가 간의 심도 있는 교류가 국제 중문 교육의 학문적 활력을 보여주었으며, 〈등급 표준〉에 대한 이해 심화와 국제적 확산에 직접적으로 기여하였다"라고 높이 평가하였다.

(2) 〈등급 표준〉의 구체적 영향

□ 과학적 교수·평가 체계 제공 및 개혁 선도: 〈등급 표준〉은 한국의 중문 교육, 교재편찬, 시험평가 등에 있어 체계적이고 과학적인 기준 체계를 제공하였다. 김현철 교수는 "현재 한국 중문 교육은 과거의 단순한 인재 수의 확대에서 벗어나 교육의 질적 향상과 체계화된 발전을 중심으로 한 새로운 단계로 진입했으며, 이미 국가 전략 차원으로 격상되었다"라고 평가하였다. 〈등급 표준〉은 이러한 전략적 전환에 있어 중요한 기반을 제공하며 교육 방향성의 표준화를 가능케 했다.

□ 현지화 연구와 실천 촉진: 〈등급 표준〉의 한국 내 확산은 학계 전반에 걸쳐 중문 교육 표준의 현지 적용에 대한 연구 열기를 크게 고조시켰다. 예를 들어, '한자 교육 및 연구 국제 학술 세미나' 등 주요 학술 플랫폼에서 〈등급 표준〉과 한국의 〈한문 교육용 기초 한자 1,800자〉를 비교 분석하는 연구가 활발히 이루어졌으며, 국제 표준과 한국 교육 실정 간의 접목 가능성 및 구체적 적용 방안이 모색되고 있다. 이러한 논의는 〈등급 표준〉의 '한국화' 실현에 크게 기여하고 있다.

□ 교원의 전문성 제고: 〈등급 표준〉을 기반으로 한 다양한 교원 역량 강화 프로그램(예: 앞서 언급한 '한국 현지 교사 교수역량 강화 특별연수')은 한국 현지 교원들에게 교육 이념의 현대화 및 교육 역량 강화의 경로를 제공하였다. 해당 연수를 통해 교원들은 중문 능력 등급 체계에 대한 이해를 심화시켰고, 이를 교육 현장에서 효과적으로 적용함으로써 교육의 품질과 평가 일관성을 전반적으

로 향상할 수 있었다.

3 현지화 평가 실천 및 과제

□ 한국은 자국의 중국어 평가 체계를 구축하는 과정에서 높은 자율성과 창의성을 발휘해왔으며, 그 핵심 목표는 국제 표준과 한국의 학습 환경, 교육제도 및 사회적 수요 간의 심층적 융합을 실현하는 데 있다. 이러한 현지화 실천은 주로 다음의 세 가지 측면에서 이루어지고 있으며, 동시에 여러 구조적 과제도 안고 있다.

(1) 교내 평가 체계의 혁신과 실천

□ 한국의 K-12 교육과정에서 교내 평가는 국가 교육과정과 밀접하게 연계되며, 다양성과 과정 중심 평가의 특징을 보인다. 평가는 기존의 지필 시험에 국한되지 않고, 수업 참여, 소그룹 프로젝트, 구술 발표, 학습 포트폴리오 등 수행 중심 평가 요소를 포괄하고 있다.

□ 한자 교육 분야에서도 한국 학습자의 특성을 반영한 맞춤형 평가 방법이 모색되고 있다. 예를 들어, '한자 교육 및 연구 국제 학술 세미나'에서는 〈등급 표준〉의 한자 쓰기 목록을 기반으로 한 교수 아이디어가 제안되었으며, '쓰기'와 인식' 간의 연계적 교육 및 평가 접근법이 논의되었다. 이는 한국 교육 현장에서 〈등급 표준〉을 적용한 교수 실천의 구체적 사례로 볼 수 있다.

□ 또한 대학수학능력시험에서의 중국어 과목은 중등 중문 교육의 방향성을 결정짓는 핵심 지표로 기능하며, 역량 중심 교육과 긴밀이 연결되어 초등 및 중등학교 교수 · 평가 체계에 깊은 영향을 미치고 있다. 이에 따라 일상적인 교수 · 평가 활동에서도 수능 문항 유형 및 평가 기준과의 연계성 강화가 요구되며, 기초 언어능력과 실제 의사소통 능력 간의 융합이 더욱 중시되고 있다.

(2) 현지화 시험의 개발과 도전 과제

□ HSK가 한국에서 광범위한 영향력을 지니고 있지만, 한국은 이에 전적으로 의존하지 않고 국가 교육 주권의 확보와 특정 분야 인재 평가 수요를 반영한 자체적인 중문 능력 평가 체계의 개발을 적극 추진하고 있다.

□ 앞서 언급된 BCT는 한국에서 일정 부분 활용되고 있으며, 앞으로 한국 학습자의 언어적 특성과 국내 노동 시장 수요에 부합하는 현지화된 비즈니스 중국어 시험 또는 특정 역량 평가 도구의 개발은 한국형 중국어 평가 체계 발전의 중요한 방향이 될 것으로 전망된다.

□ 그러나 새로운 평가 도구의 개발 및 정착을 위해서는 과학적 타당성 검증, 시장 인지도 제고, 국제 표준과의 호환성 등의 과제가 존재한다. 이러한 과제를 해결하지 않고서는 HSK와 같은 사회적 공신력을 얻기 어려우며, 장기적인 검증 및 브랜드 구축, 대규모 자원 투입이 필수적이다.

(3) 특정 학습자 집단에 대한 평가 과제

□ 한국의 중문 학습자 구성은 점차 다원화되고 있으며, 이에 따른 평가 수요 또한 세밀화되고 있다. 특히 고령화 사회의 진입과 함께 노년층 학습자의 중국어 학습 수요가 빠르게 증가하고 있다. 김현철 교수는 "한국 사회가 저출산 · 고령사회로 진입하면서, 65세 이상 노년층의 중국 언어 및 문화 학습 수요가 눈에 띄게 증가하고 있다"라고 지적하였다.

□ 이러한 학습자들은 주로 문화 교양 및 개인적 흥미를 기반으로 학습하며, HSK와 같은 등급 인증형 시험이나 선발형 평가 방식은 이들에게 적합하지 않다. 따라서 노년층 등 특수 학습자를 위해 비표준 평가 체계 설계가 새로운 정책적 과제로 부상하고 있다. 현재로서는 노년층 학습자를 위한 교재 및 교수법이 미비하며, 이에 상응하는 맞춤형 평가 도구 체계도 여전히 개발이 필요한 상태이다.

(4) 현지화 평가 실천의 핵심 과제

□ 국제 표준과 국가 교육과정 간의 정합성 확보: 〈등급 표준〉과 같은 국제적 프레임워크를 한국의 국가 교육과정 및 각 교육기관의 교육과정과 어떻게 효과적으로 접목할 것인가는, 중국어 평가의 심층적 현지화 달성의 핵심 과제이다. 상이한 평가 기준이 병존하면서 통합되지 않으면 교수 방향이 분산되고 학습 목표가 불명확해져, 교수-학습-평가 간의 일관성이 약화될 수 있다.

□ 평가 전문 인력의 양성: 과학적이고 지속 가능한 평가 체계 구축은 언어평가 전문 지식과 실무 능력을 갖춘 교원 및 연구 인력의 확보를 전제로 한다. 그러나 현재 한국은 언어평가 분야에서 전문 인력의 저변 확대가 미흡한 실정이며, 관련 전문성 강화 프로그램 및 양성 체계의 구축이 시급하다.

□ 기술 융합 평가의 탐색: AI, 빅데이터 등 첨단 교육 기술의 발전은 언어평가 방식 전반을 재구성하고 있다. 적응형 학습(Adaptive Learning)에 기반한 평가 시스템, AI 기반 자동 작문 평가 도구 등 신형 기술 도입은 한국형 중문 평가의 혁신적 진화를 이끌 핵심 요인이다. 그러나 이 같은 기술 기반 평가 도입은 기술 인프라, 예산 확보, 다학제적 협력 체계 등 복합적 자원을 필요로 한다.

□ 종합하면, 한국의 중문 평가 및 시험 자원 체계는 다음의 세 가지 축을 중심으로 다층적 구조를 형성하고 있다.

- HSK를 중심으로 한 국제 공인 평가 시스템
- 교내 평가를 기반으로 한 교육 현장 중심의 다원적 평가 실천
- 〈등급 표준〉의 현지화 및 교수-평가 연계 시도

□ HSK는 광범위한 확산을 통해 한국 중문 교육에서 공신력 있는 평가 기준으로서의 위상을 확립하였으나, 그 내용 구성과 한국 학습 환경 간의 정합성 측면에서는 여전히 개선의 여지가 존재한다.

□ 〈등급 표준〉은 고차원적 학술회의, 기관 협력, 실천 중심 교수 전략 등을 통해 한국의 중문 교육 및 평가 개혁에 체계적인 기준과 방향성을 제시하었으며, 이를 바탕으로 한국은 교내 평가 혁신,

현지화된 시험의 개발, 특수 학습자 대응 등 다양한 영역에서 실질적인 성과를 이뤄냈다.

□ 그러나 여전히 국제 표준과 교육과정 간 연계, 평가 전문 인력의 양성, 기술 기반 평가 시스템 개발 등 구조적이고 장기적인 과제가 남아있으며, 한국형 중문 평가 체계의 성숙을 위해 지속적인 전략 마련과 실행이 필요하다. 앞으로 한국의 중문 평가 체계는 국제 표준화와 현지화 간의 역동적 균형 속에서 계속 진화할 것이며, 그 성과와 경험은 국제 중문 교육 평가 체계의 모델로서 중요한 지역적 참조가 될 것이다.

5 기술 플랫폼과 디지털 자원: 국가 간 공급과 현지화

□ 세계화와 정보화의 흐름 속에서, 한국 중문 교육의 보급과 발전은 다원화된 양상을 보이고 있다. 기술 플랫폼과 디지털 자원의 국가 간 공급 및 현지화 재구성은 중문 교육의 현대화를 이끄는 핵심 동력으로 작용하고 있다. 본 절에서는 온라인 학습 플랫폼, 디지털 교재 및 학습용 앱의 공급 구도, 그리고 AI와 혼합형 교수법이 자원 현지화에 미치는 영향이라는 두 측면에서 분석을 시도한다.

1 온라인 학습 플랫폼, 디지털 교재 및 앱의 공급 구도

(1) 온라인 학습 플랫폼의 부상과 발전

□ 인터넷 기술이 급속하게 발전하면서 온라인 학습 플랫폼은 전 세계적으로 빠르게 확산하였고, 한국 시장 또한 활발한 양상을 보이고 있다. 국내외 교육기관들은 다양한 수준의 학습자 수요를 충족시키기 위해 온라인 중문 학습 플랫폼을 잇달아 출시하고 있다.

□ 예를 들어, 한국의 'Talk To Me In Chinese' 플랫폼은 초급부터 고급 수준의 중국어 과정을 제공하며, 듣기 · 말하기 · 읽기 등 전 영역을 포괄하는 콘텐츠로 학습자들 사이에서 큰 호응을 얻고 있다. 또한 듀오링고(Duolingo), HelloChinese와 같은 국제적 플랫폼도 한국 시장에서 상당한 영향력을 갖고 있다. 이러한 플랫폼들은 상호작용적인 교수 방식을 통해 다수의 학습자를 끌어들이고 있으며, 특히 젊은 세대에서 높은 이용률을 보이고 있다.

(2) 디지털 교재의 현지화와 적응성

□ 디지털 교재는 온라인 학습의 핵심 요소로, 그 현지화 수준은 교수 효과에 직접적인 영향을 미친다. 한국에서는 중문 교재 개발자들이 점차 현지화 설계에 주목하여, 한국 학습자의 언어적 특성과 문화적 배경을 반영해 교재 내용을 최적화하고 있다.

□ 예를 들어, 어휘 선정 시 한중 언어 차이를 고려해 학습자의 이해도를 높이려는 노력이 이루어지고

있다. 그러나 여전히 일부 교재는 중국 본토의 문화적 맥락에 과도하게 의존하고 한국 문화 요소의 반영이 부족하여 문화적 공감도가 떨어지는 문제가 지적된다. 교재 내에서 한중 양국 문화의 균형 있는 제시는 교재 개발자들의 해결 과제로 남아있다.

(3) 앱의 기능 확장과 사용자 경험

□ 스마트폰의 보급으로 인해 중문 학습 앱은 학습자들이 언제 어디서나 언어 자원에 접근할 수 있는 주요 도구로 자리 잡았다. 많은 앱이 단순한 어휘·어법 등 기본 콘텐츠 기능에 그치지 않고, 음성 인식, 실시간 번역, 문화 지식 등 다양한 기능을 도입하여 학습 경험을 풍부하게 하고 있다. 한국 시장에서는 ChineseSkill, 링고디어(LingoDeer)와 같은 국내 개발 앱이 한국 사용자들의 사용 습관에 맞춘 UI 디자인과 교수 방식으로 호평을 받고 있다. 이들 앱은 기능 설계에서 한국 사용자의 요구를 세밀히 반영함으로써 현지화의 특징을 뚜렷하게 보여준다.

2 AI와 혼합형 교수법이 자원 현지화에 미치는 영향

(1) 중문 교육에서의 AI 활용

□ AI 기술의 도입은 중문 교육에 새로운 기회를 제공하고 있다. 한국에서는 다수의 교육기관이 중문 교육에 AI 기술을 적용하고 있으며, 그 예로는 지능형 음성 인식 시스템을 통한 발음 교정, 자동 작문 채점 시스템, 개인 맞춤형 학습 추천 등이 있다.

□ 일부 온라인 플랫폼은 AI 기술을 활용해 학습자의 학습 진도와 오류 패턴을 실시간 분석하고, 이에 기반한 맞춤형 학습 전략을 제공함으로써 학습 효율을 향상하고 있다. 또한 AI 기반 음성 인식 기능은 학습자의 발음 교정과 회화 능력 향상에 도움을 주며, 학습 과정을 보다 개인화·정밀화된 방향으로 이끈다.

(2) 혼합형 교수법의 부상

□ 혼합형 교수법은 전통적 대면 수업과 온라인 학습을 결합한 방식으로, 한국 중문 교육에서 새로운 추세로 자리 잡고 있다. 이 방식은 온라인 플랫폼의 유연성을 최대한 활용하면서도 대면 수업의 상호 작용성을 유지함으로써 학습자들이 자신의 일정에 따라 자율적으로 학습하는 동시에, 오프라인 수업에서 교사 및 동료들과 상호작용하며 의문을 해소하고 학습 내용을 공고히 할 수 있도록 돕는다. 또한 온라인 플랫폼을 통해 동영상 강의, 연습 문제, 토론 게시판 등 다양한 학습 자원을 제공함으로써, 학습의 흥미와 효과를 동시에 향상시킬 수 있다.

(3) 자원 현지화의 도전과 대응 방안

□ AI 기술과 혼합형 교수법은 중문 교육에 새로운 가능성을 열어주고 있으나, 자원 현지화 측면에서는 여전히 여러 과제가 존재한다. 첫째, AI 기술 활용에는 대규모 코퍼스 데이터가 필요한데, 기존 코퍼스 데이터는 대부분 중국 본토 중심으로 구축되어 있어 한국 학습자의 언어적 배경을 충분히 반영하지 못해 AI 시스템이 의미를 잘못 처리할 위험이 있다. 둘째, 혼합형 교수법의 성공적 실행은 교원의 기술 활용 능력 및 교수설계 역량에 크게 의존하는데, 일부 교원들은 여전히 해당 역량은 충분히 갖추지 못한 상태이다.

□ 이러한 문제를 해결하기 위해 다음과 같은 현지화 전략이 제안된다.

- 현지화 언어 코퍼스 구축: 한국 학습자의 중국어 사용 데이터를 체계적으로 수집 및 정리하여 AI 시스템 개발 및 교육용 데이터베이스에 활용할 수 있도록 한다.
- 교원 연수 강화: 교원들이 AI 기술 및 혼합형 교수법에 익숙해질 수 있도록 정기적인 연수 프로그램을 제공하고, 실제 수업 적용 역량을 제고한다.
- 현지화 교육 자료 개발: 한국 학생들의 학습 특성을 반영한 맞춤형 교재 및 교수 자료를 개발하여, 수업 효과를 실질적으로 향상시킨다.

□ 종합적으로, 기술 플랫폼과 디지털 자원의 국가 간 공급 및 현지화 재구성은 한국 중문 교육 발전의 새로운 동력으로 작용하고 있다. 세계화와 정보화라는 거시적 배경 속에서, AI 기술과 혼합형 교수법을 합리적으로 활용하여 중문 교육의 품질과 효율성을 향상하는 것은 것인가는 교육자들이 주목해야 할 핵심 과제이다. 이를 위해 현지화 언어 코퍼스의 구축, 교원 연수 체계의 강화, 현지화 교육 자원의 개발을 통합적으로 추진한다면, 한국 중문 교육의 현지화를 가속화하고 학습자들에게 보다 우수한 학습 경험을 제공할 수 있을 것이다.

6 기관 네트워크와 거버넌스: 국가, 대학, 민간의 상호작용

1 정책 지원과 국가 간 협력 메커니즘 (공자아카데미, 정부 간 프로젝트)

□ 1992년 한중 수교 이후, 한국의 중문 교육은 양국 정부 간의 다층적 협력 체계에 힘입어 급속한 발전을 거듭해왔다. 공자아카데미는 중국 정부가 중국어와 중국 문화를 세계에 보급하기 위해 설립한 핵심 플랫폼으로, 한국 내에도 여러 분원이 설립되어 언어 교육, 문화 교류, 학술 연구 등의 기능을 수행하고 있다. 이 기관들을 통해 한국의 학생과 시민들은 중국의 언어와 문화를 직접 체험하고 학습할 수 있게 되었으며, 이는 양국 간 문화 상호 이해와 교류 촉진에 기여하고 있다.

□ 이 외에도 양국 정부는 다수의 교육 교류 협약을 체결하여 고위급 교육 사절단의 상호 방문, 공동 학위 프로그램 운영 등 다양한 형태의 협력 사업을 추진해 왔다. 이러한 협력은 중문 교육의 저변

확대에 긍정적 영향을 미쳤을 뿐 아니라, 양국 교육 체제의 상호보완적 발전을 위한 제도적 기반을 마련하였다.

□ 특히 한국의 대학들은 교과과정 편성, 교재 개발, 교원 연수 등 여러 분야에서 중국의 교육 경험과 자원을 적극적으로 참고하여 중문 교육의 현지화를 추진하고 있다. 그러나 이러한 정책적 지원 및 협력 체제가 중문 교육 발전에 안정적 기반이 되었음에도 불구하고, 실제 운영 과정에서는 몇 가지 과제도 동반하고 있다. 예컨대, 교육의 질을 유지하면서도 서로 다른 문화적 배경에서 비롯하는 교육 수요를 어떻게 충족시킬 것인가, 또한 외부 자원의 도입과 자국 교육 시스템과의 융합을 어떻게 균형 있게 조율할 것인가와 같은 문제는 지속적인 탐색과 조정이 필요한 부분이다.

2 중앙과 지방, 민간과 정부 간 거버넌스 긴장 관계

□ 중문 교육이 실제 현장에서 구현되는 과정에서는 중앙 정부와 지방 정부, 공공기관과 민간 주체 간의 거버넌스 긴장 관계가 중요한 이슈로 부상하고 있다.

□ 중앙 정부는 교육정책의 수립과 재정적 지원을 통해 중문 교육의 전반적인 방향성과 제도적 틀을 설정하고 있으며, 지방 정부는 지역별 특성과 수요를 반영하여 이를 실질적으로 조정·집행함으로써 지역사회와 학습자의 다양한 교육적 요구에 부응하고 있다.

□ 민간 교육기관 또한 중문 교육에서 점차 중요한 주체로 자리잡고 있다. 다수의 민간 교육기관은 유연한 교수 방식과 다양한 커리큘럼을 바탕으로 공교육이 미처 포괄하지 못한 교육 수요를 충족시키고 있다. 이러한 민간기관의 부상은 중문 교육의 다양성과 접근성 확대에 기여할 뿐 아니라, 공교육 시스템에 대한 성찰과 개편을 촉진하는 계기가 되고 있다..

□ 그러나 이러한 다원적 주체 기반의 교육 거버넌스 구조는 다른 한편으로 조정과 통합의 어려움을 동반한다. 교육의 품질을 유지하는 동시에 각 기관의 자원을 효율적으로 통합하고, 중복 투자와 자원 낭비를 방지하는 것은 현재 한국 중문 교육이 직면한 중대한 과제이다. 따라서 중앙과 지방, 정부와 민간 간의 원활한 소통과 협력 체계의 구축이 필수적이다.

3 사례연구: 연세대학교 중문학과

□ 한국 연세대학교 중어중문학과는 중국어 교육 프로그램 운영에 있어 한중 양국 정부 간 협력 자원을 적극 활용함과 동시에, 자교의 교육적 특성과 여건을 결합하여 학교 실정에 부합하는 중국어 교육 방안을 수립하였다.

□ 우선, 연세대학교는 한중 교육 협력 프로젝트에 적극 참여하고 있으며, 교원을 중국에 파견해 연수·교류를 진행하고 있다. 이를 통해 중국의 선진 교수 이념과 교수법을 도입하고 있으며 동시에 중국 전문가와 학자를 초청하여 강연회, 학술 세미나 등을 개최함으로써 양국 간 학술적 교류 및 협력을 촉진하고 있다. 다음으로, 학교는 한국 학생들의 학습 특성과 수요를 반영한 교재 및 교육과정 개발에도 힘쓰고 있다. 교재에는 한국 학생에게 친숙한 문화적 요소와 통합하여 학습

내용이 학생들의 일상 및 인지 배경과 밀접하게 연결될 수 있도록 구성하고 있으며, 이를 통해 학습 흥미와 효과를 제고하고 있다. 또한, 학교는 민간 교육기관과의 협력을 통해 중국어 코너(中文角), 중국 문화제 등 다양한 과외 활동을 운영함으로써, 학생들의 학습 경험을 풍부하게 하고 실용성과 흥미를 겸비한 언어 학습 환경을 조성하고 있다. 이 같은 전략을 통해 연세대학교 중문과는 교육 실천에서의 자원 상호 보완과 현지화 발전을 동시에 실현하였으며, 그 결과 교육의 질을 높이는 동시에 한중 문화 간 심층 교류도 촉진하고 있다.

□ 한국의 중문 교육 발전은 정책적 지원과 국가 간 협력 메커니즘에 힘입은 바 크지만, 동시에 중앙-지방, 민간-정부 간의 거버넌스 긴장에 효과적으로 대응할 필요도 있다. 연세대학교와 같은 성공적 사례를 참조하는 것은 자원 배분의 최적화, 교육 협력의 강화에 유익할 뿐만 아니라, 중국어 교육의 지속 가능한 발전을 위한 실질적 시사점을 제공할 수 있다.

7 종합 분석: 국제화와 현지화의 상호작용 메커니즘

1 국제화 배경 속 한국 중문 교육의 발전

□ 1990년대 이후 세계화 흐름은 한국 중문 교육이 빠르게 성장할 수 있는 촉진 요인이 되었다. 〈한국 중문 국제교육 보급 현황의 회고와 전망〉에 따르면, 1992~2003년 사이 한국 내 중국어 관련 석사학위 과정 운영 대학 수는 24개에서 63개로 증가하였고, 석사 과정 재학생 수도 223명에서 581명으로 확대되었다. 박사학위 과정 운영 대학은 9개에서 29개로, 박사 과정 재학생은 114명에서 205명으로 늘어났다. 이 수치는 한국 고등 교육 단계에서 중문 교육의 급격한 확장 추세를 보여준다.

□ 중국 정부가 추진하는 중문 교육 국제화의 핵심 플랫폼인 공자아카데미의 한국 내 설립은 이 같은 흐름을 가속화하였다. 예를 들어, 2020년 1월 7일 중국 국제상무한어교육 및 자원개발기지가 주관한 '2020 서울공자아카데미 원장단 한어문화체험 동계연수'가 중국 대외경제무역대학에서 개최되었다. 이 행사는 한중 간 교육 협력의 제도화 및 심화를 보여주는 대표적 사례로 평가된다.

2 현지화의 수요 및 도전 과제

□ 국제화 측면의 두드러진 성과에도 불구하고, 한국의 중문 교육은 현지화 측면에서는 여전히 다양한 과제에 직면해 있다. 뤼원제(吕文杰)는 〈한국 중문 교재의 현황과 편찬 원칙〉에서, 한국에서 사용되는 중문 교재는 대체로 중국에서 수입한 자료에 의존하고 있으며, 그 과정에서 선정 기준의 일관성 부족, 교재 간 연계성 부족, 내용의 노후화 등의 문제가 존재한다고 지적하였다. 이는 교재가 한국 학습자의 실제 요구에 충분히 부합하지 못하는 한계를 보여준다.

□ 연세대학교 김현철 교수 역시, 교육 자원의 양적 증가에도 불구하고 중 · 고급 수준의 중문 교재 종류는 여전히 부족하고 한국인 중문 교원의 수급도 제한적임을 언급하며, 이러한 요인들이 교육의 품질 향상 및 확대에 제약 요인으로 작용하고 있음을 지적하였다.

3 국제화와 현지화의 상호작용 메커니즘

□ 국제화와 현지화는 상호 대립하는 개념이 아니라, 상호작용하고 상호 촉진하는 관계이다. 한국의 중문 교육 발전 사례를 보면, 국제화는 현지화에 풍부한 자원과 플랫폼을 제공하며, 현지화는 중문 교육이 학습자의 실제 요구에 보다 밀착되도록 조정하는 역할을 하고 있다. 예를 들어, 공자아카데미는 단순히 중문 교육 자원을 제공하는 것에 그치지 않고, 다양한 문화 체험 활동 통해 한중 문화 교류를 촉진함으로써 국제화 자원이 한국 학습 환경에 유기적으로 통합될 수 있도록 돕고 있다. 이러한 상호작용 메커니즘은 중문 교육의 질과 효과를 향상하며, 국제적 자원과 현지 교육 수요 간의 유기적 결합에 기여하고 있다.

8 정책 제언 및 실현 방안

1 교재의 현지화 개발 강화

□ 현재 중문 교재의 무분별한 도입, 연계성 부족 등의 문제가 지속되고 있는 상황에서, 한국 내 중문 교육기관은 〈등급 표준〉의 틀 안에서 중국 교육 당국과 협력하여, 한국 학습자의 수요에 부합하는 교재를 공동 개발할 필요가 있다. 교재 내용은 한국의 문화적 배경과 언어적 특성을 반영하고 실용성과 흥미 요소를 고려하여, 학습자의 흥미를 유도하고 교육 효과를 높이는 것이 필요하다.

2 한국인 중문 교원의 양성

□ 한국인 교원의 수급 부족 문제에 대응하기 위해, 한국 고등 교육 기관에서는 중문 교육 전공을 확대 개설하여 전문 지식과 교수역량을 갖춘 교원 인력을 체계적으로 양성해야 한다. 또한, 중국 대학과의 협력을 통해 교원 상호 파견 및 연수 프로그램을 운영함으로써, 교원의 강의 역량과 문화 간 소통 능력을 동시에 향상시켜야 한다.

3 한중 교육 협력 사업의 추진

□ 한중 양국 정부와 교육 관련 부처는 양국 간 교육 협력의 폭과 깊이를 확대해 나가야 하며, 구체적으로 장학금 제도의 신설 및 확대, 공동 연구 및 교육과정 개발, 문화 교류 활동 활성화의 방안이 제안된다. 이러한 조치들은 중문 교육 분야에서의 협력 심화 및 경험 교류에 실질적인 도움이 될 것이다.

4 디지털 기술을 활용한 교수 효과 제고

□ 정보기술의 발전에 따라 디지털 교육은 교육 효과를 향상하는 핵심 수단이 되었다. 한국의 중문 교육기관은 한국 학습자의 수요에 부합하는 온라인 학습 플랫폼 및 앱을 적극 개발·보급해야 한다. 이러한 플랫폼은 풍부한 학습 자료와 상호작용 기능을 제공함으로써 개인 맞춤형 학습 요구를 충족시키고, 전반적인 교수·학습 효과를 높이는데 기여할 수 있다.

□ 한국의 중문 교육은 국제화와 현지화의 이중 추진 체제 속에서 괄목할 만한 발전을 이뤄냈다. 그러나 여전히 교재의 현지화 미흡, 교원 인력의 부족 등의 과제를 안고 있다. 이에 현지화 교재의 체계적인 개발, 전문 교원 양성 체계 강화, 한중 교육 협력 강화, 디지털 기술을 활용한 교수 혁신 등의 전략적 접근을 통해 지속 가능한 발전 기반을 다져야 한다.

□ 향후 한국의 중문 교육은 국제화와 현지화의 상호작용 메커니즘 속에서 지속적인 탐색과 혁신을 거듭하며 글로벌 교육환경 변화에 능동적으로 대응해 나아가야 할 것이다.

8.4 한국 중문 교육의 현황, 문제점 및 발전 방안

□ 한중 간 문화 교류가 심화되고 중문 교육이 지속적으로 확대되면서, 한국에서 중국어는 중요한 외국어 선택지 중 하나가 되었다. 한국의 중문 교육은 그간 상당한 발전을 이루었지만, 여전히 여러 구조적 과제에 직면해 있다. 본 절에서는 2024년 기준 한국 중문 교육의 현황을 분석하고 그 핵심 문제를 정리하며, 이에 대한 발전 전략과 정책적 대응 방안을 제시하고자 한다.

1 정책 배경과 전략적 방향

1 중국의 교육 대외 개방 정책

□ 2024년 중국 정부는 〈교육 강국 건설계획 강요(2024~2035)〉를 발표하여, 교육의 대외 개방을

심층적으로 추진할 것을 명확히 제시하였다. 이 문서는 '들여오기(引进来)'와 '나아가기(走出去)'를 아우르는 통합 전략을 통해 중국 교육의 국제적 영향력, 경쟁력, 발언권을 지속적으로 제고하는 것을 목표로 한다.1) 이는 중문 교육의 국제화 발전을 위한 정책적 기반으로 기능하며, 향후 한국 교육 및 협력 확대에도 긍정적 영향을 미칠 것으로 평가된다.

2 한국의 중문 교육 정책

□ 최근 한국 정부는 중문 교육에 대한 지원을 강화하고 있다. 교육부는 중국어를 대학수학능력시험 제2외국어 영역 과목에 포함하였고, 초·중등교육 과정에서도 중문 교육을 적극 장려하고 있다. 또한 한국 대학과 중국 대학 간의 협력도 점점 긴밀해지고 있으며, 다양한 중문 교육 프로그램이 개설되고 있다. 이러한 제도적 환경은 한국 중문 교육의 질적·양적 성장을 위한 유리한 조건을 제공하고 있다.

2 한국 중문 교육의 공급 및 수요 현황

1 공급 현황

□ 한국 중문 교육의 주요 공급 주체에는 대학, 민간 언어 교육기관, 공자아카데미 등이 있다. 대학교의 중문 관련 전공 개설 수는 학과 개편 등의 이유로 점차 감소 추세에 있으며, 교양 과목 개설 규모도 소폭 감소하는 양상을 보이고 있다. 전공 과정은 언어, 문화, 번역 등 다방면을 포괄하고 있으며, 교양 과목은 주로 기초 언어교육과 정치·경제·문화 관련 기초 지식의 제공을 중심으로 구성되어 있다. 민간 사설 교육기관은 초급부터 고급까지 다양한 수준의 중문 교육 과정을 제공하여, 학습자의 다양한 학습 목적과 수요를 충족시키고 있다.

2 수요 현황

□ 한중 간 경제·문화 교류의 심화에 따라, 한국 사회에서 중국어 능력을 갖춘 인재에 대한 수요가 꾸준히 증가하고 있다. 다수의 기업이 채용 시 중국어 구사 능력을 중요 평가 요인으로 간주하고 있으며, 코로나19 팬데믹 이후 감소했던 중국 유학 수요도 회복세를 보이고 있다.

1) 출처: 중화인민공화국국무원(2019).

3 핵심 문제 진단

□ 한국의 대학과 언어 교육기관들이 활발히 중문 교육을 확장해 나가면서, 중문 교육 자원의 공급은 전반적으로 증가 추세를 보이고 있다. 그러나 정책 및 거버넌스 측면에서는 여전히 파편화 현상이 존재하며, 이는 자원 배분의 효율성 저하, 교육 품질의 불균형, 지속 가능성의 약화로 이어지고 있다. 구체적인 문제는 다음과 같다.

1 정책 및 거버넌스의 파편화

□ 중앙 정부와 지방 정부, 교육부와 문화 교류 관련 부처가 각각 중문 교육을 추진하고 있으나, 실제 운영에서 역할 중복 및 협력 부족의 문제가 빈번하게 나타나고 있다.

□ 공자아카데미 등 초국가적 교육 자원 제공 기관은 중문 교육에 중요한 역할을 하고 있으나, 거버넌스 조정 및 정책 일관성 확보에 어려움을 초래하기도 한다. 관련 회의 자료에 따르면, 현재 정책 대부분은 단기성 행사 및 프로젝트 중심의 협력이고 제도화되고 안정적인 지원 체계는 미흡하다는 한계가 지적되고 있다.

① **중앙 정부와 지방 교육청 간의 역할 중첩**: 한국 교육부는 K-12 및 대학 교육에 대한 거시적 정책 권한을 가지지만, 지방 교육청과 지방 자치 단체는 중문 교육의 실제 운영에서 상당한 자율권을 행사하고 있다. 이에 따라 지역 간 중국어 교육과정 편성, 교사 연수 예산, 교재 선택 기준 등에서 뚜렷한 편차가 발생하고 있으며, 전국 단위의 중문 교육 자원 분배는 불균형한 구조를 보이고 있다.

② **부처 간 협력 부족**: 한국 문화체육관광부 등 문화 교류 부처와 교육부 등 교육 행정 부처 간에는 장기적인 교육 계획및 제도화된 협력 체계가 부족한 상황이다. 공자아카데미, 중외언어교류협력센터 및 지방 공자학당 등은 자원 공급 면에서 일정한 역할을 하고 있지만, 그 대부분은 단기 문화 교류 행사 또는 특정 활동 중심에 국한되며, 국가 차원의 중문 교육 체계를 안정적으로 지원하기에는 한계가 있다.

③ **국제 협력 프로젝트의 거버넌스 긴장**: 공자아카데미와 같은 초국가 협력 기반의 교육 프로젝트는 선진적인 교수 이론과 자원 도입에 기여하지만, 실제 실행 과정에서 정책 조정의 어려움이 동반되기도 한다. 예를 들어, 교원 채용, 교과과정 편성, 평가 기준 설정 등에서 중국 본부와 한국 기관 간 요구의 상충이 발생하며, 이는 정책 실행의 유연성과 불확실성을 증대하는 요인으로 작용한다.

□ 현재의 정책 파편화는 자원 배분의 효율성과 교육 시스템의 장기적 안정을 저해하는 요인이다. 이를 해결하기 위해서는 중앙 정부와 지방 정부 간 정책 정합성 제고, 부처 간 지속 가능한 소통 체계 구축, 국제 협력 프로젝트에 대한 거버넌스 체계 최적화 등이 시급하게 요구된다.

2 교원 공급의 양적 · 질적 불균형

□ 현재 한국의 중문 교원 인력은 양적으로는 증가 추세를 보이고 있으나, 질적 측면에서는 뚜렷한 한계를 드러내고 있다. 주요 문제는 다음과 같다.

① **외국인 교원의 공급 부족**: 한국 교육부의 2019년 통계에 따르면, 전국 K-12 단계의 중문 교원 중 중국 학위를 가지고 정규 교육 경력이 있는 교원은 전체 수요의 30% 미만에 불과하다. 대학의 경우에는 전공 교원 인력이 상대적으로는 확보되어 있지만 대부분 학술 연구 중심 성향을 보이며, 체계적인 교수법 훈련이 부족하여 실질적인 수업 역량 요구를 충족시키기는 어려운 실정이다.

② **한국인 교원 대상 연수 체제 부족**: 한국인 중문 교원은 대체로 단기 연수나 온라인 과정을 통해 기본 자격을 취득하고 있으나, 연속적인 직무 발전 경로와 체계적인 재교육 과정은 부족하다. 정후이(郑辉, 2022)의 연구에 따르면, 현재의 연수는 어법 설명과 시험 대비 전략에 치중되어 있으며, 문화 간 교수역량이나 수업 관리 기술 등 실질적 수업 운영 능력 배양에는 한계가 있다.

③ **국제 표준과 직업 발전의 연계 부족**: 〈등급 표준〉은 교원 자격 기준에 참고가 될만한 프레임을 제공하지만, 한국 내에서는 전국 단위의 일관된 적용 체계가 마련되지 않아, 교사 연수, 교재 개발, 평가 체계 간 단절이 존재하며, 중문 교육의 전반적 품질 제고를 저해하는 요인이 되고 있다.

□ 현재 한국의 중문 교원 집단은 이중 구조화 양상을 띠고 있다. 중국 대학 학력과 교수 경험을 가진 교원은 공급이 부족하고 취업 기회도 제한되어 있다. 반면, 한국인 중문 교원은 양적으로는 증가하고 있지만 이들을 위한 체계적인 연수 및 경력 개발 시스템은 미비하다. 또한 교원 자격 체계와 국제 표준 간의 유기적인 연계가 부족하여 교육의 품질과 교재의 현지화 역량에 부정적인 영향을 미치고 있다.

3 교재 및 교육과정 현지화 수준의 편차

□ 현재 한국의 중국어 교재는 다양한 출처와 유형이 혼재되어 있으며, 현지화 적합성 측면에서는 다음의 몇 가지 문제가 있다.

① **교재 출처는 다양하나 적합성은 부족**: 한국 학교에서는 중국 대륙, 대만, 홍콩 등에서 도입한 교재와 한국에서 자체적으로 개정 및 편찬한 교재를 병행해서 사용하고 있다. 이지현(2020)은 교재 간 문화 제시 방식, 과제 설계, 난이도 조정 등에서 뚜렷한 차이가 있으며, 한국 교육 현장의 관습 및 평가 요구에 완전하게 부합하지는 않는다고 지적하였다.

② **시험 중심 경향이 수업의 방향을 왜곡**: HSK의 활용은 수업의 방향 설정에 일정한 기준을 제공하고 있으나, 그에 따라 수업이 시험 대비 전략에 치우치는 경향도 나타나고 있다. 그 결과,

구술 능력이나 문화 이해 능력과 같은 통합적 언어 역량의 배양은 상대적으로 소홀히 다뤄지는 문제가 지적되고 있다.

③ **교재 평가 체계의 미비**: 체계적인 교재 평가 기준과 한국 교육 환경에 적합한 품질 인증 제도가 부족한 상황에서, 교재의 현지화 작업은 더디게 진행되고 있으며 교원들의 자체 교재 개편 역량 또한 제약을 받고 있다.

□ 요약하면, 수입 교재와 국내 개편 교재가 병행 사용되고 있는 현재 상황에서도 교재는 문화적 표현, 난이도 조정, 과제 설계 등의 측면에서 현장 적합성이 부족한 한계를 보이고 있다. 특히 시험 지향적 흐름은 이러한 문제를 더욱 고착화하는 요인으로 작용하고 있다.

4 평가 체계의 적합성 및 공정성 문제

(1) HSK와 학교 교육과정 간의 연계성 부족

□ HSK는 국제적 표준을 제공하지만, 한국 고등학교 및 대학의 교육과정, 입시 체계과의 연계성 측면에서는 구조적 간극이 존재한다. 일부 학교에서는 HSK 성적을 정규 학업 평가 체계에 온전히 반영하지 못하고 있으며, 이로 인해 HSK의 실제 교육적 활용 범위는 제한되고 있다.

(2) 〈등급 표준〉의 실질적 활용 장애

□ 〈등급 표준〉은 평가 체계의 현지화를 위한 참고자료가 될 수 있지만, 실제로는 교원 연수, 수업 실천, 평가 도구, 교육과정 운영 간 연계 시스템이 미흡하여 일관된 활용 효과를 내기 어렵다.

□ HSK는 국제 비교 기준을 제공하는 강점을 지니고 있으나, 한국 교육 체계와의 실질적 접목 부족, 언어능력 평가 체계와의 정합성 결여 등의 문제로 인해 현장 적응력에는 한계가 있다. 〈등급 표준〉의 보급은 이러한 문제를 개선할 수 있는 잠재력을 제시하고 있으나, 실행 과정에서의 자원, 인력, 제도 간 연계 부족으로 인해 실효성이 제한되고 있다.

5 기술 활용의 불균형 및 교수 혁신의 지체

□ 한국의 중문 교육 현장에서는 기술 활용 수준의 불균형이 뚜렷하게 나타나고 있으며, 교수법 혁신 역시 상대적으로 정체되어 있다. 구체적인 문제는 다음과 같다.

① **디지털 자원 활용의 격차**: 한국에서 대학 및 주요 도시 소재 학교들은 대체로 풍부한 온라인 학습 자원과 혼합형 수업 운영 조건을 갖추고 있다. 반면, 지방 및 농어촌 지역 학교는 디지털 인프라가 상대적으로 부족하여 교육 자원 접근성 측면의 불균형이 발생하고 있다.

② **초기 단계인 AI 및 스마트 교육**: AI 기술은 스마트 평가, 개인 맞춤형 학습 경로 설계, 음성 인식 기반 회화 연습 등 다양한 방식으로 중국어 학습의 가능성을 확장하고 있으나, 한국 중문 교육 현장에서는 아직 실험적 · 탐색적 단계에 머물러 있다. 정규 교육과정 내 통합 운영 체계

및 교사 연수 시스템이 미비하여, 실질적인 교육 혁신으로 연결되기에는 제도적 기반이 미흡한 상황이다.

□ 종합하면, 코로나19 팬데믹을 계기로 온라인 플랫폼과 혼합형 수업이 빠르게 확산되었음에도 불구하고 대학 및 도시 지역 학교와 지방 학교 간의 디지털 자원 활용 능력, 교사의 AI 활용 역량에는 여전히 뚜렷한 격차가 존재한다. 또한 AI 기술은 중문 교육의 미래 발전 방향으로 주목받고 있으나, 이를 실현하기 위해서는 교원 연수, 교과과정 통합, 평가의 질적 보장 측면에서 지속적인 연구와 체계적 도입이 요구된다.

4 정책 및 실천 제언

□ 한국의 중문 교육이 고품질 발전을 실현하기 위해서는 국가 정책, 교육기관, 교원 양성, 교재 및 평가 체계, 국가 협력 등 여러 차원에서의 체계적이고 전략적인 대응 방안이 요구된다.

1 국가 차원: 제도적 지원 및 부처 간 협업 체계 구축

□ 교육부, 외교부, 문화 교류 기관 등 관계 부처의 자원을 통합하는 '범부처 공동 실무단'과 같은 국가 차원의 중문 교육 조정 메커니즘을 구축해야 한다. 이를 통해 장기적 발전 계획과 안정적인 재정지원 체계를 수립할 것을 제안한다. 아울러, 〈등급 표준〉을 교원 자격 및 재교육의 체계에 편입하고, 국가 차원의 연수지원 및 교재 개발 기금을 마련하여 정책 기반을 강화해야 한다.

2 교육기관 차원: 교육과정의 현지화 및 자원 공동 구축

□ 대학교와 지방 교육기관은 '교재 및 교과 현지화 연구팀'을 구성하여, 대학의 연구 자원을 활용하고 출판사 및 민간기관과 협업하여 현지 적합형 교재를 공동 개발해야 한다. 또한 산학협력 및 현장 실습 프로그램을 확대하여, 언어 역량과 직무 역량을 통합한 교육 모델을 정착시킴으로써 학생들의 취업 적응도 및 실무 능력을 높여야 한다.

3 교원 양성: 단계별 · 지속형 전문 성장 경로 마련

□ 3단계 교원 연수 시스템 구축을 제안한다. 1단계는 초임 교원을 위한 기초 교수법과 평가 역량 집중 연수, 2단계는 중견 교원의 교재 개발 역량 및 수업 연구 능력 강화, 3단계는 고경력 교원을 위한 연구 및 교육과정 설계 전문성 지원이다.

□ 또한, 온라인 모듈과 집중 연수를 병행하는 혼합형 연수 시스템을 도입하고, 해외 교원과 한국인

교원 간의 교류 프로그램을 활성화하여 '교수 공동체' 형성과 전문성 공유를 촉진해야 한다.

4 평가 및 교재 체계: 상호 연계 및 품질 보장

□ HSK 및 〈등급 표준〉 도입 시, 학교 교육과정, 대학 입시, 자격증 체계와의 구체적인 연계 가이드라인을 마련해야 한다. 또한 교재 품질 인증 시스템을 구축하고, 문화 내용 제시, 언어 수준 표기, 과제 유형의 적합성 등을 포괄하는 종합적인 평가 지표 체계를 마련해야 한다.

5 국제 협력 및 기술 기반 강화

□ 국제 협력 측면에서는, 한중 양자 협력을 넘어 아세안(ASEAN) 및 유라시아 지역 교육기관을 포함한 다자·다지역 협력 체계를 구축하고, 교재와 평가 모델에 대한 비교연구를 활성화해야 한다. 기술 측면에서는, 개방형 디지털 자원 플랫폼을 구축하여 교재 자료, 언어 코퍼스, 평가 문항 데이터베이스를 포함하고, 이를 교사 연수 모듈 및 수업 활용 가이드라인과 연계되도록 설계해야 한다. 이와 함께 교육 자원의 공정한 접근성과 개인정보 보호를 동시에 확보하는 것도 중요하다.

□ 종합하면, 한국의 중문 교육은 국가 정책, 교육기관, 교원 양성, 교재 및 평가 체계, 국제 협력 등 다층적 협력 체계를 통해 제도적 기반을 강화하고, 자원의 최적화된 배분과 교육의 품질 향상을 실현할 수 있다. 이를 통해 지속 가능한 발전을 도모하고, 나아가 한중 간 문화 교류 및 협력의 질적 심화를 주도하는 역할을 수행할 수 있을 것이다.

Contents

결론 IX

IX 결론

◆ 2024년 한 해는 한국 중문 교육이 그동안의 성장을 기반으로 새로운 방향을 모색한 의미 있는 시간이었다. 끊임없이 변화하는 글로벌 환경 속에서 중문 교육은 꾸준히 발전해왔고, 현장에서는 더 나은 교육 방법과 콘텐츠를 위해 많은 분들이 땀과 열정을 쏟았다. 특히 언어 학습을 넘어 문화적 이해를 심화하고 실제 소통 능력을 강화하기 위한 다각적인 시도들이 빛을 발했다.

◆ 그러나 이러한 성과만큼이나, 우리가 새로운 시대의 도전에 직면하고 있다는 사실도 깨달았다. 한국어 학습에 대한 세계적인 관심이 뜨거워지면서, 외국어교육 전반에 대한 패러다임의 전환이 요구되고 있다. 이는 중문 교육 역시 단순한 언어 지식 전달을 넘어, 학습자의 실질적인 소통 역량과 미래 사회에 필요한 융합적 사고 역량을 함양하는 방향으로 나아가야 함을 시사한다. 이에 이 장에서는 아래의 두 가지 방면에서 본 보고서를 마무리하고자 한다.

9.1 국제 중문 교육의 시각에서 본 한국의 위치와 역할

□ 국제 중문 교육은 중국어를 모국어로 사용하지 않는 전 세계인을 대상으로 중국어를 교수·학습하는 모든 활동을 포괄하는 개념이다. 중국어의 국제적 위상이 높아지면서 전 세계적으로 중국어 학습 열풍이 확산되었고, 이에 대응하여 교육과정, 교수법, 교재 개발 등 다양한 분야에서 활발한 연구와 교육 실천이 이루어지고 있다. 이러한 흐름 속에서, 2024년 한국에서의 중문 교육은 다음과 같은 측면에서 독자적이면서도 중요한 위상을 차지하고 있다.

□ 첫째는 역사적 깊이와 학습 열기이다. 한국은 지리적으로 중국과 인접해 있으며, 전통적으로 한자 문화권에 속해 있어 중국어 학습의 역사가 매우 깊다. 예를 들어, 멀게는 고려 말~조선 초기에 사용된 『노걸대(老乞大)』와 같은 옛 문헌을 통해서도 이미 조선시대부터 실용 중국어 학습이 중요하게 다루어졌음을 확인할 수 있다. 더욱이 현대에 들어서는 경제적·문화적 교류가 확대되면서 중국어는 영어 다음으로 중요한 외국어로 여겨지며 엄청난 학습 열기를 일으켰고, 초등학교부터 대학, 성인 교육에 이르기까지 전 연령층에서 활발하게 학습되고 있다.

□ 둘째는 문화적·언어적 유사성과 차이점이다. 한국어는 현대중국어와 어순 및 어법 구조에서는 차이가 있지만, 한자어의 비중이 높아 어휘 학습에 있어 유리한 면이 있다. 이러한 언어학적 특성이 한국인 학습자만의 독자적인 학습 전략과 교수 방법을 발전시키는 토대가 되고 있다.

□ 셋째, 한국은 주요 학습자 국가이자 연구의 허브이다. 한국은 인구 대비 중국어 학습자 수가 매우 많은 국가 중 하나로, 학습자의 특성을 반영한 다양한 교육 경험과 노하우를 축적하고 있다. 특히 대학을 중심으로 교양 중국어 교육을 비롯해 중국어 교육 관련 연구가 활발히 이루어지고 있으며,

이는 국제 중문 교육 방법론 발전에도 중요한 기여를 하고 있다.

□ 넷째, 다양한 교육 모델을 제시하고 있다. 한국은 비록 한자 문화권의 영향을 받았지만, 중국어와는 구별되는 고유한 언어 체계를 가지고 있다. 이러한 환경 속에서 한국인 학습자가 효과적으로 중국어를 배우는 과정과 개발된 교수법은, 서구권 등 다른 비(非)중국어권 학습자들을 위한 교육 모델 개발에도 중요한 참고 자료가 되고 있다.

□ 다섯째, 문화 교류의 가교 역할을 하고 있다. 언어교육은 단순한 언어 지식 전달을 넘어 문화 이해를 동반한다. 한국의 중문 교육은 중국 문화에 대한 깊이 있는 이해를 돕고, 한중 양국 간의 교류와 소통을 증진하는 가교 역할을 톡톡히 하고 있다.

9.2 국제 중문 교육의 시각에서 본 한국 중문 교육의 의의와 가치

□ 한국에서의 중문 교육의 위상과 그 가치는 다음의 몇 가지로 요약할 수 있다.

□ 첫째, 전략적 중요성과 인재 양성 측면이다. 중국이 전 세계적으로 막강한 영향력을 행사하고 있는 상황에서, 한국의 활발한 중문 교육은 국가 경쟁력을 강화하고 실질적인 소통 역량을 갖춘 글로벌 인재를 양성하는 데 핵심적인 의의가 있다. 이는 경제, 외교, 문화 등 다양한 분야에서 한국의 국제적 위상을 높이는 데 기여한다.

□ 둘째, 상호 이해와 평화 증진 측면이다. 언어를 통해 서로의 문화를 깊이 이해하게 되면, 단순한 소통의 벽을 넘어 심리적인 거리감도 좁힐 수 있다. 한국의 중문 교육은 한중 양국의 진정한 상호 이해를 증진하고, 나아가 동아시아 지역의 평화와 협력 증진에도 긍정적인 영향을 미치는 가치를 지니고 있다.

□ 셋째, 학술적·교육적 기여 측면이다. 한국의 중문 교육 연구는 한국인 학습자에게 최적화된 교수법 및 교재 개발을 선도하고 있으며, 이는 다시 국제 중문 교육 이론 및 실제에 중요한 학술적 기여로 이어지고 있다. 특히 한국어와 중국어의 비교 언어학적 접근은 국제 언어교육 분야에 새로운 통찰을 제공하기도 한다.

□ 결론적으로, 한국의 중문 교육은 단순히 언어를 가르치고 배우는 것을 넘어, 전략적 인재 양성, 문화 교류 증진, 그리고 국제 중문 교육 연구 발전에 기여하는 다층적이고 중요한 가치를 지니고 있다.

□ 2024년은 한국 중문 교육이 질적인 성장과 미래지향적인 혁신을 준비하는 한 해였다. 앞으로 우리는 다음 세대가 주역이 될 시대에 맞추어, 더욱 매력적이고 효과적인 교육 프로그램을 개발하고 디지털 기술을 적극 활용하여 학습 경험을 풍부하게 해야 한다. 또한 국내외 전문가들과의 긴밀한 협력을 통해 끊임없이 연구하고 발전하는 자세가 더욱 중요한 시점에 와 있다.

□ 이 보고서가 담고 있는 지난 한 해의 발자취와 고민들이, 한국 중문 교육의 더 밝고 역동적인 미래를 위한 소중한 밑거름이 되기를 바란다. 우리 모두가 함께 지혜를 모은다면, 급변하는 시대 속에서도 흔들림 없는 한국 중문 교육의 위상을 만들어 나갈 수 있을 것이다.

Contents

참고문헌

1 참고문헌

□ 교육부(2015), 〈초 · 중등학교 교육과정 총론〉, 교육부 고시 제2015-80호[별책 1].

□ 김석영(2023), 〈한국의 중국어 교육 연구 현황과 과제〉, 《중어중문학》91:297-322.

□ 김현철 · 이경진 · 김주희 · 이유진(2016), 〈한국 초등학교의 중국어 교육 현황 조사 연구: 서울 지역을 중심으로〉, 《외국어교육》23(2):249-267.

□ 董冠男(2022), 〈韩国汉语国际教育推广状况的回顾与展望〉, 中国高校人文社会科学信息网.

□ 이미경(2018), 〈한국의 중국어 교재 분포와 개발 현황 분석〉, 《중국어교육과연구》28:221-245.

□ 李智贤(2020), 〈中文教材适配性分析 : 以韩国中小学为例〉,《语言教育研究》22(5):55-69

□ 郑辉(2022), 〈中文教师专业发展研究〉, 北京: 高等教育出版社.

□ 中华人民共和国国务院(2019), 〈教育强国建设规划纲要〉.

□ 曾海燕(2011), 〈英国中学国别化汉语教材编写研究〉, 北京语言大学硕士学位论文.

2 관련 사이트

□ 교육과정 정보센터 https://ncic.re.kr/

□ 국가법령정보센터 https://www.law.go.kr/

□ 국립중앙도서관 https://www.nl.go.kr/

□ 나이스 교육정보 개방 포털 https://open.neis.go.kr/

□ 네이버 데이터랩 https://datalab.naver.com/

□ 대학알리미 https://www.academyinfo.go.kr/

□ RISS 학술정보서비스 https://www.riss.kr/

□ NE능률 교과서 수업지원 센터 https://www.neteacher.co.kr/

□ EBS 오디오어학당 https://5dang.ebs.co.kr/

□ 학교알리미 https://www.schoolinfo.go.kr/

□ 한국교육개발원 교육통계센터 https://kess.kedi.re.kr/

□ 행정안전부 국가기록원 https://www.archives.go.kr/

Contents

부록

부록1 중문 교과 운영 중학교 목록 (2024)

No.	지역	학교명	유형	No.	지역	학교명	유형
1	서울	가원중학교	공립	57	서울	불암중학교	공립
2	서울	강동중학교	공립	58	서울	사당중학교	공립
3	서울	강명중학교	공립	59	서울	상계중학교	공립
4	서울	강북중학교	공립	60	서울	상명대학교사범대학부속 여자중학교	사립
5	서울	강신중학교	공립	61	서울	상봉중학교	공립
6	서울	강일중학교	공립	62	서울	상암중학교	공립
7	서울	강현중학교	공립	63	서울	상현중학교	공립
8	서울	개운중학교	공립	64	서울	서운중학교	공립
9	서울	개웅중학교	공립	65	서울	서일중학교	공립
10	서울	개원중학교	공립	66	서울	서초중학교	공립
11	서울	개포중학교	공립	67	서울	석관중학교	공립
12	서울	거원중학교	공립	68	서울	석촌중학교	공립
13	서울	경서중학교	공립	69	서울	선덕중학교	사립
14	서울	경인중학교	공립	70	서울	선린중학교	공립
15	서울	경일중학교	공립	71	서울	선유중학교	공립
16	서울	공릉중학교	공립	72	서울	성남중학교	사립
17	서울	광남중학교	공립	73	서울	성덕여자중학교	사립
18	서울	광장중학교	공립	74	서울	성사중학교	공립
19	서울	구로중학교	공립	75	서울	성신여자중학교	사립
20	서울	구룡중학교	공립	76	서울	세곡중학교	공립
21	서울	구산중학교	공립	77	서울	세륜중학교	공립
22	서울	구암중학교	공립	78	서울	세일중학교	공립
23	서울	길음중학교	공립	79	서울	송례중학교	공립
24	서울	난곡중학교	공립	80	서울	송파중학교	공립
25	서울	노곡중학교	공립	81	서울	수락중학교	공립
26	서울	노원중학교	공립	82	서울	수명중학교	공립
27	서울	당곡중학교	공립	83	서울	수서중학교	공립
28	서울	당산중학교	공립	84	서울	숙명여자중학교	사립
29	서울	대림중학교	공립	85	서울	숭곡중학교	공립
30	서울	대명중학교	공립	86	서울	숭인중학교	공립
31	서울	대왕중학교	공립	87	서울	시흥중학교	공립
32	서울	대원국제중학교	사립	88	서울	신구중학교	공립
33	서울	동북중학교	사립	89	서울	신길중학교	공립
34	서울	동신중학교	사립	90	서울	신남중학교	공립
35	서울	동일중학교	사립	91	서울	신도봉중학교	공립
36	서울	등명중학교	공립	92	서울	신도중학교	공립
37	서울	마장중학교	공립	93	서울	신도중학교	공립
38	서울	면목중학교	공립	94	서울	신동중학교	공립
39	서울	명일중학교	공립	95	서울	신목중학교	공립
40	서울	명지중학교	사립	96	서울	신반포중학교	공립
41	서울	목운중학교	공립	97	서울	신사중학교	공립
42	서울	목일중학교	공립	98	서울	신서중학교	공립
43	서울	문성중학교	공립	99	서울	신양중학교	공립
44	서울	문현중학교	공립	100	서울	신월중학교	공립
45	서울	방배중학교	공립	101	서울	신창중학교	공립
46	서울	방이중학교	공립	102	서울	신현중학교	공립
47	서울	방학중학교	공립	103	서울	압구정중학교	공립
48	서울	배명중학교	사립	104	서울	양강중학교	공립
49	서울	백석중학교	공립	105	서울	양진중학교	공립
50	서울	백운중학교	공립	106	서울	양천중학교	공립
51	서울	봉림중학교	공립	107	서울	양화중학교	공립
52	서울	봉영여자중학교	사립	108	서울	언남중학교	공립
53	서울	봉원중학교	공립	109	서울	언북중학교	공립
54	서울	봉은중학교	공립	110	서울	언주중학교	공립
55	서울	북악중학교	공립	111	서울	역삼중학교	공립
56	서울	불광중학교	공립	112	서울	연천중학교	공립

No.	지역	학교명	유형	No.	지역	학교명	유형
113	서울	연희중학교	공립	172	경기	곡반중학교	공립
114	서울	영남중학교	공립	173	경기	곤지암중학교	공립
115	서울	영동중학교	공립	174	경기	공도중학교	공립
116	서울	영원중학교	공립	175	경기	과천문원중학교	공립
117	서울	영훈국제중학교	사립	176	경기	관양중학교	공립
118	서울	예일여자중학교	사립	177	경기	광교호수중학교	공립
119	서울	오금중학교	공립	178	경기	광남중학교	공립
120	서울	오륜중학교	공립	179	경기	광릉중학교	공립
121	서울	오주중학교	공립	180	경기	광명북중학교	공립
122	서울	용강중학교	공립	181	경기	교문중학교	공립
123	서울	원묵중학교	공립	182	경기	구갈중학교	공립
124	서울	원촌중학교	공립	183	경기	구미중학교	공립
125	서울	월곡중학교	공립	184	경기	구성중학교	공립
126	서울	월촌중학교	공립	185	경기	구운중학교	공립
127	서울	위례솔중학교	공립	186	경기	군자중학교	공립
128	서울	은성중학교	사립	187	경기	궁내중학교	공립
129	서울	은평중학교	공립	188	경기	귀인중학교	공립
130	서울	을지중학교	공립	189	경기	금광중학교	공립
131	서울	잠신중학교	공립	190	경기	금릉중학교	공립
132	서울	잠실중학교	공립	191	경기	금파중학교	공립
133	서울	장승중학교	공립	192	경기	기산중학교	공립
134	서울	재현중학교	사립	193	경기	기안중학교	공립
135	서울	전일중학교	공립	194	경기	김포신곡중학교	공립
136	서울	종암중학교	공립	195	경기	김포여자중학교	공립
137	서울	중계중학교	공립	196	경기	까치울중학교	공립
138	서울	중동중학교	사립	197	경기	나곡중학교	공립
139	서울	중랑중학교	공립	198	경기	나래중학교	공립
140	서울	중원중학교	공립	199	경기	낙원중학교	공립
141	서울	중평중학교	공립	200	경기	남수원중학교	공립
142	서울	진관중학교	공립	201	경기	남양주다산중학교	공립
143	서울	창동중학교	공립	202	경기	내정중학교	공립
144	서울	창일중학교	공립	203	경기	늘푸른중학교	공립
145	서울	천일중학교	공립	204	경기	능곡중학교	공립
146	서울	천호중학교	공립	205	경기	능동중학교	공립
147	서울	청담중학교	공립	206	경기	능실중학교	공립
148	서울	청운중학교	공립	207	경기	다산새봄중학교	공립
149	서울	풍납중학교	공립	208	경기	다산한강중학교	공립
150	서울	하계중학교	공립	209	경기	다원중학교	공립
151	서울	한강중학교	공립	210	경기	당동중학교	공립
152	서울	한산중학교	공립	211	경기	대송중학교	공립
153	서울	한영중학교	사립	212	경기	대안여자중학교	공립
154	서울	한천중학교	공립	213	경기	대지중학교	공립
155	서울	해누리중학교	공립	214	경기	대평중학교	공립
156	서울	화계중학교	공립	215	경기	덕산중학교	공립
157	서울	화곡중학교	사립	216	경기	덕소중학교	공립
158	서울	효문중학교	공립	217	경기	덕이중학교	공립
159	서울	휘문중학교	사립	218	경기	덕장중학교	공립
160	경기	가람중학교	공립	219	경기	도농중학교	공립
161	경기	가림중학교	공립	220	경기	도래울중학교	공립
162	경기	갈매중학교	공립	221	경기	도장중학교	공립
163	경기	갈뫼중학교	공립	222	경기	동두천여자중학교	사립
164	경기	감일중학교	공립	223	경기	동백중학교	공립
165	경기	감정중학교	공립	224	경기	동삭중학교	공립
166	경기	경수중학교	공립	225	경기	동성중학교	공립
167	경기	고암중학교	공립	226	경기	동수원중학교	공립
168	경기	고양제일중학교	사립	227	경기	동탄목동중학교	공립
169	경기	고양중학교	공립	228	경기	동탄중학교	공립
170	경기	고창중학교	공립	229	경기	동패중학교	공립
171	경기	고천중학교	공립	230	경기	동학중학교	공립

No.	지역	학교명	유형	No.	지역	학교명	유형
231	경기	동화중학교	사립	290	경기	서해중학교	공립
232	경기	두일중학교	공립	291	경기	서현중학교	공립
233	경기	만정중학교	공립	292	경기	석수중학교	공립
234	경기	망포중학교	공립	293	경기	석우중학교	공립
235	경기	매송중학교	공립	294	경기	석천중학교	공립
236	경기	매원중학교	공립	295	경기	선부중학교	공립
237	경기	매탄중학교	공립	296	경기	선유중학교	공립
238	경기	매홀중학교	공립	297	경기	성곡중학교	공립
239	경기	명인중학교	공립	298	경기	성남여자중학교	공립
240	경기	모락중학교	공립	299	경기	성남중학교	공립
241	경기	목암중학교	공립	300	경기	성복중학교	공립
242	경기	무원중학교	공립	301	경기	성서중학교	공립
243	경기	문정중학교	사립	302	경기	성안중학교	공립
244	경기	문정중학교	사립	303	경기	성지중학교	공립
245	경기	미사강변중학교	공립	304	경기	성포중학교	공립
246	경기	민락중학교	공립	305	경기	성호중학교	공립
247	경기	박달중학교	공립	306	경기	세교중학교	공립
248	경기	반송중학교	공립	307	경기	세마중학교	공립
249	경기	발산중학교	공립	308	경기	세종중학교	공립
250	경기	방교중학교	공립	309	경기	소사중학교	공립
251	경기	배곧중학교	공립	310	경기	소하중학교	공립
252	경기	배곧해솔중학교	공립	311	경기	소현중학교	공립
253	경기	백마중학교	공립	312	경기	손곡중학교	공립
254	경기	백석중학교	공립	313	경기	솔뫼중학교	공립
255	경기	백신중학교	공립	314	경기	솔빛중학교	공립
256	경기	백현중학교	공립	315	경기	송린중학교	공립
257	경기	범계중학교	공립	316	경기	송림중학교	사립
258	경기	범박중학교	공립	317	경기	송운중학교	공립
259	경기	별가람중학교	공립	318	경기	송호중학교	공립
260	경기	병점중학교	공립	319	경기	수내중학교	공립
261	경기	보라중학교	공립	320	경기	수리중학교	공립
262	경기	봉담중학교	공립	321	경기	수성중학교	공립
263	경기	봉일천중학교	공립	322	경기	수원다산중학교	공립
264	경기	부곡중앙중학교	공립	323	경기	수원제일중학교부설방송통신중학교	공립
265	경기	부안중학교	공립	324	경기	수원중학교	사립
266	경기	부인중학교	공립	325	경기	수지중학교	공립
267	경기	부천남중학교	공립	326	경기	수현중학교	공립
268	경기	부천동중학교	공립	327	경기	숙지중학교	공립
269	경기	부천부곡중학교	공립	328	경기	시곡중학교	공립
270	경기	부천일신중학교	공립	329	경기	시화중학교	공립
271	경기	부천중학교	공립	330	경기	시흥가온중학교	공립
272	경기	불곡중학교	공립	331	경기	시흥은행중학교	공립
273	경기	비전중학교	공립	332	경기	신곡중학교	공립
274	경기	빛가온중학교	공립	333	경기	신기중학교	공립
275	경기	산남중학교	공립	334	경기	신백중학교	공립
276	경기	산내중학교	공립	335	경기	신백현중학교	공립
277	경기	산들중학교	공립	336	경기	신봉중학교	공립
278	경기	산본중학교	공립	337	경기	신안중학교	공립
279	경기	삼숭중학교	공립	338	경기	신원중학교	공립
280	경기	삼평중학교	공립	339	경기	신일중학교	공립
281	경기	상도중학교	공립	340	경기	신한중학교	사립
282	경기	상록중학교	공립	341	경기	신현중학교	공립
283	경기	상촌중학교	공립	342	경기	신흥중학교	사립
284	경기	상현중학교	공립	343	경기	심원중학교	공립
285	경기	샛별중학교	공립	344	경기	안곡중학교	공립
286	경기	서연중학교	공립	345	경기	안산부곡중학교	공립
287	경기	서원중학교	공립	346	경기	안산해솔중학교	공립
288	경기	서정중학교	공립	347	경기	안서중학교	공립
289	경기	서천중학교	공립	348	경기	안성여자중학교	공립

No.	지역	학교명	유형	No.	지역	학교명	유형
349	경기	안성중학교	공립	408	경기	일동중학교	공립
350	경기	안양중학교	공립	409	경기	일산양일중학교	공립
351	경기	안일중학교	공립	410	경기	임곡중학교	공립
352	경기	안화중학교	공립	411	경기	잠원중학교	공립
353	경기	야탑중학교	공립	412	경기	장곡중학교	공립
354	경기	양도중학교	공립	413	경기	장기중학교	공립
355	경기	양영중학교	공립	414	경기	장성중학교	공립
356	경기	양주백석중학교	공립	415	경기	장안중학교	공립
357	경기	양지중학교	공립	416	경기	장자중학교	공립
358	경기	양평중학교	공립	417	경기	저동중학교	공립
359	경기	어정중학교	공립	418	경기	정발중학교	공립
360	경기	언동중학교	공립	419	경기	정자중학교	공립
361	경기	여주여자중학교	공립	420	경기	정천중학교	공립
362	경기	역곡중학교	공립	421	경기	정평중학교	공립
363	경기	연무중학교	공립	422	경기	조남중학교	공립
364	경기	연성중학교	공립	423	경기	조원중학교	공립
365	경기	연현중학교	공립	424	경기	주곡중학교	공립
366	경기	영동중학교	공립	425	경기	죽산중학교	공립
367	경기	영문중학교	공립	426	경기	죽전중학교	공립
368	경기	영신중학교	사립	427	경기	중앙중학교	공립
369	경기	영일중학교	공립	428	경기	중원중학교	공립
370	경기	예당중학교	공립	429	경기	중흥중학교	공립
371	경기	오마중학교	공립	430	경기	지축중학교	공립
372	경기	오산원일중학교	공립	431	경기	진안중학교	공립
373	경기	오산중학교	사립	432	경기	천천중학교	공립
374	경기	옥빛중학교	공립	433	경기	철산중학교	공립
375	경기	옥정중학교	공립	434	경기	청계중학교	공립
376	경기	와우중학교	공립	435	경기	청덕중학교	공립
377	경기	용이중학교	공립	436	경기	청림중학교	공립
378	경기	용인대덕중학교	공립	437	경기	청옥중학교	공립
379	경기	용인백현중학교	공립	438	경기	초당중학교	공립
380	경기	용인신릉중학교	공립	439	경기	초월중학교	공립
381	경기	용인신촌중학교	공립	440	경기	초지중학교	공립
382	경기	용인중학교	공립	441	경기	충의중학교	공립
383	경기	용인한빛중학교	공립	442	경기	충현중학교	공립
384	경기	용호중학교	공립	443	경기	칠보중학교	공립
385	경기	운양중학교	공립	444	경기	탄벌중학교	공립
386	경기	운중중학교	공립	445	경기	태광중학교	사립
387	경기	운천중학교	공립	446	경기	태성중학교	사립
388	경기	원당중학교	공립	447	경기	태장중학교	공립
389	경기	원삼중학교	공립	448	경기	태전중학교	공립
390	경기	원일중학교	공립	449	경기	토평중학교	공립
391	경기	위례중앙중학교	공립	450	경기	퇴계원중학교	공립
392	경기	위례중학교	공립	451	경기	판교대장중학교	공립
393	경기	위례한빛중학교	공립	452	경기	판교중학교	공립
394	경기	윤슬중학교	공립	453	경기	평내중학교	공립
395	경기	은가람중학교	공립	454	경기	평촌중학교	공립
396	경기	은계중학교	공립	455	경기	평택여자중학교	공립
397	경기	은행중학교	공립	456	경기	포곡중학교	공립
398	경기	응곡중학교	공립	457	경기	푸른솔중학교	공립
399	경기	이매중학교	공립	458	경기	푸른중학교	공립
400	경기	이목중학교	공립	459	경기	풍동중학교	공립
401	경기	이산중학교	공립	460	경기	풍무중학교	공립
402	경기	이의중학교	공립	461	경기	풍생중학교	사립
403	경기	이천송정중학교	공립	462	경기	풍양중학교	공립
404	경기	이천중학교	공립	463	경기	하남중학교	공립
405	경기	이현중학교	공립	464	경기	하늘빛중학교	공립
406	경기	인덕원중학교	공립	465	경기	하안북중학교	공립
407	경기	인창중학교	공립	466	경기	하안중학교	

No.	지역	학교명	유형	No.	지역	학교명	유형
467	경기	하탑중학교	공립	526	인천	인천양촌중학교	공립
468	경기	한가람중학교	공립	527	인천	인천이음중학교	공립
469	경기	한겨레중학교	사립	528	인천	인천청라중학교	공립
470	경기	한백중학교	공립	529	인천	인천청람중학교	공립
471	경기	한별중학교	공립	530	인천	인천청호중학교	공립
472	경기	한수중학교	공립	531	인천	인천초은중학교	공립
473	경기	한숲중학교	공립	532	인천	인천해원중학교	공립
474	경기	행신중학교	공립	533	인천	인천현송중학교	공립
475	경기	현산중학교	공립	534	인천	인하대학교사범대학부속중학교	사립
476	경기	현화중학교	공립	535	인천	청량중학교	공립
477	경기	호곡중학교	공립	536	인천	감천중학교	공립
478	경기	호매실중학교	공립	537	부산	금곡중학교	공립
479	경기	호성중학교	공립	538	부산	남천중학교	공립
480	경기	호원중학교	공립	539	부산	당리중학교	공립
481	경기	호원중학교부설방송통신중학교	공립	540	부산	대연중학교	공립
482	경기	홍천중학교	공립	541	부산	동평여자중학교	공립
483	경기	화광중학교	공립	542	부산	반송여자중학교	공립
484	경기	화성동화중학교	공립	543	부산	분포중학교	공립
485	경기	화성반월중학교	공립	544	부산	상당중학교	공립
486	경기	화성세정중학교	공립	545	부산	신곡중학교	공립
487	경기	화성중학교	사립	546	부산	신정중학교	공립
488	경기	화홍중학교	공립	547	부산	안락중학교	공립
489	경기	회룡중학교	공립	548	부산	양운중학교	공립
490	경기	효양중학교	공립	549	부산	엄궁중학교	공립
491	경기	흥덕중학교	공립	550	부산	연제중학교	공립
492	경기	흥진중학교	공립	551	부산	장산중학교	공립
493	경기	흥천중학교	공립	552	부산	해연중학교	사립
494	인천	간재울중학교	공립	553	부산	해운대여자중학교	사립
495	인천	강화여자중학교	공립	554	부산	해운대중학교	사립
496	인천	강화중학교	공립	555	대구	강동중학교	공립
497	인천	계산중학교	공립	556	대구	강북중학교	공립
498	인천	관교중학교	공립	557	대구	경북대학교사범대학부설중학교	국립
499	인천	광성중학교	사립	558	대구	경상중학교	공립
500	인천	능허대중학교	공립	559	대구	경서중학교	공립
501	인천	마전중학교	공립	560	대구	경신중학교	사립
502	인천	만수북중학교	공립	561	대구	경일중학교	공립
503	인천	만월중학교	공립	562	대구	고산중학교	공립
504	인천	백석중학교	공립	563	대구	구지중학교	공립
505	인천	부평동중학교	공립	564	대구	노변중학교	공립
506	인천	부평여자중학교	공립	565	대구	논공중학교	공립
507	인천	북인천중학교	공립	566	대구	달성중학교	공립
508	인천	불로중학교	공립	567	대구	대건중학교	사립
509	인천	선화여자중학교	공립	568	대구	대곡중학교	공립
510	인천	신송중학교	공립	569	대구	대구동중학교	공립
511	인천	연성중학교	공립	570	대구	대구북중학교	공립
512	인천	연수중학교	공립	571	대구	대구중앙중학교	사립
513	인천	옥련중학교	공립	572	대구	대구중학교	공립
514	인천	용현여자중학교	공립	573	대구	대진중학교	공립
515	인천	인성여자중학교	사립	574	대구	대평중학교	공립
516	인천	인송중학교	공립	575	대구	덕원중학교	사립
517	인천	인주중학교	공립	576	대구	동도중학교	공립
518	인천	인천경연중학교	공립	577	대구	동원중학교	공립
519	인천	인천논현중학교	공립	578	대구	동평중학교	공립
520	인천	인천당하중학교	공립	579	대구	매천중학교	공립
521	인천	인천동방중학교	공립	580	대구	매호중학교	공립
522	인천	인천루원중학교	공립	581	대구	복현중학교	공립
523	인천	인천사리울중학교	공립	582	대구	북동중학교	공립
524	인천	인천서창중학교	공립	583	대구	사수중학교	공립
525	인천	인천아라중학교	공립	584	대구	산격중학교	공립

No.	지역	학교명	유형
585	대구	상원중학교	공립
586	대구	새론중학교	공립
587	대구	새본리중학교	공립
588	대구	서대구중학교	공립
589	대구	서동중학교	공립
590	대구	서변중학교	공립
591	대구	성광중학교	사립
592	대구	성산중학교	공립
593	대구	성서중학교	공립
594	대구	송현여자중학교	사립
595	대구	신기중학교	공립
596	대구	신명여자중학교	사립
597	대구	안심중학교	공립
598	대구	영신중학교	사립
599	대구	오성중학교	사립
600	대구	와룡중학교	공립
601	대구	용산중학교	공립
602	대구	운암중학교	공립
603	대구	원화중학교	사립
604	대구	월배중학교	공립
605	대구	월서중학교	공립
606	대구	월암중학교	공립
607	대구	유가중학교	공립
608	대구	율원중학교	공립
609	대구	정화중학교	사립
610	대구	조암중학교	공립
611	대구	청구중학교	사립
612	대구	침산중학교	공립
613	대구	학산중학교	공립
614	대구	화원중학교	공립
615	대구	황금중학교	공립
616	대구	효성중학교	사립
617	울산	무룡중학교	공립
618	울산	야음중학교	공립
619	울산	온산중학교	공립
620	울산	일산중학교	공립
621	울산	현대청운중학교	사립
622	울산	효정중학교	공립
623	경북	경산중학교	공립
624	경북	경주중학교	사립
625	경북	근화여자중학교	사립
626	경북	대구가톨릭대학교사범대학부속무학중학교	사립
627	경북	봉곡중학교	공립
628	경북	오천중학교	사립
629	경남	개운중학교	사립
630	경남	물금중학교	공립
631	경남	범어중학교	공립
632	경남	서창중학교	공립
633	경남	선인국제중학교	사립
634	경남	옥포중학교	공립
635	경남	한얼중학교	공립
636	강원	대룡중학교	공립
637	강원	봉의중학교	공립
638	충북	각리중학교	공립
639	충북	경덕중학교	공립
640	충북	단양중학교	공립
641	충북	대제중학교	사립
642	충북	동성중학교	공립
643	충북	복대중학교	공립
644	충북	산남중학교	공립
645	충북	서경중학교	공립
646	충북	서원중학교	공립
647	충북	서현중학교	공립
648	충북	세광중학교	사립
649	충북	양청중학교	공립
650	충북	오송중학교	공립
651	충북	오창중학교	공립
652	충북	옥천중학교	공립
653	충북	용성중학교	공립
654	충북	원봉중학교	공립
655	충북	율량중학교	공립
656	충북	의림여자중학교	공립
657	충북	제천동중학교	공립
658	충북	제천여자중학교	공립
659	충북	진천여자중학교	공립
660	충북	진천중학교	공립
661	충북	청주여자중학교	공립
662	충북	청주중앙여자중학교	공립
663	충북	충북대학교사범대학부설중학교	국립
664	충북	충일중학교	공립
665	충북	충주북여자중학교	사립
666	충북	충주예성여자중학교	공립
667	충북	칠금중학교	공립
668	충북	한국교원대학교부설미호중학교	국립
669	충남	당진중학교	공립
670	충남	설화중학교	공립
671	충남	탕정중학교	공립
672	대전	대전갑천중학교	공립
673	대전	대전문정중학교	공립
674	대전	대전삼천중학교	공립
675	대전	대전송촌중학교	공립
676	대전	대전외삼중학교	공립
677	세종	고운중학교	공립
678	세종	글벗중학교	공립
679	세종	금호중학교	공립
680	세종	나성중학교	공립
681	세종	다정중학교	공립
682	세종	두루중학교	공립
683	세종	반곡중학교	공립
684	세종	보람중학교	공립
685	세종	새뜸중학교	공립
686	세종	새롬중학교	공립
687	세종	새움중학교	공립
688	세종	소담중학교	공립
689	세종	아름중학교	공립
690	세종	어진중학교	공립
691	세종	종촌중학교	공립
692	세종	집현중학교	공립
693	광주	고실중학교	공립
694	광주	광산중학교	공립
695	광주	광주동명중학교	공립
696	광주	광주송원중학교	사립
697	광주	광주수피아여자중학교	사립
698	광주	광주중학교	공립
699	광주	금구중학교	공립
700	광주	금호중학교	공립
701	광주	대자중학교	공립
702	광주	무등중학교	공립

No.	지역	학교명	유형	No.	지역	학교명	유형
703	광주	산정중학교	공립	758	제주	오름중학교	공립
704	광주	선운중학교	공립	759	제주	제주동중학교	공립
705	광주	수완중학교	공립	760	제주	제주서중학교	공립
706	광주	숭의중학교	사립	761	제주	제주여자중학교	사립
707	광주	신용중학교	공립	762	제주	제주중앙여자중학교	공립
708	광주	신창중학교	공립	763	제주	제주중앙중학교	공립
709	광주	양산중학교	공립	764	제주	중문중학교	공립
710	광주	영천중학교	공립	765	제주	탐라중학교	공립
711	광주	운남중학교	공립	766	제주	한라중학교	공립
712	광주	월계중학교	공립				
713	광주	장덕중학교	공립				
714	광주	전남대학교사범대학부설중학교	국립				
715	광주	지산중학교	공립				
716	전북	군산금강중학교	공립				
717	전북	군산산북중학교	공립				
718	전북	군산서흥중학교	공립				
719	전북	군산월명중학교	공립				
720	전북	군산중앙중학교	사립				
721	전북	남원중학교	공립				
722	전북	새솔중학교	공립				
723	전북	서전주중학교	공립				
724	전북	완주중학교	공립				
725	전북	이리남중학교	공립				
726	전북	이리북중학교	공립				
727	전북	이리영등중학교	공립				
728	전북	익산부천중학교	공립				
729	전북	전북중학교	사립				
730	전북	전주만성중학교	공립				
731	전북	전주서중학교	공립				
732	전북	전주솔빛중학교	공립				
733	전북	전주신흥중학교	사립				
734	전북	전주아중중학교	공립				
735	전북	전주양현중학교	공립				
736	전북	전주오송중학교	공립				
737	전북	전주온빛중학교	공립				
738	전북	전주용소중학교	공립				
739	전북	전주중앙중학교	공립				
740	전북	전주평화중학교	공립				
741	전북	전주풍남중학교	공립				
742	전북	정읍중학교	공립				
743	전남	남악중학교	공립				
744	전남	무안행복중학교	공립				
745	전남	순천삼산중학교	공립				
746	전남	순천승평중학교	공립				
747	전남	순천신흥중학교	공립				
748	전남	순천왕운중학교	공립				
749	전남	여수웅천중학교	공립				
750	전남	오룡중학교	공립				
751	전남	화순제일중학교	공립				
752	전남	화순중학교	공립				
753	제주	노형중학교	공립				
754	제주	대정중학교	공립				
755	제주	서귀포대신중학교	공립				
756	제주	서귀포여자중학교	공립				
757	제주	서귀포중학교	공립				

주: 지역별로 학교명 가나다순 정렬.
데이터 출처: 학교알리미.

부록2 중문 교과 운영 고등학교 목록 (2024)

No.	지역	학교명	유형	No.	지역	학교명	유형
1	서울	가재울고등학교	공립	57	서울	백암고등학교	사립
2	서울	강일고등학교	공립	58	서울	보성고등학교	사립
3	서울	건국대학교사범대학부속고등학교	사립	59	서울	삼각산고등학교	공립
4	서울	경기고등학교	공립	60	서울	상계고등학교	공립
5	서울	경기상업고등학교	공립	61	서울	상명고등학교	사립
6	서울	경문고등학교	사립	62	서울	상일여자고등학교	사립
7	서울	경복고등학교	공립	63	서울	서서울생활과학고등학교	사립
8	서울	경복비즈니스고등학교	사립	64	서울	서울공업고등학교	공립
9	서울	경복여자고등학교	사립	65	서울	서울공연예술고등학교	사립
10	서울	경일고등학교	공립	66	서울	서울과학고등학교	공립
11	서울	경희고등학교	사립	67	서울	서울관광고등학교	사립
12	서울	경희여자고등학교	사립	68	서울	서울국제고등학교	공립
13	서울	고려대학교사범대학부속고등학교	사립	69	서울	서울금융고등학교	공립
14	서울	고척고등학교	공립	70	서울	서울로봇고등학교	공립
15	서울	광남고등학교	공립	71	서울	서울매그넷고등학교	사립
16	서울	광문고등학교	사립	72	서울	서울문영여자고등학교	사립
17	서울	광신고등학교	사립	73	서울	서울문화고등학교	공립
18	서울	광영여자고등학교	사립	74	서울	서울미술고등학교	사립
19	서울	구로고등학교	공립	75	서울	서울방송고등학교	공립
20	서울	구암고등학교	공립	76	서울	서울백영고등학교	사립
21	서울	구일고등학교	공립	77	서울	서울세종고등학교	사립
22	서울	구현고등학교	공립	78	서울	서울신정고등학교	사립
23	서울	국립국악고등학교	국립	79	서울	서울여자상업고등학교	사립
24	서울	국립전통예술고등학교	국립	80	서울	서울영상고등학교	사립
25	서울	금옥여자고등학교	공립	81	서울	서울외국어고등학교	사립
26	서울	남강고등학교	사립	82	서울	서울정화고등학교	사립
27	서울	노원고등학교	공립	83	서울	서울체육고등학교	공립
28	서울	단국대학교사범대학부속고등학교	사립	84	서울	서울컨벤션고등학교	사립
29	서울	당곡고등학교	공립	85	서울	서초고등학교	공립
30	서울	대광고등학교	사립	86	서울	선린인터넷고등학교	공립
31	서울	대성고등학교	사립	87	서울	선일빅데이터고등학교	사립
32	서울	대원외국어고등학교	사립	88	서울	선일여자고등학교	사립
33	서울	대일고등학교	사립	89	서울	선정고등학교	사립
34	서울	대일외국어고등학교	사립	90	서울	성덕고등학교	사립
35	서울	대진고등학교	사립	91	서울	성암국제무역고등학교	사립
36	서울	대진여자고등학교	사립	92	서울	세종과학고등학교	공립
37	서울	덕성여자고등학교	사립	93	서울	세현고등학교	공립
38	서울	덕수고등학교	공립	94	서울	세화여자고등학교	사립
39	서울	덕원여자고등학교	사립	95	서울	송곡관광고등학교	사립
40	서울	동국대학교사범대학부속가람고등학교	사립	96	서울	송곡여자고등학교	사립
41	서울	동국대학교사범대학부속고등학교	사립	97	서울	수도여자고등학교	공립
42	서울	동성고등학교	사립	98	서울	수명고등학교	공립
43	서울	동일여자고등학교	사립	99	서울	숙명여자고등학교	사립
44	서울	동작고등학교	공립	100	서울	숭문고등학교	사립
45	서울	둔촌고등학교	공립	101	서울	숭실고등학교	사립
46	서울	명덕여자고등학교	사립	102	서울	숭의여자고등학교	사립
47	서울	명덕외국어고등학교	사립	103	서울	신광여자고등학교	사립
48	서울	명지고등학교	사립	104	서울	신도고등학교	공립
49	서울	문정고등학교	공립	105	서울	신림고등학교	공립
50	서울	문현고등학교	공립	106	서울	신목고등학교	공립
51	서울	반포고등학교	공립	107	서울	신서고등학교	공립
52	서울	방산고등학교	공립	108	서울	신현고등학교	공립
53	서울	배명고등학교	사립	109	서울	양재고등학교	공립
54	서울	배문고등학교	사립	110	서울	양정고등학교	사립
55	서울	배재고등학교	사립	111	서울	양천고등학교	사립
56	서울	배화여자고등학교	사립	112	서울	언남고등학교	공립

No.	지역	학교명	유형	No.	지역	학교명	유형
113	서울	여의도여자고등학교	공립	172	경기	감일고등학교	공립
114	서울	영락고등학교	사립	173	경기	경기경영고등학교	사립
115	서울	영신고등학교	공립	174	경기	경기관광고등학교	사립
116	서울	영신여자고등학교	사립	175	경기	경기모바일과학고등학교	공립
117	서울	영일고등학교	사립	176	경기	경기물류고등학교	공립
118	서울	영훈고등학교	사립	177	경기	경기북과학고등학교	공립
119	서울	예일여자고등학교	사립	178	경기	경기영상과학고등학교	공립
120	서울	오금고등학교	공립	179	경기	경기외국어고등학교	사립
121	서울	오산고등학교	사립	180	경기	경기자동차과학고등학교	사립
122	서울	용문고등학교	사립	181	경기	경기창조고등학교	공립
123	서울	용산고등학교	공립	182	경기	경민고등학교	사립
124	서울	용화여자고등학교	사립	183	경기	경민비즈니스고등학교	사립
125	서울	원묵고등학교	공립	184	경기	경일관광경영고등학교	사립
126	서울	월계고등학교	공립	185	경기	경화여자고등학교	사립
127	서울	은평고등학교	공립	186	경기	계남고등학교	공립
128	서울	이화여자고등학교	사립	187	경기	고색고등학교	공립
129	서울	이화여자외국어고등학교	사립	188	경기	고양고등학교	공립
130	서울	인창고등학교	사립	189	경기	고양국제고등학교	공립
131	서울	일신여자상업고등학교	사립	190	경기	고양동산고등학교	공립
132	서울	자운고등학교	공립	191	경기	고양외국어고등학교	사립
133	서울	잠실고등학교	공립	192	경기	고양일고등학교	공립
134	서울	잠실여자고등학교	사립	193	경기	고잔고등학교	공립
135	서울	잠일고등학교	공립	194	경기	고촌고등학교	공립
136	서울	장훈고등학교	사립	195	경기	곡정고등학교	공립
137	서울	재현고등학교	사립	196	경기	곤지암고등학교	공립
138	서울	정신여자고등학교	사립	197	경기	과천여자고등학교	공립
139	서울	정의여자고등학교	사립	198	경기	과천외국어고등학교	사립
140	서울	중경고등학교	공립	199	경기	관양고등학교	사립
141	서울	중동고등학교	사립	200	경기	광교고등학교	공립
142	서울	중앙대학교사범대학부속고등학교	사립	201	경기	광남고등학교	공립
143	서울	중앙여자고등학교	사립	202	경기	광덕고등학교	공립
144	서울	진관고등학교	공립	203	경기	광동고등학교	공립
145	서울	진명여자고등학교	사립	204	경기	광명고등학교	사립
146	서울	창동고등학교	공립	205	경기	광명북고등학교	공립
147	서울	창문여자고등학교	사립	206	경기	광문고등학교	공립
148	서울	청담고등학교	공립	207	경기	광주고등학교	공립
149	서울	청원고등학교	사립	208	경기	광주중앙고등학교	공립
150	서울	청원여자고등학교	사립	209	경기	광탄고등학교	공립
151	서울	충암고등학교	사립	210	경기	광휘고등학교	사립
152	서울	태릉고등학교	공립	211	경기	교하고등학교	공립
153	서울	풍문고등학교	사립	212	경기	구리고등학교	공립
154	서울	하나고등학교	사립	213	경기	구리여자고등학교	공립
155	서울	한가람고등학교	사립	214	경기	구성고등학교	공립
156	서울	한서고등학교	사립	215	경기	군서고등학교	공립
157	서울	한성과학고등학교	공립	216	경기	군포고등학교	사립
158	서울	한성여자고등학교	사립	217	경기	권선고등학교	공립
159	서울	한양대학교사범대학부속고등학교	사립	218	경기	금곡고등학교	공립
160	서울	한영외국어고등학교	사립	219	경기	기흥고등학교	공립
161	서울	해성국제컨벤션고등학교	사립	220	경기	김포고등학교	공립
162	서울	해성여자고등학교	사립	221	경기	김포과학기술고등학교	공립
163	서울	혜성여자고등학교	사립	222	경기	김포외국어고등학교	사립
164	서울	홍익대학교사범대학부속고등학교	사립	223	경기	김포제일고등학교	공립
165	서울	홍익대학교사범대학부속여자고등학교	사립	224	경기	나루고등학교	공립
166	서울	화곡고등학교	사립	225	경기	낙생고등학교	사립
167	서울	환일고등학교	사립	226	경기	늘푸른고등학교	공립
168	경기	휘경여자고등학교	사립	227	경기	능곡고등학교	공립
169	경기	가운고등학교	공립	228	경기	능동고등학교	공립
170	경기	가좌고등학교	공립	229	경기	다산고등학교	사립
171	경기	가평고등학교	공립	230	경기	단원고등학교	공립

No.	지역	학교명	유형	No.	지역	학교명	유형
231	경기	대지고등학교	공립	290	경기	부천고등학교	공립
232	경기	대평고등학교	공립	291	경기	부천공업고등학교	공립
233	경기	대화고등학교	공립	292	경기	부천북고등학교	공립
234	경기	덕계고등학교	공립	293	경기	부천정보산업고등학교	공립
235	경기	덕산고등학교	공립	294	경기	부흥고등학교	공립
236	경기	덕영고등학교	사립	295	경기	분당고등학교	공립
237	경기	덕이고등학교	공립	296	경기	분당대진고등학교	사립
238	경기	덕현고등학교	공립	297	경기	분당영덕여자고등학교	사립
239	경기	도농고등학교	공립	298	경기	분당중앙고등학교	공립
240	경기	도당고등학교	공립	299	경기	불곡고등학교	공립
241	경기	돌마고등학교	공립	300	경기	비봉고등학교	사립
242	경기	동국대학교사범대학부속영석고등학교	사립	301	경기	사우고등학교	공립
243	경기	동남고등학교	사립	302	경기	산본고등학교	공립
244	경기	동두천고등학교	사립	303	경기	삼광고등학교	사립
245	경기	동두천외국어고등학교	공립	304	경기	삼괴고등학교	사립
246	경기	동백고등학교	공립	305	경기	상동고등학교	공립
247	경기	동안고등학교	공립	306	경기	상록고등학교	공립
248	경기	동우여자고등학교	사립	307	경기	상우고등학교	사립
249	경기	동원동우고등학교	사립	308	경기	상원고등학교	공립
250	경기	동탄고등학교	공립	309	경기	상일고등학교	공립
251	경기	동탄국제고등학교	공립	310	경기	상현고등학교	공립
252	경기	동탄중앙고등학교	공립	311	경기	새솔고등학교	공립
253	경기	동패고등학교	공립	312	경기	서연고등학교	공립
254	경기	동화고등학교	사립	313	경기	서울삼육고등학교	사립
255	경기	라온고등학교	사립	314	경기	서원고등학교	공립
256	경기	마장고등학교	공립	315	경기	서천고등학교	공립
257	경기	망포고등학교	공립	316	경기	서해고등학교	공립
258	경기	매원고등학교	공립	317	경기	서현고등학교	공립
259	경기	매탄고등학교	공립	318	경기	선부고등학교	공립
260	경기	매홀고등학교	공립	319	경기	설악고등학교	공립
261	경기	모락고등학교	공립	320	경기	성남고등학교	공립
262	경기	목감고등학교	공립	321	경기	성남여자고등학교	공립
263	경기	무원고등학교	공립	322	경기	성남외국어고등학교	공립
264	경기	문산고등학교	공립	323	경기	성문고등학교	사립
265	경기	문산수억고등학교	사립	324	경기	성보경영고등학교	사립
266	경기	문산제일고등학교	공립	325	경기	성복고등학교	공립
267	경기	미사강변고등학교	공립	326	경기	성사고등학교	공립
268	경기	미사고등학교	공립	327	경기	성안고등학교	공립
269	경기	반송고등학교	공립	328	경기	성일고등학교	사립
270	경기	발곡고등학교	공립	329	경기	성지고등학교	공립
271	경기	배곧고등학교	공립	330	경기	성포고등학교	공립
272	경기	백마고등학교	공립	331	경기	성호고등학교	공립
273	경기	백석고등학교	공립	332	경기	세교고등학교	공립
274	경기	백신고등학교	공립	333	경기	세마고등학교	공립
275	경기	백양고등학교	공립	334	경기	세원고등학교	사립
276	경기	백영고등학교	사립	335	경기	세종고등학교	공립
277	경기	백운고등학교	공립	336	경기	소래고등학교	공립
278	경기	범박고등학교	공립	337	경기	소사고등학교	공립
279	경기	별가람고등학교	공립	338	경기	소하고등학교	공립
280	경기	별내고등학교	공립	339	경기	송내고등학교	공립
281	경기	병점고등학교	공립	340	경기	송림고등학교	사립
282	경기	보정고등학교	공립	341	경기	송양고등학교	공립
283	경기	보평고등학교	공립	342	경기	송우고등학교	공립
284	경기	복정고등학교	공립	343	경기	송현고등학교	공립
285	경기	봉담고등학교	공립	344	경기	송호고등학교	공립
286	경기	봉일천고등학교	공립	345	경기	수내고등학교	공립
287	경기	부곡고등학교	공립	346	경기	수리고등학교	공립
288	경기	부명고등학교	공립	347	경기	수성고등학교	공립
289	경기	부용고등학교	공립	348	경기	수원고등학교	사립

No.	지역	학교명	유형	No.	지역	학교명	유형
349	경기	수원농생명과학고등학교	공립	408	경기	용호고등학교	공립
350	경기	수원여자고등학교	공립	409	경기	우성고등학교	사립
351	경기	수원외국어고등학교	공립	410	경기	운산고등학교	공립
352	경기	수원칠보고등학교	공립	411	경기	운양고등학교	공립
353	경기	수주고등학교	공립	412	경기	운정고등학교	공립
354	경기	수지고등학교	공립	413	경기	운중고등학교	공립
355	경기	수택고등학교	공립	414	경기	운천고등학교	공립
356	경기	숙지고등학교	공립	415	경기	원곡고등학교	공립
357	경기	숭신여자고등학교	사립	416	경기	원미고등학교	공립
358	경기	시흥고등학교	공립	417	경기	원종고등학교	공립
359	경기	시흥능곡고등학교	공립	418	경기	위례고등학교	공립
360	경기	시흥매화고등학교	공립	419	경기	위례한빛고등학교	공립
361	경기	신갈고등학교	사립	420	경기	유신고등학교	사립
362	경기	신길고등학교	공립	421	경기	율천고등학교	공립
363	경기	신성고등학교	사립	422	경기	은혜고등학교	사립
364	경기	신원고등학교	공립	423	경기	의왕고등학교	공립
365	경기	신일비즈니스고등학교	공립	424	경기	의정부고등학교	공립
366	경기	신장고등학교	공립	425	경기	의정부공업고등학교	공립
367	경기	신천고등학교	공립	426	경기	의정부광동고등학교	사립
368	경기	심석고등학교	사립	427	경기	의정부여자고등학교	공립
369	경기	심원고등학교	공립	428	경기	이매고등학교	공립
370	경기	안법고등학교	사립	429	경기	이산고등학교	공립
371	경기	안산강서고등학교	사립	430	경기	이솔고등학교	공립
372	경기	안산고등학교	사립	431	경기	이우고등학교	사립
373	경기	안산공업고등학교	사립	432	경기	이의고등학교	공립
374	경기	안산국제비즈니스고등학교	사립	433	경기	이천고등학교	공립
375	경기	안산동산고등학교	사립	434	경기	이천양정여자고등학교	사립
376	경기	안성고등학교	공립	435	경기	이천제일고등학교	공립
377	경기	안성여자고등학교	공립	436	경기	이충고등학교	공립
378	경기	안양공업고등학교	공립	437	경기	이포고등학교	공립
379	경기	안양외국어고등학교	사립	438	경기	이현고등학교	공립
380	경기	안화고등학교	공립	439	경기	인덕원고등학교	공립
381	경기	양동고등학교	사립	440	경기	인창고등학교	공립
382	경기	양명고등학교	사립	441	경기	일동고등학교	공립
383	경기	양명여자고등학교	사립	442	경기	일산고등학교	공립
384	경기	양서고등학교	사립	443	경기	일산국제컨벤션고등학교	공립
385	경기	양일고등학교	사립	444	경기	일산대진고등학교	사립
386	경기	양주고등학교	공립	445	경기	일산동고등학교	공립
387	경기	양주백석고등학교	공립	446	경기	장곡고등학교	공립
388	경기	양지고등학교	공립	447	경기	장기고등학교	공립
389	경기	양평고등학교	공립	448	경기	장안고등학교	공립
390	경기	여강고등학교	사립	449	경기	장호원고등학교	공립
391	경기	여주고등학교	사립	450	경기	저동고등학교	공립
392	경기	여주자영농업고등학교	공립	451	경기	저현고등학교	공립
393	경기	역곡고등학교	공립	452	경기	전곡고등학교	공립
394	경기	영복여자고등학교	사립	453	경기	정명고등학교	사립
395	경기	영신여자고등학교	사립	454	경기	정발고등학교	공립
396	경기	예당고등학교	공립	455	경기	정왕고등학교	공립
397	경기	오남고등학교	공립	456	경기	정현고등학교	공립
398	경기	오산고등학교	사립	457	경기	조원고등학교	공립
399	경기	오산정보고등학교	공립	458	경기	주엽고등학교	공립
400	경기	옥정고등학교	공립	459	경기	죽전고등학교	공립
401	경기	와부고등학교	공립	460	경기	중흥고등학교	공립
402	경기	와우고등학교	공립	461	경기	지산고등학교	공립
403	경기	용인고등학교	공립	462	경기	진건고등학교	공립
404	경기	용인백현고등학교	공립	463	경기	진위고등학교	사립
405	경기	용인삼계고등학교	공립	464	경기	진접고등학교	공립
406	경기	용인한국외국어대학교부설고등학교	사립	465	경기	창의경영고등학교	공립
407	경기	용인홍천고등학교	공립	466	경기	창의고등학교	공립

No.	지역	학교명	유형	No.	지역	학교명	유형
467	경기	창현고등학교	사립	526	인천	가림고등학교	공립
468	경기	천천고등학교	공립	527	인천	가정고등학교	공립
469	경기	청담고등학교	사립	528	인천	가좌고등학교	공립
470	경기	청덕고등학교	공립	529	인천	강화고등학교	공립
471	경기	청명고등학교	공립	530	인천	강화여자고등학교	공립
472	경기	청북고등학교	공립	531	인천	검단고등학교	공립
473	경기	청학고등학교	공립	532	인천	계산공업고등학교	공립
474	경기	초당고등학교	공립	533	인천	광성고등학교	사립
475	경기	초월고등학교	공립	534	인천	교동고등학교	공립
476	경기	초지고등학교	공립	535	인천	대청고등학교	공립
477	경기	충현고등학교	공립	536	인천	덕신고등학교	사립
478	경기	충훈고등학교	공립	537	인천	덕적고등학교	공립
479	경기	태광고등학교	사립	538	인천	도림고등학교	공립
480	경기	태성고등학교	사립	539	인천	동인천고등학교	공립
481	경기	태원고등학교	사립	540	인천	문곡고등학교	사립
482	경기	태장고등학교	공립	541	인천	문학정보고등학교	공립
483	경기	태전고등학교	공립	542	인천	미추홀외국어고등학교	공립
484	경기	토평고등학교	공립	543	인천	박문여자고등학교	사립
485	경기	퇴계원고등학교	공립	544	인천	백령고등학교	공립
486	경기	판교고등학교	공립	545	인천	부개고등학교	공립
487	경기	평내고등학교	공립	546	인천	부광고등학교	공립
488	경기	평촌경영고등학교	공립	547	인천	부평공업고등학교	공립
489	경기	평촌고등학교	공립	548	인천	부평여자고등학교	공립
490	경기	평택마이스터고등학교	공립	549	인천	서인천고등학교	사립
491	경기	평택여자고등학교	공립	550	인천	석정여자고등학교	공립
492	경기	포곡고등학교	공립	551	인천	숭덕여자고등학교	사립
493	경기	포천고등학교	공립	552	인천	안남고등학교	공립
494	경기	풍덕고등학교	공립	553	인천	연수고등학교	공립
495	경기	풍동고등학교	공립	554	인천	연수여자고등학교	공립
496	경기	풍무고등학교	공립	555	인천	영종국제물류고등학교	공립
497	경기	풍산고등학교	공립	556	인천	영화국제관광고등학교	사립
498	경기	하길고등학교	공립	557	인천	옥련여자고등학교	공립
499	경기	하남고등학교	사립	558	인천	인명여자고등학교	사립
500	경기	하성고등학교	공립	559	인천	인성여자고등학교	사립
501	경기	한국관광고등학교	사립	560	인천	인일여자고등학교	공립
502	경기	한국도예고등학교	공립	561	인천	인제고등학교	사립
503	경기	한국디지털미디어고등학교	사립	562	인천	인천고등학교	공립
504	경기	한국문화영상고등학교	사립	563	인천	인천고잔고등학교	공립
505	경기	한국외식과학고등학교	사립	564	인천	인천공항고등학교	공립
506	경기	한백고등학교	공립	565	인천	인천과학예술영재학교	공립
507	경기	한솔고등학교	공립	566	인천	인천국제고등학교	공립
508	경기	행신고등학교	공립	567	인천	인천금융고등학교	사립
509	경기	향남고등학교	공립	568	인천	인천기계공업고등학교	공립
510	경기	향동고등학교	공립	569	인천	인천남동고등학교	공립
511	경기	향일고등학교	공립	570	인천	인천논현고등학교	공립
512	경기	현화고등학교	공립	571	인천	인천대중예술고등학교	공립
513	경기	호매실고등학교	공립	572	인천	인천마전고등학교	공립
514	경기	호원고등학교	공립	573	인천	인천반도체고등학교	공립
515	경기	호평고등학교	공립	574	인천	인천뷰티예술고등학교	공립
516	경기	홍익디자인고등학교	사립	575	인천	인천비즈니스고등학교	공립
517	경기	화성반월고등학교	공립	576	인천	인천산곡고등학교	공립
518	경기	화수고등학교	공립	577	인천	인천생활과학고등학교	공립
519	경기	화정고등학교	공립	578	인천	인천세원고등학교	공립
520	경기	화홍고등학교	공립	579	인천	인천신현고등학교	공립
521	경기	효명고등학교	사립	580	인천	인천아라고등학교	공립
522	경기	효양고등학교	공립	581	인천	인천여자고등학교	공립
523	경기	효원고등학교	공립	582	인천	인천여자상업고등학교	공립
524	경기	효자고등학교	공립	583	인천	인천예일고등학교	공립
525	경기	흥진고등학교	공립	584	인천	인천외국어고등학교	사립

No.	지역	학교명	유형	No.	지역	학교명	유형
585	인천	인천중산고등학교	공립	644	대구	대구과학고등학교	공립
586	인천	인천중앙여자고등학교	사립	645	대구	대구관광고등학교	사립
587	인천	인천청라고등학교	공립	646	대구	대구국제고등학교	공립
588	인천	인천초은고등학교	공립	647	대구	대구남산고등학교	사립
589	인천	인천포스코고등학교	사립	648	대구	대구농업마이스터고등학교	공립
590	인천	인천하늘고등학교	사립	649	대구	대구동부고등학교	사립
591	인천	인천해원고등학교	공립	650	대구	대구보건고등학교	사립
592	인천	인하대학교사범대학부속고등학교	사립	651	대구	대구상원고등학교	공립
593	인천	인화여자고등학교	공립	652	대구	대구여자고등학교	공립
594	인천	제물포고등학교	공립	653	대구	대구여자상업고등학교	사립
595	인천	제일고등학교	사립	654	대구	대구외국어고등학교	공립
596	인천	학익고등학교	공립	655	대구	대구일과학고등학교	공립
597	부산	개성고등학교	공립	656	대구	대구일마이스터고등학교	공립
598	부산	경남고등학교	공립	657	대구	대구제일여자상업고등학교	공립
599	부산	계성여자상업고등학교	사립	658	대구	대구중앙고등학교	사립
600	부산	금정고등학교	공립	659	대구	대중금속공업고등학교	사립
601	부산	금정여자고등학교	공립	660	대구	동문고등학교	공립
602	부산	기장고등학교	공립	661	대구	비슬고등학교	공립
603	부산	내성고등학교	공립	662	대구	성광고등학교	사립
604	부산	다대고등학교	공립	663	대구	성화여자고등학교	사립
605	부산	대연고등학교	사립	664	대구	송현여자고등학교	사립
606	부산	동아고등학교	사립	665	대구	신명고등학교	사립
607	부산	동아공업고등학교	사립	666	대구	영남공업고등학교	사립
608	부산	명호고등학교	공립	667	대구	영진고등학교	사립
609	부산	문현여자고등학교	공립	668	대구	오성고등학교	사립
610	부산	부산관광고등학교	사립	669	대구	정동고등학교	사립
611	부산	부산국제고등학교	공립	670	대구	청구고등학교	사립
612	부산	부산기계공업고등학교	국립	671	대구	함지고등학교	공립
613	부산	부산마케팅고등학교	사립	672	대구	현풍고등학교	사립
614	부산	부산여자고등학교	공립	673	대구	화원고등학교	공립
615	부산	부산영상예술고등학교	공립	674	울산	남창고등학교	공립
616	부산	부산외국어고등학교	사립	675	울산	다운고등학교	공립
617	부산	부산정보관광고등학교	사립	676	울산	달천고등학교	공립
618	부산	부산진여자상업고등학교	공립	677	울산	매곡고등학교	공립
619	부산	부산체육고등학교	공립	678	울산	방어진고등학교	공립
620	부산	부산컴퓨터과학고등학교	사립	679	울산	성광여자고등학교	사립
621	부산	부일외국어고등학교	사립	680	울산	온산고등학교	공립
622	부산	분포고등학교	공립	681	울산	울산가온고등학교	공립
623	부산	삼정고등학교	사립	682	울산	울산고등학교	사립
624	부산	성지고등학교	사립	683	울산	울산공업고등학교	공립
625	부산	신도고등학교	공립	684	울산	울산마이스터고등학교	공립
626	부산	신정고등학교	공립	685	울산	울산미용예술고등학교	공립
627	부산	양운고등학교	공립	686	울산	울산상업고등학교	공립
628	부산	연제고등학교	공립	687	울산	울산에너지고등학교	공립
629	부산	주례여자고등학교	공립	688	울산	울산여자상업고등학교	공립
630	부산	지산고등학교	사립	689	울산	울산외국어고등학교	공립
631	부산	해강고등학교	공립	690	울산	학성고등학교	공립
632	부산	해운대고등학교	사립	691	울산	학성여자고등학교	공립
633	부산	해운대관광고등학교	사립	692	울산	현대청운고등학교	사립
634	부산	해운대여자고등학교	사립	693	울산	화봉고등학교	공립
635	대구	강동고등학교	공립	694	경북	경북드론고등학교	공립
636	대구	강북고등학교	사립	695	경북	경북외국어고등학교	공립
637	대구	경덕여자고등학교	공립	696	경북	경북일고등학교	공립
638	대구	경신고등학교	사립	697	경북	경산여자고등학교	사립
639	대구	경일여자고등학교	사립	698	경북	경주고등학교	사립
640	대구	경화여자고등학교	사립	699	경북	경주여자고등학교	공립
641	대구	계성고등학교	사립	700	경북	경주화랑고등학교	사립
642	대구	대건고등학교	사립	701	경북	구미고등학교	공립
643	대구	대곡고등학교	공립	702	경북	구미여자상업고등학교	공립

No.	지역	학교명	유형	No.	지역	학교명	유형
703	경북	구미정보고등학교	공립	762	경남	김해생명과학고등학교	공립
704	경북	구미제일고등학교	사립	763	경남	김해수남고등학교	공립
705	경북	근화여자고등학교	사립	764	경남	김해여자고등학교	공립
706	경북	금오고등학교	공립	765	경남	김해영운고등학교	공립
707	경북	김천고등학교	사립	766	경남	김해외국어고등학교	공립
708	경북	김천중앙고등학교	공립	767	경남	김해율하고등학교	공립
709	경북	대구가톨릭대학교사범대학부속무학고등학교	사립	768	경남	김해제일고등학교	공립
710	경북	도개고등학교	사립	769	경남	남해해성고등학교	사립
711	경북	동명고등학교	공립	770	경남	대곡고등학교	공립
712	경북	동지고등학교	사립	771	경남	대아고등학교	사립
713	경북	모계고등학교	사립	772	경남	동원고등학교	사립
714	경북	문경여자고등학교	사립	773	경남	마산고등학교	공립
715	경북	문명고등학교	사립	774	경남	마산삼진고등학교	사립
716	경북	문창고등학교	사립	775	경남	마산제일고등학교	사립
717	경북	사곡고등학교	공립	776	경남	마산제일여자고등학교	사립
718	경북	사동고등학교	공립	777	경남	물금고등학교	공립
719	경북	상모고등학교	공립	778	경남	범어고등학교	공립
720	경북	상주고등학교	사립	779	경남	사천고등학교	사립
721	경북	석적고등학교	공립	780	경남	삼랑진고등학교	사립
722	경북	선주고등학교	공립	781	경남	삼천포고등학교	사립
723	경북	성의고등학교	사립	782	경남	삼천포공업고등학교	공립
724	경북	성희여자고등학교	사립	783	경남	삼현여자고등학교	사립
725	경북	세명고등학교	사립	784	경남	서창고등학교	공립
726	경북	세화고등학교	사립	785	경남	양산남부고등학교	공립
727	경북	순심여자고등학교	사립	786	경남	연초고등학교	공립
728	경북	안동여자고등학교	공립	787	경남	웅상고등학교	공립
729	경북	약목고등학교	공립	788	경남	장유고등학교	공립
730	경북	영일고등학교	사립	789	경남	증산고등학교	공립
731	경북	영해고등학교	공립	790	경남	진양고등학교	공립
732	경북	오상고등학교	사립	791	경남	진영고등학교	공립
733	경북	오천고등학교	사립	792	경남	진주동명고등학교	사립
734	경북	율곡고등학교	공립	793	경남	진해세화여자고등학교	사립
735	경북	이서고등학교	사립	794	경남	진해여자고등학교	공립
736	경북	인동고등학교	공립	795	경남	진해용원고등학교	공립
737	경북	진량고등학교	사립	796	경남	창녕고등학교	사립
738	경북	청도고등학교	사립	797	경남	창녕옥야고등학교	사립
739	경북	포항동성고등학교	사립	798	경남	창신고등학교	사립
740	경북	포항영신고등학교	사립	799	경남	창원고등학교	사립
741	경북	포항제철고등학교	사립	800	경남	창원남산고등학교	공립
742	경북	풍산고등학교	사립	801	경남	창원대암고등학교	공립
743	경북	함창고등학교	사립	802	경남	창원명곡고등학교	공립
744	경북	현일고등학교	사립	803	경남	창원명지여자고등학교	공립
745	경북	형곡고등학교	공립	804	경남	창원봉림고등학교	공립
746	경남	거제상문고등학교	공립	805	경남	창원성민여자고등학교	사립
747	경남	거제여자상업고등학교	공립	806	경남	창원신월고등학교	공립
748	경남	거제옥포고등학교	공립	807	경남	창원여자고등학교	공립
749	경남	거제제일고등학교	공립	808	경남	창원토월고등학교	공립
750	경남	거제중앙고등학교	공립	809	경남	칠원고등학교	사립
751	경남	경남관광고등학교	사립	810	경남	태봉고등학교	공립
752	경남	경남외국어고등학교	사립	811	경남	통영고등학교	공립
753	경남	고성중앙고등학교	공립	812	경남	통영여자고등학교	공립
754	경남	김해가야고등학교	공립	813	경남	하동고등학교	공립
755	경남	김해경원고등학교	공립	814	경남	합포고등학교	공립
756	경남	김해고등학교	공립	815	강원	간동고등학교	공립
757	경남	김해대청고등학교	공립	816	강원	강릉고등학교	공립
758	경남	김해분성고등학교	공립	817	강원	강릉문성고등학교	사립
759	경남	김해분성여자고등학교	공립	818	강원	강릉여자고등학교	공립
760	경남	김해삼문고등학교	공립	819	강원	강릉제일고등학교	공립
761	경남	김해삼방고등학교	공립	820	강원	강원대학교사범대학부설고등학교	국립

No.	지역	학교명	유형	No.	지역	학교명	유형
821	강원	강원외국어고등학교	사립	880	충남	공주마이스터고등학교	공립
822	강원	강일여자고등학교	사립	881	충남	공주여자고등학교	공립
823	강원	경포고등학교	공립	882	충남	공주영명고등학교	사립
824	강원	대성고등학교	사립	883	충남	국립공주대학교사범대학부설고등학교	국립
825	강원	동해광희고등학교	사립	884	충남	금산여자고등학교	공립
826	강원	동해삼육고등학교	사립	885	충남	논산고등학교	공립
827	강원	민족사관고등학교	사립	886	충남	논산대건고등학교	사립
828	강원	사북고등학교	공립	887	충남	당진고등학교	공립
829	강원	상지대관령고등학교	사립	888	충남	당진정보고등학교	공립
830	강원	상지여자고등학교	사립	889	충남	대산고등학교	공립
831	강원	신철원고등학교	공립	890	충남	대천고등학교	공립
832	강원	양양고등학교	공립	891	충남	대천여자고등학교	공립
833	강원	원주고등학교	공립	892	충남	덕산고등학교	공립
834	강원	원주금융회계고등학교	공립	893	충남	배방고등학교	공립
835	강원	원주여자고등학교	공립	894	충남	복자여자고등학교	사립
836	강원	원주의료고등학교	공립	895	충남	부석고등학교	공립
837	강원	육민관고등학교	사립	896	충남	부여고등학교	공립
838	강원	장성여자고등학교	공립	897	충남	북일고등학교	사립
839	강원	진광고등학교	사립	898	충남	북일여자고등학교	사립
840	강원	춘천고등학교	공립	899	충남	서산중앙고등학교	공립
841	강원	춘천여자고등학교	공립	900	충남	서야고등학교	사립
842	강원	치악고등학교	공립	901	충남	서천여자고등학교	공립
843	강원	평창고등학교	공립	902	충남	서해삼육고등학교	사립
844	강원	홍천여자고등학교	공립	903	충남	설화고등학교	공립
845	강원	황지고등학교	공립	904	충남	송악고등학교	사립
846	충북	국원고등학교	공립	905	충남	신평고등학교	사립
847	충북	대금고등학교	공립	906	충남	아산고등학교	사립
848	충북	대성여자상업고등학교	사립	907	충남	연무마이스터고등학교	공립
849	충북	상당고등학교	공립	908	충남	예산고등학교	사립
850	충북	서전고등학교	공립	909	충남	예산여자고등학교	공립
851	충북	세광고등학교	사립	910	충남	예산예화여자고등학교	사립
852	충북	세명고등학교	사립	911	충남	온양고등학교	공립
853	충북	양청고등학교	공립	912	충남	온양여자고등학교	공립
854	충북	오송고등학교	공립	913	충남	온양용화고등학교	공립
855	충북	오창고등학교	공립	914	충남	용남고등학교	공립
856	충북	옥천고등학교	공립	915	충남	이순신고등학교	공립
857	충북	운호고등학교	사립	916	충남	천안고등학교	사립
858	충북	음성고등학교	공립	917	충남	천안두정고등학교	공립
859	충북	일신여자고등학교	사립	918	충남	천안신당고등학교	공립
860	충북	제천상업고등학교	공립	919	충남	천안쌍용고등학교	공립
861	충북	제천여자고등학교	공립	920	충남	천안오성고등학교	공립
862	충북	진천고등학교	공립	921	충남	천안월봉고등학교	공립
863	충북	청원고등학교	공립	922	충남	천안중앙고등학교	공립
864	충북	청주대성고등학교	사립	923	충남	천안청수고등학교	공립
865	충북	청주신흥고등학교	사립	924	충남	청양고등학교	공립
866	충북	청주여자고등학교	공립	925	충남	충남삼성고등학교	사립
867	충북	청주여자상업고등학교	사립	926	충남	충남예술고등학교	공립
868	충북	청주외국어고등학교	공립	927	충남	충남외국어고등학교	공립
869	충북	청주중앙여자고등학교	공립	928	충남	태안고등학교	공립
870	충북	충북대학교사범대학부설고등학교	국립	929	충남	태안여자고등학교	사립
871	충북	충북반도체고등학교	공립	930	충남	한국식품마이스터고등학교	공립
872	충북	충북상업정보고등학교	공립	931	충남	한올고등학교	사립
873	충북	충북에너지고등학교	공립	932	충남	한일고등학교	사립
874	충북	충북여자고등학교	사립	933	충남	합덕제철고등학교	공립
875	충북	충주예성여자고등학교	공립	934	충남	호서고등학교	사립
876	충북	한국호텔관광고등학교	공립	935	충남	홍성고등학교	공립
877	충북	흥덕고등학교	공립	936	충남	홍성여자고등학교	공립
878	충남	공주고등학교	공립	937	대전	계룡디지텍고등학교	사립
879	충남	공주금성여자고등학교	사립	938	대전	대덕고등학교	공립

No.	지역	학교명	유형	No.	지역	학교명	유형
939	대전	대전가오고등학교	공립	998	전북	강호항공고등학교	사립
940	대전	대전고등학교	공립	999	전북	고창고등학교	공립
941	대전	대전관저고등학교	공립	1000	전북	고창북고등학교	사립
942	대전	대전괴정고등학교	공립	1001	전북	군산고등학교	공립
943	대전	대전구봉고등학교	공립	1002	전북	한들고등학교	공립
944	대전	대전국제통상고등학교	공립	1003	전북	군산동고등학교	공립
945	대전	대전노은고등학교	공립	1004	전북	군산상일고등학교	공립
946	대전	대전도안고등학교	공립	1005	전북	군산여자고등학교	공립
947	대전	대전동산고등학교	사립	1006	전북	군산제일고등학교	사립
948	대전	대전동신과학고등학교	공립	1007	전북	군산중앙여자고등학교	사립
949	대전	대전둔산여자고등학교	공립	1008	전북	전북외국어고등학교	공립
950	대전	대전둔원고등학교	공립	1009	전북	덕암정보고등학교	사립
951	대전	대전반석고등학교	공립	1010	전북	만경고등학교	사립
952	대전	대전생활과학고등학교	사립	1011	전북	성원고등학교	사립
953	대전	대전여자고등학교	공립	1012	전북	부안여자고등학교	사립
954	대전	대전외국어고등학교	공립	1013	전북	동계고등학교	공립
955	대전	대전용산고등학교	공립	1014	전북	완주고등학교	사립
956	대전	대전전민고등학교	공립	1015	전북	한별고등학교	공립
957	대전	대전중앙고등학교	사립	1016	전북	전북기계공업고등학교	국립
958	대전	대전한빛고등학교	사립	1017	전북	남성고등학교	사립
959	대전	동방고등학교	사립	1018	전북	원광고등학교	사립
960	대전	동아마이스터고등학교	사립	1019	전북	원광여자고등학교	사립
961	대전	서대전고등학교	사립	1020	전북	이리고등학교	공립
962	대전	서대전여자고등학교	사립	1021	전북	임실고등학교	공립
963	대전	서일고등학교	사립	1022	전북	장수고등학교	공립
964	대전	우송고등학교	사립	1023	전북	전북대학교사범대학부설고등학교	국립
965	대전	중일고등학교	사립	1024	전북	전주솔내고등학교	공립
966	대전	청란여자고등학교	사립	1025	전북	우석고등학교	사립
967	대전	충남고등학교	공립	1026	전북	유일여자고등학교	사립
968	대전	충남기계공업고등학교	공립	1027	전북	전라고등학교	공립
969	대전	충남여자고등학교	공립	1028	전북	전주공업고등학교	공립
970	대전	호수돈여자고등학교	사립	1029	전북	전주여자고등학교	공립
971	세종	고운고등학교	공립	1030	전북	양현고등학교	공립
972	세종	두루고등학교	공립	1031	전북	동암고등학교	사립
973	세종	새롬고등학교	공립	1032	전북	상산고등학교	사립
974	세종	세종고등학교	공립	1033	전북	완산여자고등학교	사립
975	세종	세종과학예술영재학교	공립	1034	전북	전주고등학교	공립
976	세종	세종국제고등학교	공립	1035	전북	전주근영여자고등학교	사립
977	세종	소담고등학교	공립	1036	전북	전주기전여자고등학교	사립
978	세종	아름고등학교	공립	1037	전북	전주성심여자고등학교	사립
979	세종	종촌고등학교	공립	1038	전북	전주신흥고등학교	사립
980	광주	광덕고등학교	사립	1039	전북	전주영생고등학교	사립
981	광주	광주동신고등학교	사립	1040	전북	전주제일고등학교	공립
982	광주	광주석산고등학교	사립	1041	전북	배영고등학교	사립
983	광주	광주인성고등학교	사립	1042	전북	서영여자고등학교	사립
984	광주	광주진흥고등학교	사립	1043	전북	글로벌학산고등학교	사립
985	광주	금호고등학교	사립	1044	전북	호남고등학교	사립
986	광주	금호중앙여자고등학교	사립	1045	전남	강진고등학교	공립
987	광주	동아여자고등학교	사립	1046	전남	고금고등학교	공립
988	광주	보문고등학교	사립	1047	전남	곡성고등학교	공립
989	광주	서강고등학교	사립	1048	전남	광양고등학교	공립
990	광주	송원고등학교	사립	1049	전남	광양백운고등학교	공립
991	광주	숭덕고등학교	사립	1050	전남	광양여자고등학교	공립
992	광주	운남고등학교	공립	1051	전남	광양제철고등학교	사립
993	광주	장덕고등학교	공립	1052	전남	광영고등학교	공립
994	광주	전남고등학교	공립	1053	전남	구례고등학교	공립
995	광주	전남대학교사범대학부설고등학교	국립	1054	전남	나주상업고등학교	공립
996	광주	정광고등학교	사립	1055	전남	남악고등학교	공립
997	광주	조선대학교부속고등학교	사립	1056	전남	노화고등학교	공립

No.	지역	학교명	유형
1057	전남	녹동고등학교	공립
1058	전남	능주고등학교	사립
1059	전남	담양고등학교	공립
1060	전남	도초고등학교	공립
1061	전남	매성고등학교	공립
1062	전남	목상고등학교	공립
1063	전남	목포공업고등학교	공립
1064	전남	목포덕인고등학교	사립
1065	전남	목포여자고등학교	공립
1066	전남	목포제일여자고등학교	공립
1067	전남	무안고등학교	공립
1068	전남	문태고등학교	사립
1069	전남	백제고등학교	사립
1070	전남	보성고등학교	공립
1071	전남	봉황고등학교	공립
1072	전남	부영여자고등학교	공립
1073	전남	순천강남여자고등학교	사립
1074	전남	순천고등학교	공립
1075	전남	순천공업고등학교	공립
1076	전남	순천매산여자고등학교	사립
1077	전남	순천복성고등학교	공립
1078	전남	순천여자고등학교	공립
1079	전남	순천제일고등학교	공립
1080	전남	순천청암고등학교	사립
1081	전남	순천팔마고등학교	공립
1082	전남	여수고등학교	공립
1083	전남	여수공업고등학교	사립
1084	전남	여수정보과학고등학교	사립
1085	전남	여수충무고등학교	공립
1086	전남	여천고등학교	공립
1087	전남	영광공업고등학교	공립
1088	전남	영암낭주고등학교	공립
1089	전남	예당고등학교	사립
1090	전남	완도고등학교	공립
1091	전남	완도수산고등학교	공립
1092	전남	장흥고등학교	공립
1093	전남	전남기술과학고등학교	공립
1094	전남	전남예술고등학교	사립
1095	전남	전남외국어고등학교	공립
1096	전남	조도고등학교	공립
1097	전남	중마고등학교	공립
1098	전남	창평고등학교	사립
1099	전남	하의고등학교	공립
1100	전남	한국바둑고등학교	공립
1101	전남	한국항만물류고등학교	공립
1102	전남	한빛고등학교	사립
1103	전남	한영고등학교	사립
1104	전남	한울고등학교	공립
1105	전남	함평고등학교	사립
1106	전남	함평학다리고등학교	공립
1107	전남	해남고등학교	공립
1108	전남	해남공업고등학교	공립
1109	전남	호남원예고등학교	공립
1110	전남	화순고등학교	공립
1111	전남	화순이양고등학교	공립
1112	제주	서귀포고등학교	공립
1113	제주	서귀포산업과학고등학교	공립
1114	제주	서귀포여자고등학교	공립
1115	제주	신성여자고등학교	사립
1116	제주	제주고등학교	공립
1117	제주	제주여자상업고등학교	공립
1118	제주	제주외국어고등학교	공립
1119	제주	중문고등학교	공립
1120	제주	한림고등학교	공립
1121	제주	한림공업고등학교	공립
1122	제주	함덕고등학교	공립

주: 지역별로 학교명 가나다순 정렬.
데이터 출처: 학교알리미.

부록3 전문대학 · 대학교 중문 관련 학과 현황 (2024)

No.	학교명	전공 및 학과명	유형	설립구분	지역	교원 수									재적생 수												교원 1인당 학생 수	졸업생 수		
						합계			전임교원			비전임교원			재학생(A)			휴학생(B)			학위취득유예(C)			재적학생(D=A+B+C)						
						남	여	계	남	여	계	남	여	계	남	여	계	남	여	계	남	여	계	남	여	계		남	여	계
1	동서울대학교	글로벌중국비즈니스과	전문대	사립	경기	3	2	5	2	1	3	1	1	2	14	17	31	0	0	0	0	0	0	14	17	31	6.2	5	11	16
2	마산대학교	의료관광중국어과	전문대	사립	경남	5	2	7	2	0	2	3	2	5	18	21	39	7	3	10	0	0	0	25	24	49	5.57	2	22	24
3	명지전문대학	중국어비즈니스과	전문대	사립	서울	2	6	8	1	4	5	1	2	3	30	95	125	22	9	31	0	0	0	52	104	156	15.63	7	32	39
4	배화여자대학교	글로벌커뮤니케이션과 중국어전공	전문대	사립	서울	3	4	7	3	2	5	0	2	2	0	37	37	0	8	8	0	0	0	0	45	45	5.29	0	32	32
5	부산과학기술대학교	보건관광중국어과	전문대	사립	부산	1	5	6	0	0	0	1	5	6	2	6	8	3	3	6	0	0	0	5	9	14	1.33	4	8	12
6	서일대학교	비즈니스중국어과	전문대	사립	서울	2	8	10	1	1	2	1	7	8	37	33	70	5	0	5	0	0	0	42	33	75	7	12	16	28
7	인덕대학교	비즈니스중국어학과	전문대	사립	서울	6	5	11	2	2	4	4	3	7	39	76	115	23	10	33	0	0	0	62	86	148	10.45	5	23	28
8	장안대학교	디지털비지니스중국어과	전문대	사립	경기	1	2	3	1	1	2	0	1	1	0	1	1	1	1	2	0	0	0	1	2	3	0.33	0	3	3
9	제주관광대학교	관광중국어과	전문대	사립	제주	3	2	5	2	0	2	1	2	3	20	21	41	8	5	13	0	0	0	28	26	54	8.2	7	4	11
10	제주한라대학교	관광중국어과	전문대	사립	제주	3	4	7	1	1	2	2	3	5	14	15	29	50	30	80	0	0	0	64	45	109	4.14	11	8	19
11	한국관광대학교	관광중국어과	전문대	사립	경기	1	2	3	1	1	2	0	1	1	5	2	7	9	3	12	0	0	0	14	5	19	2.33	8	3	11
12	한양여자대학교	실무중국어과	전문대	사립	서울	3	15	18	2	4	6	1	11	12	0	142	142	0	16	16	0	0	0	0	158	158	7.89	0	65	65
13	가천대학교	중국어문학과	대학교	사립	경기	10	14	24	3	3	6	7	11	18	확인 불가												-	16	44	60
14	가톨릭대학교	중국언어문화학과	대학교	사립	경기	3	12	15	1	3	4	2	9	11	36	125	161	13	23	36	0	0	0	49	148	197	10.73	5	13	18
15	강원대학교	중어중문학전공	대학교	국립	강원	5	7	12	1	3	4	4	4	8	28	69	97	23	12	35	0	2	2	51	83	134	8.08	2	16	18
16	건국대학교	중어중문학과	대학교	사립	서울	9	14	23	3	3	6	6	11	17	28	97	125	23	21	44	0	8	8	51	126	177	5.43	4	13	17
17	경기대학교	중어중문전공	대학교	사립	경기	5	5	10	2	3	5	3	2	5	17	40	57	5	6	11	1	11	12	23	57	80	5.7	4	17	21
18	경북대학교	중어중문학과	대학교	국립	대구	15	10	25	4	2	6	11	8	19	29	93	122	14	9	23	0	2	2	43	104	147	4.88	5	13	18
19	경상국립대학교	중어중문학과	대학교	국립	경남	13	6	19	5	0	5	8	6	14	38	132	170	18	15	33	0	1	1	56	148	204	8.95	2	14	16
20	경성대학교	중국학과	대학교	사립	부산	10	12	22	6	4	10	4	8	12	59	204	263	33	54	87	0	7	7	92	265	357	11.95	9	51	60
21	경희대학교	중국어학과	대학교	사립	서울	8	4	12	7	0	7	1	4	5	65	144	209	30	33	63	0	0	0	95	177	272	17.42	13	22	35
22	계명대학교	중국어중국학과	대학교	사립	대구	8	5	13	7	4	11	1	1	2	68	260	328	58	64	122	2	5	7	128	329	457	25.23	14	59	73
23	고려대학교	중어중문학과	대학교	사립	서울	16	31	47	6	2	8	10	29	39	86	214	300	45	36	81	0	0	0	131	250	381	6.38	13	27	40
24	고려대학교(세종)	중국학전공	대학교	사립	세종	7	4	11	2	1	3	5	3	8	29	81	110	27	21	48	0	0	0	56	102	158	10	7	14	21
25	국립강릉원주대학교	중어중문학과	대학교	국립	강원	4	2	6	4	1	5	0	1	1	35	45	80	11	15	26	1	2	3	47	62	109	13.33	6	8	14
26	국립경국대학교	중국어문 · 문화학과	대학교	국립	경북	4	3	7	3	0	3	1	3	4	12	10	22	2	0	2	0	0	0	14	10	24	3.14	9	9	18
27	국립공주대학교	중어중문학과	대학교	국립	충남	6	6	12	2	1	3	4	5	9	29	102	131	11	15	26	0	6	6	40	123	163	10.92	6	15	21
28	국립군산대학교	중어중문학과	대학교	국립	전북	7	5	12	3	1	4	4	4	8	확인 불가												-	3	9	12
29	국립목포대학교	동아시아문화	대학교	국립	전남	3	9	12	0	0	0	3	9	12	확인 불가												-	3	6	9
30	국립부경대학교	중국학과	대학교	국립	부산	8	8	16	5	1	6	3	7	10	30	95	125	11	11	22	0	2	2	41	108	149	7.81	1	13	14
31	국립순천대학교	글로벌중국학전공	대학교	국립	전남	6	3	9	4	0	4	2	3	5	35	76	111	8	12	20	0	0	0	43	88	131	12.33	확인 불가		

No.	학교명	전공 및 학과명	유형	설립구분	지역	교원 수									재적생 수												교원 1인당 학생 수	졸업생 수		
						합계			전임교원			비전임교원			재학생(A)			휴학생(B)			학위취득유예(C)			재적학생(D=A+B+C)						
						남	여	계	남	여	계	남	여	계	남	여	계	남	여	계	남	여	계	남	여	계		남	여	계
32	국립창원대학교	중국학과	대학교	국립	경남	5	4	9	4	1	5	1	3	4	41	85	126	18	20	38	0	1	1	59	106	165	14	6	16	22
33	국립한국교통대학교	중국어학과	대학교	국립	충북	5	4	9	4	3	7	1	1	2	24	26	50	1	0	1	0	0	0	25	26	51	5.56	5	18	23
34	국립한밭대학교	중국어과	대학교	국립	대전	6	7	13	4	4	8	2	3	5	57	194	251	29	31	60	0	3	3	86	228	314	19.31	6	31	37
35	국민대학교	중국학부(중국어문전공)	대학교	사립	서울	15	10	25	8	8	16	7	2	9	2	10	12	1	0	1	0	0	0	3	10	13	0.48	3	12	15
36	남서울대학교	중국학과	대학교	사립	충남	2	4	6	1	3	4	1	1	2	36	73	109	33	13	46	0	0	0	69	86	155	18.17	3	16	19
37	단국대학교(제2캠퍼스)	아시아중동학부 중국학전공	대학교	사립	충남	1	7	8	0	0	0	1	7	8	확인 불가												–	3	15	18
38	덕성여자대학교	중어중문학전공	대학교	사립	서울	5	7	12	3	1	4	2	6	8	0	64	64	0	18	18	0	2	2	0	84	84	5.33	0	18	18
39	동국대학교	중어중문학과	대학교	사립	서울	8	12	20	4	1	5	4	11	15	47	124	171	25	21	46	1	1	2	73	146	219	8.55	6	13	19
40	동국대학교(WISE)	중어중문학과	대학교	사립	경북	5	6	11	2	2	4	3	4	7	18	33	51	7	3	10	0	0	0	25	36	61	4.64	4	13	17
41	동덕여자대학교	글로벌지역학부 중어중국학전공	대학교	사립	서울	4	4	8	4	1	5	0	3	3	0	89	89	0	3	3	0	0	0	0	92	92	11.13	0	24	24
42	동서대학교	중국어학과	대학교	사립	부산	5	6	11	3	4	7	2	2	4	28	44	72	18	12	30	1	0	1	47	56	103	6.55	11	21	32
43	동아대학교	중국학과	대학교	사립	부산	5	7	12	1	7	8	4	0	4	36	149	185	18	24	42	0	0	0	54	173	227	15.42	3	22	25
44	동의대학교	중어중국학과	대학교	사립	부산	7	3	10	3	1	4	4	2	6	27	42	69	7	5	12	0	0	0	34	47	81	6.9	3	26	29
45	명지대학교(제2캠퍼스)	중어중문학과	대학교	사립	서울	5	5	10	4	2	6	1	3	4	31	99	130	30	22	52	0	9	9	61	130	191	13	8	28	36
46	목원대학교	중국문화・비즈니스학과	대학교	사립	대전	3	2	5	2	1	3	1	1	2	33	61	94	21	10	31	0	2	2	54	73	127	18.8	4	5	9
47	부산대학교	중어중문학과	대학교	국립	부산	9	16	25	2	4	6	7	12	19	40	118	158	23	21	44	1	2	3	64	141	205	6.32	8	12	20
48	부산외국어대학교	중국학부	대학교	사립	부산	5	11	16	4	4	8	1	7	8	0	1	1	14	7	21	0	0	0	14	8	22	0.06	14	49	63
49	상명대학교(제2캠퍼스)	중국어권지역학전공	대학교	사립	충남	3	2	5	3	1	4	0	1	1	4	21	25	0	7	7	2	6	8	6	34	40	5	6	15	21
50	서강대학교	중국문화학과	대학교	사립	서울	6	9	15	5	2	7	1	7	8	76	122	198	35	22	57	2	14	16	113	158	271	13.2	7	14	21
51	서울대학교	중어중문학과	대학교	국립대법인	서울	22	28	50	8	3	11	14	25	39	19	67	86	9	14	23	0	0	0	28	81	109	1.72	9	8	17
52	서울시립대학교	중국어문화학과	대학교	공립	서울	10	6	16	6	2	8	4	4	8	57	92	149	15	14	29	0	0	0	72	106	178	9.31	3	12	15
53	서울신학대학교	중국언어문화콘텐츠학과	대학교	사립	경기	1	3	4	1	3	4	0	0	0	20	73	93	9	9	18	0	0	0	29	82	111	23.25	7	10	17
54	서울여자대학교	중어중문학과	대학교	사립	서울	4	7	11	2	3	5	2	4	6	0	134	134	0	41	41	0	13	13	0	188	188	12.18	0	19	19
55	선문대학교	외국어학부 중국어문화전공	대학교	사립	충남	3	4	7	2	3	5	1	1	2	13	18	31	0	0	0	0	0	0	13	18	31	4.43	1	12	13
56	성결대학교	중어중문학과	대학교	사립	경기	1	5	6	1	4	5	0	1	1	43	146	189	15	23	38	1	0	1	59	169	228	31.5	4	13	17
57	성공회대학교	중어중국학전공(인문융합콘텐츠학부)	대학교	사립	서울	확인 불가									2	7	9	1	0	1	0	0	0	3	7	10	–	0	3	3
58	성균관대학교	중어중문학과	대학교	사립	서울	10	11	21	3	0	3	7	11	18	59	89	148	41	28	69	0	0	0	100	117	217	7.05	9	18	27
59	성신여자대학교	중국어문·문화학과	대학교	사립	서울	2	8	10	2	4	6	0	4	4	0	35	35	0	0	0	0	0	0	0	35	35	3.5	0	20	20
60	수원대학교	중어중문학	대학교	사립	경기	0	6	6	0	5	5	0	1	1	15	58	73	17	23	40	0	1	1	32	82	114	12.17	4	26	30
61	숙명여자대학교	중어중문학부	대학교	사립	서울	3	10	13	3	4	7	0	6	6	0	254	254	0	52	52	0	0	0	0	306	306	19.54	0	27	27
62	순천향대학교	중국학과	대학교	사립	충남	3	0	3	2	0	2	1	0	1	확인 불가												–	5	18	23

No.	학교명	전공 및 학과명	유형	설립 구분	지역	교원 수									재적생 수												교원 1인당 학생 수	졸업생 수		
						합계			전임교원			비전임교원			재학생(A)			휴학생(B)			학위취득유예(C)			재적학생(D=A+B+C)						
						남	여	계	남	여	계	남	여	계	남	여	계	남	여	계	남	여	계	남	여	계		남	여	계
63	숭실대학교	중어중문학과	대학교	사립	서울	7	10	17	2	5	7	5	5	10	40	112	152	21	11	32	0	0	0	61	123	184	8.94	6	12	18
64	안양대학교	중국언어문화학과	대학교	사립	경기	2	5	7	2	2	4	0	3	3	15	58	73	5	13	18	0	0	0	20	71	91	10.43	1	7	8
65	연세대학교	중어중문학과	대학교	사립	서울	18	46	64	3	5	8	15	41	56	56	111	167	40	38	78	3	8	11	99	157	256	2.61	7	23	30
66	영남대학교	중국언어문화학과	대학교	사립	경북	2	0	2	0	0	0	2	0	2	20	80	100	3	3	6	0	0	0	23	83	106	50	11	27	38
		응용중국어통번역전공	대학교	사립	경북	확인 불가									4	18	22	1	0	1	0	0	0	5	18	23	-	확인 불가		
67	용인대학교	중국학과	대학교	사립	경기	확인 불가									27	98	125	29	18	47	0	0	0	56	116	172	-	5	23	28
68	울산대학교	중국어·중국학과	대학교	사립	울산	4	7	11	3	2	5	1	5	6	41	72	113	23	22	45	0	4	4	64	98	162	10.27	4	24	28
69	원광대학교	중국학과	대학교	사립	전북	7	4	11	3	1	4	4	3	7	37	62	99	18	17	35	0	0	0	55	79	134	9	6	18	24
70	이화여자대학교	중어중문학과	대학교	사립	서울	5	15	20	2	7	9	3	8	11	0	276	276	0	50	50	0	12	12	0	338	338	13.8	0	34	34
71	인천대학교	중어중국학과	대학교	국립대 법인	인천	10	7	17	10	5	15	0	2	2	46	160	206	34	17	51	1	4	5	81	181	262	12.12	4	23	27
72	인하대학교	중국학과	대학교	사립	인천	6	12	18	5	3	8	1	9	10	55	147	202	49	43	92	0	0	0	104	190	294	11.22	2	20	22
73	전남대학교	중어중문학과	대학교	국립	광주	14	15	29	5	2	7	9	13	22	48	162	210	26	29	55	1	1	2	75	192	267	7.24	6	13	19
74	전남대학교 (제2캠퍼스)	국제학부(중국학전공)	대학교	국립	전남	확인 불가									48	137	185	22	24	46	1	1	2	71	162	233	-	확인 불가		
75	전북대학교	중어중문학과	대학교	국립	전북	9	13	22	5	3	8	4	10	14	23	53	76	12	14	26	0	0	0	35	67	102	3.45	6	18	24
76	전주대학교	중국어중국학과	대학교	사립	전북	5	3	8	2	2	4	3	1	4	43	91	134	23	22	45	0	2	2	66	115	181	16.75	5	12	17
77	제주대학교	중어중문학과	대학교	국립	제주	8	12	20	3	2	5	5	10	15	23	80	103	15	17	32	0	0	0	38	97	135	5.15	3	21	24
78	조선대학교	아시아언어문화학부 (중국어문화학전공)	대학교	사립	광주	3	7	10	2	3	5	1	4	5	23	80	103	15	17	32	0	0	0	38	97	135	10.3	5	32	37
79	중앙대학교	아시아문화학부 (중국어문학전공)	대학교	사립	서울	7	10	17	3	3	6	4	7	11	54	138	192	35	40	75	1	6	7	90	184	274	11.29	16	24	40
80	창신대학교	중국비즈니스학과	대학교	사립	경남	1	3	4	0	3	3	1	0	1	42	53	95	13	2	15	0	0	0	55	55	110	23.75	6	8	14
81	충남대학교	중어중문학과	대학교	국립	대전	10	5	15	4	1	5	6	4	10	39	128	167	29	20	49	0	0	0	68	148	216	11.13	7	9	16
82	충북대학교	중어중문학과	대학교	국립	충북	9	8	17	2	3	5	7	5	12	35	80	115	13	18	31	0	1	1	48	99	147	6.76	9	14	23
83	평택대학교	중국학전공	대학교	사립	경기	확인 불가									17	24	41	9	10	19	0	0	0	26	34	60	-	3	8	11
84	한국교원대학교	중국어교육과	대학교	국립	충북	3	3	6	3	1	4	0	2	2	9	27	36	4	1	5	0	0	0	13	28	41	6	1	0	1
85	한국외국어대학교	중국언어문화학부	대학교	사립	서울	19	25	44	6	0	6	13	25	38	22	52	74	4	2	6	0	0	0	26	54	80	1.68	16	22	38
		외국어교육학부 (중국어교육전공)	대학교	사립	서울	0	5	5	0	2	2	0	3	3	5	27	32	2	4	6	0	0	0	7	31	38	6.4	1	6	7
		중국어통번역학과	대학교	사립	서울	10	16	26	4	0	4	6	16	22	34	103	137	18	36	54	0	0	0	52	139	191	5.27	8	20	28
86	한림대학교	중국학과	대학교	사립	강원	7	7	14	5	1	6	2	6	8	53	105	158	21	25	46	1	2	3	75	132	207	11.29	4	18	22
87	한세대학교	중국어학과	대학교	사립	경기	2	1	3	1	1	2	1	0	1	23	89	112	11	3	14	0	0	0	34	92	126	37.33	0	5	5
88	한신대학교	중국어문화콘텐츠학	대학교	사립	경기	4	5	9	2	3	5	2	2	4	0	36	36	2	2	4	0	0	0	2	38	40	4	2	7	9
89	한양대학교	중어중문학과	대학교	사립	서울	12	16	28	7	6	13	5	10	15	90	152	242	53	28	81	6	16	22	149	196	345	8.64	17	17	34
90	한양대학교(ERICA)	중국학과	대학교	사립	경기	13	4	17	5	2	7	8	2	10	39	99	138	24	19	43	4	6	10	67	124	191	8.12	13	23	36

No.	학교명	전공 및 학과명	유형	설립구분	지역	교원 수									재적생 수															교원 1인당 학생 수	졸업생 수		
						합계			전임교원			비전임교원			재학생(A)			휴학생(B)			학위취득유예(C)			재적학생(D=A+B+C)					
						남	여	계	남	여	계	남	여	계	남	여	계	남	여	계	남	여	계	남	여	계		남	여	계
91	협성대학교	중국어문화학과	대학교	사립	경기	3	6	9	2	3	5	1	3	4	24	54	78	9	11	20	0	0	0	33	65	98	8.67	9	13	22
92	호남대학교	중국어학과	대학교	사립	광주	5	2	7	4	2	6	1	0	1	37	50	87	11	4	15	0	0	0	48	54	102	12.43	3	3	6
93	호서대학교	중국학과	대학교	사립	충남	7	2	9	4	0	4	3	2	5	47	93	140	21	11	32	0	0	0	68	104	172	15.56	6	25	31
94	경희사이버대학교	중국어문화학과	대학교	사립	서울	9	7	16	1	0	1	8	7	15	65	77	142	11	8	19	0	0	0	76	85	161	8.88	15	21	36
95	고려사이버대학교	실용외국어학과	대학교	사립	서울	4	26	30	0	4	4	4	22	26	225	297	522	42	53	95	0	0	0	267	350	617	17.4	확인 불가		
96	사이버한국외국어대학교	중국어학부	대학교	사립	서울	3	5	8	1	2	3	2	3	5	170	379	549	31	93	124	0	0	0	201	472	673	68.63	33	74	107
97	서울디지털대학교	국제학과(일본 · 중국)	대학교	사립	서울	1	3	4	1	3	4	0	0	0	38	38	76	3	4	7	0	0	0	41	42	83	19	7	6	13
98	세종사이버대학교	국제학과(영어 · 중국어)	대학교	사립	서울	3	10	13	0	1	1	3	9	12	94	207	301	10	16	26	0	0	0	104	223	327	23.15	17	41	58
99	숭실사이버대학교	중국언어문화학과	대학교	사립	서울	2	4	6	0	1	1	2	3	5	17	24	41	3	3	6	0	0	0	20	27	47	6.83	3	6	9
100	한국방송통신대학교	중어중문학과	대하곡	국립	서울	7	6	13	3	5	8	4	1	5	1,078	1,526	2,604	350	473	823	0	0	0	1,428	1,999	3,427	200.31	213	272	485

부록4 중문 학원 · 교습소 목록 (2024)

No.	지역	학원명	설립연도	No.	지역	학원명	설립연도
1	서울	강남중국어학원	2005	57	서울	차이랑중국어은행사거리캠퍼스중국어교습소	2022
2	서울	강남파고다외국어학원	2002	58	서울	차이랑중국어장승캠퍼스중국어교습소	2023
3	서울	공자중국어교습소	2016	59	서울	차이랑중국어창동캠퍼스중국어교습소	2022
4	서울	광장동해법중국어학원	2016	60	서울	차이홍길음중국어교습소	2024
5	서울	구디움중국어학원	2022	61	서울	차이홍대치중국어교습소	2020
6	서울	김원중국어교습소	2020	62	서울	차이홍성동중국어교습소	2023
7	서울	남미숙중국어강남학원	2021	63	서울	차이홍위례중국어교습소	2022
8	서울	누리중국어교습소	2023	64	서울	차이홍장평초중국어교습소	2011
9	서울	다성중국어교습소	2013	65	서울	차이홍중국어동대문중국어교습소	2023
10	서울	대진중국어학원	2016	66	서울	첸첸중국어교습소	2024
11	서울	대창중국어교습소	2013	67	서울	최선생중국어교습소	2019
12	서울	대치해법중국어교습소	2021	68	서울	최선생중국어학원	2020
13	서울	두드림중국어교습소	2012	69	서울	카이씬중국어교습소	2019
14	서울	드림중국어교습소	2018	70	서울	케이씨아이중국어학원	2017
15	서울	똑똑중국어교습소	2019	71	서울	코지차이나로에듀어학원	2023
16	서울	라유중국어교습소	2024	72	서울	탄탄중국어학원	2018
17	서울	리얼차이나중국어교습소	2019	73	서울	튼튼원어민중국어교습소	2023
18	서울	립(LEAP)중국어교습소	2023	74	서울	파고다차이랑중국어교습소	2016
19	서울	목동뉴차이나중국어교습소	2005	75	서울	파고다교육그룹차이랑중국어교습소	2018
20	서울	미성중국어교습소	2022	76	서울	파고다외국어학원	1994
21	서울	밍중국어교습소	2008	77	서울	파고다차이랑광진캠퍼스중국어교습소	2024
22	서울	방이중국어캠퍼스중국어교습소	2011	78	서울	파고다차이랑구일중국어교습소	2015
23	서울	베이징중국어학원	2004	79	서울	파고다차이랑중국어방학캠퍼스학원	2022
24	서울	비전중국어교습소	2007	80	서울	파고다차이랑행당중국어교습소	2017
25	서울	샤오또우홍은중국어교습소	2019	81	서울	팬더중국어교습소	2015
26	서울	세계최강중국어통역학원	2013	82	서울	한일외국어학원	2007
27	서울	송봉운중국어교습소	2011	83	서울	한자랑중국어랑중국어교습소	2021
28	서울	송선생중국어교습소	2012	84	서울	해법문래중국어교습소	2013
29	서울	송송차이나중국어교습소	2014	85	서울	해법일원중국어교습소	2017
30	서울	수메이중국어교습소	2013	86	서울	해법중국어교습소	2015
31	서울	스푼중국어교습소	2024	87	서울	해법중국어교실교습소명륜점	2015
32	서울	시사중국어학원	2005	88	서울	해법중국어마곡공진점중국어교습소	2020
33	서울	신나는중국어보습학원	2004	89	서울	해법중국어북경대중국어교습소	2017
34	서울	신사해법중국어교습소	2020	90	서울	해법중국어사당이수중국어교습소	2019
35	서울	신신중국어교습소	2016	91	서울	해법중국어원효점교습소	2020
36	서울	신화외국어통역학원	2005	92	서울	해법중국어자곡중국어교습소	2018
37	서울	씽씽중국어한자학원	2014	93	서울	홍쌤원어민중국어교습소	2023
38	서울	O.S.S영어중국어강동어학학원	2001	94	경기	국제외국어학원	1988
39	서울	오차이나중국어교습소	2019	95	경기	Y드림중국어교습소	2022
40	서울	오차이나중국어교습소	2019	96	경기	갑천하중국어학원	2017
41	서울	옥수해법중국어교습소	2017	97	경기	강선생중국어교습소	2008
42	서울	원어민중국어교습소	2013	98	경기	경경중국어교습소	2011
43	서울	이지로중국어보습학원	2010	99	경기	경안해법중국어교습소	2013
44	서울	이태윤영어중국어학원	2009	100	경기	공도 차이나로 중국어 학원	2019
45	서울	임쌤중국어교습소	2016	101	경기	구리차이홍중국어교습소	2023
46	서울	잠실차이랑중국어교습소	2019	102	경기	권대중국어논술학원	2015
47	서울	장원급제중국어교습소	2024	103	경기	권대중국어학원	2024
48	서울	정N왕중국어보습학원	2020	104	경기	글로벌외국어학원	2003
49	서울	죠앤쌤의중국어교습소	2024	105	경기	김포해법중국어학원	2020
50	서울	중국명문대입시학원	2004	106	경기	난칸중국어교습소	2022
51	서울	진중국어교습소	2016	107	경기	니하오중국어교습소	2016
52	서울	짜요짜요중국어학원	2006	108	경기	니하오중국어학원	2018
53	서울	쩐빵중국어교습소	2024	109	경기	니하오해법중국어교습소	2016
54	서울	차이랑중국어교습소	2021	110	경기	다이아중국어학원	2021
55	서울	차이랑중국어국어한문학원	2021	111	경기	단아(端雅)·해법중국어학원	2019
56	서울	차이랑중국어목동9단지캠퍼스중국어교습소	2019	112	경기	동백중국어교습소	2016

No.	지역	학원명	설립연도	No.	지역	학원명	설립연도
113	경기	동탄파고다차이랑중국어교습소	2016	172	경기	죽전동매해법중국어교습소	2011
114	경기	디딤돌중국어교습소	2022	173	경기	지니샘중국어한자학원	2006
115	경기	라이라이중국어교습소	2011	174	경기	진쌤원어민중국어교습소	2022
116	경기	라이라이중국어학원	2012	175	경기	진중국어학원	2021
117	경기	라임중국어교습소	2023	176	경기	차이나는중국어교습소	2021
118	경기	량량중국어교습소	2021	177	경기	차이나로중국어학원	2002
119	경기	리즈중국어원격학원	2024	178	경기	차이나온중국어학원	2023
120	경기	린중국어학원	2018	179	경기	차이랑민락점중국어교습소	2024
121	경기	마산해법중국어학원	2024	180	경기	차이랑중국어향남2보습학원	2017
122	경기	마쿤중국어교습소	2018	181	경기	차이홍고양향동중국어교습소	2024
123	경기	맛있는중국어교습소	2011	182	경기	차이홍남양주중국어학원	2009
124	경기	명품중국어교습소	2017	183	경기	차이홍동탄목동중국어교습소	2024
125	경기	무지개일본어·중국어학원	2020	184	경기	차이홍동탄예당중국어교습소	2023
126	경기	문산해법원어민중국어교습소	2019	185	경기	차이홍동탄중국어교습소	2023
127	경기	미래중국어학원	2013	186	경기	차이홍미사중국어교습소	2023
128	경기	미사청아중국어교습소	2022	187	경기	차이홍비전중국어교습소	2024
129	경기	베이징중국어학원	2018	188	경기	차이홍용인동백중국어교습소	2023
130	경기	베이징탑중국어학원	2019	189	경기	차이홍일산후곡중국어교습소	2006
131	경기	베짱이한자와교과서중국어한자교습소	2020	190	경기	차이홍파주운정중국어교습소	2021
132	경기	변희선중국어교습소	2020	191	경기	차이홍판교중국어교습소	2023
133	경기	별내해법중국어교습소	2021	192	경기	참중국어교습소	2011
134	경기	북경중국어교습소	2013	193	경기	청덕물푸레해법중국어교습소	2024
135	경기	북경중국어교습소	2016	194	경기	청아외국어학원	2020
136	경기	북경중국어학원	2009	195	경기	취혜진중국어교습소	2023
137	경기	붐붐 씽푸 중국어 학원	2017	196	경기	친친중국어교습소	2022
138	경기	삼육오일본어중국어통역학원	2009	197	경기	칭화중국어학원	2024
139	경기	상현역해법중국어교습소	2016	198	경기	카이신중국어교습소	2008
140	경기	샤오팡중국어원격교습학원	2014	199	경기	카이신중국어교습소	2021
141	경기	샬롬차이나중국어원격학원	2013	200	경기	카이신중국어학원	2019
142	경기	서가중국어·논술학원	2019	201	경기	크리스티영어앤중국어학원	2015
143	경기	서정연중국어교습소	2023	202	경기	통중국어학원	2018
144	경기	서현중국어학원	2018	203	경기	팅팅중국어교습소	2019
145	경기	세교미래중국어교습소	2024	204	경기	파고다차이랑(풍무캠퍼스)중국어교습소	2019
146	경기	세뜻중국어학원	2012	205	경기	파고다차이랑동탄솔빛중국어교습소	2012
147	경기	소사벌해법중국어교습소	2015	206	경기	파고다차이랑신봉점중국어교습소	2011
148	경기	손윤옥김찬영중국어학원	2011	207	경기	파고다차이랑중국어동탄예당캠퍼스학원	2018
149	경기	송쌤중국어교습소	2018	208	경기	파고다차이랑중국어용인보정중국어교습소	2022
150	경기	송휘중국어영어학원	2022	209	경기	퍼펙트중국어교습소	2023
151	경기	시사중국어학원	2004	210	경기	평촌차이나로중국어학원	2013
152	경기	신나는중국어교습소	2017	211	경기	하오중국어트튼영어마스터클럽학원	2015
153	경기	씨씨's중국어아지트중국어교습소	2024	212	경기	해법고덕교실중국어교습소	2023
154	경기	씽씽중국어교습소	2013	213	경기	해법미래중국어교습소	2018
155	경기	씽씽중국어교습소	2016	214	경기	해법원어민중국어교습소	2011
156	경기	안중시사중국어학원	2015	215	경기	해법위례원어민중국어교습소	2019
157	경기	어썸영어중국어학원	2021	216	경기	해법중국어교습소	2015
158	경기	역북해법중국어학원	2016	217	경기	해법중국어권선점교습소	2013
159	경기	와와중국어교습소	2014	218	경기	해법중국어동탄카림중국어교습소	2022
160	경기	왕박사중국어학원	2010	219	경기	해법중국어배곧학원	2017
161	경기	용이원어민중국어교습소	2017	220	경기	해법중국어상동교습소	2016
162	경기	우리중국어학원	2022	221	경기	해법중국어송정교습소	2020
163	경기	윤쌤원어민중국어교습소	2019	222	경기	해법중국어수학학원	2016
164	경기	은계해법중국어교습소	2021	223	경기	해법중국어앤씨투엠강촌캠퍼스학원	2017
165	경기	이루다한국어&차이랑중국어심곡본보습학원	2019	224	경기	해법중국어옥길직영보습학원	2019
166	경기	이윤진중국어학원	2022	225	경기	해법중국어운암학원	2016
167	경기	이제이플러스외국어종합학원	2009	226	경기	해법중국어윤쌤중국어교습소	2013
168	경기	이해법수학중국어학원	2017	227	경기	해법중국어잉글리쉬무무서일영어학원	2008
169	경기	일산차이나로중국어학원	2011	228	경기	해법중국어정왕교습소	2016
170	경기	정담영어중국어학원	2020	229	경기	해법중국어정자교습소	2015
171	경기	정화니하오중국어교습소	2011	230	경기	해법중국어학원	2015

No.	지역	학원명	설립연도
231	경기	해법중국어호평중국어교습소	2024
232	경기	해법철산중국어교습소	2013
233	경기	해법해양중국어교습소	2024
234	경기	홍중국어학원	2022
235	경기	효자촌해법중국어교습소	2014
236	경기	효진외국어학원	2018
237	경기	희망중국어교습소	2011
238	인천	가람중국어교습소	1992
239	인천	가좌중국어교습소	2022
240	인천	동방(東方)중국어학원	2019
241	인천	베이징중국어학원	2024
242	인천	비전영어중국어학원	2021
243	인천	성장중국어교습소	2015
244	인천	송도류궈링중국어교습소	2022
245	인천	연경중국어교습소	2023
246	인천	원스중국어교습소	2020
247	인천	윰쌤중국어교습소	2022
248	인천	이이씨(EEC)중국어교습소	2013
249	인천	인천검단중국어학원	2004
250	인천	진중국어교습소	2019
251	인천	차이홍송도중국어교습소	2024
252	인천	차이홍청라초은중국어교습소	2021
253	인천	콰이러중국어학원	2014
254	인천	텐차이중국어학원	2008
255	인천	텐텐중국어교습소	2011
256	인천	파고다차이랑간석중국어교습소	2019
257	인천	함선생중국어교습소	2019
258	부산	CM중국어JK일본어전문학원	2008
259	부산	MLS외국어학원	1996
260	부산	공자아카데미중국어학원	2012
261	부산	권나영중국어교습소	2024
262	부산	기쁨중국어교습소	2023
263	부산	다대해법중국어교습소	2011
264	부산	봉샘중국어교습소	2020
265	부산	북경중국어학원	2001
266	부산	북경중국어학원	2002
267	부산	신중국어학원	2018
268	부산	씨엠중국어제이케이일본어전문학원	2007
269	부산	씬씬중국어영어일본어전문학원	2010
270	부산	온천장차이랑중국어교습소	2023
271	부산	유지현나라중국어교습소	2013
272	부산	윤주희중국어교습소	2019
273	부산	이지차이나(Easy China)학원	2018
274	부산	재미있는중국어교습소	2015
275	부산	차이랑중국어교습소	2023
276	부산	차이씽중국어전문어학원	2022
277	부산	차이홍용호중국어교습소	2023
278	부산	차이홍큰별중국어교습소	2023
279	부산	차이홍화명중국어교습소	2011
280	부산	태양중국어교습소	2020
281	부산	파고다교육그룹차이랑중국어교습소	2022
282	부산	파고다차이랑중국어교습소	2018
283	부산	판다중국어교습소	2020
284	부산	한걸음중국어교습소	2019
285	부산	한수위더프리미엄세특중국어일본어학원	2022
286	부산	화명상하이중국어학원	2014
287	대구	니하오중국어오하요일본어프렌잉글리시어학원	2013
288	대구	라이라이수성중국어교습소	2019
289	대구	북경중국어교습소	2016
290	대구	수성점해법중국어교습소	2008
291	대구	씽씽중국어교습소	2024
292	대구	원어민중국어교습소	2014
293	대구	이가중국어교습소	2023
294	대구	중국전통문화예술학원	2019
295	대구	차이랑중국어월성주주캠퍼스중국어교습소	2024
296	대구	차이홍범어중국어교습소	2022
297	대구	차이홍시지중국어교습소	2016
298	대구	차이홍월성중국어교습소	2023
299	대구	척척박사중국어교습소	1990
300	대구	팡팡중국어교습소	2020
301	울산	랑랑중국어교습소	2015
302	울산	매곡해법중국어교습소	2022
303	울산	북경중국어학원	1990
304	울산	북경통중국어학원	2014
305	울산	서정화중국어교습소	2018
306	울산	송정해법중국어교습소	2019
307	울산	우정HSK현대중국어교습소	2016
308	울산	참쉬운중국어교습소	2018
309	울산	학문로중국어교습소	2012
310	울산	환잉중국어교습소	2016
311	경북	구미글로발외국어학원	1997
312	경북	동링중국어교습소	2023
313	경북	문홍중국어학원	2017
314	경북	바이송중국어교습소	2017
315	경북	상상중국어교습소	2015
316	경북	서성수중국어학원	2004
317	경북	장성중국어교습소	2023
318	경북	차이랑중국어경산중국어교습소	2021
319	경북	차이홍포항효곡중국어교습소	2023
320	경북	청산유수중국어교습소	2024
321	경북	칠용중국어교습소	2013
322	경북	파고다차이랑중국어와이비엠잉글루학원	2020
323	경북	파고다차이랑중국어학원	2017
324	경북	프렌잉글리시&차이랑중국어학원	2020
325	경북	프렌잉글리시&차이랑중국어학원	2023
326	경북	해법제대로중국어교습소	2022
327	경남	CM중국어JK일본어전문학원	2013
328	경남	대한중국어학원	2015
329	경남	더솔중국어교습소	2024
330	경남	런차이중국어교습소	2024
331	경남	리나외국어학원	2017
332	경남	부경중국어학원	2014
333	경남	북경중국어학원	1999
334	경남	원어민중국어교습소	2023
335	경남	유니시티해법중국어교습소	2020
336	경남	장유차이랑중국어교습소	2015
337	경남	진중국어학원	2016
338	경남	차이나는중국어교습소	2023
339	경남	차이랑중국어거창캠퍼스학원	2024
340	경남	차이랑중국어학원	2018
341	경남	차이홍김해중국어학원	2021
342	경남	차이홍물금중국어교습소	2023
343	경남	차이홍율하중국어학원	2024
344	경남	창원실용중국어학원	2015
345	경남	창원윤성중국어학원	2010
346	경남	창원중국어전문학원	2020
347	경남	파고다차이랑연가중국어학원	2015
348	경남	파고다차이랑중국어한자양산코렘학원	2007

No.	지역	학원명	설립연도	No.	지역	학원명	설립연도
349	경남	팔판해법중국어교습소	2019	405	광주	위차이중국어학원	2019
350	경남	팬더중국어학원	2018	406	광주	율곡한문.중국어학원	2002
351	경남	풍선생중국어교습소	2021	407	광주	이스트중국어학원	2015
352	경남	하얼빈중국어교습소	2014	408	광주	이화중국어학원	2007
353	경남	하얼빈중국어전문학원	2010	409	광주	전쌤중국어교습소	2014
354	경남	하오샹중국어교습소	2015	410	광주	차이홍봉선중국어교습소	2012
355	경남	해법고고(高Go)중국어학원	2018	411	광주	차이홍수완중국어교습소	2024
356	경남	해법니하오중국어학원	2013	412	광주	첨단붐붐중국어교습소	2014
357	강원	노혜서중국어교습소	2015	413	광주	해법중국어광주봉선학원	2019
358	강원	대륙중국어학원	2021	414	광주	해피잉글리쉬해피이얼싼중국어학원	2018
359	강원	북경중국어학원	2008	415	전북	1대1마스터수학영어중국어학원	2009
360	강원	원중국어학원	2016	416	전북	21세기중국어학원	2003
361	강원	일취월장중국어교습소	2021	417	전북	군산중국어전문학원	2011
362	강원	전쌤HSK중국어교습소	2021	418	전북	대방중국어학원	2021
363	강원	정구현중국어학원	2020	419	전북	룬중국어학원	2018
364	강원	제이씨중국어교습소	2023	420	전북	미래중국어전문학원	2004
365	충북	명문중국어전문학원	2018	421	전북	북경중국어학원	1988
366	충북	박쌤중국어학원	2002	422	전북	송지현중국어학원	2024
367	충북	봉명해법중국어교습소	2015	423	전북	에이치에스케이중국어학원	2012
368	충북	분평해법중국어교습소	2021	424	전북	에코중국어교습소	2020
369	충북	지웰중국어학원	2014	425	전북	오미순중국어학원	2020
370	충북	차이랑중국어교습소	2022	426	전북	우아중국어학원	2000
371	충북	차이랑중국어충주용산교습소	2023	427	전북	장곤중국어학원	2018
372	충북	청주화교중국어학원	2021	428	전북	조연옥중국어학원	2002
373	충북	현대중국어학원	2021	429	전북	진화중국어교습소	2010
374	충남	경희실용중국어교습소	2016	430	전북	차이나중국어학원	2013
375	충남	김쌤해법중국어교습소	2024	431	전북	차이랑중국어만성캠퍼스학원	2019
376	충남	베이징중국어학원	2012	432	전북	차이랑중국어왕쌤중국어교습소	2021
377	충남	스마트해법수학중국어학원	2022	433	전북	차이랑중국어효천캠퍼스학원	2020
378	충남	원어민해법중국어학원	2017	434	전북	차이홍중국어익산모현교습소	2024
379	충남	차이랑중국어교습소	2024	435	전북	해법중국어미래어학원	2009
380	충남	차이랑중국어서산학원	2023	436	전북	해법중국어톡톡중국어교습소	2019
381	충남	차이랑중국어아산학원	2019	437	전북	화쌤중국어학원	2013
382	충남	차이랑중국어장강국제어학원	2013	438	전남	김선중국어논술학원	2023
383	대전	갑천하중국어교습소	2023	439	전남	띠따오중국어교습소	2011
384	대전	갑천하중국어전문학원	2001	440	전남	왕진중국어교습소	2024
385	대전	김은선중국어학원	2018	441	전남	차이랑중국어영암삼호캠퍼스학원	2023
386	대전	노은중국어학원	2023	442	전남	차이홍여수중국어교습소	2023
387	대전	이태경중국어교습소	2018	443	전남	하오중국어교습소	2021
388	대전	중국어아이니어학원	2007	444	제주	니하오차이랑중국어교습소	2023
389	대전	차이랑중국어둔산국화중국어교습소	2021	445	제주	만다린중국어교습소	2023
390	대전	코칭중국어교습소	2023	446	제주	베이징중국어학원	2012
391	대전	해법가양교실중국어교습소	2019	447	제주	북경외국어학원	2020
392	대전	해법중국어반석점중국어교습소	2021	448	제주	삼성영어셀레나&차이랑중국어삼화캠퍼스학원	2017
393	대전	현대중국어학원	2006	449	제주	삼성영어셀레나.차이랑중국어함덕어학원	2022
394	대전	홍엔중국어교습소	2016	450	제주	쉬운중국어앤일본어학원	2024
395	세종	새롬차이랑중국어교습소	2022	451	제주	신제주북경중국어학원	2008
396	세종	세종중국어학원	2020	452	제주	이노중국어교습소	2020
397	세종	세종카이신중국어학원	2019	453	제주	제주베이징중국어교습소	2020
398	세종	에이플중국어학원	2024	454	제주	차이랑중국어한라캠퍼스학원	2014
399	세종	원어민우지평중국어교실원격학원	2024	455	제주	하하호호중국어학원	2014
400	광주	HCJ일본어중국어학원	2017				
401	광주	HSK전문임혜원중국어통역학원	2009				
402	광주	나수연중국어학원	2014				
403	광주	롱친차이나중국어학원	2012				
404	광주	세계로중국어교습소	2018				

주: 지역별로 학원명 가나다순 정렬.

데이터 출처: 나이스 교육정보 개방 포털.

부록5 중문 교육 관련 도서 목록 (2024)

No.	도서명	저/편/역자	출판사	형태
1	(50일 만에 끝내는) 중국어 관광통역안내사 : 2차 면접	김미숙 편	SD에듀	종이책
2	(EBS) 수능완성 제2외국어&한문영역 중국어I	한국교육방송공사 편	한국교육방송공사	종이책
3	(New) 레전드 중국어 필수단어	더 콜링,김정희 저	랭귀지북스	종이책
4	(New) 레전드 중국어 회화사전	더 콜링,김정희 저	랭귀지북스	종이책
5	(New) 점프! 대학중국어	맹유 외 저	경북대학교출판부	종이책
6	(국제의료관광코디네이를 위한) 의료·에스테틱 중국어	박민정 저	Pubple	종이책
7	(따라 읽으면 되는) 여행 중국어	힘찬북스 편집부 저	힘찬북스	종이책
8	(문화와 함께 배우는) 대학중국어	손염홍,남종진 저	쿠북	종이책
9	(바로바로) 하루 10분 일상 중국어 : 1일 1문장 365 데일리 구성	최진권 저	탑메이드북	종이책
10	(성공적인 중국 여행을 위한) 실용 중국어회화	백영선 저	부크크	종이책
11	(시원스쿨) 여행중국어	시원스쿨어학연구소 저	시원스쿨닷컴	종이책
12	(중국어 원문과 영문 번역 두 편을 비교 번역한) 天下唯一 孫子兵法	손무 저/안성봉 역	지식공감	종이책
13	(중급) 중국어 : EBS FM radio	홍상욱 저	동아출판	종이책
14	(착! 붙는) 중국어 간체자 쓰기 600 : 중국 상용한자 600자를 직접 써 보며 손에 착! 머리에 쏙!	중국어공부기술연구소 편	시사북스	종이책
15	(착! 붙는) 중국어 단어장	이재경,페이시앙루 저	시사북스	종이책
16	(착! 붙는) 중국어 독학 첫걸음 : 발음부터 회화를 입에 착! HSK 시험까지 한 번에 착!	허은진 외 저	시사북스	종이책
17	(초급) 중국어 : EBS FM radio	송지현 저	동아출판	종이책
18	(프리토킹과 원서 읽기를 위한) the 중국어 공부법	박주경 저	부크크	종이책
19	(한·중 대조 언어학을 기반으로 하는) 현대 중국어 음운학	김태은 저	한국문화사	종이책
20	(해커스 중국어 해설이 상세한) HSK 7-9급 실전모의고사 : 해설집	해커스 HSK연구소 저	해커스	종이책
21	(현지에서 바로 통하는) 여행 중국어회화 : 나만의 중국어 가이드북	제이플러스 편	Jplus	종이책
22	1등 중국어 단어장	Mr. Sun 어학연구소 저	Old Stairs	종이책
23	1천 동사 5천 문장을 듣고 따라하면 저절로 암기되는 중국어 간체 회화(mp3)	정호칭 저	부크크	종이책
24	Go Go 중국어	송진희,임지영 저	전남대학교출판문화원	종이책
25	Go! 독학 중국어 단어장 : 기적의 10일 초단기 완성	시원스쿨어학연구소 저	시원스쿨닷컴	종이책
26	Go! 독학 중국어 첫걸음 : 중국어 발음부터 실생활 회화까지 20일 완성	시원스쿨어학연구소 저	시원스쿨닷컴	종이책
27	개와 고양이 : 중국어	오즈하우스 저/한국외국어대학교 통번역센터 역	오즈하우스	종이책
28	나의 겁 없는 중국음식 중국어	전은선,차오팡 저	다락원	종이책
29	나의 하루 1줄 여행 중국어 쓰기 수첩	심희연 저	시대인	종이책
30	드라마생활중국어	전병석 저	창문	종이책
31	라이프 중국어. 1-2	권운영 외	시사북스	종이책
32	멸치대왕의 꿈 : 중국어	오즈하우스 저/한국외국어대학교 통번역센터 역	오즈하우스	종이책
33	문화로 만나는 중국어 : 일상생활 회화에서 중국 문화까지 한 권으로 끝내기	이혜임 저	Pubple	종이책
34	미디어 중국어	김재민,서희명 저	제이앤씨	종이책
35	부동산 중국어 한 권으로 끝내기 : 글로벌 부동산 거래를 위한 실전 중국어 학습서	김동찬 저	부크크	종이책
36	뷰티 중국어 : 뷰티 화장품 용어에서 필수 회화까지 한 권으로 끝내기	이혜임 저	Pubple	종이책
37	사윗감을 찾아 나선 쥐 : 중국어	오즈하우스 저/한국외국어대학교 통번역센터 역	오즈하우스	종이책
38	새내기 중국어	고려대학교 중어중문학과 교수실 저	고려대학교출판문화원	종이책
39	소가 된 게으름뱅이 : 중국어	오즈하우스 저/한국외국어대학교 통번역센터 역	오즈하우스	종이책
40	新HSK 5급 대비 실전 중국어 : 한 권으로 탄탄하게 대비하는 HSK	종혜현 저	KNOU Press	종이책
41	실무중한번역 실습	李愚一 편	창문	종이책
42	언어학 그리고 중어학	김태경 저	한국문화사	종이책

No.	도서명	저/편/역자	출판사	형태
43	여행 중국어회화 : 여행 필수 회화, 한 권에 다 있다!	이재연 저	지식과감성#	종이책
44	의료 관광 중국어. 실전편	최윤선 저	동양북스	종이책
45	이강 중국어 : 차이나게 스타트	이강 저	부크크	종이책
46	이것만 말면 OK : 생활 속 중국어표현 모음	권수전 저	창문	종이책
47	입이 술술 중국어. 1-2	오해단 저	와이출판	종이책
48	중국 언어문화 돋보기	한국외대 중국연구소 저	KNOU Press	종이책
49	중국 언어와 문화	김수현 외	學古房	종이책
50	중국노래 20곡 가사해설	김형진 저	부크크	종이책
51	중국문자학 핸드북	장극화 외 저/하영삼 외 역	3	종이책
52	중국어 관광통역안내사 : 우리의 유네스코 등재유산 단번에 정복하기	장호성 저	백산출판사	종이책
53	중국어 관광통역안내사 : 한국문화와 관광산업 단번에 정복하기	장호성 저	백산출판사	종이책
54	중국어 관광통역안내사 한권으로 끝내기 : 2차 면접	백정욱 편	Mainedu	종이책
55	중국어 국제회의 통역노트	손지봉 저	이화여자대학교출판문화원	종이책
56	중국어 대중가요 가사해설 : 중국어 초급 학습자를 위한	김형진 저	부크크	종이책
57	중국어 문법 발달사. 1	스위즈 저/전영근 외 역	역락	종이책
58	중국어 문법론 15강	루젠밍 저/김현철 외 역	서울대학교출판문화원	종이책
59	중국어 생활성어	백영선 저	부크크	종이책
60	중국어 어법 가이드	성시훈 저	에듀컨텐츠·휴피아	종이책
61	중국어 어휘 해석 : 국제중문교육용 한국 한자어 대응 : 4-6급	侯文玉 외 편	武松	종이책
62	중국어 음성학의 이해	이옥주 저	역락	종이책
63	중국어 직독직해	STT Books 편집부 저	STT Books	종이책
64	중국어 첫걸음	김영진 저	매월당	종이책
65	중국어 초급독해 永不分离 : 중국어 초급 학습자를 위한 단편 이야기	김형진 저	부크크	종이책
66	중국어 한자암기박사 : 읽으면 저절로 외워지는 기적의 암기공식. 1, 기초학습	박원길,박정서 저	SD에듀	종이책
67	중국어 한자암기박사 : 읽으면 저절로 외워지는 기적의 암기공식. 2, 심화학습	박원길,박정서 저	SD에듀	종이책
68	중국어 해석문법	김의수,한춘희,辛博 저	부크크	종이책
69	중국어, 실수해도 괜찮아!	이동은 저	시사북스	종이책
70	중국인의 재담才談 : 헐후어歇後語	진기환 편	明文堂	종이책
71	착! 붙는 중국어 : 독학 두걸음 : 리얼 현지 회화를 입에 착! 풍부한 어휘까지 한 번에 착!	허은진,츠징위 저	시사북스	종이책
72	첸카이거의 현 위의 인생 : 원작 명약금현(命若琴弦)	이혜임 편	Pubple	종이책
73	탑 어린이 중국어 : YCT 1급	김미홍,왕가기 저	창조와 지식	종이책
74	토끼의 재판 : 중국어	오즈하우스 저/한국외국어대학교 통번역센터 역	오즈하우스	종이책
75	한국인 학습자들을 위한 중국어 오류해제	진난옥 저	주디자인	종이책
76	한자와 고대중국어	조은정,허철 저	역락	종이책
77	한자와 성운학	배은한,신아사 저	역락	종이책
78	해커스 HSK 7-9급 : 한 권으로 마스터	해커스 HSK연구소 저	해커스	종이책
79	해커스 중국어 HSKK 고급 5일 만에 딸 수 있다!	해커스 HSK연구소 저	해커스	종이책
80	(50일 만에 끝내는) 중국어 관광통역안내사 : 2차 면접	김미숙 편	SD에듀	e북
81	(아동발달을 위한) 중국어 놀이 교육 : 아동 중국어 교육의 이론과 실제	김미순,서빛나래 저	창지사	e북
82	(중급) 중국어 : EBS FM radio	홍상욱 저	동아출판	e북
83	(초급) 중국어 : EBS FM radio	송지현 저	동아출판	e북
84	(한·중 대조 언어학을 기반으로 하는) 현대 중국어 음운학	김태은 저	한국문화사	e북

No.	도서명	저/편/역자	출판사	형태
85	고대 중국어 어법론	리줘펑 저/신원철 외 역	역락	e북
86	구름이 변해요	탕량 저/대려연 외 역	대박출판미디어	e북
87	꼬리, 꼬리	션샤 저/대려연 외 역	대박출판미디어	e북
88	나의 겁 없는 중국음식 중국어	전은선,차오팡 저	다락원	e북
89	나의 하루 1줄 여행 중국어 쓰기 수첩	심희연 저	시대인	e북
90	난 될 수 있어요	장두어두어 저/대려연 외 역	대박출판미디어	e북
91	달나라로 간 항아	샤오롱시아 편/대려연 외 역	대박출판미디어	e북
92	대두야, 대두야	장두어두어 저/대려연 외 역	대박출판미디어	e북
93	대만드라마 상견니 대본 대사집	공부나라 저	공부나라	e북
94	대만드라마 아문불능시붕우 결혼까지 생각했어 대본 대사집	공부나라 저	공부나라	e북
95	물의 변신	쉬싱즈 저/대려연 외 역	대박출판미디어	e북
96	반고의 천지개벽	딩시아오이 편/대려연 외 역	대박출판미디어	e북
97	번개가 치고, 비가 내려요	딩윈 저/대려연 외 역	대박출판미디어	e북
98	별과 아기	미야 저/대려연 외 역	대박출판미디어	e북
99	봄에 가장 먼저 피는 꽃은 무엇일까	친진무위 저/대려연 외 역	대박출판미디어	e북
100	비가 내려요	탕량 저/대려연 외 역	대박출판미디어	e북
101	상견니OST로 배우는 노래중국어	수서동주민 저	박수소리	e북
102	새들의 왕이 된 봉황	리우잉 편/대려연 외 역	대박출판미디어	e북
103	새로운 하루가 시작됐어요	딩시아오이 저/대려연 외 역	대박출판미디어	e북
104	손가락아, 변해라	쑨한나 그림/대려연 외 역	대박출판미디어	e북
105	손오공 홍해아 대전	쉬스윈 편/대려연 외 역	대박출판미디어	e북
106	숲속 유치원	딩이판 저/대려연 외 역	대박출판미디어	e북
107	시아오헤이와 시아오바이	까오옌 저/대려연 외 역	대박출판미디어	e북
108	십이지	딩시아오이 저/대려연 외 역	대박출판미디어	e북
109	안녕, 대지야	장두어두어 저/대려연 외 역	대박출판미디어	e북
110	엄마, 난 도망갈 거야	Brown, Margaret Wise 저/대려연 외 역	대박출판미디어	e북
111	엄마, 안아 주세요	미야 저/대려연 외 역	대박출판미디어	e북
112	여행 중국어회화 : 여행 필수 회화, 한 권에 다 있다!	이재연 저	지식과감성#	e북
113	오늘은 뭘 먹을까	쉬싱즈 저/대려연 외 역	대박출판미디어	e북
114	용문에 오르는 잉어	딩시아오이 편/대려연 외 역	대박출판미디어	e북
115	우리의 중국	쉬쉬펑 저/대려연 외 역	대박출판미디어	e북
116	의료통역, 날개를 달고 : 중국어 : 해외/강남 병원 근무한 저자가 알려 주는 꿀팁!	박다연 저	한국의료통역코디네이터협회	e북
117	인간을 창조한 여와	딩시아오이 편/대려연 외 역	대박출판미디어	e북
118	작은 새가 날고 또 날아요	자오이신 저/대려연 외 역	대박출판미디어	e북
119	중국드라마 거유풍적지방 바람이 머무는 곳 대본 대사집	공부나라 저	공부나라	e북
120	중국드라마 귀로 대본 대사집	공부나라 저	공부나라	e북
121	중국드라마 니비성광미려 대본 대사집	공부나라 저	공부나라	e북
122	중국드라마 니시아적영요 대본 대사집	공부나라 저	공부나라	e북
123	중국드라마 니야유금천 my boss 대본 대사집	공부나라 저	공부나라	e북
124	중국드라마 당아비분향니 대본 대사집	공부나라 저	공부나라	e북
125	중국드라마 매괴적고사 장미의 이야기 대본 대사집	공부나라 저	공부나라	e북
126	중국드라마 별대아동심 날 설레게 하지마 대본 대사집	공부나라 저	공부나라	e북

No.	도서명	저/편/역자	출판사	형태
127	중국드라마 별처럼 빛나는 너에게 일섬일섬량성성 대본 대사집	공부나라 저	공부나라	e북
128	중국드라마 보보진심 보보경심 대본 대사집	공부나라 저	공부나라	e북
129	중국드라마 사장낭만 대본 대사집	공부나라 저	공부나라	e북
130	중국드라마 승환기 도시남녀의 로맨스 대본 대사집	공부나라 저	공부나라	e북
131	중국드라마 아적인간연화 대본 대사집	공부나라 저	공부나라	e북
132	중국드라마 아희환니 대본 대사집	공부나라 저	공부나라	e북
133	중국드라마 암격리적비밀 서랍 속 비밀 대본 대사집	공부나라 저	공부나라	e북
134	중국드라마 이가인지명 대본 대사집	공부나라 저	공부나라	e북
135	중국드라마 이애위영 사랑도 경영이 되나요 대본 대사집	공부나라 저	공부나라	e북
136	중국드라마 재폭설시분 우리가 만난 겨울 대본 대사집	공부나라 저	공부나라	e북
137	중국드라마 점연아온난니 너는 나의 불꽃 대본 대사집	공부나라 저	공부나라	e북
138	중국드라마 청화저양적아연애파 이런 나와 연애해 줘 대본 대사집	공부나라 저	공부나라	e북
139	중국드라마 초차애니 처음 널 사랑해 대본 대사집	공부나라 저	공부나라	e북
140	중국드라마 춘색기정인 봄에서 사랑하자 대본 대사집	공부나라 저	공부나라	e북
141	중국드라마 치아문단순적소미호 아름다웠던 우리에게 대본 대사집	공부나라 저	공부나라	e북
142	중국드라마 탈궤 대본 대사집	공부나라 저	공부나라	e북
143	중국드라마 투투장부주 대본 대사집	공부나라 저	공부나라	e북
144	중국드라마 흔상흔상니 너가 보고 싶어 대본 대사집	공부나라 저	공부나라	e북
145	중국어 : 실력 탄탄. 5	오문의,방금화 저	KNOU Press	e북
146	중국어 : 역사 탄탄. 7	변지원,오문의 저	KNOU Press	e북
147	중국어 : 회화 탄탄. 3	변지원,오문의 저	KNOU Press	e북
148	중국어 듣기 연습	손정애,최성은,류위 저	KNOU Press	e북
149	중국어 한자암기박사 : 읽으면 저절로 외워지는 기적의 암기공식. 1, 기초학습	박원길,박정서 저	SD에듀	e북
150	중국어 한자암기박사 : 읽으면 저절로 외워지는 기적의 암기공식. 2, 심화학습	박원길,박정서 저	SD에듀	e북
151	중국어구어실습	손정애,취샤오뤼 저	KNOU Press	e북
152	쥐는 뭘 하고 있어요?	친진무위 편/대려연 외 역	대박출판미디어	e북
153	즐거운 갓생 생활 중국어	김은주,한미애 저	백산출판사	e북
154	차가 왔어요!	자오이신 저/대려연 외 역	대박출판미디어	e북
155	카멜레온	탕량 저/대려연 외 역	대박출판미디어	e북
156	콩을 심어요	샤오룽시아 저/대려연 외 역	대박출판미디어	e북
157	크고 작고, 많고 적고	쉬싱즈 저/대려연 외 역	대박출판미디어	e북
158	큰 손, 작은 손	미야 저/대려연 외 역	대박출판미디어	e북
159	태양아, 태양아	딩이판 저/대려연 외 역	대박출판미디어	e북
160	판다가 둥글둥글	무성지에 저/대려연 외 역	대박출판미디어	e북
161	하나, 둘, 셋 산을 올라요	딩이판 저/대려연 외 역	대박출판미디어	e북
162	향기로운 과일과 채소	자오이신 저/대려연 외 역	대박출판미디어	e북

주: 도서 형태별로 도서명 가나다순 정렬.
데이터 출처: 국립중앙도서관.

부록6 중문 교육 관련 학위논문 목록 (2024)

No.	논문명	저자	학교	학위
1	(A) Study on Influencing Factors of China-Korea Cultural Communication: based on case studies in humanities and education	왕기	동아대학교 국제전문대학원	박사
2	AI챗봇을 활용한 고등학교 중국어I 학습통합 과업 설계: Web기반 Dialogflow 개발준비 중심으로 (Integration task design of high school Chinese I learning using AI chatbots: Focusing on the Preparation for Web-based Dialogflow Development)	강지원	이화여자대학교 교육대학원	석사
3	Native Language Education of Multicultural Families in South Korea	Tsz Yan Janice Lee	한국학 대학원	석사
4	NCS기반 특수목적 중국어 교재연구: 항공객실 서비스 중국어 교재분석 및 개선방안을 중심으로 (A study on Chinese for specific purposes textbook of the NCS based: Focused on the analysis of textbooks for airline service Chinese and improvement measures)	민재연	한국외국어대학교 교육대학원	석사
5	QR코드 기반의 중국어 단원별 노래 활용 교육연구: 고등학교 『중국어I』 11종을 중심으로 (A study on QR code-based song integration in Chinese language education)	홍선아	한국외국어대학교 교육대학원	석사
6	VR을 활용한 중국어 지도방안 (A Chinese Language Guidance Plan Using VR)	남궁진	전북대학교 교육대학원	석사
7	고교학점제 선택과목을 위한 唐詩 활용방안 연구 -ASSURE 모형을 기반으로- (Research on the Utilization of Tang Poetry for Elective Courses in the High School Credit System – Based on the ASSURE Model –)	장미송	숙명여자대학교 교육대학원	석사
8	고등학교 교과서 『중국어I』, 『중국어II』의 어휘 연계성고찰 – '2015교육과정 중국어 기본어휘'와 '신HSK의 기본어휘'를 중심으로 (A Study on the Vocabulary Linkage in High School Textbooks "Chinese I" and "Chinese II" – Focusing on the '2015 Curriculum Basic Chinese Vocabulary' and the 'New HSK Basic Vocabulary')	김수진	숙명여자대학교 교육대학원	석사
9	내러티브와 POA 통합기반 백워드 설계를 통한 외국어로서의 중국어교육 단원개발 (The TCFL Unit Development by Backward Design based on the Integration of Narrative and POA)	Ma Jingyi	경북대학교 대학원	박사
10	다문화학생 중국어 수업에서 학생 참여촉진을 위한 자기수업 컨설팅전략 개발 (Developing Self-Consulting Strategies to Promote Student Engagement in Multicultural Student Chinese Classes)	뤼샤오퉁	부산대학교 대학원	석사
11	대학수학능력시험 중국어 I 문항 분석과 제안 – 2022학년도부터 2024학년도까지 – (高考汉语 I 题型分析与建议 – 从2022学年度到2024学年度 –)	한지수	숙명여자대학교 교육대학원	석사
12	독일·한국·중국 외국어 교육기관 문화교육 비교: 상호문화주의적 관점에서 (Comparison of Cultural Education in Foreign Language Educational Institutions in Germany, Korea, and China – from a cross-cultural perspective –)	Cao Yaodan	이화여자대학교 대학원	석사
13	라오커우링(绕口令)을 활용한 중국어 학습자의 성조 교육방안: 제2, 3성을 중심으로 (利用绕口令汉语学习者的声调教育方案: 以第二，三声为主)	하지혜	부산대학교 교육대학원	석사
14	랴오닝성에 재학 중인 외국 유학생들의 심리적 자본이 학습참여에 미치는 영향: 이문화 적응 및 중국어 학습불안의 매개효과 (The Influence of Psychological Capital on Learning Engagement of International Students from Universities in Liaoning Province: Mediating Effects of Cross-cultural Adaptation and Chinese Language Learning Anxiety)	량샹둥	대진대학교 일반대학원	박사
15	메타버스를 활용한 중국어 의사소통 교육 방안 (A Study on Chinese Communication Using Metaverse)	김보정	숙명여자대학교 교육대학원	석사
16	메타버스를 활용한 초등학교 중국어 교육방안: 메타버스 플랫폼 젭(ZEP)을 중심으로 (Chinese language education in elementary schools utilizing the metaverse: Focusing on metaverse platform ZEP)	최송이	동국대학교 교육대학원	석사
17	면세점 중국어 교재 연구 (免税店汉语教材研究)	정하윤	부산대학교 대학원	석사
18	美国大学先修课程 (AP) 中国语言与文化科目考试 (Section 1) 教材开发	Zhao Zihan	이화여자대학교 외국어교육특수대학원	석사

No.	논문명	저자	학교	학위
19	북한 외국어학원 『중국어초급1』 교과서 분석연구: 어법항목과 의사소통표현을 중심으로 (A Study on the Analysis of the North Korean Foreign Language School's "Basic Chinese 1" Textbook: Focusing on Grammar Items and Communicative Expressions)	박수민	이화여자대학교 교육대학원	석사
20	"不比"、"沒有"否定差比句的偏誤分析和教學建議	이정	영남대학교 대학원	석사
21	생성형 AI를 활용한 고등학교 '중국문화' 수업설계: 플립러닝(Flipped Learning)을 중심으로 (Utilizing generative AI for high school 'Chinese culture' instructional design with a focus on flipped learning)	박관지	한국외국어대학교 교육대학원	석사
22	외국어로서의 한국어와 중국어교재에 나타난 문화항목 비교분석 (Comparative Analysis of Cultural Items in Korean and Chinese Textbooks as a Foreign Language)	장흠로	한양대학교 대학원	석사
23	일반계 고등학교 중국어 문법항목 선정: 교육과정 의사소통 기본표현을 중심으로 (A study on the educational grammar items of Chinese for general high schools)	정해은	한국외국어대학교 교육대학원	석사
24	입력강화를 통한 중국어 문법 처리 및 학습효과 연구: 시선추적 장치를 활용하여 (A Study on the Processing and Learning Effects of Chinese Grammar through Input Enhancement: Using an eye tracker)	최종용	한국교원대학교 대학원	석사
25	자본위(字本位) 시각에서 본 숏폼 비디오 개발연구: HSK 6급 어휘를 중심으로 (字本位短視頻開發研究- 基於HSK6級詞彙)	손아초	경성대학교 일반대학원	석사
26	조선족 자녀의 이중언어 교육에 대한 사례연구 (A Case Study of Bilingual Education for Korean-Chinese Children)	박정화	경인교육대학교 교육전문대학원	석사
27	중국 거주 한국 학생의 중국어 학습동기 - 베이징시 A구의 국제학교를 중심으로 - (Motivation for Chinese language learning among Korean students residing in China - The center is the international School in District A of Beijing -)	Wang Jian	중원대학교 일반대학원	석사
28	중국문화교육에서 마이크로무비 광고의 활용방안 연구: 의사소통 교육을 중심으로 (A study on the utilization of micromovie advertisements in Chinese cultural education: Focusing on communication education)	문예나	한국외국어대학교 교육대학원	석사
29	중국어 수사학 교육 방안 연구: 한국인 학습자를 대상으로 (A study on the educational approach of Chinese rhetoric: Focused on Korean learners)	송위수	한국외국어대학교 대학원	박사
30	중국어 한자와 미술융합 교육을 기반한 한국 초등학교 한자교재 개발연구 (基于汉字教学与美术融合的韩国小学汉字教材开发)	서미나	이화여자대학교 외국어교육특수대학원	석사
31	중등 중국어교과서 이체자 사용연구: 교수요목기에서 제3차 교육과정기까지 (A research on the use of allographs of Chinese characters in the high school textbooks: Focusing on 'syllabus period' to '3rd curriculum')	전해영	한국교원대학교 대학원	석사
32	태국과 베트남의 공자학원 비교분석: 화교 역할을 중심으로 (Comparative analysis of Confucius Institutes in Thailand and Vietnam - Focusing on the role of Chinese -)	孙萌	서울시립대학교 일반대학원	석사
33	표준중국어 성조 지각연구 (Perception of Mandarin tones)	이경민	서울대학교 대학원	박사
34	한국 엘리트 국제학교의 중국어 교육 실태와 원어민 교사의 딜레마에 관한 내러티브 연구: 중국어 원어민 교사를 중심으로 (A narrative study on the status of Chinese language education in elite international schools in Korea and the dilemma of native-speaking teachers: Focusing on native Chinese speaking teachers)	Gao Mingxin	성균관대학교 일반대학원	석사
35	한국인 중국어 학습자와 계승어 학습자의 '了'자 습득에 대한 오류 비교 분석 (韓國二語學習者和繼承語學習者"了"字習得的偏誤對比分析)	He Qingfang	경북대학교 대학원	석사
36	한국인 중국어 학습자의 정도부사 "很，最，更，好" 의 사용 및 오류양상 연구: 코퍼스[HSK 语料库] 콘텐츠를 중심으로 (韩国学生关于中文程度副词很最更好的使用与错误研究)	姜晓萌	서울시립대학교 일반대학원	석사

No.	논문명	저자	학교	학위
37	한국인 학습자를 위한 주술술어문의 유형별 이해와 교육적 제안 (为了韩国学习者的主谓谓语句的理解按类型理解及教育性建议)	허숙경	경북대학교 교육대학원	석사
38	한국인 학습자의 중국어 정태보어 습득과정 및 교수지도방안 연구 (韩国学习者的汉语情态补语习得过程及教学方法研究)	신여빈	이화여자대학교 교육대학원	석사
39	한국 초급중국어 학습자 전용 대만 미식(美食)여행 중국어교재 개발 (韩国初级汉语学习者专用台湾美食旅游汉语教材开发)	신위	이화여자대학교 외국어교육특수대학원	석사
40	한중 동형이의(同形异義)한자어의 비교 및 교육연구: - HSK 5급 내용을 중심으로 (A Study on the Comparison and Education of Korean Language by Isomorphism of Korea and China)	장원원	호남대학교 사회융합대학원	석사
41	现代汉语"疑问代词+{都/也}+VP"构式研究: 与韩语相应构式的比较及教学建议	孟晓辉	영남대학교 대학원	석사
42	협동학습에 기반한 「중국어 회화Ⅰ」 말하기 활동 설계에 관한 연구 (A study on the design of speech activities in 「Chinese Conversation Ⅰ」based on cooperative learning)	신유진	한국외국어대학교 교육대학원	석사

주: 1. 논문명 가나다순 정렬.
2. 한국어 제목은 영어 또는 중국어 병기함.
데이터 출처: 학술연구정보서비스(RISS).

부록7 중문 교육 관련 학술논문 목록 (2024)

No.	논문명	저자	학술지명
1	"来+VP" 구문의 "来" 용법에 관한 교육 방안 연구 –초급 단계의 중국어 학습자를 대상으로 – (A Study on Educational Approaches to the Usage of "来" in the "来+VP" Construction –For Beginner-level Chinese Learners–)	나수연	中國學硏究
2	"翻转课堂"教学模式在"松散型"汉语教育类型中的应用	류려염	外國學硏究
3	2022 개정 생활 중국어 교육과정 성취기준에 따른 성취수준 활용 방안 (Utilization Plan for Achievement Levels Based on the Achievement Standards of the 2022 Revised Middle School Chinese Curriculum)	손민정,이수진	中國語敎育과 硏究
4	2022 개정 제2외국어과 교육과정 각론 문서 체제의 주요 구성 요소에 대한 비판적 검토 (A Critical Review of Main Components in the 2022 Revised Second Foreign Language Curriculum Document)	유한준,김사훈	中等敎育硏究
5	2022 교육과정 개정에 따른 중국어 교육의 변화와 발전을 위한 제언 (Suggestions for the Change and Development of Chinese Language Education Following the Revision of the 2022 Curriculum)	엄지	中國語文學誌
6	A BERTopic-based Research on the Development of Representative Chinese Language Education Institutions – focusing on 2011~2021 Naver Knowledge-in Q&A Data –	비림, Miao Chunmei, Xue Shan	言語事實과 觀點
7	AI 음성 인식 ChatGPT 앱의 중국어 수업 말하기 영역 활용 방안 (Exploring the Use of AI Voice Recognition ChatGPT App for Chinese Speaking Classes)	권아린	中國語文學誌
8	AI를 활용한 중국어 교육 적용 방안-실례를 중심으로 (Application Strategies for AI in Chinese Language Education: A Focus on Practical Examples)	진화진,조은경	外國學硏究
9	AI를 활용한 중국어 자연어처리 실습 교육에 대한 고찰 – 텍스트 크롤링과 워드클라우드 생성을 중심으로 (A Study on Chinese Natural Language Processing Practice Education Using AI – Focusing on Text Crawling and Word Cloud Generation –)	신근영	韓國中語中文學會 學術大會 資料集
10	ChatGPT 중국어문학 국내 연구 동향과 중국어 말하기 수업 활용 배경 (Exploring Research Trends in Chinese Literature Using ChatGPT and Theoretical Background for Speaking Practice in Chinese Language Classes)	권아린	中國文學硏究
11	ChatGPT在国际中文教育中的应用研究— 以文化传播为视角 (A Study on the Application of ChatGPT in International Chinese Language Education: A Cultural Transmission Perspective)	류연강	沽山中國學報
12	ChatGPT활용 중국어 교수자료 제작에 관한 탐색적 연구 (An exploratory research on the production of Chinese teaching materials using ChatGPT)	정상현	中國語敎育과 硏究
13	CPIK 원어민 중국어 보조교사의 정체성에 대한 내러티브 연구 (A Narrative Research on the Sense of Identity of CPIK Chinese Language Teachers)	An Xiaoyan	中國語敎育과 硏究
14	ICT를 활용한 중국어 교육 방안 모색 (Exploring Methods for Chinese Language Education Utilizing ICT	곽현숙	東北亞文化硏究
15	고등학교 『중국 문화』 AI 융합 교수-학습 방안 제안 – 이미지 데이터의 활용을 중심으로 – (Proposal of AI Convergence Teaching-Learning Method for High School 『Chinese Culture』 –Focusing on the Use of Image Acquisition Technology–)	이서이,한용수	中國人文科學
16	고등학교 제2외국어 문화교과서의 '종교문화' 서술의 특징과 과제: 2015 개정 교육과정을 중심으로 (How Religions are Represented in Foreign Language Culture Textbooks in Korean High School: Focusing on the 2015 Revised Curriculum)	박병도	宗敎敎育學硏究
17	교육 패러다임의 변화를 반영한 중등 중국어 문화 교수·학습 모형 연구 (A Study on Teaching and Learning Model of Chinese Culture in Secondary Schools reflecting Changes in Educational Paradigm)	김미순	中國語敎育과 硏究

No.	논문명	저자	학술지명
18	교육용 챗봇 활용을 위한 탐색적 연구 - 중국어 초기 학습자의 발화 연습용 챗봇 제작에 관한 소고 (An Exploratory Study on the Utilization of Educational Chatbots - A Preliminary Study on Developing a Chatbot for Speech Practice by Beginning Chinese Learners -)	정상현	韓國中語中文學會 學術大會 資料集
19	国际中文预备教师的模拟教学情况分析	Quan Meihua, Zhou Shiran	中國語敎育과 研究
20	近义词"方法"和"办法"辨析及韩国学习者习得情况考察	유묘묘	中國言語研究
21	基于文献计量学视角的韩国本土中文考试研究演进分析 - 以2000-2023年为中心	단적,서원남	中國學
22	基于微技能角度的新HSK5级阅读测试与汉语阅读教学策略的双向交互研究 - 以中级汉语水平的韩国学习者为例	明晶,李 柯,黄	中國語敎育과 研究
23	基于语料库的韩国学习者"把"字句偏误类型分析	장효나	中國語敎育과 研究
24	基于认知负荷理论的中高级汉语词语辨析教学设计探究	董琳莉,彭静,김수정	中韓研究學刊
25	능원동사 "能"과 "可以"의 부정 형식에 관한 연구 및 교육을 위한 제언 (A Study on the Negative Forms of the Modal Verbs "能" (néng) and "可以" (kěyǐ) and Suggestions for Educational Approaches)	임지영	中國學論叢
26	다의동사 '打'의 교수 항목 순서에 대한 인지적 고찰 (A Cognitive Study on the Order of Teaching Items for the Polysemous Verb 'da(打)')	송화영	中國語敎育과 研究
27	담화 능력 향상을 위한 중국어 교수·학습에 관하여 - 고등학교 『중국어Ⅰ』의 본문을 중심으로 (A study on teaching and learning Chinese to improve discourse ability - Focusing on dialogues in high school textbooks Chinese I)	김미순	中國語敎育과 研究
28	对外汉语初级口语教学课堂中互动式教学法案例分析	Ji Tingting	人文社會科學研究
29	대학 중국 문화 교육에서 ESD 적용 방안 탐색 - PBL 수행과제 및 루브릭 개발을 중심으로 - (Exploring the Application of ESD in Chinese Culture Education at Universities - Focusing on PBL Assignments and Rubric Development -)	김형란,오현주	中國語文學
30	대학 중국어 학습자를 위한 단계별 한자 교육 방안 (A Step-by-Step Approach to Chinese Character Education for University-Level Chinese Learners)	곽현숙	中國學
31	디지털 도구를 활용한 대학 중국어 수업 사례 분석 및 제언 (Case Analysis and Suggestions for University Chinese Classes Using Digital Tools)	최신혜	中國言語研究
32	联想教学法在香港国际学校二年级外籍学生汉字识记中的有效性研究	천천,룽원산	漢字漢文應用研究
33	面向韩国留学生的汉语数量补语下位类型多样性及教学重难点分析	徐开妍,徐玥	國際文化研究
34	반어법 '管+他'의 담화와 인지적 분석 (An analysis of discourse and cognition in ironic expression '管+他')	정명숙	中國語敎育과研究

No.	논문명	저자	학술지명
35	비원어민 대학생 글쓰기에 접속사 사용에 대한 코퍼스 기반 콘텐츠 분석 (A Corpus-based Content Analysis of Connectors in Non-native Student Writing Examples)	Yuan Xue	人文社會콘텐츠學會誌
36	司譯院 漢語 學習書類의 敎育內容 硏究 (A Study on the Educational Content of Chinese Study Books at Joseon Saeokwon)	채영희,손동주	中國學
37	상호문화적 관점에서 재한 중국인 원어민 교사의 교직생활 적응전략에 대한 현상학적 연구 (A Phenomenological Study on the Adaptation Strategy of Native Chinese Teachers in Korea from a Intercultural Perspective)	Zhang Xiaoqing	社會科學리뷰
38	어휘족(詞族) 분석을 활용한 한자 교육 방안: 丁族을 중심으로 (Utilizing Word Family Analysis for Effective Chinese Character Education: Focusing on Ding(丁) Family)	신우선,김수현	中國語敎育과硏究
39	어휘학습전략이 중국어 어휘성취도에 미치는 영향 (The Impact of Vocabulary Learning Strategies on Chinese Vocabulary Achievement)	진현	中國語敎育과硏究
40	언어자료기반 중국어 문법 교수-학습 모형 개발 및 적용: 중국어 보어 학습 중심으로 (The Development and Application of a Data-Driven Model for Teaching and Learning Chinese Grammar : Focusing on the Learning of Chinese Complements)	두금비,이효영	外國學硏究
41	예비 중국어 교사의 중국어 성조 교육에 대한 인식 (Analysis of Pre-service Chinese Language Teachers' Perceptions on Chinese Tone Education)	권영실	人間과 自然
42	온라인 국제협력학습이 국내 중국어 학습자의 문화간 의사소통 능력에 미치는 영향 (The Impact of Online International Collaborative Learning on the Intercultural Communication Competence of Domestic Chinese Learners)	이효영	中國言語硏究
43	외국어 학습의 보조 도구로서 ChatGPT 활용과 한계점에 대한 시론 (A Preliminary Study on the Use and Limitations of ChatGPT as an Auxiliary Tool for Foreign Language Learning)	기유미	韓中言語文化硏究
44	인공지능 기술을 기반으로 하는 중국어 교육 분야의 연구 논문 동향 분석 (A Study on the Research Trends in the field of Chinese Language Education based on Artificial Intelligence Technology)	이지원	아시아文化硏究
45	인지기호학으로 여는 문해력 교육의 새로운 지평 (A New Horizon in Literacy Education Open by Cognitive Semiotics)	박응석,이하나	中國語文學論集
46	专门用途中文教材词汇编写考察研究—以"中文+机电一体化技术"教材为例	Yi Liu	中國語敎育과 硏究
47	조선 후기 유해류 서적과의 비교를 통해 본 『漢談官話』 특징 연구 (A Study on the Characteristics of Han-dam-guan-hwa(漢談官話) through Comparison with Classificatory Glossaries in the Late Joseon Dynasty)	구현아,신수영,엄지	中國學
48	조선시기 중국어에 대한 인식 (A Study on Perception of Chinese during the Joseon Dynasty)	심소희	中國語文學誌
49	朝鲜朝汉字汉语口笔译人才的系统性培养模式探究	马雪衛	東洋禮學
50	综艺节目在韩国中文教学中的应用 - 以中国版《非正式会谈第七季》为例 -	조설군,한용수	中國語敎育과 硏究
51	주제 중심 접근법(Theme-Based Approach)을 활용한 중국어 읽기-쓰기 통합수업모형의 개발 및 적용 (The development and application of an Chinese reading-writing integrated Instructional class model using a theme-based approach)	김진희	沽山中國學報

No.	논문명	저자	학술지명
52	中高级汉语水平的韩语母语者字感研究 - 以形声字为例 -	장정,宋婷立	韓中人文學研究
53	중국 언어문화 교육을 위한 비주얼 리터러시 연구 (A Study of Visual Literacy for Teaching Chinese Language and Culture)	송지현	中國語文學論集
54	중국어 교육에서 ChatGPT를 활용한 상호작용 수업 방안 모색 - 중국어 작문 수업사례를 중심으로 - (Exploring Interactive Teaching Methods Using ChatGPT in Chinese Language Education - Focusing on Chinese Writing Classes -)	채예령	中國語敎育과 硏究
55	중국어 교재 상의 의성어·의태어 분석 및 제언 (Analysis and Suggestion of Onomatopoeia on Chinese Textbook)	김선호	中國言語研究
56	중국어 말하기 수업 과제 연구 - 대화문을 단문으로 구술하기 (Chinese Speaking Class Assignment Study: Speaking by Converting Dialogue into Narrative)	오현주	中國學
57	중국어 말하기 효능감과 말하기 능력의 관계, 초급 학습자를 대상으로 (Relationship between Chinese speaking efficacy and speaking ability: For beginner learners)	이앤슈아이	中國語敎育과 硏究
58	중국어 수업에서 생성형 인공지능 활용에 대한 대학생의 인식과 태도 연구 (A Study of University Students' Perceptions and Attitudes of Using Generative AI in Chinese Classes)	이지원	韓國콘텐츠學會論文誌
59	중국어 학습자를 위한 동량사(动量词) 교육 고찰 (A Study on the Teaching of Verbal Classifiers (动量词) for Chinese Language Learners)	임연정	韓國中語中文學會 學術大會 資料集
60	중국의 생성형 AI의 HSK 독해 능력 고찰 - Ernie bot4.0(文心一言)을 중심으로 (Chinese Generative AI in HSK Reading Comprehension: An In-depth Analysis of ERNIE Bot 4.0)	강병규,楊柳	韓國中語中文學會 學術大會 資料集
61	中级汉语会话课程中问题中心教学法的应用研究	전긍	中國學
62	중등교육과정 중국어 기본어휘 등급화 방안 탐색 (Exploring the Grading Scheme for Basic Chinese Vocabulary in Secondary Education Curriculum)	김웅	中國語敎育과 硏究
63	중어중문학 수업으로의 정보기술 도입에 관하여 - 디지털·노코드·어문학 교육 사례와 학습자 반응 분석 (On the Introduction of Information Technology into Chinese Language and Literature Classes: A Case Study of Digital, No-Code and Language and Literature Education	이수연,박찬욱	中國語文學論集
64	中韩词典中"注意"的语境意义区分與教学建议 - 以NAVER词典为例	변다은	中語中文學
65	지역사회 연계형 중국어 캡스톤디자인 교육과정 사례 연구 (A Case study of a community-based Chinese capstone design curriculum)	이지원	中國語敎育과研究
66	초급중국어 어법 항목에 대한 학습자 인식 연구 - 어법 항목의 난이도와 실용도 중심으로 (A Study on the Perception of Learners on Beginner Chinese Grammar Items: Focusing on the Difficulty and Practicality of Grammar Items)	최은재	中國言語研究
67	코퍼스 기반 북한 외국어학원 중국어 교과서 어휘 분석 (A corpus-based analysis of vocabulary in a Chinese language textbook used by the North Korean Foreign Language Institute)	박수민,이지은	中國語敎育과 硏究
68	코퍼스기반 영어 마찰음 만다린어 적용분석 및 교육콘텐츠 (Educational Content from Corpus-based Study on the Mandarin Adaptation of English Coronal Fricatives)	Liu Kaiwen	人文社會콘텐츠學會誌

No.	논문명	저자	학술지명
69	专门用途中文教材词汇编写考察研究 - 以"中文+机一体化技术"教材为例	Yi Liu	中國語敎育과硏究
70	특수 목적 중국어로서의 의료중국어 교육 연구 (A Study on Medical Chinese education as Chinese for Specific Purpose)	김홍매	外國學硏究
71	플립러닝을 활용한 대학 교양중국어 수업 모델 설계 (Design of Chinese Classroom for College Education Based on Flip Classroom)	최향란	中國言語硏究
72	韩国大学教养课'旅游汉语'课程中出现的'把'字句偏误分析	홍명수	敎養學硏究
73	한국문학의 중국어 번역 교육 현황 및 개선 과제 (Chinese translation education for Korean literature: Present challenges and future directions)	정미선	飜譯學硏究
74	한국인 중국어 초급 학습자의 중국어 발음 불안 연구 (A Study on Chinese Pronunciation Anxiety by Korean Beginner Learners of Chinese)	이얜슈아이	二重言語學
75	한국인 중국어 학습자를 위한 담화표지 這個와 那個의 기능 연구 (A Study on the Pragmatic Functions of the Chinese Discourse Markers zhege and nage for Chinese Language Education)	Quan Xifeng,서희정	中國言語硏究
76	한국인 중국어 학습자의 오류 유형에 따른 교수법 개선 제언: N대학을 중심으로 (Suggestions on the Improvement of Teaching Method Based on Error Analysis of Korean Chinese Learners: Focusing on N University)	푸팅, 장효청	人文社會科學硏究
77	한국인 학습자를 위한 중국어교육 문법의 비교문 분석 - 표준 중국어교육 문법 체계 방안 모색을 중심으로 - (Analysis of 比较句 in Chinese Language Education Grammar for Korean Learners - Focusing on the Exploration of a Standardized Chinese Language Education Grammar System -)	)위수광	韓民族文化硏究
78	韩国学生习得汉语兼类词"给"的难度等级研究	师天武	韓中言語文化硏究
79	汉语"这" "那"类指示代词的跨语际研究 - 以英语、韩语、日语母语者习得偏误为例	李籽菡	中國言語硏究
80	한어병음은 중국어 발음기호가 아니다 - 중국어 발음 교수학습의 문제점과 해결 방안 (Hanyu Pinyin Is Not the Phonetic Symbols of Chinese - Problems and Solutions in Teaching and Learning Chinese Pronunciation -)	송지현	韓國中語中文學會 學術大會 資料集
81	漢語學習者的漢語句子焦點位置的聽覺區分	李善熙	中國語文學誌
82	漢字·漢語 敎學方案 硏究V -是, 下, 國을 대상으로 (Chinese Characters and Language Teaching Program Study V - for '是, 下, 國')	여병창	東洋學
83	해방 이후 국내 중국어 교육의 도입과 발전 과정에 관한 小考 (A Study on the Introduction and Development Process of Chinese Education in Korea after 1945 Liberation)	엄지	韓國과 國際社會
84	해음자화(谐音字画)의 수사(修辭)적 기법을 활용한 수업지도 방안 연구 (A Study on the Instructional Guidance Method Using the Rhetoric Techniques of Homonym Painting)	서흥기,나민구	中國語敎育과 硏究
85	현대 중국어 전치사 '向'에 나타난 한국인 학습자의 오류분석 - '向'과 '对', '给'의 대치 오류를 중심으로 (An Error Analysis of Korean Learners in the Use of the Modern Chinese Preposition "向" - : Focusing on the Substitution Errors of "向", "对", and "给")	신미경,유위	中國語敎育과 硏究

No.	논문명	저자	학술지명
86	협업·공유 중국어교육 플랫폼 구축과 운영 전략 (Construction and Operational Strategies for a Collaborative and Shared Chinese Language Education Platform)	정상현	韓國中語中文學會 學術大會 資料集
87	효율적인 중국어 시제와 상(相) 교육 방안 연구 (A Study on Efficient Education Method for Chinese Tense and Aspect)	손정일	人文社會科學研究

주: 1. 논문명 가나다순 정렬.
2. 한국어 제목은 영어 또는 중국어 병기함.
데이터 출처: 학술연구정보서비스(RISS).

부록8 중문 학습 유튜브 채널 현황 (2024)

No.	채널명	개설일	구독자수	영상수	조회수
1	쓰이는 중국어만 알고싶다	2018-04-11	140,000	419	18,389,868
2	진짜중국어Real Chinese	2017-08-22	120,000	933	16,384,836
3	온중국어 ON Chinese (구 대마중국어)	2017-12-23	94,900	440	18,844,829
4	중국어도 역시1위 해커스중국어	2015-04-21	89,000	1,564	16,524,644
5	차이픽 (롱차이나 중국어)	2013-09-22	65,700	2,286	9,485,725
6	김성민 중국어	2012-03-16	55,500	1,315	10,852,664
7	시원스쿨 중국어	2013-12-18	55,100	1,320	8,686,274
8	시리 중국어 Shili Chinese	2017-12-19	49,900	42	1,213,718
9	중국어 맛집 엘리네	2020-05-14	45,900	137	19,979,299
10	천하제일 중국어	2015-12-14	45,200	2,744	5,361,707
11	우기부기 중국어	2017-01-19	44,500	331	5,550,054
12	차이티중국어	2013-02-18	42,300	179	2,418,390
13	중국어 사용설명서	2012-10-10	39,400	439	3,883,257
14	중국어팡팡	2020-05-13	35,400	118	4,373,621
15	바로 써먹는 중국어 | 써먹중	2023-05-26	32,700	371	1,887,045
16	차이랑중국어	2017-07-10	31,900	993	3,547,590
17	방구석 중국어	2018-12-02	29,900	248	1,963,695
18	차이나라이중국어공부	2016-11-11	29,700	233	3,501,233
19	홍매쌤TV 노래하는 중국어쌤	2007-05-23	29,700	1,200	3,514,104
20	수정쌤의 즐거운 중국어 Xiujing Laoshi	2018-04-08	28,300	307	2,776,363
21	중국어 비법만 알려주는 성룡쌤	2015-12-16	25,000	795	4,452,901
22	후웨이쩐의 중국어공작실TV	2013-10-13	24,800	174	4,624,333
23	다락원 중국어 회화, HSK, 여행 인강	2019-02-07	22,800	1,134	2,456,017
24	칭화대 박사가 만드는, 한승중국어	2020-11-15	20,900	297	22,017,578
25	렐라중국어	2019-08-08	19,900	361	2,370,167
26	문정아중국어 공식 유투브	2012-07-26	19,200	2,077	11,897,135
27	워빵니중국어 Help you Chinese	2021-03-17	18,100	374	1,668,231
28	칭따오1번가 중국어 [Chinese with us]	2017-12-24	18,000	91	1,431,474
29	깡부네스크린중국어	2013-11-10	14,600	55	5,120,670
30	아란의 중국어방	2018-12-21	12,900	102	1,309,112
31	중국어는 희재쌤	2018-01-23	12,200	131	898,563
32	차이나요중국어	2022-12-20	10,700	192	664,999
33	메이쌤의 세상 쉬운 중국어	2019-03-03	10,400	196	1,770,839
34	텐텐중국어	2023-05-22	10,100	165	510,521
35	웨이타밍 중국어 Vitamin Chinese	2018-06-02	10,100	264	1,226,953
37	좋은 아빠의 중국어 찬양 好爸爸的讚美詩歌	2012-09-22	8,920	739	1,326,353
38	본토중국어	2021-03-28	8,800	208	360,431
39	하이니중국어	2023-10-22	8,610	63	359,673
40	중국어 한 잔	2020-05-28	8,550	446	798,051
41	*나나샘중국어	2011-05-10	8,250	682	1,264,790
42	찐화쌤 중국어	2023-03-16	8,240	74	608,292
43	우지평중국어	2009-11-04	7,980	886	2,729,926
44	리미띠드에디션 중국어	2021-07-23Z	7,830	281	852,255
45	만두중국어	2019-04-02	7,830	201	1,168,480
46	비트 중국어YBM	2016-12-08	7,690	96	2,928,445
47	안녕차이나TV - 중국어 스터디 채널	2023-09-18	7,680	222	758,022
48	진준의 진짜중국어_CA.KE. 탑승구	2013-02-16	7,280	371	354,408
49	딩당 중국어[DingDang Chinese]	2019-11-05	7,230	764	1,202,824
50	열공 중국어	2019-01-15	6,500	105	408,171
51	중국어하는 씨몬씨TV	2019-12-27	6,380	86	607,715
52	팅팅 중국어	2023-02-02	6,310	76	575,125
53	티엔콩 중국어	2012-07-07	6,150	68	654,120
54	도요새중국어	2018-06-11	5,600	307	711,621
55	jenny tv 제니중국어韩语	2018-07-22	4,880	240	453,131

No.	채널명	개설일	구독자수	영상수	조회수
56	피터 중국어 PETER HANYU	2020-10-22	4,870	1,633	691,030
57	시사중국어	2014-03-03	4,840	1,263	829,177
58	빛글중국어	2012-12-14	4,800	1,385	919,546
59	소빈한 중국어	2019-12-02	4,800	162	407,827
60	7080중국어Chinese	2022-12-09	4,680	486	905,202
61	치디앤 중국어 [QIDIAN]	2014-11-03	4,530	45	457,081
62	반가운 중국어 TV	2012-07-27	4,260	241	1,029,920
63	왕쌤 중국어	2012-10-25	4,230	425	470,945
64	매일중국어	2023-02-03	4,120	199	329,866
65	성진우중국어	2018-08-20	4,010	141	293,325
66	승승장구중국어	2016-09-08	3,990	991	488,995
67	대륙중국어수현쌤	2022-01-14	3,910	430	1,004,725
68	갓효정중국어	2017-07-09	3,860	64	230,068
69	또또중국어	2015-12-24	3,850	175	396,526
70	초보중국어독학채널	2019-12-25	3,430	693	351,929
71	오늘도 중국어	2020-04-05	3,280	78	238,196
72	왕선생중국어TV	2020-01-11	3,270	102	841,105
73	깔쌈로컬중국어	2018-03-16	3,180	20	190,806
74	중무장중국어	2018-05-01	3,160	106	150,617
75	리리언니중국어	2018-11-07	2,950	279	233,552
76	세젤쉬 중국어	2018-06-13	2,910	42	512,383
77	강현주 전문 중국어	2020-11-13	2,910	145	158,816
78	이형란의 스크린중국어	2017-02-23	2,890	501	265,781
79	이박사 중국어	2012-01-05	2,780	967	773,172
80	마스터중국어	2024-04-01	2,740	26	91,111
81	현선생중국어교실玄老師漢語班	2017-10-22	2,650	704	330,197
82	으랏차중국어	2016-11-30	2,650	96	211,046
83	문교수중국어 [중국어문법 완성]	2020-03-12	2,570	558	331,325
84	쉬운중국어교실	2015-05-01	2,430	169	272,076
85	실전중국어	2019-06-04	2,330	120	163,484
86	중국어교육연구소	2020-04-05	2,230	1,331	363,735
87	투맨 중국어	2016-04-11	2,220	269	484,372
88	티엔미중국어TV	2020-05-14	2,150	126	175,404
89	중국어덕후 박현정	2015-11-06	2,080	384	114,540
90	이쌤 중국어+한자	2018-04-23	2,060	86	702,810
91	중국어융합스쿨(엄마표중국어-이슬쌤)	2019-03-11	2,050	295	121,708
92	오늘 배워 바로 쓰는 중국어	2024-06-25	1,980	491	325,862
93	양멍멍 중국어	2010-12-05	1,840	76	1,053,984
94	차니 중국어	2022-11-14	1,820	29	111,351
95	중국어이슬	2015-08-05	1,720	98	136,103
96	혜피의 대만 중국어	2021-05-01	1,700	106	233,129
97	조문초 중국어	2017-02-03	1,640	898	357,575
98	우리중국어TV	2018-12-07	1,640	406	179,471
99	차이얼 중국어	2019-12-30	1,580	50	112,980
100	명가차이니즈 중국어회화	2013-04-02	1,560	459	118,959
101	청린成林중국어	2021-07-29	1,550	270	175,843
102	지린중국어	2022-08-12	1,530	298	634,385
103	미래원중국어	2022-02-12	1,520	1,360	283,734
104	중국어는 지오지요	2021-01-31	1,490	15	43,361
105	이선아 중국어통번역TV	2019-12-20	1,460	214	63,498
106	빽쌤중국어	2020-10-03	1,440	100	207,832
107	경제자 중국어	2016-04-15	1,410	135	108,304
108	하하샘 중국어	2019-02-09	1,360	65	200,761
109	중국어생활	2019-01-03	1,350	1,180	244,637
110	달콩이 중국어	2023-12-28	1,340	467	113,364
111	정아쌤중국어	2012-12-02	1,300	60	32,147
113	큰별중국어 손쌤	2017-03-09	1,260	79	65,690
114	빠른중국어	2013-09-17	1,230	85	92,374
115	TSC 중국어 말하기 시험	2019-09-30	1,230	34	90,393

No.	채널명	개설일	구독자수	영상수	조회수
116	커이 중국어	2024-05-13	1,150	9	43,340
117	차이나는 명쌤: 중국어 왕초보에서 고수까지	2024-01-23	1,120	44	61,773
118	말랑한 중국어	2013-06-08	1,120	163	106,354
119	ㅁㅁ중국어 원어민 강사 린린	2021-04-13	1,110	626	180,663
120	빵 중국어	2023-10-23	1,100	90	75,420
121	최리나 강사의 전도중국어	2013-10-02	1,100	65	67,138
122	최윤서중국어	2012-07-06	1,100	513	105,745
123	TJ 중국어	2012-11-21	1,090	78	115,557
124	니하오 중국어 TV	2023-04-18	1,080	31	51,276
125	진시왕의 끝장중국어	2020-08-02	1,070	96	68,855
126	샤라톡 중국어	2018-07-19	1,060	174	56,923
127	선이쌤의 야금야금 중국어	2023-03-31	1,060	273	98,175
128	도도한 중국어【朵朵中文】	2024-02-26	1,040	39	19,698
129	웨이브 중국어	2021-12-03	1,040	15	52,075
130	메이샨중국어 (meishan_chinese)	2020-09-12	1,020	96	243,781
131	허니 중국어 TV	2018-06-22	1,010	51	67,176
132	중국어나라	2023-01-22	1,000	209	80,105
133	예니밍 중국어	2015-10-05	968	72	120,931
134	전용철 앵커의 표준 중국어	2018-03-10	967	224	100,535
135	지쌤 중국어카페	2021-02-07	933	86	54,701
136	위쌤중국어	2016-06-28	931	247	123,361
137	해법중국어TV	2019-05-13	899	101	171,437
138	써먹초 | 바로 써먹는 기초중국어	2024-11-26	894	132	28,874
139	주단발의 쉬운 중국어	2021-07-12	888	90	77,357
140	드림중국어	2017-02-09	876	3,663	447,532
141	독학 중국어	2013-09-10	837	247	106,456
142	랜선중국어 在线汉语	2017-05-25	829	33	53,466
143	정명숙교수의 간딴중국어TV	2012-07-18	814	149	36,051
144	중국어놀이터 영신TV	2020-03-24	746	34	240,844
145	369중국어	2024-03-11	736	128	64,182
146	바오중국어	2024-09-17	717	49	58,931
147	마라스쿨 중국어 (Mala School Chinese)	2020-03-27	712	52	32,230
148	중국어별책부록 | 중국어 독학 학습채널	2012-09-14	709	189	106,169
149	테리 중국어	2022-11-14	681	61	129,768
150	[썬PD]중국어 정복하기	2019-02-22	680	41	34,534
151	이뿌뿌중국어	2013-08-05	647	24	36,136
152	트루중국어	2018-07-31	643	83	46,900
153	JJD 랭귀지 스쿨 중국어	2024-02-22	639	518	98,260
154	따쟈하오♥현직교사 린쭈쌤의 생활중국어교실	2020-04-01	639	34	147,514
155	하루10초중국어 忙中一句话 mangzhongyijuhua	2022-06-16	608	178	94,616
156	사이버한국외대중국어학부	2017-06-12	602	409	63,003
157	봄쌤중국어	2020-06-26	587	223	51,238
158	중국어	2019-05-11	586	123	50,345
159	김슨생중국어 (김슨생 중국어)	2020-04-20	583	99	89,084
160	요만큼 중국어	2021-06-24	558	33	37,497
161	빵빵중국어	2020-03-11	556	433	56,118
162	한라오쓰 기초 중국어	2020-04-08	519	35	30,390
163	양쌤중국어	2014-07-12	518	61	41,183
164	나의 가벼운 중국어	2018-11-25	509	24	21,414
165	유니랑중국어	2019-01-16	507	14	160,343
166	오색중국어5ColorChinese	2019-06-10	500	52	228,331
167	미경쌤 중국어 [MKclass]	2010-10-13	490	83	15,556
168	월량 중국어	2018-06-26	470	200	88,550
169	두런두런 중국어	2010-11-19	430	179	80,033
170	통통 한자&중국어 교육원	2019-01-22	411	50	22,825
171	최성은의 중국어교실	2023-11-24	397	157	23,428
172	공선생 중국어	2023-12-14	390	107	60,337
173	난 중국어	2023-03-16	388	25	20,750
174	미라이 중국어MiRai Chinese	2013-12-13	378	155	129,789

No.	채널명	개설일	구독자수	영상수	조회수
175	박샘 중국어	2020-04-08	374	23	26,214
176	설희의 대만 중국어	2014-12-06	374	263	16,007
177	장흥석중국어	2016-05-19	367	386	162,411
178	중국어낭독	2018-11-06	357	8	9,799
179	최PD의 중국어 공장	2018-06-26	349	141	22,813
180	채쌤중국어TV	2020-07-24	328	62	23,750
181	나의 하루 1줄 중국어 쓰기 수첩	2021-12-16	322	139	15,554
182	에이스 중국어 Ace Chinese	2023-05-27	312	93	20,390
183	중문과 - 쉽게 배우는 중국어문법	2019-01-01	309	15	17,454
184	쉐이쉐이중국어	2018-09-09	300	74	63,583
185	티나중국어	2021-06-15	291	62	92,724
186	하루중국어	2023-03-05	285	52	9,708
187	중부명성교회 중국어예배부	2020-11-16	280	282	30,775
188	곽위 중국어HappyChinese	2024-06-23	279	155	25,811
189	송송샘중국어	2014-05-25	277	23	10,334
190	중국어로 말해요	2024-05-14	266	22	14,457
191	추이라오스중국어교실	2020-02-23	255	54	16,503
192	민채쌤과 중국어로 말해요□	2013-02-27	238	131	78,327
193	인생역전 중국어	2024-09-05	225	79	13,421
194	재밌는중국어	2016-09-26	219	72	103,664
195	윤주희중국어TV	2013-07-12	214	29	5,366
196	hm중국어	2018-04-02	213	372	117,360
197	한국중국어교사회	2020-09-20	213	55	58,801
198	찐화중국어 교재 자료실	2013-07-30	211	44	34,266

주: 2024년에 영상을 업로드한 채널 목록을 구독자 규모 순으로 정렬.

부록9 중문 학습 유튜브 영상 현황 (2024)

No	영상 제목	채널명	업로드일	조회수	좋아요수	댓글수	유형	분량
1	여행필수 중국어 저 이거 할게요!!! 가장 쉽게 말하는 법 #중국어 #중국어기초 #중국어독학 #중국어배우기 #중국어회화	쯔잉TV	2024-02-17	3,789,686	17,139	520	쇼츠	22″
2	생활 중국어 회화 1000문장 ㅣ 3시간 흘려듣기 ㅣ 중따랑 1~32편 통합본 ㅣ #기초중국어 #중국어회화 #중국어공부	차이랑중국어	2024-01-17	422,860	7,458	186	일반	194′48″
3	중국어로 넵 넵! 네네.. 이렇게 하세요 #중국어회화 #중국어 #기초중국어	류리ON RYURI-ON	2024-08-28	179,993	4,968	65	쇼츠	29″
4	화장실 어디에 있어요를 중국어로? 중국여행에서 당장 써야할 표현 #중국어 #중국어기초 #중국어독학 #중국어배우기 #중국어회화	쯔잉TV	2024-03-02	147,348	2,104	76	쇼츠	27″
5	생활 중국어 회화 990문장 ㅣ 3시간 흘려듣기 ㅣ 듣다 보면 외워집니다 ㅣ 출퇴근, 이동할 때, 집안일할 때 틀어두세요 자면서도 들어요	차이랑중국어	2024-10-19	140,641	2,041	57	일반	206′18″
6	생활중국어 720문장 그냥 틀어두세요 ㅣ 33~56탄 통합본 4시간 30분 연속 재생 ㅣ 한글 발음, 주요 단어 설명	차이랑중국어	2024-04-17	136,980	2,175	72	일반	274′23″
7	기초중국어회화 #17 ㅣ 중국 8살 수준 60문장 ㅣ Worksheet 틀어만두세요!	하이니중국어	2024-07-06	128,006	2,995	37	일반	24′1″
8	중국어 길게 말하기 1-8탄 몰아 듣기 ㅣ 3시간 연속 재생 ㅣ 외우지 말고 틀어만 두세요 원어민이 매일 쓰는 중국어 표현 50개	바로 써먹는 중국어 ㅣ 써먹중	2024-06-23	117,114	4,322	114	일반	178′9″
9	비싼 강의 들어도 이걸 알려주는 사람 없어요. 혼자서 중국어 실력 높이는 3가지 법칙 혼자도 할 수 있어요!!! #차이나요중국어	차이나요중국어	2024-12-06	83,560	1,880	108	일반	22′2″
10	중국친구랑 자연스럽게 대화 나누는 법 #중국어 #중국어독학 #중국어회화 #기초중국어 #중국어기초 #여행중국어 #중국어발음	쯔잉TV	2024-11-08	76,938	1,052	33	쇼츠	20″
11	지하철 중국어로 외우는 가장 쉬운방법 #중국어 #중국어기초 #중국어독학 #중국어회화 #중국어배우기	쯔잉TV	2024-01-04	72,217	1,038	26	쇼츠	15″
12	【글자중국어#4】매일 반복하면 외워지는 6글자 생활 중국어!	온중국어 ON Chinese (구 대마중국어)	2024-01-28	70,413	1,115	25	일반	118′43″
13	한국인이 자주 하는 중국어 실수 Top3	쓰이는 중국어만 알고싶다	2024-02-19	58,933	2,392	44	쇼츠	59″
14	천리길도 한걸음부터! 기초생활중국어 1200문장(3글자~7글자 몰아듣기) 귀가트입니다! 5시간 연속듣기, 한국어발음, 생활중국어회화, 실용중국어, 기초중국어회화	렐라중국어	2024-09-22	55,299	925	29	일반	294′42″
15	중국어 더 느낌있게 말하고싶다면? #중국어회화 #중국어 #기초중국어	류리ON RYURI-ON	2024-10-02	53,231	977	11	쇼츠	23″
16	필수기초중국어단어 300개 (명사통합본-그림단어장) ㅣ 단어를 알아야 회화도 가능해요 ㅣ 중국어기초 ㅣ 초급중국어 ㅣ 생활중국어 ㅣ 한글발음	별씽튜브	2024-05-14	52,301	834	28	일반	50′32″
17	중국어 회화 300문장 켜놓고 1시간 흘려 들으세요 ㅣ 33탄~42탄 통합본 ㅣ 한글 발음, 기초중국어, 중국어회화, 연속재생, 반복듣기	차이랑중국어	2024-03-03	49,506	712	16	일반	56′6″
18	【중국어듣기능력】다 배웠던 말인데 계속 안 들리면 이런 연습 많이 하세요!	워빵니중국어 Help you Chinese	2024-07-29	48,709	1,453	77	일반	22′14″
19	[실생활 중국어 회화 모음] 학습자에게 반응 좋은 실생활 회화 50문장 ㅣ 이것만 외우세요	류리ON RYURI-ON	2024-09-24	47,841	1,685	98	일반	49′28″
20	미안~중국어로 뚜에이부치 말고 이걸 더 많이 써요! #중국어기초 #여행중국어 #중국어 #중국어회화 #기초중국어 #중국어선생님 #중국어발음 #중국어말하기 #중국어발음	쯔잉TV	2024-07-08	47,355	717	28	쇼츠	13″
21	이표현 모르면 질문폭풍으로 받을수도 있어요!#중국어 #중국어회화 #중국어독학 #중국어말하기 #중국어발음 #중국어발음	쯔잉TV	2024-10-11	45,567	702	33	쇼츠	27″
22	저기요!!!음식주문할때 필수 중국어 #중국어 #중국어기초 #중국어독학 #중국어배우기 #중국어회화	쯔잉TV	2024-02-25	45,118	858	34	쇼츠	26″
23	한국인 98%는 모르는 중국어 뉘앙스	쓰이는 중국어만 알고싶다	2024-03-29	44,799	1,875	24	쇼츠	52″
24	중국어 길게 말하기 100문장 ㅣ 3시간 10-30탄 몰아 듣기ㅣ 드라마, 예능, 영화, 다큐 원어민 실생활 표현	바로 써먹는 중국어 ㅣ 써먹중	2024-10-17	43,802	1,137	52	일반	198′19″
25	이거 이해되는 사람?? #중국어기초 #중국어 #중국어회화 #중국어쌤 #기초중국어 #중국어공부 #중국어배우기 #중국어말하기 #중국어발음	쯔잉TV	2024-06-29	43,773	816	38	쇼츠	55″

No	영상 제목	채널명	업로드일	조회수	좋아요수	댓글수	유형	분량
26	[4K] 그냥 틀어두세요 실제 중국어 회화 l 청두 힙한 쇼핑 거리	쓰이는 중국어만 알고싶다	2024-07-23	43,653	1,112	42	일반	43′5″
27	중국어 고인물이 알려주는 중국어 회화 공부법	타이위	2024-10-14	43,370	1,073	94	일반	12′37″
28	【글자중국어#5】 7글자 생활 중국어, 오늘도 쉽게 시작해요!	온중국어 ON Chinese (구 대마중국어)	2024-02-06	40,621	617	18	일반	132′16″
29	생활중국어 1000문장 4시간 몰아듣기 (#1-20통합본) ㅣ 귀뻥뻥 뚫리는 중국어회화 ㅣ 초급중국어 ㅣ 기초중국어 ㅣ 한글발음	별씽튜브	2024-09-10	38,871	712	16	일반	225′57″
30	중국어초중급단어(HSK4)18년차 전문강사가 추천하는 가장 완벽한 암기법 ➡ 무조건 OO까지 끝내세요!!	차이나요중국어	2024-07-31	38,212	798	42	일반	237′12″
31	중국인이 가장 많이 쓰는 필수단어 부사 36 모음 ㅣ 중국어문법 기초초급어법총정리	차이나요중국어	2024-04-23	37,192	820	40	일반	110′29″
32	영화 드라마로 배우는 중국어 #중국어회화 #중국어 #중국어독학	팅팅 중국어	2024-02-26	37,173	501	9	쇼츠	12″
33	얼마나 기다려야 하나요? 웨이팅 필수 #중국어 #기초중국어 #중국어회화 #중국어독학 #중국어말하기	쯔잉TV	2024-11-16	37,112	705	51	쇼츠	24″
34	중국어 기초회화 (통합편 56~60) 그냥 틀어두세요! 생활 중국어 150문장 ㅣ 중국어회화, 중국어독학, 중국어공부	안녕차이나TV - 중국어 스터디 채널	2024-07-12	37,041	547	21	일반	84′10″
35	중국어 조금 배웠을때 알아야 할 필수표현!다시 한번 말해주세요! #중국어기초 #중국어독학 #여행중국어 #중국어학습 #중국어회화 #중국어 #중국어말하기	쯔잉TV	2024-08-11	35,901	653	32	쇼츠	28″
36	현지에서 산 사람처럼 중국어하게 만드는 필수단어 개사15 ㅣ 중국어문법 기초초급어법총정리	차이나요중국어	2024-05-15	35,515	815	46	일반	83′51″
37	(통합ver) 중국인이 제일 많이 쓰는 중국어 몰아보기 l 이거 한편으로 끝내세요	쓰이는 중국어만 알고싶다	2024-11-13	34,684	1,412	40	일반	36′12″
38	배부르다, 배불리먹었다! 중국어로 간단해요. #중국어기초 #중국어독학 #여행중국어 #중국어학습 #중국어입문 #중국어회화 #중국어 #중국어발음 #중국어말하기	쯔잉TV	2024-08-24	34,312	626	10	쇼츠	24″
39	【글자중국어#6】 오늘부터 쉽게 배우는 8글자 생활 중국어!	온중국어 ON Chinese (구 대마중국어)	2024-04-15	34,252	581	16	일반	61′52″
40	중국어 공부 8년차가 알려주는 초보자 중국어 독학 꿀팁 ㅣ 중국어 독학? 교재 한권으로 정복하기	아름 AREUM	2024-03-19	34,042	557	72	일반	6′52″
41	중국어 회화 공부 방법 이렇게만 하면 실력이 폭풍 성장합니다	류리ON RYURI-ON	2024-05-25	33,718	1,149	64	일반	19′30″
42	양꼬치 중국에서 먹으려면 알아야 할 중국어!!! #여행중국어 #중국어 #중국어기초 #중국어독학 #중국어배우기 #중국어회화	쯔잉TV	2024-03-06	33,691	489	35	쇼츠	28″
43	중국어 성조 이렇게 구분하세요	중국어도 역시1위 해커스중국어	2024-07-04	33,579	562	3	쇼츠	47″
44	중국어 동사, '이렇게' 구분해서 보면 작문실력 급상승 피부로 느껴져요! 동사 조동사 단어 싹 다 끝내기 ㅣ 중국어문법 기초초급어법총정리	차이나요중국어	2024-08-28	31,802	694	56	일반	116′50″
45	천리길도 한걸음부터! 기초생활중국어 1500문장(2글자~8글자/ 1탄~50탄 몰아듣기) 6시간 연속듣기, 한국어발음, 생활중국어회화 ,실용중국어,기초중국어회화	렐라중국어	2024-12-29	30,268	394	19	일반	373′37″
46	여행가면 이거 먹어야죠! 빙수!!중국어로 알아봅시다 #중국어기초 #여행중국어 #중국어 #기초중국어 #중국어독학 #중국어회화 #중국어독학 #중국어배우기 #중국어공부 #중국어쌤	쯔잉TV	2024-07-22	30,156	565	18	쇼츠	17″
47	캐리어 맡겨도 되나요? 호텔필수중국어!!! #중국어 #중국어독학 #중국어회화 #기초중국어 #중국어말하기	쯔잉TV	2024-10-30	30,120	574	11	쇼츠	27″
48	[3시간 연속 재생] 현지에서 진짜 매일 쓰는 생활중국어 300문장 중따랑 57탄~66탄 통합본 ㅣ 한글 발음 포함	차이랑중국어	2024-06-09	28,919	453	13	일반	194′27″
49	[2시간 연속 재생] 이 영상 하나로 기초도 중국어로 대화가 가능해집니다 ㅣ 150문장 연속 듣기 67탄~71탄 통합본 ㅣ 한글 발음 포함	차이랑중국어	2024-06-26	28,797	536	6	일반	129′59″
50	사진 찍어주세요! 중국어로 배워봅시다. #중국어기초 #여행중국어 #중국어 #중국어선생님 #중국어회화 #중국어독학 #중국어배우기 #중국어쌤	쯔잉TV	2024-05-15	28,746	582	15	쇼츠	25″

No	영상 제목	채널명	업로드일	조회수	좋아요수	댓글수	유형	분량
51	잠시쉬자!!중국어로 이렇게 말합니다. #중국어독학 #여행중국어 #중국어기초 #중국어 #중국어회화 #기초중국어 #중국어선생님 #중국어발음	쯔잉TV	2024-09-05	28,733	574	22	쇼츠	19″
52	아이스로 주세요! 시원한걸로주세요! 무조건 알아야할 여행중국어 #중국어기초 #여행중국어 #중국어 #중국어기초 #중국어회화 #중국어독학 #중국어배우기 #중국어공부 #기초중국어	쯔잉TV	2024-05-06	28,665	539	18	쇼츠	22″
53	어플로 택시가 안잡힐때 이렇게 부탁해보세요. #중국어 #중국어독학 #중국어회화 #중국어말하기 #기초중국어 #중국어발음	쯔잉TV	2024-11-28	26,328	502	16	쇼츠	26″
54	중국어초급단어(HSK3) 안 까먹고 문장 만드는 실력까지 잡는 암기법 단어+문장 그냥 따라하세요!!	차이나요중국어	2024-07-24	26,023	616	35	일반	129′47″
55	중국vs대만에서 쓰는 다른 중국어 단어! 알아두면 대만여행이 편해져요. #중국어 #중국어기초 #중국어독학 #중국어배우기 #중국어회화 #여행중국어 #중국어말하기 #중국어발음	쯔잉TV	2024-06-12	26,000	434	25	쇼츠	34″
56	[생활중국어회화] 중국어 문장 늘리기 001-030 몰아보기.	마스터중국어	2024-05-15	24,490	727	27	일반	69′50″
57	공짜예요? 중국어로 알아둡시다!! 여행이 더 편해져요. #중국어 #중국어독학 #중국어회화 #기초중국어 #중국어기초 #여행중국어 #중국어선생님 #중국어말하기	쯔잉TV	2024-11-20	24,219	487	17	쇼츠	25″
58	초급중국어회화 2700문장으로 끝! ｜ 2025년 모두에게 좋은일만 가득하길~ ｜운동, 잠잘때, 출퇴근길 함께하는 기초중국어회화 ｜ 2글자~10글자 12시간 몰아듣기	별씽튜브	2024-12-31	22,583	338	19	일반	715′10″
59	중국어로 영업시간 물어보는 방법! 몇시에 문 닫나요? 필수표현! #중국어 #중국어독학 #중국어회화 #중국어말하기 #기초중국어 #중국어발음	쯔잉TV	2024-12-03	21,669	421	20	쇼츠	25″
60	~하는거 어때? 라고 물을때 유용한 3글자 중국어!!!! #중국어기초 #여행중국어 #중국어 #기초중국어 #중국어독학 #중국어회화 #중국어말하기 #중국어발음	쯔잉TV	2024-07-16	21,323	447	16	쇼츠	22″
61	실전 중국어- 전화예약 #중국어 #중국어회화	쓰이는 중국어만 알고싶다	2024-05-30	21,112	639	8	쇼츠	45″
62	쉬워요! 여행가면 반드시 쓰는 여행중국어통합편 300문장 [1~10탄] 2~7글자모음, 귀가트입니다! 1시간 연속듣기, 한국어발음	렐라중국어	2024-05-05	21,083	364	15	일반	73′56″
63	괜찮아! 중국인이 정말 많이 쓰는 표현 #중국어기초 #중국어 #여행중국어 #중국어회화 #기초중국어 #중국어독학 #중국어말하기 #중국어발음	쯔잉TV	2024-08-04	20,769	382	12	쇼츠	27″
64	[실전 중국어] 중국 호텔 전화 문의☎	쓰이는 중국어만 알고싶다	2024-03-08	20,673	682	12	쇼츠	41″
65	쪽팔려~창피해 중국어로?? #중국어 #중국어독학 #중국어회화 #기초중국어 #중국어기초 #여행중국어 #중국어발음	쯔잉TV	2024-12-23	20,305	430	12	쇼츠	27″
66	카드결제 되나요?를 중국어로 말해보면? #중국어독학 #중국어기초 #중국어회화 #중국어학습 #여행중국어 #중국어	쯔잉TV	2024-08-29	19,108	412	12	쇼츠	22″
67	영어 vs. 중국어 발음비교 #맥도날드 #코카콜라 #서브웨이 #kfc #영어 #중국어 #발음	Aran TV	2024-12-29	18,936	258	4	쇼츠	15″
68	죽도록 헷갈리지만 묶어보면 완전 쉬운 핵심 중국어 비슷한 명사 동사 형용사 반댓말 비슷한 단어+문장 ｜ 기초~초중급 주제별(5)	차이나요중국어	2024-11-20	18,700	351	22	일반	145′0″
69	공식처럼 쓰이는 중국어 패턴 5분컷 정리 ｜ 통째로 외워요!	쓰이는 중국어만 알고싶다	2024-11-05	17,565	713	19	일반	5′14″
70	아주 쉽게 외울 수 있는 단어들 -- 한자어의 중국어 발음 1000개	왕쌤 중국어	2024-03-05	17,240	368	6	일반	164′42″
71	중국어로 잘가 뭐라고 하세요? ｜ 헤어질 때 인사말 모음 #중국어 #중국어회화 #기초중국어 #중국어왕초보 #초급중국어	류리ON RYURI-ON	2024-11-29	17,074	495	19	쇼츠	24″
72	~해봐도 되나요? 가장 간단한 중국어 표현 #중국어 #중국어독학 #중국어회화 #중국어말하기 #중국어발음 #중국어기초	쯔잉TV	2024-12-11	17,071	377	24	쇼츠	36″
73	더 이상의 시간 낭비는 그만 ｜ 중국어 조사 아직도 틀리고 있다면 당장 끝내세요 ｜ 중국어 독학 ｜ 중국어문법독학 ｜ 기초초급어법총정리	차이나요중국어	2024-10-16	17,011	362	28	일반	67′50″
74	필수명사300개(그림단어장)+기초중국어 300문장 2시간 30분 연속재생 ｜ 단어를 알아야 중국어회화도 가능해요 ｜ 초급중국어 ｜ 한글발음	별씽튜브	2024-05-19	16,372	251	12	일반	151′46″
75	【중국어독해】이런 방식으로 하면 중국어 긴 문장도 다 독해 가능합니다!	워빵니중국어 Help you Chinese	2024-08-25	16,300	556	50	일반	28′8″

No	영상 제목	채널명	업로드일	조회수	좋아요수	댓글수	유형	분량
76	중국인이 손으로 숫자 세는 방법 '1~10' #중국어	딩당 중국어 [DingDang Chinese]	2024-05-13	15,989	132	4	쇼츠	16″
77	쿨내나는 중국어 표현 top5	쓰이는 중국어만 알고싶다	2024-08-16	15,721	829	18	쇼츠	39″
78	생활중국어 200문장 #1~4 통합본 (1~200) ㅣ 귀가 트이는 중국어 듣기습관 ㅣ 기초중국어 ㅣ 초급중국어회화 ㅣ 한글발음포함	별씽튜브	2024-06-19	15,665	295	9	일반	128′58″
79	[100% 실제상황] 상해 택시 필수 #중국어	쓰이는 중국어만 알고싶다	2024-05-04	15,301	427	6	쇼츠	31″
80	중국 유행어-회사편 월급 루팡 중국어로?	쓰이는 중국어만 알고싶다	2024-08-30	15,237	619	5	쇼츠	39″
81	요즘 날씨에 딱 필요한 중국어 (쌀쌀하다)	쓰이는 중국어만 알고싶다	2024-10-29	15,007	729	18	쇼츠	28″
82	중국 제2의 실리콘밸리 선전(深圳) 걸으며 중국어 듣기 | 4k 반복재생	쓰이는 중국어만 알고싶다	2024-12-17	14,167	348	14	일반	41′16″
83	중국가기전 이건 꼭 알아야 해요!!!! #여행중국어 #중국어독학 #중국어회화 #기초중국어 #중국어기초 #중국어학습 #중국어 #중국어쌤 #중국어말하기	쯔잉TV	2024-09-25	13,899	311	10	쇼츠	24″
84	고민하다 중국어로? 苦恼 아님 주의	쓰이는 중국어만 알고싶다	2024-12-21	13,284	690	11	쇼츠	36″
85	중국어 악센트의 중요성	쓰이는 중국어만 알고싶다	2024-04-09	11,862	455	6	쇼츠	30″
86	(저장 필수) 중국어 필수 패턴 top3	쓰이는 중국어만 알고싶다	2024-11-10	11,819	756	12	쇼츠	32″
87	【글자중국어#7】 9글자 중국어로 생활 속 표현 마스터하기!	온중국어 ON Chinese (구 대마중국어)	2024-12-22	11,814	285	12	일반	59′16″
88	100% 실제 원어민 호텔 중국어	쓰이는 중국어만 알고싶다	2024-10-02	10,310	303	11	쇼츠	34″
89	제 중국어 인생 걸고 자신합니다. 진짜 유용할 거예요! 중고급중국어 1탄	바로 써먹는 중국어 ㅣ 써먹중	2024-12-08	10,234	360	32	일반	25′10″
90	"마라탕" 정확하게 발음했나요? #중국어 #성룡쌤	중국어 비법만 알려주는 성룡쌤	2024-11-23	10,028	290	11	쇼츠	51″
91	7초만에 외워지는 7글자모음! 쉬운 쉬운 생활중국어통합편! (2회부터는 중국어만) 150문장 [5편 몰아듣기] 귀가트입니다! 1시간 연속듣기, 한국어발음	렐라중국어	2024-06-02	10,003	168	7	일반	76′24″

2024 한국 중문 교육 인사이트

인 쇄 : 2025년 10월 23일
발 행 : 2025년 10월 31일
발행처 : 한국중문교육연구회
집 필 : 김진무 · 김현철 · 우 붕 · 이계정 · 정전휘
기지하 · 명양양 · 원 홍 · 김소윤 · 이지민
김태현 · 김혜진 · 박주현 · 유다빈 · 이영란
펴낸곳 : 도서출판 學古房

ISBN 979-11-6995-701-4 93700 값 : 55,000원

2024

韩国中文教育
年度报告

韩国中文教育年度报告

韓國中文教育研究會

Korean Chinese Education Insight 2024

前 言

在全球语言交流日益频繁、多元文化互动不断加深的时代大背景下，国际中文教育作为一项系统性工程，不仅其内涵随着时代的发展始终不断拓展，其核心目标也转向培养具备熟练中文作为二语教学技能、优秀跨文化交际素养的专业人才，以适应日益增长的中文学习需求。在全球化与数字化交织并进的新时代，国际中文教育以构建人类命运共同体为核心使命，涵盖学术研究、教学资源开发、师资培养、文化传播等多个维度，朝着体系化、标准化、数字化、国际化方向全面推进，成为促进中外人文交流、文明互鉴的重要桥梁。

在国际中文教育发展的大潮中，作为与中国地缘相近、人缘相亲、文缘相通的邻国，韩国的中文教育无疑占据着重要的地位。作为历史上使用和研究中文最为悠久的国家，韩国的中文教育在漫长的发展过程中形成了鲜明的地域特色。正是这种深厚的教育传统与丰富的教学经验，为当代韩国国际中文教育的发展奠定了坚实的历史文化基础。在全球中文教育的格局中，韩国不仅堪为中文教育成功本土化的典范，更凭借其庞大的学习者基数、活跃的学术氛围，成为世界中文教育发展进程中的“引领者”。

中韩建交33年以来，韩国中文教育实现了蓬勃发展，逐步构建起了一个层次分明、体系完备的生态系统。在高等教育领域，已有百余所大学开设中文专业或中文课程，这些项目不仅侧重语言技能培养，还拓展至中国政治、经济、文化与社会等多维研究领域。中文在韩国高校中已成为仅次于英语的第二大外语选修科目。在基础教育阶段，中文教育被纳入国民教育体系已有二十余年，目前在高中阶段开设中文课程的学校数已超过一千六百所，初中开设中文课程者亦达九百余所。在社会教育层面，各类中文培训机构广泛存在，以满足商务人士、求职者及公众的多样化学习需求。据不完全统计，韩国目前是全球中文学习者人数最多的国家之一；每年参加诸如汉语水平考试（HSK）等各类中文水平测试的考生数量长期处于世界前列。更重要的是，韩国并非单纯的中文学习

国，更是中文研究的重要基地，在语言学、教育学、跨文化研究等领域积累了深厚的学术基础，已然形成了成熟的本土化中文教育体系。基于此独特背景，《2024韩国中文教育年度报告》的发布，既是对韩国中文教育整体系统性的梳理，也是对全球国际中文发展趋势的重要回应。

为了系统呈现“国际中文教育”这一概念明确提出后的理论与实践的进展，本年度报告系统梳理并深入分析了韩国中文教育的多个关键维度。首先，报告回顾了韩国中文教育自古代传播至现代的发展轨迹。其次，在教育机构现状中详细统计并分类评估了韩国各类开展国际中文教育的机构类型。再次，报告分析了韩国在汉语水平考试（HSK）组织、考试影响力及考试数据动态。同时，报告调查了韩国中文教育相关教学理论方法的最新发展趋势。报告还对基于在线平台的中文学习趋势进行了剖析，考察了“中文+职业”教育模式，介绍了具代表性的中文教育品牌特色项目，如“《等级标准》系列会议”等。整体上，本报告突出三大特征：“国际化”体现于教学理念、师资培养与跨国合作机制；“本土化”则表现为教学内容、考核标准与教育模式对韩国语言文化与社会现实的适配；“多元化”体现在受众类型、教学媒介与内容设计的多样性。三者相互交融，共同构筑了韩国中文教育的综合竞争力与可持续发展基石。

作为世界上最早引入系统中文课程，最早设立中文教师专业培养机制，研究中文体系最成熟、中文学习人口最集中的“先行国”，韩国在国际中文教育版图中的特殊性与重要性不容忽视。因此，在当前全球尚缺乏系统性、持续性和国别视角的国际中文教育年度报告的背景下，本年度报告的发布具有开创性意义。这是全球范围内首个以单一国家为单位撰写的年度报告，在全球国际中文教育研究领域具有唯一性与参考价值，填补了长期以来国别研究与宏观政策之间的信息断层与实践真空。报告不仅可为相关教育主管部门、高校与研究机构提供决策支持与合作依据，也为其他中文教育国家提供韩国特色的经验与发展路径参考。可以说，本报告不仅是对韩国中文教育年度状况的总结性表达，更是在全球国际中文教育体系中展示韩国模式、韩国经验与韩国价值的重要平台。韩国中文教育的发展，不仅为全球中文教育提供了多元路径的现实样本，也彰显了东亚语境中语言教育与文化传播融合的无限可能。

在中国教育部中外语言合作交流中心、世界汉语教学学会、汉考国际等单位的指导支持下，韩国中文教育研究会成立以来作为全身心致力于推动国际中文教育高质量发

展的专业机构，始终将提升国际中文教育的教学质量、学术高度与社会影响力作为核心使命。在组织本报告的撰写过程中，研究会始终秉持"问题导向、实证为基、服务为旨"的理念，将该年度报告视为肩负时代使命的重要学术工程，投入了系统调研、人力组织与学术审校，力求全面、精准、前瞻地呈现韩国国际中文教育的发展现状与趋势。我们期待，通过本报告能够进一步深化中韩教育合作，并为提升全球中文教育的水平贡献一份力量。

在本年度报告的编写过程中，许多专家学者倾注了大量心力，衷心向各位致以最诚挚的谢意！

由于本报告属首次编写，极具挑战性，加之水平有限，文中难免存在疏漏与不足，恳请各位专家、同仁不吝赐教，提出宝贵意见。

最后，谨以此序献给每一位关心、支持并投身于国际中文教育事业的学者、教师、学习者与实践者。

韩国中文教育研究会理事长 金振武

韩国中文教育研究会会长 金铉哲

Contents

表格目录

图片目录

Contents

报告概要 I

I 报告概要

1.1 背景与报告意义

□ 自1992年中韩建交以来，两国在政治、经济与文化等领域的交流日益深化。随着交流规模的不断扩大，中文教育的必要性与重要性在韩国社会中迅速凸显。中文不仅是外语学习的对象，更是促进两国顺畅沟通与文化相互理解的核心媒介，同时也是培养能够活跃于国际舞台的复合型全球化人才的战略能力。特别是在全球语言格局中中文影响力持续上升的背景下，提升韩国中文教育的整体质量，已成为与国家竞争力密切相关的重要议题。

□ 目前，韩国的中文教育在不同层面和渠道中广泛开展，包括小学课后课程、中学与高中第二外语课程、大学通识及专业课程，以及各类民间教育机构等。然而，教育体系中仍存在诸多结构性问题：课程体系缺乏连续性与一致性、专业教师资源有限、学习者需求与教育政策之间存在脱节、地区间教育资源分布不均等。由此，对韩国中文教育的现状进行系统诊断，并提出兼具学术分析与政策建议的综合方案，已成为一项不可或缺的研究课题。

□ 本报告旨在系统梳理韩国中文教育的发展现状与主要问题，深入分析各教育阶段的特点与关键问题。其研究意义可归纳为三点：第一，通过揭示韩国中文教育在促进中韩文化交流与深化相互信任方面的战略价值，凸显其在国家层面的重要作用；第二，为系统培养具备高水平中文运用能力的复合型人才提供基础资料，从而探索学术研究与教育政策之间的有效联动机制；第三，结合教育实践需求与国家政策导向，推动韩国中文教育的内涵建设与质量提升，为其可持续发展与国际竞争力增强奠定坚实基础。

1.2 现状与存在问题

□ 韩国关于中文教育的早期研究，多集中于中韩建交初期中文学习者数量的迅速增长及其学习动机分析。随后，研究主题逐渐多样化，涵盖中学第二外语教育现状、大学通识中文教育存在的问题，以及各类民间教育机构的运营情况。近年来，研究进一步拓展到小学课后中文教育、母语教师的应用、以及基于在线与数字化的教学模式等新型教学与学习方式领域。

□ 然而，现有研究多局限于特定教育阶段，或仅关注个别项目、教材及教师能力等局部因素。对于韩国中文教育的整体现状与发展进行系统、综合分析的研究仍相对不足。尤其是涵盖小学、中学、高中、大学及民间教育机构的全局性比较与分析，并提出政策改进建议的研究仍十分有限。

□ 基于此，本报告以教育阶段与机构类型为维度，对韩国中文教育进行综合分析，梳理现状并提出主要问题。该方法不仅提供了全面的现状描述，更在于为国内中文教育的战略发展方向提供参考，具有一定的创新价值和实践意义。

1.3 调查内容及方法

□ 调查对象

- 机构与团体：小学，中学，专科大学，本科大学，研究生院（一般、特殊、专业），大学附属孔子学院，民办教育机构，学会、教师协会、研究会
- 出版物与学术论文：2015年修订版教材，2024年出版书籍、学位论文、学术论文
- 网络信息：Naver，YouTube，应用程序，音频平台
- 考试及评价机构:HSK、HSKK、BCT、YCT、FLEX、SNULT、OPIc、TSC等中文能力考试主管机构

□ 数据来源

- 教育课程信息中心，学校信息公开平台，大学信息公开平台，教育信息开放门户，国家教育统计中心，国家法令信息中心
- 国立中央图书馆，RISS学术信息服务，Naver DataLab，Google Play，App Store
- 其他机构官方网站及相关网站

□ 分析方法

- 定量分析：利用机构官方数据进行基础统计与趋势分析
- 定性分析：文献、案例、内容分析
- 文本分析：关键词分析，核心词分析，文本挖掘

□ 研究时间

- 2024年1月1日 ~ 2024年12月31日 （个别情况存在例外，将在附表中另行说明）

□ 调查及报告撰写时间

- 2025年7月 ~ 2025年10月

1.4 注意事项

□ 因最新公布信息与2024年末存在一定差异，部分数据可能与实际情况不完全一致。

□ 对于未公开或无法核实的部分机构、平台及信息等，汇总时予以排除。

□ 部分汇总资料中可能存在重复统计的情况。

□ 通过关键词检索获得的资料，在收集过程中可能有部分遗漏，在分类过程中或存在一定的主观性。

Contents

背景与历史 II

II 背景与历史

◆ 本章旨在系统阐述韩国国际中文教育事业的发展现状、历史演进及其面临的主要问题，并就相关议题提出可行的改进与发展建议。

2.1 韩国中文教育的历史发展与现状

□ 从历史发展的角度来看，中文在相当长的一段时期内一直是韩国的第一外语。从严格意义上说，将中文作为第二语言进行系统化教学的历史可追溯至高丽时期。当时的中文教育内容主要以儒家经典为核心，充分体现了中韩两国之间早期的文化传承与学术交流，为后续中文教育的制度化与体系化发展奠定了坚实基础。目前，韩国的中文教育体系大体可分为四个部分：中学与高中的中文教育体系；设有中文相关专业的高等教育机构（即大学中文系）；民间教育机构；以及孔子学院体系。

1 基础教育领域

□ 在韩国，国立及公立小学的中文教育主要通过"多文化教室"和"课后辅导班"的形式开展，教学内容以基础会话与文化体验为主，旨在培养学生对中文及中华文化的初步兴趣与理解。在中学阶段，中文教育已正式纳入国家课程体系，成为外语选修科目之一。自1997年起，韩国中学陆续开设《生活中文》课程；截至2012年，全国约有500余所中学开设该课程，中文教育的普及程度显著提升，教学体系日趋规范。

□ 在高中阶段，中文教育同样被纳入正式教学体系，作为第二外语选修课程之一。2001年，韩国大学修学能力考试中新增设《第二外语/汉文》科目，使中文学习与高等教育选拔制度实现了制度化衔接。韩国的高中中文课程最早可追溯至1954年，目前已开设包括《汉语Ⅰ》、《汉语Ⅱ》在内的9门课程。[1]根据2013年统计，全国共有1,166所高中（约占全国高中总数的50.2%）开设《汉语Ⅰ》课程，另有406所高中开设《汉语Ⅱ》课程，充分体现了中文教育在基础教育阶段的稳步发展与广泛普及。

1) 具体课程名单见3.2章。

〈表 2-1〉2022年韩国初中和高中外语科目教师人数

(单位: 人)

分类	英语	汉语	日语	德语	法语	俄语	西班牙语	阿拉伯语	越南语
初中教师	12,633	976	440	17	6	5	4	-	-
高中教师	13,044	1,166	1,640	55	56	5	38	-	-

□ 从上表可以看出，韩国初中及高中的中文教师数量已超过其他第二外语教师的总和，在外语教师队伍中位居第二。与此同时，为进一步完善师资结构、强化教学能力建设，中韩两国教育机构积极探索新的教师派遣与合作交流机制。

□ 2011年，中国教育部中外语言交流合作中心与韩国国立国际教育院签署《教师交流协议》，并于2012年正式启动“中韩中学中文教师项目”（CPIK, Chinese Program in Korea）。截至2019年，累计已有1,924名中文教师被派遣至韩国17个地区教育厅所属的初中及高中任教，为韩国中文教育的师资队伍建设、课堂教学质量提升及两国教育合作的深入发展作出了重要贡献。

2 高校教育领域

□ 1946年，韩国国立首尔大学率先设立中文系本科课程；1954年，韩国外国语大学也开设了中文系本科课程。[2] 此后，高丽大学（1972年）、延世大学（1974年）、釜山大学（1979年）等十八所大学相继设立中文系。自20世纪80年代以来，韩国各高校纷纷竞争性地开设与中国相关的学科与专业，学科名称与研究方向亦日趋多元化，形成了较为完善的高等中文教育体系。

□ 截至2022年，韩国高等教育机构中设有中文相关专业的学校数量及在校学生人数均已超过日语专业，成为仅次于英语的第二大外语学科领域。这一趋势表明，中文教育在韩国的学科地位与社会影响力正稳步提升，其教育体系的规模化与专业化水平亦持续深化。

〈表 2-2〉2022年韩国高校中文教育的规模

(单位: 所, 人)

类别	专科院校		四年制大学		研究生院		放送通信大学		网络大学	
	学校	在校生	学校	在校生	学校	在校生	学校	在校生	学校	在校生
汉语	38	1,699	123	16,341	93	1,021	-	5,128	1	864

2) 该系于2009年升格为“中国语大学”，并于2020年改组为“中国学大学”。

类别	专科院校		四年制大学		研究生院		放送通信大学		网络大学	
	学校	在校生	学校	在校生	学校	在校生	学校	在校生	学校	在校生
英语	40	4,604	203	30,309	144	1,791	-	1,021	6	5,050
日语	-	1,958	101	1,438	46	354	-	3,851	2	1,473
德语	-	-	55	5,387	23	78	-	-	-	-
俄语	-	-	31	2,722	16	89	-	-	-	-
西班牙语	-	-	20	3,358	7	64	-	-	1	759
法语	-	-	47	5,544	26	169	-	-	-	-
其他欧洲语言	7	170	26	3,262	8	55	-	-	-	-
其他亚洲语言	-	-	34	4,048	15	152	-	-	1	487

□ 截至2022年，韩国设有中文及中文相关专业的高等教育机构共268所，其中专科院校38所、四年制大学123所、研究生院93所。2022年新增开设中文相关专业的院校共有12所，开设的专业类型包括“电子商务中文”、“航空商务中文”、“中文软件融合”等，显示出培养复合型人才的明显趋势。

□ 从在校生规模来看，2022年专科院校中文相关专业在校生为1,699人，本科院校为16,314人，研究生院为1,021人。

□ 按学科领域分类，2022年专科院校中文相关专业共64个，其中人文类（语言文化类）61个，社会类（经营经济类）3个；本科院校中文相关专业共52个，其中人文类（语言文化类）50个，教育类（中等教育）2个；研究生院中文相关专业共16个，其中人文类（语言文化类）10个，教育类（儿童教育、小学教育及中学教育）6个。

□ 从重点方向来看，韩国高校中文相关专业大体可分为三类：语言文学文化研究型：包括中文系、中国语言文化学系等；国家与区域研究型：包括中国学系、韩中交流学系、中国通商学系、中国语圈地域学系等；“中文+复合型学科”：包括旅游中文、商务中文、医疗中文、中文口笔译等专业。

3 成人教育领域

□ 2019年的调查结果显示，韩国成年人中有14.3%曾经学习过中文，学习者群体主要集中在中老年人。其学习方式以在线学习、广播、电视及中文培训机构等为主。自1962年韩国广播公司首次播出中文教学节目以来，KBS和EBS等电视台和电台也陆续开设了中文课程。截至2020年，全国共有458家外语教育机构，主要面向成人开展外语教学及口笔译能力的培训，其中中文已成为主要的学习科目之一，在课程体系中占据重要地位。

4 民间私立教育领域

□ 2020年的调查结果显示，全国共有147,730家针对中学生和高中生的私立教育机构，在校学习人数约为292万，教师人数超过5,300人。首尔大学、延世大学等主要高校的中文系要求考生在高考时选择"第二外语/汉文"科目，这一制度有效促进了民间中文教育市场的活跃与发展，成为推动私立中文教育扩展的重要因素。

2.2 韩国中文教育的主要特点与挑战

□ 韩国的中文教育在发展过程中呈现出以下四大特点：本土化（Localization）、特色化（Characterization）、协同化（Synergization）、系统化（Systematization）。

1 本土化

1 教学本土化

□ 韩国学习者在词汇和汉字学习方面具有一定优势，韩国的中文教学侧重于语法等语言规则的传授。由于韩国学习者的写作能力普遍高于口语表达能力，因此迫切需要加强中文语音和口语的教学。传统的教学方法（如语法教学、翻译法、听说法、语言对比法等）仍占主导地位，但同时，新型教学模式如"翻转课堂"（Flipped Learning）、慕课（MOOC）等也开始逐步引入教学实践中。

2 师资本土化

□ 实现中文教育真正的"本土化"，首先需在实现师资力量的本土化。2017年，在中国留学的韩国学生多达73,240人，他们大多集中在中文相关专业。这些结束中国留学回到韩国的毕业生们将逐步成为韩国中文教育的重要师资力量。

3 教材本土化

□ 截至2021年8月，在韩国出版的中文教材已达4,757种（其中语言技能类教材4,428种，

语言知识类教材329种）。

2 特色化

1 历史与文化背景

□ 中韩两国地理相近、文化相通，历史上有着深厚的文化交流基础，因此韩国社会对中文具有天然的亲近感。自中韩建交以来，两国在多个领域开展了密切合作，越来越多的韩国人对中国语言和文化表现出浓厚兴趣。中国高校及教育机构也相继开设了中文会话班、HSK备考班等项目，并逐步向“中文+”多元融合模式发展。随着越来越多的韩国大企业在中国设立工厂和分公司，不少企业已将中文考试成绩纳入员工业务能力考核的内容之一。

2 教育规模与阶段

□ 韩国的中文教育已广泛覆盖各个教育阶段。在此基础上，韩国各地的孔子学院坚持“特色化”发展路线，积极提升中文教育的质量与提高教学效率。各孔子学院根据自身条件和资源优势，构建了“综合型、教育型、研究型、产学研究型、中医药特色型、儒学特色型”等多元发展模式。

3 协同化

□ 韩国的中文教育呈现出多领域协同发展的格局，教学资源与实践平台之间形成了良好的互补机制。此外，韩国民间教育机构与高校中文教学之间也保持着紧密的联系，形成了良性互动的教育模式。

1 高等教育领域

□ 孔子学院为合作高校的中文系提供教师和教材支持，协助开设中文专业课程及全校性通识课程。

2 基础教育领域

□ 孔子学院定期举办教师研修项目，提升高中和初中在职中文教师的教学能力，并且为学生组织中文演讲比赛、文化体验活动等。

4 系统化

1 韩国的中文教育体系已基本建立

□ 从"教育阶段"来看，涵盖了终身教育、高等教育、基础教育及学前教育等多个层次；从"教育形式"来看，既包括以学校和学位为中心的正规教育，也涵盖了通过私立机构实施的非学位教育。

2 韩国的中文教育的各阶段内部体系日趋完善

□ 高等教育方面，韩国大学的中文专业设置包括专科、本科及研究生等多层次教育，部分非中文专业也将中文课程列为必修课。

□ 基础教育方面，部分初中已开设《生活中文》课程，部分高中则设置了《中文Ⅰ》和《中文Ⅱ》等选修课，逐步建立起较为完善的中学阶段中文教育体系。

〈表 2-3〉 2020年初中〈生活外语〉课程开设情况

(单位: 所)

	日语	汉语	法语	西班牙语
学校数 (总计388所)	72	188	2	1

〈表 2-4〉 2020年高中〈第二外语〉课程开设情况

(单位: 所)

学校类型	日语Ⅰ	汉语Ⅰ	法语Ⅰ	德语Ⅰ	西班牙语Ⅰ	俄语Ⅰ	阿拉伯语Ⅰ
普通高中 (190所)	182	182	24	10	9	-	1
	95.8%	95.8%	12.6%	5.3%	4.7%	-	0.5%
自主型 公立高中	18	17	-	-	-	1	-
	100%	94.4%	-	-	-	5.6%	-

学校类型	日语 I	汉语 I	法语 I	德语 I	西班牙语 I	俄语 I	阿拉伯语 I
(18所)							
自主型私立高中(21所)	17	19	3	3	1	-	-
	81.0%	90.5%	14.3%	14.3%	4.8%	-	-
特殊目的高中(21所)	5	8	3	2	2	-	-
	23.8%	38.1%	14.3%	9.5%	9.5%	-	-
职业高中(70所)	37	21	-	-	-	-	-
	52.9%	30.0%	-	-	-	-	-
总计(320所)	**259**	**247**	**30**	**15**	**12**	**1**	**1**
	80.9%	**77.2%**	**9.4%**	**4.7%**	**3.8%**	**0.3%**	**0.3%**

5 挑战与问题

□ 当前，国际中文教育面临世纪之变、美中战略博弈及新冠疫情等多重因素交织带来的前所未有的挑战与机遇。关于孔子学院的负面舆论与污名化现象时有发生，韩国境内的孔子学院在运营中也面临包括虚假报道、教师签证限制等现实问题。同时，韩国经济增长放缓及持续的低出生率使多数高校陷入运营困难，这些问题对韩国中文教育的持续发展也构成了严重威胁。

1 教育理念创新的必要性

□ 在第四次工业革命的时代背景下，科技化与数字化已成为未来教育的核心发展方向。因此，重新确立教育理念、革新教学方式是当前中文教育面临的新时期课题与机遇。随着5G与人工智能时代的到来，远程教育对传统教育模式产生了冲击，适时更新教育理念并顺应时代潮流调整教学方式是时代发展的客观要求。韩国中文教育历史悠久、基础坚实，但这也意味着其在教学方式、理念与方法等方面存在一定的僵化倾向。长期以来，韩国中文教育始终沿用传统教学模式，致使其教学内容、教学方法及教育理念的适应性与先进性逐渐落后于时代发展的步伐。

2 教学质量提升的必要性

□ 提升教学质量需从"教材、教师、教学法"三个方面入手（即"教什么、谁教、怎么教"）。

(1) 教材问题

□ 部分韩国本土化中文教材内容略显陈旧，会话等教材主体内容需要根据时代变迁进行更新，高级中文教材的改进也尤为迫切。

(2) 教师问题

□ 韩国孔子学院的中国籍志愿者教师需进一步强化教学经验与专业基础知识，且派遣教师的人事变动过于频繁。韩国本土教师的语言能力、对中国文化和中国客观发展现状的认知仍有待提升。

(3) 教学法问题

□ 韩国高校中文教育目前面临以下问题：

- 语言教育与文学教育比重失衡
- 教师对初级语言教学法的重视不足
- 大学重科研、轻教学的风气
- 优质中文教材缺失

3 课程评估体系完善的必要性

□ 韩国中文教育在学习者语言知识能力评价、课堂效果评估等多方面已取得一定成果，但从宏观角度看，中文课程整体评估体系仍不完善。

(1) 基础教育

□ 2015年，韩国教育部重新修订并发布了《第二外语科目教育课程》，规定了中学阶段开设的八种外语选修科目。其中，《生活汉语》、《汉语I》、《汉语II》的评价标准主要围绕学习者的"听、说、读、写、译"五项语言能力展开，但对于教学法、教学效果、教学管理等教育运营整体层面的评价标准尚不完善。

(2) 高等教育与民办教育

□ 大学、孔子学院及民办教育机构主要侧重学生学习效果的评估，但缺乏系统性的课程评估指南及标准化的评价模型。

4 对外宣传强化的必要性

□ 孔子学院虽已遍布韩国大部分地区，但其品牌影响力仍不及韩国主要民办中文教育机构。各孔子学院在运营理念上侧重于维持稳定，其主要工作聚焦于日常行政与教学管理，导致其创新发展的主动性与积极性相对不足。对外宣传主要采用制作宣传册等传统方式，存在宣传意识薄弱、人力不足、宣传手段单一等问题。

□ 在基础教育阶段，中文虽已被指定为第二外语选修科目，但仍有众多学生及家长对中文科目缺乏充分了解。因此，学校有必要在以中文教师指导和说明为基础的前提下，充分利用青少年熟悉的社交媒体及多样化数字平台，积极推进宣传策略，引导更多学生将中文选作选修科目及高考外语选修科目。

5 外部环境的挑战与制约

□ 处于世纪变革之中，韩国中文教育亦受到一定外部因素的影响。孔子学院的设立与运作虽严格遵守韩国法律、法规，但因部分西方势力的煽动，引发了针对孔子学院的攻击行为。韩国国内部分人士亦随之附和，对孔子学院的机构性质提出质疑，甚至试图干预其在韩国的发展。

□ 这些外部因素同样影响到基础教育与高等教育阶段的中文教学。在基础教育阶段，中文虽已被纳入高考选修科目，具有强烈的应试导向特征，但大学入学制度改革及媒体的负面报道等外部因素，对学生的科目选择产生了消极影响。在高等教育阶段，韩国经济长期低迷及疫情导致的全球经济恶化相互叠加，使得国际交流相关领域的外语人才就业环境恶化，进而对中文专业学生的就业造成了负面影响。

□ 因此，在当今国际形势复杂多变之际，低迷的世界经济潮流与席卷全球的疫情对国际中文教育的稳健发展造成了巨大冲击。危局之中，我们应当努力创造新机会，在变革中开辟新的发展道路。

□ 作为韩国中文教育的引领机构，孔子学院应尽可能规避风险，充分利用有利的外语教育政策契机，顺应时代趋势调整方向、主动应对，为韩国中文教育创造更多资源、开拓更广空间、注入新的活力。

□ 此外，应构建中文教育共同体，实现技术创新、资源共享与课程衔接，强化与高校的实质性合作，依托优质师资推动中文教育发展。同时，应关注民办中文教育机构的发展，进一步推动韩国中文教育的本土化、特色化、协同化与体系化，为构建新的国际中文教育共同体贡献力量。

□ 本报告旨在梳理2024年韩国中文教育的整体状况，剖析其发展特色与得失，进而弥补不足、发挥优势，以期展现其未来发展前景。

Contents

教育机构现状 III

III 教育机构现状

◆ 本章分析了2024年韩国国内实施中文教育的机构现状。
◆ 分析对象包括小学，中学，专科大学，本科大学，一般研究生院，特殊研究生院，翻译专业研究生院，民办教育机构，孔子学院。

3.1 小学

□ 在韩国义务教育体系中，中文教育正式从中学阶段开始，而小学阶段主要以课后课程的形式开展。自2006年[1]全国推广实施以来，目前约有97.3%的小学开展课后中文课程，小学中文教育已逐渐成为教育体系的重要组成部分。

□ 根据2016年的研究[2]，首尔地区596所小学中，开设中文课程的学校为136所，未开设的学校为449所（11所学校未能确认）。在开设中文课程的136所学校中，仅开设正规课程的学校为6所，仅开设课后课程的学校为99所，正规课程与课后课程并行的学校为31所。研究显示，开设正规中文课程的学校大多为私立小学，而国立及地方公办小学主要通过课后课程进行中文教育。

□ 自2016年以来，此类实态调查几乎未再开展，且教育部及地方教育厅未提供相关数据，因此小学阶段中文教育的具体现状仍难以全面掌握。

〈表 3-1〉 2016年首尔地区小学中文教育实施类型统计

(单位: 所, %)

分类	学校数量	占首尔地区596所小学比例	开设类型	学校数量	占开设中文课程136所学校比例
开设	136	23	正规课程	6	4
			课后课程	99	73
			正规课程+课后课程并行	31	23

1) 课后课程的推广可分为三个阶段：政策引入期（1995~2003年）、政策扩展期（2004~2007年）、政策调整期（2008年至今），全国范围的正式实施始于2006年。（资料来源：行政安全部国家记录院）
2) Kim, Hyun-cheol · Lee, Kyungjin · Kim, Juhee · Lee, Yujin. (2016), 〈A study on the current situation of Chinese education in Korean elementary schools: Focus on the area of Seoul〉, 《Foreign Languages Education》 23(2):249-267.

分类	学校数量	占首尔地区596所小学比例	开设类型	学校数量	占开设中文课程136所学校比例
未开设	449	75			
未能确认	11	2			
合计	**596**	**100**			

3.2 中学

1 课程设置现状

□ 在韩国中等教育阶段，中文教育为选修课程。3)

□ 初中设有选修课程“生活汉语”。

□ 高中共开设9门汉语课，包括普通课程和专业课程。其中，选修课程“汉语Ⅰ、Ⅱ”列入普通课程；其余（专业基础汉语，汉语会话Ⅰ、Ⅱ，汉语阅读与写作Ⅰ、Ⅱ，中国文化，旅游汉语）编入专业课程。

〈表 3-2〉中学中文课程设置

学校分类	课程类型	课程（群）	汉语课	备注
初中	选修课	生活外语	生活汉语	
高中	普通课程	公共课程	-	
		选修课程(第二外语)	汉语 I	普通选修课程
			汉语 II	职业选修课程
	专业课程	专业课程 I (外语方面)	专业基础汉语 汉语会话 I 、II 汉语阅读与写作 I 、II 中国文化	
		专业课程 II (美容、旅游、休闲)	旅游汉语	

注：专业课程 I 主要面向外语类、国际高中的学生，专业课程 II 主要面向职业类、特色化高中的学生。
来源：教育课程信息中心。

□ 韩国共有3272所初中、2308所高中，其中766所初中（23.4%）、1122所高中（48.6%）开设了中文课程。4)

3) 高中自1954年（第一次教育课程）起，引入中文课程；初中则自2000年（第七次教育课程）起，引入中文课程。2015年修订教育课程实施至今（2024年）。

□ 从地区分布来看，535所初中、596所高中集中在京畿和首尔等首都圈地区。其他地区分布情况为：岭南地区有100所初中、218所高中，江原、忠清地区有57所初中、165所高中，湖南地区有60所初中、132所高中，济州地区有14所初中、11所高中。

〈表 3-3〉各地区中学中文课程开设情况表

(单位: 所)

地区		初中	高中	小计
首都圈	首尔	159	168	327
	京畿	334	357	691
	仁川	42	71	113
	小计	**535**	**596**	**1131**
岭南地区	釜山	19	38	57
	大邱	62	39	101
	蔚山	6	20	26
	庆北	6	52	58
	庆南	7	69	76
	小计	**100**	**218**	**318**
江原、忠清地区	江原	2	31	33
	忠北	31	32	63
	忠南	3	59	62
	大田	5	34	39
	世宗	16	9	25
	小计	**57**	**165**	**222**
湖南地区	光州	23	18	41
	全北	27	47	74
	全南	10	67	77
	小计	**60**	**132**	**192**
济州地区	济州	14	11	25
合计		**766**	**1122**	**1888**

数据来源: 学校信息公开平台。

□ 950所高中开设了一般选修课程“汉语Ⅰ”，70所高中开设了职业选修课程“汉语Ⅱ”，高中中文课程均以入门阶段的基础教育为主。

4) 学校名单见附录1，附录2。

〈表 3-4〉高中中文课程开设情况表

(单位: 所)

汉语 I	汉语 II	中国文化	汉语会话 I	专业基础汉语	汉语阅读与写作 I	汉语会话 II	旅游汉语	汉语阅读与写作 II
950	70	48	35	33	21	15	15	12

注: 同时开设两门以上课程的学校重复统计。

数据来源：学校信息公开平台。

2 教员现况

□ 中学中文正式教师与非正式教师总人数为2070人，初中共有835人（正式教师801人、非正式教师34人），高中共有1235人（正式教师1212人、非正式教师23人）。

□ 正式教师与非正式教师的比例为：正式教师2013人（97.2%），非正式教师57人（2.8%），正式教师占绝大多数。

□ 从性别来看，女性共有1865人（90.1%），男性205人（9.9%），女性比例明显偏高。

〈表 3-5〉中学中文教员性别及正式教师、非正式教师分布

(单位: 人)

学校类型	正式教师(男)	正式教师(女)	教师合计	非正式教师(男)	非正式教师(女)	非正式教师合计	小计
初中	43	758	801	1	33	34	835
高中	160	1052	1212	1	22	23	1235
合计	**203**	**1810**	**2013**	**2**	**55**	**57**	**2070**

数据来源: 学校信息公开平台。

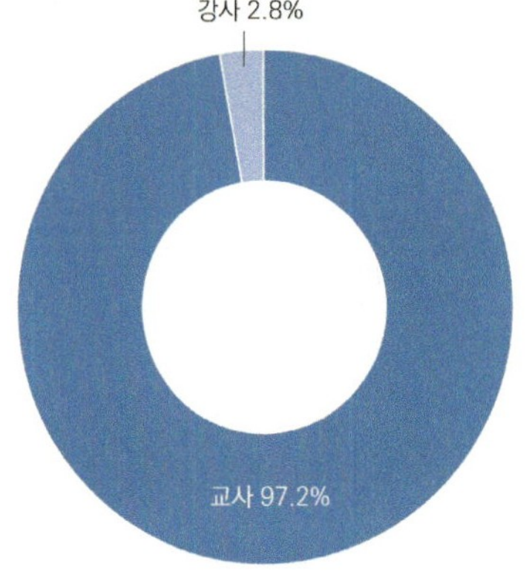

〈图 3-1〉中学中文正式教师、非正式比例

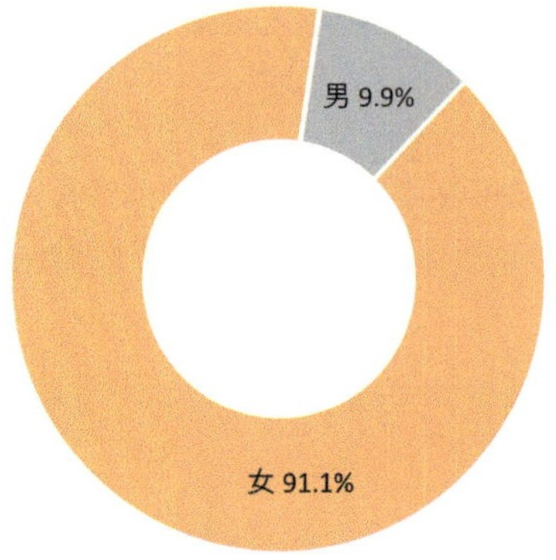

〈图 3-2〉中学中文教员性别比例

分析结果 及 对策建议	• 韩国中学阶段的中文教育作为第二外语选修课程开展，在以英语为主的外语教育结构下，开设中文课程的学校数量呈下降趋势。例如，首尔地区中学中文课程开设比例呈逐步下降：2016年，中学49.6%，高中75%；2021年，中学47.2%，高中74.7%；2024年，中学40.8%，高中52.8%。 • 为应对上述问题，应从小学阶段起系统开展中文教育，将其从单一的语言学习拓展为兼具文化、经济及外交素养的综合型教育。具体而言，应加强中文教育的制度完善与机制建设，包括：基于学生需求的联合课程与在线教学推广、教师能力提升的定期培训，以及长期师资配置优化等。

3.3 专科大学、本科大学

□ 韩国共有131所专科大学，219所本科大学。

〈表 3-6〉韩国各类型大学数量统计表

(单位: 所)

大学类型		国立	公立	私立	小计
专科大学		1	7	123	131
本科大学	一般大学	34	1	154	189
	教育大学	10	-	-	10
	放送通信大学	1	-	-	1
	远程大学	-	-	1	1
	网络大学	-	-	18	18
	小计	**45**	**1**	**173**	**219**

数据来源: 韩国教育开发院教育统计中心。

1 专业设置现状

1 专科大学

□ 韩国131所专科大学中，共12所（9.2%）设立中文相关专业。

□ 专科大学的专业名称主要使用"旅游"、"保健"、"商务"、"医疗"等与实务相关的用语，反映出比起传统的语言教育，专科大学更重视就业衔接和实践能力提升的特点。

〈表 3-7〉开设中文相关专业的专科大学一览表

No.	学校名称	专业名称	设立类型	地区
1	东首尔大学	国际中国商务专业	私立	京畿
2	马山大学	医疗旅游中文专业	私立	庆南
3	明知专科大学	中文商务专业	私立	首尔
4	培花女子大学	国际传播中文专业	私立	首尔
5	釜山科学技术大学	保健旅游中文专业	私立	釜山
6	瑞逸大学	商务中文专业	私立	首尔
7	仁德大学	商务中文专业	私立	首尔
8	长安大学	数字商务中文专业	私立	京畿
9	济州观光大学	旅游中文专业	私立	济州
10	济州汉拿大学	旅游中文专业	私立	济州
11	韩国观光大学	旅游中文专业	私立	京畿
12	汉阳女子大学	实务中文专业	私立	首尔

注：学校名称按韩文字母顺序排列。（下同）
数据来源：大学信息公开平台。

□ 从地区来看，12所学校中8所（66.7%）位于首都圈。

□ 在济州地区，济州观光大学和济州汉拿大学两所学校开设了旅游中文专业，反映出济州作为中国游客聚集地的地区特性。

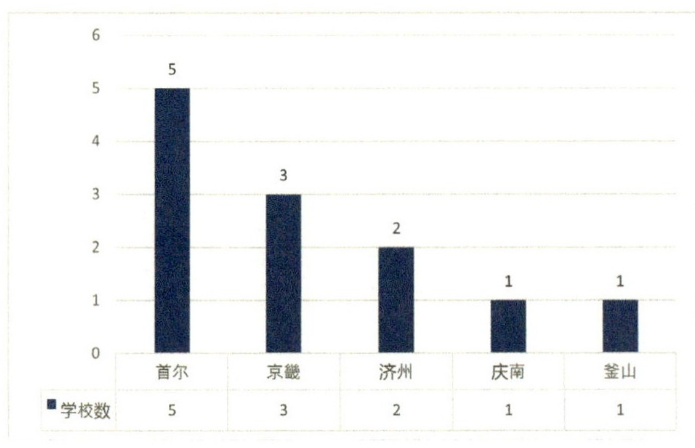

〈图 3-3〉各地区开设中文相关专业的专科大学

2 本科大学

□ 韩国219所本科大学中88所（40.2%）开设中文相关专业。

□ 从设立类型来看，私立大学66所，国立大学22所，公立大学1所。

□ 从地区来看，29所位于首尔，13所位于京畿道，2所位于仁川，共44所（占总数的一半）大学集中分布在首都圈。(见〈图 3-4〉)

〈表 3-8〉开设中文相关专业的本科大学一览表

No.	学校名称	专业名称	设立类型	地区
1	嘉泉大学	中国语文专业	私立	京畿
2	加图立大学	中国语言文化专业	私立	京畿
3	江原大学	中语中文学专业	国立	江原
4	建国大学	中语中文专业	私立	首尔
5	京畿大学	中语中文专业	私立	京畿
6	庆北大学	中语中文专业	国立	大邱
7	庆尚国立大学	中语中文专业	国立	庆南
8	庆星大学	中国学专业	私立	釜山
9	庆熙大学	中文专业	私立	首尔
10	启明大学	中文中国专业	私立	大邱
11	高丽大学	中语中文专业	私立	首尔
12	高丽大学（世宗）	中国学专业	私立	世宗
13	国立江陵原州大学	中语中文专业	国立	江原
14	国立庆国大学	中国语文、文化专业	国立	庆北
15	国立公州大学	中语中文专业	国立	忠南
16	国立群山大学	中语中文专业	国立	全北
17	国立木浦大学	东亚文化	国立	全南
18	国立釜庆大学	中国学专业	国立	釜山
19	国立顺天大学	国际中国学专业	国立	全南
20	国立昌原大学	中国学专业	国立	庆南
21	国立韩国交通大学	中文专业	国立	忠北
22	国立韩巴大学	中文专业	国立	大田
23	国民大学	中国学院（中国语文专业）	私立	首尔
24	南首尔大学	中国学专业	私立	忠南
25	檀国大学（第2校区）	亚洲中东学院 中国学专业	私立	忠南
26	德成女子大学	中语中文学专业	私立	首尔
27	东国大学	中语中文专业	私立	首尔
28	东国大学(WISE)	中语中文专业	私立	庆北
29	同德女子大学	国际地区学院 中语中文学专业	私立	首尔
30	东西大学	中文专业	私立	釜山
31	东亚大学	中国学专业	私立	釜山
32	东义大学	中语中文专业	私立	釜山
33	明知大学（第2校区）	中语中文专业	私立	首尔
34	牧园大学	中国文化、商务专业	私立	大田

No.	学校名称	专业名称	设立类型	地区
35	釜山大学	中语中文专业	国立	釜山
36	釜山外国语大学	中国学专业	私立	釜山
37	祥明大学（第2校区）	汉语圈地区学专业	私立	忠南
38	西江大学	中国文化专业	私立	首尔
39	首尔大学	中语中文专业	国立大法人	首尔
40	首尔市立大学	中国语文化专业	公立	首尔
41	首尔神学大学	中国语言文化信息专业	私立	京畿
42	首尔女子大学	中语中文专业	私立	首尔
43	鲜文大学	外国语学院 中国语文化专业	私立	忠南
44	圣洁大学	中语中文专业	私立	京畿
45	圣公会大学	中语中国学专业（人文融合信息学院）	私立	首尔
46	成均馆大学	中语中文专业	私立	首尔
47	诚信女子大学	中国语文、文化专业	私立	首尔
48	水原大学	中语中文专业	私立	京畿
49	淑明女子大学	中语中文学院	私立	首尔
50	顺天乡大学	中国学专业	私立	忠南
51	崇实大学	中语中文专业	私立	首尔
52	安养大学	中国语言文化专业	私立	京畿
53	延世大学	中语中文专业	私立	首尔
54	岭南大学	中国语言文化专业	私立	庆北
		应用中文翻译专业	私立	
55	龙仁大学	中国学专业	私立	京畿
56	蔚山大学	中文、中国学专业	私立	蔚山
57	圆光大学	中国学专业	私立	全北
58	梨花女子大学	中语中文专业	私立	首尔
59	仁川大学	中语中文专业	国立大法人	仁川
60	仁荷大学	中国学专业	私立	仁川
61	全南大学	中语中文专业	国立	光州
62	全南大学（第2校区）	国际学院（中国学专业）	国立	全南
63	全北大学	中语中文专业	国立	全北
64	全州大学	中文中国学专业	私立	全北
65	济州大学	中语中文专业	国立	济州
66	朝鲜大学	亚洲语言文化学院（中国语文化学专业）	私立	光州
67	中央大学	亚洲文化学院（中国语文学专业）	私立	首尔
68	昌信大学	中国商务专业	私立	庆南
69	忠南大学	中语中文专业	国立	大田
70	忠北大学	中语中文专业	国立	忠北
71	平泽大学	中国学专业	私立	京畿

No.	学校名称	专业名称	设立类型	地区
72	韩国教员大学	中文教育专业	国立	忠北
73	韩国外国语大学	中国语言文化学院	私立	首尔
		外国语教育学院（中文教育专业）	私立	
		中文翻译专业	私立	
74	翰林大学	中国学专业	私立	江原
75	韩世大学	中文专业	私立	京畿
76	韩信大学	中国语文化信息专业	私立	京畿
77	汉阳大学	中语中文专业	私立	首尔
78	汉阳大学(ERICA)	中国学专业	私立	京畿
79	协成大学	中国语文化专业	私立	京畿
80	湖南大学	中国学专业	私立	光州
81	湖西大学	中国学专业	私立	忠南
82	庆熙网络大学	中国语文化专业	私立	首尔
83	高丽网络大学	实用外国语专业	私立	首尔
84	网络韩国外国语大学	中国学学院	私立	首尔
85	首尔数码大学	国际专业（日本、中国）	私立	首尔
86	世宗网络大学	国际专业（英文、中文）	私立	首尔
87	崇实网络大学	中国语言文化专业	私立	首尔
88	韩国放送通信大学	中语中文专业	国立	首尔

注：按本科大学、网络大学、放送通信大学顺序排列，学校名称按韩文字母顺序排列。（下同）
数据来源：大学信息公开平台。

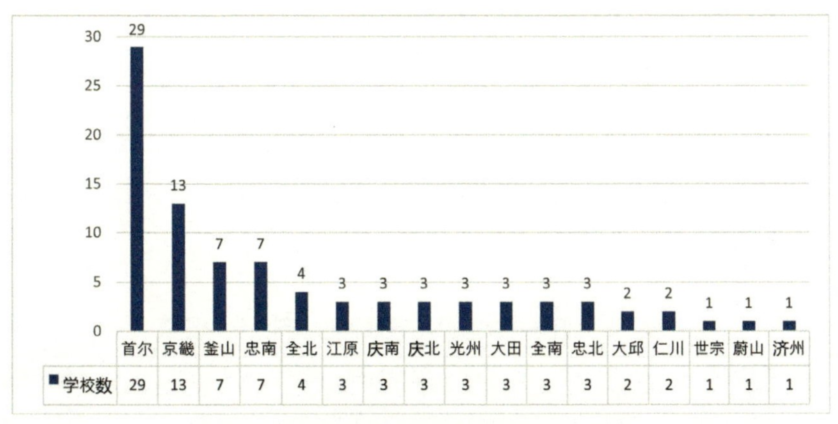

〈图 3-4〉各地区开设中文相关专业的本科大学

□〈图 3-5〉分析了本科大学专业名称的模式，分析结果显示：中文相关专业名称的核心词语是"中文"、"中国"、"文化"，其中"中文"与"文化"、"语言"、"翻译"、"教育"等紧密相连，发挥着学术与实用并存的核心作用。

□ “中文”、“中国”主要与“语言”、“文化”、“教育”等相结合，反映出中文相关专业具有多学科性质，包括语言学、文学研究及教师培养等。

□ “中语中文”、“中国语文”、“中文”等类似用语混用，主要与“文化”、“语言”、“文学”等词语相结合，倾向于强调传统学问的特性。

□ “中国文化、商务”，“中国语文化信息”等体现出与文化产业的结合，“国际中国学专业”，“汉语圈地区学专业”等则注重全球化能力的培养。这表明中文相关专业重视学科融合和全球视野，并为适应快速变化的社会需求，不断地重构专业体系。

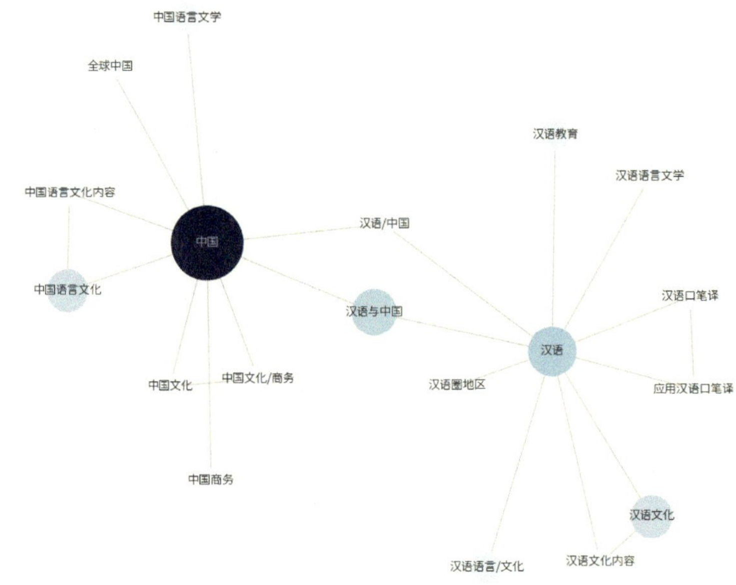

〈图 3-5〉本科大学中文相关专业名称关键词网络

注：提取专业名称中的主要关键词，将关键词之间的共现关系以网络形式进行可视化。

□ 开设中文教师培养课程的本科大学共47所，修完规定课程后，可获得中学二级教师资格。

〈表 3-9〉开设中文教师培养课程的本科大学一览表

No.	学校名称	专业名称	资格类别
1	嘉泉大学	中国语文专业	中学教师（二级）
2	江原大学	中语中文专业	同上
3	建国大学	中语中文专业	同上
4	京畿大学	中语中文专业	同上
5	庆北大学	中语中文专业	同上
6	庆尚国立大学	中语中文专业	同上

No.	学校名称	专业名称	资格类别
7	庆星大学	中国学专业	同上
8	庆熙大学	中文专业	同上
9	启明大学	中文中国学专业	同上
10	高丽大学	中语中文专业	同上
11	高丽大学 世宗校区	中国学专业	同上
12	国立江陵原州大学	中语中文专业	同上
13	国立公州大学	中语中文专业	同上
14	国立群山大学	中语中文专业	同上
15	国立韩巴大学	中文专业	同上
16	国民大学	中国学院中国语文专业	同上
17	南首尔大学	中国学专业	同上
18	檀国大学（第2校区）	亚州中东学院 中国学专业	同上
19	德成女子大学	中语中文学专业	同上
20	东国大学	中语中文专业	同上
21	东国大学 WISE校区	中语中文专业	同上
22	东西大学	中文专业	同上
23	东义大学	中语中文专业	同上
24	明知大学（第2校区）	中语中文专业	同上
25	釜山大学	中语中文专业	同上
26	釜山外国语大学	中国学专业	同上
27	西江大学	中国文化专业	同上
28	首尔大学	中语中文专业	同上
29	圣洁大学	中语中文专业	同上
30	成均馆大学	中语中文专业	同上
31	诚信女子大学	中国语文、文化专业	同上
32	淑明女子大学	中语中文专业	同上
33	崇实大学	中语中文专业	同上
34	延世大学	中语中文专业	同上
35	岭南大学	中国语言文化专业	同上
36	蔚山大学	中文、中国学专业	同上
37	圆光大学	中国学专业	同上
38	梨花女子大学	中语中文专业	同上
39	全南大学	中语中文专业	同上
40	全北大学	中语中文专业	同上
41	济州大学	中语中文专业	同上
42	朝鲜大学	亚洲语言文化学院（中国语文化学专业）	同上
43	中央大学	亚洲文化学院 中国语文学专业	同上
44	忠南大学	中语中文专业	同上

No.	学校名称	专业名称	资格类别
45	韩国外国语大学	中国语言文化专业	同上
46	汉阳大学	中语中文专业	同上
47	汉阳大学 ERICA	中国学专业	同上

数据来源：大学信息公开平台。

2 教员现况

1 专科大学

□ 韩国专科大学的教员总数为10886人，中文相关专业的教员共有90人，其中专任教员35人（38.9%），非专任教员55人（61.1%），非专任教员人数约为专人教员的1.6倍。

□ 从性别分布来看，男性教员中专任18人，非专任15人，人数差异不大。而女性教员中专任17人，非专任40人，与男性教员相比，女性教员参与度虽高，但就业稳定性相对较低。（见〈图 3-6〉）

〈表 3-10〉专科大学中文相关专业教员现况

（单位：人）

No.	学校名称	专业名称	专任教员			非专任教员			小计		
			男	女	计	男	女	计	男	女	计
1	东首尔大学	国际中国商务专业	2	1	3	1	1	2	3	2	5
2	马山大学	医疗旅游中文专业	2	0	2	3	2	5	5	2	7
3	明知专科大学	中文商务专业	1	4	5	1	2	3	2	6	8
4	培花女子大学	国际传播中文专业	3	2	5	0	2	2	3	4	7
5	釜山科学技术大学	保健旅游中文专业	0	0	0	1	5	6	1	5	6
6	瑞逸大学	商务中文专业	1	1	2	1	7	8	2	8	10
7	仁德大学	商务中文专业	2	2	4	4	3	7	6	5	11
8	长安大学	数字商务中文专业	1	1	2	0	1	1	1	2	3
9	济州观光大学	旅游中文专业	2	0	2	1	2	3	3	2	5
10	济州汉拿大学	旅游中文专业	1	1	2	2	3	5	3	4	7
11	韩国观光大学	旅游中文专业	1	1	2	0	1	1	1	2	3
12	汉阳女子大学	实务中文专业	2	4	6	1	11	12	3	15	18
合计			18	17	35	15	40	55	33	57	90

注：专任教员包括教授、副教授和助教授，非专任教员包括兼职教授、特聘教授、名誉教授、客座教授、待遇教授及其他。根据《高等教育法》（自2019年8月1日实施），讲师也被纳入非专任教员。（下同）

数据来源：大学信息公开平台，韩国教育开发院教育统计中心。

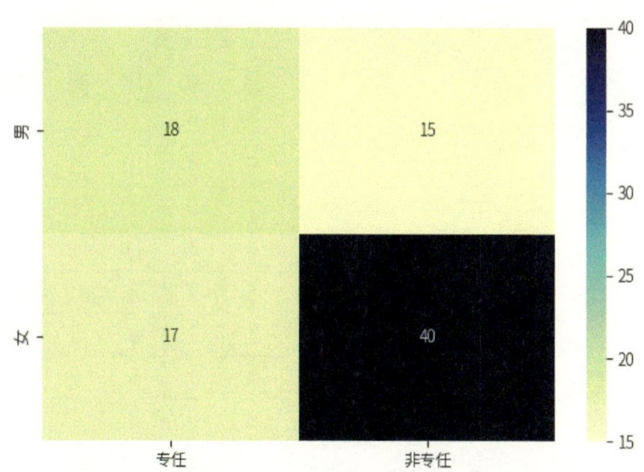

〈图 3-6〉专科大学专任、非专任教员性别分布

注: 按专任、非专任教员的性别绘制热图。(下同)

2 本科大学

□ 韩国本科大学的教员总数为66995人。5)中文相关专业的教员共1260人，其中专任466人（37%），非专任794人（63%），非专任教员比例较高。

□ 从性别分布来看，男性551人（43.7%），女性709人（56.3%），女性比例较高。专任教员中，男性264人（56.7%），女性202名（43.3%），性别比例相对均衡；而非专任教员中，男性287人（36.1%），女性507人（63.9%），女性比例显著偏高。(见〈图 3-7〉)。

□ 在专科大学和本科大学中非专任女性教员的比例均呈现偏高趋势，这表明韩国中文教育机构在结构上体现出性别不均衡的特征。

〈表 3-11〉本科大学中文相关专业教员现况

(单位: 人)

No.	学校名称	专业名称	专任教员			非专任教员			小计		
			男	女	计	男	女	计	男	女	计
1	嘉泉大学	中国语文专业	3	3	6	7	11	18	10	14	24
2	加图立大学	中国语言文化专业	1	3	4	2	9	11	3	12	15
3	江原大学	中语中文学专业	1	3	4	4	4	8	5	7	12
4	建国大学	中语中文专业	3	3	6	6	11	17	9	14	23
5	京畿大学	中语中文专业	2	3	5	3	2	5	5	5	10
6	庆北大学	中语中文专业	4	2	6	11	8	19	15	10	25

5) 一般大学65384人，教育大学835人，放送通信大学163人，远程大学10人，网络大学603人。(数据来源：韩国教育开发院教育统计中心)

No.	学校名称	专业名称	专任教员			非专任教员			小计		
			男	女	计	男	女	计	男	女	计
7	庆尚国立大学	中语中文专业	5	0	5	8	6	14	13	6	19
8	庆星大学	中国学专业	6	4	10	4	8	12	10	12	22
9	庆熙大学	中文专业	7	0	7	1	4	5	8	4	12
10	启明大学	中文中国专业	7	4	11	1	1	2	8	5	13
11	高丽大学	中语中文专业	6	2	8	10	29	39	16	31	47
12	高丽大学（世宗）	中国学专业	2	1	3	5	3	8	7	4	11
13	国立江陵原州大学	中语中文专业	4	1	5	0	1	1	4	2	6
14	国立庆国大学	中国语文、文化专业	3	0	3	1	3	4	4	3	7
15	国立公州大学	中语中文专业	2	1	3	4	5	9	6	6	12
16	国立群山大学	中语中文专业	3	1	4	4	4	8	7	5	12
17	国立木浦大学	东亚文化	0	0	0	3	9	12	3	9	12
18	国立釜庆大学	中国学专业	5	1	6	3	7	10	8	8	16
19	国立顺天大学	国际中国学专业	4	0	4	2	3	5	6	3	9
20	国立昌原大学	中国学专业	4	1	5	1	3	4	5	4	9
21	国立韩国交通大学	中文专业	4	3	7	1	1	2	5	4	9
22	国立韩巴大学	中文专业	4	4	8	2	3	5	6	7	13
23	国民大学	中国学院（中国语文专业）	8	8	16	7	2	9	15	10	25
24	南首尔大学	中国学专业	1	3	4	1	1	2	2	4	6
25	檀国大学（第2校区）	亚洲中东学院 中国学专业	0	0	0	1	7	8	1	7	8
26	德成女子大学	中语中文学专业	3	1	4	2	6	8	5	7	12
27	东国大学	中语中文专业	4	1	5	4	11	15	8	12	20
28	东国大学(WISE)	中语中文专业	2	2	4	3	4	7	5	6	11
29	同德女子大学	国际地区学院 中语中文学专业	4	1	5	0	3	3	4	4	8
30	东西大学	中文专业	3	4	7	2	2	4	5	6	11
31	东亚大学	中国学专业	1	7	8	4	0	4	5	7	12
32	东义大学	中语中文专业	3	1	4	4	2	6	7	3	10
33	明知大学（第2校区）	中语中文专业	4	2	6	1	3	4	5	5	10
34	牧园大学	中国文化、商务专业	2	1	3	1	1	2	3	2	5
35	釜山大学	中语中文专业	2	4	6	7	12	19	9	16	25
36	釜山外国语大学	中国学专业	4	4	8	1	7	8	5	11	16
37	祥明大学（第2校区）	汉语圈地区学专业	3	1	4	0	1	1	3	2	5
38	西江大学	中国文化专业	5	2	7	1	7	8	6	9	15
39	首尔大学	中语中文专业	8	3	11	14	25	39	22	28	50
40	首尔市立大学	中国语文化专业	6	2	8	4	4	8	10	6	16
41	首尔神学大学	中国语言文化信息专业	1	3	4	0	0	0	1	3	4
42	首尔女子大学	中语中文专业	2	3	5	2	4	6	4	7	11
43	鲜文大学	外国语学院 中国语文化专业	2	3	5	1	1	2	3	4	7
44	圣洁大学	中语中文专业	1	4	5	0	1	1	1	5	6

No.	学校名称	专业名称	专任教员			非专任教员			小计		
			男	女	计	男	女	计	男	女	计
45	圣公会大学	中语中国学专业(人文融合信息学院)	无法核实								
46	成均馆大学	中语中文专业	3	0	3	7	11	18	10	11	21
47	诚信女子大学	中国语文、文化专业	2	4	6	0	4	4	2	8	10
48	水原大学	中语中文专业	0	5	5	0	1	1	0	6	6
49	淑明女子大学	中语中文学院	3	4	7	0	6	6	3	10	13
50	顺天乡大学	中国学专业	2	0	2	1	0	1	3	0	3
51	崇实大学	中语中文专业	2	5	7	5	5	10	7	10	17
52	安养大学	中国语言文化专业	2	2	4	0	3	3	2	5	7
53	延世大学	中语中文专业	3	5	8	15	41	56	18	46	64
54	岭南大学	中国语言文化专业	0	0	0	2	0	2	2	0	2
		应用中文翻译专业	无法核实								
55	龙仁大学	中国学专业	无法核实								
56	蔚山大学	中文、中国学专业	3	2	5	1	5	6	4	7	11
57	圆光大学	中国学专业	3	1	4	4	3	7	7	4	11
58	梨花女子大学	中语中文专业	2	7	9	3	8	11	5	15	20
59	仁川大学	中语中文专业	10	5	15	0	2	2	10	7	17
60	仁荷大学	中国学专业	5	3	8	1	9	10	6	12	18
61	全南大学	中语中文专业	5	2	7	9	13	22	14	15	29
62	全南大学(第2校区)	国际学院（中国学专业）	无法核实								
63	全北大学	中语中文专业	5	3	8	4	10	14	9	13	22
64	全州大学	中文中国学专业	2	2	4	3	1	4	5	3	8
65	济州大学	中语中文专业	3	2	5	5	10	15	8	12	20
66	朝鲜大学	亚洲语言文化学院(中国语文化学专业)	2	3	5	1	4	5	3	7	10
67	中央大学	亚洲文化学院(中国语文学专业)	3	3	6	4	7	11	7	10	17
68	昌信大学	中国商务专业	0	3	3	1	0	1	1	3	4
69	忠南大学	中语中文专业	4	1	5	6	4	10	10	5	15
70	忠北大学	中语中文专业	2	3	5	7	5	12	9	8	17
71	平泽大学	中国学专业	无法核实								
72	韩国教员大学	中文教育专业	3	1	4	0	2	2	3	3	6
73	韩国外国语大学	中国语言文化学院	6	0	6	13	25	38	19	25	44
		外国语教育学院(中文教育专业)	0	2	2	0	3	3	0	5	5
		中文翻译专业	4	0	4	6	16	22	10	16	26
74	翰林大学	中国学专业	5	1	6	2	6	8	7	7	14
75	韩世大学	中文专业	1	1	2	1	0	1	2	1	3
76	韩信大学	中国语文化信息专业	2	3	5	2	2	4	4	5	9
77	汉阳大学	中语中文专业	7	6	13	5	10	15	12	16	28
78	汉阳大学(ERICA)	中国学专业	5	2	7	8	2	10	13	4	17
79	协成大学	中国语文化专业	2	3	5	1	3	4	3	6	9

No.	学校名称	专业名称	专任教员			非专任教员			小计		
			男	女	计	男	女	计	男	女	计
80	湖南大学	中国学专业	4	2	6	1	0	1	5	2	7
81	湖西大学	中国学专业	4	0	4	3	2	5	7	2	9
82	庆熙网络大学	中国语文化专业	1	0	1	8	7	15	9	7	16
83	高丽网络大学	实用外国语专业	0	4	4	4	22	26	4	26	30
84	网络韩国外国语大学	中国学学院	1	2	3	2	3	5	3	5	8
85	首尔数码大学	国际专业(日本、中国)	1	3	4	0	0	0	1	3	4
86	世宗网络大学	国际专业(英文、中文)	0	1	1	3	9	12	3	10	13
87	崇实网络大学	中国语言文化专业	0	1	1	2	3	5	2	4	6
88	韩国放送通信大学	中语中文专业	3	5	8	4	1	5	7	6	13
合计			264	202	466	287	507	794	551	709	1260

注: 合计数值为排除无法核实的部分后所得。（下同）

数据来源: 大学信息公开平台，韩国教育开发院教育统计中心。

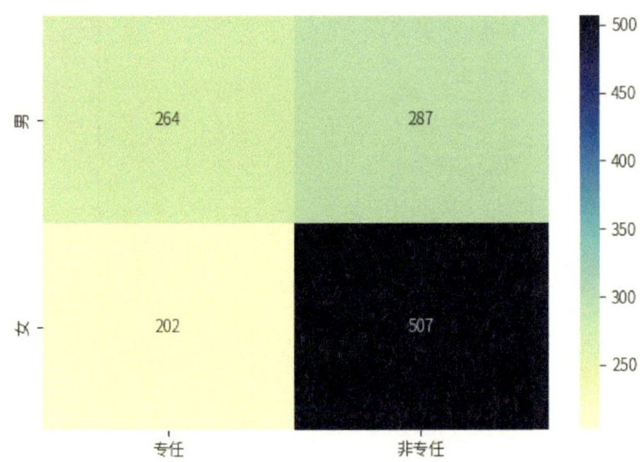

〈图 3-7〉本科大学专任、非专任教员性别分布

3 在籍学生现况

1 专科大学

□ 韩国专科大学在籍学生总数为492042人。中文相关专业在籍学生为861人，其中在校学生645人（74.9%），休学学生216人（25.1%），无延期毕业学生。

□ 汉阳女子大学（158人）、明知专科大学（156人）和仁德大学（148人）等三所学校的在籍学生占专科大学在籍学生总数的一半以上。长安大学（3人）、釜山科学技术大学（14

人)、韩国观光大学 (19人) 的在籍学生人数极少。

□ 从性别构成来看，女生554人 (64.3%) ，男生307人 (35.7%) ，女生人数是男生的1.8倍。整体而言，不仅是女子大学，在各类院校中女生的占比明显较高。这种现象表明中文相关专业已发展成为女性主导性学科。

□ 济州汉拿大学的在籍学生共109人，其中82人 (73.4%) 处于休学状态。这一情况反映出该专业在学业持续性和学生满意度方面可能存在一定的问题。

〈表 3-12〉专科大学中文相关专业在籍学生现况

(单位: 人)

No.	学校名称	专业名称	在校学生(A)			休学学生(B)			延期毕业学生(C)			在籍学生(D=A+B+C)		
			男	女	计	男	女	计	男	女	计	男	女	计
1	东首尔大学	国际中国商务专业	14	17	31	0	0	0	0	0	0	14	17	31
2	马山大学	医疗旅游中文专业	18	21	39	7	3	10	0	0	0	25	24	49
3	明知专科大学	中文商务专业	30	95	125	22	9	31	0	0	0	52	104	156
4	培花女子大学	国际传播中文专业	0	37	37	0	8	8	0	0	0	0	45	45
5	釜山科学技术大学	保健旅游中文专业	2	6	8	3	3	6	0	0	0	5	9	14
6	瑞逸大学	商务中文专业	37	33	70	5	0	5	0	0	0	42	33	75
7	仁德大学	商务中文专业	39	76	115	23	10	33	0	0	0	62	86	148
8	长安大学	数字商务中文专业	0	1	1	1	1	2	0	0	0	1	2	3
9	济州观光大学	旅游中文专业	20	21	41	8	5	13	0	0	0	28	26	54
10	济州汉拿大学	旅游中文专业	14	15	29	50	30	80	0	0	0	64	45	109
11	韩国观光大学	旅游中文专业	5	2	7	9	3	12	0	0	0	14	5	19
12	汉阳女子大学	实务中文专业	0	142	142	0	16	16	0	0	0	0	158	158
合计			179	466	645	128	88	216	0	0	0	307	554	861

注:《高等教育法》第23条第5款 (延期获取学士学位) 于2018年4月17日施行，自2019年起，学生人数统计范围扩大至延期毕业学生，包括在校学生、休学学生以及延期毕业学生。(下同)

数据来源: 大学信息公开平台，韩国教育开发院教育统计中心。

2 本科大学

□ 韩国本科大学在籍学生总数为2111075人，6) 中文相关专业的在籍学生为17936人。

□ 高丽大学 (381人)、汉阳大学 (345人)、梨花女子大学 (338人)、淑明女子大学 (306

人）、庆熙大学（272人）、延世大学（256人）等位于首尔的一些主要大学拥有大量学生。

□ 启明大学（大邱，457人）、庆星大学（釜山，357人）、仁荷大学（仁川，294人）、全南大学（光州，267人）、庆尚国立大学（庆南，204人）等地区重点大学，学生人数较多。

□ 韩国放送通信大学的在籍学生人数最多，达到3427人。网络韩国外国语大学也有673名在籍学生，这显示出基于网络的远程教育存在巨大需求。

□ 圣公会大学（10人）、国民大学（13人）、釜山外国语大学（22人）等大学的在籍学生人数极少。

□ 从性别结构来看，即使排除女子大学，大多数院校的女生比例仍明显较高。国立庆国大学、昌信大学等院校，男女比例相近，或男生比例较高。

□ 延期毕业的学生人数较少，大多不超过10人。仅汉阳大学（22人）、西江大学（16人）、汉阳大学ERICA校区（10人）等部分院校的延期毕业学生相对较多。

□ 从专业设置形式来看，一些院校将中文与其他专业相结合，例如：国立顺天大学国际中国学专业，牧园大学中国文化商务专业，朝鲜大学亚洲文化专业，中央大学亚洲文化专业等。而首尔数码大学、世宗网络大学的中文相关专业则隶属于国际专业。

〈表 3-13〉本科大学中文相关专业在籍学生现况

（单位：人）

No.	学校名称	专业名称	在校学生(A)			休学学生(B)			延期毕业学生(C)			在籍学生(D=A+B+C)		
			男	女	计	男	女	计	男	女	计	男	女	计
1	嘉泉大学	中国语文专业	无法核实											
2	加图立大学	中国语言文化专业	36	125	161	13	23	36	0	0	0	49	148	197
3	江原大学	中语中文学专业	28	69	97	23	12	35	0	2	2	51	83	134
4	建国大学	中语中文专业	28	97	125	23	21	44	0	8	8	51	126	177
5	京畿大学	中语中文专业	17	40	57	5	6	11	1	11	12	23	57	80
6	庆北大学	中语中文专业	29	93	122	14	9	23	0	2	2	43	104	147
7	庆尚国立大学	中语中文专业	38	132	170	18	15	33	0	1	1	56	148	204
8	庆星大学	中国学专业	59	204	263	33	54	87	0	7	7	92	265	357
9	庆熙大学	中文专业	65	144	209	30	33	63	0	0	0	95	177	272
10	启明大学	中文中国专业	68	260	328	58	64	122	2	5	7	128	329	457
11	高丽大学	中语中文专业	86	214	300	45	36	81	0	0	0	131	250	381
12	高丽大学（世宗）	中国学专业	29	81	110	27	21	48	0	0	0	56	102	158
13	国立江陵原州大学	中语中文专业	35	45	80	11	15	26	1	2	3	47	62	109
14	国立庆国大学	中国语文、文化专业	12	10	22	2	0	2	0	0	0	14	10	24
15	国立公州大学	中语中文专业	29	102	131	11	15	26	0	6	6	40	123	163

6) 一般大学1836625人，教育大学14573人，放送通信大学122088人，远程大学1129人，网络大学136660人。（数据来源：韩国教育开发院教育统计中心）

No.	学校名称	专业名称	在校学生(A)			休学学生(B)			延期毕业学生(C)			在籍学生 (D=A+B+C)		
			男	女	计	男	女	计	男	女	计	男	女	计
16	国立群山大学	中语中文专业	无法核实											
17	国立木浦大学	东亚文化	无法核实											
18	国立釜庆大学	中国学专业	30	95	125	11	11	22	0	2	2	41	108	149
19	国立顺天大学	国际中国学专业	35	76	111	8	12	20	0	0	0	43	88	131
20	国立昌原大学	中国学专业	41	85	126	18	20	38	0	1	1	59	106	165
21	国立韩国交通大学	中文专业	24	26	50	1	0	1	0	0	0	25	26	51
22	国立韩巴大学	中文专业	57	194	251	29	31	60	0	3	3	86	228	314
23	国民大学	中国学院 (中国语文专业)	2	10	12	1	0	1	0	0	0	3	10	13
24	南首尔大学	中国学专业	36	73	109	33	13	46	0	0	0	69	86	155
25	檀国大学(第2校区)	亚洲中东学院 中国学专业	无法核实											
26	德成女子大学	中语中文学专业	0	64	64	0	18	18	0	2	2	0	84	84
27	东国大学	中语中文专业	47	124	171	25	21	46	1	1	2	73	146	219
28	东国大学(WISE)	中语中文专业	18	33	51	7	3	10	0	0	0	25	36	61
29	同德女子大学	国际地区学院 中语中文学专业	0	89	89	0	3	3	0	0	0	0	92	92
30	东西大学	中文专业	28	44	72	18	12	30	1	0	1	47	56	103
31	东亚大学	中国学专业	36	149	185	18	24	42	0	0	0	54	173	227
32	东义大学	中语中文专业	27	42	69	7	5	12	0	0	0	34	47	81
33	明知大学(第2校区)	中语中文专业	31	99	130	30	22	52	0	9	9	61	130	191
34	牧园大学	中国文化、商务专业	33	61	94	21	10	31	0	2	2	54	73	127
35	釜山大学	中语中文专业	40	118	158	23	21	44	1	2	3	64	141	205
36	釜山外国语大学	中国学专业	0	1	1	14	7	21	0	0	0	14	8	22
37	祥明大学(第2校区)	汉语圈地区学专业	4	21	25	0	7	7	2	6	8	6	34	40
38	西江大学	中国文化专业	76	122	198	35	22	57	2	14	16	113	158	271
39	首尔大学	中语中文专业	19	67	86	9	14	23	0	0	0	28	81	109
40	首尔市立大学	中国语文化专业	57	92	149	15	14	29	0	0	0	72	106	178
41	首尔神学大学	中国语言文化信息专业	20	73	93	9	9	18	0	0	0	29	82	111
42	首尔女子大学	中语中文专业	0	134	134	0	41	41	0	13	13	0	188	188
43	鲜文大学	外国语学院 中国语文化专业	13	18	31	0	0	0	0	0	0	13	18	31
44	圣洁大学	中语中文专业	43	146	189	15	23	38	1	0	1	59	169	228
45	圣公会大学	中语中国学专业（人文融合信息学院)	2	7	9	1	0	1	0	0	0	3	7	10
46	成均馆大学	中语中文专业	59	89	148	41	28	69	0	0	0	100	117	217
47	诚信女子大学	中国语文、文化专业	0	35	35	0	0	0	0	0	0	0	35	35

No.	学校名称	专业名称	在校学生(A)			休学学生(B)			延期毕业学生(C)			在籍学生(D=A+B+C)		
			男	女	计	男	女	计	男	女	计	男	女	计
48	水原大学	中语中文专业	15	58	73	17	23	40	0	1	1	32	82	114
49	淑明女子大学	中语中文学院	0	254	254	0	52	52	0	0	0	0	306	306
50	顺天乡大学	中国学专业	无法核实											
51	崇实大学	中语中文专业	40	112	152	21	11	32	0	0	0	61	123	184
52	安养大学	中国语言文化专业	15	58	73	5	13	18	0	0	0	20	71	91
53	延世大学	中语中文专业	56	111	167	40	38	78	3	8	11	99	157	256
54	岭南大学	中国语言文化专业	20	80	100	3	3	6	0	0	0	23	83	106
		应用中文翻译专业	4	18	22	1	0	1	0	0	0	5	18	23
55	龙仁大学	中国学专业	27	98	125	29	18	47	0	0	0	56	116	172
56	蔚山大学	中文、中国学专业	41	72	113	23	22	45	0	4	4	64	98	162
57	圆光大学	中国学专业	37	62	99	18	17	35	0	0	0	55	79	134
58	梨花女子大学	中语中文专业	0	276	276	0	50	50	0	12	12	0	338	338
59	仁川大学	中语中文专业	46	160	206	34	17	51	1	4	5	81	181	262
60	仁荷大学	中国学专业	55	147	202	49	43	92	0	0	0	104	190	294
61	全南大学	中语中文专业	48	162	210	26	29	55	1	1	2	75	192	267
62	全南大学(第2校区)	国际学院(中国学专业)	48	137	185	22	24	46	1	1	2	71	162	233
63	全北大学	中语中文专业	23	53	76	12	14	26	0	0	0	35	67	102
64	全州大学	中文中国学专业	43	91	134	23	22	45	0	2	2	66	115	181
65	济州大学	中语中文专业	23	80	103	15	17	32	0	0	0	38	97	135
66	朝鲜大学	亚洲语言文化学院(中国语文化学专业)	23	80	103	15	17	32	0	0	0	38	97	135
67	中央大学	亚洲文化学院(中国语文学专业)	54	138	192	35	40	75	1	6	7	90	184	274
68	昌信大学	中国商务专业	42	53	95	13	2	15	0	0	0	55	55	110
69	忠南大学	中语中文专业	39	128	167	29	20	49	0	0	0	68	148	216
70	忠北大学	中语中文专业	35	80	115	13	18	31	0	1	1	48	99	147
71	平泽大学	中国学专业	17	24	41	9	10	19	0	0	0	26	34	60
72	韩国教员大学	中文教育专业	9	27	36	4	1	5	0	0	0	13	28	41
73	韩国外国语大学	中国语言文化学院	22	52	74	4	2	6	0	0	0	26	54	80
		外国语教育学院(中文教育专业)	5	27	32	2	4	6	0	0	0	7	31	38
		中文翻译专业	34	103	137	18	36	54	0	0	0	52	139	191
74	翰林大学	中国学专业	53	105	158	21	25	46	1	2	3	75	132	207
75	韩世大学	中文专业	23	89	112	11	3	14	0	0	0	34	92	126
76	韩信大学	中国语文化信息专业	0	36	36	2	2	4	0	0	0	2	38	40
77	汉阳大学	中语中文专业	90	152	242	53	28	81	6	16	22	149	196	345
78	汉阳大学(ERICA)	中国学专业	39	99	138	24	19	43	4	6	10	67	124	191

No.	学校名称	专业名称	在校学生(A)			休学学生(B)			延期毕业学生(C)			在籍学生 (D=A+B+C)		
			男	女	计	男	女	计	男	女	计	男	女	计
79	协成大学	中国语文化专业	24	54	78	9	11	20	0	0	0	33	65	98
80	湖南大学	中国学专业	37	50	87	11	4	15	0	0	0	48	54	102
81	湖西大学	中国学专业	47	93	140	21	11	32	0	0	0	68	104	172
82	庆熙网络大学	中国语文化专业	65	77	142	11	8	19	0	0	0	76	85	161
83	高丽网络大学	实用外国语专业	225	297	522	42	53	95	0	0	0	267	350	617
84	网络韩国外国语大学	中国学学院	170	379	549	31	93	124	0	0	0	201	472	673
85	首尔数码大学	国际专业 (日本、中国)	38	38	76	3	4	7	0	0	0	41	42	83
86	世宗网络大学	国际专业 (英文、中文)	94	207	301	10	16	26	0	0	0	104	223	327
87	崇实网络大学	中国语言文化专业	17	24	41	3	3	6	0	0	0	20	27	47
88	韩国放送通信大学	中语中文专业	1078	1526	2604	350	473	823	0	0	0	1428	1999	3427
合计			**4158**	**9970**	**13928**	**1784**	**2031**	**3815**	**30**	**163**	**193**	**5972**	**11964**	**17936**

数据来源：大学信息公开平台。

4 毕业生现况7)

1 专科大学

□ 韩国12所专科大学中文相关专业的毕业生共288人，其中男生61人（21.2%），女生227人（78.8%），女生比例占绝对优势。

□ 从院校分布来看，汉阳女子大学毕业生最多，共65人（22.6%）；其次是明知专科大学（39人），培花女子大学（32人），瑞逸大学（28人）和仁德大学（28人）。

□ 从专业类型来看，商务相关专业（如商务中文、实务中文等）毕业生人数约占整体的73%，共209人。

□ 旅游相关专业（如旅游中文、医疗旅游中文、保健旅游中文等）的男生比例相对较高。韩国观光大学的毕业生共11人，其中男生8人。在济州观光大学和济州汉拿大学的毕业生中，男生所占比例也相对较高。

7) 毕业生现况均为2024年2月毕业生，特殊情况另行标注。

〈表 3-14〉 专科大学中文相关专业毕业生现况

(单位: 人)

No.	学校名称	专业名称	男	女	计
1	东首尔大学	国际中国商务专业	5	11	16
2	马山大学	医疗旅游中文专业	2	22	24
3	明知专科大学	中文商务专业	7	32	39
4	培花女子大学	国际传播中文专业	0	32	32
5	釜山科学技术大学	保健旅游中文专业	4	8	12
6	瑞逸大学	商务中文专业	12	16	28
7	仁德大学	商务中文专业	5	23	28
8	长安大学	数字商务中文专业	0	3	3
9	济州观光大学	旅游中文专业	7	4	11
10	济州汉拿大学	旅游中文专业	11	8	19
11	韩国观光大学	旅游中文专业	8	3	11
12	汉阳女子大学（2024年1月）	实务中文专业	0	65	65
合计			**61**	**227**	**288**

数据来源: 大学信息公开平台。

2 本科大学

□ 韩国本科大学中文相关专业的毕业生人数为2610人。

□ 韩国放送通信大学（485人）和网络大学（223人）的毕业生人数明显较多。

□ 从性别分布来看，男生744人（28.5%），女生1866人（71.5%），与专科大学相同，女生比例明显较高。8)

〈表 3-15〉 本科大学中文相关专业毕业生现况

(单位: 人)

No.	学校名称	专业名称	男	女	计
1	嘉泉大学	中国语文专业	16	44	60
2	加图立大学	中国语言文化专业	5	13	18
3	江原大学	中语中文学专业	2	16	18
4	建国大学	中语中文专业	4	13	17
5	京畿大学	中语中文专业	4	17	21
6	庆北大学	中语中文专业	5	13	18

8) 2024年，本科大学人文专业毕业生总数为39633人，其中男生15180人（38.3%），女生24453人（61.7%）。（数据来源：韩国教育1开发院教育统计中心）

No.	学校名称	专业名称	男	女	计
7	庆尚国立大学	中语中文专业	2	14	16
8	庆星大学	中国学专业	9	51	60
9	庆熙大学	中文专业	13	22	35
10	启明大学	中文中国专业	14	59	73
11	高丽大学	中语中文专业	13	27	40
12	高丽大学（世宗）	中国学专业	7	14	21
13	国立江陵原州大学	中语中文专业	6	8	14
14	国立庆国大学	中国语文、文化专业	9	9	18
15	国立公州大学	中语中文专业	6	15	21
16	国立群山大学	中语中文专业	3	9	12
17	国立木浦大学	东亚文化	3	6	9
18	国立釜庆大学	中国学专业	1	13	14
19	国立顺天大学	国际中国学专业	无法核实		
20	国立昌原大学	中国学专业	6	16	22
21	国立韩国交通大学	中文专业	5	18	23
22	国立韩巴大学	中文专业	6	31	37
23	国民大学	中国学院（中国语文专业）	3	12	15
24	南首尔大学	中国学专业	3	16	19
25	檀国大学（第2校区）	亚洲中东学院 中国学专业	3	15	18
26	德成女子大学	中语中文学专业	0	18	18
27	东国大学	中语中文专业	6	13	19
28	东国大学(WISE)	中语中文专业	4	13	17
29	同德女子大学	国际地区学院 中语中文学专业	0	24	24
30	东西大学	中文专业	11	21	32
31	东亚大学	中国学专业	3	22	25
32	东义大学	中语中文专业	3	26	29
33	明知大学（第2校区）	中语中文专业	8	28	36
34	牧园大学	中国文化、商务专业	4	5	9
35	釜山大学	中语中文专业	8	12	20
36	釜山外国语大学	中国学专业	14	49	63
37	祥明大学（第2校区）	汉语圈地区学专业	6	15	21
38	西江大学	中国文化专业	7	14	21
39	首尔大学	中语中文专业	9	8	17
40	首尔市立大学	中国语文化专业	3	12	15
41	首尔神学大学	中国语言文化信息专业	7	10	17
42	首尔女子大学	中语中文专业	0	19	19
43	鲜文大学	外国语学院 中国语文化专业	1	12	13
44	圣洁大学	中语中文专业	4	13	17
45	圣公会大学	中语中国学专业（人文融合信息学院）	0	3	3

No.	学校名称	专业名称	男	女	计
46	成均馆大学	中语中文专业	9	18	27
47	诚信女子大学	中国语文、文化专业	0	20	20
48	水原大学	中语中文专业	4	26	30
49	淑明女子大学	中语中文学院	0	27	27
50	顺天乡大学	中国学专业	5	18	23
51	崇实大学	中语中文专业	6	12	18
52	安养大学	中国语言文化专业	1	7	8
53	延世大学	中语中文专业	7	23	30
54	岭南大学	中国语言文化专业	11	27	38
		应用中文翻译专业	无法核实		
55	龙仁大学	中国学专业	5	23	28
56	蔚山大学	中文、中国学专业	4	24	28
57	圆光大学	中国学专业	6	18	24
58	梨花女子大学	中语中文专业	0	34	34
59	仁川大学	中语中文专业	4	23	27
60	仁荷大学	中国学专业	2	20	22
61	全南大学	中语中文专业	6	13	19
62	全南大学（第2校区）	国际学院（中国学专业）	无法核实		
63	全北大学	中语中文专业	6	18	24
64	全州大学	中文中国学专业	5	12	17
65	济州大学	中语中文专业	3	21	24
66	朝鲜大学	亚洲语言文化学院（中国语文化学专业）	5	32	37
67	中央大学	亚洲文化学院（中国语文学专业）	16	24	40
68	昌信大学	中国商务专业	6	8	14
69	忠南大学	中语中文专业	7	9	16
70	忠北大学	中语中文专业	9	14	23
71	平泽大学	中国学专业	3	8	11
72	韩国教员大学	中文教育专业	1	0	1
73	韩国外国语大学	中国语言文化学院	16	22	38
		外国语教育学院（中文教育专业）	1	6	7
		中文翻译专业	8	20	28
74	翰林大学	中国学专业	4	18	22
75	韩世大学	中文专业	0	5	5
76	韩信大学	中国语文化信息专业	2	7	9
77	汉阳大学	中语中文专业	17	17	34
78	汉阳大学(ERICA)	中国学专业	13	23	36
79	协成大学	中国语文化专业	9	13	22
80	湖南大学	中国学专业	3	3	6
81	湖西大学	中国学专业	6	25	31

No.	学校名称	专业名称	男	女	计
82	庆熙网络大学	中国语文化专业	15	21	36
83	高丽网络大学	实用外国语专业	无法核实		
84	网络韩国外国语大学	中国学学院	33	74	107
85	首尔数码大学	国际专业（日本、中国）	7	6	13
86	世宗网络大学	国际专业（英文、中文）	17	41	58
87	崇实网络大学	中国语言文化专业	3	6	9
88	韩国放送通信大学	中语中文专业	213	272	485
合计			**744**	**1866**	**2610**

数据来源：大学信息公开平台。

3.4 一般研究生院9)

□ 韩国开设中文相关专业的一般研究生院共46所，专业名称较为多样，如中语中文专业、中国学专业、中国文化专业、中韩比较语文学专业等。

□ 从设立类型来看，私立大学最多，共25所（54.3%）。(见〈图 3-8〉)

□ 从地区分布来看，首都圈共20所（43.5%）院校，其中15所（32.6%）集中在首尔，京畿地区4所，仁川有1所。地方院校分布相对分散，济州仅有1所。(见〈图 3-9〉)

〈表 3-16〉 开设中文相关专业的一般研究生院一览表

No.	学校名称	专业名称	设立类型	地区
1	加图立大学 研究生院	中语中文专业	私立	京畿
2	江原大学 一般研究生院	中语中文专业	国立	江原
3	建国大学 一般研究生院	中韩比较语文学专业	私立	首尔
4	庆北大学 一般研究生院	中语中文专业	国立	大邱
5	庆尚国立大学 研究生院	中语中文专业	国立	庆南
6	庆星大学 一般研究生院	中语中文专业	私立	釜山
7	启明大学 研究生院	中文中国学专业	私立	大邱
8	国立江陵原州大学 研究生院	中语中文专业	国立	江原

9) 根据《高等教育法》第29条第2款，韩国研究生院课分为以下几种类型。（来源：国家法令信息中心）
① 一般研究生院：以学术基础理论及高水平学术研究为主要教育目标的研究生院。
② 专业研究生院：以培养专业领域所需人才并开展实践理论应用与研发为主要教育目标的研究生院。
③ 特殊研究生院：以为职场人士或普通成人提供继续教育为主要教育目标的研究生院。
一般研究生院、专业研究生院、特殊研究生院均设有与翻译相关的研究生院。本报告将与翻译相关的研究生院单独归类、分析。

No.	学校名称	专业名称	设立类型	地区
9	国立公州大学 研究生院	中语中文专业	国立	忠南
10	国立群山大学 研究生院	中国学专业	国立	全北
11	国立木浦大学 研究生院	中国语言文化学联合课程	国立	全南
12	国立木浦大学 研究生院	中国语言文化专业	国立	全南
13	国立釜庆大学 研究生院	中国学专业	国立	釜山
14	国立昌原大学 研究生院	中国学专业	国立	庆南
15	国立韩巴大学 一般研究生院	中国学专业	国立	大田
16	国民大学 研究生院	中语中文专业	私立	首尔
17	檀国大学 一般研究生院	中语中文专业	私立	京畿
18	大邱加图立大学 研究生院	中语中文专业	私立	庆北
19	大田大学 一般研究生院	中国语言文化专业	私立	大田
20	东国大学 研究生院	中语中文专业	私立	首尔
21	明知大学 研究生院	中语中文专业	私立	京畿
22	釜山大学 一般研究生院	中语中文专业	国立	釜山
23	釜山外国语大学 研究生院	中文中国学专业	私立	釜山
24	西江大学 研究生院	中国文化专业	私立	首尔
25	首尔大学 研究生院	中语中文专业	国立大法人	首尔
26	首尔市立大学 研究生院	中国语文化专业	公立	首尔
27	首尔女子大学 研究生院	中语中文专业	私立	首尔
28	成均馆大学 一般研究生院	中语中文专业	私立	首尔
29	诚信女子大学 研究生院	中语中文专业	私立	首尔
30	水原大学 一般研究生院	中语中文专业	私立	京畿
31	淑明女子大学 一般研究生院	中语中文专业	私立	首尔
32	崇实大学 研究生院	中语中文专业	私立	首尔
33	延世大学 研究生院	中语中文专业	私立	首尔
34	岭南大学 一般研究生院	中国语言文化专业	私立	庆北
35	梨花女子大学 研究生院	中语中文专业	私立	首尔
36	仁川大学 研究生院	中国学专业	国立大法人	仁川
37	全南大学 研究生院	中语中文专业	国立	光州
38	全北大学 研究生院	中语中文专业	国立	全北
39	济州大学 研究生院	中语中文专业	国立	济州
40	朝鲜大学 研究生院	中语中文专业	私立	光州
41	忠南大学 研究生院	中语中文专业	国立	大田
42	忠北大学 研究生院	中语中文专业	国立	忠北
43	韩国教员大学 研究生院	中文教育专业	国立	忠北
44	韩国外国语大学 一般研究生院	中语中文专业	私立	首尔
45	韩瑞大学 研究生院	韩中语言文化专业	私立	忠南
46	汉阳大学 研究生院	中语中文专业	私立	首尔

数据来源：大学信息公开平台。

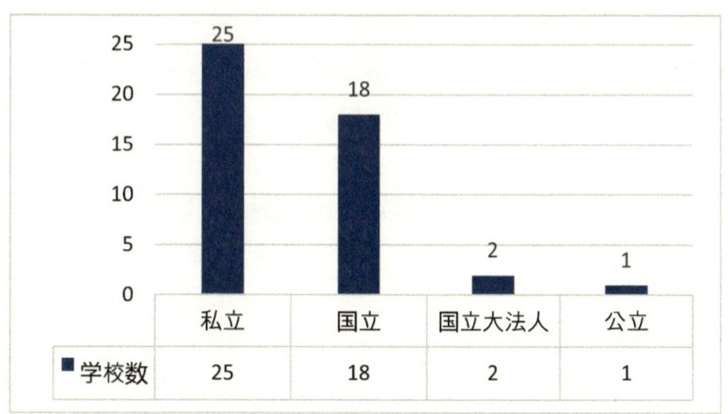

	私立	国立	国立大法人	公立
学校数	25	18	2	1

〈图 3-8〉 各类型一般研究生院中文相关专业设立情况

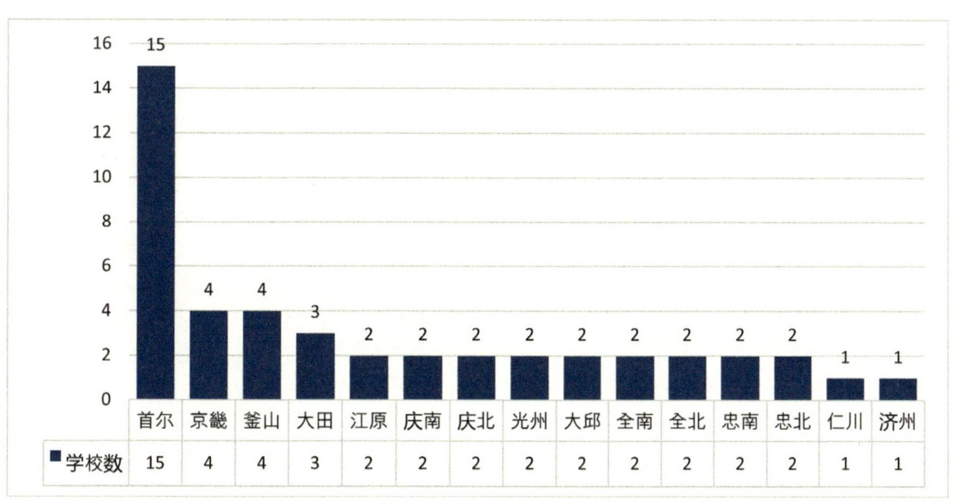

	首尔	京畿	釜山	大田	江原	庆南	庆北	光州	大邱	全南	全北	忠南	忠北	仁川	济州
学校数	15	4	4	3	2	2	2	2	2	2	2	2	2	1	1

〈图 3-9〉 各地区一般研究生院中文相关专业设立情况

3.5 特殊研究生院

□ 韩国开设中文相关专业的特殊研究生院共有28所，包括教育研究生院、行政研究生院、国际地区研究生院等多种类型。

□ 在28所院校中，教育研究生院共20所（71.4%），这表明中学中文教师的需求持续存在。大多数教育研究生院可授予中学教师资格（2级），满足在职教师及职前教师的需求。

□ 按设立类型划分，私立大学14所，国立大学大学13所，分布较为均衡。国立大学多以教育研究生院为主开设中文专业，这体现出韩国中学中文教育的制度基础处于稳定状态。

□ 从地区分布来看，9所位于首尔，除全北地区外，其他地区均仅有1~2所院校，这反应出

不同地区之间的教育可及性存在一定差异。

□ 专业名称主要包括中文教育专业、国际中文教育专业、商务中文专业等，强调实务能力提升、资格证书获取以及教师培养等实用性目标。

〈表 3-17〉开设中文相关专业的特殊研究生院一览表

No.	学校名称	专业名称	设立类型	地区
1	庆北大学 教育研究生院	中文教育专业	国立	大邱
2	庆尚国立大学 教育研究生院	中文教育专业	国立	庆南
3	庆熙大学 教育研究生院	中文教育专业	私立	首尔
4	国立江陵原州大学 教育研究生院	中文教育专业	国立	江原
5	国立公州大学 教育研究生院	中文教育专业	国立	忠南
6	国立群山大学 教育研究生院	中文教育专业	国立	全北
7	国立木浦大学 教育研究生院	中文教育专业	国立	全南
8	国立釜庆大学 国际政策研究生院	中国学专业	国立	釜山
9	国立昌原大学 行政研究生院	中国学专业	国立	庆南
10	国立韩国交通大学 国际融合研究生院	中国学专业	国立	忠北
11	大邱大学 教育研究生院	中文教育专业	私立	庆北
12	明知大学 教育研究生院	中文教育专业	私立	首尔
13	白石大学 文化艺术研究生院	中语中文专业	私立	首尔
14	釜山大学 教育研究生院	中文教育专业	国立	釜山
15	成均馆大学 教育研究生院	中文教育专业	私立	首尔
16	淑明女子大学 教育研究生院	中文教育专业	私立	首尔
17	蔚山大学 教育研究生院	中文教育专业	私立	蔚山
18	蔚山大学 产业研究生院	商务中文专业	私立	蔚山
19	圆光大学 教育研究生院	中文教育专业	私立	全北
20	梨花女子大学 教育研究生院	中文教育专业	私立	首尔
21	梨花女子大学 外国语教育特殊研究生院	国际中文教育专业	私立	首尔
22	全北大学 教育研究生院	中语中文教育专业	国立	全北
23	韩国教员大学 教育研究生院	中文教育专业	国立	忠北
24	韩国放送通信大学 研究生院	实用中文专业	国立	首尔
25	韩国外国语大学 教育研究生院	中文教育专业	私立	首尔
26	韩国外国语大学 国际地区研究生院	中国学专业	私立	首尔
27	湖南大学 社会融合研究生院	中文专业	私立	光州
28	湖西大学 教育研究生院	中文教育专业	私立	忠南

数据来源：大学信息公开平台。

3.6 翻译专业研究生院

□ 开设中文翻译相关专业的研究生院共13所，其中一般研究生院6所（46.2%），专业研究生院5所（38.4%），特殊研究生院2所（15.4%）。

□ 专业名称包括翻译专业、韩中翻译专业、中文翻译专业等，开展与学术、实务、文化、产业等多领域相结合的教育活动。

〈表 3-18〉开设中文翻译专业的研究生院一览表

No.	学校名称	专业名称	研究生院类型
1	启明大学 一般研究生院	翻译专业	一般研究生院
2	国立顺天大学 一般研究生院	韩中翻译专业	一般研究生院
3	檀国大学 一般研究生院	中文翻译专业	一般研究生院
4	东义大学 研究生院	中韩翻译专业	一般研究生院
5	釜山外国语大学 翻译研究生院	韩中专业	特殊研究生院
6	首尔外国语研究生院大学	韩中翻译专业	专业研究生院
7	梨花女子大学 翻译研究生院	韩中翻译专业	专业研究生院
8	仁济大学 研究生院	韩中翻译专业	一般研究生院
9	济州大学 翻译研究生院	韩中专业	专业研究生院
10	中央大学 国际研究生院	专业翻译学院 韩中翻译专业	专业研究生院
11	韩国外国语大学 翻译研究生院	韩中专业	专业研究生院
12	翰林大学 一般研究生院	中韩翻译联合课程	一般研究生院
13	湖西大学 文化福利咨询研究生院	韩中商务翻译专业	特殊研究生院

数据来源: 大学信息公开平台。

分析结果及对策建议	• 专科院校与普通高校均面临学龄人口减少、首都圈集中以及对非全职教师依赖等结构性问题。 • 一般研究生院的中文专业主要集中于部分核心高校，地区间差异明显；其发展趋势更偏向翻译与口译、国际商务、教师培养等应用型方向，可能导致传统以基础语言文学研究为核心的学术研究面临收缩。鉴于学习环境的不断演变，中文教育研究的新领域（如语言教育技术、比较文化研究、全球交流能力培养等）也存在扩展的潜力。 • 针对此类问题，应采取以下制度性措施：强化区域均衡政策，增加全职教师编制并保障教师就业稳定，开发融合型与应用型课程，通过政府支持维持和扩大中文教育的社会需求，以及拓展产学合作型研究支持。

3.7 民办教育机构

1 培训机构

□ 截至2024年，韩国共开设455家中文培训机构。[10]

□ 按地区分布来看，京畿道设有144所中文培训机构，数量居全国之首；其次为首尔（93所）、庆南（30所）、釜山（29所）。这表明大城市的教育基础设施较为集中，且外语学习需求较高。相对而言，世宗（5所）、全南（6所）、江原（8所）等地区培训机构数量较少，地区间分布不均衡现象十分显著。

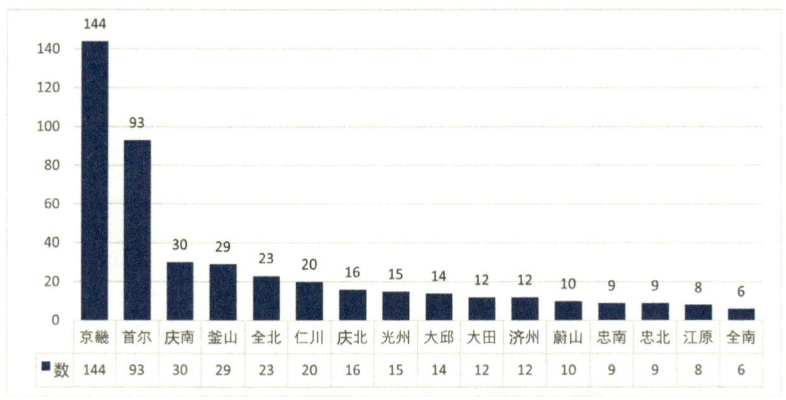

〈图 3-10〉 各地区中文培训机构设立情况

□ 为更准确评估各地区的教育可及性，将培训机构数量按每10万人口进行换算、分析。

□ 分析结果显示，济州虽仅有12所培训机构，但按人口比例换算，每10万人约1.79所，密度最高。全北（1.32所）、世宗（1.28所）也位居前列。

□ 京畿道（1.05所）和首尔（1所）虽然培训机构总数较多，但因人口规模庞大，换算比例仅处于中等水平。全南、忠南、江原、忠北等地区，机构数量、机构数量与人口换算比例均处于全国最低水平，显示出这些地区在中文教育可及性方面存在一定劣势。

10）培训机构名单见附录4。

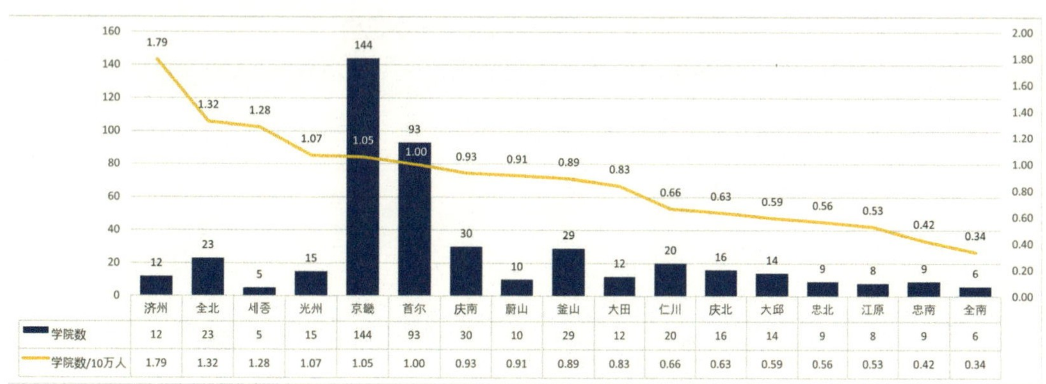

〈图 3-11〉各地区中文培训机构数量与人口换算比例

□ 从发展趋势来看，1988年至2000年，每年新设机构仅为1~2所，整体需求较少。自2001年起，逐渐呈现增长趋势，2008年新设9所，2009年新设8所。自2011年起，进入快速增长阶段，新设机构数量显著增加。2021年以后，每年新设机构持续保持在30所以上，2023年新设46所，创历史新高，2024年新设40所。

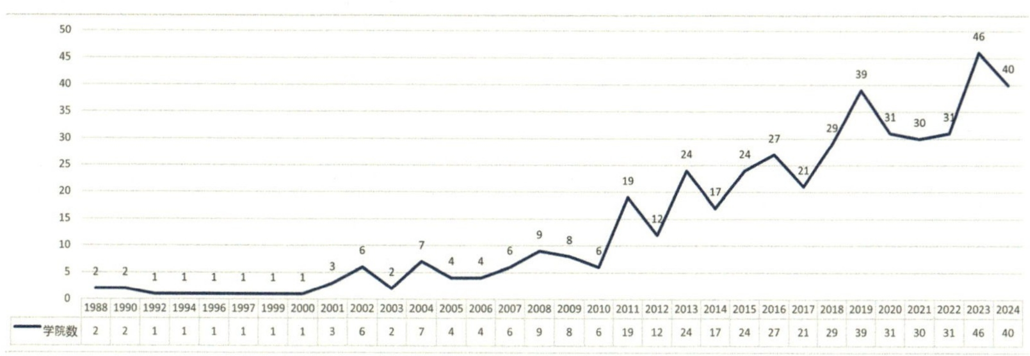

〈图 3-12〉各年度中文培训机构设立趋势

2 电话中文

□ 电话中文教育（包括视频课程）以非面对面、远程学习为基础，在运营形式与学习环境方面与线下培训机构具有明显差异。

□ 线下培训机构通常在实体空间内、按固定时间开展教学，优势在于学习者之间可进行互动，并获得教师的现场指导；相比之下，电话中文主要采用一对一远程授课形式，时间与空间限制较少，便于实现个性化教学。

□ 韩国主要电话中文教学机构名单见〈表 3-19〉。

〈表 3-19〉主要电话中文教学机构

No.	机构名称(韩文)	机构名称(英文/中文)
1	랭디	Langdy
2	명가차이니즈	名家Chinese
3	샬롬차이나	Shalom China
4	어메이징토커	Amazing Talker
5	에브리데이톡	Everyday Talk
6	우리차이나	Uri China
7	윙키	Wingkey
8	채널씨엔	Channel CN
9	튜터링 짜요	Tutoring 加油
10	판판차이니즈	PanPan Chinese
11	폰차이니즈	Phone Chinese
12	헬로중국어	Hello Chinese

注：机构名称按韩文字母顺序排列。

分析结果及对策建议	• 私立中文教育机构主要集中于首都圈及大城市，导致农村及非核心地区学员的教育机会可获得性明显不足，区域间教育差距显著。 • 多数私立教育机构课程偏重于HSK等考试培训，学员实际沟通能力及职场应用能力的培养存在一定脱节。 • 教师资质及课程管理缺乏统一公认标准，机构间教育质量差异较大，学员的学习过程体验不够均衡。 • 针对此类问题，应通过与地方政府及公共机构合作，建设区域性中文教育中心，并借助远程教学及实时在线辅导，提升农村及偏远地区学员的教育机会可获得性。同时，应建立私立教育机构教师资质认证制度及课程指南，引导机构间教育质量实现均衡。

3.8 孔子学院

1 孔子学院发展历程

□ 孔子学院的诞生是与全球范围的“汉语热”密切相关的。自从上个世纪中国实行改革开放以来，随着中国与世界各国经济、文化交流的不断加强，越来越多的外国人开始学习中文，渴望接触神秘的中国传统文化，世界范围的“中文热”随之不断升温。据中国国家留学基金委统计，1991年在华外国留学生总人数为1.1万人，2000年增加到2万人，到了2005年增加到14万人，2006年来华留学生人数超过了16万人。为了满足国外学习者不断高涨的学习需要，整合海外中文市场鱼龙混杂、各自为战的不良局面，使得中文教学更加规范、更具规模，国家制定了以孔子学院为龙头，面向全球推广中文的政策。

□ 作为一种“非盈利性社会公益机构”，孔子学院是由中国提供教师和教材，国外合作教学机构提供教学硬件设施，并负责招收学生。这一相互依托的办学思路具有独创性，为外国人学习中文和了解中国文化提供了便利，在许多国家和地区受到社会各界的广泛欢迎。各地孔子学院结合学习者的实际情况，因地制宜，充分发挥自身优势，形成了各具特色的办学模式，积累了一定的经验，成为各国学习中国语言文化、了解当代中国的重要场所。

□ 2004年11月21日世界第一所孔子学院在韩国首尔正式挂牌，从此孔子学院作为推广中文、传播中国传统文化的教育品牌开始走出国门，逐渐在世界各地打出知名度。在随后短短的几年时间里，孔子学院遍地开花，实现了跨越式的发展。据统计，截止到2024年10月，全球已经开办了499所孔子学院和764个孔子课堂，遍布五大洲160个国家和地区。“孔子学院积极开展汉语教学和文化交流活动，为推动世界各国文明交流互鉴、增进中国人民与各国人民相互了解和友谊发挥了重要作用”（习近平2014.9）。

□ 如今，孔子学院已经成为加快汉语走向世界、推动中华文化“走出去”的重要平台和一个响彻世界的文化教育品牌。

2 大学附属孔子学院

□ 韩国孔子学院结合韩国实际情况，因地制宜，为本国不同年龄、不同水平、不同需求的学习者提供中文教学、推介中国文化，做了许多开创性的工作，形成了独具特色的办学模式，不仅是海外汉语推广的重要基地，成为促进中韩两国政治、经济、文化交流与合作的平台。

□ 目前韩国孔子学院共有24所。

〈表 3-20〉韩国大学附属孔子学院一览表

No.	学院名	地区	创立年度	联办学校
1	江原大学孔子学院	江原	2007	北华大学
2	庆熙大学孔子学院	京畿	2010	同济大学
3	启明大学孔子学院	大邱	2007	北京语言大学
4	国立庆国大学孔子学院	庆北	2012	曲阜师范大学
5	国立济州大学孔子学院	济州	2017	对外经济贸易大学
6	大真大学孔子学院	首尔	2007	哈尔滨师范大学
7	东西大学孔子学院	釜山	2007	山东大学
8	东亚大学孔子学院	釜山	2006	东北师范大学
9	首尔孔子学院	首尔	2004	-
10	世明大学孔子学院	忠北	2015	江西中医药大学

No.	学院名	地区	创立年度	联办学校
11	世翰大学孔子学院	全南	2007	天津师范大学
12	顺天乡大学孔子学院	忠南	2007	天津外国语大学
13	延世大学孔子学院	首尔	2013	四川师范大学
14	又石大学孔子学院	全北	2009	山东师范大学
15	又松大学孔子学院	大田	2007	四川大学
16	圆光大学孔子学院	全北	2014	湖南中医药大学 湖南师范大学
17	仁川大学孔子学院	仁川	2009	大连外国语大学
18	济州汉拿大学孔子学院	济州	2009	南开大学
19	彩虹孔子学院	首尔	2014	-
20	忠南大学孔子学院	大田	2007	山东大学
21	忠北大学孔子学院	忠北	2006	延边大学
22	韩国外国语大学孔子学院	首尔	2009	北京外国语大学
23	汉阳大学孔子学院	首尔	2015	吉林大学
24	湖南大学孔子学院	光州	2006	湖南大学

3 课程及项目

目前，各孔子学院普遍开展线上与线下相结合的中文教学项目。课程对象涵盖幼儿、青少年、中学生、高中生、大学生以及成人群体，针对不同年龄层和学习需求设有系统的教学课程。除语言课程外，各孔子学院还积极开展丰富的中华文化项目。例如，通过组织各类汉语演讲比赛、中国文化体验活动以及中国境内访问等，推动"去边界化"、"跨文化"的交流理念，持续推进多样化的文化交流项目。此外，孔子学院也不断拓展学术领域的合作与交流，定期举办专题学术讲座、论坛及特邀讲座等活动，围绕中韩两国深厚的历史文化背景，促进两国之间高水平的学术互动与交流。

4 存在问题及对策

□ 孔子学院在创新中发展，在发展中创新，在国际上受到广泛欢迎，呈现出一派欣欣向荣的景象。但中文教育的发展任重而道远，在"中文热"的背后，我们还应该清醒地认识到目前对韩中文教育中仍有一些问题没有解决，主要集中在教材、教师和教学方法三方面：

1 加强本土化教材开发

□ 孔子学院目前面临的最大问题就是教育内容的针对性问题，由于学习者日益多元化的学习要求，原有教材不能完全满足需要，存在着教材建设明显滞后的现象，主要表现为缺乏与"等级标准"相对应的韩国本土教材，因此编写高质量的针对韩国学习者的国别化教材就成为当前工作的重中之重。

□ 目前国内的国际中文教学主要是按照已有的国际中文教材（包括听力、口语、阅读、语法、写作等），分不同课型对学生开展教学，但这种教材不能照搬到韩国。在现有教材不能满足韩国孔子学院教学实际的情况下，编写韩国国别化教材或专用于韩国孔子学院的专用中文教材成为当务之急，但编写教材是一项复杂的系统工程，不能闭门造车，要充分考虑以下三方面：

□ **①符合韩国中文教学的特点和学习者的特点。**教材的研发要注重实用性和适用性，不仅考虑汉语的特点，还要兼顾韩国的文化习俗和民族信仰。教材编写要经过充分调研，参考韩国资深中文教师的意见，尽量联合有丰富教学经验的韩国教师共同参与，邀请韩国汉学界和汉语教学界的专家来进行评估。教材的研发要考虑学生的学习要求，如为了满足企业员工职业汉语自学或培训的需要，要结合学习者的特点开发商务中文、中西贸易、中国银行、金融法规和中国法律等方面的教材。此外，还要考虑不同层次教材的研发，兼顾短期培训和长期学习的需要，满足不同多元化学习者了解中国文化的需求。

□ **②力争纳入韩国的国民教育体系中。**目前青少年已经成为韩国学习汉语的主要力量，韩国已经将中文列为学生升大学的外语考试语种之一，一些大学已经将中国语言文化教学列为大学课程甚至学位课程。因此如果使孔子学院的教材融入所在国国民教育体系中，成为所在国小学、初中、高中的选修或必修教材，将极大地扩大中文的影响，促进中文国际化进程。

□ **③纸本教材与网络多媒体教材紧密结合。**随着教育技术的发展，传统的"一本书+一支笔"的教学形式已经与计算机辅助教学完美结合。目前中文学习网站、远程中文教学的开发正在进行中，全球中文信息与知识网络正在形成，但还缺乏具有广泛适应性的网络教材，网络孔子学院、广播孔子学院正在建设中。这是一项长远而艰巨的任务，多媒体教材、网络教材的研发还有待进一步深入。

2 加强师资队伍建设

□ "师者，传道授业解惑也"，良好的师资力量是保证孔子学院教学成功的关键，但由于全世界对中文教师的需求量极大，因此凸显出两方面问题：一是中文教师数量严重不足，且质量有待提高；二是缺乏本土教师。这两大问题也是韩国孔子学院面临的问题，严重制约着孔子学院中文教育的健康发展。

□ 国家领导也非常重视孔子学院教师的选拔和培养问题。前国家主席胡锦涛曾在2006年6月23日的批示中指出：汉语推广工作势头很好，不少国家纷纷要求建立孔子学院。我宜加大对此项工作的支持力度。关键是培养合格的师资。望统筹规划，扎实推进，力求开办一所，就确保办好一所。全国人大常委会副委员长陈至立2006年9月指出：要大规模、超常规地培养教师，加大派出规模，成千上万地向国外派遣教师。

□ 但目前合格的教师严重不足。为了适应孔子学院的发展，满足海外学习者的学习需要，目前语合中心已经加大了对韩国孔子学院的师资支持力度，向每所孔子学院提供3至5名教师或志愿者，鼓励各孔子学院招聘当地合格的师资力量，同时采取培训和培养两条腿走路的方法来解决汉语教师短缺这一问题。同时语合中心中心非常重视外派教师的选拔和岗前培训，目前国内已有近百所高等院校开设了国际中文教育博士和硕士专业，着力培养国内外从事国际中文教育、传播中华文化的专门人才。

□ 目前对教师的选拔和培训均步入正轨，教师的教学能力较以前大为提高，但关于孔子学院教师流动性大的问题，至今仍有待解决。韩国孔子学院的教师主要由中国高校在岗的国际中文教师或中文系教师、中文专业的硕博研究生和通过汉语培训的其他专业志愿者组成。其中，学生志愿者教师的比例极高，但由于他们并非专业教师且教学经验不足，水平也参差不齐，加上面临语言障碍、文化差异等问题，常常需要一段时间的适应期。对赴海外中国汉语志愿者的追踪调查发现，志愿者教师轮换频繁，一般半年或一年一轮换，这种不稳定性对维持学校汉语课程的连续性具有一定影响[11)]。流动性过大不仅不利于教学内容的衔接，有时甚至形成一盘散沙的局面，影响到孔子学院的健康、可持续性发展。针对这一问题，韩国孔子学院已经开始实行由孔子学院对口中国大学派遣教师和招聘本土教师双轨并行的政策，且同时加大对志愿者的监管力度，力求形成合力，避免由于教师流动带来的不利影响。

3 突出实践性教学法

□ 中文教学中难点很多，汉字难写、词汇难辨、语法难懂，采用什么样的教学方法才能让韩国学习者在最短的时间内提高汉语？《美国孔子学院问题逐渐浮现》一文指出：大陆派出的中文教师尽管教学经验丰富，但对外国人学中文的特点，以及所在国教育传统和教育目标系统不熟悉，对学生往往拥有不切实际的期望；而且采取填鸭式教学，对待学生的方法、态度，根本无法使外国学生接受[12)]。这些问题提示我们，在韩国孔子学院，如果照搬国内教中国学生或留学生方法是行不通的。

□ 教学方法是一项复杂、系统的工程，贯穿语言教学（总体设计、教材编写、课堂教学、语言测试）始终，是教学各环节间的润滑剂，教学方法使用得当，往往会取得事半功倍的效

11) 曾海燕.英国中学国别化汉语教材编写研究，北京语言大学硕士学位论文，2011.
12) 美国孔子学院问题逐渐浮现[N]，参考消息，2007.2.1，第8版.

果。全国人大常委会副委员长陈至立指出，要树立汉语国际推广观，从发展战略、……推广模式和教学方法上实现六大转变（陈至立，2006）。如何转变教学方法？一个重要的原则就是在教学中突出实践性。在韩国孔子学院的中文教学中，因为没有像国内的语言环境，教师要设置学生感兴趣的环境，采用灵活的方式，调动学生的学习热情，使学生学以致用。这就对教师和教材提出了更新更高的要求，只有坚持实践性原则，了解韩国学习者学中文的特点和对知识的需求，用韩国学习者容易接受的方式教授中文、传播中国文化，才能摆脱目前的困境，吸引更多韩国学生学习中文，拓宽在韩孔子学院的发展空间。

Contents

教育资源现状 IV

IV 教育资源现状

◆ 本章对韩国国内中文教育应用的教育资源与数字内容进行了分析。

◆ 分析对象为2024年韩国国内初高级中学使用的汉语教科书[1]，2024年韩国国内出版的中文教育相关图书资料，中文学习应用程序以及音频内容平台。

4.1 中学教科书

1 初级中学教科书

□ 初级中学“生活汉语”课程以培养日常生活所需的基础汉语交际能力为目标，建议教授约250各基础词汇及90余个交际表达。

□ 初级中学《生活汉语》教科书按出版社划分共有9种[2]版本，各版本均由8至12个单元构成。单元结构虽因出版方而异，但主题顺序均大体按“概览、发音、初次见面、个人信息、日期与星期、时间、爱好、场所与交通、购物、用餐”编排。

□ 所有教科书均在各单元末设置与中国文化相关的专栏，该专栏内容与单元主题紧密衔接，旨在促进语言学习与文化理解的深度融合。

〈表 4-1〉《生活汉语》教科书单元构成表

顺序	主题	单元名称及内容
1	概览	中国及汉语概况
2	发音	按“声调 → 韵母 → 声母 → 汉语拼音拼写规则“的顺序学习
3	初次见面	你好！
4	个人信息	你叫什么名字？ / 你家有几口人？ / 我是韩国人。 / 他今年多大？
5	日期与星期	几月几号？/ 今天星期几?
6	时间	现在几点？
7	爱好	你有什么爱好？/ 我喜欢唱歌 / 你喜欢什么运动？

1) 韩国义务教育课程由韩国教育课程评价院（KICE）研究与开发，目前使用的初级中学与高级中学教材均基于2015年修订课程编纂。

2) NE能率出版社、Nexus出版社、多乐园出版社、东亚出版社、未来N出版社、时事出版社、YBM、天才教科书出版社、Pagoda Books。

顺序	主题	单元名称及内容
8	场所与交通	你去哪儿？/ 天安门怎么走？
9	购物	多少钱？
10	用餐	我请客！ / 你吃饭了吗？ / 你想吃什么？
中国文化		-各单元末设置 -主要内容：问候礼仪、餐桌礼仪、传统节日、眼保健操、剪纸工艺、糖葫芦制作等

2 高级中学教科书

□ 高级中学汉语课程共设九门，分别为"汉语Ⅰ·Ⅱ"、"专业基础汉语"、"汉语会话Ⅰ·Ⅱ"、"汉语阅读与写作Ⅰ·Ⅱ"、"中国文化"及"旅游汉语"。其中，"汉语Ⅰ"开设比例最高，占79.2%，明显领先于其他课程。[3)]

□ "汉语Ⅰ"课程以掌握日常生活所需的基础汉语能力，培养对汉语的持续兴趣与自信心为目标，建议教学内容涵盖约400个基础词汇及140余个交际表达句型。

□ 《汉语Ⅰ》教科书按出版社区分，共11种[4)]，各版本均由8至12个单元构成。单元结构框架与《生活汉语》基本一致，遵循"概述、发音、初次见面、个人信息、日期与星期、时间、爱好、场所与交通、购物、用餐"的编排顺序，但普遍增设"天气"与"通信"两大主题模块。

□ 中国文化元素的融入呈现深度拓展特征，较之《生活汉语》，此课程更侧重于跨文化比较视角的阐释与调研实践活动的设计。

〈表 4-2〉《汉语Ⅰ》教科书单元构成表

顺序	主题	单元名称及内容
1	概览	中国及汉语概况
2	发音	按"声调→韵母→声母→汉语拼音拼写规则"的顺序学习
3	初次见面	你好！
4	个人信息	你叫什么名字？ / 你家有几口人？ / 我是韩国人 / 他今年多大？
5	日期与星期	几月几号？/ 今天星期几?
6	时间	现在几点？
7	爱好	你有什么爱好？/ 我喜欢唱歌 / 你喜欢什么运动？
8	场所与交通	你去哪儿？/ 天安门怎么走？
9	购物	多少钱？
10	用餐	我请客！ / 你吃饭了吗？ / 你想吃什么？
11	天气 / 通信	北京天气怎么样？ / 今天比昨天冷 / 汉字怎么打？ / 我可以教你

3) 见第三章〈表3-4〉。

4) NE能率出版社、Nexus出版社、多乐园出版社、东亚出版社、未来N出版社、时事出版社、YBM、天才教育出版社、Pagoda Books、正进出版社、志学社。

顺序	主题	单元名称及内容
	中国文化	- 各单元末设置 - 主要内容：参与调查活动，如谐音、外来词解析、唐人街等；跨文化比较，如韩中日汉字比较，与韩语相似的中文表达等

4.2 图书资料

□ 分析对象: 2024年韩国国内出版的中文教育相关纸质及电子图书共162种[5)]

□ 数据来源: 韩国国立中央图书馆网站 (https://www.nl.go.kr/)

□ 分类标准

- 形式标准:
  - 纸质图书：纸质图书形式出版的图书
  - 电子图书：包括电子书专用版本及纸质图书的电子书版本
- 内容标准:
  - 学习图书：以汉语学习为主的教材，按语言技能、语言要素、主题内容、媒介形式及适用对象进行细分
  - 实务图书：以实际应用为为核心的教材，按用途分为商务、旅游、医疗、口笔译及教学法五大类
  - 备考用书：以应对特定考试为目的的教材，按考试类型分为高考、观光翻译导游及哈努水平考试三类

〈表 4-3〉 图书资料分析用分类标准表

标准	分类类别			说明
形式	纸质图书			纸质图书
	电子图书			电子书 (电子书专用版本/纸质图书的电子书版本)
内容	学习用书	语言技能		会话
				综合(听・说・读・写)
		语言要素		汉字、发音（语音·音韵）、词汇、语法、文化
		题材	歌曲	流行歌曲、童谣、影视原声等
			视频	电影、电视剧、电视节目等
			学习方法	汉语学习方法
		媒体	广播教材	EBS广播教材
		对象	儿童	面向幼儿及儿童的汉语学习书
	实用	实务		商务、贸易、酒店、航空、房地产等

5) 完整书目见附录5。

标准	分类类别		说明
	用书	旅游	旅游、休闲
		医疗	医疗、美容、化妆品等
		翻译	口译、笔译
		教学法	汉语教学法
	备课用书	高考	高考备考用书
		导游	观光翻译导游资格证备考用书
		汉语水平考试	HSK, OPIc, BCT等备考用书

注：未涉及教学的理论书籍不在分析范围内。

1 纸质图书

□ 2024年韩国国内出版的中文教育相关纸质图书共计79种，其中学学习用书59种（占比74.6%），实务图书11种（占比13.9%），备考用书9种（占比11.5%）。

□ 在学习用书中，语言技能类图书数量最多，为26种，具体分布为：口语（12种）、综合（9种）、阅读（3种）、写作（2种）。语言要素类图书为20种，分布为：词汇（7种）、汉字（6种）、语法（4种）、发音（2种）、文化（1种）。此外，还涵盖少儿类图书（6种）、歌曲及影视题材教材（各2种）、广播教材（2种）及学习方法指导书（1种）。

□ 实务用书按领域分布为：旅游（6种）、医疗（2种）、商务（2种）、口笔译类（1种）。

□ 备考用书分布情况为：观光翻译导游资格考试用书（4种）、HSK·HSKK考试用书（4种）、韩国高考用书（1种）。

□ 出版量排名前五的出版社名单见〈表4-5〉。

〈表 4-4〉 纸质图书出版情况表

分类		品种数	占比(%)	附注
学习用书	语言技能	26	32.9	会话(12), 综合(9), 阅读(3), 写作(2)
	语言要素	20	25.3	词汇(7), 汉字(6), 语法(4), 发音(2), 文化(1)
	少儿	6	7.6	中文童话故事(6)
	歌曲	2	2.5	流行歌曲(2)
	影视	2	2.5	电视剧(1), 电影(1)
	广播教材	2	2.5	EBS广播初级汉语(1)/中级汉语(1)
	学习方法	1	1.3	
	学习图书小计	**59**	**74.6**	
实务用书	旅游	6	7.6	
	医疗	2	2.5	医疗(1), 化妆品(1)

分类		品种数	占比(%)	附注
	商务	2	2.5	通用商务(1)，房地产(1)
	翻译	1	1.3	口译(1)
	实务图书小计	**11**	**13.9**	
备考用书	观光翻译导游	4	5.1	
	汉语水平考试	4	5.1	HSK(3)，HSKK(1)
	韩国高考	1	1.3	
	备考用书小计	**9**	**11.5**	
合计		**79**	**100**	

注：EBS广播教材虽按月发行，但按系列统计为1种。（下同）

〈表 4-5〉纸质图书出版量前五出版社一览表

出版社名称	品种数	出版图书
Bookk	10	阅读，综合，歌曲类学习用书
时事出版社	6	会话，综合类学习用书
Oz House	4	少儿学习教材
Pubple	4	医疗类实用图书
亦乐	4	汉字，发音，语法类学习用书

2 电子图书

□ 2024年国内出版的汉语教育相关电子图书共计83种，其中学习用书占绝对主导地位，达79种（占比95.2%）。

□ 学习用书中，近半数（36种）为基于中文童话的少儿教材，另有28种为利用中国电视剧剧本编写的教材。按语言技能与语言要素划分的教材分别为7种和5种，此外还有EBS广播教材电子版及歌曲题材学习用书。

□ 实务用书方面，旅游与医疗目的教材及教学法介绍用书各1种。备考用书仅见观光翻译导游考试用书1种。

□ 电子图书出版呈现集中化特征，主要由少数出版社发行。出版量前五的出版社详情参见〈表4-7〉。

〈表 4-6〉 电子图书出版情况表

分类		品种数	占比(%)	附注
学习用书	少儿	36	43.4	中文童话故事(36)
	影视	28	33.7	电视剧(28)
	语言技能	7	8.5	会话(4), 综合(1), 听力(1), 写作(1)
	语言要素	5	6	汉字(2) 发音(1), 语法(1), 文化(1)
	广播教材	2	2.4	EBS广播初级汉语(1)/中级汉语(1)
	歌曲	1	1.2	影视原声(1)
	学习用书小计	**79**	**95.2**	
实务用书	旅游	1	1.2	
	医疗	1	1.2	医疗(1)
	教学法	1	1.2	少儿汉语教学法(1)
	实务用书小计	**3**	**3.6**	
备考用书	观光翻译导游	1	1.2	
合计		**83**	**100**	

注：在所统计的83种出版物中，67种为电子书专用资料，16种为纸质书的电子书版本。

〈表 4-7〉 电子图书出版量前五出版社一览表

出版社名称	品种数	出版图书
大博出版媒体	36	中文童话
学习之国	28	电视剧台词集
韩国放送通信大学出版社	5	学习用书（大学教材用）
东亚出版社	2	EBS广播教材
SD Edu	2	汉字学习书

3 图书总体情况

□ 综合纸质与电子图书数据，2024年出版的中文教育相关图书共计162种。其分布依次为：学习用书138种（占比85.2%）、实务用书14种（占比8.6%）、备考用书10种（占比6.2%）。

□ 其中，儿童学习用书（42种）、语言技能学习用书（33种）、影视题材学习用书（30种）及语言要素学习用书（25种）占据主体。

□ 儿童学习用书均为基于中文童话的教材，语言技能学习用书以会话（16种）与综合（10种）为主。影视题材学习用书绝大多数为电视剧题材（29种），语言要素学习用书则按汉字（8种）、词汇（7种）、语法（5种）、发音（3种）、文化（2种）的顺序分布。

〈表 4-8〉纸质、电子图书出版总况

分类		品种数	占比(%)	附注
学习用书	少儿	42	25.9	中文童话故事(42)
	语言技能	33	20.4	口语(16), 综合(10), 阅读(3), 综合(3), 听力(1)
	影视	30	18.5	电视剧(29), 电影(1)
	语言要素	25	15.4	汉字(8), 词汇(7),语法(5), 发音(3), 文化(2)
	广播教材	4	2.5	EBS广播初级汉语(2)/中级汉语(2)
	歌曲	3	1.9	流行歌曲(3)
	学习方法	1	0.6	
	学习用书小计	**138**	**85.2**	
实务用书	旅游	7	4.3	
	医疗	3	1.9	医疗(2), 化妆品(1)
	商务	2	1.2	通用商务(1), 房地产(1)
	口笔译	1	0.6	口译(1)
	教学法	1	0.6	少儿汉语教学法(1)
	实用用书小计	**14**	**8.6**	
备考用书	观光翻译导	5	3.1	
	汉语水平考试	4	2.5	HSK(3), HSKK(1)
	韩国高考	1	0.6	
	备考用书小计	**10**	**6.2**	
合计		**162**	**100**	

4.3 应用程序与音频内容平台

1 应用程序

□ 在从韩国市场下载量居前的中文学习应用程序（以下简称“应用”）中筛选出26个进行分析。分析结果显示，词汇・语法・口语综合型内容占主导地位，基于人工智能（AI）交互与游戏化学习的内容增长显著。此外，依托语言交换的学习应用近期关注度持续上升。

□ 用户分级维度显示，面向初级学习者的应用占比最高；而针对中高级学习者的应用主要集中于日常会话、商务中文及高阶语法学习等专项功能。

□ 开发国别分析表明，中国研发应用达7款，数量居首，且头部位置基本由中国开发应用占据。

〈表 4-9〉 主要中文学习应用程序一览表

排名	名称	特点	开发国家
1	HelloChinese	词汇、语法与口语学习	中国
2	ChineseSkill	词汇、语法与口语学习	中国
3	SuperChinese	基于人工智能的词汇与口语学习	中国
4	HeyChina	基于人工智能的发音矫正及听说读写综合学习	未公开
5	Mondly Chinese	多语言学习	罗马尼亚
6	Super Test	基于人工智能的HSK学习	中国
7	Fun Chinese (Studycat)	以幼儿为中心的游戏化内容，词汇与发音学习	中国
8	多邻国	基于游戏的多语言学习	美国
9	聪明背词	以视觉为基础的生活词汇与HSK词汇学习	韩国
10	HelloTalk	母语者聊天与语言交流	美国
11	andem	母语者聊天与语言交流	德国
12	传统中文口语 - 11,000 词	词汇、阅读理解与写作学习	摩尔多瓦
13	Hanzii汉语词典	词典、翻译工具及发音、汉字、语法与HSK学习	越南
14	Chinesia	基于人工智能与游戏的学习	中国
15	Pleco Chinese Dictionary	多功能词典	美国
16	LingoDeer	包含中文的多语言学习	新加坡
17	记忆中学- HSK汉语单词本	HSK词汇学习	韩国
18	拆方汉语	基于歌曲的发音学习	韩国
19	汉语语法	语法学习	法国
20	学汉语-Drops	基于游戏的简体字与词汇学习	爱沙尼亚
21	Pass HSK	HSK学习	中国
22	Busuu	词汇、语法与口语学习	英国
23	Du Chinese	词汇与阅读理解学习	瑞士
24	自然记忆中文	基于图像的词汇学习	韩国
25	中文词汇, HSK词汇	HSK词汇学习	韩国
26	Todaii 中文	词汇、阅读理解与HSK学习	越南

注：以上样本为根据Google Play与App Store中下载量排名前列26的中文学习应用筛选结果。

2 音频内容平台

□ 截至2024年，韩国国内主流中文学习音频平台共计8家，其中6家为本土开发服务，表明国内在音频类中文学习领域需求旺盛，供给亦相对充足。

□ 平台类型多样，涵盖传统播客、有声书与电子书一体化平台、直播型平台以及音乐与播客一体化平台等。

□ 韩国教育放送公社（EBS）音频语学院持续提供中文学习内容，其中《初级汉语》与《中级

汉语》作为常设节目每周播送3次，并配套出版发行月刊教材。[6]

〈表 4-10〉 主要中文学习相关音频平台一览表

名称	特点	开发国家
Spotify	音乐与播客一体化平台，提供多样的中文学习内容。	瑞士
Spoon	以直播为核心的社交音频平台，部分提供中文学习内容	韩国
Apple Podcasts	基于iOS的全球音频内容平台，可订阅多种中文学习频道	美国
AudioClip	由Naver运营的音频内容平台	韩国
Welaaa	韩国最大的有声书与电子书订阅平台，提供中文课程	韩国
EBS音频语学院	EBS官方音频讲座平台，提供包括中文在内的多语言学习内容	韩国
Kokozi	幼儿定制型音频内容平台，与台湾合作提供中文音源服务	韩国
Podbbang	韩国最大的音频内容平台，提供多样的中文学习内容	韩国

注：平台名称按韩文顺序排列。

6) 《初级汉语》节目每周一至周三上午5:20至5:40播出，由安养大学宋之贤教授与尚志大学明洋洋教授主持。《中级汉语》节目每周四至周六同一时间播出，由水原科学技术大学洪相旭教授与檀国大学王乐教授主持。

Contents

测试与学术研究现状 V

V 测试与学术研究现状

◆ 本章对2024年度韩国国内开展的相关研究与学术动态进行了分析。

◆ 分析范围包括：2024年在韩国实施的中文能力评价，2024年韩国国内发表的中文教育相关学位论文与学术论文[1]、国内主办的学术会议,以及现行运营的学会组织与教师组织。

5.1 测试

□ 在韩国实施的中文能力评价考试，可分为国际综合考试、国内综合考试、口语考试及翻译考试等类别。各类考试体系呈多层次结构，学习者可根据学业阶段及职业发展目标选择性报考。

□ 国际性综合考试，包括HSK、BCT、YCT等，主要用于评估学习者的国际中文运用能力及国际沟通能力。国内综合考试，以FLEX中文和SNULT中文为代表，考试成绩常用于大学毕业资格认证及企业人才选拔。口语考试，包括HSKK、OPIc、TSC等，主要评估学习者的实际中文沟通能力。翻译考试，ITT、TCT等民间翻译考试亦被用于专业人才选拔及岗位评估。

〈表 5-1〉韩国中文能力评价考试类型

分类	考试名称	主办机构	推行年份	主要特点
国际综合考试	HSK (汉语水平考试)	中国国家汉办	1992	国际公认的标准化考试
	BCT (商务汉语考试)	中国国家汉办	2007	以商务场景为主大实用型中文考试
	YCT (中小学汉语考试)	中国国家汉办	2004	面向青少年学习者的国际汉语考试
综合考试	FLEX 中文	韩国外国语大学，大韩商工会议所	1999	国家公认资格考试，用于大学毕业与企业人才考核
	SNULT 中文	서首尔大学语言教育院	2008	首尔大学自主开发的中文水平测试
口语考试	HSKK	中国国家汉办	2010	HSK配套口语能力考试

1) 见附录6、附录7。

分类	考试名称	主办机构	推行年份	主要特点
	(汉语水平口语考试)			
	OPIc 中文	ACTFL	2006	实务导向口语能力考试
	TSC (Test of Spoken Chinese)	YBM, 北京外大	2007	基于计算机测试的中文口语考试
口语考试及翻译考试	ITT 中文 (Interpretation & Translation Test)	国际通翻译协会	2009	实务型口译与笔译能力考试
	TCT 中文 (Translation Competence Test)	韩国翻译家协会	1994	翻译能力资格考试

5.2 学位与学术论文

□ 分析标准

- 研究领域
  - 内部研究: 按课程、教学内容、教学方法、学习者、教材、评估的标准进行细分
  - 外部研究 : 分为理论与概论、教育现状、研究现状、教师、教育史
- 研究对象 : 分为幼儿、小学、初中、高中、大学生、成人、教师、全体对象
- 研究方法 : 分为文献研究法、定量研究法、定性研究法、混合研究法

〈表 5-2〉论文现况分析用分类标准表

项目	分类			说明
研究领域	内部研究	课程	教育课程	国家标准课程、单元构成、能力达标要求等
		内容	语言要素	语音/音韵、文字、词汇、语法教学
			语言技能	听、说、读、写教学
		方法	教学设计	教学法理论研究、教学模式开发、课堂设计
			教学技巧	具体教学策略
		学习者	习得	学习者习得顺序及分阶段分析
			偏误	学习者偏误分析及教学对策研究
			学习者变量	学习相关的学习者心理、认知因素研究
		教材	教材分析	对现有教学资料的质化与量化分析
			教材开发	教学资料的设计与编制研究
		评估		评估工具、绩效评估、试题分析与开发
	外部研究	理论与概论		对教育整体的哲学性、理论性探讨
		教育现状		家庭、学校、教育机构中的汉语教学实况研究

项目	分类		说明
		研究现状	与汉语教育研究现状相关的元研究
		教师	母语者与非母语者、职前与在职教师/讲师
		教育史	教材、教育制度、教育课程等的历史性研究
研究对象	幼儿		学龄前儿童
	小学生, 中学生, 高中生		家庭、学校、机构中的汉语学习者
	大学生		专业及非专业学生
	成人		普通成人学习者及商务目的学习者
	教师		母语者与非母语者、职前与在职教师/讲师
	全体对象		未指定特定对象及面向普遍学习者的研究
研究方法	文献研究法		以理论与文献分析为核心的研究
	定量研究法		问卷调查、语料库分析、实验设计等
	定性研究法		访谈、案例研究、观察调查等
	混合研究法		定量资料与定性资料的综合分析

1 学位论文

□ 2024年，韩国国内共发表中文教育相关学位论文42篇，其中硕士论文37篇，博士论文5篇。

□ 按研究生院类型统计，教育研究生院论文数量最多，达20篇，占总量的47.6%；一般研究生院次之，为19篇，占45.2%。其余2篇来自专业研究生院，另有1篇发表在特殊研究生院。

〈表 5-3〉 各类型研究生院发表论文情况表

研究生院类型		论文数量			占比(%)
		硕士	博士	合计	
一般研究生院		15	4	19	45.2
特殊研究生院	教育研究生院	20	0	20	47.6
	其他特殊研究生院	1	0	1	2.4
专业研究生院		1	1	2	4.8
合计		**37**	**5**	**42**	**100**

注：1. 在学术研究信息服务（RISS）中以“中文”、“汉语”、“漢語”、“Chinese”为关键词检索后提取。（下同）
2. 专业研究生院的2篇论文分别发表于国际专业研究生院和教育专业研究生院；其他特殊研究生院的1篇论文发表于社会融合研究生院。

□ 论文发表数量前五的高校依次为：梨花女子大学（7篇）、韩国外国语大学（7篇）、淑明

女子大学（4篇）、庆北大学（3篇）、釜山大学（3篇）。

□ 从各研究生院排名来看，梨花女子大学教育研究生院与韩国外国语大学教育研究生院各发表6篇中文教育相关论文，淑明女子大学教育研究生院发表4篇。数据表明，教育研究生院在中文教育相关论文产出中占据主导地位。

〈表 5-4〉论文发表数量前五学校一览表

<table>
<tr><th rowspan="2">学校名称</th><th rowspan="2">研究生院</th><th colspan="2">论文数量</th></tr>
<tr><th>计</th><th>合计</th></tr>
<tr><td rowspan="2">梨花女子大学校</td><td>教育研究生院</td><td>6</td><td rowspan="2">7</td></tr>
<tr><td>一般研究生院</td><td>1</td></tr>
<tr><td rowspan="2">韩国外国语大学校</td><td>教育研究生院</td><td>6</td><td rowspan="2">7</td></tr>
<tr><td>一般研究生院</td><td>1</td></tr>
<tr><td>淑明女子大学校</td><td>教育研究生院</td><td>4</td><td>4</td></tr>
<tr><td rowspan="2">庆北大学校</td><td>一般研究生院</td><td>1</td><td rowspan="2">3</td></tr>
<tr><td>教育研究生院</td><td>2</td></tr>
<tr><td rowspan="2">釜山大学校</td><td>一般研究生院</td><td>2</td><td rowspan="2">3</td></tr>
<tr><td>教育研究生院</td><td>1</td></tr>
</table>

注：梨花女子大学教育研究生院的论文数量（6篇）为教育研究生院（3篇）与外国语教育特殊研究生院（3篇）之合计数。

1 研究领域分布

□ 学位论文中，以教育的内部要素为研究主题的论文共35篇（占比83.3%）；以外在要素为主题的研究共7篇（占比16.7%），显示研究明显集中于教育内在要素领域。

□ 在内在要素研究中，教学技巧相关论文最多（9篇），其次为教材分析（6篇）；而课程标准、语言技能及评估研究则相对较少。语言要素教学研究共4篇，其中3篇聚焦语法教学；学习者习得研究（2篇）与偏误研究（3篇）均以语法为核心。

□ 外在要素研究中，教育现状分析以4篇居首，其中家庭环境教学与机构教学研究各占2篇。教师研究相关论文共2篇，均为针对汉语母语教师开展的定性研究。

〈表 5-5〉各研究领域学位论文情况表

<table>
<tr><th colspan="2">研究领域</th><th>论文数量</th><th>占比(%)</th><th>附注</th></tr>
<tr><td rowspan="4">内在要素研究</td><td>教学技巧</td><td>9</td><td>21.4</td><td>媒介应用(8)，其他(1)</td></tr>
<tr><td>教学分析</td><td>6</td><td>14.3</td><td>初、高中学生(3)，成人(3)</td></tr>
<tr><td>语言要素</td><td>4</td><td>9.5</td><td>语法(3)，词汇(1)</td></tr>
<tr><td>教学设计</td><td>4</td><td>9.5</td><td>初、高中学生(3)，全体对象(1)</td></tr>
</table>

研究领域		论文数量	占比(%)	附注
	偏误	3	7.1	语法(3)
	教材开发	3	7.1	小学生(1), 高中生(1), 全体对象(1)
	习得	2	4.8	语法(2)
	学习者变量	2	4.8	小学、初中及高中学生(1), 全体对象(1)
	语言技能	1	2.4	听力(1)
	评估	1	2.4	韩国大学修学能力考试(1)
	课程	-	-	
	小计	**35**	**83.3**	
外在要素研究	教育现状	4	9.5	家庭(2), 机构(2)
	教师	2	4.8	母语教师(2)
	理论与概论	1	2.4	
	研究现状	-	-	
	教育史	-	-	
	小计	**7**	**16.7**	
合计		**42**	**100**	

注：未涉及教学的理论性论文不纳入统计范围。（下同）

□ 在各研究领域中，关于教学技巧的研究占比最高，共九篇。其细分主题分析显示，生成式人工智能（AI）、虚拟现实（VR）、元宇宙、二维码及影像内容等技术媒介的应用成为焦点。

□ 相关研究主要提出了基于技术媒介的多元化教学策略，包括为学习者提供个性化反馈、构建沉浸式课堂环境以及创设真实生活语境等。这一趋势清晰地反映出当前教育界对技术驱动型实践教学的高度关注。

〈表 5-6〉 教学技巧类学位论文细分主题表

细分主题	论文数量	附注
生成式人工智能（AI）	2	基于ChatGPT及聊天机器人的教学设计
元宇宙	2	虚拟课堂，在线互动
影像内容	2	短视频及广告视频
虚拟现实（VR）	1	基于虚拟现实（VR）的会话模拟
二维码	1	教科书联动视听资料
绕口令	1	声调教学应用

2 研究对象分布

□ 学位论文的研究对象分布中，未指定特定群体或涵盖全体对象的研究占比最高，达15篇（35.7%）。其次为针对高中生及跨群体对象的研究，各为9篇（占比21.4%）。

□ 高中生相关研究以教学技巧与教学设计类为主，跨群体研究则多围绕初、高中学生群体展开。此外，针对成人的研究4篇，针对小学生与教师全体的研究各2篇，针对大学生的研究为1篇。

〈表 5-7〉 学位论文研究对象情况表

研究对象	论文数量	占比(%)	附注
全体对象	15	35.7	语言要素(3)，教学技巧(3)，偏误(3)，其他(6)
高中生	9	21.4	教学技巧(3)，教学设计(2),其他(4)
跨群体	9	21.4	初、高中学生(7)，小学、初中及高中学生(1)，幼儿及小学生(1)
成人	4	9.5	普通学习者(2)，商务学习者(2)
小学生	2	4.8	
教师	2	4.8	母语教师(2)
大学生	1	2.4	
中学生	-	-	
幼儿	-	-	
合计	**42**	**100**	

3 研究方法分布

□ 从研究方法观之，文献研究法占比最高，达25篇（59.5%）；定量研究与定性研究分别为11篇与6篇，混合研究方法在本年度研究中未见采用。

□ 文献研究法集中应用于教材分析与教学技巧领域；定量研究主要运用于语言要素、偏误分析及教学技巧等方向，多通过问卷调查与语料库分析展开；定性研究则聚焦教育现状与教师发展研究，主要采用叙事探究与案例分析相结合的研究路径。

〈表 5-8〉 学位论文研究方法情况表

研究方法	论文数量	占比(%)	附注
文献研究	25	59.5	教材(9)，教学技巧(7)，教学设计(3)其他(6)
定量研究	11	26.2	- 语言要素(3)，偏误(3)，教学技巧(2),其他(2) - 问卷与语料库(8)，实验(3)
定性研究	6	14.3	- 教育现状(2)，教师(2),其他(2) - 叙事(3)，案例分析(3)

研究方法	论文数量	占比(%)	附注
混合研究	-	-	
合计	**42**	**100**	

2 学术论文

□ 经统计，2024年韩国国内发表的中文教育相关学术论文总量达87篇。

1 研究领域分布

□ 在87篇学术论文中，内在要素研究共67篇（占77.1%），外在要素研究为20篇（占22.9%）。与学位论文趋势一致，内在要素占据绝对主导地位。

□ 内在要素研究中，语言要素研究以14篇居首，其次为教学设计研究共10篇，学习者变量与教学技巧研究各9篇。教学设计研究与学习者变量研究主要针对大学生群体，教学技巧研究则聚焦于媒介技术在教学实践中的应用。此外，设计语法偏误的研究5篇，2022修订版课程标准研究4篇，语言技能教学研究3篇；教材开发、评估及习得研究各为2篇。

□ 外在要素研究方面，教育现状分析以6篇居首，其余依次为教育史（5篇）、教师研究（4篇）、研究动态分析（3篇）及理论与概论研究（2篇）。在教育现状与研究动态分析中，以人工智能等技术媒介应用为主题的研究同样占据多数。

〈表 5-9〉 学术论文研究领域情况表

研究领域		论文数量	占比(%)	附注
内在要素研究	语言要素	14	16.1	语法(5), 词汇(4), 汉字(3), 发音(2)
	教学设计	10	11.5	大学生(6), 全体(2), 初、高中学生(1), 成人(1)
	学习者变量	9	10.4	大学生(6), 小学生(1), 成人(1), 全体对象(1)
	教学技巧	9	10.4	媒介应用(7),其他(2)
	教材分析	7	8	初、高中学生(3), 成人(3), 全体对象(1)
	偏误	5	5.7	语法(5)
	课程	4	4.6	2022修订课程(4)
	语言技能	3	3.5	口语(1), 听力(1), 写作(1)
	教材开发	2	2.3	大学生(1), 全体对象(1)
	评估	2	2.3	HSK(2)
	习得	2	2.3	语法(1), 词汇(1)
	小计	**67**	**77.1**	
外在要素	教育现状	6	6.9	媒介应用(3),其他(3)

研究领域		论文数量	占比(%)	附注
研究	教育史	5	5.7	朝鲜王朝时期(4),其他(1)
	教师	4	4.6	母语教师(2), 职前教师(2)
	研究现状	3	3.4	人工智能应用(2), 评估测试(1)
	理论与概论	2	2.3	
	小计	**20**	**22.9**	
合计		**87**	**100**	

□ 学术论文中涉及技术媒介应用的研究共12篇，其中生成式人工智能（AI）主题以7篇居首。其余研究主要聚焦于大数据、数字工具及影像内容的教学设计与课堂实例分析。

〈表 5-10〉媒介应用类学术论文细分主题表

细分主题	论文数量	附注
生成式 人工智能（AI）	7	人工智能赋能教学设计，人工智能驱动研究及教育现状分析
大数据	2	自然语言处理技术实践范例
数字工具	2	Padlet，Quizlet，Heyzine等
影像内容	1	综艺节目影像资料

2 研究对象分布

□ 学术论文的研究对象分布显示，以全体对象（39篇，44.8%）和大学生群体（29篇，33.3%）为研究主体的论文占比高达78.1%。全体对象研究集中于语言要素领域（13篇），大学生研究则以教学设计（6篇）、学习者变量（6篇）及教学技巧（5篇）为主。

□ 其余研究对象占比相对较少：跨群体与成人学习者研究各5篇，教师研究4篇，高中生研究3篇，小学生与初中生研究各仅1篇。跨群体研究均针对初高中学生群体；成人学习者研究中有3篇为商务汉语教材分析；教师研究涉及母语教师（2篇）与职前教师（2篇）两大群体。

〈表 5-11〉学术论文研究对象情况表

研究对象	论文数量	占比(%)	附注
全体对象	39	44.8	语言要素(13), 教育史(5), 教学技巧(3), 教育现状(3), 偏误(3), 教学设计(2), 教材(2), 习得(2), 评估(2), 研究现状(2),其他(2)
大学生	29	33.3	教学设计(6), 学习者变量(6), 教学技巧(5), 语言技能(3), 教育现状(3), 其他(6)
跨群体	5	5.7	初、高中学生(5)

研究对象	论文数量	占比(%)	附注
成人	5	5.7	商务学习者(3), 普通学习者(2)
教师	4	4.6	母语教师(2), 职前教师(2)
高中生	3	3.5	
小学生	1	1.2	
中学生	1	1.2	
幼儿	-	-	
合计	**87**	**100**	

3 研究方法分布

□ 按研究方法统计，文献研究法以48篇（55.2%）占比过半。其后依次为定量研究（22篇）、定性研究（10篇）及混合研究（7篇）。

□ 文献研究法主要应用于语言要素、教材、教学技巧及教育史领域。定量研究则侧重于学习者变量、偏误及语言要素分析，其核心研究方法为问卷调查与语料库数据分析。定性研究聚焦于教师发展、教学技巧及教育现状范畴，以案例研究为核心方法。混合研究则普遍应用于教学设计领域，多采用课堂观察与问卷调查相结合的研究范式。

〈表 5-12〉 学术论文研究方法情况表

研究方法	论文数量	占比(%)	附注
文献研究	48	55.2	语言要素(11), 教材(9), 教学技巧(6), 教育史(5), 教学设计(4), 课程(4),其他(9)
定量研究	22	25.3	- 学习者变量(8), 偏误(4), 语言要素(3), 其他(7) - 问卷(10), 语料库及其他数据(10), 实验(2)
定性研究	10	11.5	- 教师(3), 教学技巧(2), 教育现状(2),其他(3) - 案例分析(9), 叙事(1)
混合研究	7	8	- 教学设计(4), 评估(1), 教师(1), 语言技能(1) - 观察+问卷 (5), 实验+数据(1), 叙事+数据(1)
合计	**87**	**100**	

3 论文总体情况

□ 综合129篇学位论文与学术论文的分析结果可知，2024年韩国国内最具代表性的研究领域为面向全体对象的语言要素教学研究，相关论文共计16篇。其次为：针对大学生群体的教学设计及学习者变量研究（各6篇）、面向全体对象的教学技巧及偏误分析研究（各

6篇）、以初高中生与成人为对象的教材分析研究（各6篇），以及教师群体研究（6篇）。从研究方法来看，文献研究法、定量研究、定性研究与混合研究依次呈现明显的分布趋势。

〈表 5-13〉学位与学术论文研究领域、对象及方法总况

研究领域	研究对象	文献研究法	定量研究法	定性研究	混合研究	小计
课程	初、高中学生	4	0	0	0	**4**
语言要素	高中生	1	0	0	0	**1**
	大学生	1	0	0	0	**1**
	全体对象	10	6	0	0	**16**
语言技能	大学生	0	2	0	1	**3**
	全体对象	0	1	0	0	**1**
教学设计	初、高中学生	3	0	1	0	**4**
	大学生	1	0	1	4	**6**
	成人	0	1	0	0	**1**
	全体对象	3	0	0	0	**3**
教学技巧	小学生	1	0	0	0	**1**
	初、高中学生	5	0	0	0	**5**
	大学生	3	1	1	0	**5**
	成人	1	0	0	0	**1**
	全体对象	3	2	1	0	**6**
习得	初、高中学生	1	0	0	0	**1**
	大学	0	1	0	0	**1**
	全体对象	2	0	0	0	**2**
偏误	大学生	0	1	1	0	**2**
	全体对象	0	6	0	0	**6**
学习者变量	小学、初中及高中学生	0	0	2	0	**2**
	大学生	0	6	0	0	**6**
	成人	0	1	0	0	**1**
	全体对象	0	2	0	0	**2**
教学分析	初、高中学生	6	0	0	0	**6**
	成人	6	0	0	0	**6**
	全体对象	1	0	0	0	**1**
教材开发	小学生	1	0	0	0	**1**
	高校	1	0	0	0	**1**
	大学生	1	0	0	0	**1**
	全体对象	2	0	0	0	**2**
评估	高中生	1	0	0	0	**1**
	全体对象	1	0	0	1	**2**

研究领域	研究对象	文献研究法	定量研究法	定性研究	混合研究	小计
理论与概论	大学生	1	0	0	0	**1**
	全体对象	2	0	0	0	**2**
教育现状	幼儿及小学生	0	0	1	0	**1**
	初、高中学生	1	0	1	0	**2**
	大学生	1	1	1	0	**3**
	全体对象	2	1	1	0	**4**
研究现状	大学生	1	0	0	0	**1**
	全体对象	1	1	0	0	**2**
教师	教师	0	0	5	1	**6**
教育史	全体对象	5	0	0	0	**5**
合计		**73**	**33**	**16**	**7**	**129**

5.3 学术组织与学术会议

1 学会组织与教师组织

1 学会组织

□ 截止2024年，韩国国内从事中国相关学术研究的学会组织共17家，按其核心性质可分为汉语教育类、中国语言文学类以及中国学与文化研究三大类。

□ 其中，以中文教育为核心的学会组织共3家，包括"韩国外国语教育学会"、"韩国中文教育学会"及2024年新成立的"韩国中文教育研究会"。中国语言文学类学会组织数量最多，共12家，此类学会亦发表大量教育相关研究成果。此外，还有2家专注于中国学及中国文化研究的学会。

□ 从成立时间看，1969年创立的"韩国中国语文学会"历史最为悠久；此后在1980至1990年代，多个学会相继成立，研究基础得以显著扩大。

〈表 5-14〉韩国国内中国及汉语相关学会一览表

学会名称	核心领域	创立年度	核心期刊
韩国外国语教育学会	中文教育	1995	外国语教育
韩国中国语教育学会	中文教育	2005	中国语教育和研究
韩国中文教育研究会	中文教育	2024	韩国中文教育研究
岭南中国语问学会	中国语言文学	1980	中国语文学

学会名称	核心领域	创立年度	核心期刊
中国语文论释学会	中国语言文学	1996	中国语文论释丛刊
中国语文研究会	中国语言文学	1988	中国语文论丛
中国语文学研究会	中国语言文学	1988	中国语文学论集
中国语文学会	中国语言文学	1994	中国语文学志
中国人文学会	中国语言文学	1982	中国人文科学
中韩研究学会	中国语言文学	1995	中韩研究学刊
韩国中国小说学会	中国语言文学	1989	中国小说论丛
韩国中国语文学会	中国语言文学	1969	中国文学
韩国中国言语学会	中国语文学	1987	中国言语研究
韩国中国现代文学学会	中文文学	1985	中国现代文学
韩国中语中文学会	中文文学	1977	中语中文学
大韩中国学会	中国学，中国文学	1983	中国学
中国文化研究学会	中国学，中国文学	2002	中国文化研究

注：按主要研究领域以学会名称韩文字母顺序排列。

2 教师组织

□ 韩国现有汉语教师组织主要包括两类：全国性组织“韩国汉语教师协会”以及地方性组织“首尔汉语教师协会”。

□ 此外，各地方教育厅下属均设有教师研究会。其中，小学汉语教师研究会由首尔教育厅与京畿道教育厅下属教育研究会组成；中学汉语教师研究会覆盖首尔、京畿、忠南、忠北、庆南、庆北、全南、全北、江原、光州、釜山及济州等12个省级教育厅下属机构。各教育厅下属研究会根据市道教育厅的培训支持与课程改进要求，开展研究报告撰写、教学资料开发等工作。

〈表 5-15〉韩国国内汉语教师组织与教师研究会一览表

教师组织及研究会名称	创立年度	组织属性
韩国中国语教师协会	1990	全国性汉语教师组织
首尔中国语教师协会	2013	地区性汉语教师组织
首尔小学中国语教师研究会	2014	教育厅下属小学汉语教师研究会
京畿小学中国语教育研究会	2020	同上
首尔中学中国语学科教育研究会	无法确认	教育厅下属中学汉语教师研究会
京畿中学中国语学科教育研究会	同上	同上
忠南中学中国语学科教育研究会	同上	同上
忠北中学中国语学科教育研究会	同上	同上

教师组织及研究会名称	创立年度	组织属性
庆南中学中国语学科教育研究会	同上	同上
庆北中学中国语学科教育研究会	同上	同上
全南中学中国语学科教育研究会	同上	同上
全北中学中国语学科教育研究会	同上	同上
江原中学中国语学科教育研究会	同上	同上
光州中学中国语学科教育研究会	同上	同上
釜山中学中国语学科教育研究会	同上	同上
济州中学中国语学科教育研究会	同上	同上

2 学术会议

□ 2024年，韩国国内共举办重要学术会议10场。

□ 按主办方性质划分，中国语言文学及中国学相关学会主办的春、秋两季学术会议数量最多，共7场；汉语教育专业学会筹办了“中国语教育国际学术会议”及“亚洲·太平洋中文教育论坛”。此外，国际中国语言学学会（IACL）主办的国际学术会议在延世大学顺利召开，汇聚来自22个国家的300余名专家。

□ 从议题分布来看，会议研究主要聚焦于技术变革与学术反思。其中，“人工智能”“外延扩展”“不确定性”等关键词高频出现，显示学界在新时期对跨学科拓展与融合视角的积极探索。

〈表 5-16〉2024年度韩国国内重要学术会议一览表

举办时间	大会名称	大会主题	主办机构
4. 27	韩国中语中文学会 春季学术大会	中语中文学青年研究学者 论文发表	韩国中语中文学会
5. 11	韩国中国言语学会 春季学术大会	大转型时代汉语言学的新方向： 探索、外延拓展与可持续性	韩国中国言语学会
5. 18	大韩中国学会 春季联合学术大会	生成式AI时代， 中国学路在何方？	大韩中国学会等
5. 24	中国语教育国际学术大会	东亚语言的协同共生与汉语教育	韩国教员大学等
5. 25 ~ 5. 27	国际中国语言学学会 第30届年会（IACL-30）	286项主题研讨	国际中国语言学学会等
5. 31	第二届亚太汉语教育论坛	汉语教育的新视野与挑战	启明大学孔子学院等
6. 1	韩国中文学会·中国学研究会 联合学术大会	中韩学术交流史的回顾与展望	韩国中文学会等
6. 22	韩国中国语文学会年度	人工智能（AI）时代的	中国语文学会等

举办时间	大会名称	大会主题	主办机构
	春季学术大会	东亚文献研究与未来前瞻	
11. 2	韩国中语中文学会 秋季联合学术大会	不确定性超扩张之间： 中语中文学的时代议题与实践	韩国中语中文学会等
11. 16	大韩中国学会 秋季联合学术大会	下一代学者的研究动向与展望	大韩中国学会等

注：统计范围仅涵盖线下会议。

Contents

教学方法论的发展趋势分析 VI

VI 教学方法论发展趋势分析

- ◆ 本章对2024年度中文教学方法论的主要发展趋势进行了分析。
- ◆ 分析对象包括2024年度发表及出版的与中文教育相关的学位论文与期刊论文129篇[1]，出版的中文教育电子和纸质图书162册[2]，以及2024年中学课堂教学现场的实例。通过这些分析，确认了教学方法论的整体发展趋势及理论与实践之间的关联性。

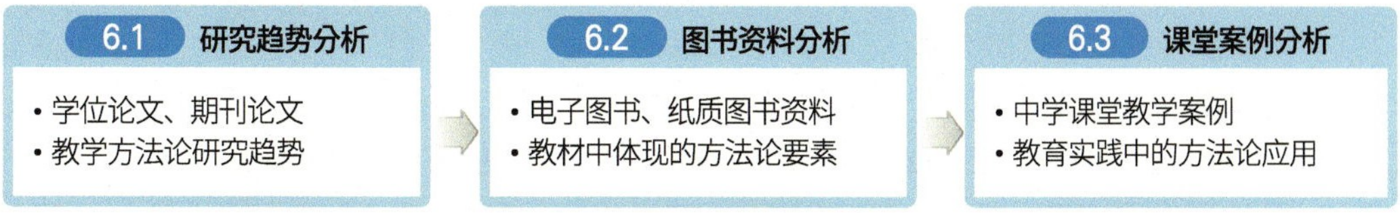

6.1 研究趋势分析		6.2 图书资料分析		6.3 课堂案例分析
• 学位论文、期刊论文 • 教学方法论研究趋势	➡	• 电子图书、纸质图书资料 • 教材中体现的方法论要素	➡	• 中学课堂教学案例 • 教育实践中的方法论应用

〈图 6-1〉 教学方法论趋势分析流程

6.1 研究趋势分析

□ 2024年度所发表的129篇论文分析结果显示，为提高教学与学习效率，研究者尝试了多种方法，尤其是在课程设计中融合新技术与新理论的研究尤为突出。

□ 在学位论文中，研究者提出了利用生成式AI、元宇宙、视频内容等新兴技术的教学方法，同时开展了基于翻转课堂（Flipped Learning）、面向产出法（POA, Production-Oriented Approach）、ASSURE等教学模式的教学法开发研究。这一现象反映出在职及准教师对如何将教学策略切实应用于真实课堂环境的深层次关注与反思。

□ 在期刊论文中，除了基于技术媒介和教学模式的教学法外，还对各种理论进行了探索。包括针对语法、词汇、文字等语言要素的教学策略有效性研究，以及从教育政策、课程体系、研究与教育现状等宏观视角提供理论基础的研究也大量涌现。

〈表 6-1〉 各类论文研究趋势

论文类型	主要趋势
学位论文	- 利用技术与媒介（AI、元宇宙、视频内容）进行的教学方法与课程设计

1) 见5.2章节及附录6，7。
2) 见4.2章节及附录5。

论文类型	主要趋势
	- 应用教学模式（翻转课堂、ASSURE、POA、逆向设计）开发的教学法
期刊论文	- 利用技术与媒介（AI、大数据、数字工具）进行的教学方法与课程设计 - 应用教学模式（PBL）开发的教学法 - 基于语言要素（语法、词汇、发音、文字）分析的教学法研究 - 基于AI的研究现状及教育现状分析

6.2 图书资料分析

□ 各类教育资料成为反映当前中文教育现场中教学方法实际应用情况的重要依据。

□ 纸质图书主要面向初学者，内容以会话及综合（听、说、读、写）学习书为主，特点包括日常会话重复练习、文化整合型内容、自主学习设计等。这为应用翻转课堂（Flipped Learning）、PBL模式课程或与多媒体内容结合的课堂提供了实践基础。

□ 电子图书以影视剧、歌曲的学习书以及儿童学习书为主，有助于提高沉浸式课堂、内容导向课堂、感官导向教学或基于故事讲述的教学方法的应用性。

〈表 6-2〉 各类型图书主要特点

图书类型	主要特点及示例图书
纸质图书	- 以会话及综合学习书为主
	• 会话沉浸型 (例：《流利中国语》、《只要知道这个就OK》、《GoGo中国语》、《每日10分钟日常会话》等) • 文化整合型 (例：《我的大胆中国美食中国语》、《媒体中国语》、《中国语言文化透视》等) • 面向初学者的自主学习型 (例：《轻松掌握中国语》、《Go! 自学中国语第一步》、《中国语入门》等)
电子图书	- 以内容为基础主要面向儿童的学习书
	• 基于影视剧、歌曲的学习书 (例：《中国电视剧台词集》、《通过〈想见你〉影视原声学习中文歌曲》等) • 儿童绘本 • (例：《种豆》、《我能跳起来》等)

6.3 课堂案例分析

□ 2024年度收集的中学课堂案例[3]分析结果显示，强调学习者的自主探究、参与活动和协

3）本报告所分析的案例来源于NE能效教科书教学支持中心网站上所介绍的教学实例，虽不足以全面代表

作学习；同时，广泛利用数字工具与多媒体内容，并开展学科间融合课程。这表明，研究中提出的教学模式及教学方法论正在教育现场得到应用。

〈表 6-3〉 典型课堂案例

课程名称	学校分类	说明
好吃好吃中国美食探险队	初中	用Google幻灯片与元宇宙（ZEP）调查中国美食的合作项目课程，
为中国留守儿童开发的项目	初中	邀请中国留守儿童到韩国的虚拟合作项目课程
制作"独岛之爱"中文海报	初中	制作宣传独岛属于韩国的中文宣传视频的课程
创作中文数字歌	初中	利用Google平台制作中文数字歌曲的项目课程
美术融合课程	初中	以中国代表性节日（春节、中秋节）为主题，创作单色画或彩色画
制作健康的麻辣烫	初中	使用套餐食材制作麻辣烫，了解中国饮食文化的体验课程
真正征服中国多文化项目	初中	利用AI将历史课上学习的与中国相关的内容制作成网页漫画，并设计中文台词
我们的学校中国文化制作电子书	高中	在中国文化中查找职业信息，并制作电子书的课程
可持续的东北亚：韩、中、日的未来	高中	查找与韩、中、日合作相关的新闻，并制作电子书的项目课程
音乐融合课程	高中	利用Nearpod（数字教学平台）以"歌剧《图兰朵》里的中国"为主题，是一门中国音乐的融合体验课程
在媒体中接触的中国	高中	观看激发反中情绪的假采访视频并进行讨论的媒体素养课程
人物竞猜	高中	用中文描述中国电视剧人物并进行竞猜的游戏型课程
熊猫项目	高中	调查熊猫基本信息及中国熊猫外交的项目课程

注：整理自NE能率教科书课堂支持中心网站中2024年登记的案例。

6.4 趋势分析结果

□ 在本章的分析过程中，提炼出约30个关键词，可归纳为四大主题：技术应用、项目式教学、文化与内容应用、学习者个性化。（见〈图 6-2〉）

- **技术应用**：以AI、VR、在线平台等多种数字工具为核心的课程设计研究及其在课堂中的实践应用正在扩大。
- **项目式教学**：围绕学习者主动参与与协同学习展开的项目式教学模式，正日益受到重视，相关的设计与应用尝试亦日趋活跃。
- **文化与内容应用**：通过引入与日常生活紧密相关的文化元素及内容，激发学习者的兴趣、提升其学习投入度的课程设计日益增多。

整体教学趋势，但由于其呈现了教学现场中的具体教学策略与方法，因此在了解教学方法论的实际应用情况方面，具有一定的分析价值。

- **学习者个性化**：针对初学者、儿童、大学生及海外学习者等不同层次与需求的学习者，教学设计正日益走向个性化与差异化。

〈表 6-4〉 教学方法论发展趋势

关键词主题	关键词示例	说明
技术应用	AI、ChatGPT、聊天机器人、语音识别、VR、元宇宙、数字工具、电子书	教育现场的数字化转型
项目式教学	POA、PBL、协作学习、翻转课堂	以学习者为中心、强调协作的项目式课程设计
文化与内容应用	影视剧、歌曲、影视原声、电影、网络漫画	有助于激发学习动机和兴趣的沉浸式教学
学习者个性化	初学者、大学生、儿童、海外学习者	针对不同学习者水平与背景的个性化教育

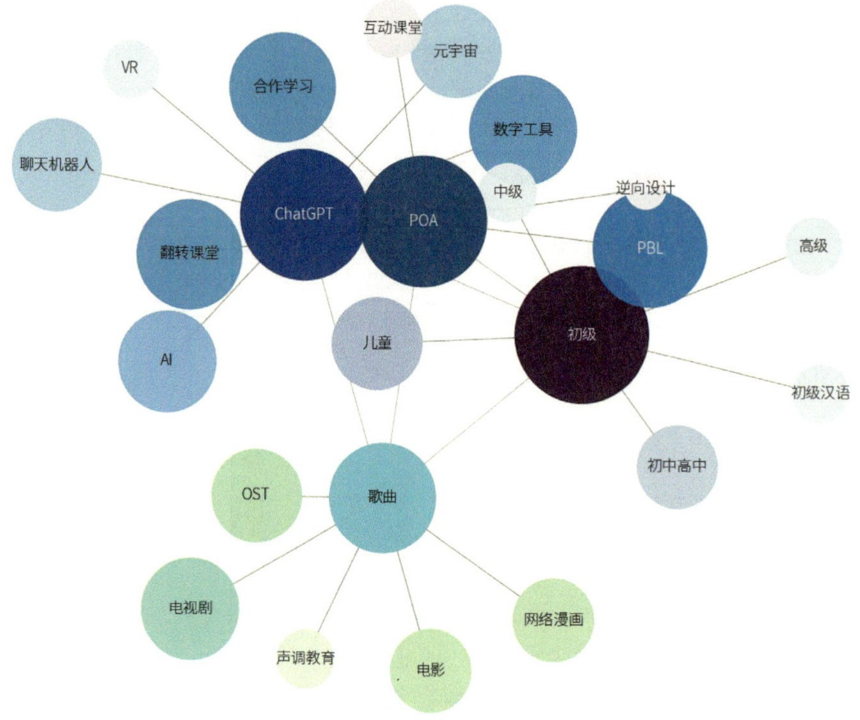

〈图 6-2〉 教学方法论发展趋势关键词网络

注：圆圈的大小和浓度与分析过程中关键词的出现频率成正比。

Contents

基于在线平台的学习趋势分析 VII

VII 基于在线平台学习的趋势分析

◆ 第七章通过对Naver、YouTube等主要网络平台中有关中文学习的数据进行整理与分析，探讨了学习者在数字环境下的使用行为特征。

◆ 通过整合Naver搜索和用户帖子，以及对YouTube频道和视频[1]的分析，分析了学习者的关注焦点、参与途径以及内容消费的行为模式。

7.1 Naver搜索量分析

□ 研究时间: 2024年1月1日 ~ 2024年12月31日

□ 数据来源: Naver数据实验室（https://datalab.naver.com/)

□ 搜索关键词：中文、学习中文、中文学习、中文教育

□ 分类标准：按性别（男/女）、年龄段（13岁~60岁以上，分为10个小组）

1 整体趋势

□ 在2024年一整年中，与中文相关的搜索量整体呈现出逐渐下降的趋势。尤其是与上半年相比，下半年的搜索量下降趋势更加明显。此现象可视为学习者在年初阶段对学习表现出较高关注，然而随着时间推移，其兴趣呈现出逐步减弱的趋势。

□ 然而，在特定时期内，搜索量出现了短暂的上升。例如，4月、7月、10月和12月，搜索量曾一度上升。相反，8月和11月的搜索量相对较低。

1) 关于相关频道与视频的具体列表，请参见附录8与附录9。

〈图 7-1〉 各月度Naver搜索量趋势

注：Y轴为每日搜索量的简单总和，月度趋势以1月的搜索量为基准值（100）进行指数化处理。

2 搜索量性别差异

□ 在2024年一整年中，男性和女性的搜索量整体呈现下降趋势，女性的搜索量在整个期间普遍高于男性。

□ 女性的搜索量在1月达到最高值，随后逐渐下降，但在3月、4月、7月和12月出现了短暂反弹。特别是1月，女性的搜索量比男性高出约300次，显示出初期兴趣非常高。男性则呈现出相对平缓的下降趋势，并在4月和6月出现小幅上升。

□ 总体而言，女性的兴趣波动较大，某些时段出现集中的学习需求，而男性则呈现出相对稳定的趋势，在某些时段搜索量超过女性。

□ 对男女性别的搜索量在8月达到最低点，这一时期似乎是中文学习兴趣大幅下降的时段。同时，12月搜索量再次反弹，这可以解释为年末重新学习需求或与设定目标相关的搜索活动增加。

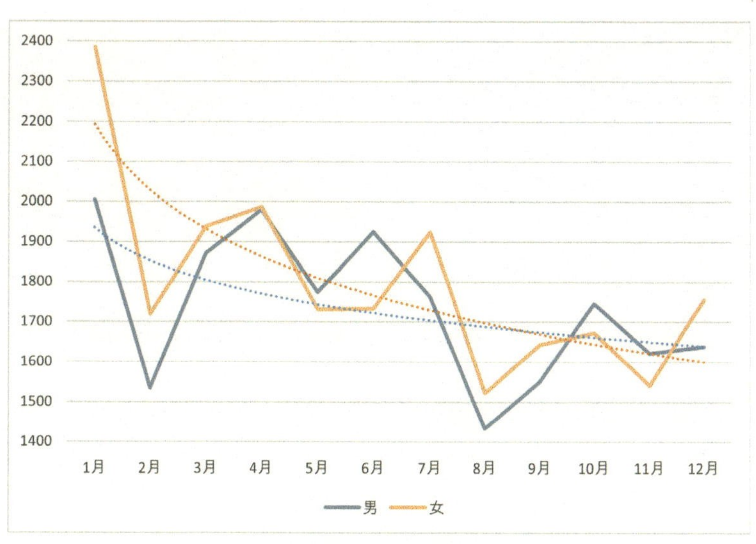

〈图 7-2〉 各月度Naver搜索量性别差异

注：Y轴为每日搜索量的简单总和。

3 搜索量年龄差异

□ 按年龄段划分，20岁至40岁初期的年龄段（19~24岁、30~34岁、40~44岁）的搜索量最高，依次为40~44岁、30~34岁、19~24岁。(见〈图 7-3〉)

□ 10~19岁的搜索量总体较低，但在3月、7月和10月出现了短期上升的趋势。

□ 在所有年龄段中，女性的搜索量普遍高于男性，尤其是20~40岁的女性搜索比例较为突出。男性方面，25~29岁和30~34岁年龄段的搜索量相对较高，但各年龄段之间的差异不大，整体搜索量保持在一个较为稳定的水平。(见〈图 7-4〉)

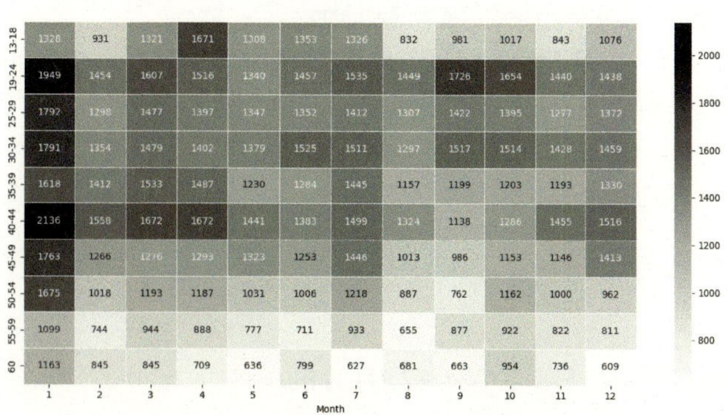

〈图 7-3〉 各年龄段Naver搜索量分布情况

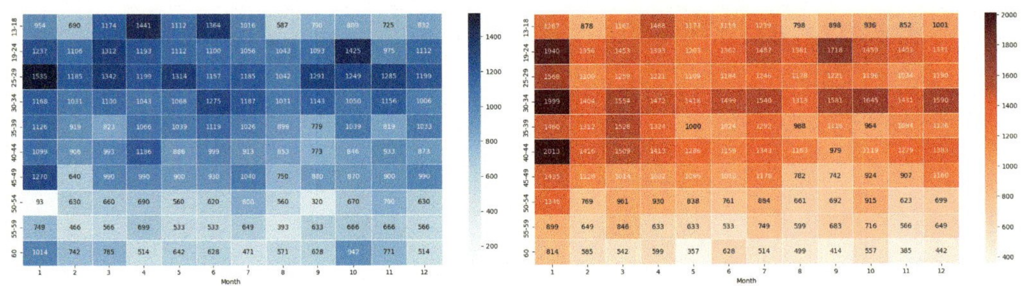

〈图 7-4〉 Naver搜索量年龄和性别差异（左：男性 / 右：女性）

□ 〈图 7-5〉是基于年龄段的搜索量和月度波动性变化的聚类分析结果。

□ 整体数据显示，中文学习相关搜索行为集中分布于20至40岁初段的年龄群体。相比之下，10代后期与50岁初段的用户呈现出间歇性参与特征，而更高年龄段的用户则整体参与度较低，反映出年龄因素对学习行为的显著影响。

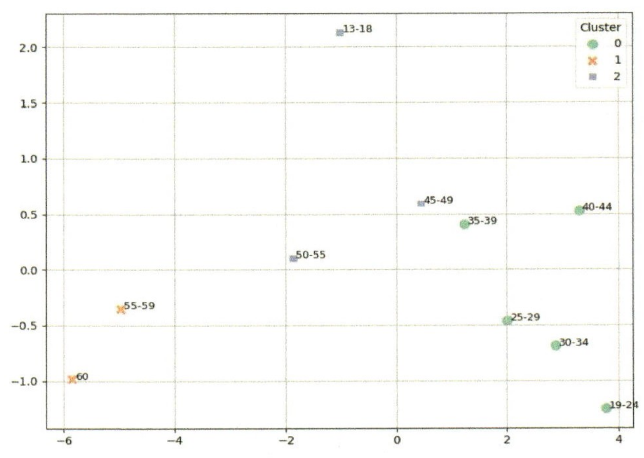

〈图 7-5〉 各年龄段Naver搜索模式聚类分析结果

注：1. X轴表示整体搜索量水平，Y轴表示搜索的波动性。

2. 聚类（Cluster）0为搜索量最高且波动性最低的主要活跃层，1为搜索量最少的非活跃层，2为在特定时期内搜索集中或波动性较大的中间层。

7.2 Naver帖子分析

□ 研究时间：2024年1月1日 ～ 2024年12月31日

□ 数据来源：Naver博客、Naver社区

□ 搜索关键词：中文、学习中文、中文学习、中文教育

□ 收集文档数量：一般帖子6448篇，提问帖子759篇

□ 分析方法：聚类分析、主题建模

1 一般帖子

□ 对在Naver博客和社区里发布的6448篇与中文学习相关的文章进行分析后发现，学习者类型可以归纳为四类，即“实用目的型”、“入门·自我提升型”、“目标集中型”以及“非典型型”。不同类型的学习者在学习倾向与动机方面表现出明显的群体特征。

□ 对学习动机的分析结果表明实用目的型学习者（类型1）主要以获取资格证书和就业为目的；入门型学习者（类型2）则以兴趣爱好和旅游为主要动机；而目标集中型学习者（类型3）在所有项目上均表现出较高的学习动机。（见〈图 7-6〉）

□ 帖子中所呈现的情感表达进行分析的结果显示入门型学习者（类型2）的积极内容比例最高，而目标集中型学习者（类型3）的消极内容比例则最高。（见〈图 7-7〉）

〈表 7-1〉 中文学习者类型

1 实用目的型	2 入门·自我提升型	3 目标集中型	4 非典型型
• 以考试、资格证、就业等实用性为目的的学习者	• 以旅行、兴趣爱好、自我提升为目的的入门学习者	• 以考试、就业、旅行等多重目的为目标的学习者 • 对外语各方面都非常感兴趣的学习者	• 目的和动机不明确 • 可能存在广告性质的帖子

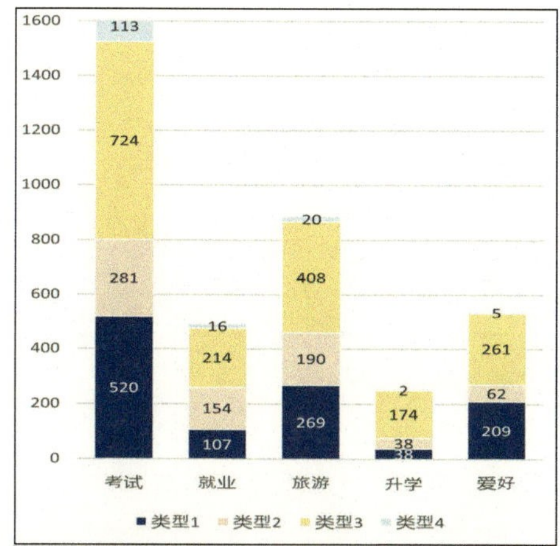

〈图 7-6〉 各类型学习者学习动机分布

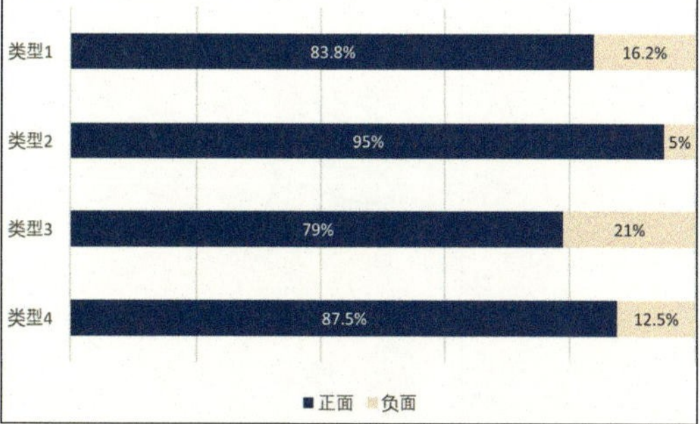

〈图 7-7〉 各类型学习者正面、负面帖子比例

注：类型1~4对应〈表7-1〉中的学习者类型。(下同)

□ 〈表 7-2〉综合反应出不同类型中文学习者的特点。

□ 实用目的型：这是以职场学习者为中心的群体，常出现"HSK"、"中文会话"、"中文学院"、"职场人"等关键词，整体上表现出目标导向和积极的学习态度。

□ 入门·自我提升型：这是以入门学习者为中心的群体，关键词包括"学习"、"语言"等。学习动机基于旅行、兴趣爱好和自我提升，情感表达中积极情绪占比最高。

□ 目标集中型：这是表现出犟烈目标导向和高学习犟度的群体，在考试、入学、就业等大部分学习动机项中显示出最高的数值。也会出现英语、日语等其他外语的关键词，表明他们对外语有较高的兴趣。但是消极内容的比例相对较高。

□ 非典型型：这个群体包含了很多被判断为广告性内容或无效帖子，而非一般的学习者。

□ 〈图 7-8〉根据各类型帖子的语义相似性进行了分组。类型1~3的帖子共享相似的主题，并呈现出密集的分布趋势。而类型4则孤立地位于右侧，暗示这个类型的帖子很可能是非学习性内容。

〈表 7-2〉各类型中文学习者特征

类型	主要特征	主要关键词	情感表达
实用目的型 (类型 1)	以职场人士为中心，注重实用性和资格证书获取	HSK、中文口语、中文培训机构、在职人士	总体上比较积极
入门·自我提升型 (类型 2)	初级学习者，以自我提升为中心	学习、掌握、语言、多元化	积极比例最高
目标集中型 (类型 3)	学习犟度高，对多语言有兴趣	考试、英语、日语、升学、就业	消极比例相对较高
非典型型 (类型 4)	包含广告与宣传性帖子	链接、折扣、活动	无

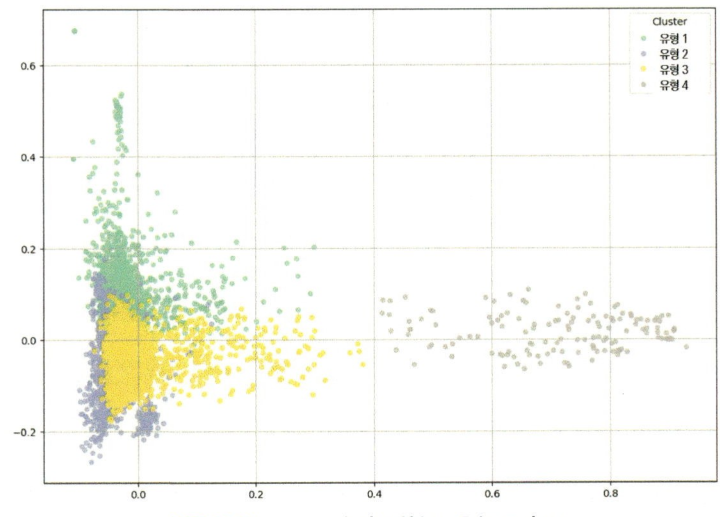

〈图 7-8〉Naver各类型帖子分组示意图

2 提问帖子

□ 对发布在Naver博客和社区里的759篇与中文学习相关的提问帖子进行分析后发现，学习者的提问可分为“实用性困惑型”、“资料探索型”和“生活应用型”等三种主题类型。

□ “实用性困惑型”（Topic 0）呈现出高中心密度的凝聚性特征，以实用性强、目标导向明确的问题为核心内容。“资料探索型”（Topic 1）属于分布范围最广的扩散型主题，反映出入门者或初级学习者的关注点。“生活应用型”（Topic 2）呈现出曲线状分布的离散型聚类特征，显示出各类情境化问题逐步扩散的发展趋势。（见〈图 7-9〉）

□ 三种主题的视觉模式显示，学习者的提问在类型上呈现集群特征，同时又具有有机的连接与扩展性。研究发现，学习者常从“如何开始学习中文”等探索性问题出发，随着学习的深入，所提问的问题也逐渐具体化，涉及考试及就业准备等目标导向内容。

□ 此外，实用性困惑型与资料探索型主题对应实用目的型和目标集中型学习者的特征，而生活应用型主题则对应入门学习者的特征。

〈表 7-3〉 中文学习者常见问题类型

主题类型	形态	含义和问题示例
实用性困惑型 (Topic 0)	聚合型	- 涉及职业规划、专业选择、考试准备等实用性问题 (示例：“我原本想报日语专业，现在改报中文专业会更好吗？) - 实用目的型、目标集中型学习者
资料探索型 (Topic 1)	扩散型	- 关于推荐教材、学习方法、学习难度等学习策略和资料探索类问题 (示例：“自学中文可行吗？”、“中文和日语哪个更容易学？”) - 实用目的型、目标集中型学习者
生活应用型 (Topic 2)	曲线连接型	- 涉及日常生活相关的扩展型问题 (示例：“办理签证”、“推荐中文学习APP”、“中文翻译请求”等) - 入门学习者、初学者

注：通过LDA主题模型提取。

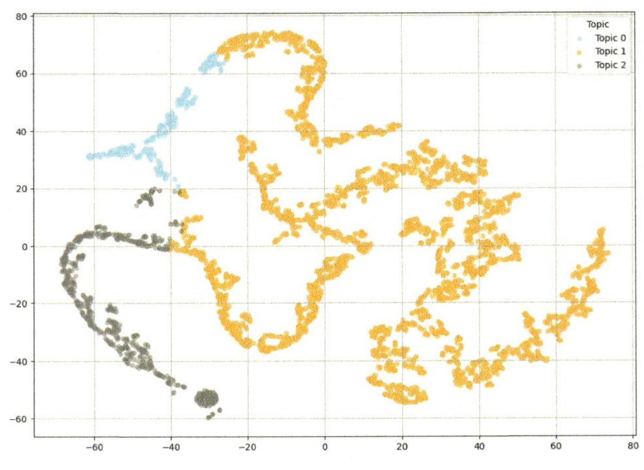

〈图 7-9〉 Naver中文相关常见问题主题分布

注: 1. 将提问型帖子类型降维至二维并进行可视化处理。
2. Topic 0~2对应〈表 7-3〉中的不同类型。

7.3 YouTube分析

□ 分析对象： 2024年上传的与中文教育相关的韩国国内198个YouTub频道及91条视频
□ 数据来源： YouTube公开的频道及视频元数据
□ 分析方法： 描述性统计、聚类分析、相关性分析
□ 分析目的： 通过分析频道及视频内容特征，探讨学习者需求的方向性

1 频道

1 频道规模

□ 订阅数(View Count)显示，少数大型频道拉高了整体订阅数的平均值。尽管整体上小型频道的数量居多，但少数大型频道的影响力占主导地位。

□ 播放量 (View Count) 同样呈现出频道之间差异较大的趋势，部分高人气内容显著拉动了整体数据。这一现象表明，不同内容在传播触达力上存在明显差异。

□ 视频数量(Video Count)方面，虽然少数频道拥有数千条视频，但大多数频道运营的内容在 100条左右，大规模内容生产的频道数量有限，属于少数群体。

□ 分析结果显示，中文教育类YouTube频道的规模分布呈非对称性，少数主流频道主导市场并引领趋势，呈现出“长尾（Long Tail）”结构。

〈表 7-4〉 YouTube中文教育频道规模指标

内容	订阅数(名)	播放量(次)	视频数量(条)
平均值	8648	1352422	324
中位数	4560	175846	145
最大值	140000	22017578	3663

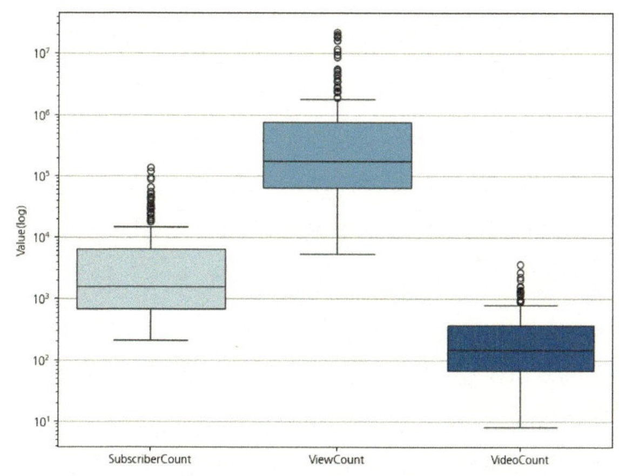

〈图 7-10〉 YouTube中文教育频道规模指标分布

注：将〈表 7-4〉中的订阅数、播放量、视频数量指标的基础统计进行可视化。

2 频道运营情况

□ 通过将频道的订阅数、视频数量、播放量结合形成的效率性指标，对频道的内容覆盖力、生产效率及学习者反馈等进行评估，从而分析频道的运营情况。

□ 内容覆盖力以每位订阅者产生的平均播放量（播放量÷订阅数）进行评估。分析结果显示，订阅数与内容覆盖力之间未观察到显着相关性。

□ 观众忠诚度以每条视频对应的平均订阅者数（订阅数÷视频数量）进行评估。分析结果表明，随着视频上传数量增多，单条视频的平均订阅者引流量反而呈下降趋势。

□ 大众关注度以每条视频的平均播放量（播放量÷视频数量）进行评估。分析结果显示，拥有一定规模内容的频道通常在平均播放量上表现出较高的成绩。

□ 综合分析结果见〈表 7-5〉。

〈表 7-5〉 YouTube中文教育内容效率指标评估

效率指标	评估指标	评估结果
内容覆盖力	每位订阅者的平均观看次数（播放量÷订阅数）	与订阅人数相比，平均观看次数的直接相关性较低
观众忠诚度与订阅者导入	每条视频带来的平均订阅者数（订阅数÷视频数量）	整体来看，视频数量越多，单条视频所带来的订阅者增长效果越低
大众关注度	每条视频的平均观看次数（播放量÷视频数量）	视频数量多的频道，其内容通常显示出更高的平均观看次数

2 视频内容

□ YouTube中文教育视频内容的核心关键词分析结果为对YouTube中文教育内容的核心关键词进行分析后，发现内容可分为四种类型，即“实用会话型”、“资格证·自学型”、“讲师·实务型”、“情感·动机激发型”。每种类型都以核心关键词为中心构成，同时多层次地反映了学习目的、学习方式与目标学习者群体等要素。

□ 实用会话型主要涵盖实用会话、课程介绍等内容，关键词类型较为多样，交叉出现。

□ 资格证·自学型强调考试准备与自主学习的内容，以“TSC”、“HSK”、“自学”等具备明确目标导向的关键词为中心。

□ 讲师·实务型由专业讲师主导的内容，关键词包括“讲师”、“教育”、“口译笔译”、“HSK”等，主要强调教学或职场实务性。

□ 情感·动机激发型聚焦于情感共鸣与激发学习动机方面，关键词如“任何人”、“轻松”、“一起”、“学习”、“有趣”等，是以鼓励和共感为核心的内容。

〈表 7-6〉 YouTube中文教育内容类型

类型	学习目的	代表关键词
实用会话型	日常会话、学习	会话、课堂、日常表达
资格证・自学型	准备资格证、自主学习	HSK、TSC、自学
讲师・实务型	实务应用目的	讲师、教育、口译笔译、HSK
情感・动机激发型	情感共鸣、激发学习动机	任何人、轻松、一起、有趣

注：通过聚类分析将内容分为4种类型后，整理提取的代表关键词结果。

□ 2024年上传的中文教育相关内容中，对播放量超过1万次的视频进行了划分，分为短视频（60秒以下）和普通视频（60秒以上），并比较了播放量、点赞数和评论数。

□ 播放量（Views）方面，普通视频平均略高于短视频，但短视频中有部分视频的播放量达数十万至数百万。

□ 点赞数（Likes）总体上普通视频较多，短视频仅部分视频反应较高。

□ 评论数（Comments）方面，普通视频明显较多，短视频由于播放时长较短评论数量较少。

□ 播放量超过1万次视频的特点见〈表7-7〉。

〈表 7-7〉YouTube中文教育视频比较及高播放量视频特点

分类	短视频（60秒以下）	普通视频（60秒以上）
播放数	仅部分视频播放量非常高	平均播放量高于短视频，且分布稳定
点赞数	仅部分视频点赞数高，大部分较低	整体点赞数较高，且分布稳定
评论数	大多数视频评论数较少，约10~30条	评论数明显多于短视频，互动较为活跃
高播放量视频特点	- 包含帖子、博客等外部资料链接，提高学习便利性 - 使用重复学习和沉浸式表达方法 - 通过资料的有效衔接与合理构建，建立起信赖感	

分析结果 及 对策建议	• 目前在NAVER、YouTube等线上平台上的中文学习内容，其检索量主要集中在考试或求职季等特定时期，反映出学习需求具有明显的短期性与集中性。学习者普遍侧重于通过HSK等官方考试获取等级证书，而非培养实际交流能力，因而在提升语言的长期应用能力方面存在一定局限。 • YouTube频道及其视频质量参差不齐，学习者难以沿着系统化路径持续学习。平台中以娱乐性为导向的内容占比较高，致使整体学习效率不佳。针对学习目的（如口语交流、商务沟通、文化理解、考试备考等）所需的细分化教学内容较为匮乏，难以满足个性化学习需求。 • 为应对上述问题，建议由具备公信力的专业机构主导构建在线学习平台，在保障教育质量与内容准确性的前提下，适度引入民间内容创作者，并建立科学的评价机制，确保教育资源的有效整合与利用。 • 应积极引入人工智能与大数据技术，构建个性化学习支持系统，通过分析学习者的观看行为与学习数据，进一步提升学习效率与效果。 • 鼓励教育机构与企业共同参与中文教学内容的开发，并推动线上课程与线下实训相结合的混合式教学模式（Blended Learning）的普及，有望开发出更贴合企业实际需求的中文课程体系。

Contents

特色项目、发展特点与未来展望 VIII

VIII 特色项目、发展特点与未来展望

8.1 《国际中文教育中文水平等级标准》系列会议

□ 经中国国家语委语言文字规范标准审定委员会审定，《国际中文教育中文水平等级标准》(GF0025-2021) 作为国家语委语言文字规范自2021年7月1日起正式实施以来，已成为全球中文教学的权威指导框架。同时，围绕着《等级标准》各相关议题，自2021已连续四年在韩国成功举办《等级标准》国际学术会议。该系列会议逐渐成熟并在全世界国际中文教育领域形成了独特的品牌影响力。

1 历届《等级标准》国际学术会议介绍 (2022~2024)

1 第一届《等级标准》国际学术会议 (2022. 8. 11)

(1) 会议综述

□ 2022年8月11日召开的第一届《等级标准》国际学术会议以"中韩建交三十周年系列活动之韩国中文教育论坛"为名称成功举办。本次会议由世界汉语教学学会、中国吉林省教育厅、汉考国际、韩国中国语文学研究会、韩国中国语教育学会和在韩中国教授学会联合主办，彩虹孔子学院承办，并得到中华人民共和国驻韩国大使馆及韩国京畿观光公社的支持。

□ 会议时间选在中韩建交三十周年，《等级标准》正式实施一周年，《等级标准》韩文版正式出版之际，具有多重意义。会议不仅回顾了中韩建交三十周年来中文教育的发展历程，更集中探讨了《国际中文教育中文水平等级标准》出台后韩国中文教育出现的新发展、新变化，促进了中韩两国国际中文教育领域专业学术研讨，增进了中韩两国人文交流。

(2) 会议背景

□ 近年来，中文在国际交往中的作用日益凸显，中文学习需求不断扩大，国际中文教育迫切需要一套科学规范、包容开放、便于实施的规范标准，用以指导中文学习、教学、测试与

评估各个环节，推动教育教学质量和效果的提升。《等级标准》是中国国家语委首个面向外国中文学习者，全面描绘评价学习者中文语言技能和水平的规范标准。《等级标准》的发布实施，是语言文字规范标准体系进一步完善的重要标志，将为国际中文教育事业的发展提供有力支撑。自《等级标准》颁布并正式实施一年以来，围绕其理论价值、教学实践及评价应用的研究热度持续上升，国际中文教育领域已形成了较为活跃的学术讨论氛围。但就韩国教育界与学界而言，对《等级标准》的系统认知与深入理解仍处于起步阶段，相关研究与实践探索尚未达到预期水平。为促进中韩及其他各国专家学者深入了解《等级标准》，特举办首届《等级标准》国际学术会议。

(3) 会议议程

① 开幕式

□ 钟英华会长代表语合中心及世界汉语教学学会致辞
□ 艾宏歌公参代表中国驻韩大使馆致辞
□ 崔昌源会长代表韩国中国语文学研究会致辞
□ 赵骥民会长代表吉林省教育国际交流协会致辞

② 主旨报告

□ 赵杨(中国北京大学)，《〈国际中文教育中文水平等级标准〉解读》
□ 金铉哲(韩国延世大学)，《三十年来韩国中文教育发展概况及展望》
□ 杨金成(中国世汉学会)，《世界汉语教学学会与韩国中文教育》
□ 郑润哲(韩国釜山外国语大学)，《中文教育现存问题及解决策略》
□ 黄蕾(汉考国际教育科技(北京)有限公司)，《汉语水平考试发展概况与展望》
□ 朴庸镇(韩国全北大学)，《关于〈等级标准〉语法等级大纲的思考》
□ 于鹏(韩国成均馆大学)，《基于〈等级标准〉大的对韩汉语补语教学策略》

③ 主旨报告闭幕式

□ 金振武院长代表韩国主办方及承办方致闭幕辞

(4) 会议内容

① 致辞

□ 钟英华会长代表世界汉语教学学会祝贺会议的隆重举办，他指出中韩建交三十年来，两国经济教育文化各领域交流交往日益加强给两国民众带来显著福祉，也带来地区稳定，他高度肯定了韩国的中文教育取得了举世瞩目的成就，无论从民众中文学习的需求热情，还是接受专业训练的规模上，都可谓名副其实的中文学习大国。中文教育对促进中

韩民心相通，推动两国交流交往、合作共赢发挥了至关重要的作用。钟英华会长介绍世界汉语教学学会成立于1987年，是根植中国母语国，连接全世界的最有权威、最有规模、最有影响的全球性的中文教育学术组织。目前有来自世界81个国家地区的会员或团体会员5200个。世汉学会不断展现中文母语国国际担当的使命，承担着尊重各国各地民众以中文作为目的语选择的责任。世界汉语教学学会希望能与所有高水平的中文学术组织建立起紧密的合作关系，共同促进新时代中文教育的高质量发展。

□ 艾宏歌公参代表中国驻韩大使馆对30年来中韩两国在社会各领域合作取得的丰硕成果以及对促进地区繁荣发展做出的积极贡献表示肯定，在百年未有之大变局中中韩两国携手共进，共克时艰，充分阐释了永久近邻和合作伙伴的真正内涵，推动双边关系实现了逆势发展。他指出教育是促进民心相通、交流互鉴的伟大事业。他寄语韩国中文教育者，希望大家能够充分发挥专业优势，从语言和文化入手，积极发挥"润滑剂"作用，站在公平正义的立场上，推动中韩两国国民增信释疑，在中韩关系发展面临新机遇和新挑战的形势下，进一步推动韩国中国语教育和中国学研究繁荣发展，共同推动中韩教育交流与合作更上一层楼，为中韩两国世代友好发挥积极作用。

□ 崔昌源会长代表韩国中国语文学研究会致辞并表示，中韩建交30周年来，两国在社会人文领域的交流合作日益深化。中韩同属儒家文化圈，韩国的中文教学与研究正值兴旺时期，预期未来韩国的汉语热和汉语教学将得到进一步的发展并越来越趋于成熟。

□ 赵骥民会长代表吉林省教育国际交流协会表示，中韩两国双向教育和人才交流走过了黄金的三十年，期待两国以建交30周年为契机，以纪念中韩建交30周年系列活动·韩国中文教育论坛这样的论坛为平台，共同回顾中韩建交三十周年来韩国中文教育的发展，展望韩国中文发展的未来，从教育着手增进两国民众的互信互利，推动中韩两国友好关系发展更上新台阶。

□ 金振武院长代表韩国主办方、承办方致闭幕词，并表示本次会议是高起点谋划、高规格推动、高水平引领、高标准落实的国际性《等级标准》为主题的盛会，可视为《等级标准》实施后迈出的第一步。希望今后国际中文教育者始终保持信心，顺应时代与世界的变化，迎接韩国中文教育新高潮的到来。

② 主旨报告

□ 中国赵杨（世界汉语教学学会副会长、北京大学对外汉语教育学院院长、教授）主旨报告为《〈国际中文教育中文水平等级标准〉解读》。报告指出《等级标准》的"一体"与"多元"特性与关系，从中文特点出发，强调应以中文教学规律为基础，对《等级标准》的主体性、普适性进行了全面深入地讨论。

□ 韩国金铉哲（韩国延世大学文学院中文系教授、延世大学中国研究院院长）主旨报告为《三十年来韩国中文教育发展概况及展望》。报告紧扣中韩建交主题，对近三十年韩国中文教育现状、发展情况、存在的问题进行剖析说明，并给出相应解决方案。其指出根本在于相对于追求数量，韩国中文教育未来的开展重点应放在以质取胜。应开展符合韩国国

情的、本土化的国际中文教育。

- □ 中国杨金成(中国世界汉语教学学会理事)主旨报告为《世界汉语教学学会与韩国中文教育》。报告论述了世界汉语教学学会与韩国中文教育的历史渊源，对世汉学会与韩国学界及学者共同开展的中文教育研究合作项目进行了说明，并对今后韩国的中文教育高质量发展愿景给予了积极评价。
- □ 韩国郑润哲(韩国釜山外国语大学中文系教授)主旨报告为《中文教育现存问题及解决策略》。报告指出当前韩国中文教育主要面临外在与内在两个主要问题。外在问题主要表现在学龄人口骤减、初高中外语政策的调整、年轻世代的厌华情绪；内在问题主要表现在初高中中文教育与大学系统中文教育脱钩、高校之间缺乏教育共享体系、面向未来的中文教学研究成果不足。同时针对这些问题指出了符合实际的解决方案。如强化初高中与大学的有效衔接、构建高校教育共享体系、增加韩中青年交流项目、开展线上项目、推进高科技高触感中文教育融合模式等。
- □ 中国黄蕾(汉考国际教育科技(北京)有限公司命题总监)主旨报告为《汉语水平考试发展概况与展望》。报告就汉语水平考试（HSK）发展情况特别是HSK在韩发展情况以及HSK7-9级考试设计与发展做了整体说明，并强调汉考国际将始终坚持“以学习者为中心、突出中文特色、科研与智能引领”的发展理念，继续向着全面化、数字化、标准化的方向发展。
- □ 韩国朴庸镇(韩国全北大学中文系教授)主旨报告为《关于〈等级标准〉语法等级大纲的思考》。报告对《等级标准》中语法等级大纲的设计进行了分析说明，并指出如果采用既有的评定标准对该部分进行检测分析，该部分仍有提升空间。对于一些存在的问题，若能够推出相应的使用手册，这些问题便可迎刃而解。报告人强调这并不影响《等级标准》仍是一部极具意义的重要的规范参考框架。
- □ 中国于鹏(韩国成均馆大学中文系教授)主旨报告为《基于〈等级标准〉大的对韩汉语补语教学策略》。报告通过考察汉语极具鲜明特征的补语在《等级标准》中的设计安排，结合针对韩国学习者的教学实际情况，对该部分进行了仔细整理说明。

(5) 会议成果

- □ 本次论坛共邀请七位专家作主旨报告，围绕世界汉语教学学会与韩国中文教育、近三十年韩国中文教育的发展与展望，以及汉语水平考试（HSK）的现状与未来进行了深入交流。同时，与会专家对《等级标准》进行了系统解读，并结合韩国实际，对中文教学战略进行了梳理与探讨。
- □ 与会学者一致认为，本次论坛不仅回顾了中韩建交三十年来中文教育的发展历程，更深入研讨了《等级标准》本身及其出台后对韩中文教育所带来的新变化与新机遇。这一系列讨论不仅促进了中韩国际中文教育领域的专业学术交流，拓宽了两国教师与学生的学术视野，使学界更加全面地理解《等级标准》的背景与内涵，也为相关研究的深入开展注入

了新的动力。

□ 论坛以线上线下相结合的方式进行，来自中韩两国130余名国际中文教育专家学者出席本次大会。

2 第二届《等级标准》国际学术会议 (2023. 7. 1. ~ 7. 2)

(1) 会议综述

□ 2023年7月1日至2日，以"全面推进国际中文教育高质量发展"为主题的《国际中文教育中文水平等级标准》实施两周年国际学术会议"在韩国首尔延世大学成功举办。会议以线上线下相结合的方式进行，来自中国大陆及港澳台地区、韩国、美国、日本、越南等国家和地区500余名国际中文教育专家学者出席了本次会议。

□ 本次大会由世界汉语教学学会、吉林省教育国际交流协会、汉考国际、韩国外国语教育学会、韩国中国语教育学会、韩国中国语文学研究会、韩国延世大学中国研究院、在韩中国教授学会联合主办，彩虹孔子学院、佳选企划承办，并得到了中国驻韩国大使馆、吉林省教育厅、韩国孔子学院联席会、韩国中国语教师会、(社)韩国大学未来教育协会、韩国旅游发展局的大力支持与协作配合。

(2) 会议背景

□ 《等级标准》适用于国际中文教育的学习、教学、测试与评估，为开展国际中文教育的各类学校、机构和企事业单位提供规范性参考。《等级标准》将学习者中文水平分为"三等九级"，并以音节、汉字、词汇、语法四种语言基本要素构成"四维基准"，以言语交际能力、话题任务内容和语言量化指标形成三个评价维度，以中文听、说、读、写、译作为五项语言技能，从而准确标定学习者的中文水平。

□ 《等级标准》的发布，将成为国际中文相关标准化、规范化语言考试的命题依据以及各种中文教学与学习创新型评价的基础性依据，也将为世界各地国际中文教育的总体设计、教材编写、课堂教学和课程测试提供参考，还将为"互联网+"时代国际中文教育的各种新模式、新平台的构建提供重要依据。2023年7月1日，《国际中文教育中文水平等级标准》正式实施两周年之际，为加强海内外专家学者之间的学术交流，促进专家、学者、一线教师集中研讨《等级标准》核心理论与教学实践，全面推进国际中文教育创新与高质量发展，特此举办本次《等级标准》国际学术会议。

(3) 会议议程

① 开幕式

- □ 金振武院长代表韩国主办方及承办方致欢迎辞
- □ 钟英华会长代表语合中心及世界汉语教学学会致辞
- □ 赵骥民会长代表吉林省教育国际交流协会致辞
- □ 艾宏歌公参代表中国驻韩大使馆致辞
- □ 李佩泽董事长代表汉考国际致辞
- □ 金铉哲会长代表韩国孔子学院联席会及延世大学致辞

② 主旨报告

- □ 赵杨(中国北京大学),《〈等级标准〉的指令性与指导性》
- □ 黄蕾(汉考国际教育科技(北京)有限公司),《中文水平考试HSK发展成就、理念与新趋势》
- □ 古川裕(日本大阪大学),《从在日汉语教学的视角看〈等级标准〉》
- □ 阮黄英(越南河内国家大学),《从汉越语言对比角度探讨〈等级标准〉在对越汉语教学中的运用》
- □ 褚诚志(美国加州大学戴维斯分校),《标准建设与区域中文教材的横向关联和纵向贯通》
- □ 魏秀光(韩国昌信大学)徐真贤(韩国全北大学),《〈等级标准〉下的韩国汉语教材语法项考察》
- □ 朴庸镇(韩国全北大学),《关于〈等级标准〉中〈语法等级大纲〉的思考 -基于〈语法等级大纲〉结构的组成》
- □ 金铉哲(韩国延世大学),《〈等级标准〉与韩国中文教育发展的实况和展望》

③ 分组报告及讨论

- □ 小组报告分为3组：①《等级标准》与汉字、语法；②《等级标准》与教学模式；③《等级标准》与师资、教材及文化。
- □ 共30位专家学者作小组报告，分别来自：
  - 上海外国语大学、大连外国语大学、西北师范大学、中央民族大学、南京师范大学、浙江外国语学院、北京语言大学、山东大学、陕西理工大学、北京大学、大连理工大学、澳门科技大学、韩国檀国大学、香港科技大学、重庆交通大学、中央民族大学、沈阳师范大学、陕西师范大学、信阳师范大学、复旦大学等高校。
  - 现场参会者除上述高校外，还包括延世大学、汉阳大学、国立尚志大学、韩国教员大学、东首尔大学、釜山外国语大学、安养大学、水原大学、昌信大学、全北大学、圣洁大学、成均馆大学、梨花女子大学、韩国外国语大学、韩国放送通信大学、东国大学、加图立大学、德成女子大学、庆熙大学、中央大学、仁川大学、江原大学、圆光大学、大真大学、东首尔大学、南首尔大学、白石大学等韩国数十所高校教师参会。

④ 闭幕式

- □ 尹冬民副处长代表语合中心作总结报告
- □ 延世大学金铉哲教授致闭幕辞

(4) 会议内容

① 致辞

- □ 彩虹孔子学院中方院长金振武代表承办方向莅临大会的专家学者们致欢迎词。他指出希望达成通过本次会议，形成一个学习《等级标准》新高潮，研究《等级标准》新高度，实施《等级标准》新局面的美好愿景。
- □ 世界汉语教学学会会长钟英华表示，在《等级标准》颁布实施两周年这个时间点，举办学术会议具有特别的意义。在韩落地《等级标准》，将有力推动韩国的中文教学研究，造福数以百万的韩国中文学习者，为更多韩国年轻人掌握中文提供便利。
- □ 吉林省教育国际交流协会会长赵骥民表示，国际中文教育仍处于一个大有可为、大有作为的历史机遇期。本次会议能够加深中韩两国乃至全球国际中文教育领域的专业学术交流，促进《等级标准》在韩教学中落地生根，与韩国中文教育标准协同发展，构建中韩互学互鉴、互通有无、合作共赢的标准建设新格局。
- □ 中国驻韩国大使馆公使衔参赞艾宏歌表示，中韩教育交流作为两国关系的重要组成部分，是推动两国友好合作发展的助推器。希望通过今年的学术会议，进一步深化中韩两国在中文教育领域的合作交流，推动韩国中文教育事业取得更大发展，为增进中韩两国相互理解和交流作出更大贡献。
- □ 汉考国际董事长李佩泽指出，《等级标准》适用于国际中文教育的学习、教学、测试与评估。他强调，《等级标准》并非强制标准，而是国际中文教育高质量发展的目标和理想状态。国际中文考试是《等级标准》的重要应用领域，但这种应用更多地体现在理念、理论和方法上，基于标准而不拘泥于标准。
- □ 会议闭幕式上，语合中心学术组织联络处副处长尹冬民做大会总结，尹冬民表示本次大会围绕《等级标准》核心理论与教学实践，既有理论上的深入探讨，又有应用上的认真总结，进行了卓有成效的学术交流。

② 主旨报告

- □ 中国赵杨（世界汉语教学学会副会长、北京大学对外汉语教育学院院长、教授）主旨报告为《〈等级标准〉的指令性与指导性》。报告指出《等级标准》既具有指令性，又具有指导性。指令性主要指对结果的考核与评估上，指导性则体现在实施过程中。该报告通过对指令性和指导性的阐释，特别指出了《等级标准》在教材编写、资源研发等方面发挥的“标杆"作用，同时具体讨论了《等级标准》在实施中可能遇到的问题以及应对策略。
- □ 日本古川裕（世界汉语教学学会副会长、日本大阪大学人文学研究科外国语学院教授）

主旨报告为《从在日汉语教学的视角看〈等级标准〉》。报告尝试通过说明日本学习者在中文学习上的优势，对《等级标准》所增收的5636个高等水平词汇进行了穷尽性调查。并指出只有约三成词语属日汉同形词。该结果虽少于预想，但仍可视为日本学习者独有的优势。报告人指出开展针对日本学习者中文教学时，应抓住该特点，以便日本学习者能够充分发挥他们的优势。

□ 中国黄蕾（汉考国际教育科技（北京）有限公司总监）主旨报告为《中文水平考试HSK发展成就、理念与新趋势》。报告指出HSK考试的变与不变成为众多中文教师、中文学习者普遍关注的话题。通过结合《等级标准》的设计框架以及中文水平考试HSK的发展历程，诠释考试的发展理念以及由此带来的考试新变化，为考教结合下的国际中文教学、教材发展提供了新的思路。

□ 韩国金铉哲（韩国延世大学文学院中文系教授、延世大学中国研究院院长）主旨报告为《〈等级标准〉与韩国中文教育发展的实况和展望》。报告探讨了《等级标准》在韩国中文教育中的应用现状、问题及对策。指出作为汉字文化圈国家，韩国与中文有较深渊源，汉字词在韩语中占比较高，使得韩国学习者在中文特别是汉字学习方面具有明显优势。中文教学应重视中文与韩语的语言联系，合理利用母语迁移效应，结合韩国学习者特点，调整词汇、语法及考试等教学大纲。当前，韩国中文教育正处于由“量”向“质”转型的关键期，应突破高校及中小学教育的发展瓶颈。为推动内涵式发展，需加强中韩合作，培养高水平本土中文师资，开发适应不同层次学生的课程与教材，提升教学质量。此外，推动“中文+”课程，融合语言与专业教育，打造懂中文又具专业能力的复合型人才，激活韩国中文教育新活力。

□ 美国储诚志（全美中文教师学会会长、加州大学戴维斯分校副教授、中文部主任）主旨报告为《标准建设与区域中文教材的横向关联和纵向贯通》。该报告指出《等级标准》与不同区域中文教学实践的“对接”，是目前阶段标准建设和发展的一个关键问题。“对接”是一个复杂的工程，从理清“对接”的具体内涵，到在情况各异的不同教学区域的具体实现，都涉及到很多基础层面的问题。先做调查，就《等级标准》的项目内容与具体区域所用教材的语言项目进行系统的对比，通过量化分析具体考察二者之间的相合度，摸清彼此相同与相异部分的大小比例和具体内容，是讨论和推进“对接”的一个基础工程。该报告具体以北美中文教材《中文听说读写》（简称IC）作为样本，分析该套教材所用字词与《等级标准》相应部分的同异大小与内容，以此为基础为《等级标准》与北美教材的“对接”提出新的思路。

□ 越南阮黄英（越南河内国家大学下属外国语大学教授、亚太地区国际汉语教学学会会长）主旨报告为《从汉越语言对比角度探讨〈等级标准〉在对越汉语教学中的运用》。报告指出《等级标准》自2021年7月1日实施后，得到国际中文教育学界的普遍关注。尤其是当以刘英林（2021）为代表的中国学者将《等级标准》作为国际中文教育中的课程设置、教材编写以及中文测试的重要依据后，包括越南在内的各国中文教学学界都积极展开对《等级标准》的各项内容的研究。其中《等级标准》中词汇量的增多、语法等级大纲的调整是

学界讨论的热点。为帮助越南中文教师和越南中文学习者更为深入地了解《等级标准》的编写理念，报告人先概括了《等级标准》各项内容的特点，然后就其中的词汇与高等语法点在对越中文教学中的运用提出一些建议。

□ 韩国朴庸镇（韩国国立全北大学教授、韩国中国语教育学会会长）主旨报告为《关于〈等级标准〉中〈语法等级大纲〉的思考 -基于〈语法等级大纲〉结构的组成》。报告内容是2022年第一届会议研究基础上进行的进一步拓展。报告视角提升至整体结构层面，对《语法等级大纲》的体系结构进行分析与讨论。即不涉及语法点的细化排序，也不讨论语言学中结构划分的正确性，而是重点关注《语法等级大纲》各等级下层结构的分布是否合理。在结构分析方面，报告人将《语法等级大纲》的体系划分为四个层级：第一层为“等级”，第二层为语言学术语所指的结构（L1），第三层为L1的下层结构（L2），第四层为L2的下层结构（L3）。通过对结构的解析，提出了对该结构体系的可调整方向与优化建议，为后续更为深入的语法点分析研究提供新的思路。

□ 韩国魏秀光（韩国昌信大学中国商务系教授、韩国中国语教育学会编辑理事）；韩国徐真贤（韩国国立全北大学中国·亚细亚研究所学术研究教授）主旨报告为《〈等级标准〉下的韩国汉语教材语法项考察》。报告通过比较分析《等级标准》）与韩国出版的分级教材中的语法项目体系，研究范围限定在《等级标准》中对应小学至初中（第1至第6级）的教学语法项目。并将韩国出版的1级至6级系列教材中的语法项目为对象，从语法类别、等级体系和语法描述三个方面进行比较分析，深入探讨了二者之间的差异，并基于此提出了《等级标准》在韩国教材中应用的优化建议。

③ 分组报告

□ 共30位专家学者分为3大组从《等级标准》与汉字、语法；《等级标准》与教学模式；《等级标准》与师资、教材及文化等方面展开了交流。

(5) 会议成果

□ 参会学者均表示在《等级标准》颁布实施两周年这个时间点，举办此次学术会议具有特别意义。韩国学习中文人数众多，研究和应用中文的层次水平极高，在韩落地《等级标准》，将有力推动韩国的中文教学研究。希望通过今年的学术会议，进一步深化中韩两国在中文教育领域的合作交流，推动韩国中文教育事业取得更大发展，为增进中韩两国相互理解和交流做出更大贡献。

□ 各主旨报告专家紧密围绕“全面推进国际中文教育高质量发展”的主题，对《等级标准》的核心精神，《等级标准》的指导性和指令性，以及新标准下教材开发，中文考试改革，中文教育数字化、科学化、本土化等方面进行了深入探讨，并就如何进一步促进《等级标准》的实施和推广提出了宝贵建议。

□ 会议子议涵盖：1)《等级标准》与国际中文教育的现状、趋势、规划;2)《等级标准》与高质量

国际中文教育标准体系建设；3)《等级标准》与新环境下的国际中文教育；4)《等级标准》与HSK考试；5)《等级标准》与师资培训；6)《等级标准》与教材开发；7)《等级标准》与中文各要素；8)《等级标准》与五大技能（听、说、读、写、译）及教学法；9)国际中文教育与学科融合及创新；10)国际中文教育与现代化教学方法；11)国际中文智慧教育及线上线下混合式教学模式。

□ 共有30位学者参与3个小组的分组报告，从《等级标准》下语法、汉字教学的新思考，AI时代数字化教学模式的新尝试，未来中文教师发展的新方向等做了精彩的报告，涌现出许多优秀的研究成果。同时各国专家学者对报告人报告进行了精辟点评，参会人员通过本次会议对《等级标准》有了深入的认识，达到了极好的效果。

□ 此外，本次会议得到了新华社、经济日报、中国新闻网等多家国内外主流媒体的报道，逐步扩大了《等级标准》系列会议的影响。

3 第三届《等级标准》国际学术会议 (2024. 8. 24. ~ 8. 25)

(1) 会议综述

□ 2024年8月24至25日，《等级标准》实施三周年国际学术会议在韩国延世大学举行。各国近400名国际中文教育领域专家学者出席会议，围绕"深化标准体系建设，开拓国际中文教育暨HSK考试新局面"这一主题分享交流国际中文教育经验。

□ 本次会议在中国教育部中外语言交流合作中心指导下，由世界汉语教学学会、韩国中文教育研究会、韩国延世大学、韩国孔子学院联席会、在韩中国教授学会联合主办，由汉考国际教育科技（北京）有限公司、世界汉语教学学会标准与认证工作委员会、韩国彩虹孔子学院联合承办。

□ 世界汉语教学学会会长钟英华，中国驻韩国大使馆公使衔参赞艾宏歌，韩国中文教育研究会理事长、彩虹孔子学院中方院长金振武，韩国延世大学校长尹东燮等在开幕式致辞。

□ 本次会议中，来自英国、法国、罗马尼亚、日本、韩国和中国6个国家的7位著名学者作主旨报告，36位专家学者作小组研究报告，来自不同国别的近400位专家学者以及中文教师参加会议。大家围绕着《国际中文教育中文水平等级标准》体系建设、教育标准多元性、国际中文教育本土化、国际中文标准与欧洲语言标准对接、中文特性与教学测试等议题展开热烈讨论。

(2) 会议背景

□ 自《国际中文教育中文水平等级标准》发布便成为全球中文教学与评测的重要基石。至2024年《等级标准》已正式实施三周年。三年来，其在指导国际中文教学实践、规范中文能

力评测等方面发挥了指导性作用，同时也催生了诸多亟待深入探讨的新课题。

□ 为及时总结《等级标准》应用三周年的成果与经验，加强海内外专家学者之间的深度学术交流，并集中研讨《等级标准》相关理论与教学中存在的问题，继续"深化标准体系建设"，从而全面推进国际中文教育的创新与高质量、可持续发展，特此举办本次《等级标准》国际学术会议。

(3) 会议议程

① 开幕式

□ 金振武院长代表韩国主办方及承办方致欢迎辞
□ 尹东燮校长代表韩国延世大学致辞
□ 艾宏歌公参代表中国驻韩大使馆致辞
□ 刘学军副厅长代表中国吉林省教育厅致辞
□ 钟英华会长代表语合中心及世界汉语教学学会致辞

② 主旨报告

□ 丁安琪(中国华东师范大学)，《全球视角下〈国际中文教育中文水平等级标准〉体系的深度解读》
□ 李佩泽(汉考国际教育科技(北京)有限公司)，《国际中文考试对标准的多元应用》
□ 金铉哲(韩国延世大学)，《在韩国国际中文教育科研指导与学术资源：以本土化、国别化概念为中心》
□ 白乐桑(法国巴黎东方语言文化大学)，《中文标准测试与中文的独特性》
□ 白罗米(罗马尼亚布加勒斯特大学)，《〈等级标准〉在罗马尼亚的落地与应用》
□ 古川裕(日本大阪大学)，《从倒序词族的角度重现审视〈等级标准〉词汇表》
□ 张新生(英国理启蒙大学)，《从欧洲视角看〈等级标准〉与汉语能力标准的本土化》

③ 圆桌会议

□ 嘉宾：李佩泽、白乐桑、古川裕、白罗米、张新生

④ 分组报告及讨论

□ 小组报告分为12组：

- ①《等级标准》与评价；②《等级标准》与对接；③《等级标准》与中文+职业教育；④《等级标准》与听说；⑤《等级标准》与教材(I)；⑥《等级标准》与教材(II)；⑦《等级标准》与儿童教育；⑧《等级标准》与教学法；⑨《等级标准》与词汇(I)；⑩《等级标准》与词汇(II)；⑪《等级标准》与语法；⑫《等级标准》与汉字。

□ 共36位专家学者作小组报告，分别来自：

- 中国：清华大学、北京语言大学、北京师范大学、中央民族大学、华东师范大学、首都师范大学、中山大学、香港科技大学、山东大学、山东大学(威海)、上海大学、南京师范大学、浙江工业大学、闽南师范大学、海南师范大学、华中师范大学、武汉商学院、武汉城市职业学院、西北大学、黑龙江东方学院等。
- 韩国：延世大学、汉阳大学、忠北大学、韩国教员大学、釜山外国语大学、釜庆大学、安养大学、水原大学、圣洁大学、光云大学、尚志大学、西归浦小学等。

□ 除上述高校外，来自成均馆大学、梨花女子大学、韩国外国语大学、韩国放送通信大学、东国大学、檀国大学、加图立大学、纽约州立大学(韩国)、德成女子大学、庆熙大学、中央大学、仁川大学、蔚山大学、圆光大学、大真大学、东首尔大学、南首尔大学、白石大学、MCA学院等数十所高校的教师，以及几所小学、初中和高中教师也参加了此次会议。

⑤ 闭幕式

□ 韩国中文教育研究会会长、延世大学金铉哲教授致闭幕辞。

(4) 会议内容

① 致辞

□ 中文教育研究会理事长、彩虹孔子学院中方院长金振武在欢迎辞中回顾了《等级标准》发布的重要意义，并介绍了韩国对《等级标准》的高度重视，以及在专家调研和教师培训方面所开展的精心组织工作。同时，提出了国际中文教育应秉持“高起点谋划、探索新途径；高水平组织、追求新高度；高质量发展、开创新格局”的“三高三新”发展目标，以期实现国际中文教育发展的新局面。

□ 世界汉语教学学会会长钟英华表示，韩国是中文学习大国，拥有数以百万计的学习者，占全球汉考人数的四分之一左右；在全世界范围内，《等级标准》相关会议在韩国举行最为适合，而彩虹孔子学院凭借其独特优势，成为本次会议的理想举办地；彩虹孔子学院是独特的存在，它不仅立足企业，同时承担起了《等级标准》推广、实践和引领的巨大作用。钟英华会长同时指出，《等级标准》是应国际中文教育的现实需要而颁布的，具有重要指导意义。要注意与当地标准密切融合，同时也要不断研究该标准的科学性、适用性，使其臻于完善。

□ 延世大学校长尹东燮表示，非常欢迎各国著名学者相聚韩国著名学府延世大学。如此重要的会议能在延世大学召开，不仅是延世大学的荣誉，也体现了学界对延世大学语言教育，尤其是中文教育领域的高度认可。尹东燮校长还表示希望下一届《等级标准》会议能够继续在延世大学举办。

□ 韩国中文教育研究会会长金铉哲教授在闭幕式上表示，本次大会聚焦于《等级标准》的体系化，高质量地探讨了其核心内容与实践路径，会议圆满完成了既定目标。同时希望在相关部门的支持与世界各国专家学者的共同努力下，进一步提升韩国中文教育研究会、

彩虹孔子学院以及在韩孔子学院建设水平，为国际中文教育事业、为世界文明交流互鉴作出更大贡献。

② 主旨报告

- □ 中国华东师范大学丁安琪教授以《全球视角下〈国际中文教育中文水平等级标准〉体系的深度解读》主题，从全球视角出发，对《等级标准》的体系构建及应用进行了深入而系统的分析。首先对四维基准进行了分项解读，并提出了教学建议。最后把《等级标准》与《欧洲语言共同参考框架》(简称欧框)、《ACTFL语言能力指导纲要》(简称美标)以及韩国的《汉字能力检定考试大纲》进行了简要对比，指出以《等级标准》为基础完善"国际中文教育标准体系"，将是未来工作的重点。
- □ 汉考国际李佩泽董事长以《国际中文考试对标准的多元应用》为主题，从国际中文教育标准的多元性、中文考试对标准的多元应用、以多元标准应用应对多元挑战三个方面，阐释了考试对国际中文教育标准的多元应用，以及国际中文教育考试对多元挑战的应对。指出全球各地的差异性以及中文教育学科的交叉性必然要求标准的多元性。
- □ 韩国中文教育研究会会长、延世大学金铉哲教授以《韩国国际中文教育科研指导与学术资源:以本土化、国别化概念为中心》为题作报告。指出"本土化"是将国际化资源交汇延伸，赋予其本土特质，在国别化中"没有矛盾，只有融合"。具有悠久中文教育历史的韩国，在挑战与机遇下，应因势利导，努力构建中文教育共同体，推动韩国中文教育的本土化、特色化、数字化、协同化、体系化，向更高的水平迈进。
- □ 著名汉学家法国巴黎东方语言文化大学白乐桑教授以《中文标准测试与中文的独特性》为题，深入探讨了《等级标准》、中文特性、教学及测试之间的关系。引导我们站在"从障碍的角度提出科学认识的问题"(引子《科学精神的形成》)的哲学角度，"以史为鉴"地认识和探讨问题；并提出一系列令人深省的问题，如"HSK及《等级标准》是基于中文一元论还是二元论？汉字的身份如何？字与词的关系如何？""音节如何作为教学单位？"等。
- □ 罗马尼亚布加勒斯特大学白罗米教授以《〈国际中文教育中文水平等级标准〉在罗马尼亚的落地与应用》为题，介绍了《等级标准》在罗马尼亚的实施情况。首先提出一个根本性问题："《等级标准》如何能在多元复杂的海外教学环境中得到广泛应用，避免'水土不服'"。并介绍了罗马尼亚中文教育的现状，以及基于《等级标准》制定《罗马尼亚中文教学大纲》的本土化特征，努力做到：既有"兼容"也有"突破"。
- □ 日本大阪大学的古川裕教授以《从倒序词族的角度重新整理〈等级标准〉词汇表》为题，从"倒序词族"的角度重新审视了《等级标准》词表的构成问题。以"花、树、茶、酒、鱼、笔、车、爱"等词为例，探讨了词表构建时的标注问题，并提出在国际中文教学中充分利用倒序/逆序词典，为《等级标准》制定者和中文教学者提供极为可贵的建议。
- □ 英国里奇蒙大学的张新生教授以《从欧洲视角看〈等级标准〉与汉语能力标准的本土化》为题，从欧洲语言文化环境及语言政策背景出发，对《等级标准》的发展、其国际性及与本土汉语能力标准对接等相关的问题进行了全面分析。作为《欧框》的参与制定者，张教授

介绍了《欧框》的制定情况，为《等级标准》完善和实施提供了重要启示，提醒我们重新思考"语言能力"的定义，提出了"本土化才能国际化"的观点。

③ 圆桌会议

□ 此次会议由韩国中文教育研究会秘书长韩国成均馆大学于鹏教授主持，李佩泽(中)、白乐桑(法)、古川裕(日)、白罗米(罗)、张新生(英)五位专家参加。

□ 李佩泽理事长从《等级标准》制定者的视角，阐述了《等级标准》出台的宗旨、标准体系建设中的核心考虑，并再度强调《等级标准》的多元性、开放性和本土化的重要意义。其他四位专家也从各自的角度，对《等级标准》制定和实施、《等级标准》与本土标准的对接、重视中文本身特性等方面提出中肯的建议。

□ 张新生(英)教授从欧洲各国国际中文教育开展的实际情况出发，对《等级标准》在英、法、德等国的实施进行了总体说明，在对《等级标准》进行肯定的同时，对其中一些本土化过程中产生的适应性问题发表了看法。

□ 白罗米(罗)教授对《等级标准》在罗马尼亚实施过程中呈现出的一些特点进行了总体说明，同时在对比其他国家实施情况的基础上，认为罗马尼亚既有共性又有特点，应加强交流与借鉴。

- 白乐桑(法)教授对《等级标准》的积极意义给予了肯定，并就《等级标准》与中文特性的结合提出了建议。同时，白乐桑教授以欧洲"汉字节"创办人的身份出发，阐述了汉字多维度的特点，并依据著名语言学家雅各布森对言语六类功能的划分，指出汉字具有独特的"诗性"功能。此外，白教授还强调汉字具备超越这些功能的特质，如游戏性(字谜、诗词游戏)等。因此，其主办的首届汉字节面向普通巴黎市民，深入挖掘汉字的多维度特性，该活动获得了极佳的社会反响(如活动中五行汉字的设定不仅从字形角度，而且从哲学角度进行阐释，引发极大关注)。白乐桑教授认为汉字在美学及大众普及层面具有积极意义，不仅对汉字节这一形式给予肯定，还呼吁应多关注汉字特性的挖掘，以便充分发挥其作用。
- 古川裕(日)教授介绍了《等级标准》在日本实施的总体情况，他指出由于日本仍在使用汉字，所以相对于欧美的中文学习者，日本的中文学习者具有一定优势。《等级标准》的推出对于教学者和学习者均具有积极的意义，但其中也有一些需要关注的问题，仍需深入研究。这也是深化《等级标准》的下一阶段工作。

④ 分组报告

□ 在分会场研讨会上，36位学者，分成12组，就《等级标准》的评价与对接，《等级标准》指导下的语法、词汇、汉字、教学法、儿童教育、教材开发、师资培训、以及"中文+职业教育"等有关议题，进行了深入且高质量的学术报告。与会者针对感兴趣的主题提出问题，报告者也一一给予了回应。各分会场深入开展了精彩的面对面讨论，达到了极佳的交流效果。

(5) 会议成果

□ 权威专家给予高度评价

- 本次会议专家均对会议表示满意，认为能够如此规模集中深入讨论《等级标准》，对于《等级标准》的推广实施，包括深化体系的建设具有重要意义。韩国中文教育研究会会长金铉哲(韩)教授认为本次大会较上一届更为广泛和深入，参会者对于其在欧亚各国的实施情况获得了深入认识，这对于韩国的相关人员深入学习并实施推广《等级标准》起到了积极的作用。世界汉语教学学会副会长白乐桑(法)教授对会议的整体组织及交流成果给予了高度评价，他特别指出，圆桌会议环节中专家们深入而富有成效的交流，以及与现场各国学者展开的热烈讨论，不仅充分展现了学术的魅力，也切实实现了本次会议旨在促进交流、深化理解《等级标准》内涵与外延的目标。这对《等级标准》的深化具有直接且深远的推动作用，本次会议取得圆满成功。

□ 有力推动标准的实施，国际上起到的重要作用

- 本次国际会议参会者均为各国国际中文教育行业专家。除参会者外，许多由于各种原因未能参会的专家学者亦通过网络信息及会议手册等对本次会议给予极大关注。这对于《等级标准》在国际范围的推广实施起到了重要作用。

□ 会议的整体架构合理：

- 主旨报告与分组讨论结合，点面结合；标准的制定方与实施方面对面讨论，直接深入；本土教师的积极参与，有助于更为深刻地理解《等级标准》，促进《等级标准》的顺利实施。

□ 主讲嘉宾及研讨人水平高：

- 主旨演讲的嘉宾均为国际中文教育在不同领域的翘楚，言重而义切；分组讨论人也为国内外著名学府的行业领军，见解独到而富有实效。

□ 会议活动精密对接效率高：

- 本次会议通过精心筹备，充分利用国际学术会议的优良资源，同时举办5个平行活动：
  - 韩国孔子学院联席会主办：推进孔子学院高质量可持续发展——韩国孔子学院成立20周年院长论坛
  - 韩国彩虹孔子学院主办：孔子学院成立10周年大会
  - 汉考国际主办，韩国彩虹孔子学院承办：2024韩国(第四届)HSK留学中国展
  - 彩虹孔子学院、延世大学中国研究院主办：第一届"彩虹杯"世界韩人中文演讲大赛
  - 中外语言交流合作中心主办，韩国中文教育研究会、韩国彩虹孔子学院承办：《国际中文教育中文水平等级标准》指导下的韩国本土教师教学能力提升专项培训

□ 国内外媒体纷纷关注

- 本次会议受到国内重要媒体，如人民日报、中新社、新华网等关注，各媒体均在第一时间给予报道，引发大量关注。同时韩国多家本地媒体也给予及时报道。会议参与单位也通过各自网络媒体全面报道本次会议盛况。

3 主要特点

□《等级标准》系列会议自创办以来，已逐渐发展为具有国际影响力的学术品牌。它以主题鲜明、议题丰富、形式创新、成果突出为主要特点，在推动《等级标准》的理解与实施、促进国际中文教育的发展、加强中外人文交流方面发挥了不可替代的作用。其主要特点可整理如下：

1 历史背景与时代意义

□《国际中文教育中文水平等级标准》作为国际中文教育领域的里程碑式成果，自2021年正式发布以来，已成为推动国际中文教育标准化、科学化与国际化的重要基石。伴随着中国语言文化的广泛传播与中外教育合作的不断深化，《等级标准》的颁布不仅为中文学习者提供了系统的学习参照，也为教师、教材、考试及教育政策制定提供了明确的框架和科学依据。

□ 在这一背景下，自2022年起，韩国连续举办了以《等级标准》为主题的国际学术会议，迄今已成功举办三届。会议时间分别契合中韩建交三十周年，《等级标准》正式实施周年纪念，以及其在国际教育实践中不断深入推广的重要时间节点。系列会议的召开，凸显了《等级标准》在国际中文教育领域的实践价值与战略意义。它不仅是学术研究的展示平台，更是政策研讨、实践交流与国际合作的重要载体。

□ 通过回顾三届会议，可以清晰地看到，《等级标准》系列会议已从最初的阶段性成果交流，逐步发展为涵盖理论探讨、实践分享、跨国比较、媒体传播与政策研讨的全方位、多层次学术平台，体现了国际中文教育发展的新趋势。

2 会议主题设置与学术导向

□《等级标准》系列会议的另一突出特点是主题鲜明、导向明确。首届会议以“中韩建交三十周年系列活动之韩国中文教育论坛”为名，聚焦中韩教育合作与《等级标准》的结合。会议不仅回顾了三十年来韩国中文教育的发展轨迹，还特别强调《等级标准》的实施对韩国中文教育所带来的机遇与挑战。这一主题的确立，凸显了会议立足现实、面向未来的学术导向。

□ 第二届会议紧扣“全面推进国际中文教育高质量发展”，围绕《等级标准》的核心精神及其实践应用展开深入探讨。其议题覆盖教材开发、考试改革、数字化教学、本土化实践等多个维度，体现了会议由宏观战略到微观操作的全景式思考。

□ 第三届会议在前两届的基础上更为广泛与深入，不仅关注韩国的实践问题，还延伸到

欧亚各国的实施情况，形成跨国比较与经验交流的格局。会议通过主旨演讲、分组讨论与圆桌交流相结合的形式，全面展现了《等级标准》在不同国家、不同教育环境中的应用情况。

3 专家学者参与及学术影响力

□ 专家学者的层次与广度，是衡量学术会议水平的重要标志。《等级标准》系列会议在参会学者的规模与质量上，均体现出高水平与高规格。

□ 首届会议邀请了七位专家进行主旨报告，他们分别从世界汉语教学学会与韩国中文教育的关系、韩国中文教育三十年的发展与展望、以及HSK考试的历史与未来等角度展开，系统梳理了《等级标准》的理论与实践基础。

□ 第二届会议则邀请了多领域专家，从教材开发、考试改革、数字化教学、本土化路径等角度进行了30余场分组报告，内容覆盖面极为广泛。值得注意的是，会议还吸引了新华社、经济日报、中国新闻网等主流媒体的关注，进一步扩大了学术交流的影响力。

□ 第三届会议的参与专家不仅限于韩国和中国本土，更有来自法国等多个国家的知名学者。世界汉语教学学会副会长白乐桑教授高度评价会议，认为其在推动国际中文教育标准体系建设方面具有深远意义。韩国中文教育研究会会长金铉哲教授则指出，会议促进了韩国学界对于《等级标准》的深入理解与实践应用。

4 会议议题的广度与深度

□ 系列会议的议题设置涵盖了《等级标准》与国际中文教育的各个方面，体现了学术研究的广度与深度。

□ 首先，议题覆盖广泛。包括国际中文教育现状与趋势、标准体系建设、教材开发、考试改革、师资培训、教学法创新、AI与数字化教学模式、智慧教育与线上线下混合式教学等方面。无论是宏观战略，还是具体操作，均有充分涉及。

□ 其次，讨论具有深度。各类报告不仅停留在理论阐述，更结合教学实践进行分析。例如，关于教材开发的讨论，不仅涉及教材内容与结构的调整，还探讨了如何在《等级标准》框架下实现教材的本土化；关于考试改革的探讨，则不仅关注HSK的变化，还涉及考试如何与能力标准相匹配，从而更好地服务于学习者与教育机构。

□ 再者，会议强调跨学科融合。部分分组讨论涉及中文教育与科技的结合，尤其是AI在语言教育中的应用。这不仅拓展了中文教育研究的边界，也为教育现代化提供了新的思路。

5 会议组织形式与交流机制创新

□ 系列会议在组织形式上不断探索创新，既保持了学术会议的严肃性，又兼顾交流的开放性与实效性。

□ 首届会议采取线上线下结合的形式，吸引了130余名中韩两国专家学者参与。第二届与第三届会议在形式上更加多样化，除主旨报告与分组讨论外，还增设了圆桌会议、专家点评等环节，增强了学术交流的互动性与实效性。

□ 第三届会议的突出特点，是将主旨报告与分组讨论有机结合，既有学术权威的系统论述，又有基层教师的实践分享。这种"点面结合"的形式，使得《等级标准》的理论与实践得以双向互动。会议还举办了多项平行活动，如孔子学院成立周年纪念、HSK留学展、中文演讲大赛、教师培训等，拓展了会议的外延与社会影响。

6 学术价值与成果转化

□《等级标准》系列会议不仅是学术交流的平台，更是成果转化的重要通道。

- 首先，会议推动了《等级标准》在韩国的本土化实施。通过专家解读与实践探讨，韩国学界对《等级标准》的理解不断深化，教师与教材开发者也逐渐将其作为教学与研究的重要依据。
- 其次，会议促进了跨国研究合作。第三届会议通过跨国比较与经验分享，使不同国家的学者在《等级标准》的应用上相互借鉴，推动了国际中文教育研究的多元化与国际化。
- 再次，会议成果逐渐通过媒体报道、学术出版转化为社会影响力。例如，第二届会议的成果被新华社、经济日报等主流媒体报道，进一步扩大了《等级标准》在国际社会的影响力。
- 最后，会议在人才培养方面也发挥了积极作用。大量年轻学者通过参与会议，获得了学术展示与交流的机会，促进了学术梯队的建设与发展。

7 国际传播与社会影响力

□ 系列会议在国际传播与社会影响力方面的表现尤为突出。

- 首先，会议得到了人民日报、新华社、中新社等中国官方媒体的持续报道，同时也获得韩国多家主流媒体的关注。这种双重传播渠道，不仅扩大了会议的国际影响力，也增强了《等级标准》的社会认知度。
- 其次，会议通过平行活动与多元传播，进一步拓展了影响范围。例如，孔子学院周年活动、中文演讲大赛、HSK留学展等，吸引了广泛社会关注，使会议成果超越了学术圈，

延伸至教育机构、企业及社会大众。

- 再次，会议逐渐形成了品牌效应。经过四届的连续举办，《等级标准》系列会议已成为国际中文教育领域的标志性活动。其品牌效应不仅体现在学术价值上，更体现在社会影响力与国际认知度的持续提升上。

8 未来展望与机制完善

□ 尽管《等级标准》系列会议已取得显著成果，但要实现其作为国际语言教育话语权平台的功能定位，仍需在若干方面不断完善。

- 首先，需进一步优化体制机制。建立长效机制，使会议能够持续、稳定地举办，并不断提升学术与组织水平。
- 其次，需拓展议题设置。在保持《等级标准》核心地位的同时，进一步延伸至语言教育政策、跨学科融合、数字教育创新等新兴领域，使会议始终处于学术前沿。
- 第三，需加强成果转化。通过出版会议论文集、政策建议书等方式，将学术成果转化为教育实践与政策制定的有力支撑。
- 最后，需扩大国际影响。进一步吸引更多国家和地区的专家学者参与，推动《等级标准》的国际推广与应用，使其真正成为全球中文教育的共同遵循与学术话语体系的重要组成部分。

□ 自创办以来，《等级标准》系列国际学术会议通过连续三届的成功举办，已发展成为一个具有持续国际影响力的学术品牌。该系列会议形成了稳定的国际学术对话机制，每年吸引中、韩、日等多国数百位专家学者参与，构建了聚焦《等级标准》实践与应用的高水平交流平台。

□ 在议题设置上，会议始终紧扣时代发展，围绕《等级标准》的体系建设、本土化应用、高质量创新发展及与HSK考试结合等核心议题深入探讨，同时积极关注人工智能与数智化转型等前沿趋势，体现了显著的前瞻性。会议高度重视《等级标准》的落地实施，通过探讨标准与各国语言框架的对接、基于新标准的教材开发与教学法创新等实践路径，有效推动了标准从文本走向教学实践，促进了“一国一策”的本土化进程。

□ 在组织模式上，会议依托世界汉语教学学会、韩国中文教育研究会、汉考国际及彩虹孔子学院等中外权威机构的协同联动，形成了“中外联动、多方合作”的高效机制，确保了会议的专业性与广泛影响力。

□ 总体而言，该系列会议以主题鲜明、议题前沿、形式创新、成果务实为主要特点，在深化《等级标准》理解实施、促进国际中文教育高质量发展、加强中外人文交流方面发挥了不可替代的作用。随着其体制机制与国际影响力的持续提升，该会议必将成为引领国际中文教育未来发展的重要战略平台。

8.2 中韩中文教育合作与交流项目现状

1 历史背景与发展脉络

□ 中韩两国自建交以来，教育领域的合作交流日益密切，其中中文教育作为人文交流的重要桥梁，呈现出持续深化的发展态势。2024年是中韩两国在教育合作领域取得突破性进展的一年，多项中文教育交流项目在规模、内容和形式上均有显著提升。根据历史沿革，中韩中学生交流项目自2011年启动以来，已有十余年的发展历程，累计互访学生数量达两千余名，为两国培养了大量促进友好往来的青年使者。这种长期机制化的教育交流项目，为2024年的深度合作奠定了坚实基础。

□ 从政策层面看，中韩两国政府对中文教育合作给予了高度重视。中国教育部中外语言交流合作中心、韩国教育部国立国际教育院等官方机构在各类项目中发挥了重要的推动和支持作用。值得注意的是，2024年5月，中国驻韩国大使邢海明在“汉语桥”比赛韩国赛区总决赛的书面致辞中特别强调：“中韩两国是搬不走的邻居，也是分不开的合作伙伴。建交32年来，双方各领域交流合作取得丰硕成果，既给两国和两国人民带来巨大福祉，也为地区和平繁荣做出重要贡献。”这一表述清晰体现了中文教育在两国关系中的战略地位。

□ 从发展态势来看，2024年的中韩中文教育合作呈现出全方位、多层次、宽领域的特点。一方面，传统的语言教学与考试项目持续深化，如HSK中文水平考试在韩国的推广力度进一步加强；另一方面，新兴的合作模式不断涌现，如“中文+职业技能”教育的融合发展成为年度亮点。据数据显示，2024年韩国参加HSK等中文考试的考生规模保持稳定增长；同时，“汉语桥”比赛韩国赛区的参与度和影响力也进一步提升。

2 核心中文教育项目的实施进展

1 “汉语桥”中文比赛的创新与成效

□ 2024年，“汉语桥”世界大中小学生中文比赛在韩国赛区的组织实施呈现出系统化、精细化的特点。5月25日，第二十三届“汉语桥”世界大学生中文比赛、第十七届“汉语桥”世界中学生中文比赛及第四届“汉语桥"世界小学生中文秀韩国赛区总决赛在西江大学成功举办。这三项赛事涵盖了大学、中学、小学三个学段，形成了完整的中文竞赛体系。值得注意的是，本次比赛由中国驻韩国大使馆主办，韩国现代中国研究会、“汉语桥”俱乐部首尔中心、首尔孔子学院和HSK韩国事务局共同承办，这种多方合作的模式有效整合了各类

资源，提升了赛事质量。

□ 在赛事规模方面，2024年韩国赛区总决赛吸引了来自韩国各地大学生、中学生、小学生及家长500余人参加，充分显示了“汉语桥”比赛在韩国的广泛影响力。参赛选手们分别围绕“天下一家”、“追梦中文、不负韶华”、“快乐中文”三个主题进行激烈角逐，最终35名选手获奖。这些主题既体现了中文学习的核心价值，又契合了不同学段学生的心理特点。

□ 为进一步扩大“汉语桥”品牌影响力，2024年8月3日，“汉语桥”俱乐部首尔中心还专门主办了“2024年‘汉语桥’世界中文比赛韩国赛区获奖人员交流会”。本次活动汇聚了中国教育部中外语言交流合作中心副主任静炜、中国驻韩国大使馆公使衔参赞艾宏歌等中韩嘉宾，以及来自韩国大中小学的中文大赛获奖选手、教师及学生家长等70余人。此类交流活动有效延伸了“汉语桥”比赛的教育功能，为获奖选手提供了持续学习和交流的平台。

2 双向文化探访与体验项目的深化

□ 2024年，中韩两国在文化探访与体验领域的合作项目内容丰富、形式多样，形成了双向互动、深度体验的交流模式。5月16日，大连外国语大学举办了“2024年中韩人文交流项目——大学生文化体验活动”，该项目为期五天，吸引了韩国延世大学未来校区的20名师生参与。活动内容包括课程体验、专家讲座、学生论坛、文化探访等系列安排，旨在通过多元化的体验方式，增进韩国青年对中国文化的全面理解。值得关注的是，此类人文交流项目已有长期积累，自2016年以来，大连外国语大学与韩国高校合作，已六次举办“中韩人文交流项目——大学生文化体验活动”，参与活动的中韩师生达400余人。

□ 与此同时，中学生层面的交流也在持续推进。11月17日至23日，韩国教育代表团访问四川，代表团包括韩国仁川金融高等学校等4所中学的师生。在川期间，韩国学生不仅参观了四川大学等高校，还走进成都石室中学探寻文翁兴学的精神，在成都市娇子小学体验中华优秀传统文化。更为重要的是，韩方学生与电子科技大学实验中学等4所中学的学生结对互动，各结对中学间签署了友好学校合作备忘录。这种结对交流的模式超越了短期的参观访问，建立了长效的合作机制。

□ 文化探访活动的内容设计也愈发注重深度体验。韩国代表团在四川期间，“走进成都的大街小巷，领略四川悠久历史和深厚文化底蕴，亲身感受到中国式现代化的万千气象”。从历史传统文化到现代发展成就，这种全方位的体验使韩国青年能够更加全面地认识中国，超越了单一的文化视角。

3 中文教师培训与人才培养体系建设

1 国际中文教育志愿者项目的持续实施

□ 2024年，国际中文教育志愿者项目在韩国持续推进，成效显著。8月5日至7日，第十一届在韩国际中文教育志愿者岗中培训在韩国外国语大学成功举办。本次活动由中国教育部中外语言交流合作中心主办，北京外国语大学与韩国外国语大学孔子学院联合承办，共有172名国际中文教育志愿者教师参加。培训内容涵盖学术研究、语法教学、社会文化、安全常识等主题讲座，全面提升了志愿者的专业素养和教学能力。

□ 从历史发展来看，在韩国际中文教育志愿者岗中培训项目已形成常态化机制。自2012年首次举办以来，该项目已连续开展十一届，累计参训学员达3300余人次。这种持续性的培训机制为在韩中文教育志愿者提供了系统的专业发展支持，有效保障了教学质量。值得注意的是，2024年正值国际中文教育志愿者项目实施20周年，同时也是孔子学院成立20周年和韩外大孔院成立15周年，这一时间节点彰显了中韩中文教育合作的延续性与稳定性。

□ 在项目开幕式上，韩国外国语大学副校长金玟妍对志愿者教师们的无私奉献与辛勤付出表示高度赞赏，并感谢他们"在韩国各地致力于汉语教学、推动韩国中文教育不断向前发展"。韩国教育部国立国际教育院国际交流协力部部长宋达庸则指出，"韩国普通志愿者项目（韩国Chinese Program In Korea项目）已持续13年，对韩国中文教育发展做出了不可磨灭的贡献"。这些评价从韩方角度肯定了志愿者项目的价值和成效。

2 "中文+职业技能"教育的融合发展

□ 2024年，中韩中文教育合作的一个显著趋势是"中文+职业技能"教育的融合发展。在2024世界中文大会期间举办的"中文水平考试（HSK）等语言测评应用与国际人才培养"平行会议上，中北非国际教育创新联盟秘书长陈璐明确指出："中文水平考试（HSK）在助力'中文+职业'教育领域正发挥着越来越重要的作用。通过'中文+职业'教育模式，可以促进国际中文教育与职业技能培训的协同发展，赋能国际化应用型人才培养。"这一论述精准概括了中文教育与职业教育融合发展的核心价值。

□ 在实践层面，多所中国职业院校已开展了与韩国的相关合作。如滨州职业学院、南京科技职业学院、天津现代职业技术学院等院校在"中文+职业技能"教育领域均具有一定的实践经验。这些案例表明，"中文+职业技能"教育已不再局限于单一的语言培训，而是逐步形成了一套完整的人才培养体系，涵盖了课程开发、师资培训、评价标准等多个环节。

4 重要平台与支持体系构建

1 世界中文大会的平台作用

□ 2024年11月15日至17日，以"联通融合，传承创新"为主题的2024世界中文大会在北京国家会议中心隆重举行。本届大会由中华人民共和国教育部主办，中外语言交流合作中心、中国国际中文教育基金会、世界汉语教学学会共同承办，来自160余个国家和地区的2000多名政府官员、校长、专家学者、师生代表和驻华使节等出席会议。如此广泛的参与度使世界中文大会成为全球中文教育领域的重要交流平台。

□ 大会期间，特别设置了"中文水平考试（HSK）全球合作伙伴大会"和"中文水平考试（HSK）等语言测评应用与国际人才培养平行会议"等专项活动。这些专题会议为各国中文教育工作者提供了深入交流的机会，促进了中文教育领域的经验共享与合作创新。尤其值得注意的是，会议期间举办了"中文+职业技能中心项目签约仪式"以及"中文学测中心、HSK示范考点与HSK中文+职业技能优秀合作伙伴授牌仪式"。这些活动标志着中文教育正在与职业教育、产业需求深度融合，拓展了中文教育的社会功能和应用价值。

□ 在大会开幕式上，国家副主席韩正宣读习近平主席贺信并致辞，指出"中文是联合国官方语言之一，也是世界上使用人数最多的语言之一。作为中文母语国，中国始终将服务和支持各国开展中文教育作为义不容辞的责任。"这一表述体现了中国政府对国际中文教育的高度重视，也为中韩中文教育合作提供了政策支持。

2 奖学金与深造机制的支持

□ 为了支持韩国中文学习者深度学习和专业发展，中国设立了多项奖学金项目，为韩国学生和教师提供来华深造的机会。根据北京语言大学发布的《2024年国际中文教师奖学金申请办法》，奖学金类别涵盖了从四周研修生到博士研究生的多个层次，满足了不同学习者的需求。值得注意的是，奖学金申请者通常需要提供相应的HSK和HSKK成绩作为语言能力证明，这种要求反映出奖学金项目对语言基础能力的严格要求。

□ 具体来看，国际中文教育专业博士研究生申请者需"具有硕士学历，硕士专业为对外汉语、语言学、国际中文教育或者教育相关专业"，且"汉语考试成绩达到HSK（六级）200分、HSKK（高级）60分"。而国际中文教育专业本科生申请者则需"具有高中学历"，且"汉语考试成绩达到HSK（四级）210分、HSKK（中级）60分"。上述明确申请条件既保障了奖学金获得者的学术与语言水平，也为韩国中文学习者规划学习路径提供了清晰指引。

□ 除了学历教育项目外，奖学金还支持一学期研修、一学年研修和四周研修等非学历教育项目。这种多元化的奖学金体系满足了不同层次、不同需求韩国中文学习者的深造需求，为韩国中文教育人才的培养提供了全方位支持。

5 合作成效与未来展望

□ 综合分析2024年度中韩中文教育合作与交流项目的实施情况，可以观察到一系列显著成效。首先，在参与规模方面，各类项目涵盖了从小学生到大学生，从学生到教师，从语言学习到文化体验的多个群体，形成了广泛的参与基础。其次，在合作深度方面，项目设计已从单纯的语言学习向文化理解、专业发展、职业规划等多个维度拓展，体现了中文教育功能的多元化趋势。再者，在机制建设方面，中长期合作项目、校际结对合作、教师培训机制等的建立，保障了中韩中文教育合作的持续性与稳定性。

□ 值得注意的是，2024年的合作项目特别注重体验式学习和互动式交流，如韩国学生与中国家庭的互动、中韩青少年的结对交流等。这些活动通过创设真实交流情境，使韩国学生能够在实际运用中提升中文能力，在亲密互动中深化对中国文化的理解。

□ 展望未来，中韩中文教育合作仍有进一步深化的空间。一方面，可以进一步拓展"中文+职业技能"教育的合作领域，结合中韩两国的产业优势和经济互补性，开发更多融合语言学习与技能培训的课程项目。另一方面，随着数字化技术的发展，线上中文教育平台的建设与应用将成为两国合作的新增长点。此外，建立更加系统化的项目评估机制，科学衡量各类交流项目的实际成效，将有助于提升合作的精准性和有效性。

□ 总之，2024年的中韩中文教育合作与交流项目在广度、深度和机制建设方面均取得了显著进展，形成了多层次、多形式、多渠道的合作格局。这些项目不仅促进了中文在韩国的传播，也增进了两国青年之间的相互理解和友谊，为构建中韩人文交流共同体奠定了坚实基础。随着两国教育合作的持续深化，中韩中文教育交流有望在现有成果基础上，进一步向高质量发展迈进，为两国关系的长期稳定发展注入新的动力。

8.3 韩国中文教育资源发展的国际化与本土化特点

1 韩国语境下的中文教育研究回顾

1 韩国中文教育资源的历史脉络

□ 韩国中文教育的历史演进与其国家课程纲要的变迁紧密相关，呈现出明显的阶段性特征。

- 自摆脱日本殖民统治后，韩国经历了约十年的"教授要目期"。这一时期的高中外语课程虽在理念上设置了英语与第二外语，但其纲要仅详细规范了英语教育，并未涵盖其他

外语。这标志着中文教育在韩国正规教育体系中的初步萌芽，但尚未形成系统化的教学框架。

- 随着“七次课程纲要时期”的开启，韩国中文教育进入了快速发展的轨道。在第一次和第二次课程纲要时期，教学重点集中于阅读与写作能力的培养，教材多直接选用中国的文学作品，体现了对语言知识和人文素养的重视。这种偏向文学的教学模式，为韩国学生打下了坚实的书面语基础，但也在一定程度上忽视了语言的实际交际功能。
- 进入20世纪70年代，第三次课程纲要迎来了重要的转折点，教学重心开始转向语言综合能力的培养，听、说、读、写四大技能被正式纳入教学目标。这一转变表明韩国的中文教育理念从纯粹的文学熏陶向实用主义交际能力过渡。至第四次课程纲要时期，教学内容的规范性得到加强，引入了基本字汇表，但教学媒介仍以繁体字和注音符号为主，这反映了当时韩国中文教育与中国台湾地区语言规范的密切联系。
- 第五次课程纲要时期是教学法理念的重大飞跃，其标志是转向以沟通能力为导向，并采用整体性的评量方式。这意味着评估不再仅仅局限于传统的语法和词汇测试，而是开始关注学生在真实或模拟情境中运用语言的能力。第六次课程纲要则通过将中国语科目细分为中国语(一)及中国语(二)来进行深化教学，此举兼顾学生的学习差异，允许更具弹性和深度的课程安排。至第七次课程纲要，中国文化相关的内容被正式纳入课程，旨在帮助学生通过文化理解来深化语言学习，标志着语言教育与文化教学结合的初步尝试。

□ 2015年之前，韩国的课程纲要经历了多次修订，其核心思想是以学生为中心，教材内容更加贴近学生生活，来源多元化，最终目标是培养学生将所学中文应用于日常生活，并具备与他人有效沟通的能力。这一系列改革清晰地展示了韩国中文教育从注重知识灌输到培养实际交际能力，再到强调文化融合与个人应用的演进路径。

□ 在学术研究层面，韩国的中文教育也形成了自身的特点。根据郑辉（2023）基于中国知网（CNKI）数据的文献计量分析，韩国留学生的汉语教育研究发展脉络大致可分为三个阶段：1999-2012年的“萌芽上升期”，此阶段的研究多集中于语言使用的偏误分析及相关教学设计，特别是对“把字句”、“被字句”、“比较句”等初级句型的研究尤为集中；2013-2019年的“高位浮动期”，此阶段年发文量平均值较高，这与韩国作为中国最大留学生生源国提供丰富语料，以及中国东北地区高校（如辽宁师范大学、吉林大学与黑龙江大学）因地缘优势产生大量相关硕士论文有密切关系；2020-2022年的“下降回落期”，研究数量的减少主要受到新冠疫情影响导致来华韩国留学生锐减。该领域的研究热点始终围绕偏误分析、教学策略、中介语、汉韩对比、习得研究、声调、离合词等主题展开。

□ 韩国本土的中文考试研究也构成了历史脉络的重要组成部分。根据一项针对2000年至2023年研究文献的计量分析，韩国拥有相对丰富的中文考试资源，研究涉及多种本土考试。然而，这些研究也存在范围零散、未成体系的问题。该领域的未来展望集中在技术与考试的融合、多元化研究方法的应用以及国际比较研究等方面。

□ 综上所述，韩国中文教育资源的历史脉络呈现出双重轨迹：一方面是政府通过国家课程

纲要进行的顶层设计与持续改革，另一方面是学术界围绕教学与考试展开的深入探讨与实践，二者共同塑造了韩国中文教育今日面貌。

2 近三十年韩国中文教育体系演进（K-12[1]、大学、民间机构）

□ 过去三十年是韩国中文教育体系在各层面深化发展、应对挑战并不断创新的关键时期。其在K-12、高等教育及民间机构三大板块的演进，共同构成了一个多层次、立体化的教育生态系统。

□ 在K-12基础教育阶段，其演进深受国家课程纲要持续修订的影响。继第七次课程纲要之后，韩国的课程体系又经历了多次调整，其核心趋势是坚持贯彻"以学生为中心" 的理念。教材设计更加注重贴近学生的实际生活，来源趋于多元化，其根本目标是培养学生将课堂所学中文有效应用于日常场景，并具备真实沟通能力。作为韩国K12教育出口检验的重要环节，大学修学能力考试（CSAT）中的中文科目对教学实践产生了直接的反拨效应。相关研究持续关注高考汉语试题的分析与教学对策，例如对语法领域、文化领域以及试题本身的分析与反思，一直是学界研究的焦点。这些研究旨在确保课堂教学与评估标准的一致性，推动中文教育在基础教育阶段的规范化和有效性。

□ 在高等教育阶段，韩国中文教育展现出更高的专业性与学术性。一方面，大学是培养中文专业人才和汉语国际教育研究者的核心阵地。中国学者如北京大学的赵杨教授，其研究涵盖了第二语言习得、生成语法等多个领域，并对韩国学生的汉语词语习得、心理动词和作格动词习得进行了专门研究。另一方面，高等教育机构也是国别化中文教育研究的重镇。以辽宁师范大学的李宝贵教授为例，其研究领域涵盖国际中文教育、中文国际传播及语言政策与规划，虽然其研究地域范围略为广泛，但其研究视角与方法对韩国中文教育研究具有借鉴意义。此外，针对韩国来华留学生的教育研究在2013-2019年间达到高位浮动，产生了大量以汉硕研究生为主体的学位论文，这本身也成为高等教育层面中韩学术交流活跃的一个缩影。

□ 民间教育机构和技术发展则在过去三十年中扮演了"活化剂"与"助推器"的角色。民间培训机构以其高度的市场敏锐性和灵活性，有效弥补了公立学校系统在实战口语、应试技巧（如HSK、TSC口语考试等）教学上的不足。近年来，随着人工智能与数字化技术的浪潮，韩国中文教育领域也开始积极探索技术与教育的融合。例如，有学者开始探索人工智能聊天机器人在中文教育中的应用方案，这代表了民间机构和技术公司在未来中文教育模式创新中可能会发挥巨大的潜力。同时，对国际中文智慧教育及线上线下混合式教学模式的探讨，也已成为学术界和实践者共同关注的前沿议题，这进一步推动了韩国中文教育向现代化和智能化方向的发展。

---

1) K-12指韩国的幼儿园、义务教育（小学与初中）以及高中教育，即从约5~6岁到18岁左右的基础和中等教育阶段。

□ 值得注意的是，韩国高校招生评价体系的演进也对中文教育产生了间接影响。其高校招生制度经历了从单一要素评价到“二合一”（统一考试与大学独立考试结合），再到“三合一”（统一考试、大学独立考试与高中评估结合）的模式转变。这种由单一到分类、由一元到多元的走向，虽然在宏观层面是针对整个招生制度的改革，但无疑也为在高中阶段修读中文并希望凭借此成绩升学的学生提供了更全面的评价维度，从而影响中文教育的价值定位及学习者的学习动机。

□ 综观近三十年的发展，韩国中文教育体系已形成一个K12基础教育夯实基础、高等教育深化研究与专业人才培养、民间机构与技术力量提供补充与创新的三元结构。这个结构既受到内部课程改革和招生考试制度变迁的引导，也积极响应了全球化、数字化时代对外语能力的新要求，展现出强大的适应性与生命力。

2 韩国教材资源的国际化与本土化特点

1 引进教材的类型与流通机制

□ 韩国中文教材的引进呈现出多元化的特征，主要来源包括中国大陆、中国台湾地区以及海外出版机构。这种多元引进格局既反映了韩国中文教育市场的开放性与包容性，也体现了其对不同中文变体及其文化内涵的全面关注。

□ 中国大陆教材因其语言标准性与文化权威性，在韩国高等教育及专业学术机构中占据主导地位。由北京语言大学出版社、商务印书馆等权威机构编写的系列教材，严格遵循中国的语言规范与教学大纲，常被大学中文专业及研究机构采用作为核心教学资源。这些教材的引进多通过版权贸易与合作出版的形式进行，韩国大型出版社如다락원（Darakwon）、동양북스（Dongyang Books）通过获取中国大陆原版教材的改编权或翻译权，推出韩语注释版或修订版，以适应本地市场需求。

□ 中国台湾地区教材则以其繁体字体系和独具特色的文化表述，在韩国部分学术圈及特定学习者群体中具有一定影响力。台湾教材早期主要通过学术交流渠道及专业书店进口，近年来随着对繁体字学习需求的关注，部分台湾教材被引进并作为辅助教学资料使用。

□ 此外，海外出版的汉语教材，特别是由欧美学者编写的、以英语为媒介语的教材，在韩国国际学校及部分大学汉语通识课程中有所应用。这些教材通常采用比较语言学方法与跨文化交际视角，为韩国学生提供了不同的学习路径。

□ 在流通机制方面，韩国出版市场呈现出线上线下融合、直销与代理并存的特点。根据韩国出版文化产业振兴院的数据，网上书店的市场占比约为30%，为大城市消费者提供快捷的次日送达服务。同时，实体书店通过出版社、大型书店、小型地区书店、二手书店等多种渠道销售图书。销量较大的书籍，书店更偏好采购模式，但大部分情况下选择可退货的

代销模式。这种"可退货委托销售"模式，在一定程度上减轻了书店的采购负担，但也可能增加出版社的库存风险。

□ 值得注意的是，韩国政府在教材流通环节扮演着重要角色。例如，韩国政府通过《出版文化产业振兴法》等法规对出版产业进行引导，并对实体书和电子书实行免税政策（其他商品的税率为10%），以鼓励出版物的流通与消费。

2 本土化教材的生成逻辑

□ 韩国本土编纂的中文教材，其生成逻辑深刻反映了特定的教育文化、学习动机与社会需求，主要体现在以下三个层面：

- ① **语言对比与偏误分析驱动下的译本改编**
  - 韩国本土教材的编写，高度重视汉韩语言对比与学习者偏误分析。编写者通常基于对韩国学生常见语法难点（如"把"字句、趋向补语、特定介词的使用等）的深入研究，对教材内容的选取、排序及注释方式进行系统设计。以兼类词"给"为例，有研究专门针对韩国学生提出了基于"跨语言对比"和"输出话语考察"的难度评定原则，并确定了"给"的不同用法从易到难的习得顺序，为教材编写提供了实证依据。这种基于语言对比与偏误分析的方法，旨在最大限度地减少母语负迁移，提高教学针对性。
- ② **文化本位化的内容选择与呈现**
  - 韩国本土教材在文化内容的编排上，普遍采用文化对比与本位化重构策略。教材编者会有意识地选择中韩文化中可供比较的议题（如节日礼仪、家庭观念、社会习俗等），引导学生通过文化参照来理解异同，深化对中文文化内涵的理解。同时，为避免文化冲击或增强教材的亲和力，编者在引入中国文化元素时，常会进行本土化调适。例如，在解释中文表达时，会结合韩国学生熟悉的文化语境或社会现象进行类比，以降低理解障碍，促进跨文化共情。
- ③ **考试导向的内容设计与练习配置**
  - 韩国激烈的升学竞争环境，使得本土教材的编写难以摆脱考试导向的影响。教材内容与练习形式，往往与韩国大学修学能力考试（CSAT）中的中文科目以及汉语水平考试（HSK）保持高度关联。编写者会深入研究这些考试的题型、难度及评分标准，并在教材中设置针对性的练习模块与模拟试题。这种"应试驱动"的编写逻辑，虽在一定程度上制约了教材内容的广度与深度，但确实满足了大部分学习者希望通过考试获取认证的现实需求，从而确保了教材的市场适应度。

3 代表性教材比较分析

□ 为更具体地揭示韩国中文教材的本土化特征，本部分选取三部具有代表性的教材进行示

例性比较分析，它们分别是：广泛使用的综合性教材《新攻略中国语(신공략 중국어)》，以及具有代表性的韩国高中选用教材《中国语I(중국어I)》。

- 《新攻略中国语(신공략 중국어)》
  - 目标群体：大学及成人学习者
  - 语法处理：基于汉韩对比，对语法项目进行难度分级并附加针对性注释。例如，对于韩国学生习得难度较高的兼类词"给"，编写者依据相关研究成果，合理安排其不同义项的出现顺序与讲解深度。
  - 文化呈现：兼顾中国文化介绍与中韩文化比较，内容选取既包含经典中国文化符号，也涉及当代社会现象，并鼓励学习者进行跨文化反思。
  - 练习设计：练习体系较为全面，形式上可能包含大量与HSK等标准考试题型相似的操练与模拟试题。
  - 本土化特征：是深度本土化的典范，从语法注释、文化讲解到练习设计，全面考虑韩国学习者的母语背景、认知习惯与现实需求（如应试）。
- 《中国语I(중국어I)》
  - 目标群体：韩国高中学生
  - 语法处理：注重语法点的实用性与可操作性，通常与高中课程标准要求的语法项目保持一致。
  - 文化呈现：话题选择体现出明确的文化对比意识，例如在涉及“日期表达”等主题时，往往通过隐含对比方式呈现中韩相关文化习俗。
  - 练习设计：练习设计体现了多模态理念，但在实际教学中，教师常需为机械性口语练习补充背景知识，并对词汇和内容进行重新排序或扩充，例如加入现代中国的流行文化元素，以提升学习者的学习动机。
  - 本土化特征：作为韩国高中正规教育的指定教材，其结构、内容与国家课程纲要高度契合，是制度性本土化的典型代表。

□ 通过对上述代表性教材的考察，可以发现韩国本土化中文教材的生成是一个系统性工程，它深刻嵌入韩国的教育体制、社会文化语境与市场逻辑之中。这些教材并非对原语教材的简单翻译或模仿，而是基于国别化语言对比研究与学习者需求分析进行的创造性重构。它们成功地将国际中文教育的普遍知识体系，转化为符合韩国本土教育情境与学习心理的特定教学资源，在提升学习效率的同时，也强化了教材本身的民族文化主体性。这种本土化实践，既面临着如何在“应试导向”与“能力培养”之间取得平衡的挑战，也需回应数字化时代对教材形态与功能提出的新要求。这些问题构成了未来教材发展与研究的重要方向。

3 韩国师资资源：国际化培训与本土化实践

□ 韩国国际中文教育的发展离不开师资队伍的结构优化与专业化建设。其师资资源体系融合了海外引进与本土培养的双重路径，并通过多元化培训机制与教师角色创新，形成了独具特色的"国际化—本土化"协同模式。本章从供给结构、培训体系与教师专业角色三个维度，系统分析韩国中文师资资源的发展现状与内在逻辑。

1 海外师资与在地师资的供给结构

□ 韩国中文师资的供给结构呈现海外师资引进与在地师资培养并行的二元格局。两者在数量、分布与功能上互补，共同支撑起多层次的教学需求。

(1) 海外师资的引进与分布

□ 海外师资主要包括以下两类群体：

- 中国公派教师与志愿者：通过孔子学院、校际合作等项目派驻韩国。例如，韩国外国语大学孔子学院配备中方院长1人、外派教师4人、国际中文教育志愿者1人。这些教师主要承担高校语言课程、文化讲座及师资培训工作，其优势在于语言规范性与文化传播的权威性。
- 华人汉语教师：多任职于语言培训机构或民间教育机构。据2019年数据，韩国约有1000余名华人汉语教师分布于非公立教育领域，填补了公立教育体系外的教学需求。

□ 海外师资的核心价值在于提供原生语言输入与跨文化互动场景。然而，其流动性较强，且部分教师对韩国本土学情适应不足，需通过针对性培训提升教学适配性。

(2) 在地师资的规模与结构

□ 本土教师的文化与教育背景：多数本土教师拥有韩国高校中文学位，或通过与中国高校合作培养获得学位（如"本土教师赴华研修计划"）。其优势在于熟悉韩国学生的学习心理，并能通过汉韩语言对比化解教学难点。

□ 在地师资的供给体系已基本形成。例如，韩国教育部通过教师资格认证与继续教育学分制度规范师资质量；同时，本土教师在中小学与考试辅导机构中占主导地位，凸显其在地化教学的不可替代性。

(3) 供给结构的平衡与挑战

□ 海外与在地师资的协作虽成效显著，但仍面临以下挑战：
- 区域分布不均：首尔、京畿道等大城市集中了多数海外师资与高水平本土教师，而地方城市资源相对匮乏。
- 本土教师科研压力：高校本土教师需兼顾教学与科研，例如每年韩国产出千余篇中国学相关期刊论文，这在一定程度上可能会挤压教学创新时间。
- 华人教师职业发展瓶颈：华人教师在职称晋升与学术参与中常受到限制，影响长期职业稳定性。

2 培训体系（孔子学院、大学合作、本土教师继续教育）

□ 韩国通过多元主体协作，构建了覆盖职前与职后的师资培训网络，重点提升教师的语言技能、教学法与文化调适能力。

(1) 孔子学院的培训平台作用

□ 孔子学院是师资培训的核心平台，其活动可分为三类：
- 标准化师资研修：延世大学孔子学院、韩国外国语大学孔子学院、彩虹孔子学院及忠南大学孔子学院均举办"本土汉语教师师资培训"，聚焦口语教学设计、中医、传统文化融合等主题，吸引了来自60余所高中的教师参与。韩国外国语大学孔子学院还开展"首尔本土教师冬季/春季研修班"，并连续11年承办"在韩国际中文教育志愿者岗中培训"，累计培训3356人次。
- 文化教学能力提升：孔院通过绒花、茶艺、剪纸等文化工作坊，帮助教师将文化元素转化为教学资源。
- 资源开发与共享：韩国外国语大学孔院出版了《国际中文教育用中国文化和国情教学参考框架》（韩文版），为教师提供本土化教学指南。

□ 总体而言，孔院培训的特色在于理论与实践结合，例如通过模拟课堂、跨文化案例分析等方式强化教师的实操能力。

(2) 大学合作的学术支撑

□ 中韩高校合作是提升教师学术素养的关键渠道：
- 联合培养与研修：延世大学金铉哲教授曾率领"韩国汉语教师赴华研修团"赴中国高校交流；四川师范大学开设"国外本土中文教师来华研修班"，接纳韩国教师参与。

- 学术会议与课题研究：延世大学、韩国外国语大学孔院定期举办“青年学者国际学术研讨会”，推动教师研究成果的转化。

□ 大学合作不仅更新了教师的知识体系，还促进了中韩教学理念的融合，例如将对比语言学理论应用于教材编写。

(3) 本土教师继续教育机制

□ 韩国已建立制度化的继续教育体系，包括以下几个方面：

- 资格认证与培训挂钩：教师需定期参加培训以维持资格，例如《国际汉语教师证书》考试培训吸引了大量本土教师参与。
- 分层培训设计
  - 针对新手教师：侧重课堂管理与考试标准（如HSK、BCT）应用。
  - 针对资深教师：聚焦教学创新，如数字化工具使用、课程开发。
  - 社区化学习网络：教师通过孔院组织的“中韩文化沙龙”、“教学案例研讨会”分享经验，形成互助型专业社群。

3 教师中介角色与文化调适能力

□ 在跨文化教育语境中，韩国中文教师需扮演语言传授者、文化中介者与课程调适者三重角色，其专业能力体现为对中外教育理念的创造性融合。

(1) 中介角色的实践内涵

□ 语言与文化的中介。教师需解析中韩语言差异（如虚词用法、语序结构），并通过文化对比（如节日习俗、社会观念）减少学习障碍。金铉哲指出，中介角色的核心在于“促进跨界融合”，而非单向文化灌输。

□ 教育体系的中介。教师需将中国标准（如《国际中文教育中文水平等级标准》）与韩国课程标准进行衔接，例如在高中课程中融入HSK考试要求。

(2) 文化调适能力的构建

□ 文化调适能力具体表现为：

- 教学内容的本土化改造。在讲解中文词汇时，关联韩国学生熟悉的社会现象（如对比中韩“网络流行语”的生成逻辑）。
- 教学方法的适应性调整。针对韩国学生偏好集体互动等特点，设计小组竞赛、角色扮演

等活动。

- 价值观冲突的调和。在涉及历史、社会议题时，教师需保持中立，引导学生基于多元视角进行讨论。

(3) 专业认同与挑战

□ 教师的专业认同建立在“双向理解”的基础上。

- 优势：本土教师既能借助文化亲近性提升教学效率，又可通过国际培训更新知识结构。
- 挑战：部分教师面临“身份焦虑”，即在中国语言规范与韩国教学需求之间难以取得平衡；新兴技术（如AI教学工具）要求教师持续学习，否则可能会被边缘化。

□ 韩国中文师资体系通过国际化引进与本土化培养的协同，形成了动态平衡的供给结构；依托孔子学院、大学合作与继续教育的三维培训网络，提升了教师的专业素养；最终通过教师的中介角色与文化调适实践，实现了全球标准与本地需求的有机融合。未来，需进一步优化师资分布、强化教师科研支持，以应对教育数字化与人口结构变化带来的新挑战。

4 测评与考试资源：HSK、校内评估与等级标准的落地

1 HSK在韩国的传播与适配问题

□ 汉语水平考试（HSK）作为国际中文教育领域最具权威的标准化测试之一，其在韩国的传播深度与广度，构成了韩国中文测评体系的核心。韩国中文教育研究会会长金铉哲教授指出，“HSK（汉语水平考试）和BCT（商务汉语考试）等标准化测试的推行，对科学选拔和培养中文人才起到了关键作用”。这一评价凸显了HSK在韩国中文人才评价体系中的核心地位。

□ HSK在韩国的传播历程与中韩两国的政治、经济及教育交流脉络紧密交织。回溯至20世纪90年代，随着中韩正式建交，两国经贸往来与人文交流迅猛发展，韩国社会对具备中文能力的人才需求日益增加。韩国社会对中文教育的重视为HSK的引入创造了历史性契机。在此背景下，HSK凭借科学完善的测评体系与全球公认的证书权威性，迅速成为韩国各高校及企业评估中文能力的重要标准。尤其在“中文热”高峰时期，每年约有150万名韩国民众学习中文，其中相当数量的学习者以取得HSK证书为主要目标。作为HSK的主办机构，汉考国际积极推动考试的本地化与品牌推广，通过与韩国本土机构——如彩虹孔子学院——合作举办“HSK留学中国展”等活动，持续提升HSK在韩国的社会影响力与认知度。

□ 尽管HSK在韩国取得了广泛认可，但在推广过程中仍面临一系列本土化适配方面的挑战，这些问题主要源于韩国教育环境与实际教学需求之间的差异。

- 考试内容与韩国本土教学重点的错位。HSK作为面向全球中文学习者的通用型考试，其词汇大纲、语法项目及话题内容的设计以普适性为导向。然而，韩国学习者在中文学习过程中常受母语负迁移影响，易出现特定语法偏误与发音难点（如“把”字句、声调区分等）。若考试体系未能充分考虑韩国学习者的语言特征并进行测评优化，考试结果可能难以精准反映其真实语言能力，从而削弱考试对本土教学的反拨效应。
- 商务汉语测评需求的精细化不足。韩国作为中国的重要贸易伙伴，其企业界对具备商务汉语能力的人才需求日益增长。尽管已设有BCT（商务汉语考试），但企业与学习者普遍期待HSK能在内容设计上更深入融入商务语境，或推出更具针对性的商务能力等级认定体系，以更直接地服务于就业市场和职业发展需求

□ 与韩国本土教育及评价体系的衔接问题。如何将HSK等级标准与韩国国内课程大纲及院校评估体系实现有效对接与互认，减少考生在不同评价体系之间的适应负担，是当前推广过程中亟待解决的重要议题。这一过程需要HSK运营方与韩国教育主管部门及高校建立更紧密的沟通与协作机制。

□ 考试技术形式的本土化与创新需求。随着全球教育数字化进程的加快，韩国中文学习者对在线考试、计算机自适应测试等新型测评形式的接受度与需求持续上升。HSK若要在数字时代保持其吸引力与科学性，需在考试技术、平台建设及数据应用等方面不断创新，并结合韩国本土的教育技术环境推进应用落地。

2 《等级标准》在韩国的传播路径与影响

□《国际中文教育中文水平等级标准》（以下简称《等级标准》，含韩文版）的发布与推广，是国际中文教育迈向标准化、规范化的重要里程碑。其在韩国的传播主要通过学术会议引领、机构合作推进与教学实践转化三大路径展开，并产生了深远影响。

(1) 核心传播路径：高端国际学术会议的平台效应

□ 以“《等级标准》国际学术会议”为代表的系列高端学术论坛，构成了《等级标准》在韩国乃至全球范围内传播的核心策源地与重要扩散平台。该系列会议已连续 举办多届，具有以下突出特点：

- 主题鲜明，聚焦前沿。历届会议均紧密围绕《等级标准》的体系建设、本土化应用及高质量发展等核心议题展开，同时关注人工智能与数智化转型等国际教育前沿趋势，充分体现了学术引领作用。
- 多方协同，层次高端。会议通常由世界汉语教学学会、韩国中文教育研究会、汉考国际及

彩虹孔子学院等中韩权威机构联合主办，确保了传播的专业性与权威性。与会者包括国际中文教育领域的核心专家与学者，如韩国中文教育研究会会长金铉哲教授、世界汉语教学学会副会长白乐桑教授等，学术层次高、代表性强。

- 成果落地，影响深远。此类会议不仅重视理论探讨，更注重推动《等级标准》的实践落地。通过主旨报告、分组讨论、圆桌会议及专项培训（如"《等级标准》指导下的韩国本土教师教学能力提升专项培训"）等多元形式，会议有效促进了标准制定者、研究者与一线教师之间的深度对话，使《等级标准》的核心理念与实践方法得以迅速、准确地传递至韩国中文教学一线。

□ 白乐桑教授在会议总结中高度评价了上述成果，认为中外专家的深入交流与学术讨论充分展现了国际中文教育的学术活力，对《等级标准》的理解深化与国际传播发挥了直接而深远的推动作用。

(2)《等级标准》产生的具体影响

□ 提供科学框架，引领教学与测评改革。《等级标准》为韩国的中文教学、教材编写及考试评估提供了系统、科学的参照框架。正如金铉哲教授所言，韩国中文教育已由追求人才数量扩张的阶段，转向以提升教学质量和推进体系化发展为核心的新阶段，并上升至国家战略高度。《等级标准》的引入，为这一战略转型提供了重要支撑和规范化依据。

□ 促进本土化研究与实践。《等级标准》在韩国的推广，显著激发了学界对中文教育标准本土化应用的研究热情。在"汉字教学与研究国际学术研讨会"等平台上，学者们展开了《等级标准》与韩国《汉文教育用基础汉字1800字》的比较研究，探索国际标准与韩国本土教育实际的结合路径，推动《等级标准》"韩国化"实践的深化落地。

□ 提升教师专业素养。以《等级标准》为核心的系列师资培训项目（如"韩国本土教师教学能力提升专项培训"），为韩国中文教师提供了系统的教学理念更新与能力提升渠道。通过培训，教师对中文水平等级体系的理解更加深入，在课堂教学中能够更有效地贯彻标准精神，从而提升整体教学质量与评估一致性。

3 本土化评估实践与挑战

□ 韩国在构建本土中文测评体系的过程中，展现出显著的自主性与创新性，其核心目标在于实现国际标准与韩国本土学情、教育体制及社会需求的深度融合。本土化实践主要体现在校内评估体系的创新、本土化考试的开发以及对特定学习者群体的评估探索三个方面，同时也面临诸多挑战。

(1) 校内评估体系的创新与实践

- □ 韩国K-12阶段的校内评估紧密结合国家课程纲要，呈现出多元化与过程化的特征。评估形式逐渐突破传统纸笔考试，融入课堂参与、小组项目、口语展示与学习档案等表现性评价元素。在汉字教学领域，教育者也积极探索基于韩国学习者特点的评估方法。例如，在"汉字教学与研究国际学术研讨会"上，研究者提出基于《等级标准》书写字表的教学思考，探讨书写与认读汉字之间的教学衔接问题，体现出教学一线对标准本土化的深入实践。
- □ 此外，韩国大学修学能力考试（CSAT）中的中文科目作为高中中文教育的指挥棒，与能力导向深刻影响着中小学的教学与评估体系，促使日常教学评估注重与CSAT要求的衔接，促使校内评价更重视与CSAT要求的衔接，强调语言基础能力与实际交际能力的融合。

(2) 本土化考试的开发与挑战

- □ 尽管HSK在韩国具有广泛影响力，但韩国并未完全依赖国际考试体系。基于对教育主权的维护及特定领域人才评价需求的考量，韩国相关部门和机构积极推进本土化中文能力评价体系的建设与完善。例如，前文提及的BCT（商务汉语考试）已在韩国得到一定应用。未来，开发和优化更契合韩国学习者特征及用工市场需求的本土化商务汉语考试或其他专项能力测评，将成为韩国中文测评体系发展的重要方向。
- □ 然而，开发更契合韩国市场与学习群体的本土化商务汉语或专项考试，仍面临科学性验证、市场认可度及国际接轨等多重挑战。新兴考试若欲获得类似HSK的社会公信力，需要在信度、效度等测量指标上通过长期验证，并持续进行品牌推广与资源投入。

(3) 针对特定学习者群体的评估挑战

- □ 韩国中文学习者结构日趋多元，评估需求呈现差异化趋势。尤其随着社会老龄化加剧，老年群体的中文学习需求快速增长。金铉哲教授指出："随着韩国进入低生育率与老龄化社会，65岁以上老年人学习中文与中国文化的兴趣显著提升。"
- □ 这类学习者以文化体验和兴趣驱动为主，传统的等级认证或选拔性考试（如HSK）显然不完全适用。如何为老年人及其他特殊群体设计更具趣味性、体验性和成功感导向的非标准化评估体系，成为韩国中文教育的新议题。当前，针对老年学习者的教材与教学方法尚不完善，相应的评估工具体系也有待进一步研究与构建。

(4) 本土化评估实践面临的核心挑战

□ 国际标准与本土大纲的协调。如何实现《等级标准》等国际框架与韩国国家课程纲要及各教育机构校本大纲的有效衔接与融合，是推动中文测评深度本土化的关键环节。若评价标准并行而缺乏整合，易导致教学方向分散、学习目标模糊，影响教学与测评的一致性。

□ 评估专业人才的培养。科学的评估体系建设离不开具备语言测评专业知识与实操能力的教师与研究者。目前，韩国在语言测评领域的专业人才储备仍有待加强。

□ 技术赋能评估的探索。以人工智能与大数据为代表的现代教育技术，正在重塑语言测评模式。开发基于自适应学习的测评系统、智能作文评分系统等新型工具，将成为未来中文测评本土化创新的重要方向。然而，这一进程对技术基础、资金投入及跨领域合作均提出了更高要求。

□ 综合来看，韩国在中文测评与考试体系建设方面，已形成了以HSK国际考试为核心、以校内多元评估为基础、并积极推进《等级标准》本土化落地的多层次格局。HSK的广泛传播奠定了其在韩国中文教育领域的权威地位，但在内容设计与本土学情的精准匹配上仍有进一步优化空间。

□ 《等级标准》通过高端学术会议、机构合作与教学实践的多维传播，为韩国中文教学与测评改革提供了科学的标准依据，并推动了本土化研究与实践的深入开展。与此同时，韩国在校内评估创新、本土化考试开发及特殊学习群体评估等方面积累了宝贵经验，但仍面临国际标准协调、专业人才培养与技术应用深化等系统性挑战。

□ 未来，韩国中文测评体系的发展，将在国际标准化与本土适应化的动态平衡中持续演进，其经验与路径为全球国际中文教育测评体系的建设与优化提供了重要的区域性参考。

5 技术平台与数字资源：跨境供给与本土化

□ 在全球化与信息化的背景下，中文教育在韩国的传播与发展呈现出多元化的格局。技术平台与数字资源的跨境供给与本土化再造，已成为推动中文教育现代化的重要力量。本章节将从在线学习平台、数字教材与APP的供给格局，以及人工智能与混合式教学对资源本土化两个方面进行分析。

1 在线学习平台、数字教材与APP的供给格局

(1) 在线学习平台的兴起与发展

□ 随着互联网技术的快速发展，在线学习平台在全球范围内迅速兴起，韩国市场亦呈现活

跃态势。国内外教育机构纷纷推出中文在线学习平台，以满足不同层次学习者的需求。例如，韩国的“Talk To Me In Chinese”平台提供从初级至高级的中文课程，涵盖听、说、读全方位内容，深受学习者欢迎。国际知名平台如“Duolingo”、“HelloChinese”等在韩国市场亦具有一定影响力。这些平台通过互动式教学，吸引了大量学习者，尤其在年轻群体中活跃度较高。

(2) 数字教材的本土化与适应性

□ 数字教材作为在线学习的重要组成部分，其本土化水平直接影响教学效果。在韩国，中文教材开发者逐渐注重本土化设计，结合韩国学习者的语言特点与文化背景，优化教材内容。例如，在词汇选择上考虑韩语与汉语的差异，以提高学习者理解度。然而，数字教材的本土化仍面临挑战：部分教材过于依赖中国本土文化背景，缺乏对韩国文化的融入，可能影响学习者的文化认同感。因此，如何在教材中平衡中韩文化呈现，是教材开发者亟需解决的问题。

(3) APP的功能拓展与用户体验

□ 随着智能手机的普及，中文学习APP成为学习者随时随地获取语言资源的重要工具。许多APP在提供词汇、语法等基础内容的同时，还引入了语音识别、实时翻译及文化知识等功能，丰富了学习体验。在韩国市场，一些本土开发的中文学习APP，如“ChineseSkill”、“LingoDeer”等，凭借符合韩国用户习惯的界面设计与教学方式，获得较高评价。这些APP在功能设计上，充分考虑本土需求，体现了显著的本土化特征。

2 人工智能与混合式教学对资源本土化的影响

(1) 人工智能在中文教育中的应用

□ 人工智能技术的引入，为中文教育带来了新的发展机遇。在韩国，许多教育机构已尝试将AI技术应用于中文教学中，如智能语音识别、自动批改作文、个性化学习推荐等。例如，一些中文学习平台利用AI技术，分析学习者的学习进度和薄弱环节，提供针对性的学习建议，从而提升学习效率。同时，AI技术还可以通过语音识别帮助学习者纠正发音，改善口语表达能力，实现学习过程的个性化与精准化。

(2) 混合式教学模式的兴起

□ 混合式教学，即将传统课堂教学与在线学习相结合，已成为韩国中文教育的重要趋势。

该模式既充分利用线上平台的灵活性，又保留线下课堂的互动优势，使学习者能够根据个人时间安排进行自主学习，同时在课堂中与教师和同学互动，解答疑问并巩固知识。混合式教学还可以通过在线平台，提供丰富的学习资源，如视频课程、练习题及讨论区等，增强学习的趣味性和效果。

(3) 资源本土化的挑战与对策

□ 尽管AI技术与混合式教学模式为中文教育带来新机遇，但在资源本土化方面仍面临挑战。首先，AI应用需要大量语料数据，而现有中文语料库多基于中国本土，缺乏韩国本土语言数据，可能导致AI系统在处理韩语背景下的中文时出现理解偏差。其次，混合式教学的实施依赖教师具备技术操作与教学设计能力，而部分教师在该方面仍需提升。

□ 针对上述问题，可从以下三个方面推进本土化改进：

- 构建本土化语料库：收集整理韩国本土中文语言数据，为AI系统训练提供支持。
- 强化教师培训：定期组织教师参与AI技术与混合式教学培训，提高教学能力与技术应用水平。
- 开发本土化教学资源：结合韩国学生的学习特点，研发适宜的教材与教学资源，以提升教学效果。

□ 综上所述，技术平台与数字资源的跨境供给及本土化再造，为韩国中文教育的发展提供了新的动力。在全球化与信息化背景下，合理利用AI技术和混合式教学模式，提高中文教育的质量与效率，成为教育工作者亟需关注的核心课题。通过构建本土化语料库、强化教师培训及开发本土化教学资源，可有效推动中文教育的本土化进程，为学习者提供更优质的学习体验。

6 机构网络与治理：国家、大学与民间的相互作用

1 政策支持与跨境合作机制（孔子学院、政府间项目）

□ 自1992年中韩建交以来，韩国中文教育发展迅速，得益于两国政府间建立的多层次合作机制。孔子学院作为中国政府推广汉语语言文化的重要平台，在韩国设立了多个分支机构，承担语言培训、文化交流和学术研究等职能。通过这些机构，韩国民众和学生能够直接接触和中文学习，促进两国的化的相互理解与交流。

□ 此外，中韩两国政府还签署了一系列教育交流协议，推动高层教育代表团互访、合作办学及各类教育项目的开展。这些合作不仅促进了中文教育的普及，也为两国教育体系的互补发展提供了制度支持。韩国高校在课程设置、教材开发与师资培训等方面，借鉴了中

国先进教育经验和资源，推动了中文教育的本土化发展。

□ 尽管政策支持和跨境合作机制为中文教育发展提供了坚实保障，但在实际操作中仍面临挑战。例如，如何在保障教育质量的同时，适应不同文化背景下的教育需求，以及如何平衡外部资源引入与本土教育体系的融合，仍需持续探索与优化。

2 地方与中央、民间与官方的治理张力

□ 在中文教育实施过程中，地方与中央、民间与官方之间的治理张力成为重要议题。中央政府通过制定教育政策和提供资金支持，确立了中文教育的总体方向和发展框架。而地方政府则在实施过程中，根据本地的实际情况进行调整和优化，以满足学生与社会的多样化需求。同时，民间机构在中文教育中扮演着越来越重要的角色。许多民间培训中心，凭借其灵活的教学方式和多样化课程设置，填补了官方教育体系的空白，满足了不同学习者的需求。这些民间机构的兴起，这不仅推动了中文教育的多元化发展，也促使官方教育体系进行反思和调整，以更好地适应社会的变化。然而，多元主体治理结构也带来了协调与整合的挑战。如何在保障教育质量的前提下，实现各方资源的有效整合，避免重复建设与资源浪费，是当前中文教育亟需解决的问题。加强中央与地方、官方与民间之间的沟通与协作，建立健全的协调机制，是缓解治理张力的关键。

3 案例研究：从“延世大学中文系”为例

□ 以韩国延世大学中文系为例，其中文教育项目充分利用中韩政府合作资源，同时结合自身办学特色，制定了切合本校实际的中文教育方案。

□ 首先，该校积极参与中韩教育合作项目，派遣教师赴中国进行培训和交流，引进先进教育理念与教学方法；同时，学校邀请中国专家学者来校讲学，举办讲座与研讨会，促进中韩学术互动与合作。其次，学校根据韩国学生的学习特点和需求，开发适合本地学生的中文教材与课程体系。在教材编写融入韩国学生熟悉的文化元素，使内容贴近生活和认知背景，从而提升学习兴趣和效果。此外，学校还与民间教育机构合作，举办中文角、文化节等课外活动，丰富学习体验，增强语言学习的实用性和趣味性。通过上述策略，延世大学中文系在教育实践中，实现了资源互补与本土化发展，不仅提升了教育质量，也促进了中韩文化的深度交流。

□ 总体来看，韩国中文教育的发展，既依赖政策支持和跨境合作机制的推动，也需在实践中应对地方与中央、民间与官方之间的治理张力。借鉴成功的案例经验，有助于优化资源配置、强化教育协作，为中文教育的持续发展提供参考与借鉴。参考和借鉴。

7 综合分析：国际化与本土化的互动机制

1 国际化背景下的韩国中文教育发展

□ 自20世纪90年代以来，全球化浪潮推动韩国中文教育快速发展。根据《韩国汉语国际教育推广状况的回顾与展望》的数据，从1992年到2003年，韩国高校中文相关专业的硕士学位点由24个增至63个，硕士研究生人数由223人增至581人；博士学位点由9个增至29个，博士研究生人数由114人增至205人。这一数据充分体现了韩国中文教育在高等教育阶段的快速扩张趋势。

□ 孔子学院作为中国政府推动中文教育的重要平台，在韩国的设立进一步推动了中文教育的国际化。例如，2020年1月7日，由中国国际商务汉语教学与资源开发基地策划承办的"2020首尔孔子学院校长团汉语文化体验冬令营"，在中国贸大举行，体现了中韩教育交流的深化与制度化合作。

2 本土化需求与挑战

□ 尽管国际化取得显著进展，韩国中文教育在本土化方面仍面临诸多挑战。吕文杰在《对韩汉语教材现状与编写原则》中指出，韩国本土使用的汉语教材主要依赖中国引进，但存在引进随意性大、连续性不足以及教材老化等问题，难以充分满足韩国学习者的实际需求。

□ 延世大学金铉哲教授也指出，虽然教学资源有所增加，但中高级中文教材种类仍显不足，本土中文教师数量有限，这些因素在一定程度上制约了中文教育的进一步发展和质量提升。

3 国际化与本土化的互动机制

□ 国际化与本土化并非对立的两极，而是相互作用、相互促进的关系。相辅相成、相互促进的动态过程。在韩国中文教育的发展实践中，国际化为本土化提供了丰富的资源与平台，而本土化则使中文教育更契合学习者的实际需求。以孔子学院为例，其不仅提供中文教学资源，还通过文化体验活动增强中韩文化交流。这种互动机制有助于提升中文教育的教学质量与整体效果，实现国际化资源与本土教育需求的有机结合。

8 政策建议与实践路径

1 加强教材本土化开发

□ 针对当前教材引进随意性大、连续性不足等问题，建议韩国中文教育机构与中国教育部门在《等级标准》框架下，联合开发符合韩国学习者需求的教材。教材内容应结合韩国的文化背景和语言特点，兼顾实用性与趣味性，以提升学习兴趣和教学效果。

2 培养本土中文教师队伍

□ 为应对本土中文教师数量不足的问题，建议韩国高等院校设立中文教育专业，培养具备专业知识和教学能力的教师。同时，可通过与中国高校的合作，开展教师互访与培训项目，提升教师的教学水平和跨文化交流能力。

3 推动中韩教育合作项目

□ 建议中韩双方政府及教育部门加强合作，推进更多教育合作项目。例如，可通过设立奖学金、开展联合研究及文化交流活动，进一步促进两国在中文教育领域的深度合作与经验共享。

4 利用数字技术提升教学效果

□ 随着信息技术的发展，数字化教学已成为提升教学效果的重要手段。建议韩国中文教育机构开发适合本土学习者需求的在线学习平台和APP，提供丰富的学习资源和互动功能，以满足个性化学习需求，提升整体教学效果。

□ 综上所述，韩国中文教育在国际化与本土化的双重推动下取得了显著进展，但仍面临教材本土化不足、本土教师短缺等挑战。通过强化教材本土化开发、培养专业教师、推动中韩教育合作及利用数字技术提升教学效果，可有效推动韩国中文教育的可持续发展。未来，韩国中文教育应在国际化与本土化互动机制中持续探索与创新，以适应全球化背景下不断变化的教育需求。

8.4 韩国中文教育的现状、核心问题与发展对策

□ 随着中韩文化交流的深入和中文教育的持续推进，中文在韩国逐渐成为重要的外语选择之一。尽管中文教育在韩国取得了一定进展，但仍面临诸多挑战。本章将对2024年韩国中文教育的现状进行分析，梳理核心问题，并提出相应的发展对策。

1 政策背景与战略导向

1 中国教育对外开放政策

□ 2024年，中国政府发布《教育强国建设规划纲要（2024 - 2035年）》，明确提出要深入推进教育对外开放，统筹“引进来”和“走出去”，不断提升我国教育的国际影响力、竞争力和话语权。[2] 该战略为中文教育的国际化发展提供了坚实的政策支撑。

2 韩国中文教育政策

□ 近年来，韩国政府不断加强对中文教育的支持力度。教育部将中文纳入高考外语科目，并在中小学阶段积极推广中文教育。同时，韩国高校与中国高校合作日益密切，开展了多样化的中文教育项目，为中文教育的发展创造了有利条件。

2 韩国中文教育供需现状分析

1 中文教育供给现状

□ 韩国的中文教育的供给主体主要包括高校、语言机构及孔子学院等。高校中文专业设置因院系调整而呈现逐步减少的趋势，中文公共课程也受到一定影响而略有下降。高校中文专业课程内容覆盖语言、文化、翻译等多个方面，而中文公共课程则以基础语言教学及政治、经济、文化知识为主。语言机构则提供多样化的中文培训课程，满足不同学习者的需求。

2) 来源：中华人民共和国国务院(2019)。

2 中文教育需求现状

□ 随着中韩经济文化交流的深入，韩国社会对中文人才的需求持续增长。许多企业在招聘中将中文能力作为重要考量因素。同时，疫情后前往中国留学的韩国学生人数也呈现逐步回升趋势，反映出中文学习需求的不断恢复与扩大。

3 核心问题诊断

□ 随着韩国高校及语言机构积极拓展中文教学，中文教育资源供给总体呈现增长趋势。然而，政策与治理方面仍存在碎片化问题，制约了资源配置效率、教学质量及持续发展能力。具体表现如下：

1 政策与治理碎片化

□ 尽管中央与地方、教育部门与文化交流部门在推动中文教育方面各有职能，但实际运作中仍存在职责交叉与协同不足的情况。孔子学院等跨国机构虽为中文教育提供了重要资源，但也增加了治理协调及政策一致性难题。会议材料显示，现行政策多以短期活动或项目性合作为主，缺乏制度化、长期稳定的支持机制。

- ① **中央与地方教育部门职责交叉。**韩国教育部（Ministry of Education）对K12及大学教育具有宏观指导权，但地方教育厅及地方政府在中文课程的具体实施上拥有较大自主权。
- ② **跨部门协同不足。**文化交流部门（如韩国文化体育观光部）与教育部门之间缺乏长期规划及制度化的沟通机制。孔子学院、语合中心及地方孔子课堂等机构虽增加资源供给，但项目多以短期文化交流或专项活动为主，难以对国家中文教育体系的持续支撑。
- ③ **国际合作项目的治理张力。**孔子学院的跨境资源供给引入了先进教学理念，但在实际执行中带来治理协调挑战。例如，教师聘任、课程设置及评估标准需兼顾中国总部与韩国地方学校需求，导致政策执行存在较大弹性和不确定性。

□ 总体来看，政策碎片化不仅影响资源配置的效率，也及中文教育的长期规划与可持续发展。针对这一问题，需要加强中央与地方的政策协调、建立跨部门长期沟通机制，并优化国际合作项目治理，以推动中文教育体系的整体稳健发展。续发展。针对这一问题，需要加强中央与地方的政策协调、建立跨部门长期沟通机制，并优化国际合作项目治理，以推动中文教育体系的整体稳健发展。

2 师资供给的数量—质量矛盾

□ 当前，韩国中文教师队伍在数量与质量之间呈现明显矛盾，主要体现在以下方面：

- **① 外籍教师供给不足:** 根据韩国教育部（2019）统计，全国K12中文教师中，具备中国学历并拥有正式教学经验的教师不足总需求的30%（Korean Ministry of Education, 2。高校中文专业教师数量虽相对充足，但普遍偏向学术研究，缺乏系统教学训练，难以满足教学实践需求。
- **② 本土教师培训体系缺失:** 韩国本土中文教师多依赖短期培训或线课程获得基础资格，但缺乏连续的职业发展路径与系统化培训。郑辉（2022）指出，现有培训多聚焦语法讲授和应试技巧，忽略跨文化教学能力及课堂管理技能，难以支撑高质量教学实践。
- **③ 国际标准与职业发展衔接不足:** 《等级标准》在教师资格参考方面尚未形成全国统一的应用机制，导致教师培训、教材开发及评估体系之间存在脱节，制约中文教育整体质量提升。

□ 总体来看，韩国中文教师队伍呈现两极分化趋势：一方面，具备中国高等学府学历与教学经验的外籍教师供给不足，工作机会有限；另一方面，本土中文教师数量增长迅速，但系统培训常常和持续职业发展机制尚不完善。教师资格体系与国际标准未能有效衔接，影响了教学质量的持续提升及教材本土化能力的增强。

3 教材与课程的本土化水平参差不齐

□ 当前，韩国中文教材呈现来源多样、类型并存的特点，但在本土化适配方面存在不足：

- **① 教材来源多样但缺乏适配:** 韩国学校同时使用引进教材（来自中国大陆、台湾及香港）与本土改编教材。李智贤（2020）指出，不同版本教材在文化呈现、任务设计及难度分层上存在显著差异，难以完全契合韩国课堂的教学习惯与评估需求。
- **② 考试导向对课堂的影响:** HSK考试的普及在一定程度上引导教学方向，课堂教学往往偏重应试技巧，对口语交流能力和文化理解能力的培养关注不足。
- **③ 教材评估机制不完善:** 缺乏系统教材评价标准及适应韩国本土教育环境的质量认证体系，使教材本土化进程缓慢，教师自主改编能力受到限制。

□ 总体而言，引进教材与本土改编教材并存，但在文化呈现、难度分层及任务设计方面仍存在适配不足问题。考试导向进一步强化了这一趋势，使部分课堂偏重应试技巧而弱化语言交际与文化理解能力的培养。

4 评估机制的适配与公平性问题

(1) HSK与学校课程对接难

□ HSK等级划分虽提供了国际比较标准，但在与韩国高中、大学课程及招生体系的衔接上仍存在差异。部分学校无法将HSK成绩完全纳入学业评价体系，评估应用局限。

(2) 《等级标准》的实施障碍

□ 《等级标准》的推广为评估适配提供了参考，但在教师培训、教学实践、测评资源与课程安排的系统性衔接上尚未形成完整机制，导致实施效果参差不齐。

□ 综合来看，HSK在提供国际比较基准方面具有优势，但其本土适配性、语言能力等级与韩国教育体制的对接仍存在难点。《等级标准》的推广为解决这一问题提供路径，但实施过程中涉及测评资源、教师培训与课程对接的系统性问题尚未完全解决。

5 技术应用的不均衡与教学创新滞后

□ 技术应用在韩国中文教育中存在明显不均衡现象，同时教学创新仍相对滞后：

- ① **数字资源使用差异显著：** 高校及城市重点学校普遍拥有丰富的在线资源和混合教学条件，而地方学校及偏远地区学校数字化设施相对不足，造成教学资源获取的不均衡。
- ② **人工智能与智能教学仍处探索阶段：** 尽管人工智能技术在中文学习中具有潜力，如智能评测、个性化学习路径及语音识别练习，但在韩国中文教育中仍处于实验和探索阶段，尚未形成系统的课程整合与教师培训机制。

□ 总体而言，尽管在线平台与混合教学在疫情期间快速发展，但高校及城市重点学校与地方及偏远地区学校在数字资源使用及师资AI素养方面存在明显差异。人工智能技术虽被视为未来发展趋势，但在师资培训、课程整合及评估质量保障方面仍需进一步探索。

4 政策与实践建议

□ 为推动中文教育高质量发展，应在国家政策、教育机构、师资培养、教材评估及国际合作等方面采取系统性对策：

1 国家层面：制度化支持与跨部门协同

□ 建议建立“国家级中文教育协调机制”（如跨部际工作组），整合教育部、外交部及文化交流机构的资源，形成长期规划与稳定资金支持机制；将《等级标准》纳入官方教师资格与继续教育参考体系，推动国家层面的培训资助与教材开发基金建设。

2 教育机构层面：课程本土化与资源共建

□ 高校与地方教育机构应建立“教材和课程本土化实验室”，依托高校研究资源，与出版社及民间机构共研适配教材。推动校企合作与实习机制，将语言能力与职业技能的有机结合，以提升学生就业适配率和实践能力。

3 师资培养：分层次、持续化的专业发展路径

□ 实施三级师资培训体系：对初任教师强化基础教学法及评估能力训练，对中级教师提升教材开发及课堂研究能力，对高级教师支持研究与课程设计能力发展。培训应结合线上模块与集中研修，同时鼓励海外教师与本土教师的交流互访，建立“教学共同体”，促进实践经验的共享与专业成长。

4 测评与教材：双向适配与质量保障

□ 在引入HSK与《等级标准》时，应制定本土化对接指南（Mapping），明确等级标准与学校课程、大学入学及就业证书的对应关系。推动教材质量认证机制建设，建立涵盖文化呈现、语言水平标注与练习类型适配性的评价指标体系。

5 国际合作与技术赋能

□ 拓展多边与区域性合作（除中韩双边外，纳入东盟及欧亚教育机构），丰富教材与评估模式的比较研究。技术层面应推动开放式数字资源库建设（涵盖教材资源、语料库及测评题库），并对接本土教师培训模块及课堂使用指南，确保公平获取与数据隐私保护。

□ 总体而言，通过国家政策、教育机构、师资培养、教材评估及国际合作等多方协同努力，韩国中文教育可实现制度化发展、资源优化配置及质量提升，从而推动中文教育的可持续发展，促进中韩文化交流与合作。

Contents

结语 IX

IX | 结语

◆ 2024年，对韩国中文教育而言，是承前启后、开拓创新的重要一年。

◆ 在不断变化的全球环境中，韩国中文教育稳步推进，教育一线的教师与研究者为完善教学方法、优化课程体系倾注了大量心血与热情。尤其值得关注的是，韩国中文教育的教学目标正逐步突破单一的语言传授模式，转向深化文化理解与强化实际交际能力的综合培养方向，呈现出多元化、实践化与创新化的显著发展趋势。这一转变不仅体现了韩国中文教育理念的持续创新与深化，也标志着其在国际中文教育格局中正迈向更加成熟、开放与多元的发展阶段。

◆ 与此同时，新时代的变革也带来了前所未有的挑战。随着全球范围内韩语学习热潮的兴起，外语教育的整体范式正经历深刻而系统的转型。这一趋势提醒我们，中文教育必须突破知识单向传递的传统模式，转向培养学习者的实际沟通能力与面向未来社会的复合思维能力，实现教育理念与教学方法的系统性革新与升级。

基于上述背景，本报告将从以下两个方面展开论述。

9.1 国际中文教育视野下韩国的地位与作用

□ "国际中文教育"是指面向全球非汉语母语者开展的中文教学与学习活动。随着中文国际影响力的持续提升，世界各地掀起了学习中文的热潮，带动了课程体系建设、教学方法革新以及教材研发等领域的不断探索与创新。在这一全球性发展趋势的推动下，2024年的韩国中文教育在多个方面展现出独特而重要的地位。

□ 第一，历史深度与学习热情。韩国与中国地缘相近，同属汉字文化圈，因此中文学习在韩国具有深厚的历史根基。早在高丽末期至朝鲜初期，诸如《老乞大》等实用汉语教材已被广泛使用，充分体现出当时社会对汉语学习的重视与需求。进入现代以来，随着中韩两国在经济与文化领域交流的不断深化，中文逐渐成为仅次于英语的重要外语之一，社会各界的学习热情持续高涨。从基础教育到高等教育，再到成人继续教育，各年龄层的中文学习活动均呈现出高度的普及性与活跃性，构成了韩国中文教育持续发展的坚实基础。

□ 第二，语言与文化的相似与差异。韩语与现代汉语虽在语序与语法结构上存在差异，但韩语中汉字词比例较高，在词汇学习上具有天然优势。这一语言特性为韩国学习者形成独特的学习策略与教学体系提供了重要基础，也成为中文教育本土化发展的契机。

□ 第三，韩国作为主要学习国与研究中心的地位。韩国是全球中文学习者密度最高的国家之一，积累了丰富的教学经验与研究成果。韩国高校在开设通识中文课程的同时，也积极推动教学法与教材研究，对国际中文教育方法论的发展起到了积极的推动作用。

□ 第四，多样化教育模式的示范作用。尽管韩国深受汉字文化影响，但其语言体系独立而独特。韩国学习者在非母语环境中有效习得中文的经验与教学方法，成为其他非汉语文化圈（如欧美地区）开发教学模式的重要参考。

□ 第五，文化交流的桥梁作用。语言教育不仅是知识传授，更是文化沟通。韩国的中文教育在帮助学习者理解中国文化、促进两国人民相互交流方面发挥了重要的桥梁作用，为中韩关系的稳步发展奠定了坚实的人文基础。

9.2 国际中文教育视野下韩国中文教育的意义与价值

□ 韩国中文教育的地位与价值主要体现在以下几个方面：

□ 第一，战略重要性与培养人才方面。中国对全世界有着强大影响力，在这一背景下，韩国积极开展中文教育，对于提升国家竞争力、培养具备实际沟通能力的全球化人才，具有核心意义。这对于提升韩国在经济、外交、文化等各个领域的国际地位，亦具有积极的促进作用。

□ 第二，增进相互理解与和平方面。通过语言深入理解彼此的文化，不仅可以跨越沟通障碍，更能拉近心理上的距离。韩国的中文教育有助于增进韩中两国的真正相互理解，进而在推动东亚地区和平与合作方面也发挥着积极的价值。

□ 第三，学术与教育贡献方面。韩国的中文教育研究在为韩国中文学习者开发最佳教学方法和教材方面发挥了引领作用，同时也对国际中文教育理论与实践做出了重要的学术贡献。此外，韩语与中文之间的对比语言学研究，也为国际语言教育领域提供了新的洞见。

□ 综上所述，韩国的中文教育不仅仅是教授和学习一门语言，更是在战略性人才培养、促进文化交流、推动国际中文教育研究发展等方面，具有多方位且重要的价值。2024年是韩国中文教育实现质的飞跃并为面向未来的创新做好准备的一年。展望未来，我们应针对将由下一代主导的时代，开发更加有吸引力与实效性的教学项目，积极利用数字技术，使学习体验更丰富。同时，也到了一个更为关键的阶段，在这个阶段，我们必须与国内外专家密切协作，持续推进研究与发展。

□ 希望本报告所记录的过去一年的足迹与思考，能够成为推动韩国中文教育迈向更加光明、更加充满活力的未来的宝贵基石。相信我们齐心协力、集思广益，即便在瞬息万变的时代，也一定能够稳固并提升韩国中文教育的地位。

Contents

参考文献

1 参考文献

□ 教育部(2015), 〈初·中等学校教育课程总论〉, 教育部公告 第2015-80号[附册1].

□ Kim, Seokyoung(2023), 〈Current status and challenges of Chinese language education research in South Korea〉, 《Korea Journal of Chinese Language and Literature》 91:297-322.

□ Kim, Hyun-cheol · Lee, Kyungjin · Kim, Juhee · Lee, Yujin(2016), 〈A study on the current situation of Chinese education in Korean elementary schools: Focus on the area of Seoul〉, 《Foreign Languages Education》23(2):249-267.

□ 董冠男(2022), 〈韩国汉语国际教育推广状况的回顾与展望〉, 中国高校人文社会科学信息网.

□ Lee, Mikyung(2018), 〈An analysis of the textbooks of Chinese as a foreign language〉, 《Chinese Language Education and Research》28:221-245.

□ 李智贤(2020), 〈中文教材适配性分析：以韩国中小学为例〉,《语言教育研究》22(5):55-69.

□ 郑辉(2022), 〈中文教师专业发展研究〉, 北京: 高等教育出版社.

□ 中华人民共和国国务院(2019), 〈教育强国建设规划纲要〉

□ 曾海燕(2011), 〈英国中学国别化汉语教材编写研究〉, 北京语言大学硕士学位论文.

2 相关网站

□ 教育课程信息中心 : https://ncic.re.kr

□ 国家法令信息中心 : https://www.law.go.kr

□ 国立中央图书馆 : https://www.nl.go.kr

□ NEIS教育信息开放门户 : https://open.neis.go.kr

□ Naver数据实验室 : https://datalab.naver.com

□ 大学信息公开平台 : https://www.academyinfo.go.kr

□ RISS学术信息服务 : https://www.riss.kr

□ NE能率教科书课堂支持中心 : https://www.neteacher.co.kr

□ EBS音频语言学院 : https://5dang.ebs.co.kr

□ 学校信息公开平台 : https://www.schoolinfo.go.kr

□ 韩国教育发展院教育统计中心 : https://kess.kedi.re.kr

□ 行政安全部 国家记录院 : https://www.archives.go.kr/

Contents

附录

附录1 开设中文课程的初中名单（2024）

No.	지역	학교명	유형	No.	지역	학교명	유형
1	서울	가원중학교	공립	57	서울	불암중학교	공립
2	서울	강동중학교	공립	58	서울	사당중학교	공립
3	서울	강명중학교	공립	59	서울	상계중학교	공립
4	서울	강북중학교	공립	60	서울	상명대학교사범대학부속여자중학교	사립
5	서울	강신중학교	공립	61	서울	상봉중학교	공립
6	서울	강일중학교	공립	62	서울	상암중학교	공립
7	서울	강현중학교	공립	63	서울	상현중학교	공립
8	서울	개운중학교	공립	64	서울	서운중학교	공립
9	서울	개웅중학교	공립	65	서울	서일중학교	공립
10	서울	개원중학교	공립	66	서울	서초중학교	공립
11	서울	개포중학교	공립	67	서울	석관중학교	공립
12	서울	거원중학교	공립	68	서울	석촌중학교	공립
13	서울	경서중학교	공립	69	서울	선덕중학교	사립
14	서울	경인중학교	공립	70	서울	선린중학교	공립
15	서울	경일중학교	공립	71	서울	선유중학교	공립
16	서울	공릉중학교	공립	72	서울	성남중학교	사립
17	서울	광남중학교	공립	73	서울	성덕여자중학교	사립
18	서울	광장중학교	공립	74	서울	성사중학교	공립
19	서울	구로중학교	공립	75	서울	성신여자중학교	사립
20	서울	구룡중학교	공립	76	서울	세곡중학교	공립
21	서울	구산중학교	공립	77	서울	세륜중학교	공립
22	서울	구암중학교	공립	78	서울	세일중학교	공립
23	서울	길음중학교	공립	79	서울	송례중학교	공립
24	서울	난곡중학교	공립	80	서울	송파중학교	공립
25	서울	노곡중학교	공립	81	서울	수락중학교	공립
26	서울	노원중학교	공립	82	서울	수명중학교	공립
27	서울	당곡중학교	공립	83	서울	수서중학교	공립
28	서울	당산중학교	공립	84	서울	숙명여자중학교	사립
29	서울	대림중학교	공립	85	서울	숭곡중학교	공립
30	서울	대명중학교	공립	86	서울	숭인중학교	공립
31	서울	대왕중학교	공립	87	서울	시흥중학교	공립
32	서울	대원국제중학교	사립	88	서울	신구중학교	공립
33	서울	동북중학교	사립	89	서울	신길중학교	공립
34	서울	동신중학교	사립	90	서울	신남중학교	공립
35	서울	동일중학교	사립	91	서울	신도봉중학교	공립
36	서울	등명중학교	공립	92	서울	신도중학교	공립
37	서울	마장중학교	공립	93	서울	신도중학교	공립
38	서울	면목중학교	공립	94	서울	신동중학교	공립
39	서울	명일중학교	공립	95	서울	신목중학교	공립
40	서울	명지중학교	사립	96	서울	신반포중학교	공립
41	서울	목운중학교	공립	97	서울	신사중학교	공립
42	서울	목일중학교	공립	98	서울	신서중학교	공립
43	서울	문성중학교	공립	99	서울	신양중학교	공립
44	서울	문현중학교	공립	100	서울	신월중학교	공립
45	서울	방배중학교	공립	101	서울	신창중학교	공립
46	서울	방이중학교	공립	102	서울	신현중학교	공립
47	서울	방학중학교	공립	103	서울	압구정중학교	공립
48	서울	배명중학교	사립	104	서울	양강중학교	공립
49	서울	백석중학교	공립	105	서울	양진중학교	공립
50	서울	백운중학교	공립	106	서울	양천중학교	공립
51	서울	봉림중학교	공립	107	서울	양화중학교	공립
52	서울	봉영여자중학교	사립	108	서울	언남중학교	공립
53	서울	봉원중학교	공립	109	서울	언북중학교	공립
54	서울	봉은중학교	공립	110	서울	언주중학교	공립
55	서울	북악중학교	공립	111	서울	역삼중학교	공립
56	서울	불광중학교	공립	112	서울	연천중학교	공립

No.	지역	학교명	유형	No.	지역	학교명	유형
113	서울	연희중학교	공립	172	경기	곡반중학교	공립
114	서울	영남중학교	공립	173	경기	곤지암중학교	공립
115	서울	영동중학교	공립	174	경기	공도중학교	공립
116	서울	영원중학교	공립	175	경기	과천문원중학교	공립
117	서울	영훈국제중학교	사립	176	경기	관양중학교	공립
118	서울	예일여자중학교	사립	177	경기	광교호수중학교	공립
119	서울	오금중학교	공립	178	경기	광남중학교	공립
120	서울	오륜중학교	공립	179	경기	광릉중학교	공립
121	서울	오주중학교	공립	180	경기	광명북중학교	공립
122	서울	용강중학교	공립	181	경기	교문중학교	공립
123	서울	원묵중학교	공립	182	경기	구갈중학교	공립
124	서울	원촌중학교	공립	183	경기	구미중학교	공립
125	서울	월곡중학교	공립	184	경기	구성중학교	공립
126	서울	월촌중학교	공립	185	경기	구운중학교	공립
127	서울	위례솔중학교	공립	186	경기	군자중학교	공립
128	서울	은성중학교	사립	187	경기	궁내중학교	공립
129	서울	은평중학교	공립	188	경기	귀인중학교	공립
130	서울	을지중학교	공립	189	경기	금광중학교	공립
131	서울	잠신중학교	공립	190	경기	금릉중학교	공립
132	서울	잠실중학교	공립	191	경기	금파중학교	공립
133	서울	장승중학교	공립	192	경기	기산중학교	공립
134	서울	재현중학교	사립	193	경기	기안중학교	공립
135	서울	전일중학교	공립	194	경기	김포신곡중학교	공립
136	서울	종암중학교	공립	195	경기	김포여자중학교	공립
137	서울	중계중학교	공립	196	경기	까치울중학교	공립
138	서울	중동중학교	사립	197	경기	나곡중학교	공립
139	서울	중랑중학교	공립	198	경기	나래중학교	공립
140	서울	중원중학교	공립	199	경기	낙원중학교	공립
141	서울	중평중학교	공립	200	경기	남수원중학교	공립
142	서울	진관중학교	공립	201	경기	남양주다산중학교	공립
143	서울	창동중학교	공립	202	경기	내정중학교	공립
144	서울	창일중학교	공립	203	경기	늘푸른중학교	공립
145	서울	천일중학교	공립	204	경기	능곡중학교	공립
146	서울	천호중학교	공립	205	경기	능동중학교	공립
147	서울	청담중학교	공립	206	경기	능실중학교	공립
148	서울	청운중학교	공립	207	경기	다산새봄중학교	공립
149	서울	풍납중학교	공립	208	경기	다산한강중학교	공립
150	서울	하계중학교	공립	209	경기	다원중학교	공립
151	서울	한강중학교	공립	210	경기	당동중학교	공립
152	서울	한산중학교	공립	211	경기	대송중학교	공립
153	서울	한영중학교	사립	212	경기	대안여자중학교	공립
154	서울	한천중학교	공립	213	경기	대지중학교	공립
155	서울	해누리중학교	공립	214	경기	대평중학교	공립
156	서울	화계중학교	공립	215	경기	덕산중학교	공립
157	서울	화곡중학교	사립	216	경기	덕소중학교	공립
158	서울	효문중학교	공립	217	경기	덕이중학교	공립
159	서울	휘문중학교	사립	218	경기	덕장중학교	공립
160	경기	가람중학교	공립	219	경기	도농중학교	공립
161	경기	가림중학교	공립	220	경기	도래울중학교	공립
162	경기	갈매중학교	공립	221	경기	도장중학교	공립
163	경기	갈뫼중학교	공립	222	경기	동두천여자중학교	사립
164	경기	감일중학교	공립	223	경기	동백중학교	공립
165	경기	감정중학교	공립	224	경기	동삭중학교	공립
166	경기	경수중학교	공립	225	경기	동성중학교	공립
167	경기	고암중학교	공립	226	경기	동수원중학교	공립
168	경기	고양제일중학교	사립	227	경기	동탄목동중학교	공립
169	경기	고양중학교	공립	228	경기	동탄중학교	공립
170	경기	고창중학교	공립	229	경기	동패중학교	공립
171	경기	고천중학교	공립	230	경기	동학중학교	공립

No.	지역	학교명	유형	No.	지역	학교명	유형
231	경기	동화중학교	사립	290	경기	서해중학교	공립
232	경기	두일중학교	공립	291	경기	서현중학교	공립
233	경기	만정중학교	공립	292	경기	석수중학교	공립
234	경기	망포중학교	공립	293	경기	석우중학교	공립
235	경기	매송중학교	공립	294	경기	석천중학교	공립
236	경기	매원중학교	공립	295	경기	선부중학교	공립
237	경기	매탄중학교	공립	296	경기	선유중학교	공립
238	경기	매홀중학교	공립	297	경기	성곡중학교	공립
239	경기	명인중학교	공립	298	경기	성남여자중학교	공립
240	경기	모락중학교	공립	299	경기	성남중학교	공립
241	경기	목암중학교	공립	300	경기	성복중학교	공립
242	경기	무원중학교	공립	301	경기	성서중학교	공립
243	경기	문정중학교	사립	302	경기	성안중학교	공립
244	경기	문정중학교	사립	303	경기	성지중학교	공립
245	경기	미사강변중학교	공립	304	경기	성포중학교	공립
246	경기	민락중학교	공립	305	경기	성호중학교	공립
247	경기	박달중학교	공립	306	경기	세교중학교	공립
248	경기	반송중학교	공립	307	경기	세마중학교	공립
249	경기	발산중학교	공립	308	경기	세종중학교	공립
250	경기	방교중학교	공립	309	경기	소사중학교	공립
251	경기	배곧중학교	공립	310	경기	소하중학교	공립
252	경기	배곧해솔중학교	공립	311	경기	소현중학교	공립
253	경기	백마중학교	공립	312	경기	손곡중학교	공립
254	경기	백석중학교	공립	313	경기	솔뫼중학교	공립
255	경기	백신중학교	공립	314	경기	솔빛중학교	공립
256	경기	백현중학교	공립	315	경기	송린중학교	공립
257	경기	범계중학교	공립	316	경기	송림중학교	사립
258	경기	범박중학교	공립	317	경기	송운중학교	공립
259	경기	별가람중학교	공립	318	경기	송호중학교	공립
260	경기	병점중학교	공립	319	경기	수내중학교	공립
261	경기	보라중학교	공립	320	경기	수리중학교	공립
262	경기	봉담중학교	공립	321	경기	수성중학교	공립
263	경기	봉일천중학교	공립	322	경기	수원다산중학교	공립
264	경기	부곡중앙중학교	공립	323	경기	수원제일중학교부설방송통신중학교	공립
265	경기	부안중학교	공립	324	경기	수원중학교	사립
266	경기	부인중학교	공립	325	경기	수지중학교	공립
267	경기	부천남중학교	공립	326	경기	수현중학교	공립
268	경기	부천동중학교	공립	327	경기	숙지중학교	공립
269	경기	부천부곡중학교	공립	328	경기	시곡중학교	공립
270	경기	부천일신중학교	공립	329	경기	시화중학교	공립
271	경기	부천중학교	공립	330	경기	시흥가온중학교	공립
272	경기	불곡중학교	공립	331	경기	시흥은행중학교	공립
273	경기	비전중학교	공립	332	경기	신곡중학교	공립
274	경기	빛가온중학교	공립	333	경기	신기중학교	공립
275	경기	산남중학교	공립	334	경기	신백중학교	공립
276	경기	산내중학교	공립	335	경기	신백현중학교	공립
277	경기	산들중학교	공립	336	경기	신봉중학교	공립
278	경기	산본중학교	공립	337	경기	신안중학교	공립
279	경기	삼숭중학교	공립	338	경기	신원중학교	공립
280	경기	삼평중학교	공립	339	경기	신일중학교	공립
281	경기	상도중학교	공립	340	경기	신한중학교	사립
282	경기	상록중학교	공립	341	경기	신현중학교	공립
283	경기	상촌중학교	공립	342	경기	신흥중학교	사립
284	경기	상현중학교	공립	343	경기	심원중학교	공립
285	경기	샛별중학교	공립	344	경기	안곡중학교	공립
286	경기	서연중학교	공립	345	경기	안산부곡중학교	공립
287	경기	서원중학교	공립	346	경기	안산해솔중학교	공립
288	경기	서정중학교	공립	347	경기	안서중학교	공립
289	경기	서천중학교	공립	348	경기	안성여자중학교	공립

No.	지역	학교명	유형	No.	지역	학교명	유형
349	경기	안성중학교	공립	408	경기	일동중학교	공립
350	경기	안양중학교	공립	409	경기	일산양일중학교	공립
351	경기	안일중학교	공립	410	경기	임곡중학교	공립
352	경기	안화중학교	공립	411	경기	잠원중학교	공립
353	경기	야탑중학교	공립	412	경기	장곡중학교	공립
354	경기	양도중학교	공립	413	경기	장기중학교	공립
355	경기	양영중학교	공립	414	경기	장성중학교	공립
356	경기	양주백석중학교	공립	415	경기	장안중학교	공립
357	경기	양지중학교	공립	416	경기	장자중학교	공립
358	경기	양평중학교	공립	417	경기	저동중학교	공립
359	경기	어정중학교	공립	418	경기	정발중학교	공립
360	경기	언동중학교	공립	419	경기	정자중학교	공립
361	경기	여주여자중학교	공립	420	경기	정천중학교	공립
362	경기	역곡중학교	공립	421	경기	정평중학교	공립
363	경기	연무중학교	공립	422	경기	조남중학교	공립
364	경기	연성중학교	공립	423	경기	조원중학교	공립
365	경기	연현중학교	공립	424	경기	주곡중학교	공립
366	경기	영동중학교	공립	425	경기	죽산중학교	공립
367	경기	영문중학교	공립	426	경기	죽전중학교	공립
368	경기	영신중학교	사립	427	경기	중앙중학교	공립
369	경기	영일중학교	공립	428	경기	중원중학교	공립
370	경기	예당중학교	공립	429	경기	중흥중학교	공립
371	경기	오마중학교	공립	430	경기	지축중학교	공립
372	경기	오산원일중학교	공립	431	경기	진안중학교	공립
373	경기	오산중학교	사립	432	경기	천천중학교	공립
374	경기	옥빛중학교	공립	433	경기	철산중학교	공립
375	경기	옥정중학교	공립	434	경기	청계중학교	공립
376	경기	와우중학교	공립	435	경기	청덕중학교	공립
377	경기	용이중학교	공립	436	경기	청림중학교	공립
378	경기	용인대덕중학교	공립	437	경기	청옥중학교	공립
379	경기	용인백현중학교	공립	438	경기	초당중학교	공립
380	경기	용인신릉중학교	공립	439	경기	초월중학교	공립
381	경기	용인신촌중학교	공립	440	경기	초지중학교	공립
382	경기	용인중학교	공립	441	경기	충의중학교	공립
383	경기	용인한빛중학교	공립	442	경기	충현중학교	공립
384	경기	용호중학교	공립	443	경기	칠보중학교	공립
385	경기	운양중학교	공립	444	경기	탄벌중학교	공립
386	경기	운중중학교	공립	445	경기	태광중학교	사립
387	경기	운천중학교	공립	446	경기	태성중학교	사립
388	경기	원당중학교	공립	447	경기	태장중학교	공립
389	경기	원삼중학교	공립	448	경기	태전중학교	공립
390	경기	원일중학교	공립	449	경기	토평중학교	공립
391	경기	위례중앙중학교	공립	450	경기	퇴계원중학교	공립
392	경기	위례중학교	공립	451	경기	판교대장중학교	공립
393	경기	위례한빛중학교	공립	452	경기	판교중학교	공립
394	경기	윤슬중학교	공립	453	경기	평내중학교	공립
395	경기	은가람중학교	공립	454	경기	평촌중학교	공립
396	경기	은계중학교	공립	455	경기	평택여자중학교	공립
397	경기	은행중학교	공립	456	경기	포곡중학교	공립
398	경기	응곡중학교	공립	457	경기	푸른솔중학교	공립
399	경기	이매중학교	공립	458	경기	푸른중학교	공립
400	경기	이목중학교	공립	459	경기	풍동중학교	공립
401	경기	이산중학교	공립	460	경기	풍무중학교	공립
402	경기	이의중학교	공립	461	경기	풍생중학교	사립
403	경기	이천송정중학교	공립	462	경기	풍양중학교	공립
404	경기	이천중학교	공립	463	경기	하남중학교	공립
405	경기	이현중학교	공립	464	경기	하늘빛중학교	공립
406	경기	인덕원중학교	공립	465	경기	하안북중학교	공립
407	경기	인창중학교	공립	466	경기	하안중학교	공립

No.	지역	학교명	유형	No.	지역	학교명	유형
467	경기	하탑중학교	공립	526	인천	인천양촌중학교	공립
468	경기	한가람중학교	공립	527	인천	인천이음중학교	공립
469	경기	한겨레중학교	사립	528	인천	인천청라중학교	공립
470	경기	한백중학교	공립	529	인천	인천청람중학교	공립
471	경기	한별중학교	공립	530	인천	인천청호중학교	공립
472	경기	한수중학교	공립	531	인천	인천초은중학교	공립
473	경기	한숲중학교	공립	532	인천	인천해원중학교	공립
474	경기	행신중학교	공립	533	인천	인천현송중학교	공립
475	경기	현산중학교	공립	534	인천	인하대학교사범대학부속중학교	사립
476	경기	현화중학교	공립	535	인천	청량중학교	공립
477	경기	호곡중학교	공립	536	인천	감천중학교	공립
478	경기	호매실중학교	공립	537	부산	금곡중학교	공립
479	경기	호성중학교	공립	538	부산	남천중학교	공립
480	경기	호원중학교	공립	539	부산	당리중학교	공립
481	경기	호원중학교부설방송통신중학교	공립	540	부산	대연중학교	공립
482	경기	홍천중학교	공립	541	부산	동평여자중학교	공립
483	경기	화광중학교	공립	542	부산	반송여자중학교	공립
484	경기	화성동화중학교	공립	543	부산	분포중학교	공립
485	경기	화성반월중학교	공립	544	부산	상당중학교	공립
486	경기	화성세정중학교	공립	545	부산	신곡중학교	공립
487	경기	화성중학교	사립	546	부산	신정중학교	공립
488	경기	화홍중학교	공립	547	부산	안락중학교	공립
489	경기	회룡중학교	공립	548	부산	양운중학교	공립
490	경기	효양중학교	공립	549	부산	엄궁중학교	공립
491	경기	흥덕중학교	공립	550	부산	연제중학교	공립
492	경기	흥진중학교	공립	551	부산	장산중학교	공립
493	경기	흥천중학교	공립	552	부산	해연중학교	사립
494	인천	간재울중학교	공립	553	부산	해운대여자중학교	사립
495	인천	강화여자중학교	공립	554	부산	해운대중학교	사립
496	인천	강화중학교	공립	555	대구	강동중학교	공립
497	인천	계산중학교	공립	556	대구	강북중학교	공립
498	인천	관교중학교	공립	557	대구	경북대학교사범대학부설중학교	국립
499	인천	광성중학교	사립	558	대구	경상중학교	공립
500	인천	능허대중학교	공립	559	대구	경서중학교	공립
501	인천	마전중학교	공립	560	대구	경신중학교	사립
502	인천	만수북중학교	공립	561	대구	경일중학교	공립
503	인천	만월중학교	공립	562	대구	고산중학교	공립
504	인천	백석중학교	공립	563	대구	구지중학교	공립
505	인천	부평동중학교	공립	564	대구	노변중학교	공립
506	인천	부평여자중학교	공립	565	대구	논공중학교	공립
507	인천	북인천중학교	공립	566	대구	달성중학교	공립
508	인천	불로중학교	공립	567	대구	대건중학교	사립
509	인천	선화여자중학교	공립	568	대구	대곡중학교	공립
510	인천	신송중학교	공립	569	대구	대구동중학교	공립
511	인천	연성중학교	공립	570	대구	대구북중학교	공립
512	인천	연수중학교	공립	571	대구	대구중앙중학교	사립
513	인천	옥련중학교	공립	572	대구	대구중학교	공립
514	인천	용현여자중학교	공립	573	대구	대진중학교	공립
515	인천	인성여자중학교	사립	574	대구	대평중학교	공립
516	인천	인송중학교	공립	575	대구	덕원중학교	사립
517	인천	인주중학교	공립	576	대구	동도중학교	공립
518	인천	인천경연중학교	공립	577	대구	동원중학교	공립
519	인천	인천논현중학교	공립	578	대구	동평중학교	공립
520	인천	인천당하중학교	공립	579	대구	매천중학교	공립
521	인천	인천동방중학교	공립	580	대구	매호중학교	공립
522	인천	인천루원중학교	공립	581	대구	복현중학교	공립
523	인천	인천사리울중학교	공립	582	대구	북동중학교	공립
524	인천	인천서창중학교	공립	583	대구	사수중학교	공립
525	인천	인천아라중학교	공립	584	대구	산격중학교	공립

No.	지역	학교명	유형	No.	지역	학교명	유형
585	대구	상원중학교	공립	644	충북	산남중학교	공립
586	대구	새론중학교	공립	645	충북	서경중학교	공립
587	대구	새본리중학교	공립	646	충북	서원중학교	공립
588	대구	서대구중학교	공립	647	충북	서현중학교	공립
589	대구	서동중학교	공립	648	충북	세광중학교	사립
590	대구	서변중학교	공립	649	충북	양청중학교	공립
591	대구	성광중학교	사립	650	충북	오송중학교	공립
592	대구	성산중학교	공립	651	충북	오창중학교	공립
593	대구	성서중학교	공립	652	충북	옥천중학교	공립
594	대구	송현여자중학교	사립	653	충북	용성중학교	공립
595	대구	신기중학교	공립	654	충북	원봉중학교	공립
596	대구	신명여자중학교	사립	655	충북	율량중학교	공립
597	대구	안심중학교	공립	656	충북	의림여자중학교	공립
598	대구	영신중학교	사립	657	충북	제천동중학교	공립
599	대구	오성중학교	사립	658	충북	제천여자중학교	공립
600	대구	와룡중학교	공립	659	충북	진천여자중학교	공립
601	대구	용산중학교	공립	660	충북	진천중학교	공립
602	대구	운암중학교	공립	661	충북	청주여자중학교	공립
603	대구	원화중학교	사립	662	충북	청주중앙여자중학교	공립
604	대구	월배중학교	공립	663	충북	충북대학교사범대학부설중학교	국립
605	대구	월서중학교	공립	664	충북	충일중학교	공립
606	대구	월암중학교	공립	665	충북	충주북여자중학교	사립
607	대구	유가중학교	공립	666	충북	충주예성여자중학교	공립
608	대구	율원중학교	공립	667	충북	칠금중학교	공립
609	대구	정화중학교	사립	668	충북	한국교원대학교부설미호중학교	국립
610	대구	조암중학교	공립	669	충남	당진중학교	공립
611	대구	청구중학교	사립	670	충남	설화중학교	공립
612	대구	침산중학교	공립	671	충남	탕정중학교	공립
613	대구	학산중학교	공립	672	대전	대전갑천중학교	공립
614	대구	화원중학교	공립	673	대전	대전문정중학교	공립
615	대구	황금중학교	공립	674	대전	대전삼천중학교	공립
616	대구	효성중학교	사립	675	대전	대전송촌중학교	공립
617	울산	무룡중학교	공립	676	대전	대전외삼중학교	공립
618	울산	야음중학교	공립	677	세종	고운중학교	공립
619	울산	온산중학교	공립	678	세종	글벗중학교	공립
620	울산	일산중학교	공립	679	세종	금호중학교	공립
621	울산	현대청운중학교	사립	680	세종	나성중학교	공립
622	울산	효정중학교	공립	681	세종	다정중학교	공립
623	경북	경산중학교	공립	682	세종	두루중학교	공립
624	경북	경주중학교	사립	683	세종	반곡중학교	공립
625	경북	근화여자중학교	사립	684	세종	보람중학교	공립
626	경북	대구가톨릭대학교사범대학부속무학중학교	사립	685	세종	새뜸중학교	공립
627	경북	봉곡중학교	공립	686	세종	새롬중학교	공립
628	경북	오천중학교	사립	687	세종	새움중학교	공립
629	경남	개운중학교	사립	688	세종	소담중학교	공립
630	경남	물금중학교	공립	689	세종	아름중학교	공립
631	경남	범어중학교	공립	690	세종	어진중학교	공립
632	경남	서창중학교	공립	691	세종	종촌중학교	공립
633	경남	선인국제중학교	사립	692	세종	집현중학교	공립
634	경남	옥포중학교	공립	693	광주	고실중학교	공립
635	경남	한얼중학교	공립	694	광주	광산중학교	공립
636	강원	대룡중학교	공립	695	광주	광주동명중학교	공립
637	강원	봉의중학교	공립	696	광주	광주송원중학교	사립
638	충북	각리중학교	공립	697	광주	광주수피아여자중학교	사립
639	충북	경덕중학교	공립	698	광주	광주중학교	공립
640	충북	단양중학교	공립	699	광주	금구중학교	공립
641	충북	대제중학교	사립	700	광주	금호중학교	공립
642	충북	동성중학교	공립	701	광주	대자중학교	공립
643	충북	복대중학교	공립	702	광주	무등중학교	공립

No.	지역	학교명	유형	No.	지역	학교명	유형
703	광주	산정중학교	공립	758	제주	오름중학교	공립
704	광주	선운중학교	공립	759	제주	제주동중학교	공립
705	광주	수완중학교	공립	760	제주	제주서중학교	공립
706	광주	숭의중학교	사립	761	제주	제주여자중학교	사립
707	광주	신용중학교	공립	762	제주	제주중앙여자중학교	공립
708	광주	신창중학교	공립	763	제주	제주중앙중학교	공립
709	광주	양산중학교	공립	764	제주	중문중학교	공립
710	광주	영천중학교	공립	765	제주	탐라중학교	공립
711	광주	운남중학교	공립	766	제주	한라중학교	공립
712	광주	월계중학교	공립				
713	광주	장덕중학교	공립				
714	광주	전남대학교사범대학부설중학교	국립				
715	광주	지산중학교	공립				
716	전북	군산금강중학교	공립				
717	전북	군산산북중학교	공립				
718	전북	군산서흥중학교	공립				
719	전북	군산월명중학교	공립				
720	전북	군산중앙중학교	사립				
721	전북	남원중학교	공립				
722	전북	새솔중학교	공립				
723	전북	서전주중학교	공립				
724	전북	완주중학교	공립				
725	전북	이리남중학교	공립				
726	전북	이리북중학교	공립				
727	전북	이리영등중학교	공립				
728	전북	익산부천중학교	공립				
729	전북	전북중학교	사립				
730	전북	전주만성중학교	공립				
731	전북	전주서중학교	공립				
732	전북	전주솔빛중학교	공립				
733	전북	전주신흥중학교	사립				
734	전북	전주아중중학교	공립				
735	전북	전주양현중학교	공립				
736	전북	전주오송중학교	공립				
737	전북	전주온빛중학교	공립				
738	전북	전주용소중학교	공립				
739	전북	전주중앙중학교	공립				
740	전북	전주평화중학교	공립				
741	전북	전주풍남중학교	공립				
742	전북	정읍중학교	공립				
743	전남	남악중학교	공립				
744	전남	무안행복중학교	공립				
745	전남	순천삼산중학교	공립				
746	전남	순천승평중학교	공립				
747	전남	순천신흥중학교	공립				
748	전남	순천왕운중학교	공립				
749	전남	여수웅천중학교	공립				
750	전남	오룡중학교	공립				
751	전남	화순제일중학교	공립				
752	전남	화순중학교	공립				
753	제주	노형중학교	공립				
754	제주	대정중학교	공립				
755	제주	서귀포대신중학교	공립				
756	제주	서귀포여자중학교	공립				
757	제주	서귀포중학교	공립				

주: 지역별로 학교명 가나다순 정렬.
데이터 출처: 학교알리미.

附录2 开设中文课程的高中名单（2024）

No.	지역	학교명	유형	No.	지역	학교명	유형
1	서울	가재울고등학교	공립	57	서울	백암고등학교	사립
2	서울	강일고등학교	공립	58	서울	보성고등학교	사립
3	서울	건국대학교사범대학부속고등학교	사립	59	서울	삼각산고등학교	공립
4	서울	경기고등학교	공립	60	서울	상계고등학교	공립
5	서울	경기상업고등학교	공립	61	서울	상명고등학교	사립
6	서울	경문고등학교	사립	62	서울	상일여자고등학교	사립
7	서울	경복고등학교	공립	63	서울	서서울생활과학고등학교	사립
8	서울	경복비즈니스고등학교	사립	64	서울	서울공업고등학교	공립
9	서울	경복여자고등학교	사립	65	서울	서울공연예술고등학교	사립
10	서울	경일고등학교	공립	66	서울	서울과학고등학교	공립
11	서울	경희고등학교	사립	67	서울	서울관광고등학교	사립
12	서울	경희여자고등학교	사립	68	서울	서울국제고등학교	공립
13	서울	고려대학교사범대학부속고등학교	사립	69	서울	서울금융고등학교	공립
14	서울	고척고등학교	공립	70	서울	서울로봇고등학교	공립
15	서울	광남고등학교	공립	71	서울	서울매그넷고등학교	사립
16	서울	광문고등학교	사립	72	서울	서울문영여자고등학교	사립
17	서울	광신고등학교	사립	73	서울	서울문화고등학교	공립
18	서울	광영여자고등학교	사립	74	서울	서울미술고등학교	사립
19	서울	구로고등학교	공립	75	서울	서울방송고등학교	공립
20	서울	구암고등학교	공립	76	서울	서울백영고등학교	사립
21	서울	구일고등학교	공립	77	서울	서울세종고등학교	사립
22	서울	구현고등학교	공립	78	서울	서울신정고등학교	사립
23	서울	국립국악고등학교	국립	79	서울	서울여자상업고등학교	사립
24	서울	국립전통예술고등학교	국립	80	서울	서울영상고등학교	사립
25	서울	금옥여자고등학교	공립	81	서울	서울외국어고등학교	사립
26	서울	남강고등학교	사립	82	서울	서울정화고등학교	사립
27	서울	노원고등학교	공립	83	서울	서울체육고등학교	공립
28	서울	단국대학교사범대학부속고등학교	사립	84	서울	서울컨벤션고등학교	사립
29	서울	당곡고등학교	공립	85	서울	서초고등학교	공립
30	서울	대광고등학교	사립	86	서울	선린인터넷고등학교	공립
31	서울	대성고등학교	사립	87	서울	선일빅데이터고등학교	사립
32	서울	대원외국어고등학교	사립	88	서울	선일여자고등학교	사립
33	서울	대일고등학교	사립	89	서울	선정고등학교	사립
34	서울	대일외국어고등학교	사립	90	서울	성덕고등학교	사립
35	서울	대진고등학교	사립	91	서울	성암국제무역고등학교	사립
36	서울	대진여자고등학교	사립	92	서울	세종과학고등학교	공립
37	서울	덕성여자고등학교	사립	93	서울	세현고등학교	공립
38	서울	덕수고등학교	공립	94	서울	세화여자고등학교	사립
39	서울	덕원여자고등학교	사립	95	서울	송곡관광고등학교	사립
40	서울	동국대학교사범대학부속가람고등학교	사립	96	서울	송곡여자고등학교	사립
41	서울	동국대학교사범대학부속고등학교	사립	97	서울	수도여자고등학교	공립
42	서울	동성고등학교	사립	98	서울	수명고등학교	공립
43	서울	동일여자고등학교	사립	99	서울	숙명여자고등학교	사립
44	서울	동작고등학교	공립	100	서울	숭문고등학교	사립
45	서울	둔촌고등학교	공립	101	서울	숭실고등학교	사립
46	서울	명덕여자고등학교	사립	102	서울	숭의여자고등학교	사립
47	서울	명덕외국어고등학교	사립	103	서울	신광여자고등학교	사립
48	서울	명지고등학교	사립	104	서울	신도고등학교	공립
49	서울	문정고등학교	공립	105	서울	신림고등학교	공립
50	서울	문현고등학교	공립	106	서울	신목고등학교	공립
51	서울	반포고등학교	공립	107	서울	신서고등학교	공립
52	서울	방산고등학교	공립	108	서울	신현고등학교	공립
53	서울	배명고등학교	사립	109	서울	양재고등학교	공립
54	서울	배문고등학교	사립	110	서울	양정고등학교	사립
55	서울	배재고등학교	사립	111	서울	양천고등학교	사립
56	서울	배화여자고등학교	사립	112	서울	언남고등학교	공립

No.	지역	학교명	유형	No.	지역	학교명	유형
113	서울	여의도여자고등학교	공립	172	경기	감일고등학교	공립
114	서울	영락고등학교	사립	173	경기	경기경영고등학교	사립
115	서울	영신고등학교	공립	174	경기	경기관광고등학교	사립
116	서울	영신여자고등학교	사립	175	경기	경기모바일과학고등학교	공립
117	서울	영일고등학교	사립	176	경기	경기물류고등학교	공립
118	서울	영훈고등학교	사립	177	경기	경기북과학고등학교	공립
119	서울	예일여자고등학교	사립	178	경기	경기영상과학고등학교	공립
120	서울	오금고등학교	공립	179	경기	경기외국어고등학교	사립
121	서울	오산고등학교	사립	180	경기	경기자동차과학고등학교	사립
122	서울	용문고등학교	사립	181	경기	경기창조고등학교	공립
123	서울	용산고등학교	공립	182	경기	경민고등학교	사립
124	서울	용화여자고등학교	사립	183	경기	경민비즈니스고등학교	사립
125	서울	원묵고등학교	공립	184	경기	경일관광경영고등학교	사립
126	서울	월계고등학교	공립	185	경기	경화여자고등학교	사립
127	서울	은평고등학교	공립	186	경기	계남고등학교	공립
128	서울	이화여자고등학교	사립	187	경기	고색고등학교	공립
129	서울	이화여자외국어고등학교	사립	188	경기	고양고등학교	공립
130	서울	인창고등학교	사립	189	경기	고양국제고등학교	공립
131	서울	일신여자상업고등학교	사립	190	경기	고양동산고등학교	공립
132	서울	자운고등학교	공립	191	경기	고양외국어고등학교	사립
133	서울	잠실고등학교	공립	192	경기	고양일고등학교	공립
134	서울	잠실여자고등학교	사립	193	경기	고잔고등학교	공립
135	서울	잠일고등학교	공립	194	경기	고촌고등학교	공립
136	서울	장훈고등학교	사립	195	경기	곡정고등학교	공립
137	서울	재현고등학교	사립	196	경기	곤지암고등학교	공립
138	서울	정신여자고등학교	사립	197	경기	과천여자고등학교	공립
139	서울	정의여자고등학교	사립	198	경기	과천외국어고등학교	사립
140	서울	중경고등학교	공립	199	경기	관양고등학교	사립
141	서울	중동고등학교	사립	200	경기	광교고등학교	공립
142	서울	중앙대학교사범대학부속고등학교	사립	201	경기	광남고등학교	공립
143	서울	중앙여자고등학교	사립	202	경기	광덕고등학교	공립
144	서울	진관고등학교	공립	203	경기	광동고등학교	공립
145	서울	진명여자고등학교	사립	204	경기	광명고등학교	사립
146	서울	창동고등학교	공립	205	경기	광명북고등학교	공립
147	서울	창문여자고등학교	사립	206	경기	광문고등학교	공립
148	서울	청담고등학교	공립	207	경기	광주고등학교	공립
149	서울	청원고등학교	사립	208	경기	광주중앙고등학교	공립
150	서울	청원여자고등학교	사립	209	경기	광탄고등학교	공립
151	서울	충암고등학교	사립	210	경기	광휘고등학교	사립
152	서울	태릉고등학교	공립	211	경기	교하고등학교	공립
153	서울	풍문고등학교	사립	212	경기	구리고등학교	공립
154	서울	하나고등학교	사립	213	경기	구리여자고등학교	공립
155	서울	한가람고등학교	사립	214	경기	구성고등학교	공립
156	서울	한서고등학교	사립	215	경기	군서고등학교	공립
157	서울	한성과학고등학교	공립	216	경기	군포고등학교	사립
158	서울	한성여자고등학교	사립	217	경기	권선고등학교	공립
159	서울	한양대학교사범대학부속고등학교	사립	218	경기	금곡고등학교	공립
160	서울	한영외국어고등학교	사립	219	경기	기흥고등학교	공립
161	서울	해성국제컨벤션고등학교	사립	220	경기	김포고등학교	공립
162	서울	해성여자고등학교	사립	221	경기	김포과학기술고등학교	공립
163	서울	혜성여자고등학교	사립	222	경기	김포외국어고등학교	사립
164	서울	홍익대학교사범대학부속고등학교	사립	223	경기	김포제일고등학교	공립
165	서울	홍익대학교사범대학부속여자고등학교	사립	224	경기	나루고등학교	공립
166	서울	화곡고등학교	사립	225	경기	낙생고등학교	사립
167	서울	환일고등학교	사립	226	경기	늘푸른고등학교	공립
168	경기	휘경여자고등학교	사립	227	경기	능곡고등학교	공립
169	경기	가운고등학교	공립	228	경기	능동고등학교	공립
170	경기	가좌고등학교	공립	229	경기	다산고등학교	사립
171	경기	가평고등학교	공립	230	경기	단원고등학교	공립

No.	지역	학교명	유형	No.	지역	학교명	유형
231	경기	대지고등학교	공립	290	경기	부천고등학교	공립
232	경기	대평고등학교	공립	291	경기	부천공업고등학교	공립
233	경기	대화고등학교	공립	292	경기	부천북고등학교	공립
234	경기	덕계고등학교	공립	293	경기	부천정보산업고등학교	공립
235	경기	덕산고등학교	공립	294	경기	부흥고등학교	공립
236	경기	덕영고등학교	사립	295	경기	분당고등학교	공립
237	경기	덕이고등학교	공립	296	경기	분당대진고등학교	사립
238	경기	덕현고등학교	공립	297	경기	분당영덕여자고등학교	사립
239	경기	도농고등학교	공립	298	경기	분당중앙고등학교	공립
240	경기	도당고등학교	공립	299	경기	불곡고등학교	공립
241	경기	돌마고등학교	공립	300	경기	비봉고등학교	사립
242	경기	동국대학교사범대학부속영석고등학교	사립	301	경기	사우고등학교	공립
243	경기	동남고등학교	사립	302	경기	산본고등학교	공립
244	경기	동두천고등학교	사립	303	경기	삼광고등학교	사립
245	경기	동두천외국어고등학교	공립	304	경기	삼괴고등학교	사립
246	경기	동백고등학교	공립	305	경기	상동고등학교	공립
247	경기	동안고등학교	공립	306	경기	상록고등학교	공립
248	경기	동우여자고등학교	사립	307	경기	상우고등학교	사립
249	경기	동원동우고등학교	사립	308	경기	상원고등학교	공립
250	경기	동탄고등학교	공립	309	경기	상일고등학교	공립
251	경기	동탄국제고등학교	공립	310	경기	상현고등학교	공립
252	경기	동탄중앙고등학교	공립	311	경기	새솔고등학교	공립
253	경기	동패고등학교	공립	312	경기	서연고등학교	공립
254	경기	동화고등학교	사립	313	경기	서울삼육고등학교	사립
255	경기	라온고등학교	사립	314	경기	서원고등학교	공립
256	경기	마장고등학교	공립	315	경기	서천고등학교	공립
257	경기	망포고등학교	공립	316	경기	서해고등학교	공립
258	경기	매원고등학교	공립	317	경기	서현고등학교	공립
259	경기	매탄고등학교	공립	318	경기	선부고등학교	공립
260	경기	매홀고등학교	공립	319	경기	설악고등학교	공립
261	경기	모락고등학교	공립	320	경기	성남고등학교	공립
262	경기	목감고등학교	공립	321	경기	성남여자고등학교	공립
263	경기	무원고등학교	공립	322	경기	성남외국어고등학교	공립
264	경기	문산고등학교	공립	323	경기	성문고등학교	사립
265	경기	문산수억고등학교	사립	324	경기	성보경영고등학교	사립
266	경기	문산제일고등학교	공립	325	경기	성복고등학교	공립
267	경기	미사강변고등학교	공립	326	경기	성사고등학교	공립
268	경기	미사고등학교	공립	327	경기	성안고등학교	공립
269	경기	반송고등학교	공립	328	경기	성일고등학교	사립
270	경기	발곡고등학교	공립	329	경기	성지고등학교	공립
271	경기	배곧고등학교	공립	330	경기	성포고등학교	공립
272	경기	백마고등학교	공립	331	경기	성호고등학교	공립
273	경기	백석고등학교	공립	332	경기	세교고등학교	공립
274	경기	백신고등학교	공립	333	경기	세마고등학교	공립
275	경기	백양고등학교	공립	334	경기	세원고등학교	사립
276	경기	백영고등학교	사립	335	경기	세종고등학교	공립
277	경기	백운고등학교	공립	336	경기	소래고등학교	공립
278	경기	범박고등학교	공립	337	경기	소사고등학교	공립
279	경기	별가람고등학교	공립	338	경기	소하고등학교	공립
280	경기	별내고등학교	공립	339	경기	송내고등학교	공립
281	경기	병점고등학교	공립	340	경기	송림고등학교	사립
282	경기	보정고등학교	공립	341	경기	송양고등학교	공립
283	경기	보평고등학교	공립	342	경기	송우고등학교	공립
284	경기	복정고등학교	공립	343	경기	송현고등학교	공립
285	경기	봉담고등학교	공립	344	경기	송호고등학교	공립
286	경기	봉일천고등학교	공립	345	경기	수내고등학교	공립
287	경기	부곡고등학교	공립	346	경기	수리고등학교	공립
288	경기	부명고등학교	공립	347	경기	수성고등학교	공립
289	경기	부용고등학교	공립	348	경기	수원고등학교	사립

No.	지역	학교명	유형	No.	지역	학교명	유형
349	경기	수원농생명과학고등학교	공립	408	경기	용호고등학교	공립
350	경기	수원여자고등학교	공립	409	경기	우성고등학교	사립
351	경기	수원외국어고등학교	공립	410	경기	운산고등학교	공립
352	경기	수원칠보고등학교	공립	411	경기	운양고등학교	공립
353	경기	수주고등학교	공립	412	경기	운정고등학교	공립
354	경기	수지고등학교	공립	413	경기	운중고등학교	공립
355	경기	수택고등학교	공립	414	경기	운천고등학교	공립
356	경기	숙지고등학교	공립	415	경기	원곡고등학교	공립
357	경기	숭신여자고등학교	사립	416	경기	원미고등학교	공립
358	경기	시흥고등학교	공립	417	경기	원종고등학교	공립
359	경기	시흥능곡고등학교	공립	418	경기	위례고등학교	공립
360	경기	시흥매화고등학교	공립	419	경기	위례한빛고등학교	공립
361	경기	신갈고등학교	사립	420	경기	유신고등학교	사립
362	경기	신길고등학교	공립	421	경기	율천고등학교	공립
363	경기	신성고등학교	사립	422	경기	은혜고등학교	사립
364	경기	신원고등학교	공립	423	경기	의왕고등학교	공립
365	경기	신일비즈니스고등학교	공립	424	경기	의정부고등학교	공립
366	경기	신장고등학교	공립	425	경기	의정부공업고등학교	공립
367	경기	신천고등학교	공립	426	경기	의정부광동고등학교	사립
368	경기	심석고등학교	사립	427	경기	의정부여자고등학교	공립
369	경기	심원고등학교	공립	428	경기	이매고등학교	공립
370	경기	안법고등학교	사립	429	경기	이산고등학교	공립
371	경기	안산강서고등학교	사립	430	경기	이솔고등학교	공립
372	경기	안산고등학교	사립	431	경기	이우고등학교	사립
373	경기	안산공업고등학교	사립	432	경기	이의고등학교	공립
374	경기	안산국제비즈니스고등학교	사립	433	경기	이천고등학교	공립
375	경기	안산동산고등학교	사립	434	경기	이천양정여자고등학교	사립
376	경기	안성고등학교	공립	435	경기	이천제일고등학교	공립
377	경기	안성여자고등학교	공립	436	경기	이충고등학교	공립
378	경기	안양공업고등학교	공립	437	경기	이포고등학교	공립
379	경기	안양외국어고등학교	사립	438	경기	이현고등학교	공립
380	경기	안화고등학교	공립	439	경기	인덕원고등학교	공립
381	경기	양동고등학교	사립	440	경기	인창고등학교	공립
382	경기	양명고등학교	사립	441	경기	일동고등학교	공립
383	경기	양명여자고등학교	사립	442	경기	일산고등학교	공립
384	경기	양서고등학교	사립	443	경기	일산국제컨벤션고등학교	공립
385	경기	양일고등학교	사립	444	경기	일산대진고등학교	사립
386	경기	양주고등학교	공립	445	경기	일산동고등학교	공립
387	경기	양주백석고등학교	공립	446	경기	장곡고등학교	공립
388	경기	양지고등학교	공립	447	경기	장기고등학교	공립
389	경기	양평고등학교	공립	448	경기	장안고등학교	공립
390	경기	여강고등학교	사립	449	경기	장호원고등학교	공립
391	경기	여주고등학교	사립	450	경기	저동고등학교	공립
392	경기	여주자영농업고등학교	공립	451	경기	저현고등학교	공립
393	경기	역곡고등학교	공립	452	경기	전곡고등학교	공립
394	경기	영복여자고등학교	사립	453	경기	정명고등학교	사립
395	경기	영신여자고등학교	사립	454	경기	정발고등학교	공립
396	경기	예당고등학교	공립	455	경기	정왕고등학교	공립
397	경기	오남고등학교	공립	456	경기	정현고등학교	공립
398	경기	오산고등학교	사립	457	경기	조원고등학교	공립
399	경기	오산정보고등학교	공립	458	경기	주엽고등학교	공립
400	경기	옥정고등학교	공립	459	경기	죽전고등학교	공립
401	경기	와부고등학교	공립	460	경기	중흥고등학교	공립
402	경기	와우고등학교	공립	461	경기	지산고등학교	공립
403	경기	용인고등학교	공립	462	경기	진건고등학교	공립
404	경기	용인백현고등학교	공립	463	경기	진위고등학교	사립
405	경기	용인삼계고등학교	공립	464	경기	진접고등학교	공립
406	경기	용인한국외국어대학교부설고등학교	사립	465	경기	창의경영고등학교	공립
407	경기	용인흥천고등학교	공립	466	경기	창의고등학교	공립

No.	지역	학교명	유형	No.	지역	학교명	유형
467	경기	창현고등학교	사립	526	인천	가림고등학교	공립
468	경기	천천고등학교	공립	527	인천	가정고등학교	공립
469	경기	청담고등학교	사립	528	인천	가좌고등학교	공립
470	경기	청덕고등학교	공립	529	인천	강화고등학교	공립
471	경기	청명고등학교	공립	530	인천	강화여자고등학교	공립
472	경기	청북고등학교	공립	531	인천	검단고등학교	공립
473	경기	청학고등학교	공립	532	인천	계산공업고등학교	공립
474	경기	초당고등학교	공립	533	인천	광성고등학교	사립
475	경기	초월고등학교	공립	534	인천	교동고등학교	공립
476	경기	초지고등학교	공립	535	인천	대청고등학교	공립
477	경기	충현고등학교	공립	536	인천	덕신고등학교	사립
478	경기	충훈고등학교	공립	537	인천	덕적고등학교	공립
479	경기	태광고등학교	사립	538	인천	도림고등학교	공립
480	경기	태성고등학교	사립	539	인천	동인천고등학교	공립
481	경기	태원고등학교	사립	540	인천	문곡고등학교	사립
482	경기	태장고등학교	공립	541	인천	문학정보고등학교	공립
483	경기	태전고등학교	공립	542	인천	미추홀외국어고등학교	공립
484	경기	토평고등학교	공립	543	인천	박문여자고등학교	사립
485	경기	퇴계원고등학교	공립	544	인천	백령고등학교	공립
486	경기	판교고등학교	공립	545	인천	부개고등학교	공립
487	경기	평내고등학교	공립	546	인천	부광고등학교	공립
488	경기	평촌경영고등학교	공립	547	인천	부평공업고등학교	공립
489	경기	평촌고등학교	공립	548	인천	부평여자고등학교	공립
490	경기	평택마이스터고등학교	공립	549	인천	서인천고등학교	사립
491	경기	평택여자고등학교	공립	550	인천	석정여자고등학교	공립
492	경기	포곡고등학교	공립	551	인천	숭덕여자고등학교	사립
493	경기	포천고등학교	공립	552	인천	안남고등학교	공립
494	경기	풍덕고등학교	공립	553	인천	연수고등학교	공립
495	경기	풍동고등학교	공립	554	인천	연수여자고등학교	공립
496	경기	풍무고등학교	공립	555	인천	영종국제물류고등학교	공립
497	경기	풍산고등학교	공립	556	인천	영화국제관광고등학교	사립
498	경기	하길고등학교	공립	557	인천	옥련여자고등학교	공립
499	경기	하남고등학교	사립	558	인천	인명여자고등학교	사립
500	경기	하성고등학교	공립	559	인천	인성여자고등학교	사립
501	경기	한국관광고등학교	사립	560	인천	인일여자고등학교	공립
502	경기	한국도예고등학교	공립	561	인천	인제고등학교	사립
503	경기	한국디지털미디어고등학교	사립	562	인천	인천고등학교	공립
504	경기	한국문화영상고등학교	사립	563	인천	인천고잔고등학교	공립
505	경기	한국외식과학고등학교	사립	564	인천	인천공항고등학교	공립
506	경기	한백고등학교	공립	565	인천	인천과학예술영재학교	공립
507	경기	한솔고등학교	공립	566	인천	인천국제고등학교	공립
508	경기	행신고등학교	공립	567	인천	인천금융고등학교	사립
509	경기	향남고등학교	공립	568	인천	인천기계공업고등학교	공립
510	경기	향동고등학교	공립	569	인천	인천남동고등학교	공립
511	경기	향일고등학교	공립	570	인천	인천논현고등학교	공립
512	경기	현화고등학교	공립	571	인천	인천대중예술고등학교	공립
513	경기	호매실고등학교	공립	572	인천	인천마전고등학교	공립
514	경기	호원고등학교	공립	573	인천	인천반도체고등학교	공립
515	경기	호평고등학교	공립	574	인천	인천뷰티예술고등학교	공립
516	경기	홍익디자인고등학교	사립	575	인천	인천비즈니스고등학교	공립
517	경기	화성반월고등학교	공립	576	인천	인천산곡고등학교	공립
518	경기	화수고등학교	공립	577	인천	인천생활과학고등학교	공립
519	경기	화정고등학교	공립	578	인천	인천세원고등학교	공립
520	경기	화홍고등학교	공립	579	인천	인천신현고등학교	공립
521	경기	효명고등학교	사립	580	인천	인천아라고등학교	공립
522	경기	효양고등학교	공립	581	인천	인천여자고등학교	공립
523	경기	효원고등학교	공립	582	인천	인천여자상업고등학교	공립
524	경기	효자고등학교	공립	583	인천	인천예일고등학교	공립
525	경기	흥진고등학교	공립	584	인천	인천외국어고등학교	사립

No.	지역	학교명	유형	No.	지역	학교명	유형
585	인천	인천중산고등학교	공립	644	대구	대구과학고등학교	공립
586	인천	인천중앙여자고등학교	사립	645	대구	대구관광고등학교	사립
587	인천	인천청라고등학교	공립	646	대구	대구국제고등학교	공립
588	인천	인천초은고등학교	공립	647	대구	대구남산고등학교	사립
589	인천	인천포스코고등학교	사립	648	대구	대구농업마이스터고등학교	공립
590	인천	인천하늘고등학교	사립	649	대구	대구동부고등학교	사립
591	인천	인천해원고등학교	공립	650	대구	대구보건고등학교	사립
592	인천	인하대학교사범대학부속고등학교	사립	651	대구	대구상원고등학교	공립
593	인천	인화여자고등학교	공립	652	대구	대구여자고등학교	공립
594	인천	제물포고등학교	공립	653	대구	대구여자상업고등학교	사립
595	인천	제일고등학교	사립	654	대구	대구외국어고등학교	공립
596	인천	학익고등학교	공립	655	대구	대구일과학고등학교	공립
597	부산	개성고등학교	공립	656	대구	대구일마이스터고등학교	공립
598	부산	경남고등학교	공립	657	대구	대구제일여자상업고등학교	공립
599	부산	계성여자상업고등학교	사립	658	대구	대구중앙고등학교	사립
600	부산	금정고등학교	공립	659	대구	대중금속공업고등학교	사립
601	부산	금정여자고등학교	공립	660	대구	동문고등학교	공립
602	부산	기장고등학교	공립	661	대구	비슬고등학교	공립
603	부산	내성고등학교	공립	662	대구	성광고등학교	사립
604	부산	다대고등학교	공립	663	대구	성화여자고등학교	사립
605	부산	대연고등학교	사립	664	대구	송현여자고등학교	사립
606	부산	동아고등학교	사립	665	대구	신명고등학교	사립
607	부산	동아공업고등학교	사립	666	대구	영남공업고등학교	사립
608	부산	명호고등학교	공립	667	대구	영진고등학교	사립
609	부산	문현여자고등학교	공립	668	대구	오성고등학교	사립
610	부산	부산관광고등학교	사립	669	대구	정동고등학교	사립
611	부산	부산국제고등학교	공립	670	대구	청구고등학교	사립
612	부산	부산기계공업고등학교	국립	671	대구	함지고등학교	공립
613	부산	부산마케팅고등학교	사립	672	대구	현풍고등학교	사립
614	부산	부산여자고등학교	공립	673	대구	화원고등학교	공립
615	부산	부산영상예술고등학교	공립	674	울산	남창고등학교	공립
616	부산	부산외국어고등학교	사립	675	울산	다운고등학교	공립
617	부산	부산정보관광고등학교	사립	676	울산	달천고등학교	공립
618	부산	부산진여자상업고등학교	공립	677	울산	매곡고등학교	공립
619	부산	부산체육고등학교	공립	678	울산	방어진고등학교	공립
620	부산	부산컴퓨터과학고등학교	사립	679	울산	성광여자고등학교	사립
621	부산	부일외국어고등학교	사립	680	울산	온산고등학교	공립
622	부산	분포고등학교	공립	681	울산	울산가온고등학교	공립
623	부산	삼정고등학교	사립	682	울산	울산고등학교	사립
624	부산	성지고등학교	사립	683	울산	울산공업고등학교	공립
625	부산	신도고등학교	공립	684	울산	울산마이스터고등학교	공립
626	부산	신정고등학교	공립	685	울산	울산미용예술고등학교	공립
627	부산	양운고등학교	공립	686	울산	울산상업고등학교	공립
628	부산	연제고등학교	공립	687	울산	울산에너지고등학교	공립
629	부산	주례여자고등학교	공립	688	울산	울산여자상업고등학교	공립
630	부산	지산고등학교	사립	689	울산	울산외국어고등학교	공립
631	부산	해강고등학교	공립	690	울산	학성고등학교	공립
632	부산	해운대고등학교	사립	691	울산	학성여자고등학교	공립
633	부산	해운대관광고등학교	사립	692	울산	현대청운고등학교	사립
634	부산	해운대여자고등학교	사립	693	울산	화봉고등학교	공립
635	대구	강동고등학교	공립	694	경북	경북드론고등학교	공립
636	대구	강북고등학교	사립	695	경북	경북외국어고등학교	공립
637	대구	경덕여자고등학교	공립	696	경북	경북일고등학교	공립
638	대구	경신고등학교	사립	697	경북	경산여자고등학교	사립
639	대구	경일여자고등학교	사립	698	경북	경주고등학교	사립
640	대구	경화여자고등학교	사립	699	경북	경주여자고등학교	공립
641	대구	계성고등학교	사립	700	경북	경주화랑고등학교	사립
642	대구	대건고등학교	사립	701	경북	구미고등학교	공립
643	대구	대곡고등학교	공립	702	경북	구미여자상업고등학교	공립

No.	지역	학교명	유형	No.	지역	학교명	유형
703	경북	구미정보고등학교	공립	762	경남	김해생명과학고등학교	공립
704	경북	구미제일고등학교	사립	763	경남	김해수남고등학교	공립
705	경북	근화여자고등학교	사립	764	경남	김해여자고등학교	공립
706	경북	금오고등학교	공립	765	경남	김해영운고등학교	공립
707	경북	김천고등학교	사립	766	경남	김해외국어고등학교	공립
708	경북	김천중앙고등학교	공립	767	경남	김해율하고등학교	공립
709	경북	대구가톨릭대학교사범대학부속무학고등학교	사립	768	경남	김해제일고등학교	공립
710	경북	도개고등학교	사립	769	경남	남해해성고등학교	사립
711	경북	동명고등학교	공립	770	경남	대곡고등학교	공립
712	경북	동지고등학교	사립	771	경남	대아고등학교	사립
713	경북	모계고등학교	사립	772	경남	동원고등학교	사립
714	경북	문경여자고등학교	사립	773	경남	마산고등학교	공립
715	경북	문명고등학교	사립	774	경남	마산삼진고등학교	사립
716	경북	문창고등학교	사립	775	경남	마산제일고등학교	사립
717	경북	사곡고등학교	공립	776	경남	마산제일여자고등학교	사립
718	경북	사동고등학교	공립	777	경남	물금고등학교	공립
719	경북	상모고등학교	공립	778	경남	범어고등학교	공립
720	경북	상주고등학교	사립	779	경남	사천고등학교	사립
721	경북	석적고등학교	공립	780	경남	삼랑진고등학교	사립
722	경북	선주고등학교	공립	781	경남	삼천포고등학교	사립
723	경북	성의고등학교	사립	782	경남	삼천포공업고등학교	공립
724	경북	성희여자고등학교	사립	783	경남	삼현여자고등학교	사립
725	경북	세명고등학교	사립	784	경남	서창고등학교	공립
726	경북	세화고등학교	사립	785	경남	양산남부고등학교	공립
727	경북	순심여자고등학교	사립	786	경남	연초고등학교	공립
728	경북	안동여자고등학교	공립	787	경남	웅상고등학교	공립
729	경북	약목고등학교	공립	788	경남	장유고등학교	공립
730	경북	영일고등학교	사립	789	경남	증산고등학교	공립
731	경북	영해고등학교	공립	790	경남	진양고등학교	공립
732	경북	오상고등학교	사립	791	경남	진영고등학교	공립
733	경북	오천고등학교	사립	792	경남	진주동명고등학교	사립
734	경북	율곡고등학교	공립	793	경남	진해세화여자고등학교	사립
735	경북	이서고등학교	사립	794	경남	진해여자고등학교	공립
736	경북	인동고등학교	공립	795	경남	진해용원고등학교	공립
737	경북	진량고등학교	사립	796	경남	창녕고등학교	사립
738	경북	청도고등학교	사립	797	경남	창녕옥야고등학교	사립
739	경북	포항동성고등학교	사립	798	경남	창신고등학교	사립
740	경북	포항영신고등학교	사립	799	경남	창원고등학교	사립
741	경북	포항제철고등학교	사립	800	경남	창원남산고등학교	공립
742	경북	풍산고등학교	사립	801	경남	창원대암고등학교	공립
743	경북	함창고등학교	사립	802	경남	창원명곡고등학교	공립
744	경북	현일고등학교	사립	803	경남	창원명지여자고등학교	공립
745	경북	형곡고등학교	공립	804	경남	창원봉림고등학교	공립
746	경남	거제상문고등학교	공립	805	경남	창원성민여자고등학교	사립
747	경남	거제여자상업고등학교	공립	806	경남	창원신월고등학교	공립
748	경남	거제옥포고등학교	공립	807	경남	창원여자고등학교	공립
749	경남	거제제일고등학교	공립	808	경남	창원토월고등학교	공립
750	경남	거제중앙고등학교	공립	809	경남	칠원고등학교	사립
751	경남	경남관광고등학교	사립	810	경남	태봉고등학교	공립
752	경남	경남외국어고등학교	사립	811	경남	통영고등학교	공립
753	경남	고성중앙고등학교	공립	812	경남	통영여자고등학교	공립
754	경남	김해가야고등학교	공립	813	경남	하동고등학교	공립
755	경남	김해경원고등학교	공립	814	경남	합포고등학교	공립
756	경남	김해고등학교	공립	815	강원	간동고등학교	공립
757	경남	김해대청고등학교	공립	816	강원	강릉고등학교	공립
758	경남	김해분성고등학교	공립	817	강원	강릉문성고등학교	사립
759	경남	김해분성여자고등학교	공립	818	강원	강릉여자고등학교	공립
760	경남	김해삼문고등학교	공립	819	강원	강릉제일고등학교	공립
761	경남	김해삼방고등학교	공립	820	강원	강원대학교사범대학부설고등학교	국립

No.	지역	학교명	유형	No.	지역	학교명	유형
821	강원	강원외국어고등학교	사립	880	충남	공주마이스터고등학교	공립
822	강원	강일여자고등학교	사립	881	충남	공주여자고등학교	공립
823	강원	경포고등학교	공립	882	충남	공주영명고등학교	사립
824	강원	대성고등학교	사립	883	충남	국립공주대학교사범대학부설고등학교	국립
825	강원	동해광희고등학교	사립	884	충남	금산여자고등학교	공립
826	강원	동해삼육고등학교	사립	885	충남	논산고등학교	공립
827	강원	민족사관고등학교	사립	886	충남	논산대건고등학교	사립
828	강원	사북고등학교	공립	887	충남	당진고등학교	공립
829	강원	상지대관령고등학교	사립	888	충남	당진정보고등학교	공립
830	강원	상지여자고등학교	사립	889	충남	대산고등학교	공립
831	강원	신철원고등학교	공립	890	충남	대천고등학교	공립
832	강원	양양고등학교	공립	891	충남	대천여자고등학교	공립
833	강원	원주고등학교	공립	892	충남	덕산고등학교	공립
834	강원	원주금융회계고등학교	공립	893	충남	배방고등학교	공립
835	강원	원주여자고등학교	공립	894	충남	복자여자고등학교	사립
836	강원	원주의료고등학교	공립	895	충남	부석고등학교	공립
837	강원	육민관고등학교	사립	896	충남	부여고등학교	공립
838	강원	장성여자고등학교	공립	897	충남	북일고등학교	사립
839	강원	진광고등학교	사립	898	충남	북일여자고등학교	사립
840	강원	춘천고등학교	공립	899	충남	서산중앙고등학교	공립
841	강원	춘천여자고등학교	공립	900	충남	서야고등학교	사립
842	강원	치악고등학교	공립	901	충남	서천여자고등학교	공립
843	강원	평창고등학교	공립	902	충남	서해삼육고등학교	사립
844	강원	홍천여자고등학교	공립	903	충남	설화고등학교	공립
845	강원	황지고등학교	공립	904	충남	송악고등학교	사립
846	충북	국원고등학교	공립	905	충남	신평고등학교	사립
847	충북	대금고등학교	공립	906	충남	아산고등학교	사립
848	충북	대성여자상업고등학교	사립	907	충남	연무마이스터고등학교	공립
849	충북	상당고등학교	공립	908	충남	예산고등학교	사립
850	충북	서전고등학교	공립	909	충남	예산여자고등학교	공립
851	충북	세광고등학교	사립	910	충남	예산예화여자고등학교	사립
852	충북	세명고등학교	사립	911	충남	온양고등학교	공립
853	충북	양청고등학교	공립	912	충남	온양여자고등학교	공립
854	충북	오송고등학교	공립	913	충남	온양용화고등학교	공립
855	충북	오창고등학교	공립	914	충남	용남고등학교	공립
856	충북	옥천고등학교	공립	915	충남	이순신고등학교	공립
857	충북	운호고등학교	사립	916	충남	천안고등학교	사립
858	충북	음성고등학교	공립	917	충남	천안두정고등학교	공립
859	충북	일신여자고등학교	사립	918	충남	천안신당고등학교	공립
860	충북	제천상업고등학교	공립	919	충남	천안쌍용고등학교	공립
861	충북	제천여자고등학교	공립	920	충남	천안오성고등학교	공립
862	충북	진천고등학교	공립	921	충남	천안월봉고등학교	공립
863	충북	청원고등학교	공립	922	충남	천안중앙고등학교	공립
864	충북	청주대성고등학교	사립	923	충남	천안청수고등학교	공립
865	충북	청주신흥고등학교	사립	924	충남	청양고등학교	공립
866	충북	청주여자고등학교	공립	925	충남	충남삼성고등학교	사립
867	충북	청주여자상업고등학교	사립	926	충남	충남예술고등학교	공립
868	충북	청주외국어고등학교	공립	927	충남	충남외국어고등학교	공립
869	충북	청주중앙여자고등학교	공립	928	충남	태안고등학교	공립
870	충북	충북대학교사범대학부설고등학교	국립	929	충남	태안여자고등학교	사립
871	충북	충북반도체고등학교	공립	930	충남	한국식품마이스터고등학교	공립
872	충북	충북상업정보고등학교	공립	931	충남	한올고등학교	사립
873	충북	충북에너지고등학교	공립	932	충남	한일고등학교	사립
874	충북	충북여자고등학교	사립	933	충남	합덕제철고등학교	공립
875	충북	충주예성여자고등학교	공립	934	충남	호서고등학교	사립
876	충북	한국호텔관광고등학교	공립	935	충남	홍성고등학교	공립
877	충북	흥덕고등학교	공립	936	충남	홍성여자고등학교	공립
878	충남	공주고등학교	공립	937	대전	계룡디지텍고등학교	사립
879	충남	공주금성여자고등학교	사립	938	대전	대덕고등학교	공립

No.	지역	학교명	유형	No.	지역	학교명	유형
939	대전	대전가오고등학교	공립	998	전북	강호항공고등학교	사립
940	대전	대전고등학교	공립	999	전북	고창고등학교	공립
941	대전	대전관저고등학교	공립	1000	전북	고창북고등학교	사립
942	대전	대전괴정고등학교	공립	1001	전북	군산고등학교	공립
943	대전	대전구봉고등학교	공립	1002	전북	한들고등학교	공립
944	대전	대전국제통상고등학교	공립	1003	전북	군산동고등학교	공립
945	대전	대전노은고등학교	공립	1004	전북	군산상일고등학교	공립
946	대전	대전도안고등학교	공립	1005	전북	군산여자고등학교	공립
947	대전	대전동산고등학교	사립	1006	전북	군산제일고등학교	사립
948	대전	대전동신과학고등학교	공립	1007	전북	군산중앙여자고등학교	사립
949	대전	대전둔산여자고등학교	공립	1008	전북	전북외국어고등학교	공립
950	대전	대전둔원고등학교	공립	1009	전북	덕암정보고등학교	사립
951	대전	대전반석고등학교	공립	1010	전북	만경고등학교	사립
952	대전	대전생활과학고등학교	사립	1011	전북	성원고등학교	사립
953	대전	대전여자고등학교	공립	1012	전북	부안여자고등학교	사립
954	대전	대전외국어고등학교	공립	1013	전북	동계고등학교	공립
955	대전	대전용산고등학교	공립	1014	전북	완주고등학교	사립
956	대전	대전전민고등학교	공립	1015	전북	한별고등학교	공립
957	대전	대전중앙고등학교	사립	1016	전북	전북기계공업고등학교	국립
958	대전	대전한빛고등학교	사립	1017	전북	남성고등학교	사립
959	대전	동방고등학교	사립	1018	전북	원광고등학교	사립
960	대전	동아마이스터고등학교	사립	1019	전북	원광여자고등학교	사립
961	대전	서대전고등학교	사립	1020	전북	이리고등학교	공립
962	대전	서대전여자고등학교	사립	1021	전북	임실고등학교	공립
963	대전	서일고등학교	사립	1022	전북	장수고등학교	공립
964	대전	우송고등학교	사립	1023	전북	전북대학교사범대학부설고등학교	국립
965	대전	중일고등학교	사립	1024	전북	전주솔내고등학교	공립
966	대전	청란여자고등학교	사립	1025	전북	우석고등학교	사립
967	대전	충남고등학교	공립	1026	전북	유일여자고등학교	사립
968	대전	충남기계공업고등학교	공립	1027	전북	전라고등학교	공립
969	대전	충남여자고등학교	공립	1028	전북	전주공업고등학교	공립
970	대전	호수돈여자고등학교	사립	1029	전북	전주여자고등학교	공립
971	세종	고운고등학교	공립	1030	전북	양현고등학교	공립
972	세종	두루고등학교	공립	1031	전북	동암고등학교	사립
973	세종	새롬고등학교	공립	1032	전북	상산고등학교	사립
974	세종	세종고등학교	공립	1033	전북	완산여자고등학교	사립
975	세종	세종과학예술영재학교	공립	1034	전북	전주고등학교	공립
976	세종	세종국제고등학교	공립	1035	전북	전주근영여자고등학교	사립
977	세종	소담고등학교	공립	1036	전북	전주기전여자고등학교	사립
978	세종	아름고등학교	공립	1037	전북	전주성심여자고등학교	사립
979	세종	종촌고등학교	공립	1038	전북	전주신흥고등학교	사립
980	광주	광덕고등학교	사립	1039	전북	전주영생고등학교	사립
981	광주	광주동신고등학교	사립	1040	전북	전주제일고등학교	공립
982	광주	광주석산고등학교	사립	1041	전북	배영고등학교	사립
983	광주	광주인성고등학교	사립	1042	전북	서영여자고등학교	사립
984	광주	광주진흥고등학교	사립	1043	전북	글로벌학산고등학교	사립
985	광주	금호고등학교	사립	1044	전북	호남고등학교	사립
986	광주	금호중앙여자고등학교	사립	1045	전남	강진고등학교	공립
987	광주	동아여자고등학교	사립	1046	전남	고금고등학교	공립
988	광주	보문고등학교	사립	1047	전남	곡성고등학교	공립
989	광주	서강고등학교	사립	1048	전남	광양고등학교	공립
990	광주	송원고등학교	사립	1049	전남	광양백운고등학교	공립
991	광주	숭덕고등학교	사립	1050	전남	광양여자고등학교	공립
992	광주	운남고등학교	공립	1051	전남	광양제철고등학교	사립
993	광주	장덕고등학교	공립	1052	전남	광영고등학교	공립
994	광주	전남고등학교	공립	1053	전남	구례고등학교	공립
995	광주	전남대학교사범대학부설고등학교	국립	1054	전남	나주상업고등학교	공립
996	광주	정광고등학교	사립	1055	전남	남악고등학교	공립
997	광주	조선대학교부속고등학교	사립	1056	전남	노화고등학교	공립

No.	지역	학교명	유형
1057	전남	녹동고등학교	공립
1058	전남	능주고등학교	사립
1059	전남	담양고등학교	공립
1060	전남	도초고등학교	공립
1061	전남	매성고등학교	공립
1062	전남	목상고등학교	공립
1063	전남	목포공업고등학교	공립
1064	전남	목포덕인고등학교	사립
1065	전남	목포여자고등학교	공립
1066	전남	목포제일여자고등학교	공립
1067	전남	무안고등학교	공립
1068	전남	문태고등학교	사립
1069	전남	백제고등학교	사립
1070	전남	보성고등학교	공립
1071	전남	봉황고등학교	공립
1072	전남	부영여자고등학교	공립
1073	전남	순천강남여자고등학교	사립
1074	전남	순천고등학교	공립
1075	전남	순천공업고등학교	공립
1076	전남	순천매산여자고등학교	사립
1077	전남	순천복성고등학교	공립
1078	전남	순천여자고등학교	공립
1079	전남	순천제일고등학교	공립
1080	전남	순천청암고등학교	사립
1081	전남	순천팔마고등학교	공립
1082	전남	여수고등학교	공립
1083	전남	여수공업고등학교	사립
1084	전남	여수정보과학고등학교	사립
1085	전남	여수충무고등학교	공립
1086	전남	여천고등학교	공립
1087	전남	영광공업고등학교	공립
1088	전남	영암낭주고등학교	공립
1089	전남	예당고등학교	사립
1090	전남	완도고등학교	공립
1091	전남	완도수산고등학교	공립
1092	전남	장흥고등학교	공립
1093	전남	전남기술과학고등학교	공립
1094	전남	전남예술고등학교	사립
1095	전남	전남외국어고등학교	공립
1096	전남	조도고등학교	공립
1097	전남	중마고등학교	공립
1098	전남	창평고등학교	사립
1099	전남	하의고등학교	공립
1100	전남	한국바둑고등학교	공립
1101	전남	한국항만물류고등학교	공립
1102	전남	한빛고등학교	사립
1103	전남	한영고등학교	사립
1104	전남	한울고등학교	공립
1105	전남	함평고등학교	사립
1106	전남	함평학다리고등학교	공립
1107	전남	해남고등학교	공립
1108	전남	해남공업고등학교	공립
1109	전남	호남원예고등학교	공립
1110	전남	화순고등학교	공립
1111	전남	화순이양고등학교	공립
1112	제주	서귀포고등학교	공립
1113	제주	서귀포산업과학고등학교	공립
1114	제주	서귀포여자고등학교	공립
1115	제주	신성여자고등학교	사립
1116	제주	제주고등학교	공립
1117	제주	제주여자상업고등학교	공립
1118	제주	제주외국어고등학교	공립
1119	제주	중문고등학교	공립
1120	제주	한림고등학교	공립
1121	제주	한림공업고등학교	공립
1122	제주	함덕고등학교	공립

주: 지역별로 학교명 가나다순 정렬.
데이터 출처: 학교알리미.

附录3 专科及本科阶段中文相关专业现况（2024）

No.	학교명	전공 및 학과명	유형	설립구분	지역	교원 수									재적생 수												교원 1인당 학생 수	졸업생 수		
						합계			전임교원			비전임교원			재학생(A)			휴학생(B)			학위취득유예(C)			재적학생(D=A+B+C)						
						남	여	계	남	여	계	남	여	계	남	여	계	남	여	계	남	여	계	남	여	계		남	여	계
1	동서울대학교	글로벌중국비즈니스과	전문대	사립	경기	3	2	5	2	1	3	1	1	2	14	17	31	0	0	0	0	0	0	14	17	31	6.2	5	11	16
2	마산대학교	의료관광중국어과	전문대	사립	경남	5	2	7	2	0	2	3	2	5	18	21	39	7	3	10	0	0	0	25	24	49	5.57	2	22	24
3	명지전문대학	중국어비즈니스과	전문대	사립	서울	2	6	8	1	4	5	1	2	3	30	95	125	22	9	31	0	0	0	52	104	156	15.63	7	32	39
4	배화여자대학교	글로벌커뮤니케이션과 중국어전공	전문대	사립	서울	3	4	7	3	2	5	0	2	2	0	37	37	0	8	8	0	0	0	0	45	45	5.29	0	32	32
5	부산과학기술대학교	보건관광중국어과	전문대	사립	부산	1	5	6	0	0	0	1	5	6	2	6	8	3	3	6	0	0	0	5	9	14	1.33	4	8	12
6	서일대학교	비즈니스중국어과	전문대	사립	서울	2	8	10	1	1	2	1	7	8	37	33	70	5	0	5	0	0	0	42	33	75	7	12	16	28
7	인덕대학교	비즈니스중국어학과	전문대	사립	서울	6	5	11	2	2	4	4	3	7	39	76	115	23	10	33	0	0	0	62	86	148	10.45	5	23	28
8	장안대학교	디지털비지니스중국어과	전문대	사립	경기	1	2	3	1	1	2	0	1	1	0	1	1	1	1	2	0	0	0	1	2	3	0.33	0	3	3
9	제주관광대학교	관광중국어과	전문대	사립	제주	3	2	5	2	0	2	1	2	3	20	21	41	8	5	13	0	0	0	28	26	54	8.2	7	4	11
10	제주한라대학교	관광중국어과	전문대	사립	제주	3	4	7	1	1	2	2	3	5	14	15	29	50	30	80	0	0	0	64	45	109	4.14	11	8	19
11	한국관광대학교	관광중국어과	전문대	사립	경기	1	2	3	1	1	2	0	1	1	5	2	7	9	3	12	0	0	0	14	5	19	2.33	8	3	11
12	한양여자대학교	실무중국어과	전문대	사립	서울	3	15	18	2	4	6	1	11	12	0	142	142	0	16	16	0	0	0	0	158	158	7.89	0	65	65
13	가천대학교	중국어문학과	대학교	사립	경기	10	14	24	3	3	6	7	11	18	확인 불가												-	16	44	60
14	가톨릭대학교	중국언어문화학과	대학교	사립	경기	3	12	15	1	3	4	2	9	11	36	125	161	13	23	36	0	0	0	49	148	197	10.73	5	13	18
15	강원대학교	중어중문학전공	대학교	국립	강원	5	7	12	1	3	4	4	4	8	28	69	97	23	12	35	0	2	2	51	83	134	8.08	2	16	18
16	건국대학교	중어중문학과	대학교	사립	서울	9	14	23	3	3	6	6	11	17	28	97	125	23	21	44	0	8	8	51	126	177	5.43	4	13	17
17	경기대학교	중어중문전공	대학교	사립	경기	5	5	10	2	3	5	3	2	5	17	40	57	5	6	11	1	11	12	23	57	80	5.7	4	17	21
18	경북대학교	중어중문학과	대학교	국립	대구	15	10	25	4	2	6	11	8	19	29	93	122	14	9	23	0	2	2	43	104	147	4.88	5	13	18
19	경상국립대학교	중어중문학과	대학교	국립	경남	13	6	19	5	0	5	8	6	14	38	132	170	18	15	33	0	1	1	56	148	204	8.95	2	14	16
20	경성대학교	중국학과	대학교	사립	부산	10	12	22	6	4	10	4	8	12	59	204	263	33	54	87	0	7	7	92	265	357	11.95	9	51	60
21	경희대학교	중국어학과	대학교	사립	서울	8	4	12	7	0	7	1	4	5	65	144	209	30	33	63	0	0	0	95	177	272	17.42	13	22	35
22	계명대학교	중국어중국학과	대학교	사립	대구	8	5	13	7	4	11	1	1	2	68	260	328	58	64	122	2	5	7	128	329	457	25.23	14	59	73
23	고려대학교	중어중문학과	대학교	사립	서울	16	31	47	6	2	8	10	29	39	86	214	300	45	36	81	0	0	0	131	250	381	6.38	13	27	40
24	고려대학교(세종)	중국학전공	대학교	사립	세종	7	4	11	2	1	3	5	3	8	29	81	110	27	21	48	0	0	0	56	102	158	10	7	14	21
25	국립강릉원주대학교	중어중문학과	대학교	국립	강원	4	2	6	4	1	5	0	1	1	35	45	80	11	15	26	1	2	3	47	62	109	13.33	6	8	14
26	국립경국대학교	중국어문・문화학과	대학교	국립	경북	4	3	7	3	0	3	1	3	4	12	10	22	2	0	2	0	0	0	14	10	24	3.14	9	9	18
27	국립공주대학교	중어중문학과	대학교	국립	충남	6	6	12	2	1	3	4	5	9	29	102	131	11	15	26	0	6	6	40	123	163	10.92	6	15	21
28	국립군산대학교	중어중문학과	대학교	국립	전북	7	5	12	3	1	4	4	4	8	확인 불가												-	3	9	12
29	국립목포대학교	동아시아문화	대학교	국립	전남	3	9	12	0	0	0	3	9	12	확인 불가												-	3	6	9
30	국립부경대학교	중국학과	대학교	국립	부산	8	8	16	5	1	6	3	7	10	30	95	125	11	11	22	0	2	2	41	108	149	7.81	1	13	14
31	국립순천대학교	글로벌중국학전공	대학교	국립	전남	6	3	9	4	0	4	2	3	5	35	76	111	8	12	20	0	0	0	43	88	131	12.33	확인 불가		

No.	학교명	전공 및 학과명	유형	설립 구분	지역	교원 수									재적생 수												교원 1인당 학생 수	졸업생 수		
						합계			전임교원			비전임교원			재학생(A)			휴학생(B)			학위취득유예(C)			재적학생(D=A+B+C)						
						남	여	계	남	여	계	남	여	계	남	여	계	남	여	계	남	여	계	남	여	계		남	여	계
32	국립창원대학교	중국학과	대학교	국립	경남	5	4	9	4	1	5	1	3	4	41	85	126	18	20	38	0	1	1	59	106	165	14	6	16	22
33	국립한국교통대학교	중국어학과	대학교	국립	충북	5	4	9	4	3	7	1	1	2	24	26	50	1	0	1	0	0	0	25	26	51	5.56	5	18	23
34	국립한밭대학교	중국어과	대학교	국립	대전	6	7	13	4	4	8	2	3	5	57	194	251	29	31	60	0	3	3	86	228	314	19.31	6	31	37
35	국민대학교	중국학부(중국어문전공)	대학교	사립	서울	15	10	25	8	8	16	7	2	9	2	10	12	1	0	1	0	0	0	3	10	13	0.48	3	12	15
36	남서울대학교	중국학과	대학교	사립	충남	2	4	6	1	3	4	1	1	2	36	73	109	33	13	46	0	0	0	69	86	155	18.17	3	16	19
37	단국대학교 (제2캠퍼스)	아시아중동학부 중국학전공	대학교	사립	충남	1	7	8	0	0	0	1	7	8	확인 불가												–	3	15	18
38	덕성여자대학교	중어중문학전공	대학교	사립	서울	5	7	12	3	1	4	2	6	8	0	64	64	0	18	18	0	2	2	0	84	84	5.33	0	18	18
39	동국대학교	중어중문학과	대학교	사립	서울	8	12	20	4	1	5	4	11	15	47	124	171	25	21	46	1	1	2	73	146	219	8.55	6	13	19
40	동국대학교(WISE)	중어중문학과	대학교	사립	경북	5	6	11	2	2	4	3	4	7	18	33	51	7	3	10	0	0	0	25	36	61	4.64	4	13	17
41	동덕여자대학교	글로벌지역학부 중어중국학전공	대학교	사립	서울	4	4	8	4	1	5	0	3	3	0	89	89	0	3	3	0	0	0	0	92	92	11.13	0	24	24
42	동서대학교	중국어학과	대학교	사립	부산	5	6	11	3	4	7	2	2	4	28	44	72	18	12	30	1	0	1	47	56	103	6.55	11	21	32
43	동아대학교	중국학과	대학교	사립	부산	5	7	12	1	7	8	4	0	4	36	149	185	18	24	42	0	0	0	54	173	227	15.42	3	22	25
44	동의대학교	중어중국학과	대학교	사립	부산	7	3	10	3	1	4	4	2	6	27	42	69	7	5	12	0	0	0	34	47	81	6.9	3	26	29
45	명지대학교 (제2캠퍼스)	중어중문학과	대학교	사립	서울	5	5	10	4	2	6	1	3	4	31	99	130	30	22	52	0	9	9	61	130	191	13	8	28	36
46	목원대학교	중국문화·비즈니스학과	대학교	사립	대전	3	2	5	2	1	3	1	1	2	33	61	94	21	10	31	0	2	2	54	73	127	18.8	4	5	9
47	부산대학교	중어중문학과	대학교	국립	부산	9	16	25	2	4	6	7	12	19	40	118	158	23	21	44	1	2	3	64	141	205	6.32	8	12	20
48	부산외국어대학교	중국학부	대학교	사립	부산	5	11	16	4	4	8	1	7	8	0	1	1	14	7	21	0	0	0	14	8	22	0.06	14	49	63
49	상명대학교 (제2캠퍼스)	중국어권지역학전공	대학교	사립	충남	3	2	5	3	1	4	0	1	1	4	21	25	0	7	7	2	6	8	6	34	40	5	6	15	21
50	서강대학교	중국문화학과	대학교	사립	서울	6	9	15	5	2	7	1	7	8	76	122	198	35	22	57	2	14	16	113	158	271	13.2	7	14	21
51	서울대학교	중어중문학과	대학교	국립대 법인	서울	22	28	50	8	3	11	14	25	39	19	67	86	9	14	23	0	0	0	28	81	109	1.72	9	8	17
52	서울시립대학교	중국어문화학과	대학교	공립	서울	10	6	16	6	2	8	4	4	8	57	92	149	15	14	29	0	0	0	72	106	178	9.31	3	12	15
53	서울신학대학교	중국언어문화콘텐츠학과	대학교	사립	경기	1	3	4	1	3	4	0	0	0	20	73	93	9	9	18	0	0	0	29	82	111	23.25	7	10	17
54	서울여자대학교	중어중문학과	대학교	사립	서울	4	7	11	2	3	5	2	4	6	0	134	134	0	41	41	0	13	13	0	188	188	12.18	0	19	19
55	선문대학교	외국어학부 중국어문화전공	대학교	사립	충남	3	4	7	2	3	5	1	1	2	13	18	31	0	0	0	0	0	0	13	18	31	4.43	1	12	13
56	성결대학교	중어중문학과	대학교	사립	경기	1	5	6	1	4	5	0	1	1	43	146	189	15	23	38	1	0	1	59	169	228	31.5	4	13	17
57	성공회대학교	중어중국학전공 (인문융합콘텐츠학부)	대학교	사립	서울	확인 불가									2	7	9	1	0	1	0	0	0	3	7	10	–	0	3	3
58	성균관대학교	중어중문학과	대학교	사립	서울	10	11	21	3	0	3	7	11	18	59	89	148	41	28	69	0	0	0	100	117	217	7.05	9	18	27
59	성신여자대학교	중국어문·문화학과	대학교	사립	서울	2	8	10	2	4	6	0	4	4	0	35	35	0	0	0	0	0	0	0	35	35	3.5	0	20	20
60	수원대학교	중어중문학	대학교	사립	경기	0	6	6	0	5	5	0	1	1	15	58	73	17	23	40	0	1	1	32	82	114	12.17	4	26	30
61	숙명여자대학교	중어중문학부	대학교	사립	서울	3	10	13	3	4	7	0	6	6	0	254	254	0	52	52	0	0	0	0	306	306	19.54	0	27	27
62	순천향대학교	중국학과	대학교	사립	충남	3	0	3	2	0	2	1	0	1	확인 불가												–	5	18	23

No.	학교명	전공 및 학과명	유형	설립 구분	지역	교원 수									재적생 수												교원 1인당 학생 수	졸업생 수		
						합계			전임교원			비전임교원			재학생(A)			휴학생(B)			학위취득유예(C)			재적학생(D=A+B+C)						
						남	여	계	남	여	계	남	여	계	남	여	계	남	여	계	남	여	계	남	여	계		남	여	계
32	국립창원대학교	중국학과	대학교	국립	경남	5	4	9	4	1	5	1	3	4	41	85	126	18	20	38	0	1	1	59	106	165	14	6	16	22
33	국립한국교통대학교	중국어학과	대학교	국립	충북	5	4	9	4	3	7	1	1	2	24	26	50	1	0	1	0	0	0	25	26	51	5.56	5	18	23
34	국립한밭대학교	중국어과	대학교	국립	대전	6	7	13	4	4	8	2	3	5	57	194	251	29	31	60	0	3	3	86	228	314	19.31	6	31	37
35	국민대학교	중국학부(중국어문전공)	대학교	사립	서울	15	10	25	8	8	16	7	2	9	2	10	12	1	0	1	0	0	0	3	10	13	0.48	3	12	15
36	남서울대학교	중국학과	대학교	사립	충남	2	4	6	1	3	4	1	1	2	36	73	109	33	13	46	0	0	0	69	86	155	18.17	3	16	19
37	단국대학교 (제2캠퍼스)	아시아중동학부 중국학전공	대학교	사립	충남	1	7	8	0	0	0	1	7	8	확인 불가												-	3	15	18
38	덕성여자대학교	중어중문학전공	대학교	사립	서울	5	7	12	3	1	4	2	6	8	0	64	64	0	18	18	0	2	2	0	84	84	5.33	0	18	18
39	동국대학교	중어중문학과	대학교	사립	서울	8	12	20	4	1	5	4	11	15	47	124	171	25	21	46	1	1	2	73	146	219	8.55	6	13	19
40	동국대학교(WISE)	중어중문학과	대학교	사립	경북	5	6	11	2	2	4	3	4	7	18	33	51	7	3	10	0	0	0	25	36	61	4.64	4	13	17
41	동덕여자대학교	글로벌지역학부 중어중국학전공	대학교	사립	서울	4	4	8	4	1	5	0	3	3	0	89	89	0	3	3	0	0	0	0	92	92	11.13	0	24	24
42	동서대학교	중국어학과	대학교	사립	부산	5	6	11	3	4	7	2	2	4	28	44	72	18	12	30	1	0	1	47	56	103	6.55	11	21	32
43	동아대학교	중국학과	대학교	사립	부산	5	7	12	1	7	8	4	0	4	36	149	185	18	24	42	0	0	0	54	173	227	15.42	3	22	25
44	동의대학교	중어중국학과	대학교	사립	부산	7	3	10	3	1	4	4	2	6	27	42	69	7	5	12	0	0	0	34	47	81	6.9	3	26	29
45	명지대학교 (제2캠퍼스)	중어중문학과	대학교	사립	서울	5	5	10	4	2	6	1	3	4	31	99	130	30	22	52	0	9	9	61	130	191	13	8	28	36
46	목원대학교	중국문화・비즈니스학과	대학교	사립	대전	3	2	5	2	1	3	1	1	2	33	61	94	21	10	31	0	2	2	54	73	127	18.8	4	5	9
47	부산대학교	중어중문학과	대학교	국립	부산	9	16	25	2	4	6	7	12	19	40	118	158	23	21	44	1	2	3	64	141	205	6.32	8	12	20
48	부산외국어대학교	중국학부	대학교	사립	부산	5	11	16	4	4	8	1	7	8	0	1	1	14	7	21	0	0	0	14	8	22	0.06	14	49	63
49	상명대학교 (제2캠퍼스)	중국어권지역학전공	대학교	사립	충남	3	2	5	3	1	4	0	1	1	4	21	25	0	7	7	2	6	8	6	34	40	5	6	15	21
50	서강대학교	중국문화학과	대학교	사립	서울	6	9	15	5	2	7	1	7	8	76	122	198	35	22	57	2	14	16	113	158	271	13.2	7	14	21
51	서울대학교	중어중문학과	대학교	국립대 법인	서울	22	28	50	8	3	11	14	25	39	19	67	86	9	14	23	0	0	0	28	81	109	1.72	9	8	17
52	서울시립대학교	중국어문화학과	대학교	공립	서울	10	6	16	6	2	8	4	4	8	57	92	149	15	14	29	0	0	0	72	106	178	9.31	3	12	15
53	서울신학대학교	중국언어문화콘텐츠학과	대학교	사립	경기	1	3	4	1	3	4	0	0	0	20	73	93	9	9	18	0	0	0	29	82	111	23.25	7	10	17
54	서울여자대학교	중어중문학과	대학교	사립	서울	4	7	11	2	3	5	2	4	6	0	134	134	0	41	41	0	13	13	0	188	188	12.18	0	19	19
55	선문대학교	외국어학부 중국어문화전공	대학교	사립	충남	3	4	7	2	3	5	1	1	2	13	18	31	0	0	0	0	0	0	13	18	31	4.43	1	12	13
56	성결대학교	중어중문학과	대학교	사립	경기	1	5	6	1	4	5	0	1	1	43	146	189	15	23	38	1	0	1	59	169	228	31.5	4	13	17
57	성공회대학교	중어중국학전공 (인문융합콘텐츠학부)	대학교	사립	서울	확인 불가									2	7	9	1	0	1	0	0	0	3	7	10	-	0	3	3
58	성균관대학교	중어중문학과	대학교	사립	서울	10	11	21	3	0	3	7	11	18	59	89	148	41	28	69	0	0	0	100	117	217	7.05	9	18	27
59	성신여자대학교	중국어문·문화학과	대학교	사립	서울	2	8	10	2	4	6	0	4	4	0	35	35	0	0	0	0	0	0	0	35	35	3.5	0	20	20
60	수원대학교	중어중문학	대학교	사립	경기	0	6	6	0	5	5	0	1	1	15	58	73	17	23	40	0	1	1	32	82	114	12.17	4	26	30
61	숙명여자대학교	중어중문학부	대학교	사립	서울	3	10	13	3	4	7	0	6	6	0	254	254	0	52	52	0	0	0	0	306	306	19.54	0	27	27
62	순천향대학교	중국학과	대학교	사립	충남	3	0	3	2	0	2	1	0	1	확인 불가												-	5	18	23

No.	학교명	전공 및 학과명	유형	설립구분	지역	교원 수									재적생 수												교원 1인당 학생 수	졸업생 수		
						합계			전임교원			비전임교원			재학생(A)			휴학생(B)			학위취득유예(C)			재적학생(D=A+B+C)						
						남	여	계	남	여	계	남	여	계	남	여	계	남	여	계	남	여	계	남	여	계		남	여	계
63	숭실대학교	중어중문학과	대학교	사립	서울	7	10	17	2	5	7	5	5	10	40	112	152	21	11	32	0	0	0	61	123	184	8.94	6	12	18
64	안양대학교	중국언어문화학과	대학교	사립	경기	2	5	7	2	2	4	0	3	3	15	58	73	5	13	18	0	0	0	20	71	91	10.43	1	7	8
65	연세대학교	중어중문학과	대학교	사립	서울	18	46	64	3	5	8	15	41	56	56	111	167	40	38	78	3	8	11	99	157	256	2.61	7	23	30
66	영남대학교	중국언어문화학과	대학교	사립	경북	2	0	2	0	0	0	2	0	2	20	80	100	3	3	6	0	0	0	23	83	106	50	11	27	38
		응용중국어통번역전공	대학교	사립	경북	확인 불가									4	18	22	1	0	1	0	0	0	5	18	23	-	확인 불가		
67	용인대학교	중국학과	대학교	사립	경기	확인 불가									27	98	125	29	18	47	0	0	0	56	116	172	-	5	23	28
68	울산대학교	중국어・중국학과	대학교	사립	울산	4	7	11	3	2	5	1	5	6	41	72	113	23	22	45	0	4	4	64	98	162	10.27	4	24	28
69	원광대학교	중국학과	대학교	사립	전북	7	4	11	3	1	4	4	3	7	37	62	99	18	17	35	0	0	0	55	79	134	9	6	18	24
70	이화여자대학교	중어중문학과	대학교	사립	서울	5	15	20	2	7	9	3	8	11	0	276	276	0	50	50	0	12	12	0	338	338	13.8	0	34	34
71	인천대학교	중어중국학과	대학교	국립대법인	인천	10	7	17	10	5	15	0	2	2	46	160	206	34	17	51	1	4	5	81	181	262	12.12	4	23	27
72	인하대학교	중국학과	대학교	사립	인천	6	12	18	5	3	8	1	9	10	55	147	202	49	43	92	0	0	0	104	190	294	11.22	2	20	22
73	전남대학교	중어중문학과	대학교	국립	광주	14	15	29	5	2	7	9	13	22	48	162	210	26	29	55	1	1	2	75	192	267	7.24	6	13	19
74	전남대학교(제2캠퍼스)	국제학부(중국학전공)	대학교	국립	전남	확인 불가									48	137	185	22	24	46	1	1	2	71	162	233	-	확인 불가		
75	전북대학교	중어중문학과	대학교	국립	전북	9	13	22	5	3	8	4	10	14	23	53	76	12	14	26	0	0	0	35	67	102	3.45	6	18	24
76	전주대학교	중국어중국학과	대학교	사립	전북	5	3	8	2	2	4	3	1	4	43	91	134	23	22	45	0	2	2	66	115	181	16.75	5	12	17
77	제주대학교	중어중문학과	대학교	국립	제주	8	12	20	3	2	5	5	10	15	23	80	103	15	17	32	0	0	0	38	97	135	5.15	3	21	24
78	조선대학교	아시아언어문화학부(중국어문화학전공)	대학교	사립	광주	3	7	10	2	3	5	1	4	5	23	80	103	15	17	32	0	0	0	38	97	135	10.3	5	32	37
79	중앙대학교	아시아문화학부(중국어문학전공)	대학교	사립	서울	7	10	17	3	3	6	4	7	11	54	138	192	35	40	75	1	6	7	90	184	274	11.29	16	24	40
80	창신대학교	중국비즈니스학과	대학교	사립	경남	1	3	4	0	3	3	1	0	1	42	53	95	13	2	15	0	0	0	55	55	110	23.75	6	8	14
81	충남대학교	중어중문학과	대학교	국립	대전	10	5	15	4	1	5	6	4	10	39	128	167	29	20	49	0	0	0	68	148	216	11.13	7	9	16
82	충북대학교	중어중문학과	대학교	국립	충북	9	8	17	2	3	5	7	5	12	35	80	115	13	18	31	0	1	1	48	99	147	6.76	9	14	23
83	평택대학교	중국학전공	대학교	사립	경기	확인 불가									17	24	41	9	10	19	0	0	0	26	34	60	-	3	8	11
84	한국교원대학교	중국어교육과	대학교	국립	충북	3	3	6	3	1	4	0	2	2	9	27	36	4	1	5	0	0	0	13	28	41	6	1	0	1
85	한국외국어대학교	중국언어문화학부	대학교	사립	서울	19	25	44	6	0	6	13	25	38	22	52	74	4	2	6	0	0	0	26	54	80	1.68	16	22	38
		외국어교육학부(중국어교육전공)	대학교	사립	서울	0	5	5	0	2	2	0	3	3	5	27	32	2	4	6	0	0	0	7	31	38	6.4	1	6	7
		중국어통번역학과	대학교	사립	서울	10	16	26	4	0	4	6	16	22	34	103	137	18	36	54	0	0	0	52	139	191	5.27	8	20	28
86	한림대학교	중국학과	대학교	사립	강원	7	7	14	5	1	6	2	6	8	53	105	158	21	25	46	1	2	3	75	132	207	11.29	4	18	22
87	한세대학교	중국어학과	대학교	사립	경기	2	1	3	1	1	2	1	0	1	23	89	112	11	3	14	0	0	0	34	92	126	37.33	0	5	5
88	한신대학교	중국어문화콘텐츠학	대학교	사립	경기	4	5	9	2	3	5	2	2	4	0	36	36	2	2	4	0	0	0	2	38	40	4	2	7	9
89	한양대학교	중어중문학과	대학교	사립	서울	12	16	28	7	6	13	5	10	15	90	152	242	53	28	81	6	16	22	149	196	345	8.64	17	17	34
90	한양대학교(ERICA)	중국학과	대학교	사립	경기	13	4	17	5	2	7	8	2	10	39	99	138	24	19	43	4	6	10	67	124	191	8.12	13	23	36

No.	학교명	전공 및 학과명	유형	설립구분	지역	교원 수									재적생 수												교원 1인당 학생 수	졸업생 수		
						합계			전임교원			비전임교원			재학생(A)			휴학생(B)			학위취득유예(C)			재적학생(D=A+B+C)						
						남	여	계	남	여	계	남	여	계	남	여	계	남	여	계	남	여	계	남	여	계		남	여	계
91	협성대학교	중국어문화학과	대학교	사립	경기	3	6	9	2	3	5	1	3	4	24	54	78	9	11	20	0	0	0	33	65	98	8.67	9	13	22
92	호남대학교	중국어학과	대학교	사립	광주	5	2	7	4	2	6	1	0	1	37	50	87	11	4	15	0	0	0	48	54	102	12.43	3	3	6
93	호서대학교	중국학과	대학교	사립	충남	7	2	9	4	0	4	3	2	5	47	93	140	21	11	32	0	0	0	68	104	172	15.56	6	25	31
94	경희사이버대학교	중국어문화학과	대학교	사립	서울	9	7	16	1	0	1	8	7	15	65	77	142	11	8	19	0	0	0	76	85	161	8.88	15	21	36
95	고려사이버대학교	실용외국어학과	대학교	사립	서울	4	26	30	0	4	4	4	22	26	225	297	522	42	53	95	0	0	0	267	350	617	17.4	확인 불가		
96	사이버한국외국어대학교	중국어학부	대학교	사립	서울	3	5	8	1	2	3	2	3	5	170	379	549	31	93	124	0	0	0	201	472	673	68.63	33	74	107
97	서울디지털대학교	국제학과(일본·중국)	대학교	사립	서울	1	3	4	1	3	4	0	0	0	38	38	76	3	4	7	0	0	0	41	42	83	19	7	6	13
98	세종사이버대학교	국제학과(영어·중국어)	대학교	사립	서울	3	10	13	0	1	1	3	9	12	94	207	301	10	16	26	0	0	0	104	223	327	23.15	17	41	58
99	숭실사이버대학교	중국언어문화학과	대학교	사립	서울	2	4	6	0	1	1	2	3	5	17	24	41	3	3	6	0	0	0	20	27	47	6.83	3	6	9
100	한국방송통신대학교	중어중문학과	대하곡	국립	서울	7	6	13	3	5	8	4	1	5	1,078	1,526	2,604	350	473	823	0	0	0	1,428	1,999	3,427	200.31	213	272	485

附录4 中文培训机构名单 (2024)

No.	지역	학원명	설립연도	No.	지역	학원명	설립연도
1	서울	강남중국어학원	2005	57	서울	차이랑중국어은행사거리캠퍼스중국어교습소	2022
2	서울	강남파고다외국어학원	2002	58	서울	차이랑중국어장승캠퍼스중국어교습소	2023
3	서울	공자중국어교습소	2016	59	서울	차이랑중국어창동캠퍼스중국어교습소	2022
4	서울	광장동해법중국어학원	2016	60	서울	차이홍길음중국어교습소	2024
5	서울	구디움중국어학원	2022	61	서울	차이홍대치중국어교습소	2020
6	서울	김원중국어교습소	2020	62	서울	차이홍성동중국어교습소	2023
7	서울	남미숙중국어강남학원	2021	63	서울	차이홍위례중국어교습소	2022
8	서울	누리중국어교습소	2023	64	서울	차이홍장평초중국어교습소	2011
9	서울	다성중국어교습소	2013	65	서울	차이홍중국어동대문중국어교습소	2023
10	서울	대진중국어학원	2016	66	서울	첸첸중국어교습소	2024
11	서울	대창중국어교습소	2013	67	서울	최선생중국어교습소	2019
12	서울	대치해법중국어교습소	2021	68	서울	최선생중국어학원	2020
13	서울	두드림중국어교습소	2012	69	서울	카이씬중국어교습소	2019
14	서울	드림중국어교습소	2018	70	서울	케이씨아이중국어학원	2017
15	서울	똑똑중국어교습소	2019	71	서울	코지차이나로에듀어학원	2023
16	서울	라유중국어교습소	2024	72	서울	탄탄중국어학원	2018
17	서울	리얼차이나중국어교습소	2019	73	서울	튼튼원어민중국어교습소	2023
18	서울	립(LEAP)중국어교습소	2023	74	서울	파고다차이랑중국어교습소	2016
19	서울	목동뉴차이나중국어교습소	2005	75	서울	파고다교육그룹차이랑중국어교습소	2018
20	서울	미성중국어교습소	2022	76	서울	파고다외국어학원	1994
21	서울	밍중국어교습소	2008	77	서울	파고다차이랑광진캠퍼스중국어교습소	2024
22	서울	방이중국어캠퍼스중국어교습소	2011	78	서울	파고다차이랑구일중국어교습소	2015
23	서울	베이징중국어학원	2004	79	서울	파고다차이랑중국어방학캠퍼스학원	2022
24	서울	비전중국어교습소	2007	80	서울	파고다차이랑행당중국어교습소	2017
25	서울	샤오또우홍은중국어교습소	2019	81	서울	팬더중국어교습소	2015
26	서울	세계최강중국어통역학원	2013	82	서울	한일외국어학원	2007
27	서울	송봉운중국어교습소	2011	83	서울	한자랑중국어랑중국어교습소	2021
28	서울	송선생중국어교습소	2012	84	서울	해법문래중국어교습소	2013
29	서울	송송차이나중국어교습소	2014	85	서울	해법일원중국어교습소	2017
30	서울	수메이중국어교습소	2013	86	서울	해법중국어교습소	2015
31	서울	스푼중국어교습소	2024	87	서울	해법중국어교실교습소명륜점	2015
32	서울	시사중국어학원	2005	88	서울	해법중국어마곡공진점중국어교습소	2020
33	서울	신나는중국어보습학원	2004	89	서울	해법중국어북경대중국어교습소	2017
34	서울	신사해법중국어교습소	2020	90	서울	해법중국어사당이수중국어교습소	2019
35	서울	신신중국어교습소	2016	91	서울	해법중국어원효점교습소	2020
36	서울	신화외국어통역학원	2005	92	서울	해법중국어자곡중국어교습소	2018
37	서울	씽씽중국어한자학원	2014	93	서울	홍쌤원어민중국어교습소	2023
38	서울	O.S.S영어중국어강동어학학원	2001	94	경기	국제외국어학원	1988
39	서울	오차이나중국어교습소	2019	95	경기	Y드림중국어교습소	2022
40	서울	오차이나중국어교습소	2019	96	경기	갑천하중국어학원	2017
41	서울	옥수해법중국어교습소	2017	97	경기	강선생중국어교습소	2008
42	서울	원어민중국어교습소	2013	98	경기	경경중국어교습소	2011
43	서울	이지로중국어보습학원	2010	99	경기	경안해법중국어교습소	2013
44	서울	이태윤영어중국어학원	2009	100	경기	공도 차이나로 중국어 학원	2019
45	서울	임쌤중국어교습소	2016	101	경기	구리차이홍중국어교습소	2023
46	서울	잠실차이랑중국어교습소	2019	102	경기	권대중국어논술학원	2015
47	서울	장원급제중국어교습소	2024	103	경기	권대중국어학원	2024
48	서울	정N왕중국어보습학원	2020	104	경기	글로벌외국어학원	2003
49	서울	죠앤쌤의중국어교습소	2024	105	경기	김포해법중국어학원	2020
50	서울	중국명문대입시학원	2004	106	경기	난칸중국어교습소	2022
51	서울	진중국어교습소	2016	107	경기	니하오중국어교습소	2016
52	서울	짜요짜요중국어학원	2006	108	경기	니하오중국어학원	2018
53	서울	쩐빵중국어교습소	2024	109	경기	니하오해법중국어교습소	2016
54	서울	차이랑중국어교습소	2021	110	경기	다이아중국어학원	2021
55	서울	차이랑중국어국어한문학원	2021	111	경기	단아(端雅)·해법중국어학원	2019
56	서울	차이랑중국어목동9단지캠퍼스중국어교습소	2019	112	경기	동백중국어교습소	2016

No.	지역	학원명	설립연도	No.	지역	학원명	설립연도
113	경기	동탄파고다차이랑중국어교습소	2016	172	경기	죽전동매해법중국어교습소	2011
114	경기	디딤돌중국어교습소	2022	173	경기	지니샘중국어한자학원	2006
115	경기	라이라이중국어교습소	2011	174	경기	진쌤원어민중국어교습소	2022
116	경기	라이라이중국어학원	2012	175	경기	진중국어학원	2021
117	경기	라임중국어교습소	2023	176	경기	차이나는중국어교습소	2021
118	경기	량량중국어교습소	2021	177	경기	차이나로중국어학원	2002
119	경기	리즈중국어원격학원	2024	178	경기	차이나온중국어학원	2023
120	경기	린중국어학원	2018	179	경기	차이랑민락점중국어교습소	2024
121	경기	마산해법중국어학원	2024	180	경기	차이랑중국어향남2보습학원	2017
122	경기	마쿤중국어교습소	2018	181	경기	차이홍고양향동중국어교습소	2024
123	경기	맛있는중국어교습소	2011	182	경기	차이홍남양주중국어학원	2009
124	경기	명품중국어교습소	2017	183	경기	차이홍동탄목동중국어교습소	2024
125	경기	무지개일본어·중국어학원	2020	184	경기	차이홍동탄예당중국어교습소	2023
126	경기	문산해법원어민중국어교습소	2019	185	경기	차이홍동탄중국어교습소	2023
127	경기	미래중국어학원	2013	186	경기	차이홍미사중국어교습소	2023
128	경기	미사청아중국어교습소	2022	187	경기	차이홍비전중국어교습소	2024
129	경기	베이징중국어학원	2018	188	경기	차이홍용인동백중국어교습소	2023
130	경기	베이징탑중국어학원	2019	189	경기	차이홍일산후곡중국어교습소	2006
131	경기	베짱이한자와교과서중국어한자교습소	2020	190	경기	차이홍파주운정중국어교습소	2021
132	경기	변희선중국어교습소	2020	191	경기	차이홍판교중국어교습소	2023
133	경기	별내해법중국어교습소	2021	192	경기	참중국어교습소	2011
134	경기	북경중국어교습소	2013	193	경기	청덕물푸레해법중국어교습소	2024
135	경기	북경중국어교습소	2016	194	경기	청아외국어학원	2020
136	경기	북경중국어학원	2009	195	경기	취혜진중국어교습소	2023
137	경기	붐붐 씽푸 중국어 학원	2017	196	경기	친친중국어교습소	2022
138	경기	삼육오일본어중국어통역학원	2009	197	경기	칭화중국어학원	2024
139	경기	상현역해법중국어교습소	2016	198	경기	카이신중국어교습소	2008
140	경기	샤오팡중국어원격교습학원	2014	199	경기	카이신중국어교습소	2021
141	경기	샬롬차이나중국어원격학원	2013	200	경기	카이신중국어학원	2019
142	경기	서가중국어·논술학원	2019	201	경기	크리스티영어앤중국어학원	2015
143	경기	서정연중국어교습소	2023	202	경기	통중국어학원	2018
144	경기	서현중국어학원	2018	203	경기	팅팅중국어교습소	2019
145	경기	세교미래중국어교습소	2024	204	경기	파고다차이랑(풍무캠퍼스)중국어교습소	2019
146	경기	세뜻중국어학원	2012	205	경기	파고다차이랑동탄솔빛중국어교습소	2012
147	경기	소사벌해법중국어교습소	2015	206	경기	파고다차이랑신봉점중국어교습소	2011
148	경기	손윤옥김찬영중국어학원	2011	207	경기	파고다차이랑중국어동탄예당캠퍼스학원	2018
149	경기	송쌤중국어교습소	2018	208	경기	파고다차이랑중국어용인보정중국어교습소	2022
150	경기	송휘중국어영어학원	2022	209	경기	퍼펙트중국어교습소	2023
151	경기	시사중국어학원	2004	210	경기	평촌차이나로중국어학원	2013
152	경기	신나는중국어교습소	2017	211	경기	하오중국어튼튼영어마스터클럽학원	2015
153	경기	씨씨's중국어아지트중국어교습소	2024	212	경기	해법고덕교실중국어교습소	2023
154	경기	씽씽중국어교습소	2013	213	경기	해법미래중국어교습소	2018
155	경기	씽씽중국어교습소	2016	214	경기	해법원어민중국어교습소	2011
156	경기	안중시사중국어학원	2015	215	경기	해법위례원어민중국어교습소	2019
157	경기	어썸영어중국어학원	2021	216	경기	해법중국어교습소	2015
158	경기	역북해법중국어학원	2016	217	경기	해법중국어권선점교습소	2013
159	경기	와와중국어교습소	2014	218	경기	해법중국어동탄카림중국어교습소	2022
160	경기	왕박사중국어학원	2010	219	경기	해법중국어배곧학원	2017
161	경기	용이원어민중국어교습소	2017	220	경기	해법중국어상동교습소	2016
162	경기	우리중국어학원	2022	221	경기	해법중국어송정교습소	2020
163	경기	윤쌤원어민중국어교습소	2019	222	경기	해법중국어수학학원	2016
164	경기	은계해법중국어교습소	2021	223	경기	해법중국어앤씨투엠강촌캠퍼스학원	2017
165	경기	이루다한국어&차이랑중국어심곡본보습학원	2019	224	경기	해법중국어옥길직영보습학원	2019
166	경기	이윤진중국어학원	2022	225	경기	해법중국어운암학원	2016
167	경기	이제이플러스외국어종합학원	2009	226	경기	해법중국어윤쌤중국어교습소	2013
168	경기	이해법수학중국어학원	2017	227	경기	해법중국어잉글리쉬무무서일영어학원	2008
169	경기	일산차이나로중국어학원	2011	228	경기	해법중국어정왕교습소	2016
170	경기	정담영어중국어학원	2020	229	경기	해법중국어정자교습소	2015
171	경기	정화니하오중국어교습소	2011	230	경기	해법중국어학원	2015

No.	지역	학원명	설립연도	No.	지역	학원명	설립연도
231	경기	해법중국어호평중국어교습소	2024	290	대구	수성점해법중국어교습소	2008
232	경기	해법철산중국어교습소	2013	291	대구	씽씽중국어교습소	2024
233	경기	해법해양중국어교습소	2024	292	대구	원어민중국어교습소	2014
234	경기	홍중국어학원	2022	293	대구	이가중국어교습소	2023
235	경기	효자촌해법중국어교습소	2014	294	대구	중국전통문화예술학원	2019
236	경기	효진외국어학원	2018	295	대구	차이랑중국어월성주주캠퍼스중국어교습소	2024
237	경기	희망중국어교습소	2011	296	대구	차이홍범어중국어교습소	2022
238	인천	가람중국어교습소	1992	297	대구	차이홍시지중국어교습소	2016
239	인천	가좌중국어교습소	2022	298	대구	차이홍월성중국어교습소	2023
240	인천	동방(東方)중국어학원	2019	299	대구	척척박사중국어교습소	1990
241	인천	베이징중국어학원	2024	300	대구	팡팡중국어교습소	2020
242	인천	비전영어중국어학원	2021	301	울산	랑랑중국어교습소	2015
243	인천	성장중국어교습소	2015	302	울산	매곡해법중국어교습소	2022
244	인천	송도류궈링중국어교습소	2022	303	울산	북경중국어학원	1990
245	인천	연경중국어교습소	2023	304	울산	북경통중국어학원	2014
246	인천	원스중국어교습소	2020	305	울산	서정화중국어교습소	2018
247	인천	음쌤중국어교습소	2022	306	울산	송정해법중국어교습소	2019
248	인천	이이씨(EEC)중국어교습소	2013	307	울산	우정HSK현대중국어교습소	2016
249	인천	인천검단중국어학원	2004	308	울산	참쉬운중국어교습소	2018
250	인천	진중국어교습소	2019	309	울산	학문로중국어교습소	2012
251	인천	차이홍송도중국어교습소	2024	310	울산	환잉중국어교습소	2016
252	인천	차이홍청라초은중국어교습소	2021	311	경북	구미글로발외국어학원	1997
253	인천	콰이러중국어학원	2014	312	경북	동링중국어교습소	2023
254	인천	텐차이중국어학원	2008	313	경북	문홍중국어학원	2017
255	인천	텐텐중국어교습소	2011	314	경북	바이송중국어교습소	2017
256	인천	파고다차이랑간석중국어교습소	2019	315	경북	상상중국어교습소	2015
257	인천	함선생중국어교습소	2019	316	경북	서성수중국어학원	2004
258	부산	CM중국어JK일본어전문학원	2008	317	경북	장성중국어교습소	2023
259	부산	MLS외국어학원	1996	318	경북	차이랑중국어경산중국어교습소	2021
260	부산	공자아카데미중국어학원	2012	319	경북	차이홍포항효곡중국어교습소	2023
261	부산	권나영중국어교습소	2024	320	경북	청산유수중국어교습소	2024
262	부산	기쁨중국어교습소	2023	321	경북	칠용중국어교습소	2013
263	부산	다대해법중국어교습소	2011	322	경북	파고다차이랑중국어와이비엠잉글루학원	2020
264	부산	봉샘중국어교습소	2020	323	경북	파고다차이랑중국어학원	2017
265	부산	북경중국어학원	2001	324	경북	프렌잉글리시&차이랑중국어학원	2020
266	부산	북경중국어학원	2002	325	경북	프렌잉글리시&차이랑중국어학원	2023
267	부산	신중국어학원	2018	326	경북	해법제대로중국어교습소	2022
268	부산	씨엠중국어제이케이일본어전문학원	2007	327	경남	CM중국어JK일본어전문학원	2013
269	부산	씬씬중국어영어일본어전문학원	2010	328	경남	대한중국어학원	2015
270	부산	온천장차이랑중국어교습소	2023	329	경남	더솔중국어교습소	2024
271	부산	유지현나라중국어교습소	2013	330	경남	런차이중국어교습소	2024
272	부산	윤주희중국어교습소	2019	331	경남	리나외국어학원	2017
273	부산	이지차이나(Easy China)학원	2018	332	경남	부경중국어학원	2014
274	부산	재미있는중국어교습소	2015	333	경남	북경중국어학원	1999
275	부산	차이랑중국어교습소	2023	334	경남	원어민중국어교습소	2023
276	부산	차이씽중국어전문어학원	2022	335	경남	유니시티해법중국어교습소	2020
277	부산	차이홍용호중국어교습소	2023	336	경남	장유차이랑중국어교습소	2015
278	부산	차이홍큰별중국어교습소	2023	337	경남	진중국어학원	2016
279	부산	차이홍화명중국어교습소	2011	338	경남	차이나는중국어교습소	2023
280	부산	태양중국어교습소	2020	339	경남	차이랑중국어거창캠퍼스학원	2024
281	부산	파고다교육그룹차이랑중국어교습소	2022	340	경남	차이랑중국어학원	2018
282	부산	파고다차이랑중국어교습소	2018	341	경남	차이홍김해중국어학원	2021
283	부산	판다중국어교습소	2020	342	경남	차이홍물금중국어교습소	2023
284	부산	한걸음중국어교습소	2019	343	경남	차이홍율하중국어학원	2024
285	부산	한수위더프리미엄세특중국어일본어학원	2022	344	경남	창원실용중국어학원	2015
286	부산	화명상하이중국어학원	2014	345	경남	창원윤성중국어학원	2010
287	대구	니하오중국어오하요일본어프렌잉글리시어학원	2013	346	경남	창원중국어전문학원	2020
288	대구	라이라이수성중국어교습소	2019	347	경남	파고다차이랑연가중국어학원	2015
289	대구	북경중국어교습소	2016	348	경남	파고다차이랑중국어한자양산코렘학원	2007

No.	지역	학원명	설립연도	No.	지역	학원명	설립연도
349	경남	팔판해법중국어교습소	2019	405	광주	위차이중국어학원	2019
350	경남	팬더중국어학원	2018	406	광주	율곡한문,중국어학원	2002
351	경남	풍선생중국어교습소	2021	407	광주	이스트중국어학원	2015
352	경남	하얼빈중국어교습소	2014	408	광주	이화중국어학원	2007
353	경남	하얼빈중국어전문학원	2010	409	광주	전쌤중국어교습소	2014
354	경남	하오상중국어교습소	2015	410	광주	차이홍봉선중국어교습소	2012
355	경남	해법고고(高Go)중국어학원	2018	411	광주	차이홍수완중국어교습소	2024
356	경남	해법니하오중국어학원	2013	412	광주	첨단붐붐중국어교습소	2014
357	강원	노혜서중국어교습소	2015	413	광주	해법중국어광주봉선학원	2019
358	강원	대륙중국어학원	2021	414	광주	해피잉글리쉬해피이얼싼중국어학원	2018
359	강원	북경중국어학원	2008	415	전북	1대1마스터수학영어중국어학원	2009
360	강원	원중국어학원	2016	416	전북	21세기중국어학원	2003
361	강원	일취월장중국어교습소	2021	417	전북	군산중국어전문학원	2011
362	강원	전쌤HSK중국어교습소	2021	418	전북	대방중국어학원	2021
363	강원	정구현중국어학원	2020	419	전북	룬중국어학원	2018
364	강원	제이씨중국어교습소	2023	420	전북	미래중국어전문학원	2004
365	충북	명문중국어전문학원	2018	421	전북	북경중국어학원	1988
366	충북	박쌤중국어학원	2002	422	전북	송지현중국어학원	2024
367	충북	봉명해법중국어교습소	2015	423	전북	에이치에스케이중국어학원	2012
368	충북	분평해법중국어교습소	2021	424	전북	에코중국어교습소	2020
369	충북	지웰중국어학원	2014	425	전북	오미순중국어학원	2020
370	충북	차이랑중국어교습소	2022	426	전북	우아중국어학원	2000
371	충북	차이랑중국어충주용산교습소	2023	427	전북	장곤중국어학원	2018
372	충북	청주화교중국어학원	2021	428	전북	조연옥중국어학원	2002
373	충북	현대중국어학원	2021	429	전북	진화중국어교습소	2010
374	충남	경희실용중국어교습소	2016	430	전북	차이나중국어학원	2013
375	충남	김쌤해법중국어교습소	2024	431	전북	차이랑중국어만성캠퍼스학원	2019
376	충남	베이징중국어학원	2012	432	전북	차이랑중국어왕쌤중국어교습소	2021
377	충남	스마트해법수학중국어학원	2022	433	전북	차이랑중국어효천캠퍼스학원	2020
378	충남	원어민해법중국어학원	2017	434	전북	차이홍중국어익산모현교습소	2024
379	충남	차이랑중국어교습소	2024	435	전북	해법중국어미래어학원	2009
380	충남	차이랑중국어서산학원	2023	436	전북	해법중국어톡톡중국어교습소	2019
381	충남	차이랑중국어아산학원	2019	437	전북	화쌤중국어학원	2013
382	충남	차이랑중국어장강국제어학원	2013	438	전남	김선중국어논술학원	2023
383	대전	갑천하중국어교습소	2023	439	전남	띠따오중국어교습소	2011
384	대전	갑천하중국어전문학원	2001	440	전남	왕진중국어교습소	2024
385	대전	김은선중국어학원	2018	441	전남	차이랑중국어영암삼호캠퍼스학원	2023
386	대전	노은중국어학원	2023	442	전남	차이홍여수중국어교습소	2023
387	대전	이태경중국어교습소	2018	443	전남	하오중국어교습소	2021
388	대전	중국어아이니어학원	2007	444	제주	니하오차이랑중국어교습소	2023
389	대전	차이랑중국어둔산국화중국어교습소	2021	445	제주	만다린중국어교습소	2023
390	대전	코칭중국어교습소	2023	446	제주	베이징중국어학원	2012
391	대전	해법가양교실중국어교습소	2019	447	제주	북경외국어학원	2020
392	대전	해법중국어반석점중국어교습소	2021	448	제주	삼성영어셀레나&차이랑중국어삼화캠퍼스학원	2017
393	대전	현대중국어학원	2006	449	제주	삼성영어셀레나.차이랑중국어함덕어학원	2022
394	대전	홍옌중국어교습소	2016	450	제주	쉬운중국어앤일본어학원	2024
395	세종	새롬차이랑중국어교습소	2022	451	제주	신제주북경중국어학원	2008
396	세종	세종중국어학원	2020	452	제주	이노중국어교습소	2020
397	세종	세종카이신중국어학원	2019	453	제주	제주베이징중국어교습소	2020
398	세종	에이플중국어학원	2024	454	제주	차이랑중국어한라캠퍼스학원	2014
399	세종	원어민우지평중국어교실원격학원	2024	455	제주	하하호호중국어학원	2014
400	광주	HCJ일본어중국어학원	2017				
401	광주	HSK전문임혜원중국어통역학원	2009				
402	광주	나수연중국어학원	2014				
403	광주	롱친차이나중국어학원	2012				
404	광주	세계로중국어교습소	2018				

주: 지역별로 학원명 가나다순 정렬.
데이터 출처: 나이스 교육정보 개방 포털.

附录5 中文教育相关图书目录 (2024)

No.	도서명	저/편/역자	출판사	형태
1	(50일 만에 끝내는) 중국어 관광통역안내사 : 2차 면접	김미숙 편	SD에듀	종이책
2	(EBS) 수능완성 제2외국어&한문영역 중국어I	한국교육방송공사 편	한국교육방송공사	종이책
3	(New) 레전드 중국어 필수단어	더 콜링,김정희 저	랭귀지북스	종이책
4	(New) 레전드 중국어 회화사전	더 콜링,김정희 저	랭귀지북스	종이책
5	(New) 점프! 대학중국어	맹유 외 저	경북대학교출판부	종이책
6	(국제의료관광코디네이를 위한) 의료·에스테틱 중국어	박민정 저	Pubple	종이책
7	(따라 읽으면 되는) 여행 중국어	힘찬북스 편집부 저	힘찬북스	종이책
8	(문화와 함께 배우는) 대학중국어	손염홍,남종진 저	쿠북	종이책
9	(바로바로) 하루 10분 일상 중국어 : 1일 1문장 365 데일리 구성	최진권 저	탑메이드북	종이책
10	(성공적인 중국 여행을 위한) 실용 중국어회화	백영선 저	부크크	종이책
11	(시원스쿨) 여행중국어	시원스쿨어학연구소 저	시원스쿨닷컴	종이책
12	(중국어 원문과 영문 번역 두 편을 비교 번역한) 天下唯一 孫子兵法	손무 저/안성봉 역	지식공감	종이책
13	(중급) 중국어 : EBS FM radio	홍상욱 저	동아출판	종이책
14	(착! 붙는) 중국어 간체자 쓰기 600 : 중국 상용한자 600자를 직접 써 보며 손에 착! 머리에 쏙!	중국어공부기술연구소 편	시사북스	종이책
15	(착! 붙는) 중국어 단어장	이재경,페이시앙루 저	시사북스	종이책
16	(착! 붙는) 중국어 독학 첫걸음 : 발음부터 회화를 입에 착! HSK 시험까지 한 번에 착!	허은진 외 저	시사북스	종이책
17	(초급) 중국어 : EBS FM radio	송지현 저	동아출판	종이책
18	(프리토킹과 원서 읽기를 위한) the 중국어 공부법	박주경 저	부크크	종이책
19	(한·중 대조 언어학을 기반으로 하는) 현대 중국어 음운학	김태은 저	한국문화사	종이책
20	(해커스 중국어 해설이 상세한) HSK 7-9급 실전모의고사 : 해설집	해커스 HSK연구소 저	해커스	종이책
21	(현지에서 바로 통하는) 여행 중국어회화 : 나만의 중국어 가이드북	제이플러스 편	Jplus	종이책
22	1등 중국어 단어장	Mr. Sun 어학연구소 저	Old Stairs	종이책
23	1천 동사 5천 문장을 듣고 따라하면 저절로 암기되는 중국어 간체 회화(mp3)	정호칭 저	부크크	종이책
24	Go Go 중국어	송진희,임지영 저	전남대학교출판문화원	종이책
25	Go! 독학 중국어 단어장 : 기적의 10일 초단기 완성	시원스쿨어학연구소 저	시원스쿨닷컴	종이책
26	Go! 독학 중국어 첫걸음 : 중국어 발음부터 실생활 회화까지 20일 완성	시원스쿨어학연구소 저	시원스쿨닷컴	종이책
27	개와 고양이 : 중국어	오즈하우스 저/한국외국어대학교 통번역센터 역	오즈하우스	종이책
28	나의 겁 없는 중국음식 중국어	전은선,차오팡 저	다락원	종이책
29	나의 하루 1줄 여행 중국어 쓰기 수첩	심희연 저	시대인	종이책
30	드라마생활중국어	전병석 저	창문	종이책
31	라이프 중국어. 1-2	권운영 외	시사북스	종이책
32	멸치대왕의 꿈 : 중국어	오즈하우스 저/한국외국어대학교 통번역센터 역	오즈하우스	종이책
33	문화로 만나는 중국어 : 일상생활 회화에서 중국 문화까지 한 권으로 끝내기	이혜임 저	Pubple	종이책
34	미디어 중국어	김재민,서희명 저	제이앤씨	종이책
35	부동산 중국어 한 권으로 끝내기 : 글로벌 부동산 거래를 위한 실전 중국어 학습서	김동찬 저	부크크	종이책
36	뷰티 중국어 : 뷰티 화장품 용어에서 필수 회화까지 한 권으로 끝내기	이혜임 저	Pubple	종이책
37	사윗감을 찾아 나선 쥐 : 중국어	오즈하우스 저/한국외국어대학교 통번역센터 역	오즈하우스	종이책
38	새내기 중국어	고려대학교 중어중문학과 교수실 저	고려대학교출판문화원	종이책
39	소가 된 게으름뱅이 : 중국어	오즈하우스 저/한국외국어대학교 통번역센터 역	오즈하우스	종이책
40	新HSK 5급 대비 실전 중국어 : 한 권으로 탄탄하게 대비하는 HSK	종혜현 저	KNOU Press	종이책
41	실무중한번역 실습	李愚一 편	창문	종이책
42	언어학 그리고 중어학	김태경 저	한국문화사	종이책

No.	도서명	저/편/역자	출판사	형태
43	여행 중국어회화 : 여행 필수 회화, 한 권에 다 있다!	이재연 저	지식과감성#	종이책
44	의료 관광 중국어. 실전편	최윤선 저	동양북스	종이책
45	이강 중국어 : 차이나게 스타트	이강 저	부크크	종이책
46	이것만 말면 OK : 생활 속 중국어표현 모음	권수전 저	창문	종이책
47	입이 술술 중국어. 1-2	오해단 저	와이출판	종이책
48	중국 언어문화 돋보기	한국외대 중국연구소 저	KNOU Press	종이책
49	중국 언어와 문화	김수현 외	學古房	종이책
50	중국노래 20곡 가사해설	김형진 저	부크크	종이책
51	중국문자학 핸드북	장극화 외 저/하영삼 외 역	3	종이책
52	중국어 관광통역안내사 : 우리의 유네스코 등재유산 단번에 정복하기	장호성 저	백산출판사	종이책
53	중국어 관광통역안내사 : 한국문화와 관광산업 단번에 정복하기	장호성 저	백산출판사	종이책
54	중국어 관광통역안내사 한권으로 끝내기 : 2차 면접	백정욱 편	Mainedu	종이책
55	중국어 국제회의 통역노트	손지봉 저	이화여자대학교출판문화원	종이책
56	중국어 대중가요 가사해설 : 중국어 초급 학습자를 위한	김형진 저	부크크	종이책
57	중국어 문법 발달사. 1	스위즈 저/전영근 외 역	역락	종이책
58	중국어 문법론 15강	루젠밍 저/김현철 외 역	서울대학교출판문화원	종이책
59	중국어 생활성어	백영선 저	부크크	종이책
60	중국어 어법 가이드	성시훈 저	에듀컨텐츠·휴피아	종이책
61	중국어 어휘 해석 : 국제중문교육용 한국 한자어 대응 : 4-6급	侯文玉 외 편	武松	종이책
62	중국어 음성학의 이해	이옥주 저	역락	종이책
63	중국어 직독직해	STT Books 편집부 저	STT Books	종이책
64	중국어 첫걸음	김영진 저	매월당	종이책
65	중국어 초급독해 永不分離 : 중국어 초급 학습자를 위한 단편 이야기	김형진 저	부크크	종이책
66	중국어 한자암기박사 : 읽으면 저절로 외워지는 기적의 암기공식. 1, 기초학습	박원길,박정서 저	SD에듀	종이책
67	중국어 한자암기박사 : 읽으면 저절로 외워지는 기적의 암기공식. 2, 심화학습	박원길,박정서 저	SD에듀	종이책
68	중국어 해석문법	김의수,한춘희,辛博 저	부크크	종이책
69	중국어, 실수해도 괜찮아!	이동은 저	시사북스	종이책
70	중국인의 재담才談 : 헐후어歇後語	진기환 편	明文堂	종이책
71	착! 붙는 중국어 : 독학 두걸음 : 리얼 현지 회화를 입에 착! 풍부한 어휘까지 한 번에 착!	허은진,초징위 저	시사북스	종이책
72	첸카이거의 현 위의 인생 : 원작 명약금현(命若琴弦)	이혜임 편	Pubple	종이책
73	탑 어린이 중국어 : YCT 1급	김미홍,왕가기 저	창조와 지식	종이책
74	토끼의 재판 : 중국어	오즈하우스 저/한국외국어대학교 통번역센터 역	오즈하우스	종이책
75	한국인 학습자들을 위한 중국어 오류해제	진난옥 저	주디자인	종이책
76	한자와 고대중국어	조은정,허철 저	역락	종이책
77	한자와 성운학	배은한,신아사 저	역락	종이책
78	해커스 HSK 7-9급 : 한 권으로 마스터	해커스 HSK연구소 저	해커스	종이책
79	해커스 중국어 HSKK 고급 5일 만에 딸 수 있다!	해커스 HSK연구소 저	해커스	종이책
80	(50일 만에 끝내는) 중국어 관광통역안내사 : 2차 면접	김미숙 편	SD에듀	e북
81	(아동발달을 위한) 중국어 놀이 교육 : 아동 중국어 교육의 이론과 실제	김미순,서빛나래 저	창지사	e북
82	(중급) 중국어 : EBS FM radio	홍상욱 저	동아출판	e북
83	(초급) 중국어 : EBS FM radio	송지현 저	동아출판	e북
84	(한·중 대조 언어학을 기반으로 하는) 현대 중국어 음운학	김태은 저	한국문화사	e북

No.	도서명	저/편/역자	출판사	형태
85	고대 중국어 어법론	리줘펑 저/신원철 외 역	역락	e북
86	구름이 변해요	탕량 저/대려연 외 역	대박출판미디어	e북
87	꼬리, 꼬리	션샤 저/대려연 외 역	대박출판미디어	e북
88	나의 겁 없는 중국음식 중국어	전은선,차오팡 저	다락원	e북
89	나의 하루 1줄 여행 중국어 쓰기 수첩	심희연 저	시대인	e북
90	난 될 수 있어요	장두어두어 저/대려연 외 역	대박출판미디어	e북
91	달나라로 간 항아	샤오롱시아 편/대려연 외 역	대박출판미디어	e북
92	대두야, 대두야	장두어두어 저/대려연 외 역	대박출판미디어	e북
93	대만드라마 상견니 대본 대사집	공부나라 저	공부나라	e북
94	대만드라마 아문불능시붕우 결혼까지 생각했어 대본 대사집	공부나라 저	공부나라	e북
95	물의 변신	쉬싱즈 저/대려연 외 역	대박출판미디어	e북
96	반고의 천지개벽	딩시아오이 편/대려연 외 역	대박출판미디어	e북
97	번개가 치고, 비가 내려요	딩윈 저/대려연 외 역	대박출판미디어	e북
98	별과 아기	미야 저/대려연 외 역	대박출판미디어	e북
99	봄에 가장 먼저 피는 꽃은 무엇일까	친진무위 저/대려연 외 역	대박출판미디어	e북
100	비가 내려요	탕량 저/대려연 외 역	대박출판미디어	e북
101	상견니OST로 배우는 노래중국어	수서동주민 저	박수소리	e북
102	새들의 왕이 된 봉황	리우잉 편/대려연 외 역	대박출판미디어	e북
103	새로운 하루가 시작됐어요	딩시아오이 저/대려연 외 역	대박출판미디어	e북
104	손가락아, 변해라	쑨한나 그림/대려연 외 역	대박출판미디어	e북
105	손오공 홍해아 대전	쉬스윈 편/대려연 외 역	대박출판미디어	e북
106	숲속 유치원	딩이판 저/대려연 외 역	대박출판미디어	e북
107	시아오헤이와 시아오바이	까오옌 저/대려연 외 역	대박출판미디어	e북
108	십이지	딩시아오이 저/대려연 외 역	대박출판미디어	e북
109	안녕, 대지야	장두어두어 저/대려연 외 역	대박출판미디어	e북
110	엄마, 난 도망갈 거야	Brown, Margaret Wise 저/대려연 외 역	대박출판미디어	e북
111	엄마, 안아 주세요	미야 저/대려연 외 역	대박출판미디어	e북
112	여행 중국어회화 : 여행 필수 회화, 한 권에 다 있다!	이재연 저	지식과감성#	e북
113	오늘은 뭘 먹을까	쉬싱즈 저/대려연 외 역	대박출판미디어	e북
114	용문에 오르는 잉어	딩시아오이 편/대려연 외 역	대박출판미디어	e북
115	우리의 중국	쉬쉬펑 저/대려연 외 역	대박출판미디어	e북
116	의료통역, 날개를 달고 : 중국어 : 해외/강남 병원 근무한 저자가 알려 주는 꿀팁!	박다연 저	한국의료통역코디네이터협회	e북
117	인간을 창조한 여와	딩시아오이 편/대려연 외 역	대박출판미디어	e북
118	작은 새가 날고 또 날아요	자오이신 저/대려연 외 역	대박출판미디어	e북
119	중국드라마 거유풍적지방 바람이 머무는 곳 대본 대사집	공부나라 저	공부나라	e북
120	중국드라마 귀로 대본 대사집	공부나라 저	공부나라	e북
121	중국드라마 니비성광미려 대본 대사집	공부나라 저	공부나라	e북
122	중국드라마 니시아적영요 대본 대사집	공부나라 저	공부나라	e북
123	중국드라마 니야유금천 my boss 대본 대사집	공부나라 저	공부나라	e북
124	중국드라마 당아비분향니 대본 대사집	공부나라 저	공부나라	e북
125	중국드라마 매괴적고사 장미의 이야기 대본 대사집	공부나라 저	공부나라	e북
126	중국드라마 별대아동심 날 설레게 하지마 대본 대사집	공부나라 저	공부나라	e북

No.	도서명	저/편/역자	출판사	형태
127	중국드라마 별처럼 빛나는 너에게 일섬일섬량성성 대본 대사집	공부나라 저	공부나라	e북
128	중국드라마 보보진심 보보경심 대본 대사집	공부나라 저	공부나라	e북
129	중국드라마 사장낭만 대본 대사집	공부나라 저	공부나라	e북
130	중국드라마 승환기 도시남녀의 로맨스 대본 대사집	공부나라 저	공부나라	e북
131	중국드라마 아적인간연화 대본 대사집	공부나라 저	공부나라	e북
132	중국드라마 아희환니 대본 대사집	공부나라 저	공부나라	e북
133	중국드라마 암격리적비밀 서랍 속 비밀 대본 대사집	공부나라 저	공부나라	e북
134	중국드라마 이가인지명 대본 대사집	공부나라 저	공부나라	e북
135	중국드라마 이애위영 사랑도 경영이 되나요 대본 대사집	공부나라 저	공부나라	e북
136	중국드라마 재폭설시분 우리가 만난 겨울 대본 대사집	공부나라 저	공부나라	e북
137	중국드라마 점연아온난니 너는 나의 불꽃 대본 대사집	공부나라 저	공부나라	e북
138	중국드라마 청화저양적아연애파 이런 나와 연애해 줘 대본 대사집	공부나라 저	공부나라	e북
139	중국드라마 초차애니 처음 널 사랑해 대본 대사집	공부나라 저	공부나라	e북
140	중국드라마 춘색기정인 봄에서 사랑하자 대본 대사집	공부나라 저	공부나라	e북
141	중국드라마 치아문단순적소미호 아름다웠던 우리에게 대본 대사집	공부나라 저	공부나라	e북
142	중국드라마 탈궤 대본 대사집	공부나라 저	공부나라	e북
143	중국드라마 투투장부주 대본 대사집	공부나라 저	공부나라	e북
144	중국드라마 흔상흔상니 너가 보고 싶어 대본 대사집	공부나라 저	공부나라	e북
145	중국어 : 실력 탄탄. 5	오문의,방금화 저	KNOU Press	e북
146	중국어 : 역사 탄탄. 7	변지원,오문의 저	KNOU Press	e북
147	중국어 : 회화 탄탄. 3	변지원,오문의 저	KNOU Press	e북
148	중국어 듣기 연습	손정애,최성은,류위 저	KNOU Press	e북
149	중국어 한자암기박사 : 읽으면 저절로 외워지는 기적의 암기공식. 1, 기초학습	박원길,박정서 저	SD에듀	e북
150	중국어 한자암기박사 : 읽으면 저절로 외워지는 기적의 암기공식. 2, 심화학습	박원길,박정서 저	SD에듀	e북
151	중국어구어실습	손정애,취샤오취 저	KNOU Press	e북
152	쥐는 뭘 하고 있어요?	친진무위 편/대려연 외 역	대박출판미디어	e북
153	즐거운 갓생 생활 중국어	김은주,한미애 저	백산출판사	e북
154	차가 왔어요!	자오이신 저/대려연 외 역	대박출판미디어	e북
155	카멜레온	탕량 저/대려연 외 역	대박출판미디어	e북
156	콩을 심어요	샤오룽시아 저/대려연 외 역	대박출판미디어	e북
157	크고 작고, 많고 적고	쉬싱즈 저/대려연 외 역	대박출판미디어	e북
158	큰 손, 작은 손	미야 저/대려연 외 역	대박출판미디어	e북
159	태양아, 태양아	딩이판 저/대려연 외 역	대박출판미디어	e북
160	판다가 둥글둥글	무성지에 저/대려연 외 역	대박출판미디어	e북
161	하나, 둘, 셋 산을 올라요	딩이판 저/대려연 외 역	대박출판미디어	e북
162	향기로운 과일과 채소	자오이신 저/대려연 외 역	대박출판미디어	e북

주: 도서 형태별로 도서명 가나다순 정렬.
데이터 출처: 국립중앙도서관.

附录6 中文教育相关学位论文目录 (2024)

No.	논문명	저자	학교	학위
1	(A) Study on Influencing Factors of China-Korea Cultural Communication: based on case studies in humanities and education	왕기	동아대학교 국제전문대학원	박사
2	AI챗봇을 활용한 고등학교 중국어 I 학습통합 과업 설계: Web기반 Dialogflow 개발준비 중심으로 (Integration task design of high school Chinese I learning using AI chatbots: Focusing on the Preparation for Web-based Dialogflow Development)	강지원	이화여자대학교 교육대학원	석사
3	Native Language Education of Multicultural Families in South Korea	Tsz Yan Janice Lee	한국학 대학원	석사
4	NCS기반 특수목적 중국어 교재연구: 항공객실 서비스 중국어 교재분석 및 개선방안을 중심으로 (A study on Chinese for specific purposes textbook of the NCS based: Focused on the analysis of textbooks for airline service Chinese and improvement measures)	민재연	한국외국어대학교 교육대학원	석사
5	QR코드 기반의 중국어 단원별 노래 활용 교육연구: 고등학교 「중국어I」 11종을 중심으로 (A study on QR code-based song integration in Chinese language education)	홍선아	한국외국어대학교 교육대학원	석사
6	VR을 활용한 중국어 지도방안 (A Chinese Language Guidance Plan Using VR)	남궁진	전북대학교 교육대학원	석사
7	고교학점제 선택과목을 위한 唐詩 활용방안 연구 -ASSURE 모형을 기반으로- (Research on the Utilization of Tang Poetry for Elective Courses in the High School Credit System - Based on the ASSURE Model -)	장미송	숙명여자대학교 교육대학원	석사
8	고등학교 교과서 「중국어I」, 「중국어II」의 어휘 연계성고찰 - '2015교육과정 중국어 기본어휘'와 '신HSK의 기본어휘'를 중심으로 (A Study on the Vocabulary Linkage in High School Textbooks "Chinese I" and "Chinese II" - Focusing on the '2015 Curriculum Basic Chinese Vocabulary' and the 'New HSK Basic Vocabulary')	김수진	숙명여자대학교 교육대학원	석사
9	내러티브와 POA 통합기반 백워드 설계를 통한 외국어로서의 중국어교육 단원개발 (The TCFL Unit Development by Backward Design based on the Integration of Narrative and POA)	Ma Jingyi	경북대학교 대학원	박사
10	다문화학생 중국어 수업에서 학생 참여촉진을 위한 자기수업 컨설팅전략 개발 (Developing Self-Consulting Strategies to Promote Student Engagement in Multicultural Student Chinese Classes)	뤼샤오통	부산대학교 대학원	석사
11	대학수학능력시험 중국어 I 문항 분석과 제안 - 2022학년도부터 2024학년도까지 - (高考汉语 I 题型分析与建议 - 从2022学年度到2024学年度 -)	한지수	숙명여자대학교 교육대학원	석사
12	독일·한국·중국 외국어 교육기관 문화교육 비교: 상호문화주의적 관점에서 (Comparison of Cultural Education in Foreign Language Educational Institutions in Germany, Korea, and China - from a cross-cultural perspective -)	Cao Yaodan	이화여자대학교 대학원	석사
13	라오커우링(绕口令)을 활용한 중국어 학습자의 성조 교육방안: 제2, 3성을 중심으로 (利用绕口令汉语学习者的声调教育方案: 以第二，三声为主)	하지혜	부산대학교 교육대학원	석사
14	랴오닝성에 재학 중인 외국 유학생들의 심리적 자본이 학습참여에 미치는 영향: 이문화 적응 및 중국어 학습불안의 매개효과 (The Influence of Psychological Capital on Learning Engagement of International Students from Universities in Liaoning Province: Mediating Effects of Cross-cultural Adaptation and Chinese Language Learning Anxiety)	량상동	대진대학교 일반대학원	박사
15	메타버스를 활용한 중국어 의사소통 교육 방안 (A Study on Chinese Communication Using Metaverse)	김보정	숙명여자대학교 교육대학원	석사
16	메타버스를 활용한 초등학교 중국어 교육방안: 메타버스 플랫폼 젭(ZEP)을 중심으로 (Chinese language education in elementary schools utilizing the metaverse: Focusing on metaverse platform ZEP)	최송이	동국대학교 교육대학원	석사
17	면세점 중국어 교재 연구 (免税店汉语教材研究)	정하윤	부산대학교 대학원	석사
18	美国大学先修课程 (AP) 中国语言与文化科目考试 (Section 1) 教材开发	Zhao Zihan	이화여자대학교 외국어교육특수대학원	석사

No.	논문명	저자	학교	학위
19	북한 외국어학원 「중국어초급1」 교과서 분석연구: 어법항목과 의사소통표현을 중심으로 (A Study on the Analysis of the North Korean Foreign Language School's "Basic Chinese 1" Textbook: Focusing on Grammar Items and Communicative Expressions)	박수민	이화여자대학교 교육대학원	석사
20	"不比"、"沒有"否定差比句的偏誤分析和教學建議	이정	영남대학교 대학원	석사
21	생성형 AI를 활용한 고등학교 '중국문화' 수업설계: 플립러닝(Flipped Learning)을 중심으로 (Utilizing generative AI for high school 'Chinese culture' instructional design with a focus on flipped learning)	박관지	한국외국어대학교 교육대학원	석사
22	외국어로서의 한국어와 중국어교재에 나타난 문화항목 비교분석 (Comparative Analysis of Cultural Items in Korean and Chinese Textbooks as a Foreign Language)	장흠로	한양대학교 대학원	석사
23	일반계 고등학교 중국어 문법항목 선정: 교육과정 의사소통 기본표현을 중심으로 (A study on the educational grammar items of Chinese for general high schools)	정해은	한국외국어대학교 교육대학원	석사
24	입력강화를 통한 중국어 문법 처리 및 학습효과 연구: 시선추적 장치를 활용하여 (A Study on the Processing and Learning Effects of Chinese Grammar through Input Enhancement: Using an eye tracker)	최종용	한국교원대학교 대학원	석사
25	자본위(字本位) 시각에서 본 숏폼 비디오 개발연구: HSK 6급 어휘를 중심으로 (字本位短視頻開發研究- 基於HSK6級詞彙)	손아초	경성대학교 일반대학원	석사
26	조선족 자녀의 이중언어 교육에 대한 사례연구 (A Case Study of Bilingual Education for Korean-Chinese Children)	박정화	경인교육대학교 교육전문대학원	석사
27	중국 거주 한국 학생의 중국어 학습동기 – 베이징시 A구의 국제학교를 중심으로 – (Motivation for Chinese language learning among Korean students residing in China – The center is the international School in District A of Beijing –)	Wang Jian	중원대학교 일반대학원	석사
28	중국문화교육에서 마이크로무비 광고의 활용방안 연구: 의사소통 교육을 중심으로 (A study on the utilization of micromovie advertisements in Chinese cultural education: Focusing on communication education)	문예나	한국외국어대학교 교육대학원	석사
29	중국어 수사학 교육 방안 연구: 한국인 학습자를 대상으로 (A study on the educational approach of Chinese rhetoric: Focused on Korean learners)	송위수	한국외국어대학교 대학원	박사
30	중국어 한자와 미술융합 교육을 기반한 한국 초등학교 한자교재 개발연구 (基于汉字教学与美术融合的韩国小学汉字教材开发)	서미나	이화여자대학교 외국어교육특수대학원	석사
31	중등 중국어교과서 이체자 사용연구: 교수요목기에서 제3차 교육과정기까지 (A research on the use of allographs of Chinese characters in the high school textbooks: Focusing on 'syllabus period' to '3rd curriculum')	전해영	한국교원대학교 대학원	석사
32	태국과 베트남의 공자학원 비교분석: 화교 역할을 중심으로 (Comparative analysis of Confucius Institutes in Thailand and Vietnam – Focusing on the role of Chinese –)	孙萌	서울시립대학교 일반대학원	석사
33	표준중국어 성조 지각연구 (Perception of Mandarin tones)	이경민	서울대학교 대학원	박사
34	한국 엘리트 국제학교의 중국어 교육 실태와 원어민 교사의 딜레마에 관한 내러티브 연구: 중국어 원어민 교사를 중심으로 (A narrative study on the status of Chinese language education in elite international schools in Korea and the dilemma of native-speaking teachers: Focusing on native Chinese speaking teachers)	Gao Mingxin	성균관대학교 일반대학원	석사
35	한국인 중국어 학습자와 계승어 학습자의 '了'자 습득에 대한 오류 비교 분석 (韓國二語學習者和繼承語學習者"了"字習得的偏誤對比分析)	He Qingfang	경북대학교 대학원	석사
36	한국인 중국어 학습자의 정도부사 "很，最，更，好" 의 사용 및 오류양상 연구: 코퍼스[HSK 语料库] 콘텐츠를 중심으로 (韩国学生关于中文程度副词很最更好的使用与错误研究)	姜晓萌	서울시립대학교 일반대학원	석사

No.	논문명	저자	학교	학위
37	한국인 학습자를 위한 주술술어문의 유형별 이해와 교육적 제안 (为了韩国学习者的主谓谓语句的理解按类型理解及教育性建议)	허숙경	경북대학교 교육대학원	석사
38	한국인 학습자의 중국어 정태보어 습득과정 및 교수지도방안 연구 (韩国学习者的汉语情态补语习得过程及教学方法研究)	신여빈	이화여자대학교 교육대학원	석사
39	한국 초급중국어 학습자 전용 대만 미식(美食)여행 중국어교재 개발 (韩国初级汉语学习者专用台湾美食旅游汉语教材开发)	신위	이화여자대학교 외국어교육특수대학원	석사
40	한중 동형이의(同形异義)한자어의 비교 및 교육연구: - HSK 5급 내용을 중심으로 (A Study on the Comparison and Education of Korean Language by Isomorphism of Korea and China)	장원원	호남대학교 사회융합대학원	석사
41	现代汉语"疑问代词+{都/也}+VP"构式研究: 与韩语相应构式的比较及教学建议	孟曉輝	영남대학교 대학원	석사
42	협동학습에 기반한 『중국어 회화Ⅰ』 말하기 활동 설계에 관한 연구 (A study on the design of speech activities in 『Chinese Conversation Ⅰ』based on cooperative learning)	신유진	한국외국어대학교 교육대학원	석사

주: 1. 논문명 가나다순 정렬.
2. 한국어 제목은 영어 또는 중국어 병기함.
데이터 출처: 학술연구정보서비스(RISS).

附录7 中文教育相关学术论文目录 (2024)

No.	논문명	저자	학술지명
1	"来+VP" 구문의 "来" 용법에 관한 교육 방안 연구 -초급 단계의 중국어 학습자를 대상으로 - (A Study on Educational Approaches to the Usage of "来" in the "来+VP" Construction -For Beginner-level Chinese Learners-)	나수연	中國學研究
2	"翻转课堂"教学模式在"松散型"汉语教育类型中的应用	류려염	外國學研究
3	2022 개정 생활 중국어 교육과정 성취기준에 따른 성취수준 활용 방안 (Utilization Plan for Achievement Levels Based on the Achievement Standards of the 2022 Revised Middle School Chinese Curriculum)	손민정,이수진	中國語教育과 研究
4	2022 개정 제2외국어과 교육과정 각론 문서 체제의 주요 구성 요소에 대한 비판적 검토 (A Critical Review of Main Components in the 2022 Revised Second Foreign Language Curriculum Document)	유한준,김사훈	中等教育研究
5	2022 교육과정 개정에 따른 중국어 교육의 변화와 발전을 위한 제언 (Suggestions for the Change and Development of Chinese Language Education Following the Revision of the 2022 Curriculum)	엄지	中國語文學誌
6	A BERTopic-based Research on the Development of Representative Chinese Language Education Institutions - focusing on 2011~2021 Naver Knowledge-in Q&A Data -	비립, Miao Chunmei, Xue Shan	言語事實과 觀點
7	AI 음성 인식 ChatGPT 앱의 중국어 수업 말하기 영역 활용 방안 (Exploring the Use of AI Voice Recognition ChatGPT App for Chinese Speaking Classes)	권아린	中國語文學誌
8	AI를 활용한 중국어 교육 적용 방안-실례를 중심으로 (Application Strategies for AI in Chinese Language Education: A Focus on Practical Examples)	진화진,조은경	外國學研究
9	AI를 활용한 중국어 자연어처리 실습 교육에 대한 고찰 - 텍스트 크롤링과 워드클라우드 생성을 중심으로 (A Study on Chinese Natural Language Processing Practice Education Using AI - Focusing on Text Crawling and Word Cloud Generation -)	신근영	韓國中語中文學會 學術大會 資料集
10	ChatGPT 중국어문학 국내 연구 동향과 중국어 말하기 수업 활용 배경 (Exploring Research Trends in Chinese Literature Using ChatGPT and Theoretical Background for Speaking Practice in Chinese Language Classes)	권아린	中國文學研究
11	ChatGPT在国际中文教育中的应用研究— 以文化传播为视角 (A Study on the Application of ChatGPT in International Chinese Language Education: A Cultural Transmission Perspective)	류연강	沽山中國學報
12	ChatGPT활용 중국어 교수자료 제작에 관한 탐색적 연구 (An exploratory research on the production of Chinese teaching materials using ChatGPT)	정상현	中國語教育과 研究
13	CPIK 원어민 중국어 보조교사의 정체성에 대한 내러티브 연구 (A Narrative Research on the Sense of Identity of CPIK Chinese Language Teachers)	An Xiaoyan	中國語教育과 研究
14	ICT를 활용한 중국어 교육 방안 모색 (Exploring Methods for Chinese Language Education Utilizing ICT	곽현숙	東北亞文化研究
15	고등학교 『중국 문화』 AI 융합 교수-학습 방안 제안 - 이미지 데이터의 활용을 중심으로 - (Proposal of AI Convergence Teaching-Learning Method for High School 『Chinese Culture』 -Focusing on the Use of Image Acquisition Technology-)	이서이,한용수	中國人文科學
16	고등학교 제2외국어 문화교과서의 '종교문화' 서술의 특징과 과제: 2015 개정 교육과정을 중심으로 (How Religions are Represented in Foreign Language Culture Textbooks in Korean High School: Focusing on the 2015 Revised Curriculum)	박병도	宗教教育學研究
17	교육 패러다임의 변화를 반영한 중등 중국어 문화 교수·학습 모형 연구 (A Study on Teaching and Learning Model of Chinese Culture in Secondary Schools reflecting Changes in Educational Paradigm)	김미순	中國語教育과 研究

No.	논문명	저자	학술지명
18	교육용 챗봇 활용을 위한 탐색적 연구 – 중국어 초기 학습자의 발화 연습용 챗봇 제작에 관한 소고 (An Exploratory Study on the Utilization of Educational Chatbots – A Preliminary Study on Developing a Chatbot for Speech Practice by Beginning Chinese Learners –)	정상현	韓國中語中文學會 學術大會 資料集
19	国际中文预备教师的模拟教学情况分析	Quan Meihua, Zhou Shiran	中國語教育과 研究
20	近义词"方法"和"办法"辨析及韩国学习者习得情况考察	유묘묘	中國言語研究
21	基于文献计量学视角的韩国本土中文考试研究演进分析 – 以2000-2023年为中心	단적,서원남	中國學
22	基于微技能角度的新HSK5级阅读测试与汉语阅读教学策略的双向交互研究 – 以中级汉语水平的韩国学习者为例	明晶,李 柯,黃	中國語教育과 研究
23	基于语料库的韩国学习者"把"字句偏误类型分析	장효나	中國語教育과 研究
24	基于认知负荷理论的中高级汉语词语辨析教学设计探究	董琳莉,彭静,김수정	中韓研究學刊
25	능원동사 "能"과 "可以"의 부정 형식에 관한 연구 및 교육을 위한 제언 (A Study on the Negative Forms of the Modal Verbs "能" (néng) and "可以" (kěyǐ) and Suggestions for Educational Approaches)	임지영	中國學論叢
26	다의동사 '打'의 교수 항목 순서에 대한 인지적 고찰 (A Cognitive Study on the Order of Teaching Items for the Polysemous Verb 'da(打)')	송화영	中國語教育과 研究
27	담화 능력 향상을 위한 중국어 교수·학습에 관하여 – 고등학교 『중국어 I』의 본문을 중심으로 (A study on teaching and learning Chinese to improve discourse ability – Focusing on dialogues in high school textbooks Chinese I)	김미순	中國語教育과 研究
28	对外汉语初级口语教学课堂中互动式教学法案例分析	Ji Tingting	人文社會科學研究
29	대학 중국 문화 교육에서 ESD 적용 방안 탐색 – PBL 수행과제 및 루브릭 개발을 중심으로 – (Exploring the Application of ESD in Chinese Culture Education at Universities – Focusing on PBL Assignments and Rubric Development –)	김형란,오현주	中國語文學
30	대학 중국어 학습자를 위한 단계별 한자 교육 방안 (A Step-by-Step Approach to Chinese Character Education for University-Level Chinese Learners)	곽현숙	中國學
31	디지털 도구를 활용한 대학 중국어 수업 사례 분석 및 제언 (Case Analysis and Suggestions for University Chinese Classes Using Digital Tools)	최신혜	中國言語研究
32	联想教学法在香港国际学校二年级外籍学生汉字识记中的有效性研究	천천,룽원산	漢字漢文應用研究
33	面向韩国留学生的汉语数量补语下位类型多样性及教学重难点分析	徐开妍,徐玥	國際文化研究
34	반어법 '管+他'의 담화와 인지적 분석 (An analysis of discourse and cognition in ironic expression '管+他')	정명숙	中國語教育과研究

No.	논문명	저자	학술지명
35	비원어민 대학생 글쓰기에 접속사 사용에 대한 코퍼스 기반 콘텐츠 분석 (A Corpus-based Content Analysis of Connectors in Non-native Student Writing Examples)	Yuan Xue	人文社會콘텐츠學會誌
36	司譯院 漢語 學習書類의 敎育內容 硏究 (A Study on the Educational Content of Chinese Study Books at Joseon Saeokwon)	채영희,손동주	中國學
37	상호문화적 관점에서 재한 중국인 원어민 교사의 교직생활 적응전략에 대한 현상학적 연구 (A Phenomenological Study on the Adaptation Strategy of Native Chinese Teachers in Korea from a Intercultural Perspective)	Zhang Xiaoqing	社會科學리뷰
38	어휘족(詞族) 분석을 활용한 한자 교육 방안: 丁族을 중심으로 (Utilizing Word Family Analysis for Effective Chinese Character Education: Focusing on Ding(丁) Family)	신우선,김수현	中國語敎育과硏究
39	어휘학습전략이 중국어 어휘성취도에 미치는 영향 (The Impact of Vocabulary Learning Strategies on Chinese Vocabulary Achievement)	진현	中國語敎育과硏究
40	언어자료기반 중국어 문법 교수-학습 모형 개발 및 적용: 중국어 보어 학습 중심으로 (The Development and Application of a Data-Driven Model for Teaching and Learning Chinese Grammar : Focusing on the Learning of Chinese Complements)	두금비,이효영	外國學硏究
41	예비 중국어 교사의 중국어 성조 교육에 대한 인식 (Analysis of Pre-service Chinese Language Teachers' Perceptions on Chinese Tone Education)	권영실	人間과 自然
42	온라인 국제협력학습이 국내 중국어 학습자의 문화간 의사소통 능력에 미치는 영향 (The Impact of Online International Collaborative Learning on the Intercultural Communication Competence of Domestic Chinese Learners)	이효영	中國言語硏究
43	외국어 학습의 보조 도구로서 ChatGPT 활용과 한계점에 대한 시론 (A Preliminary Study on the Use and Limitations of ChatGPT as an Auxiliary Tool for Foreign Language Learning)	기유미	韓中言語文化硏究
44	인공지능 기술을 기반으로 하는 중국어 교육 분야의 연구 논문 동향 분석 (A Study on the Research Trends in the field of Chinese Language Education based on Artificial Intelligence Technology)	이지원	아시아文化硏究
45	인지기호학으로 여는 문해력 교육의 새로운 지평 (A New Horizon in Literacy Education Open by Cognitive Semiotics)	박응석,이하나	中國語文學論集
46	专门用途中文教材词汇编写考察研究—以"中文+机电一体化技术"教材为例	Yi Liu	中國語敎育과 硏究
47	조선 후기 유해류 서적과의 비교를 통해 본 『漢談官話』 특징 연구 (A Study on the Characteristics of Han-dam-guan-hwa(漢談官話) through Comparison with Classificatory Glossaries in the Late Joseon Dynasty)	구현아,신수영,엄지	中國學
48	조선시기 중국어에 대한 인식 (A Study on Perception of Chinese during the Joseon Dynasty)	심소희	中國語文學誌
49	朝鲜朝汉字汉语口笔译人才的系统性培养模式探究	马雪蘅	東洋禮學
50	综艺节目在韩国中文教学中的应用 – 以中国版《非正式会谈第七季》为例 –	조설군,한용수	中國語敎育과 硏究
51	주제 중심 접근법(Theme-Based Approach)을 활용한 중국어 읽기-쓰기 통합수업모형의 개발 및 적용 (The development and application of an Chinese reading-writing integrated Instructional class model using a theme-based approach)	김진희	沾山中國學報

No.	논문명	저자	학술지명
52	中高级汉语水平的韩语母语者字感研究 - 以形声字为例 -	장정,宋婷立	韓中人文學研究
53	중국 언어문화 교육을 위한 비주얼 리터러시 연구 (A Study of Visual Literacy for Teaching Chinese Language and Culture)	송지현	中國語文學論集
54	중국어 교육에서 ChatGPT를 활용한 상호작용 수업 방안 모색 - 중국어 작문 수업사례를 중심으로 - (Exploring Interactive Teaching Methods Using ChatGPT in Chinese Language Education - Focusing on Chinese Writing Classes -)	채예령	中國語教育과 研究
55	중국어 교재 상의 의성어·의태어 분석 및 제언 (Analysis and Suggestion of Onomatopoeia on Chinese Textbook)	김선호	中國言語研究
56	중국어 말하기 수업 과제 연구 - 대화문을 단문으로 구술하기 (Chinese Speaking Class Assignment Study: Speaking by Converting Dialogue into Narrative)	오현주	中國學
57	중국어 말하기 효능감과 말하기 능력의 관계, 초급 학습자를 대상으로 (Relationship between Chinese speaking efficacy and speaking ability: For beginner learners)	이앤슈아이	中國語教育과 研究
58	중국어 수업에서 생성형 인공지능 활용에 대한 대학생의 인식과 태도 연구 (A Study of University Students' Perceptions and Attitudes of Using Generative AI in Chinese Classes)	이지원	韓國콘텐츠學會論文誌
59	중국어 학습자를 위한 동량사(动量词) 교육 고찰 (A Study on the Teaching of Verbal Classifiers (动量词) for Chinese Language Learners)	임연정	韓國中語中文學會 學術大會 資料集
60	중국의 생성형 AI의 HSK 독해 능력 고찰 - Ernie bot4.0(文心一言)을 중심으로 (Chinese Generative AI in HSK Reading Comprehension: An In-depth Analysis of ERNIE Bot 4.0)	강병규,楊柳	韓國中語中文學會 學術大會 資料集
61	中级汉语会话课程中问题中心教学法的应用研究	전긍	中國學
62	중등교육과정 중국어 기본어휘 등급화 방안 탐색 (Exploring the Grading Scheme for Basic Chinese Vocabulary in Secondary Education Curriculum)	김웅	中國語教育과 研究
63	중어중문학 수업으로의 정보기술 도입에 관하여 - 디지털·노코드·어문학 교육 사례와 학습자 반응 분석 (On the Introduction of Information Technology into Chinese Language and Literature Classes: A Case Study of Digital, No-Code and Language and Literature Education	이수연,박찬욱	中國語文學論集
64	中韩词典中"注意"的语境意义区分與教学建议 - 以NAVER词典为例	변다은	中語中文學
65	지역사회 연계형 중국어 캡스톤디자인 교육과정 사례 연구 (A Case study of a community-based Chinese capstone design curriculum)	이지원	中國語教育과研究
66	초급중국어 어법 항목에 대한 학습자 인식 연구 - 어법 항목의 난이도와 실용도 중심으로 (A Study on the Perception of Learners on Beginner Chinese Grammar Items: Focusing on the Difficulty and Practicality of Grammar Items)	최은재	中國言語研究
67	코퍼스 기반 북한 외국어학원 중국어 교과서 어휘 분석 (A corpus-based analysis of vocabulary in a Chinese language textbook used by the North Korean Foreign Language Institute)	박수민,이지은	中國語教育과 研究
68	코퍼스기반 영어 마찰음 만다린어 적용분석 및 교육콘텐츠 (Educational Content from Corpus-based Study on the Mandarin Adaptation of English Coronal Fricatives)	Liu Kaiwen	人文社會콘텐츠學會誌

No.	논문명	저자	학술지명
69	专门用途中文教材词汇编写考察研究 – 以"中文+机一体化技术"教材为例	Yi Liu	中國語教育과研究
70	특수 목적 중국어로서의 의료중국어 교육 연구 (A Study on Medical Chinese education as Chinese for Specific Purpose)	김홍매	外國學研究
71	플립러닝을 활용한 대학 교양중국어 수업 모델 설계 (Design of Chinese Classroom for College Education Based on Flip Classroom)	최향란	中國言語研究
72	韩国大学教养课'旅游汉语'课程中出现的'把'字句偏误分析	홍명수	教養學研究
73	한국문학의 중국어 번역 교육 현황 및 개선 과제 (Chinese translation education for Korean literature: Present challenges and future directions)	정미선	飜譯學研究
74	한국인 중국어 초급 학습자의 중국어 발음 불안 연구 (A Study on Chinese Pronunciation Anxiety by Korean Beginner Learners of Chinese)	이앤슈아이	二重言語學
75	한국인 중국어 학습자를 위한 담화표지 這個와 那個의 기능 연구 (A Study on the Pragmatic Functions of the Chinese Discourse Markers zhege and nage for Chinese Language Education)	Quan Xifeng,서희정	中國言語研究
76	한국인 중국어 학습자의 오류 유형에 따른 교수법 개선 제언: N대학을 중심으로 (Suggestions on the Improvement of Teaching Method Based on Error Analysis of Korean Chinese Learners: Focusing on N University)	푸팅, 장효청	人文社會科學研究
77	한국인 학습자를 위한 중국어교육 문법의 비교문 분석 – 표준 중국어교육 문법 체계 방안 모색을 중심으로 – (Analysis of 比较句 in Chinese Language Education Grammar for Korean Learners – Focusing on the Exploration of a Standardized Chinese Language Education Grammar System –)	)위수광	韓民族文化研究
78	韩国学生习得汉语彙类词"给"的难度等级研究	师天武	韓中言語文化研究
79	汉语"这" "那"类指示代词的跨语际研究 – 以英语、韩语、日语母语者习得偏误为例	李籽菡	中國言語研究
80	한어병음은 중국어 발음기호가 아니다 – 중국어 발음 교수학습의 문제점과 해결 방안 (Hanyu Pinyin Is Not the Phonetic Symbols of Chinese – Problems and Solutions in Teaching and Learning Chinese Pronunciation –)	송지현	韓國中語中文學會 學術大會 資料集
81	漢語學習者的漢語句子焦點位置的聽覺區分	李善熙	中國語文學誌
82	漢字·漢語 敎學方案 硏究V –是, 下, 國을 대상으로 (Chinese Characters and Language Teaching Program Study V – for '是, 下, 國')	여병창	東洋學
83	해방 이후 국내 중국어 교육의 도입과 발전 과정에 관한 小考 (A Study on the Introduction and Development Process of Chinese Education in Korea after 1945 Liberation)	염지	韓國과 國際社會
84	해음자화(谐音字画)의 수사(修辭)적 기법을 활용한 수업지도 방안 연구 (A Study on the Instructional Guidance Method Using the Rhetoric Techniques of Homonym Painting)	서홍기,나민구	中國語教育과 研究
85	현대 중국어 전치사 '向'에 나타난 한국인 학습자의 오류분석 – '向'과 '对', '给'의 대치 오류를 중심으로 (An Error Analysis of Korean Learners in the Use of the Modern Chinese Preposition "向" – : Focusing on the Substitution Errors of "向", "对", and "给")	신미경,유위	中國語教育과 研究

No.	논문명	저자	학술지명
86	협업·공유 중국어교육 플랫폼 구축과 운영 전략 (Construction and Operational Strategies for a Collaborative and Shared Chinese Language Education Platform)	정상현	韓國中語中文學會 學術大會 資料集
87	효율적인 중국어 시제와 상(相) 교육 방안 연구 (A Study on Efficient Education Method for Chinese Tense and Aspect)	손정일	人文社會科學研究

주: 1. 논문명 가나다순 정렬.
2. 한국어 제목은 영어 또는 중국어 병기함.
데이터 출처: 학술연구정보서비스(RISS).

附录8 中文学习类YouTube频道现状（2024）

No.	채널명	개설일	구독자 수	영상 수	조회수
1	쓰이는 중국어만 알고싶다	2018-04-11	140,000	419	18,389,868
2	진짜중국어Real Chinese	2017-08-22	120,000	933	16,384,836
3	온중국어 ON Chinese (구 대마중국어)	2017-12-23	94,900	440	18,844,829
4	중국어도 역시1위 해커스중국어	2015-04-21	89,000	1,564	16,524,644
5	차이픽 (롱차이나 중국어)	2013-09-22	65,700	2,286	9,485,725
6	김성민 중국어	2012-03-16	55,500	1,315	10,852,664
7	시원스쿨 중국어	2013-12-18	55,100	1,320	8,686,274
8	시리 중국어 Shili Chinese	2017-12-19	49,900	42	1,213,718
9	중국어 맛집 엘리네	2020-05-14	45,900	137	19,979,299
10	천하제일 중국어	2015-12-14	45,200	2,744	5,361,707
11	우기부기 중국어	2017-01-19	44,500	331	5,550,054
12	차이티중국어	2013-02-18	42,300	179	2,418,390
13	중국어 사용설명서	2012-10-10	39,400	439	3,883,257
14	중국어팡팡	2020-05-13	35,400	118	4,373,621
15	바로 써먹는 중국어 | 써먹중	2023-05-26	32,700	371	1,887,045
16	차이랑중국어	2017-07-10	31,900	993	3,547,590
17	방구석 중국어	2018-12-02	29,900	248	1,963,695
18	차이나라이중국어공부	2016-11-11	29,700	233	3,501,233
19	홍매쌤TV 노래하는 중국어쌤	2007-05-23	29,700	1,200	3,514,104
20	수정쌤의 즐거운 중국어 Xiujing Laoshi	2018-04-08	28,300	307	2,776,363
21	중국어 비법만 알려주는 성룡쌤	2015-12-16	25,000	795	4,452,901
22	후웨이쩐의 중국어공작실TV	2013-10-13	24,800	174	4,624,333
23	다락원 중국어 회화, HSK, 여행 인강	2019-02-07	22,800	1,134	2,456,017
24	칭화대 박사가 만드는, 한승중국어	2020-11-15	20,900	297	22,017,578
25	렐라중국어	2019-08-08	19,900	361	2,370,167
26	문정아중국어 공식 유투브	2012-07-26	19,200	2,077	11,897,135
27	워빵니중국어 Help you Chinese	2021-03-17	18,100	374	1,668,231
28	칭따오1번가 중국어 [Chinese with us]	2017-12-24	18,000	91	1,431,474
29	깡부네스크린중국어	2013-11-10	14,600	55	5,120,670
30	아란의 중국어방	2018-12-21	12,900	102	1,309,112
31	중국어는 희재쌤	2018-01-23	12,200	131	898,563
32	차이나요중국어	2022-12-20	10,700	192	664,999
33	메이쌤의 세상 쉬운 중국어	2019-03-03	10,400	196	1,770,839
34	텐텐중국어	2023-05-22	10,100	165	510,521
35	웨이타밍 중국어 Vitamin Chinese	2018-06-02	10,100	264	1,226,953
37	좋은 아빠의 중국어 찬양 好爸爸的讚美詩歌	2012-09-22	8,920	739	1,326,353
38	본토중국어	2021-03-28	8,800	208	360,431
39	하이니중국어	2023-10-22	8,610	63	359,673
40	중국어 한 잔	2020-05-28	8,550	446	798,051
41	*나나샘중국어	2011-05-10	8,250	682	1,264,790
42	찐화쌤 중국어	2023-03-16	8,240	74	608,292
43	우지평중국어	2009-11-04	7,980	886	2,729,926
44	리미띠드에디션 중국어	2021-07-23Z	7,830	281	852,255
45	만두중국어	2019-04-02	7,830	201	1,168,480
46	비트 중국어YBM	2016-12-08	7,690	96	2,928,445
47	안녕차이나TV - 중국어 스터디 채널	2023-09-18	7,680	222	758,022
48	진준의 진짜중국어_CA.KE. 탑승구	2013-02-16	7,280	371	354,408
49	딩당 중국어[DingDang Chinese]	2019-11-05	7,230	764	1,202,824
50	열공 중국어	2019-01-15	6,500	105	408,171
51	중국어하는 씨몬씨TV	2019-12-27	6,380	86	607,715
52	팅팅 중국어	2023-02-02	6,310	76	575,125
53	티엔콩 중국어	2012-07-07	6,150	68	654,120
54	도요새중국어	2018-06-11	5,600	307	711,621
55	jenny tv 제니중국어韩语	2018-07-22	4,880	240	453,131
56	피터 중국어 PETER HANYU	2020-10-22	4,870	1,633	691,030

No.	채널명	개설일	구독자 수	영상 수	조회수
57	시사중국어	2014-03-03	4,840	1,263	829,177
58	빛글중국어	2012-12-14	4,800	1,385	919,546
59	소빈한 중국어	2019-12-02	4,800	162	407,827
60	7080중국어Chinese	2022-12-09	4,680	486	905,202
61	치디앤 중국어 [QIDIAN]	2014-11-03	4,530	45	457,081
62	반가운 중국어 TV	2012-07-27	4,260	241	1,029,920
63	왕쌤 중국어	2012-10-25	4,230	425	470,945
64	매일중국어	2023-02-03	4,120	199	329,866
65	성진우중국어	2018-08-20	4,010	141	293,325
66	승승장구중국어	2016-09-08	3,990	991	488,995
67	대륙중국어수현쌤	2022-01-14	3,910	430	1,004,725
68	갓효정중국어	2017-07-09	3,860	64	230,068
69	또또중국어	2015-12-24	3,850	175	396,526
70	초보중국어독학채널	2019-12-25	3,430	693	351,929
71	오늘도 중국어	2020-04-05	3,280	78	238,196
72	왕선생중국어TV	2020-01-11	3,270	102	841,105
73	깔쌈로컬중국어	2018-03-16	3,180	20	190,806
74	중무장중국어	2018-05-01	3,160	106	150,617
75	리리언니중국어	2018-11-07	2,950	279	233,552
76	세젤쉬 중국어	2018-06-13	2,910	42	512,383
77	강현주 전문 중국어	2020-11-13	2,910	145	158,816
78	이형란의 스크린중국어	2017-02-23	2,890	501	265,781
79	이박사 중국어	2012-01-05	2,780	967	773,172
80	마스터중국어	2024-04-01	2,740	26	91,111
81	현선생중국어교실玄老師漢語班	2017-10-22	2,650	704	330,197
82	으랏차중국어	2016-11-30	2,650	96	211,046
83	문교수중국어 [중국어문법 완성]	2020-03-12	2,570	558	331,325
84	쉬운중국어교실	2015-05-01	2,430	169	272,076
85	실전중국어	2019-06-04	2,330	120	163,484
86	중국어교육연구소	2020-04-05	2,230	1,331	363,735
87	투맨 중국어	2016-04-11	2,220	269	484,372
88	티엔미중국어TV	2020-05-14	2,150	126	175,404
89	중국어덕후 박현정	2015-11-06	2,080	384	114,540
90	이쌤 중국어+한자	2018-04-23	2,060	86	702,810
91	중국어융합스쿨(엄마표중국어-이슬쌤)	2019-03-11	2,050	295	121,708
92	오늘 배워 바로 쓰는 중국어	2024-06-25	1,980	491	325,862
93	양멍멍 중국어	2010-12-05	1,840	76	1,053,984
94	차니 중국어	2022-11-14	1,820	29	111,351
95	중국어이슬	2015-08-05	1,720	98	136,103
96	혜피의 대만 중국어	2021-05-01	1,700	106	233,129
97	조문초 중국어	2017-02-03	1,640	898	357,575
98	우리중국어TV	2018-12-07	1,640	406	179,471
99	차이얼 중국어	2019-12-30	1,580	50	112,980
100	명가차이니즈 중국어회화	2013-04-02	1,560	459	118,959
101	청린成林중국어	2021-07-29	1,550	270	175,843
102	지린중국어	2022-08-12	1,530	298	634,385
103	미래원중국어	2022-02-12	1,520	1,360	283,734
104	중국어는 지오지요	2021-01-31	1,490	15	43,361
105	이선아 중국어통번역TV	2019-12-20	1,460	214	63,498
106	빽쌤중국어	2020-10-03	1,440	100	207,832
107	경제자 중국어	2016-04-15	1,410	135	108,304
108	하하샘 중국어	2019-02-09	1,360	65	200,761
109	중국어생활	2019-01-03	1,350	1,180	244,637
110	달콩이 중국어	2023-12-28	1,340	467	113,364
111	정아쌤중국어	2012-12-02	1,300	60	32,147
113	큰별중국어 손쌤	2017-03-09	1,260	79	65,690
114	빠른중국어	2013-09-17	1,230	85	92,374
115	TSC 중국어 말하기 시험	2019-09-30	1,230	34	90,393
116	커이 중국어	2024-05-13	1,150	9	43,340

No.	채널명	개설일	구독자 수	영상 수	조회수
117	차이나는 명쌤: 중국어 왕초보에서 고수까지	2024-01-23	1,120	44	61,773
118	말랑한 중국어	2013-06-08	1,120	163	106,354
119	ㅁㅁ중국어 원어민 강사 린린	2021-04-13	1,110	626	180,663
120	빵 중국어	2023-10-23	1,100	90	75,420
121	최리나 강사의 전도중국어	2013-10-02	1,100	65	67,138
122	최윤서중국어	2012-07-06	1,100	513	105,745
123	TJ 중국어	2012-11-21	1,090	78	115,557
124	니하오 중국어 TV	2023-04-18	1,080	31	51,276
125	진시왕의 끝장중국어	2020-08-02	1,070	96	68,855
126	샤라톡 중국어	2018-07-19	1,060	174	56,923
127	선이쌤의 야금야금 중국어	2023-03-31	1,060	273	98,175
128	도도한 중국어【朵朵中文】	2024-02-26	1,040	39	19,698
129	웨이브 중국어	2021-12-03	1,040	15	52,075
130	메이샨중국어 (meishan_chinese)	2020-09-12	1,020	96	243,781
131	허니 중국어 TV	2018-06-22	1,010	51	67,176
132	중국어나라	2023-01-22	1,000	209	80,105
133	예니밍 중국어	2015-10-05	968	72	120,931
134	전용철 앵커의 표준 중국어	2018-03-10	967	224	100,535
135	지쌤 중국어카페	2021-02-07	933	86	54,701
136	위쌤중국어	2016-06-28	931	247	123,361
137	해법중국어TV	2019-05-13	899	101	171,437
138	써먹초 | 바로 써먹는 기초중국어	2024-11-26	894	132	28,874
139	주단발의 쉬운 중국어	2021-07-12	888	90	77,357
140	드림중국어	2017-02-09	876	3,663	447,532
141	독학 중국어	2013-09-10	837	247	106,456
142	랜선중국어 在线汉语	2017-05-25	829	33	53,466
143	정명숙교수의 간딴중국어TV	2012-07-18	814	149	36,051
144	중국어놀이터 영신TV	2020-03-24	746	34	240,844
145	369중국어	2024-03-11	736	128	64,182
146	바오중국어	2024-09-17	717	49	58,931
147	마라스쿨 중국어 (Mala School Chinese)	2020-03-27	712	52	32,230
148	중국어별책부록 | 중국어 독학 학습채널	2012-09-14	709	189	106,169
149	테리 중국어	2022-11-14	681	61	129,768
150	[썬PD]중국어 정복하기	2019-02-22	680	41	34,534
151	이뿌뿌중국어	2013-08-05	647	24	36,136
152	트루중국어	2018-07-31	643	83	46,900
153	JJD 랭귀지 스쿨 중국어	2024-02-22	639	518	98,260
154	따자하오♥현직교사 린쭈쌤의 생활중국어교실	2020-04-01	639	34	147,514
155	하루10초중국어 忙中一句话 mangzhongyijuhua	2022-06-16	608	178	94,616
156	사이버한국외대중국어학부	2017-06-12	602	409	63,003
157	봄쌤중국어	2020-06-26	587	223	51,238
158	중국어	2019-05-11	586	123	50,345
159	김슨생중국어 (김슨생 중국어)	2020-04-20	583	99	89,084
160	요만큼 중국어	2021-06-24	558	33	37,497
161	빵빵중국어	2020-03-11	556	433	56,118
162	한라오쓰 기초 중국어	2020-04-08	519	35	30,390
163	양쌤중국어	2014-07-12	518	61	41,183
164	나의 가벼운 중국어	2018-11-25	509	24	21,414
165	유니랑중국어	2019-01-16	507	14	160,343
166	오색중국어5ColorChinese	2019-06-10	500	52	228,331
167	미경쌤 중국어 [MKclass]	2010-10-13	490	83	15,556
168	월량 중국어	2018-06-26	470	200	88,550
169	두런두런 중국어	2010-11-19	430	179	80,033
170	통통 한자&중국어 교육원	2019-01-22	411	50	22,825
171	최성은의 중국어교실	2023-11-24	397	157	23,428
172	공선생 중국어	2023-12-14	390	107	60,337
173	난 중국어	2023-03-16	388	25	20,750
174	미라이 중국어MiRai Chinese	2013-12-13	378	155	129,789
175	박샘 중국어	2020-04-08	374	23	26,214

No.	채널명	개설일	구독자 수	영상 수	조회수
176	설희의 대만 중국어	2014-12-06	374	263	16,007
177	장흥석중국어	2016-05-19	367	386	162,411
178	중국어낭독	2018-11-06	357	8	9,799
179	최PD의 중국어 공장	2018-06-26	349	141	22,813
180	채쌤중국어TV	2020-07-24	328	62	23,750
181	나의 하루 1줄 중국어 쓰기 수첩	2021-12-16	322	139	15,554
182	에이스 중국어 Ace Chinese	2023-05-27	312	93	20,390
183	중문과 - 쉽게 배우는 중국어문법	2019-01-01	309	15	17,454
184	쉐이쉐이중국어	2018-09-09	300	74	63,583
185	티나중국어	2021-06-15	291	62	92,724
186	하루중국어	2023-03-05	285	52	9,708
187	중부명성교회 중국어예배부	2020-11-16	280	282	30,775
188	곽위 중국어HappyChinese	2024-06-23	279	155	25,811
189	송송샘중국어	2014-05-25	277	23	10,334
190	중국어로 말해요	2024-05-14	266	22	14,457
191	추이라오스중국어교실	2020-02-23	255	54	16,503
192	민채쌤과 중국어로 말해요□	2013-02-27	238	131	78,327
193	인생역전 중국어	2024-09-05	225	79	13,421
194	재밌는중국어	2016-09-26	219	72	103,664
195	윤주희중국어TV	2013-07-12	214	29	5,366
196	hm중국어	2018-04-02	213	372	117,360
197	한국중국어교사회	2020-09-20	213	55	58,801
198	찐화중국어 교재 자료실	2013-07-30	211	44	34,266

주: 2024년에 영상을 업로드한 채널 목록을 구독자 규모 순으로 정렬.

附录9 中文学习类YouTube视频现状（2024）

No	영상 제목	채널명	업로드일	조회수	좋아요수	댓글수	유형	분량
1	여행필수 중국어 저 이거 할게요!!! 가장 쉽게 말하는 법 #중국어 #중국어기초 #중국어독학 #중국어배우기 #중국어회화	쯔잉TV	2024-02-17	3,789,686	17,139	520	쇼츠	22"
2	생활 중국어 회화 1000문장 ㅣ 3시간 흘려듣기 ㅣ 중따랑 1~32편 통합본 ㅣ #기초중국어 #중국어회화 #중국어공부	차이랑중국어	2024-01-17	422,860	7,458	186	일반	194'48"
3	중국어로 넵 넹! 네네.. 이렇게 하세요 #중국어회화 #중국어 #기초중국어	류리ON RYURI-ON	2024-08-28	179,993	4,968	65	쇼츠	29"
4	화장실 어디에 있어요를 중국어로? 중국여행에서 당장 써야할 표현 #중국어 #중국어기초 #중국어독학 #중국어배우기 #중국어회화	쯔잉TV	2024-03-02	147,348	2,104	76	쇼츠	27"
5	생활 중국어 회화 990문장 ㅣ 3시간 흘려듣기 ㅣ 듣다 보면 외워집니다 ㅣ 출퇴근, 이동할 때, 집안일할 때 틀어두세요 자면서도 들어요	차이랑중국어	2024-10-19	140,641	2,041	57	일반	206'18"
6	생활중국어 720문장 그냥 틀어두세요 ㅣ 33~56탄 통합본 4시간 30분 연속 재생 ㅣ 한글 발음, 주요 단어 설명	차이랑중국어	2024-04-17	136,980	2,175	72	일반	274'23"
7	기초중국어회화 #17 ㅣ 중국 8살 수준 60문장 ㅣ Worksheet 틀어만두세요!	하이니중국어	2024-07-06	128,006	2,995	37	일반	24'1"
8	중국어 길게 말하기 1-8탄 몰아 듣기 ㅣ 3시간 연속 재생 ㅣ 외우지 말고 틀어만 두세요 원어민이 매일 쓰는 중국어 표현 50개	바로 써먹는 중국어 ㅣ 써먹중	2024-06-23	117,114	4,322	114	일반	178'9"
9	비싼 강의 들어도 이걸 알려주는 사람 없어요. 혼자서 중국어 실력 높이는 3가지 법칙 혼자도 할 수 있어요!!! #차이나요중국어	차이나요중국어	2024-12-06	83,560	1,880	108	일반	22'2"
10	중국친구랑 자연스럽게 대화 나누는 법 #중국어 #중국어독학 #중국어회화 #기초중국어 #중국어기초 #여행중국어 #중국어발음	쯔잉TV	2024-11-08	76,938	1,052	33	쇼츠	20"
11	지하철 중국어로 외우는 가장 쉬운방법 #중국어 #중국어기초 #중국어독학 #중국어회화 #중국어배우기	쯔잉TV	2024-01-04	72,217	1,038	26	쇼츠	15"
12	【글자중국어#4】매일 반복하면 외워지는 6글자 생활 중국어!	온중국어 ON Chinese (구 대마중국어)	2024-01-28	70,413	1,115	25	일반	118'43"
13	한국인이 자주 하는 중국어 실수 Top3	쓰이는 중국어만 알고싶다	2024-02-19	58,933	2,392	44	쇼츠	59"
14	천리길도 한걸음부터! 기초생활중국어 1200문장(3글자~7글자 몰아듣기) 귀가트입니다! 5시간 연속듣기, 한국어발음, 생활중국어회화, 실용중국어, 기초중국어회화	렐라중국어	2024-09-22	55,299	925	29	일반	294'42"
15	중국어 더 느낌있게 말하고싶다면? #중국어회화 #중국어 #기초중국어	류리ON RYURI-ON	2024-10-02	53,231	977	11	쇼츠	23"
16	필수기초중국어단어 300개 (명사통합본-그림단어장) ㅣ 단어를 알아야 회화도 가능해요 ㅣ 중국어기초 ㅣ 초급중국어 ㅣ 생활중국어 ㅣ 한글발음	별씽튜브	2024-05-14	52,301	834	28	일반	50'32"
17	중국어 회화 300문장 켜놓고 1시간 흘려 들으세요 ㅣ 33탄~42탄 통합본 ㅣ 한글 발음, 기초중국어, 중국어회화, 연속재생, 반복듣기	차이랑중국어	2024-03-03	49,506	712	16	일반	56'6"
18	【중국어듣기능력】다 배웠던 말인데 계속 안 들리면 이런 연습 많이 하세요!	워빵니중국어 Help you Chinese	2024-07-29	48,709	1,453	77	일반	22'14"
19	[실생활 중국어 회화 모음] 학습자에게 반응 좋은 실생활 회화 50문장 ㅣ 이것만 외우세요	류리ON RYURI-ON	2024-09-24	47,841	1,685	98	일반	49'28"
20	미안~중국어로 뚜에이부치 말고 이걸 더 많이 써요! #중국어기초 #여행중국어 #중국어 #중국어회화 #기초중국어 #중국어선생님 #중국어발음 #중국어말하기 #중국어발음	쯔잉TV	2024-07-08	47,355	717	28	쇼츠	13"
21	이표현 모르면 질문폭풍으로 받을수도 있어요!#중국어 #중국어회화 #중국어독학 #중국어말하기 #중국어발음 #중국어발음	쯔잉TV	2024-10-11	45,567	702	33	쇼츠	27"
22	저기요!!!음식주문할때 필수 중국어 #중국어 #중국어기초 #중국어독학 #중국어배우기 #중국어회화	쯔잉TV	2024-02-25	45,118	858	34	쇼츠	26"
23	한국인 98%는 모르는 중국어 뉘앙스	쓰이는 중국어만 알고싶다	2024-03-29	44,799	1,875	24	쇼츠	52"
24	중국어 길게 말하기 100문장 ㅣ 3시간 10-30탄 몰아 듣기ㅣ 드라마, 예능, 영화, 다큐 원어민 실생활 표현	바로 써먹는 중국어 ㅣ 써먹중	2024-10-17	43,802	1,137	52	일반	198'19"
25	이거 이해되는 사람?? #중국어기초 #중국어 #중국어회화 #중국어쌤 #기초중국어 #중국어공부 #중국어배우기 #중국어말하기 #중국어발음	쯔잉TV	2024-06-29	43,773	816	38	쇼츠	55"

No	영상 제목	채널명	업로드일	조회수	좋아요수	댓글수	유형	분량
26	[4K] 그냥 틀어두세요 실제 중국어 회화 I 청두 힙한 쇼핑 거리	쓰이는 중국어만 알고싶다	2024-07-23	43,653	1,112	42	일반	43′5″
27	중국어 고인물이 알려주는 중국어 회화 공부법	타이위	2024-10-14	43,370	1,073	94	일반	12′37″
28	【글자중국어#5】 7글자 생활 중국어, 오늘도 쉽게 시작해요!	온중국어 ON Chinese (구 대마중국어)	2024-02-06	40,621	617	18	일반	132′16″
29	생활중국어 1000문장 4시간 몰아듣기 (#1-20통합본) ㅣ 귀뻥뻥 뚫리는 중국어회화 ㅣ 초급중국어 ㅣ 기초중국어 ㅣ 한글발음	별씽튜브	2024-09-10	38,871	712	16	일반	225′57″
30	중국어초중급단어(HSK4)18년차 전문강사가 추천하는 가장 완벽한 암기법 ➡ 무조건 OO까지 끝내세요!!	차이나요중국어	2024-07-31	38,212	798	42	일반	237′12″
31	중국인이 가장 많이 쓰는 필수단어 부사 36 모음 ㅣ 중국어문법 기초초급어법총정리	차이나요중국어	2024-04-23	37,192	820	40	일반	110′29″
32	영화 드라마로 배우는 중국어 #중국어회화 #중국어 #중국어독학	팅팅 중국어	2024-02-26	37,173	501	9	쇼츠	12″
33	얼마나 기다려야 하나요? 웨이팅 필수 #중국어 #기초중국어 #중국어회화 #중국어독학 #중국어말하기	쯔잉TV	2024-11-16	37,112	705	51	쇼츠	24″
34	중국어 기초회화 (통합편 56~60) 그냥 틀어두세요! 생활 중국어 150문장 ㅣ 중국어회화, 중국어독학, 중국어공부	안녕차이나TV - 중국어 스터디 채널	2024-07-12	37,041	547	21	일반	84′10″
35	중국어 조금 배웠을때 알아야 할 필수표현!다시 한번 말해주세요! #중국어기초 #중국어독학 #여행중국어 #중국어학습 #중국어회화 #중국어 #중국어말하기	쯔잉TV	2024-08-11	35,901	653	32	쇼츠	28″
36	현지에서 산 사람처럼 중국어하게 만드는 필수단어 개사15 ㅣ 중국어문법 기초초급어법총정리	차이나요중국어	2024-05-15	35,515	815	46	일반	83′51″
37	(통합ver) 중국인이 제일 많이 쓰는 중국어 몰아보기 I 이거 한편으로 끝내세요	쓰이는 중국어만 알고싶다	2024-11-13	34,684	1,412	40	일반	36′12″
38	배부르다, 배불리먹었다! 중국어로 간단해요. #중국어기초 #중국어독학 #여행중국어 #중국어학습 #중국어입문 #중국어회화 #중국어 #중국어발음 #중국어말하기	쯔잉TV	2024-08-24	34,312	626	10	쇼츠	24″
39	【글자중국어#6】 오늘부터 쉽게 배우는 8글자 생활 중국어!	온중국어 ON Chinese (구 대마중국어)	2024-04-15	34,252	581	16	일반	61′52″
40	중국어 공부 8년차가 알려주는 초보자 중국어 독학 꿀팁 ㅣ 중국어 독학? 교재 한권으로 정복하기	아름 AREUM	2024-03-19	34,042	557	72	일반	6′52″
41	중국어 회화 공부 방법 이렇게만 하면 실력이 폭풍 성장합니다	류리ON RYURI-ON	2024-05-25	33,718	1,149	64	일반	19′30″
42	양꼬치 중국에서 먹으려면 알아야 할 중국어!!! #여행중국어 #중국어 #중국어기초 #중국어독학 #중국어배우기 #중국어회화	쯔잉TV	2024-03-06	33,691	489	35	쇼츠	28″
43	중국어 성조 이렇게 구분하세요	중국어도 역시1위 해커스중국어	2024-07-04	33,579	562	3	쇼츠	47″
44	중국어 동사, '이렇게' 구분해서 보면 작문실력 급상승 피부로 느껴져요! 동사 조동사 단어 싹 다 끝내기 ㅣ 중국어문법 기초초급어법총정리	차이나요중국어	2024-08-28	31,802	694	56	일반	116′50″
45	천리길도 한걸음부터! 기초생활중국어 1500문장(2글자~8글자/ 1탄~50탄 몰아듣기) 6시간 연속듣기, 한국어발음, 생활중국어회화 ,실용중국어,기초중국어회화	렐라중국어	2024-12-29	30,268	394	19	일반	373′37″
46	여행가면 이거 먹어야죠! 빙수!!중국어로 알아둡시다 #중국어기초 #여행중국어 #중국어 #기초중국어 #중국어독학 #중국어회화 #중국어독학 #중국어배우기 #중국어공부 #중국어쌤	쯔잉TV	2024-07-22	30,156	565	18	쇼츠	17″
47	캐리어 맡겨도 되나요? 호텔필수중국어!!! #중국어 #중국어독학 #중국어회화 #기초중국어 #중국어말하기	쯔잉TV	2024-10-30	30,120	574	11	쇼츠	27″
48	[3시간 연속 재생] 현지에서 진짜 매일 쓰는 생활중국어 300문장 중따랑 57탄~66탄 통합본 ㅣ 한글 발음 포함	차이랑중국어	2024-06-09	28,919	453	13	일반	194′27″
49	[2시간 연속 재생] 이 영상 하나로 기초도 중국어로 대화가 가능해집니다 ㅣ 150문장 연속 듣기 67탄~71탄 통합본 ㅣ 한글 발음 포함	차이랑중국어	2024-06-26	28,797	536	6	일반	129′59″
50	사진 찍어주세요! 중국어로 배워봅시다. #중국어기초 #여행중국어 #중국어 #중국어선생님 #중국어회화 #중국어독학 #중국어배우기 #중국어쌤	쯔잉TV	2024-05-15	28,746	582	15	쇼츠	25″

No	영상 제목	채널명	업로드일	조회수	좋아요수	댓글수	유형	분량
51	잠시쉬자!!중국어로 이렇게 말합니다. #중국어독학 #여행중국어 #중국어기초 #중국어 #중국어회화 #기초중국어 #중국어선생님 #중국어발음	쯔잉TV	2024-09-05	28,733	574	22	쇼츠	19"
52	아이스로 주세요! 시원한걸로주세요! 무조건 알아야할 여행중국어 #중국어기초 #여행중국어 #중국어 #중국어기초 #중국어회화 #중국어독학 #중국어배우기 #중국어공부 #기초중국어	쯔잉TV	2024-05-06	28,665	539	18	쇼츠	22"
53	어플로 택시가 안잡힐때 이렇게 부탁해보세요. #중국어 #중국어독학 #중국어회화 #중국어말하기 #기초중국어 #중국어발음	쯔잉TV	2024-11-28	26,328	502	16	쇼츠	26"
54	중국어초급단어(HSK3) 안 까먹고 문장 만드는 실력까지 잡는 암기법 단어+문장 그냥 따라하세요!!	차이나요중국어	2024-07-24	26,023	616	35	일반	129'47"
55	중국vs대만에서 쓰는 다른 중국어 단어! 알아두면 대만여행이 편해져요. #중국어 #중국어기초 #중국어독학 #중국어배우기 #중국어회화 #여행중국어 #중국어말하기 #중국어발음	쯔잉TV	2024-06-12	26,000	434	25	쇼츠	34"
56	[생활중국어회화] 중국어 문장 늘리기 001-030 몰아보기.	마스터중국어	2024-05-15	24,490	727	27	일반	69'50"
57	공짜예요? 중국어로 알아둡시다!! 여행이 더 편해져요. #중국어 #중국어독학 #중국어회화 #기초중국어 #중국어기초 #여행중국어 #중국어선생님 #중국어말하기	쯔잉TV	2024-11-20	24,219	487	17	쇼츠	25"
58	초급중국어회화 2700문장으로 끝! | 2025년 모두에게 좋은일만 가득하길~ |운동, 잠잘때, 출퇴근길 함께하는 기초중국어회화 | 2글자~10글자 12시간 몰아듣기	별씽튜브	2024-12-31	22,583	338	19	일반	715'10"
59	중국어로 영업시간 물어보는 방법! 몇시에 문 닫나요? 필수표현! #중국어 #중국어독학 #중국어회화 #중국어말하기 #기초중국어 #중국어발음	쯔잉TV	2024-12-03	21,669	421	20	쇼츠	25"
60	~하는거 어때? 라고 물을때 유용한 3글자 중국어!!!! #중국어기초 #여행중국어 #중국어 #기초중국어 #중국어독학 #중국어회화 #중국어말하기 #중국어발음	쯔잉TV	2024-07-16	21,323	447	16	쇼츠	22"
61	실전 중국어- 전화예약 #중국어 #중국어회화	쓰이는 중국어만 알고싶다	2024-05-30	21,112	639	8	쇼츠	45"
62	쉬워요! 여행가면 반드시 쓰는 여행중국어통합편 300문장 [1~10탄] 2~7글자모음, 귀가트입니다! 1시간 연속듣기, 한국어발음	렐라중국어	2024-05-05	21,083	364	15	일반	73'56"
63	괜찮아! 중국인이 정말 많이 쓰는 표현 #중국어기초 #중국어 #여행중국어 #중국어회화 #기초중국어 #중국어독학 #중국어말하기 #중국어발음	쯔잉TV	2024-08-04	20,769	382	12	쇼츠	27"
64	[실전 중국어] 중국 호텔 전화 문의☎	쓰이는 중국어만 알고싶다	2024-03-08	20,673	682	12	쇼츠	41"
65	쪽팔려~창피해 중국어로?? #중국어 #중국어독학 #중국어회화 #기초중국어 #중국어기초 #여행중국어 #중국어발음	쯔잉TV	2024-12-23	20,305	430	12	쇼츠	27"
66	카드결제 되나요?를 중국어로 말해보면? #중국어독학 #중국어기초 #중국어회화 #중국어학습 #여행중국어 #중국어	쯔잉TV	2024-08-29	19,108	412	12	쇼츠	22"
67	영어 vs. 중국어 발음비교 #맥도날드 #코카콜라 #서브웨이 #kfc #영어 #중국어 #발음	Aran TV	2024-12-29	18,936	258	4	쇼츠	15"
68	죽도록 헷갈리지만 묶어보면 완전 쉬운 핵심 중국어 비슷한 명사 동사 형용사 반댓말 비슷한 단어+문장 | 기초~초중급 주제별(5)	차이나요중국어	2024-11-20	18,700	351	22	일반	145'0"
69	공식처럼 쓰이는 중국어 패턴 5분컷 정리 | 통째로 외워요!	쓰이는 중국어만 알고싶다	2024-11-05	17,565	713	19	일반	5'14"
70	아주 쉽게 외울 수 있는 단어들 -- 한자어의 중국어 발음 1000개	왕쌤 중국어	2024-03-05	17,240	368	6	일반	164'42"
71	중국어로 잘가 뭐라고 하세요? | 헤어질 때 인사말 모음 #중국어 #중국어회화 #기초중국어 #중국어왕초보 #초급중국어	류리ON RYURI-ON	2024-11-29	17,074	495	19	쇼츠	24"
72	~해봐도 되나요? 가장 간단한 중국어 표현 #중국어 #중국어독학 #중국어회화 #중국어말하기 #중국어발음 #중국어기초	쯔잉TV	2024-12-11	17,071	377	24	쇼츠	36"
73	더 이상의 시간 낭비는 그만 | 중국어 조사 아직도 틀리고 있다면 당장 끝내세요 | 중국어 독학 | 중국어문법독학 | 기초초급어법총정리	차이나요중국어	2024-10-16	17,011	362	28	일반	67'50"
74	필수명사300개(그림단어장)+기초중국어 300문장 2시간 30분 연속재생 | 단어를 알아야 중국어회화도 가능해요 | 초급중국어 | 한글발음	별씽튜브	2024-05-19	16,372	251	12	일반	151'46"
75	【중국어독해】이런 방식으로 하면 중국어 긴 문장도 다 독해 가능합니다!	워빵니중국어 Help you Chinese	2024-08-25	16,300	556	50	일반	28'8"

No	영상 제목	채널명	업로드일	조회수	좋아요수	댓글수	유형	분량
76	중국인이 손으로 숫자 세는 방법 '1~10' #중국어	딩당 중국어 [DingDang Chinese]	2024-05-13	15,989	132	4	쇼츠	16″
77	쿨내나는 중국어 표현 top5	쓰이는 중국어만 알고싶다	2024-08-16	15,721	829	18	쇼츠	39″
78	생활중국어 200문장 #1~4 통합본 (1~200) ㅣ 귀가 트이는 중국어 듣기습관 ㅣ 기초중국어 ㅣ 초급중국어회화 ㅣ 한글발음포함	별씽튜브	2024-06-19	15,665	295	9	일반	128′58″
79	[100% 실제상황] 상해 택시 필수 #중국어	쓰이는 중국어만 알고싶다	2024-05-04	15,301	427	6	쇼츠	31″
80	중국 유행어-회사편 월급 루팡 중국어로?	쓰이는 중국어만 알고싶다	2024-08-30	15,237	619	5	쇼츠	39″
81	요즘 날씨에 딱 필요한 중국어 (쌀쌀하다)	쓰이는 중국어만 알고싶다	2024-10-29	15,007	729	18	쇼츠	28″
82	중국 제2의 실리콘밸리 선전(深圳) 걸으며 중국어 듣기 I 4k 반복재생	쓰이는 중국어만 알고싶다	2024-12-17	14,167	348	14	일반	41′16″
83	중국가기전 이건 꼭 알아야 해요!!!! #여행중국어 #중국어독학 #중국어회화 #기초중국어 #중국어기초 #중국어학습 #중국어 #중국어쌤 #중국어말하기	쯔잉TV	2024-09-25	13,899	311	10	쇼츠	24″
84	고민하다 중국어로? 苦恼 아님 주의	쓰이는 중국어만 알고싶다	2024-12-21	13,284	690	11	쇼츠	36″
85	중국어 악센트의 중요성	쓰이는 중국어만 알고싶다	2024-04-09	11,862	455	6	쇼츠	30″
86	(저장 필수) 중국어 필수 패턴 top3	쓰이는 중국어만 알고싶다	2024-11-10	11,819	756	12	쇼츠	32″
87	【글자중국어#7】 9글자 중국어로 생활 속 표현 마스터하기!	온중국어 ON Chinese (구 대마중국어)	2024-12-22	11,814	285	12	일반	59′16″
88	100% 실제 원어민 호텔 중국어	쓰이는 중국어만 알고싶다	2024-10-02	10,310	303	11	쇼츠	34″
89	제 중국어 인생 걸고 자신합니다. 진짜 유용할 거예요! 중고급중국어 1탄	바로 써먹는 중국어 ㅣ 써먹중	2024-12-08	10,234	360	32	일반	25′10″
90	"마라탕" 정확하게 발음했나요? #중국어 #성룡쌤	중국어 비법만 알려주는 성룡쌤	2024-11-23	10,028	290	11	쇼츠	51″
91	7초만에 외워지는 7글자모음! 쉬운 쉬운 생활중국어통합편! (2회부터는 중국어만) 150문장 [5편 몰아듣기] 귀가트입니다! 1시간 연속듣기, 한국어발음	렐라중국어	2024-06-02	10,003	168	7	일반	76′24″

2024 韩国中文教育年度报告

印　刷：2025年 10月 23日
發　行：2025年 10月 31日
發行處：韓國中文教育研究會
執　筆：金振武·金鉉哲·于　鵬·李繼征·鄭澱輝
祁志霞·明洋洋·袁　紅·金卲潤·李枝玟
金兌泫·金惠真·朴柱炫·柳多彬·李渶蘭
出版處：圖書出版 學古房

ISBN　979-11-6995-701-4　93700　　값：55,000원